中国精神通史

第一卷

渊渊其渊 浩浩其天
中国文化精神的源头及其演变

司马云杰 ◎ 著

作者介绍

中国社会科学院研究员,其为学术,以张横渠的"为天地立心,为生民立命,为往圣继绝学,为万世开太平"为使命,著述大道哲学,推本于天,反诚于性,以经大经,以立大本。

著有三卷《文化价值哲学》(《文化价值论》、《文化悖论》、《价值实现论》)、五卷《大道哲学通书》(《大道运行论》、《绵延论》、《盛衰论》、《心性灵明论》、《道德本体论》);另著有《礼教文明》、《论文化的复兴》、《文化社会学》、《文艺社会学》、《红楼梦与晚明哲学》等书。

▲ 彩图 1　三星堆遗址出土的青铜兽面具

▲ 彩图 2　金沙遗址出土的太阳神鸟

▶ 彩图 3　三星堆遗址出土的青铜神树

▲ 彩图4 连云港将军崖石坡刻磨的银河图像

▲ 彩图5 将军崖石坡所刻银河内星云符号

▲ 彩图6 将军崖石坡所刻人物头像包扎的都布

▲ 彩图7 大汶口遗址出土刻镂八卦符号的象牙梳子

▲ 彩图 8　安阳殷墟遗址出土的青铜司母戊大方鼎

▶ 彩图 10　三星堆出土的站立人青铜像

▲ 彩图 9　安阳殷墟遗址出土的商代刻纹白陶

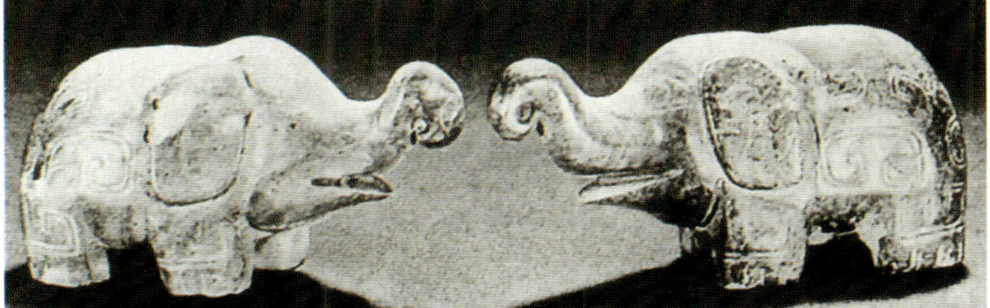

▲ 彩图 11　殷墟妇好墓遗址出土的一对雕刻精美的玉象

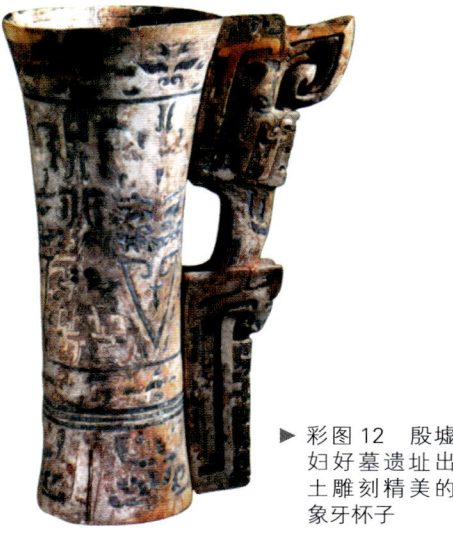
▶ 彩图 12 殷墟妇好墓遗址出土雕刻精美的象牙杯子

▲ 彩图 13 湖南醴陵出土的商代青铜象尊

▲ 彩图 14 陕西宝鸡斗鸡台遗址出土的青铜象尊

▲ 彩图 15 三星堆遗址出土的成排象牙堆

◀ 彩图 16 清道光年间陕西岐善礼村出土的大盂鼎

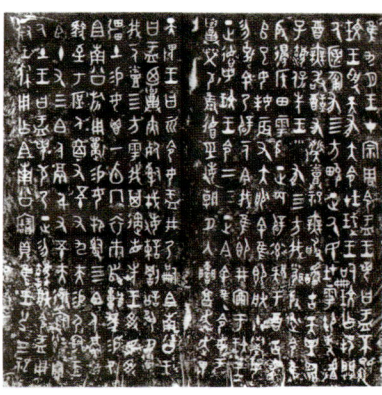

▶ 彩图 17 大盂鼎有关《德经》的铭文

自　序

宋儒说："道不行，百世无善治；学不传，千载无真儒。"黑格尔说："一个有文化的国家民族没有形而上学，就像一座庙，其他各方面都装饰得富丽堂皇，而却没有至圣神那样。"现在中国缺少的不是美元、GDP增长，而是没有形而上学，没有精神世界，或者说丢掉了道德形而上学与根本文化精神。经济增长、国防建设是必要的，不然中华民族就会遭人欺凌；但只有经济增长、国防建设，并不能赢得世人尊敬，反而使人感到"威胁"。决定一个国家民族强大与否的，不是器物制造，而是精神上的崇高、信仰上的纯正、文明进步的程度。力量的强大，蕴含在国家民族文化中，蕴含在精神世界存在中，而不是几件显示力量的器物。辜鸿铭先生曾说："洋人绝不会因为我们割去发辫，穿上西装，就会对我们稍加尊敬的。我完全可以肯定，当我们中国人变成西化者洋鬼子时，欧洲人只能对我们更加蔑视。事实上，只有当欧美人了解到真正的中国人——一种有着与他们截然不同却又毫不逊色于他们文明的人民时，他们才会对我们有所尊重。"中国只有恢复几千年刚中而应、大亨以正的文化精神，成为刚健文明、至诚不息的精神大国，成为具有极高道德精神风貌的文明民族，才能真正赢得世人的尊敬。此我所以写《中国精神通史》者也。

因此，一个有精神史的国家民族，与没有精神史的国家民族相比，不论文明程度，还是文化历史的深厚根基，都是非常不一样的。中国文化精神发端于伏羲，积蓄于炎黄，大备于唐虞，经夏商周三代而浩荡于天下，继之以秦、汉、隋、唐、宋、元、明、清以至今日，绵延赓续了五千年乃至七千余年。它不仅源远流长，而且是早熟的。我在《大道哲学通书》序言中曾经说，当人类大部分地区尚处于蒙昧野蛮状态时，中华民族远在4300年前的尧舜时代就建立起了一个道德高尚、彝伦攸叙、雍容和谐的唐虞帝国。希腊人建立斯巴达国，希伯来人建立犹太国，比这晚了将近1000年，而且国家小得多；罗马帝国的出现，则晚了1800多年；俄罗斯九世纪才建立国家，欧洲直到今天还没有实现民族国家统一。没有统一的文化历史，就没有治理大国的历史经验；没有国家民族的统一，就没有统一国家的文化历史哲学思考。中国就不同了。中国文化历史不仅前有夏朝四百年、商朝六百年、周朝八百年的盛治，而且后有汉朝四百年、唐朝三百年、宋朝二百年接续。中国历史上持续二百年以上的王朝就有八个。我现在要强调的是，中国文化历史所以能够持续绵延五千年乃至七千年，乃是因为有其强大的文化精神维系与贯通；而这种文化精神是作为历史的内在目的论，决定了中华文明样式与其他国家民族的不同，同时决定中国几千年文化历史独一无二的发展道路，它使中华民族的生存绵延与社会历史植根于深厚的文化根基之内。此我所以写《中国精神通史》者也。

但是，有这种文化历史，有这种精神史，若不具有文化精神上的自觉，还是不能成为文明民族，成为扎根于深厚文化基础上的国家民族的。现在的危机，虽然有经济危机、社会危机、政治危机，但从根本上说，乃是人心的危机、人性的危机、精神的危机！好大喜功与急功近利的追求，已经动摇了国家民族的文化根基；物欲追求与情欲泛滥，更是涤荡了人心人性的理性堤防。孟子讲"过化存神"：过去为官一任，造福一方，凡到之处，参赞天地万物化育，留下一片精神，浩然与天地同流；而现在的贪官污吏，凡其触觉所到之处，皆遭到践踏、污染、破坏，留下一片狼藉不堪的世界。对此，我们能不深感到文化危机、精神危机吗？中国文化精神渊渊其渊，浩浩其天，扎根于中华大地五千多年，近现代以来，西方殖民统治者还想把它连根拔起！现在的文化，一点根儿都没有，飘飘荡荡，轻轻拂拂，像一股股轻烟薄雾一样，不用拔，风一吹，就荡然无存，我们能不同样感到文化危机、精神危机吗？西方帝国进行殖民统治有两条原则：一是要殖民地人民忘记自己的历史；二是忘记自己的文化。他们这样做，实乃是为了连根拔起殖民地国家民族之文化，彻底摧毁殖民地之文化精神也！"五四"时期有些朋友搞"全盘西化"，不懂得这一条；现在搞"全面接轨"，是否也忘了西方殖民统治的原则呢？如果文化精神上不自觉，对西方文化的入侵颠覆不警惕、不觉醒，中国文化精神在"全球化"浪潮的冲击下，用不了若干年，就荡然无存了。我撰写《中国精神通史》，乃在于从几千年文化精神之存在重新唤醒其自觉也。

文化精神，乃是一个国家民族的生命精神。现实生活中，要打垮一个人，首先是打垮他的精神。精神不垮，金城汤池，谁也没办法让他垮，他也绝对垮不了；而若精神垮了，不打也就垮了，谁想救他也没办法。一个国家、一个民族也是这样。要打垮一个国家，摧毁一个民族，首先也是打垮它的文化，摧毁它的精神。文化存在，精神不垮，谁也没法打垮这个国家，摧毁这个民族；若其文化不存，精神垮了，这个国家民族也就没救了。中国文化精神若真的荡然无存，不要说信仰信念、道德精神世界，连思维方式都全变成西方文化的了，那么，中华民族还何以成为中华民族呢？我所以撰写《中国精神通史》，不仅在于唤起对中国文化精神之自觉，更在于维护国家民族文化生命精神的赓续绵延。

中国文化是本于天的。天，在无限时空意义上，就是宇宙。以天为本，就是以天道法则、宇宙法则为生命精神源头！远在7000年前的伏羲时代，中华民族就"仰观象于天，俯察理于地，观鸟兽之文与地之宜，开始作八卦，以类万物之情，以通神明之德"。现在保留在连云港将军崖石坡祭祀烟黑的两块巨石旁，右边所刻银河、太阳、星辰岩画，就是一幅伏羲时代东夷氏族部落所留下来的最为古老的祭天图。唐虞时代讲"天叙有典"、"天秩有礼"，讲"惟精惟一"；夏代讲"归其有极，会其有极"的"皇极"大中之道；商朝讲"惟一惟和"的天下为治之理；周《诗》讲"维天之命，于穆不已"；"刑仪文王，无声无臭"的最高存在，都是讲天道法则，都是从天道形而上学存在，获得自然法与国家观念，获得真理、正义、大美、崇高、庄严、神圣的存在与伦理道德精神的。正如西方文化从来没有离开过"逻各斯"或上帝的存在，印度文化精神从来没离开过"梵"的存在一样，中国几千年来也从来没有离开过"道"的存在，没离开从那里获得生命精神。中华民族的价值观、文化理想与政治制度，全都是由天道本体存在引申开拓出来的。中国五千年文化历史，就是中华民族五千多年的生命精神史。写《中国精神通史》，就是写中国文化本于天的历史，写中华民族的生命精神史。

正如浩浩荡荡、舳舻千里的江河巨流有一个源头一样，中华民族的生命精神也有个源头。这个源头哪怕最初只是涓涓细流或涔涔小溪，它也一定有个发源之地、汇合之处，然后才能成为波涛滚滚、一泻千里的浃浃大水系。因此，研究中国文化精神，撰写《中国精神通史》，首先应该知道它的源头在哪里，然后才知道它是如何发展为浩浩不息的生命精神巨流的。魏徵曾说："求木之长者，必固其本；欲流之远者，必浚其源。"今天搞现代化，实现国家民族复兴，岂可不知国家民族文化的精神源头！《中国精神通史》第一卷，就是为寻求中国文化精神源头而撰写的。

但是，要写这样一部《中国精神通史》谈何容易耶！过去，胡适先生说，"东周以上无史"；疑古学派诸先生，更是把《尚书》中的大禹说成一条虫子，一种爬行的"蜥蜴之类"，《六经》成了"几本档案帖子，几张礼节单，几首迷信籤诗，几条断烂朝报"，而整个上古史成了"层累造成"的虚假历史。这样做，都是以搞"科学的上古史"的名义进行的。不信这一套，岂不是搞虚假史，反对"科学的"上古史？这样，谁还敢轻易碰上古史、写上古史呢？更不要说远古文化史、精神史、形而上学史了。因此，我在写《中国精神通史》第一卷时，战战兢兢、诚惶诚恐，就像登高唯恐哪一脚踩空掉下来，或像战场上拿着探雷器一步一步往前挪，唯恐哪里稍不小心被炸了一样。好在这些年文化考古及大批岩画的发现，为中国上古纵深文化历史的存在提供了新的证据。《中国精神通史》第一卷，就是采取古代典籍与文化考古、古代岩画相结合的方法写成的。

这样写上古文化精神史，写《中国精神通史》第一卷，自然就超越了疑古学派，打破了历史时空的限制。过去几位前辈写的哲学史或思想史，或从子学时期写起，或从老子写起，最多从殷周之际写起，谁也不敢碰上古史或远古史的边儿，唯恐材料不实，留下话把，落下不是。中国文化精神发展，《六经》是源，子学是流。从子学时代写起，知其流而不考其源，如何能贯通中国文化历史精神发展？中国五千年乃至七千年文化历史，是班班可考、历历可证的。从先秦写起，只写了中国文化历史的一半，那一半弃之不顾，岂不割舍淹没了？这样做，如何对得起国家民族、对得起祖宗呢？我写《中国精神通史》，讲中国文化精神源头及夏商周演变，深入到中国文化精神纵深源头，从前伏羲时代讲起，然后讲中国文化精神"发端于伏羲，积蓄炎黄，大备于唐虞，经夏商周三代而浩荡于天下"，接着再讲诸子之学的文化哲学精神；其他各卷，第二卷写两汉魏晋南北朝"儒学盛衰与精神发展"；第三卷写"隋唐佛教中国化与精神创造"；第四卷写"宋明理学本体论开拓与精神担当"；及第五卷写"由六经开出新局面"，讲近代文化精神发展。这样写精神史，才能把中国五千年乃至七千年的文化精神史贯通。

这样写《中国精神通史》，不仅超越了疑古学派，打破了历史时空限制，而且涉及前人哲学史或思想史不曾涉及的东西。过去的哲学史或思想史，从先秦子学或老子写起，自然《三坟》、《五典》、《八索》、《九丘》、《河图》、

《洛书》及伏羲《八卦》、夏之《连山》、殷之《归藏》、周之《周易》，皆可以不涉及，即使偶尔写文章涉及，冠之以"原始蒙昧"或"封建迷信"就够了，至于它包含着怎样的祖先智慧、深厚哲理与玄妙精神，是用不着管它的。但写《中国精神通史》就不一样了。它写"发端于伏羲，积蓄炎黄"的上古史、精神史，怎么能不涉及这些著作呢？这些著作不仅包含着上古圣贤明哲的极大智慧，而且它们本身就是中国上古精神史的组成部分，何以能不探索、不研究、不给予说明呢？特别是从伏羲《八卦》，到夏之《连山》、殷之《归藏》、周之《周易》，历代无不研究，乃是贯通整个中国文化精神的著作。撰写《中国精神通史》，怎么能够对上古圣贤明哲的巨大智慧与精神创造置之不顾呢！因此，我写上古精神史，凡遇到这些著作时，则无不尽力探赜索隐、钩深致远，以揭示其深奥哲理与精神意蕴所在。虽然我的学问浅薄、智力有限，这样做很可能有误，但何敢不尽心也。

最后，这样写《中国精神通史》，方法上自然要突破经验实证论与浅薄知识论的束缚，采取形而上学与文化价值理解领悟相结合的办法。精神，从本质上说，不是欲望、要求、目的、动机、情感、情绪一类的心理学东西，而是超越欲望、要求、目的、动机一类具体的利害之情，所发展出来的无欲思维形式，它在文化上属于真理、正义、至善、大公、大美、崇高、庄严、神圣一类的形上存在。研究撰写精神史，与形而上学打交道，若要像知觉对着感官材料获得经验知识那样，去求索考证，则是不可能获得形上精神世界的。王阳明先生说："今学者之学圣人，于圣人之所能知者，未能学而知之，而顾汲汲焉求知圣人之所不能知者以为学，无乃失其所以希圣之方欤？"有圣人之心，方能理解圣人之道；学圣人之学，必须有圣人之心，即使无圣人之心，亦应体悟圣人之心方可。以私意窥天道，窥圣人之心，不足以学圣人之学也。圣学本来已远，经验实证之学积习已深，若以种种私心揣度圣人之学，或将圣人之学纳入物的知识论框架之内，看尧舜时代与夏商周的三代圣治，左一个"主观唯心"，右一个"客观唯心"，不是"奴隶制"，就是"神权统治"，那样，上古文化精神史也就没法写了。因此，《中国精神通史》第一卷的写作，采取形而上学与文化价值理解领悟的方法，去看待上古一切文化遗存，包括古代典籍与文化考古、古代岩画。凡物的存在，形器的存在，皆看到人的存在、精神的存在，而且将古代圣贤明哲复活，与之对话，与之沟通，理解其道德精神世界。这样写精神史，就如周濂溪先生《读易象》诗说："书房兀坐万机休，日暖风和草色幽。谁道二千年远事，而今只在眼前头。"有此感受，写《中国精神通史》才有一种难得的精神享受与愉悦！

美国文化人类学家摩尔根谈到近现代社会进步时说："近代文明吸收了古代文明中一切有价值的东西，并使之面貌一新；近代文明对人类全部知识的贡献很大，它光辉灿烂，一日千里，但是，其伟大的程度却还远远不能使古代文明暗淡无光，并使它沦于不甚重要的地位。"包容博大的中国文化精神，五千余年赓续绵延、浩荡不息，襟三江而带五湖，从来没有中断过。现在，西方文化已经找不到出路，基督教文明已经不能拯救现代人类的罪恶与苦难，只有中国文化以"天理"发展建立起来的伦理道德体系、《春秋》大义及其所提供的千古不悖的伦理道德精神，才能为现代社会走出困境，提供新的人生哲理，使人在宇宙浩浩大化中建立起知觉主宰处。当今世界之衰微，将会随着中国文化的复兴与精神觉醒，走出生杀掠夺的工业文明所造成的悖论，改变由大工业、世界市场支配的利益集团与政治集团的统治，建立起新的"亲其亲，子其子"、"笃父子，睦兄弟，和夫妇"、有亲情的现代伦理社会，完成由穷奢极欲的工业化社会向现代亲情伦理社会过渡的文化转型，才能使人类以更加文明的生活方式发展与存在。

要使中国文化精神获得大用，首先必须解决好自己的问题。司马迁《史记·太史公自序》谈到精神与形体存在时说："由是观之，神者生之本也，形者生之具也，不先定其神形，而曰'我有以治天下'，何由哉？"精神世界的问题没解决，乌七八糟的，人心人性充斥着不可抑制的情欲物欲，被内心"黑势力"牵着走，何言治国平天下！中国要想为人类发展做出贡献，不仅要以会通至极的微妙道德精神解决信仰信念问题，更要宁静归根，使内心世界平静下来，过一种"乃容、乃公、乃天、乃道"的正常生活。只有拯救了政治腐败与人性的堕落，才可以讲中国文化为世界做贡献。

高旭有诗说："一代谁兼才学识？百年难脱夏商周。"几千年的文化历史，沉积已久，本来就是很难说清的事。夏商周尚说不清楚，遑论说伏羲、炎黄及唐虞时代！中国有那么多大家名家，《中国精神通史》本不该由我这个无知者来写，而我却不知天高地厚，选择了干这样一件蠢事傻事，看样子，还要蠢到底、傻到底才算数！既然干了，就是自己的选择，自己愿意干的，是祸是福，是挨骂，还是招嘲讽，置之脑后，就不想管它了。孔子说："知我者，《春秋》也；罪我者，《春秋》也。"《中国精神通史》的撰写亦如是乎？将来也可能是："知我者，精神史也；罪我者，精神史也。"

搞哲学常注重大义而忽略细节,写精神史与形上打交道,每忽略形下逻辑结构。我本一介书生,论学未有史家之专,读书不如教授之富。撰写此书出版,失误恐怕难免,诚恳敬请诸位专家教授指正。序此志此。

司马云杰

2013 年 6 月 30 日于天通中苑淡泊居

体　例

　　一、《中国精神通史》者，贯通以道、贯通国家民族精神之史也。这是整个精神通史的宗旨。不论是宏观叙事，还是阐述圣贤明哲的形上精神，皆遵从这一宗旨。

　　二、《中国精神通史》规模宏大，内容纷繁。为使读者便于把握每一章的内容及承续脉络与精神发展，每章皆撰写"内容提要"，作为导读。

　　三、《中国精神通史》不是"点鬼簿"式著作，而是浩荡不息、贯通古今的精神发展史。因此，它对历代圣贤明哲的撰写，除以本纪、列传形式作简要叙事外，更多的是将历代圣贤明哲复活，写其人生哲学与性命之理所达到的精神高度，使读者可知圣贤明哲高雅美好的精神世界，亦使其可知中国精神史发展之情势。

　　四、《中国精神通史》虽亦叙事，然撰写精神史，多在形上世界探索与描述，若不论不断，读者是很难知觉把握内心灵明知照与崇高精神世界的存在的。故本书撰写，要在形而上学论述，即重在写形上道体"微妙玄通，深不可识"的存在，写精神创造的"致广大、极高明、尽精微"的境界，使本书既体史识之妙，亦尽量通畅洞达。

　　五、《中国精神通史》的撰写，用唐人皇甫湜《编年纪传论》的话说，在于"合圣人之经者，以心不以迹"，它虽然涉及许多历史名物与发展细节，但本书要在见精神处用力，并非志其名物，考辨史迹。因此，本书虽然亦辨别史料真伪，但重在领悟圣人之道，体会圣人之心，不做过多训诂考证，亦不详书写名物史迹，努力做到文而不杂，丰而不汗。

　　六、中国精神史悠久漫长、人物众多、学派林立，名师大家，独冠当时，因此，编列章节要通盘考虑其学术宗旨、理论建树、精神境界、师承关系、学脉地位、后世影响，但又不可编列过细过繁。原则上凡能标识时代精神并推动精神发展之领袖人物，则独立成章，其他有学脉关系或精神追求相近之人物，则附其下简要叙述。

七、《中国精神通史》既然不是"点鬼薄"式著作，而是浩荡不息的精神发展史，因此人物出现将不严格按照生平年代先后顺序撰写，而是将其放到跌宕不息的精神发展中，写大流派、大回合；只有在此大流派、大回合中，方按其年代顺序书写。

八、《中国精神通史》各章撰写历代精神人物时，为方便读者把握其学术见解、理论建树及其精神风貌，章节标题尽量揭示其精神哲学宗旨的内容与形式，如"王弼摈落一切象数而为道"、"郭象独化于玄冥世界"等。

九、通篇行文，以尽心尽意表达各家精神哲学宗旨及境界为最高要求，尽量减少旁征博引之累，以免执而不化，往而不返；为免以引言累其意，除名师大家之语，不得不独立、完整、准确引用并注明出处者外，其他片言佳语，尽量放在行文中叙述，为不影响行文语境与氛围，将以意引为主，不执着于原文个别字词。

十、《中国精神通史》行文，凡是引先秦诸子百家古籍语言出处，仅注其典籍与篇名，不注出版社及出版时间；凡是引两汉以来文集及当今出版社所出书籍者，引文一律注明书名、作者、出版社、出版时间及卷数、页码；再次引用时，只注明书名、卷数、页码，不再注明出版社及出版时间。

十一、每卷所用主要参考书，附于本卷之后。

界　说

　　人受天地之中以生，具五常之性，根一心之灵，其生也化也，岂只是逐物活动？其为历史存在，又焉能只是光秃秃的物质世界？特别是对历史悠久的中华民族来说，他们不仅凭着灵明心性，穷神知化，精义入神，出入利用，备物致用，创造了五千年物质文明，而且以此虚灵不昧之心，提神太虚，超乎尘外，周流八极，卓然高举，创造了一个至真、至善、至美的世界，一个大美、崇高、庄严、神圣的世界。

　　这是一个什么世界呢？是一个良知明觉、炯炯光明、胸次浩然的世界，一个会通大道、洞彻天理、知几通神的世界，一个周流八极、超然象外的世界，一个辉辉皇皇、皓肝光明的世界，一句话，一个弥漫天地、贯通古今的精神世界。中华民族五千年乃至七千年的历史，正是有了这样一个精神世界的存在，才是一个深厚博大、高明悠远的国家民族。《中国精神通史》所要撰写的正是这样一个精神世界的历史存在。

　　要撰写这样一个历史存在，就必然涉及如下问题：究竟何谓精神，何谓精神史？它与思想史有什么不同？与学术史是何种关系？以及为何要写精神史？怎样写《中国精神通史》？所谓"通史"，所通者何？它又如何进行分期呢？诸如此类的问题，都是撰写《中国精神通史》必须解决的。

一　何谓精神史？

　　秦汉之后，古史的研究，汉有略、晋有部、唐有典、宋有目、元有考、明有补，皆有所成，后人不及也；近现代以来，各种社会的、政治的、经济的、哲学的、文学的部类思想史、学术史研究，虽不尽意，亦繁多矣。然独无精神史。精神史，不言而喻，即精神发展史。然而什么是精神呢？它是心理本能的存在，还是超越心理本能的思维形式？目的、动机、情感、情绪之类心理，在何种意义上属于精神现象，又在何种意义上不属于精神的范畴？因此，要研究撰写精神史，就必须首先弄清楚什么是精神，它的性质与存在形式，然后才能知道何者为精神史，它的研究对象、理论与方法。这是研究撰写《中国精神通史》首先必须解决的问题。

自然，应该说一切所谓精神，皆是人的生命精神，在人之外是无所谓精神的。但人的生命精神，是有不同形态的。它的低级形态，可以出于人"好是懿德"的先天道德本性，出于仁义礼智的"几希"存在。这是人的本质规定性，是人别于动物最为本质的地方。人出此本性而为心，一念灵明，几微之动，活活泼泼，无不是善，无不超越利害之情，故虽为思维低级形态，但亦属精神存在与范畴。而精神的高级形态，不论是个人的精神，还是国家民族的精神，皆不是在物欲情欲上讲的，不是在心理学本能上讲的，不是在心理本能的欲望、要求、目的、动机、情感、情绪上讲的，而是在文化上讲的，在哲学先验论、本体论上讲的，在形而上学存在上讲的。因此，精神不是物质的派生物，不是某种心理本能的存在，而是人凭着虚灵不昧之心，提神太虚，飘然高举，将生命的意义与先验论、本体论、形而上学存在相联系，不断超越自我生命本能，所获得的与真理、正义、纯真、至善、大公、无私、大美、崇高、庄严、神圣一类的价值思维形式。因此，精神史虽然包括精神的低级形态与高级形态两种精神思维形式，但若就其高级形式而言，是不能在心理学所说本能的欲望、要求、目的、动机、情感、情绪上讲的，而应该在先验论、本体论上讲的，在形而上学高度，讲真理、正义、纯真、至善、大公、无私、大美、崇高、庄严、神圣一类的价值思维形式与存在形式。

精神的存在，特别是高级形态的精神存在，是和文化发展联系在一起、和人的教化联系在一起的。纯"自然人"没有精神；一个婴儿生下来，诚如王阳明先生说的，"只是纯气"，也没有精神。虽然他有内在的先天道德本性，此时精神也不存在；至于本能的欲望、情绪，如饥则啼，湿则哭，这也不能算作精神。只有先天道德本性经过教化，或将心理本能的欲望、目的、情感、情绪等向上提升，或者如黑格尔所说的，必须经过一定的阶段，抽掉欲望、冲动、意愿的具体利害之情，达到无所需要的需要，成为纯粹思维时，才是精神的存在①。而先天道德本性经过天道义理涵养、扩充、大化，

---

① 黑格尔《逻辑学》第二版序言，商务印书馆1974版。

达到神圣、美好、至善的境界，才能发展成为高级的精神形态存在。因此，一切精神，皆是文化精神，皆是通过教育或教化，使先天道德本性或心理本能上升到无我无欲状态，所获得的纯粹价值思维形式或精神形式。因此，精神史最为根本的要义，是研究人的精神提升、超越、发展的历史，研究不同国家民族的精神发展史。

一切精神，皆是人的精神，皆是人的生命精神；而精神发展总是与文化发展联系在一起的，和国家民的族群体参与、文化教化联系在一起的。因此，精神虽属于形而上学的范畴，但它不是空悬着的，而是通过形下显现出来，弥漫贯通于整个社会历史存在之中的：它不仅通过人（包括群体）的思维方式、行为方式及思想、作风、气质、品格表现出来，而且也体现在不同国家民族的伦理、道德、宗教、风俗、礼仪、文化制度等方面，表现为具体的精神存在。惟此，它才能构成国家民族的精神生活，构成他们包括信仰、信念、伦理、道德、价值观，包括他们所有的意图、愿望、兴趣、关怀及痛苦、烦恼，亦包括他们的规划、机构和制度在内的精神统一体。因此，精神史的另一个根本要义，就是研究国家民族精神生活的发展，研究国家民族精神统一体的发展与变化。

精神不仅和文化教育联系着，更是和不同国家民族的文化形而上学联系着，和他们宇宙本体论的神圣存在联系着。例如印度文化精神总是和"梵天"大神的存在联系着，中国文化精神总是和"道"联系着，西方文化精神总是和"逻格斯"或上帝的存在联系着，其他像犹太精神、俄罗斯精神，也都是和他们宗教信仰的最高存在联系在一起，和他们的宗教对上帝的体验、领悟、解释联系在一起的。"梵天"、"道"、上帝或"逻格斯"等，不论是作为绝对观念、永恒法则，还是作为由这些观念、法则所构成的理想、信仰、信念，存在于不同国家民族的文化历史中，皆是超越一般情感、情绪的，也是超越一般社会意识的，因此具有一种永恒性质，或者说属于一种绝对的精神存在。这种文化精神是很难改变的。不论是中国的"道"文化精神、印度的"梵"文化精神、以色列的犹太教精神、阿拉伯民族的伊斯兰教精神，还是西方的基督教精神、俄罗斯的东正教精神等，都是很难改变的，它过去、现在和将来都将长期存在于不同国家民族的文化历史中，构成他们文化历史的特殊本质。精神史最为根本的内容，就是研究不同国家民族、绝对精神或永恒精神存在，及它是怎样影响国家民族、社会历史发展的。

"梵天"、"道"、上帝或"逻格斯"等哲学或宗教神学上的存在，不仅具有生化宇宙万物的本体大用，而且具有大公、无私、仁爱、至善、和平等美好品德。它实际上是人对宇宙法则秩序的一种价值思维肯定形式与抽象形式，是人赋予神圣宇宙法则秩序的一种伟大品格。它作为纯粹价值思维肯定形式与抽象形式，虽然无形无象，无思邪，无为邪，但寂然不动，却是感而能通的。人一旦感通它的存在，就把自己内心世界提升到形上本体存在的高度，提升到了至精至神的高度；而体验之、领悟之，得之谓德，宜之谓义，以神圣宇宙法则秩序或宇宙神存在而为自我的伟大品格，内心就获得一种天道至德，一种大公、无私、仁爱、至善、和平的美好品德与精神世界。每一个人形而上学的体验领悟及获得的精神世界是不一样的，它不仅因人而异，也因时代而变化。因此，它不仅推动了不同国家民族文化精神的发展，也产生了不同时代的精神哲学家、伦理学家、宗教神学家。因此，研究不同时代精神发展及不同时代精神哲学家、伦理学家、宗教神学家的形而上学体验领悟所达到的精神境界，亦是精神史撰写的重要任务。

不论出于何种原因，宗教的、伦理的、道德的，抑或是社会历史变迁的，每个时代都面临着理想、信仰、信念一类需要解决的精神问题。历代圣贤明哲，包括不同时代的哲学家、伦理学家、宗教神学家等，他们对形而上学存在的体验与领悟，不仅在于加强自己的精神修养，更在于洞晓时变、体察民心，并通过新的体验、新的领悟，做出新的解释，解决他们时代所面临的精神问题。此即《易传》所说"圣人见天下之动而观其会通，以行典礼"者也。因此，研究历代圣贤明哲怎样解决他们时代的精神世界问题，亦是精神史研究的重点。

每个时代的哲学家、伦理学家、宗教神学家所面临的时代精神问题是不一样的，道德形而上学体悟所得是不一样的，解决精神问题的方式与方法也是不一样的。从根本上说，这乃是本体领悟上的差异，形而上学的差异，也是精神上的差异。当他们以这种本体差异、精神差异解决他们世代所面临的精神问题时，必然给人的信仰、信念带来矛盾与冲突，给人的精神世界带来矛盾与冲突。这些矛盾与冲突不断运演，就产生了精神运动，产生了不同时代精神的发展与变化。精神史无疑研究这种精神运动，研究精神的发展与变化。从这个意义上说，精神史即精神运动史、精神发展变化史。

这种精神世界的矛盾冲突及其运演所产生的精神运动，见诸于社会情感和情绪时，就会带来极为复杂的情况。一般地说，本能的情感与情绪，不属于精神的范畴，但它一旦和形上本体相联系，由形而上学本体存在培育熏陶出来，或从那里获得信仰信念，并且以此至诚不息而见诸情感、情绪的时候，也就属于精神的范畴了，诸如宗教情感、宗教情绪就是这样。这些形上本体的信仰和信念，这些至诚不息的情感和情绪，既构成一个国家民族虔诚的精神世界，也以其思维的非理性存在构成极为复杂的精神运动。历史上的哲学思潮、宗教运动就是这样产生的。这种精神运动，要比哲学家、伦理学家、宗教神学家单纯的道德体悟所获得的精神要复杂得多。因此，精神史不只是一般地研究精神运动，更要深入地研究每一个时代极为复杂的精神运动史。

二　精神史与思想史的不同

那么，精神史与思想史有什么不同呢？它与一般的思想史，如哲学思想史、社会思想史、经济思想史、政治思想史、科学思想史等，有什么区别呢？这是撰写《中国精神通史》所必须弄清楚的。

正如撰写《中国精神通史》首先必须弄清楚什么是精神一样，要区别精神史与思想史的不同，也必须首先弄清精神与思想的不同涵义，比较它们存在的不同性质。只有知道了何者为精神，何者为思想，然后才能知道精神史与思想史，包括研究对象、理论与方法，有什么不同。

首先，精神与形上本体相联系，思想并非皆出于形上本体。大凡精神，不论是个人的精神，还是国家民族的精神，皆出于某种形而上学存在，皆是和"梵天"、"道"、上帝或"逻格斯"等神圣本体联系在一起的，和这些神圣本体存在所建立的理想、信仰、信念联系在一起的，和它们所体现的真理、正义、纯真、至善、大公、无私、大美、崇高、庄严、神圣一类的价值思维形式联系在一起的。因此可以说，一切精神史，皆是形而上学史，皆是形上本体存在的思维方式史与存在方式史。而思想的存在，并非皆出于形而上者，一念之动，所思所想，皆可称为思想。这对精神存在来说，则是不成的。除了少数思想存在，如哲学形而上学思想、宗教神本思想、吠陀经济思想等，与形而上学相联系，与先验论、本体论相联系外，其他的这个思想、那个思想，皆与形而上学无关，与先验论、本体论无关。即使融会贯通的思想，即使理性思维形式，如哲学思想、社会思想、经济思想、政治思想、科学思想等，只要它不和形而上学、先验论、本体论存在相联系，皆非属于精神的存在。思想家凡对宗教、哲学、社会、经济、政治、科学等现象存在，有所思考，归纳之、条理之、金玉之，弄出几条法则，讲出一些道理，让人遵守，让人实行，就可以算作"某某思想"了；而其历史的研究与叙述，就可以算是"某某思想史"了。而精神史则是不同的。它必须将宗教、哲学、社会、经济、政治、科学等现象存在上升到形而上学领域，与先验论、本体论打交道，在形上高度讲精神的存在与发展，即使落实到形而下领域，讲精神运动，讲精神发展史，也必须与形而上学相联系，与先验论、本体论相联系；否则，它就不是精神史，而是其他形下之史了。

其次，精神是纯粹至善的，而思想则含有不善，甚至存在着恶。为什么呢？因为精神是在形上本体论上讲的，是惟精惟一、至精至神的存在，其至仁至善，属于道德范畴。不论是其几微之动，还是真理、正义、大美、崇高、庄严、神圣的精神世界，皆是至善无恶的。不论是"梵天"、"道"或"天道"，还是上帝或"逻格斯"，皆是不杂形气而言之的，是一种纯粹至善的本体存在；人继此而为心体性体，故亦纯粹至善者。朱子讲"性则纯是善底"；讲"'继之者善，成之者性'。这个理在天地间时，只是善，无有不善"①，就是指此心性而言的。人以至善本体存在而为心性，湛然虚明，万理具足，无丝毫人欲之私，其动静知觉，无不是天道义理，无不是真理、正义、纯真、至善、大公、无私、大美、崇高、庄严、神圣的存在，故无不善，无不是纯粹至正的精神世界。此精神史所关注者也。及至心性流于形而下，杂于阴阳、形气而言之，一念之动，则有善有恶矣。社会思想、经济思想、政治思想、科学思想等存在，固然有理性法则，属于善的思考；然而思想作为一念之动，所思所想，所期所求，如物欲之求、情爱之生、权力意志等，则是非纯粹至善的存在，是包含着善恶在内的。思想有善有恶，思想史亦包含着"恶"的思考，是不纯粹的：当它们与形而上学相联系，于本体论上追求至知，追求纯粹知识，追求社会人生的治道与化道，或从最高本体存在引出哲学、社会、经济、政治、科学等思想的时候，是善的，是纯正美好的；而它们一旦流于形而下的思考，使其思想陷入狭隘知识论，陷入低等群体意识，陷入功利之求与权力之谋，或服务于狭隘政治目的时，其为思想史，就不纯粹了，甚至会流于恶的存在，如调动人的恶欲物欲追求功利目的的经济学思想、为权力地位不惜杀戮的政治思想，就是这样。这些不纯粹的思想，虽也属哲学、社会、经济、政治、科学等思想史的范畴，但它是不纯

---

① 《朱子语类》，中华书局1986年版。

粹的，不属于善的。精神史是不涉及这些功利之求与利害之情的，它只关注纯粹至善的精神存在。

其三，精神史研究主要与哲学、宗教、伦理、艺术（审美）相关的领域，而思想史虽然也研究这些领域，但它所涉及的思想领域要广泛得多。精神史研究，所以关注哲学、宗教、伦理、艺术（审美）领域，因为它们皆是从形上本体存在引出相关理论学说的，如哲学本来就包含着形而上学，宗教以形上本体为宗而教，伦理道德原本是从形而上学存在引伸出来的，艺术的审美存在，特别是大美与崇高，更原于神圣形上本体存在。因此，精神史研究主要涉及哲学、宗教、伦理、艺术（审美）领域，而不是一般的思想领域，如现代流于形而下的社会思想、经济思想、政治思想、科学思想以及军事思想、技术思想等领域，皆是精神史不涉及的。

其四，精神史偏重形上永恒、绝对的存在，而思想史则偏重形下经验实在，偏重可经验实证的知识。精神史研究虽然也涉及形而下的领域，涉及流行层面的精神表现，但它所研究的主要对象，则是国家民族文化永恒、绝对精神的存在，即使运动变化，也是其永恒、绝对精神的不同形态，绝不是脱离它的形上本体存在，研究泛泛流行的思想，或从感官材料上获得的那点经验实在知识。而思想史则不是这样。它重视一切经验实在的思想，重视一切可经验实证的知识，那怕这些思想与知识只是暂时流行的，只是外部世界的浅薄思考与一时感知，只是短暂的、稍纵即逝的知觉感受或感官存在，只要它有用、可经验实证，思想史研究也是极为重视的；而它对于无形无象、微妙玄通、深不可识的精神现象，对于"发微不可见、充周不可穷"的精神存在，尽管这种存在几微幽深、至精至神，只要它是无法经验实证的，也是不愿顾及的。

最后我要说的是，精神史与思想史尽管如此不同，但它们也不是完全泾渭分明、绝对井水不犯河水的，而是相互交叉、相互影响、相互依存的，特别是精神史研究涉及形下流行处，而思想史研究涉及形上本体存在时，如政治思想发展为哲学理想的时候，它也就成为精神追求，与精神史极为相关了。这也就牵涉到精神史与学术史的关系问题。

三 精神史与学术史的关系

大凡成为某某学者，皆有其自己特殊的研究对象、理论与方法及所使用的不同的范畴概念。所谓学术问题，就是有关其研究对象、理论、方法及使用范畴概念的讨论，而学术史就是这些研究论证的历史。

中国古代成为学的，成为学术研究的，自秦汉至明清，主要是经学。《六经》为中国文化之源，它不仅是中华民族的最高法典，而且其思想、政治、法律、礼义、道德、行为、风习，无不源于《六经》。因此，经学研究乃是最为根本的研究，而经学史乃是最根本的学术史。二千多年学术史，虽然涉及的问题很多，研究重点屡有变化，并且因研究方向不同，形成了各个学派，但核心内容，皆未离开《六经》；而其研究力量的宏伟、影响的深远广大，远非子学、史学、文艺学之类可同日而语。发展到近现代，西学传入中国，清末改制，中国经学始才分化，将《易》并入哲学，《诗》并入文学，《尚书》、《春秋》并入史学，关于中国宗教、伦理学的研究，也多源出于经学。这样，中国宏伟、博大、独特的经学体系，就成了若存若亡的学术，但其影响，仍然深远广大。发展到现在，学科划分更为纷繁：每一门学科下面，皆有许多分支学科，而各个学科之间又有许多跨学科的边沿学科。这些学科大多是应用学科，偏重感官材料的知识与经验实证研究，与作为中国文化之源、精神之源的经学研究，是根本无法相比的；而且其为学术史，也与精神史的关系不大，故我撰写《中国精神通史》将略而不问。我这里所说的精神史与学术史的关系，主要是指经学史及经学分化出来的与精神史有关的哲学、宗教、伦理学、史学及包括音乐、绘画、雕塑在内的文艺学（审美之学）史的关系，而且不可能一一分别论述，只能就其一般关系，讲述一点看法。

《六经》为中国文化之源，亦是中国文化精神的源头。因此，研究中国精神史不可不研究经学，不可不研究经学史。经学史的学脉，实乃文化史的核心、精神史的命脉与根本；文化史、精神史每一阶段的发展，皆联系着经学的进取性研究与创造性阐释。例如两汉精神联系着两汉经学；魏晋玄学精神联系着魏晋经学；宋明理学精神，不论是"《六经》注我"，还是"我注《六经》"，都与经学研究、阐释与发展联系着。中国文化精神，不仅随着经学发展而发展、变化而变化，亦随着经学衰落而衰落。经学史的学脉转承，实乃是中国精神发展史之统绪，是整个精神发展的命脉、骨架和内在支柱所在。因此可以说，不通经学，不通经学史，就无法撰写《中国精神通史》；离开经学与经学史，讲中国精神，写《中国精神通史》，就会散漫无稽而无大道中枢，就会治于小道末技而忽视大道本原。但是，精神史又不等同于经学史。精神史所关注的，是经学研究的形而上学部分，是其研究所开拓的精神所在，而对于经学的名物、训诂、勘校、金石、地望、天算、律令之类的研究，则是不介意的，正因为这样，所以精神史也不看重那些长于小辩、不守大体而专求章句文字之末的经学研究。论不辨皇极之道，辞不达无穷之境，只是求于名物训诂与文字之末，是不足以为精神，也是不能用来写《中国精神通史》的。

近代以来，将《易》并入哲学，《诗》并入文学，《尚书》、《春秋》并入史学，其实也不完全合理。《易》不仅讲"大哉乾元"、"至哉坤元"的存在，讲"太极"之道，亦讲至精至神的存在，讲"穷神知化"的最高知识与"继善成性"的心性论，可以说，《易》之为道，不仅是哲学最高本体论所在，亦包含了整个人文科学与自然科学的最高原理。《诗》讲"维天之命，于穆不已"，亦是讲形上之理的。中国古代，"左史记言，右史记事"，记言则有《尚书》，记事则有《春秋》。《尚书》的典、谟、训、诰、誓、命之文，讨论彝典，昭示恢宏至道，亦属哲学本体论问题；而《春秋》纪人事，别嫌疑，明是非，定犹豫，善善恶恶，贤贤贱不肖，则不仅是伦理学教典，亦包含最高价值判断。从《易》之为道的综合，亦可看出最高精神对《诗》、《书》、《礼》、《乐》、《春秋》的贯通。章学诚讲"《六经》皆史"，这里不妨说："《六经》皆精神本原也。"

《易》之为道的综合，其最高精神对《诗》、《书》、《乐》、《礼》、《春秋》的贯通，不是在浅薄知识论上讲的，而是在贯通一切、旁通一切的形上之"道"上讲的，在大道本体论上讲的。不论是经学研究，还是子学、史学、伦理学、文艺学研究，皆没离开哲学，离开中国哲学大道本体论与最高精神，皆是首推经义而为大本大纲，贯通其全体的。因此，讲精神史与学术史的关系，实乃讲精神史与哲学本体论史的关系。在中国几千年的学术史上，大凡哲学本体论发达之时，则经学、子学、史学、伦理学皆发达，不仅析理精莹，而且见解独特，著作灿烂可观，精神也是蓬蓬勃勃地发展；及至哲学本体论衰亡，则不仅经学废弛，子学、史学、伦理学窒息，精神也走向衰亡没落了。由此可知，讲精神史，撰写《中国精神通史》之不可疏忽哲学本体论，忽视哲学本体论研究之历史也。可以看出，我这里所说的哲学，不是浅薄知识论哲学，而是指道体形而上学，指大道本体论哲学而言的。惟此哲学本体论研究及开拓进取，才是影响中国精神史的发展的。

我们重视精神史与经学的关系，重视精神史与哲学本体论的关系，并不是忽视或不重视其他学术史研究，如子学、史学、伦理学、文艺学等。不是的。诸子百家不论所宗者何，都是与《六经》，与古代文化联系在一起的，与中国文化精神源头联系在一起的，而且它们都从不同方面发展了中国文化精神。因此，讲精神史不能不研究诸子之学的文化精神。诸子之学，有的本来就由旧法世传之史发展来的，它们不仅保留了某些古代文化精神，亦影响了后来史学发展，司马迁的《史记》，就是吸取一些子学精神写成的。可见撰写《中国精神通史》，子学和史学发展是不可忽视的。但精神史亦不同于一般的子学及史学。例如《史记》本质上是一部自然史，而《资治通鉴》则主要是政治史。它们虽然也涉及形而上学，涉及最高存在，但皆不是精神史。精神史，是专门写形而上学存在，写精神发展的；即使写人心的几微之动，亦应是形上思考，属精神世界的事，而非仅仅是意动。至于说伦理学、文艺学，它们皆源于古代礼乐；而《诗》乃礼乐之歌词也。人伦者，天秩也；"礼者，理也"。"大乐与天地同和，大礼与天地同节"；"乐者，天地散殊，而礼制行矣。流而不息，合同而化，而乐兴焉"。中国古代的伦理学、文艺学乃是通着天道本体的，具有天地精神的；天道伦理，包括诗歌、绘画、音乐等文学艺术的发展，实乃中国文化精神的组成部分。例如庄子就是一位追求诗性存在的精神哲学家，他的整个精神世界，皆是与艺术审美存在天然地联系在一起。撰写《中国精神通史》，几千年来天道伦理及包括诗歌、绘画、音乐等文学艺术的发展，自然是必须顾及的。

还有一种学术史是必须顾及的，那就是宗教史。中国文化原本是有上帝或至上神存在的，《诗》、《书》所说"皇矣上帝"、"惟皇上帝"，就是这种存在。我们读《尧典》、《皋陶谟》，还可以看到唐虞时代与祭司有关的大型宗教活动。由于中国文化的早熟，后来隐退了上帝，代之以形上之"道"的存在，以道德形而上学的性命之理与礼乐教化代替了宗教信仰。形上之"道"的存在，"惟精惟一"的存在，玄冥参寥，无形无象，得之谓德，宜之谓义，只有知识上层能够体验与领悟，一般人是很难获得这种道德感并建立信仰信念的。故孔子说："唯天为大，唯尧则之。荡荡乎，民无能名焉。"① 因此，中国文化尽管早熟，并发展了一套道德形而上学的性命之理及神圣礼教制度，但它不能完全代替宗教。因为人的信仰信念，特别是民间的信仰信念，不是知识论问题，不是纯粹道德判断问题，而是沉浸于神圣世

---

① 《论语·泰伯》。

界去寻求人生意义的问题。哪怕这种寻求是虚无主义的、充满梦幻的，所得到的只是一种慰藉，一种情感的满足，它也是不可代替的。于是秦汉之后，随着道教兴起，中国又发展起了宗教，产生了新的神学；特别是佛教传入，发展到魏晋南北朝时期，中国一流的学者几乎都投入了佛教研究，它造成了中国文化精神的特殊发展。因此，撰写《中国精神通史》，是不可不顾佛教包括道教发展的学术史的。

在中国几千年学术史上，宗教、经学、子学、史学包括诗歌、音乐、绘画在内的文艺学研究，是交互影响并影响于精神史的。但不管怎样交互影响，中国几千年的学术史研究与精神史发展，总有个无形的统绪，有个内在的中正之道统贯其中。惟此，它才能成为中国几千年的学术史，才能发展出几千年的中国精神通史。

四　何谓《中国精神通史》

通史者，贯通古今之史也。《中国精神通史》之谓"通史"，所通者何？它仅仅是时间上的古今贯通吗？若不是这样，贯通者何？何以贯通呢？

所谓《中国精神通史》，简单地讲，一是指中华民族的生命精神史，生命精神绵延史；二是指中华民族的生命精神运动变化史；三，生命精神不是在目的、欲望、情感、情绪一类的心理本能上讲的，而是在与真理、正义、和平、至真、至善、大美、崇高、庄严、神圣相关的形而上学存在上讲的，因此，《中国精神通史》亦是一部中国形而上学史；四，正如西方文化精神从来没离开过"逻格斯"或上帝，印度文化精神没离开过"梵天"存在一样，中国文化精神也从来没有离开过"道"，没离开过形上大道本体存在。因此，《中国精神通史》，在最高本体论意义上讲，就是大道本体论史，大道哲学精神史。由上可知，《中国精神通史》之为通史，并非仅是时间上古今贯通，而是贯通以道，贯通大道本体，贯通大道哲学最高精神者。

自然，从道体存在及流行大用上讲，《中国精神通史》这样界定，还是需要解释的，因为形上之"道"的存在，大道本体的存在，不是空悬着的，而是贯通落实于国家民族的生存绵延中，通过诸多生存之理与精神性存在而显现的。

例如，中国文化认为，性并不只是食色，心不只是血肉，而是"一阴一阳之谓道，继之者善也，成之者性"① 的存在，是秉天德、继天性的存在，是道体、性体、心体的存在，故曰"心即性也"②，"性即理也"③。故心也者，亦理也；心之所至，理之所在，神之所至也。惟此，黄宗羲才说："盈天地皆心也。"④ 性乃精神之根基，心乃精神勃发之本体，尽心尽性，方成精神世界。因此，中国精神史者，性史也，心史也。其心存于天地间，盈天地皆是精神也。从这个意义上说，《中国精神通史》，千古心史也，道德本性之史也。此心，乃天地之心，中华民族之心也；此性，天地之性，"好是懿德"之本性也。

"继之者善也，成之者性。"继者，人之继也；成者，人之成也。一切秉天德、继天性，皆是人对天道本体的领悟，得之谓德，宜之谓义，皆是人心灵明，"收拾精神，自作主宰"⑤ 的所在。"天没有我的灵明，谁去仰他高？地没有我的灵明，谁去俯他深？鬼神没有我的灵明，谁去辩他吉凶灾祥？"⑥ 故"道"的形而上学者，乃是道德形而上学也；道体者，德体也。道之大，原于天；但大道本体存在，最终离不开心性本体，离不开人的德性与知性。知天知性，皆人之良知也；一切精神存在，皆人之道德精神也。从这个意义上说，《中国精神通史》，实乃良知之史也，道德精神之史也。

最高道德，道德最为根本的要义，乃是人于宇宙浩浩大化中，获得性命之理，获得最高知觉主宰处，支撑起道德精神世界，以此安身立命者。中华民族几千年来，皆是以天道义理为性命之大端，建本立极，贯通天道性命之理，解决信仰信念诸多精神世界问题的。此亦历代圣贤明哲推本于天，反诚于性，以纯粹至善之心，建立道德形而上学，支撑起国家民族至诚不息的道德精神世界，进行历史担当者也。从这个意义上讲，《中国精神通史》，亦中华民族获得天道性命之理的历史，信仰信念之史，安身立命之史也。

中国文化精神的最高本体存在，虽然在唐虞时代已经达到"惟精惟一"

---

① 《周易·系辞上传》。
② 《河南程氏遗书》卷18，《二程集》第204页，中华书局1981年版。
③ 《河南程氏遗书》卷22上，《二程集》第292页，中华书局1981年版。
④ 《明儒学案》自序，《黄宗羲全集》第7册第3页，浙江古籍出版社1994年版。
⑤ 《语录下》，《陆九渊集》卷35第455页，中华书局1980年版。
⑥ 《传习录下》，《王阳明全集》卷3第124页，上海古籍出版社1992版。

高度，但它真正发展为国家民族精神统一体，则是在中华各族不断融合会通文化精神，解决诸多精神世界问题的过程中逐渐发展起来的，它包括精神世界发生、道德形而上学抽象、文化精神融合、内在精神形成与发展等。这种融合会通，不仅包括中华各民族的文化精神，亦包括外来文化融入，凡不与中国文化精神融通者，皆以大道本体论，以大道哲学精神涵盖之、融会之、贯通之。从这个意义上说，《中国精神通史》，实乃中华民族文化精神融通之史也。

《中国精神通史》虽然贯通以道，贯通大道哲学本体论，甚至在形而上学意义上，可把它视同中国形而上学史、中国大道哲学史，但这并不是说《中国精神通史》等同于一般的中国哲学史、思想史著作。现在已出版的中国哲学史、思想史著作包括思想通史，主要是集中在知识论上讲的，而且是从物的知识、从感官材料获得的知识上讲的。它不仅不讲形而上学，不讲最高知识论与价值论，不讲形上本体的至精至神存在，而且凡遇形而上学存在，不是批评为"主观唯心主义"，就是批评为"客观唯心主义"；即使讲天道，也是停留于自然法则、停留于自然主义、经验实在的知识论或认识论上的。因此，其为哲学，乃是物的哲学；其为思想，乃是物的思想。它在哲学史上乃是浅薄知识论哲学；在思想史上乃是物于物的思想。中华民族几千年的绵延，若精神世界只是受这种浅薄哲学思想支配，岂能赓续绵延五千年乃至七千年？恐怕早已泯灭或被人赶走了。《中国精神通史》则不然。它不仅要超越物的知识、感官材料的知识，物物而不物于物，在最高本体论上，在道体"微妙玄通，深不可识"的意义上，讲性命之原与万物之理，讲其"穷神知化"的最高知识，在"深矣，远矣，与物反矣"的意义上，讲道德形而上学的体验与领悟，讲道德发生与精神呈现，及所达到的最高境界。因此，《中国精神通史》所说的形而上学，乃是道德形而上学，是大道哲学、大道本体论的精神哲学，是我在《道德本体论》一书中所说的"演德之学"，而不是"演术哲学"或"演物哲学"①。因此，《中国精神通史》所说的形而上学史，乃是道德形而上学史、大道哲学史、精神哲学史、"演德之学"史，而非一般的知识论哲学史也。

---

① 请参看拙著《道德本体论》第二章第4页，华夏出版社2012年版。

五　为何写《中国精神通史》

　　中国精神史，绵延几千年，融会几千年，贯通几千年，而无《中国精神通史》之撰写可乎？那么，究竟为何要写《中国精神通史》呢？不是有哲学史、思想史吗？哲学史、思想史不能代替精神史吗？精神史在中国文化历史发展中占什么地位，有什么大用呢？

　　首先，精神史乃是真正文明史所在，写《中国精神通史》，就是写中国文明史。我在《大道运行论》写作一开始便说："世界上任何大气象的哲学都是立根宇宙本体论和价值论建立深远博大的思想体系的。只有解决了宇宙本体真相和价值本原问题，万物的存在才有依托，人的生命与价值才有所本、有所原。因此，从古代时候起，希腊罗马哲学家为了寻求宇宙的本质，一再追问神秘的'逻各斯'是什么？印度哲学家为了那个神圣的'梵'天，曾苦苦地思索、冥想；同样，中国先哲为了彻悟大道之所在，也曾经心游太虚，几度在有无之乡生活、求索。不要以为这些哲学家们都是徒劳的，正是他们玄而又玄的思辨和艰苦卓绝的形而上努力，才形成了西方、印度、中国三大文化价值哲学体系，从而使各自人民的生命和精神有所安顿与寄托。"[①]古代希腊民族、印度民族及中华民族，所以是高度文明的民族，就是以自己的形而上学达到了人类智慧之巅，有极高的精神世界。没有形而上学，不能抽象思维极为玄虚、极为深奥、极为精微的存在，或离开经验实在、感官材料就再也不会思考问题了，就像爱斯基摩人只有这个鱼、那个鱼，没有"鱼"的概念一样，那也就不是真正的文明民族了。撰写《中国精神通史》，才可以知道中国文化形而上学的至精至神存在，知道中华民族的高度智慧与精神发展，今天也才能懂得如何作为一个高度文明的民族而立于世界。这是一般哲学史、思想史所不能代替的。

　　其次，撰写《中国精神通史》，不仅可以使我们懂得中华民族何以为高度文明的民族，更可以为中华民族于何处安身立命提供性命之理。国家民族于何处安身立命，不是"饥者一饱，渴者一饮"的低级生存问题，而是在宇宙浩浩大化中，如何建立知觉主宰处，获得性命之理，解决精神世界的理

[①] 《大道运行论》第1页，山东人民出版社1996年版、中国社会出版社2000年版、陕西人民出版社2003年版。

想、信仰、信念问题。这些问题，靠浅薄知识论哲学或物于物而不能超越的思想哲学，是不能解决的；它只有建本立极，修道为教，从宇宙本原处获得性命之理，以经大经，以立大本，支撑起人的道德精神世界才行。中华民族几千年来皆是以宇宙法则、以天道义理为性命大端，建大本，立人极，解决人的精神世界问题的。建此大本，立此人极，其为性也，才是天命之性，才能秉天德、命天理而为大用；而其为心也，才是天理之心，才能穷理贯通，虚明洞达，尽得无穷。中华民族几千年的生存绵延，正是诚得此理，明得此理，才于浩浩大化中，以虚灵不昧知觉，感通道体形而上学存在，获得性命之理，获得知觉主宰，获得精神家园与思想安宅，获得安身立命的地方，支撑起人的道德精神世界的；否则，为大化所驱，如在洪涛巨浪之中颠簸流离，不容少顷停泊，自我如何应接得事物，国家民族如何能立世生存绵延？为了使国家民族知道中国文化性命之理所在，使国家民族知道于何处安身立命，使其生存绵延有一种理性自觉，撰写一部《中国精神通史》，就显得极为必要了。

其三，安身立命问题、性命之理问题以及信仰信念问题，最终是国家民族的精神生活问题。因此，撰写《中国精神通史》，更是希望能够为解决国家民族的精神生活问题提供一个精神史借鉴。在中国几千年文化历史上，物质生活也许不像今天富有，然而精神生活却是今天无法相比的；特别是历代圣贤明哲，即使物质生活并不富裕，然而他们凭着虚灵不昧之心，通过道德体验与领悟，触而能觉，感而能通，脱然有悟，浑然全体应物而无穷，内心达到极高的精神境界，甚至可以生绝化尽、颓然无累。因此，《中国精神通史》除讲述各代圣贤明哲如何解决他们时代所面临的精神世界问题以外，它的另一个任务，就是讲解每一时代的圣贤明立身行道，精神上所达到的高度，使今天的人们知道先人的精神世界是怎么样一种存在的。人的存在，历史的存在，有高尚的精神生活，才有高尚的人生意义，才是诚明不息的存在；没有了精神，没有了高尚的精神生活，只是贪婪之心，只是物欲，只是恶的存在或内心的"黑势力"，那么，即使社会生活极为富裕，也只是赤裸裸的物性存在，人生意义就为物役、为形蔽，淹没在物的存在中了。这岂是人生所追求的！中华民族几千年的历史，所以是文明史，是高尚的历史，就在于它有几千年精神史，有诚明不息的精神生活史。今天人们应该过怎样的精神生活，《中国精神通史》的撰写，无疑可以提供一个借鉴。

其四，撰写《中国精神通史》，更可知道国家民族的文化历史的内在目的论所在。人类社会的最高本质，乃是由它的形而上学根本精神决定的。中国所以不同于西方，阿拉伯世界所以不同于基督教世界，不在于它们的地理分布与自然环境，也不在于它们的经济基础与政治文化制度，而在于它们文化的形而上学存在，在于这种存在所发展出来的信仰、信念及伦理精神不同。这种精神存在，不仅支配着他们的信仰和信念，而且从文化上奠定了他们的人性论基础，因此构成一种胡塞尔说的"历史的内在目的论"①，内在地规定着他们文化历史的存在与发展，并且贯通其文化历史的始终。这正是每个国家民族都有不同的文化历史、不同的独特历史道路的原因所在。文化精神不同，国家民族文化历史则具有不同的本质。只有承认这种本质的不同，才能把人看成是文化的存在、精神的存在，才能尊重人，尊重人的文化价值与精神价值。这种文化精神存在，不是某个人的文化观念或某个时期流行的价值观念可以改变的，而是长期永恒存在于不同国家民族的文化历史上的，是由它的文化根本精神所决定的。中国几千年"道"的文化精神，正是这样一种精神性的存在。研究撰写《中国精神通史》，方可使我们知道中国文化历史的内在目的论所在，才知道它怎样内在地规定着文化历史的存在与发展，从而使国家民族在实现中国现代化变革中有一种理性自觉。

其五，撰写《中国精神通史》，不仅可知道社会历史内在目的论所在，增加历史变革的理性自觉，更可以为国家民族的现代化发展奠定精神基础。中国要实现现代化，不仅要发展科学技术，要有一定的经济基础，更要有它的文化基础、精神基础。文化基础、精神基础不同，现代化的本质也就不同；而精神是否纯正、美好，最终决定着它们的文明样式与历史道路。中国要实现现代化，无疑离不开科学技术，但现代化的本质，并不是由科学技术决定的，而是由它的文化精神基础决定的。现在世界上许多国家在科学技术上已经现代化了，但欧洲还是欧洲，阿拉伯世界还是阿拉伯世界，中国还是中国。所以如此，就是它们各有不同的文化精神基础。中国现代社会的性质，就其文化历史本质而言，决不会因为多了一些现代科学技术应用，就有所改变。因此，不管现代社会盖了怎样的高楼大厦，也不管现代工厂企业怎样烟囱林立、机器轰鸣，在中国文化历史的深处，仍然保持着它原来精神的某些本质。因此，中国现代复兴，从根本上说，仍是文化复兴、精神复兴。这种复兴，是离不开中国文化，离不开中国文化的根本精神的。离开了中国

---

① 《欧洲人的危机与哲学》，《胡塞尔选集》第946页，上海三联出版社1997年版。

几千年文化基础，离开了中国文化刚健、中正、仁义、和平的根本精神，离开了天德王道的文化理想，那就谈不上中国现代复兴与崛起了。没有文化上的复兴，没有精神上的复兴，一切所谓复兴，都是空话；而所谓"崛起"云云，也就没有文化内涵与精神根基了。因此，中国现代化与民族复兴，应该仔细思考的，首先是它的文化精神，是它的精神基础。要了解这种精神基础，为国家民族提供一部《中国精神通史》是极为必要的。

最后我要说的是，几千年精神史，是不会自然而然地作为历史内在目的论的自在，规定社会历史本质的，也不会自然而然地为社会现代化奠定精神基础的。它只有作为意识到的存在，作为大本大原，作为性命之理，成为国家民族的精神追求时，成为圣贤明哲建本立极，修己治人，化民成俗时，才能有此大用。因此，撰写《中国精神通史》，并非徒于形而上处玩弄风景，而在于使人以大道哲学精神，知天地大义，明理欲、公私、义利之辨，以教化天下。此是圣贤明哲教化万民之所在，亦是君子求道入圣之途径。惟此，《中国精神通史》的撰写才是关乎社会人生、关乎国家民族生存的著作。

国家民族存在、历史存在，精神高尚，则历史辉煌；精神衰微，则历史暗淡。如果没有了精神，就成了光秃秃的存在，其为历史，就变成了逐物史，变成了逐物争斗史。中华民族几千年的历史，所以灿烂，所以辉煌，就在于它有灿烂的文化、辉煌的精神存在。此我所以要撰写《中国精神通史》者也。那么，怎样撰写《中国精神通史》呢？这不仅牵涉到方法论问题，也涉及材料来源与应用。这也是撰写《中国精神通史》必须弄清楚的。

六　怎样写《中国精神通史》

精神史不像哲学史之注重理论范畴的分析，思想史之注重宇宙万物与社会人生问题的论述，也不像学术史之注重学术理论的研究与探讨，而是属于极为玄通幽深又美妙灵明的领域的撰写叙述。它追求知识，但不为物蔽形役，意在穷神知化，极深而研几；它虽涉学理，但不追求微言大义与名物训诂的解释，而意在最高性命之理；它追求人生意义，但不流于功利之求与利害之情，而意在纯正高雅的精神生活与人生终极意义。因此，写精神史与写哲学史、思想史、学术史相比，不论是在方法论上，还是在具体撰写要求上，皆有许多不同之处；特别是撰写五千多年浩荡不息的《中国精神通史》，若无最高把握处与贯通旁通处，是很难将精神弥漫贯通其始终，又经纬万端、脉络分明地完成研究撰写任务的。

那么，怎样撰写《中国精神通史》呢？这自然首先采取形而上学的方法。采取这种方法，就是庄子所说执其"道枢"的方法。枢者，要也。得其大道枢要，会通道体至极存在，内不资于我见，外不资于物在，以大道本体论贯通古今，"恢恑憰怪，道通为一"①。惟此才能得其环中，以应无穷，将五千余年各种价值理想与思想境界纳入中华精神大合唱，汇成一部中华精神史雄浑浩荡的交响乐；而若以具体知识为知识、是非为是非，纵横美恶，恢恑奇异，则必然为世情所颠倒，不但不见道体最高精神流行，反而会陷入各种是非美恶万殊之争。《中国精神通史》的撰写方法，就是以会通至极的"道枢"为宗旨，以永恒的大道本体论贯通古今，以其不同时代之精神涵养与扩充，为五千年中国精神通史之演变发展之主流存在，而不是采取任何特殊视野的知识论方法与是非价值判断方法。

但这不等于撰写《中国精神通史》只停留于形而上学高度，只注意主流精神存在与发展，而忽视形下精神生活领域，忽视各种理论学说的精神性存在。这就像一部交响乐，如果只注意主旋律，忽视细部的发展变化，不能像一位高明的音乐指挥那样将大提琴、小提琴、长号、短号、锣、鼓、笙、瑟、箫、管、钹、镲、长笛、短笛、磬、编钟诸多乐器都指挥到，都点到，那也是不会演奏出一部雄浑浩荡、跌宕起伏而又细腻多变的交响乐章的。因此，《中国精神通史》的撰写，虽然以"道枢"为宗旨，以大道本体论贯通古今，但同时也坚持形上形下浑然一体的方法，从每个时期圣贤明哲所遇到的特殊人生境遇出发，写出所思所想，写出痛苦，写出欢乐，写出悲哀，写出烦恼，自然，也要写出笃实、光辉、日新与灿烂，写出历史的神韵和风骨，写出人生的尊严与荣耀，写出他们不为物累，不为形役，生绝化尽，脱然无累，内心世界所达到的精神高度，一句话，就是要把精神史写活，写出真实无妄的人生，也写出活脱脱的精神世界。中国几千年文化历史，不论是寂寥之时，还是万窍怒号，皆是生命精神之鼓荡，然"冷风则小和，飘风则大和"，各称所受，无不是禀气自然！只要持虚通之大道，视其盈虚聚变，生死穷通，物理自然，不得不尔，虽其调调叨叨，形声各异，也就不过是物称其性、性各有极的存在而已。

因此，《中国精神通史》的撰写，将不采取"点鬼薄"的方式，而是在

---

① 《庄子·齐物论》。

统摄各时代精神脉络演变的同时，将各个时代圣贤明哲的所思所想复活，选其见一生精神处着笔，并将其纳入整个时代的精神大合唱之中。几千年文化精神史，各个时代圣贤明哲无不冠于当时。一个时代的哲学思想家，不仅所思所想各种各样，而且其人生见解与思想主张也是不断发展变化的。因此，撰写《中国精神通史》不能将各个时代的圣贤明哲一一罗列，阐述其各种思想与学说，而只能在统摄把握整个时代精神演变的同时，将有影响于当时后世者的一生最见精神处的理论学说进行阐释。至于那些虽有某些思想，但其著作只是停留于形而下的一些观点、意见、偏见或边执，于精神世界无所建树者，则略而不论。

　　撰写《中国精神通史》，对形上之道、至极之理，对历代圣贤明哲高明的精神哲学与美妙的精神境界，采取体验与领悟的方法，而不能采取浅薄知识论或科学实证的方法，更不是采取粗暴批评或批判的方法。中国历代圣贤明哲，虽不像西方哲学家单纯从事于纯理论的思考与研究，但他们的思想与哲理大都来自于道德实践，是其对人生哲学、性命之理之体悟，反躬自得之所觉悟者。今天不好好体验之、领悟之，要理解它也是不容易的。不要说"惟精惟一"的存在怎样达到了人类智慧之巅，一般人至今不能理解它；而"会其有极，归其有极"的"皇极"大中之道，能够会通于荡荡王道者，今又有几人？即使宋儒讲"天理"，也是玩心于道德性命之际，出入佛老几十年所自家悟出来的；明儒讲"良知"，也是"从百死千难中得来"，岂是一口说得尽？如果自我没有一点体验与领悟，只是把它当话语说说，当光景玩弄，岂能深刻理解他们的理论思想与精神世界？不能理解何谓至极之道，何谓纯乎天理？不知为什么是"死而不亡者寿"？不知"所过者化，所存者神，上下与天地同流"？不能体验"静中养出端倪"是什么境界，不能领悟灵明知照是怎样的精神世界？不能处处体认天理，不思精神之道无穷，偏执于一化之生死，动不动就批评这个"唯心"、那个"唯心"，那么，几千年的精神史岂不变成了光秃秃的物质世界？那还如何撰写《中国精神通史》？因此，撰写《中国精神通史》，对圣人之道，贤者之书，明哲之教，皆应仔细体验领悟，知其宗旨与得力处，方敢登堂入室，张其灯火，明其光辉，见其精神朗朗者而书写之。这自然不是说不指出其局限性，特别是逸出时期的精神哲学家，大多有其偏颇之处，但这样做必须像伊川那样主一个"敬"字，尊重他们而后指出其不足，而不能只是一味的批判。

　　这就涉及精神史存在与史实问题，涉及材料应用与鉴别问题。不解决这个问题，《中国精神通史》也是很难贯通、很难立得住的。

七　关于材料的应用鉴别问题

　　中国文化有五千年乃至七千年的纵深历史，仅"正史"所记就有二千五百年的历史，若以《尚书》所记，有文字的历史就有四千三百多年，以《史记》所写《五帝本纪》算，则有四千六百九十多年的历史。这种纵深文化历史存在，是世界任何国家民族都没有的，是整个西方哲学社会科学从来没有面对过的。现在有人爱以卡尔·雅斯贝斯的"轴心时代"说事，好像中国文化的历史发展也服从雅斯贝斯"轴心时代"定律似的。其实，雅斯贝斯所说的"轴心时代"，乃是中国春秋战国时代，是"道术为天下裂"的时代，中国文化根本精神第一次逸出的时期。这样一个时期，怎么能成为文化历史的"轴心时代"呢？况且，这个时代乃是中国有文字历史的一半，五千年文化史或文明史的一半，而那一半，即公元前两千五百多年的文化史或文明史，并不是像雅斯贝斯所说的那样只是作为"神话时代"都一去不复返了，而是班班可考、历历可证的灿烂文化历史存在：它不仅记录着全世界其他任何民族都没有过的重大事件与特殊情况，有着从天道本体的最高法则引申出来的一整套政治文化制度，发展出了一种贯通天人的礼乐教化系统，而且在文化哲学上形成了以《易经》与《洪范》为核心的两大精神系统，智慧到达了"惟精惟一"的高度。这些都是西方哲学社会科学家包括雅斯贝斯从来没有面对过的文化历史事实，没有承受过的文化历史感，没有体验领悟到的精神性存在。面对着这样纵深的灿烂文化历史与精神性存在，我们怎么能够抛弃它，而以春秋战国为"轴心时代"，写《中国精神通史》呢？自然，五千年文化历史，有许多模糊不清的地方，甚至存在着一些记载的差错、混乱及相互矛盾的地方，特别是上古史"三皇五帝"的一些记载与传说，充满着各种神化离奇的成分。我们撰写精神史，涉及上古精神源头时，是不能不注意的，但绝不能因此就取消上古史，凡写哲学史、思想史或精神史，都应该以春秋战国为"轴心时代"写起。那样做是非常荒唐的，也是不负责任的。

　　撰写《中国精神通史》，特别是上古部分，虽然牵涉到民族学、民俗学、文字学、文献学、考古学、历史学的诸多研究与方法论问题，但怎样对待中国上古文化史，怎样看待那些记载中存在着差错、混乱及相互矛盾的上古史，以及充满神化离奇成分的"三皇五帝"记载与传说，仍然是关键问题。因为它不仅是撰写上古精神史必须解决的问题，而且由于种种原因被搞得特别混乱。但这不等于无法解决。撰写上古精神史，对于上述问题的解决，我将遵循如下的原则。

第一，将文字记载的上古史与传说中的上古史分开。现在《尚书》、《史记》所记载的上古史，主要是在黄河中上游高原地带发展起来的黄帝、帝尧、大禹等古华夏氏族部落的历史，而对于在黄河下游的泰山周围及淮泗一带发展起来的古代太昊（太皞）、少昊（少皞）、共工等东夷氏族部落的历史，则是没有或很少记载的；而这没有文字记载的历史却是留在人们的记忆里，在几千年氏族部落的群体参与、互动中被传说着的，这就存在着法国社会学家列维－布吕尔所说的通过种种形式的想象所发生的接触、转移、感应、远距离作用等原始思维中的"互渗"现象。因此，它在文化上增殖或衍生出一些东西，是不足为奇的。《山海经》所记载的太皞、女娲、少皞、帝俊（帝舜）、共工、蚩尤诸多古史人物的不同说法，就包含着氏族部落群体参与、互动中所发生的接触、转移、感应、远距离作用等"互渗"现象。《楚辞》、《庄子》中的上古史人物，也包含着这种成分。这些没有文字记载的东夷或南蛮氏族部落传说古史，虽然后来一些史书做了补记，如《帝王世纪》、《路史》等，但并不像《尚书》、《史记》所记的上古史可靠。因此，我们是不能把它当作真实无妄的上古史看待的，但这不等于这段上古史不存在，或者完全推翻它的存在，说它是"层层累加"的上古史、伪造的上古史。我们在使用这些材料时，不过要多加分析就是了。

第二，将历史哲学的说法与真实的上古史区分开来。秦汉以后的"三皇五帝"说，特别是"五帝"说，多受邹衍历史哲学"五德终始"说影响。历史哲学讲解社会历史现象，常常要服从某种先验论说法，即使这种说法宏大不经，多"怪迂之变"，不完全符合历史事实，也要把那些历史放到自己的哲学理论框架中以圆满其说。秦汉以后讲"三皇五帝"，说太皞木德、炎帝火德、黄帝土德、少昊金德、颛顼水德、帝喾木德等，就是受邹衍历史哲学"五德终始"说的影响而推算演绎出来的。汉儒（包括一些术士）这样做，无非推演出夏为木德、殷为金德、周得火德、秦得水德，而汉得土德，以土代水，为汉朝代替秦朝王天下寻找理论根据，制造合法性而已。但受此影响的"三皇五帝"说，则蒙上了"五德终始"的神秘色彩，特别是与谶纬说法联系在一起更是如此。但这种以邹衍历史哲学推演的"三皇五帝"

说，并不等于真实的上古史，它正如西方中世纪奥古斯丁历史哲学《上帝的都市》不等于真实的基督教史是一样的。尽管这种历史哲学的"三皇五帝"说充满了神秘成分，但不能以此就推翻整个中国上古史的存在，说它是伪造的。我们在使用上古史材料时，只要将它与历史哲学的一些说法区别开来，自然就会弄清真实的上古史。

第三，将秦汉以来儒家之说与功利学派之说分开。已故古史学家蒙文通讲到汉代今古文经学时曾经指出，当时不仅存在着今文经学、古文经学，而且还存在着东方学、南北学，存在着齐学、鲁学、晋学、燕赵之学、荆楚之学，特别是齐学、鲁学、晋学乃是当时势力强大的三大学派，其为学皆牵涉到古史。他们以不同的史观解释上古史，其为学是非常不一样的："鲁人宿敦礼让，故说汤、武俱为圣智；晋人宿崇功利，故说舜、禹皆同篡窃；楚人宿好鬼神，故称虞夏极其灵怪。"① 因此，研究撰写上古精神史时，对秦汉以来诸家之说，必须善于分辨与体悟：哪些出于纯正之学，是以圣人之道、圣人之情说古史的，哪些出于功利之学、霸王之术，是以利害之心附会扭曲古史的？哪些是纯真的精神存在，哪些是孟子所说的"野人之言"？切不可将那些杀《诗》《书》、摈仁义、法后王、贵己而贱人，以功利之说与利害之情所附会扭曲的古史，如《汲冢书》说"舜放尧于平阳"、《竹书》说"尧为舜所囚"之类，误以为真实的古史存在。

撰写《中国精神通史》，无疑应该建立在真实可靠的材料基础上。现在的问题是，不论出于何种原因，群体参与的、历史哲学的，还是各家说法的，撰写上古精神史，都面临着非常复杂的情况。对此，我们决不能只是简单地采取实证的方法，因为极为复杂的上古史，不是用实证方法可以解决的。疑古学派用实证方法建立所谓"科学的"中国古史，不但没有建立起来，反而把上古史搞得非常混乱。古史的存在与研究，并不仅仅是史实的考证与归纳，它还牵涉到群体参与、文化传播、历史哲学、价值判断以及极为复杂的族群思想和各种社会集团动机问题。不要说五千年前的古史无法实证，就算现代或当代一些历史事件，恐怕也是无法完全靠实证可以弄清楚的。更何况精神史乃是意义史，是意义世界、价值世界的存在史，形上世界史，不能体验之、领悟之，一切靠科学实证是不能解决的。现代科学乃是实证科学，是"纯粹事实的科学"，它原则上排斥回答人生意义问题，放弃形而

---

① 《中国史学史》，见《经史抉原》第242页，巴蜀书社1995年版。

上学关于最高与终极存在的思考，只见事实，而不见人，更不见人生价值意义与精神世界存在。惟此，胡塞尔才说，"在人生的根本问题上，实证科学对我们什么也没有说"；"实证主义的科学概念，是一个残缺不全的概念"①。

撰写《中国精神通史》，虽注重材料的真实可靠性，然"《六经》皆史也"，亦皆圣人之心也。圣人述《六经》，只是正人心，存天理，去人欲之私、邪妄之行，岂是放纵天下之欲，一任奸邪横行？是故处处是道是心，处处见精神。故孟子讲"仲尼之徒，无道桓文之事者，是以后世无传焉"。这是孔子述《六经》的家法，亦应是撰写《中国精神通史》的根本态度与所守法规，即对《六经》及各种典籍，仔细体验之、领悟之，宗圣人之经，体圣人之道，合圣人之心而不泥其迹，只写其纯正精神所在，而不搞歪的邪的，一切功利之心、利害之情、霸者事业，皆非《中国精神通史》所关注也。后世一切违背圣人之心、孔子之家法，以功利之学、霸者之术、奸邪之心，乱其经史者，皆应细心体悟鉴察而去之。即使考古学新发现，亦应与典籍记载相比较，仔细体悟鉴察，凡物的存在，皆体悟精神之所在，而不是追求史迹的存在。

八　关于《中国精神通史》的分期

一切学术上的分期，皆是为了应用，服务于学术研究的目的，不是为分期而分期。文化史、精神史的分期也是这样。要研究中国精神史分期，首先要弄清两个问题：一个是中国文化精神的源头问题。不弄清源头，从子学时代讲起，从先秦讲起，或从殷周讲起，其为分期，就不是整个中国精神史的分期，而是将它砍去了一半，讲后期的分期。这恐怕不行。二是要弄清分期标准。为什么这样划分，而不那样划分，要有个根据，不能只是依朝代先后划分为先秦、两汉、魏晋南北朝、隋唐、宋明等。它只是王朝政权更替秩序，而不具学术发展、精神发展上的内在逻辑。

关于中国文化精神源头问题，我在《绵延论》一书中曾提出，它"渊渊乎伏羲，积蓄于炎黄，大备于唐虞，经夏商周三代浩荡以天下"②。我至

---

① 《欧洲科学的危机与先验现象学》，《胡塞尔选集》下第981～985页，上海三联书店1997年版。
② 《绵延论》第111页，华夏出版社2012年版。

今仍然认为，这个提法是符合中国文化精神的最初发端与后来发展的实际情况的。因此，中国精神史的分期，我将仍然依此源头为起点划分。

关于中国精神史分期标准，我认为应依据中国文化精神发展跌宕起伏的内在逻辑，依据它自身价值体系内在的发展与演变。精神虽然是形而上的存在，是超有机体，然而它的产生与发展，却是植根于活生生的现实土壤中的，是随着中华民族的生活存在与生命发展而发展的。中国文化精神，渊渊乎伏羲，积蓄于炎黄，大备于唐虞，经三代而浩荡于天下。它经秦汉有五千乃至七千多年的文化历史。这漫长的文化精神发展，虽然随其内在价值的融会逐渐构成一个精神连续体，一种超越性精神体系，但每一个时期都是运动变化的，因而表现为不同的精神形态，不断显示为本原、中正、逸出的不同阶段及其周期性存在。

本原时期，是指本体大原发端时期，天道形而上学的发生及文化精神源头形成的时期。它包括（1）本原的创造，可简称原创时期，伏羲至唐虞，就属于这样的时期；（2）本原的追溯与积累，可简称原道或追本期，西汉就属于这样的时期；（3）本原的阐释，可简称释原期，宋明理学与心学，就属于这样的时期。

中正时期，是指文化精神的"刚中而应，大亨以正"，不偏不颇之期。它在本体论上，有唐虞的"惟精惟一"；有三代的"皇极"大中之道；亦有《易传》所讲"刚中而应，大亨以正"的存在。刚健中正是中国文化的根本精神，亦是其主流文化精神。

逸出时期，是指文化精神离开本原与中正，跌宕逸出之期。老子讲"曰大曰逝，曰逝曰远，曰远曰反"，在精神发展上，就可以视为一个不断跌宕逸出及回归本原的过程。逸出，从本体论上讲，有离根之逸、离原之逸、虚脱之逸。本体论上失据，离根之逸也；远离本原，搏击而出，离原之逸也；离本伤原，造成国家民族精神虚脱，虚脱之逸也。

本原者，心之本原也；中正者，心之中正也；逸出者，心之逸出也。精神上的刚健中正或逸出成毁，皆原于心也，皆原于本心之刚健中正与好逸邪恶也。

中国五千多年文化精神之发展，如果我们放大历史尺度，按照文化生命的本原、中正、逸出的不同周期划分历史阶段，那么，浩荡不息的中国文化生命精神，按此周期性存在及其跌宕起伏，则构成了一部雄浑、浩瀚、跌宕、辉煌的交响乐章。这部交响乐章，大体由一个序曲、三部大曲及非尾声组成。

　　序曲：渊渊其渊，浩浩其天——伏羲至唐虞时代。

　　第一部：维天之命，于穆不已——夏商周三代。

　　第二部：功业·道德·情操——秦汉至魏晋南北朝时期。

　　第三部：天理昭昭，灵明不息——隋唐宋明时期。

　　非尾声：晚明、清及近现代以来。

　　整个三部曲，每一个时期都是运动变化的，都存在着本原、中正、逸出的三个阶段。如第一个阶段，唐虞是本原时期，夏商周是中正期，春秋战国是逸出期；第二个阶段，西汉为本原时期，东汉武帝是中正时期，魏晋南北朝则是逸出时期。佛教文化的传入与发展，则是其逸出的继续。第三个阶段，隋唐是蓄养期，宋明理学包括陆王心学是中正时期，晚明泰州学派发展是逸出期，清及近现代只是这种逸出的继续。逸出期不见得没有精神发展，第一期的春秋战国之诸子百家，第二期的魏晋玄学及中国佛学，第三期的晚明泰州学派及清代戴震、魏源等诸人的学术思想，文化精神上皆是有所创造发展的，只是思想不够中正而已；特别是本体论上的失据，常常造成了精神上的洪荒。

　　逸出亦表示新的探索与追求。中国文化精神每一次逸出之后，不是精神的死亡，不是新康德主义所说的文化一次性存在之后的永久毁灭，而是新的精神复兴与创造性崛起。因此，整个中国精神史，每一个时期都是运动变化的，每个时期在经历了本原、中正、逸出之后，又以其不同形式向着本原、中正归复，造成新的精神复兴与创造性崛起，而且是以其更加深厚博大的内在价值体系，实现新的综合与融会。惟此，中国文化精神在几千年的发展演变中，才不断地融会吸收其他各民族的文化精神，一次次地实现新的综合与融会，并且每一次新的综合与融会都丰富扩大了它的新的价值内涵与生命精神。

　　正是这种不断的综合与融会，构成了中国文化生命精神的运动变化，也构成了它的发展。从这个意义上说，《中国精神通史》亦乃写中国文化生命精神运动变化史也。它从唐虞三代至唐宋元明清，一方面贯通一种刚健、仁义、中正、和平的生命精神；另一方面，以这种生命精神为价值轴心，随着各个时期社会历史条件的变化，又不断地呈现波动，发生跌宕逸出，及逸出之后向着本原中正的归复。《中国精神通史》正是按照这种精神发展的本原、中正、逸出的内在逻辑及其不断归复所构成的恢宏交响乐进行写作的。它的

第一卷包括从伏羲至唐虞序曲即本原时期、夏商周三代中正时期、晚周逸出时期；第二卷则是写秦汉本原时期、东汉中正时期及魏晋南北朝逸出时期。但魏晋南北朝时期出现了一个新的情况，那就是印度佛教的传入。由于当时中国一流的学者几乎都投入了佛教研究，它发展到隋唐，已是极盛时期。此时儒家精神虽然亦有发展，但已不占主导地位。撰写《中国精神通史》，如果不顾及佛教这种发展，只写少数儒家人物的精神追求，是很难将中国精神史贯通的。但这个时期的佛教已不是印度佛教，而是中国化佛教，是中华大乘佛教；对一些中国佛教学者来说，研究佛教，只不过是"借壳上市"，以佛教形式贯通中国文化哲理而已。因此，它所发展的仍是以中国文化哲理为内涵的新宗教思维形式，是中国文化新的精神形态。为《中国精神通史》之贯通，第三卷专门撰写了一部中国精神发展史雄浑浩荡之交响乐的变奏曲，即隋唐佛教中国化与精神创造的时期；而后是宋明理学之精神发展及晚明逸出之撰写为第四卷；清及近代以来，"六经开出新局面"的精神创造与开拓，撰写为第五卷。此即整个《中国精神通史》内在逻辑与精神发展之史也。

目 录

本卷概说 ……………………………………………………… (1)

第一章 远古深处的人文觉醒 ……………………………… (3)
    一 纵深的文化历史存在 ………………………………… (6)
    二 岩画的生命精神觉醒 ………………………………… (11)
    三 图腾崇拜的生命意识 ………………………………… (16)
    四 自然崇拜与龙凤精神 ………………………………… (21)
    五 日月神话的天道精神 ………………………………… (27)
    六 巫术的虚灵通神能力 ………………………………… (32)
    七 远古祭祀的祖先精神 ………………………………… (36)

第二章 伏羲炎黄时代的人文精神 ………………………… (45)
    一 遥远真实的伏羲时代 ………………………………… (47)
    二 伏羲文化精神的发端 ………………………………… (54)
    三 八卦创造与精神诞生 ………………………………… (57)
    四 两个源头与两种精神 ………………………………… (64)
    五 《坟》、《典》精神考释 ……………………………… (69)
    六 炎黄文化大宗的形成 ………………………………… (77)

第三章 唐虞时代与华夏精神 ……………………………… (83)
    一 文化发展与诸族融合 ………………………………… (85)
    二 宗教改革与唯天为大 ………………………………… (92)
    三 纯粹直觉与惟精惟一 ………………………………… (95)
    四 天道法则与伦理精神 ………………………………… (101)

五　皋陶的政治哲学思想 …………………………………… （104）
　　六　天下为公的政治理想 …………………………………… （108）
　　七　权力更替的禅让制度 …………………………………… （112）
　　八　唐虞时代的礼乐精神 …………………………………… （120）

第四章　三圣相继的夏文化精神 ………………………………… （125）
　　一　大禹的历史开拓精神 …………………………………… （127）
　　二　皇极之道的最高法则 …………………………………… （131）
　　三　五行：禹之乱教者乎？ ………………………………… （136）
　　四　《河图》、《洛书》精神解 ……………………………… （144）
　　五　铸鼎象物　以承天休 …………………………………… （152）
　　六　尊天命远鬼神的宗教观 ………………………………… （156）
　　七　"正德・厚生・利用"之治 …………………………… （159）
　　八　太康失国的历史哲学思考 ……………………………… （163）

第五章　虚静深厚的殷商文化精神 ……………………………… （169）
　　一　商族与商文化的发展 …………………………………… （170）
　　二　夏商文化的合流嬗变 …………………………………… （179）
　　三　汤代夏立的政治哲学 …………………………………… （183）
　　四　伊尹辅政的道德精神 …………………………………… （190）
　　五　殷商轶衰的中兴之道 …………………………………… （198）
　　六　祖宗意识与生命精神 …………………………………… （203）
　　七　殷商文化的宗教统合 …………………………………… （208）
　　八　贵族阶层与士人精神 …………………………………… （213）

第六章　殷周之变与精神发展 …………………………………… （219）
　　一　周朝兴起与道德立国 …………………………………… （221）
　　二　文王受命与道德领悟 …………………………………… （228）
　　三　文王演《易》的忧患意识 ……………………………… （234）
　　四　宗教改革与道德自觉 …………………………………… （239）
　　五　人性觉醒与精神发展 …………………………………… （244）
　　六　文化形态与哲学发展 …………………………………… （249）

第七章 "周道如砥"的刚健精神 …… (255)
  一　一个大匡大济的时代 …… (258)
  二　明哲爽邦的匡济精神 …… (265)
  三　《周书》的历史哲学 …… (279)
  四　《周易》的演德之学 …… (286)
  五　《诗经》的两周精神 …… (296)
  六　周公平治的礼教精神 …… (306)

第八章 晚周衰变与精神逸出 …… (321)
  一　神圣天命观的危机 …… (324)
  二　人本精神觉醒的先驱者 …… (330)
  三　纯一之道为天下裂 …… (336)
  四　王官失守与诸子兴起 …… (341)
  五　创造性思维与精神逸出 …… (347)
  六　天道性命之理的意识 …… (354)
  七　天下之学的理性自觉 …… (359)

第九章 贯通大道真脉的老子之学 …… (365)
  一　上古大道真脉的贯通者 …… (371)
  二　"尊道贵德"的生命精神 …… (379)
  三　"深矣远矣"的大道教理 …… (385)
  四　"守雌不争雄"的人生哲学 …… (391)
  五　"以百姓之心为心"的政治哲学 …… (398)
  六　"为天下浑其心"的内圣之学 …… (403)
  七　附：庚桑子、文子的《老子》精神阐释 …… (408)

第十章 孔子儒学契合天道的精神 …… (415)
  一　"祖述尧舜，宪章文武" …… (421)
  二　《周易》：由筮书到大道哲学 …… (426)
  三　大化流行的宇宙本体论 …… (432)
  四　尽性至命的最高价值论 …… (438)
  五　穷神知化的最高知识论 …… (442)

六　以神道设教与终极关怀 …………………………………（448）
　　七　以仁义之心契合天道至德 ……………………………（452）
　　八　"天下归仁"的社会理想 ………………………………（457）
　　九　《春秋》大义与彝伦大法 ………………………………（462）
　　十　附：曾子为学的伦理精神 ……………………………（467）

第十一章　墨子学说的尚同精神 ……………………………（473）
　　一　"背周道而用夏政" ……………………………………（476）
　　二　总天下之义尚同于天 …………………………………（482）
　　三　重建神性形而上学 ……………………………………（485）
　　四　神学体系与宗教信仰 …………………………………（491）
　　五　兼爱的普遍社会观念 …………………………………（496）
　　六　非攻与和平正义精神 …………………………………（500）
　　七　贤人之治的政治理想 …………………………………（503）

第十二章　孟子知性知天的心学 ……………………………（509）
　　一　从子思到孟子的先天之学 ……………………………（510）
　　二　本心良知的先天本体论 ………………………………（516）
　　三　心性涵养扩充与精神大化 ……………………………（520）
　　四　道德修养与人格精神追求 ……………………………（525）
　　五　正人心息邪说的承圣担当 ……………………………（530）
　　七　仁政理想与民本精神 …………………………………（534）

第十三章　庄子学说的超越精神 ……………………………（543）
　　一　一个掀翻"窠窟"的精神哲学家 ………………………（546）
　　二　"恢恑憰怪，道通为一" ………………………………（551）
　　三　廖天一处与天地精神往来 ……………………………（556）
　　四　逍遥·自适与至乐存在 ………………………………（561）
　　五　灵台·心斋与精神世界 ………………………………（568）
　　六　物物而不物于物的最高知识论 ………………………（574）
　　七　以道观物的众生平等观 ………………………………（582）
　　八　附：列子御风而行的生命精神 ………………………（587）

第十四章　荀子学说的德法精神 ……………………………… （593）
  一　周孔礼教德法的继承者 …………………………… （598）
  二　从孟子性宗到荀子相宗 …………………………… （604）
  三　虚一而静的大清明心相 …………………………… （610）
  四　生而离其朴的性恶论 ……………………………… （615）
  五　化性起伪的礼乐之教 ……………………………… （619）
  六　礼教德法的治国精神 ……………………………… （623）
  七　王道理想与富强追求 ……………………………… （628）
  附录：韩非子的法学精神 ……………………………… （635）

第十五章　其他诸子的人本精神 ………………………………… （641）
  一　邓析"视民而出政"的思想 ………………………… （642）
  二　尸子"执一以静"的为治精神 ……………………… （647）
  三　杨朱"为我"的存在哲学 …………………………… （650）
  四　子华子"全生为上"的生命哲学 …………………… （657）
  五　慎到"立天子以为天下"的政治思想 ……………… （659）
  六　尹文子"与众共治"的民主精神 …………………… （663）
  七　鹖冠子"神明者以人为本"的思想 ………………… （668）

第十六章　本卷尾声：走向新的综合 …………………………… （673）
  一　稷下学派与黄老新学 ……………………………… （674）
  二　《黄帝四经》的黄老思想 …………………………… （677）
  三　《管子》四篇的精神哲学 …………………………… （682）
  四　《吕氏春秋》的新政治哲学 ………………………… （690）
  五　集义：启开精神发展新航程 ……………………… （693）

本卷主要参考用书 ………………………………………………… （695）

本卷概说

孔子讲政治史，断自尧舜时代，故《尚书》第一篇即是《尧典》；但孔子讲文化哲学史，则是断自伏羲时代的，故《周易·系辞上传》说："古者包牺氏王天下也，仰则观象于天，俯则观法于地，观鸟兽之文与地之宜，近取诸身，远取诸物，于是始作《八卦》以通神明之德，以类万物之情。"伏羲《八卦》之作，既是对天地万物、宇宙法则秩序的哲学思考肯定与抽象，也是中国文化精神的诞生。故《中国精神通史》第一卷，研究中国文化精神源头及夏商周演变，不仅深入到前伏羲时代的纵深文化历史，更是把中国文化精神看作"发端于伏羲，积蓄于炎黄，大备于唐虞，经夏商周三代而浩荡于天下"展开叙述的。中国文化精神发展，《六经》是源，子学是流。整个《中国精神通史》第一卷都是围绕着"源"与"流"展开研究叙述的。全书16章，前8章讲"发端于伏羲，积蓄于炎黄，大备于唐虞"及夏商周的演变，为"源"；后8章叙述晚周诸子的文化哲学精神及其流变，为"流"。全书16章，加上"界说"、"自序"等，共70万余字。

《中国精神通史》第一卷不同于以往前辈哲学史或思想史者，有以下四点：

（一）超越疑古学派，打破哲学或思想史从子学时代或最多从殷周之际写起的局限。从先秦子学时代或从殷周之际写起，只写了中国五千年文化史或文明史的一半，那一半就被淹没了。《中国精神通史》第一卷则深入到前伏羲时代的纵深文化历史，然后从公元前两千四五百年开始，叙述中国文化精神"发端于伏羲，积蓄于炎黄，大备于唐虞，经夏商周三代而浩荡于天下"及晚周诸子流变，然后才能接续公元后两千多年的文化精神发展。这样，把中国文化精神五千年乃至七千年之赓续绵延连接起来。

（二）过去的哲学史或思想史，从先秦子学或老子写起，《三坟》、《五典》、《八索》、《九丘》、《河图》、《洛书》及伏羲之《八卦》、夏之

《连山》、殷之《归藏》、周之《周易》，皆不涉及，即使写文章偶尔涉及，多归之以"原始蒙昧"或"封建迷信"，不知其所包含的天道性命之理及祖先智慧与高深微妙之精神。写《中国精神通史》第一卷，不仅对上古乃至远古的这些原始著作看作上古精神史的组成部分，而且视其为上古乃至远古圣贤明哲的大智慧、大哲理所在，无不尽力探赜索隐、钩深致远，以揭示其深奥哲理与精神意蕴所在。

（三）材料运用，采取古典文献与文化考古、古代岩画相结合的方法。过去，胡适先生说"东周以上无史"，疑古学派把《尚书》中的大禹说成了一条虫子，《史记》中的黄帝成了"牛皮筏子"，《六经》成了"几本档案帖子，几张礼节单，几首迷信籤诗，几条断烂朝报"，整个上古史成了"层累造成"的虚假历史。因此，对上古史或远古史，多不敢涉及。《中国精神通史》第一卷，讲"中国文化精神源头及夏商周演变"，自然不能受此局限。现在文化考古学及大批岩画的发现，不仅揭示了中国上古乃是远古纵深文化历史的存在，而且说明中国五千年的文化史或文明史，是班班可考、历历可证的。

（四）研究方法采取形而上学与文化价值理解领悟相结合的办法。精神，本质上说就不是欲望、要求、目的、动机、情感、情绪一类心理学东西，而是超越欲望、要求、目的、动机一类具体利害之情，所发展出来的无欲思维形式，它在文化上属于真理、正义、至善、大公、大美、崇高、庄严、神圣一类至精至神存在。研究撰写精神史，与至精至神的形而上学存在打交道，若用知觉对着感官材料获得的经验知识那样去求索考证，则是不可能获得形上精神世界的。因此，《中国精神通史》第一卷写作，采取形而上学与文化价值理解领悟的方法，去看待上古一切文化遗存，包括古典文献与文化考古、古代岩画。凡物的存在，形器的存在，皆看到人的存在、精神的存在，而且将古代圣贤明哲复活，与之对话、沟通，理解其道德精神世界。

现在国家提出民族复兴。复兴到何处、怎样复兴、中国文化精神源头在哪里？是不能不知道的。摩尔根说，"人类的主要制度是从少数原始思想的幼苗发展出来的"；"近代文明吸收了古代文明中一切有价值的东西，并使之面貌一新；近代文明对人类全都知识的贡献很大，它光辉灿烂，一日千里，但是，其伟大的程度却还远远不能使古代文明暗淡无光，并使它沦于不甚重要的地位"。相信《中国精神通史》第一卷的撰写与出版，将对中华民族现代复兴提供一个精神本原性的思考。

第一章 远古深处的人文觉醒

内容提要： 文化精神乃是一个国家民族的生命精神。正如浩浩荡荡、舳舻千里的江河巨流有一个源头一样，中华民族的生命精神也有个源头。这个源头，哪怕最初只是一些冰雪融化的涓涓细流，或山涧渗淌出的一股股泠泠小溪，它也有个发源之地、汇合之处，然后才能成为波涛滚滚、一泻千里的泱泱大水系。要弄清中国文化精神源头，就要从哲学上解决宇宙万物本体论问题，解决人从哪里来、国家民族于何处发端问题。本章从古代岩画、图腾、神话及宗教祭祀，研究中国文化历史的纵深存在，通过岩画、图腾、神话、宗教祭祀的种种神秘思维，揭示了远古深处的人文精神的觉醒。

文化精神乃是一个国家民族的生命精神。我在《绵延论》一书中曾说："正如浩浩荡荡、舳舻千里的江河巨流有一个源头一样，中华民族的生命精神，也有个源头的。这个源头，最初哪怕只是一些冰雪融化的涓涓细流，或山涧渗淌出的一股股泠泠小溪，它也一定有个发源之地、汇合之处，然后才能成为波涛滚滚、一泻千里的泱泱大水系。"① 因此，研究中国文化精神，研究中国精神史，首先应该知道它的源头在哪里？然后才知道它是如何发展为浩浩不息的生命精神巨流的。

精神史之发展，总是和文化联系在一起的，和国家民族文化的形而上学存在联系在一起的，而不是一个自然史问题；特别是研究以形上之"道"为本体论的中国精神史，更是如此。因此，要弄清中国文化精神源头，从哲学上解决宇宙万物本体论问题，解决人从哪里来，国家民族于何

---

① 《绵延论》第112页，华夏出版社2012年版。

处发端问题，便成了古代精神史研究者的首要思考。耿耿河汉，茫茫宇宙，人从哪里来？国家民族发端于何处呢？这是一个人类学问题，也是一个哲学本体论命题。中国文化虽然也讲"惟皇上帝"①，但自汉儒以来，解此者莫不曰，"皇者，大也；上帝，天也"，并不像西方文化那样把整个天地万物及人类存在，皆归于宗教神性的形而上学存在，归于上帝创造，而是从哲学本体论，从一阴一阳之"道"的大化流行存在，讲天地万物创造，讲人的来源及国家民族发端，特别是随着中国文化的早熟，隐退了上帝，以形上之"道"代之以后，更是这样。如《列子》讲原始开辟，就是以"圣人因阴阳以统天地"开始的：

> 昔者圣人因阴阳以统天地。夫有形者生于无形，则天地安从生？故曰：有太易，有太初，有太始，有太素。太易者，未见气也。太初者，气之始也。太始者，形之始也。太素者，质之始也。气形质具而未相离，故曰浑沦。浑沦者，言万物相浑沦而未相离也。视之不见，听之不闻，循之不得，故曰易也。易无形埒，易变而为一，一变而为七，七变而为九，九变者究也，乃复变而为一。一者，形变之始也。清轻者上为天，浊重者下为地，故天地含精，万物化生。②

《淮南子》更是从宇宙本体论高度，讲天地万物创造的：

> 天地未形，冯冯翼翼，洞洞灟灟，故曰大昭。道始于虚霩，虚霩生宇宙，宇宙生气，气有汉垠。清阳者薄靡而为天，重浊者凝滞而为地。清妙之合专易，浊之凝竭难，故天先成而地后定。天地之袭精阴阳，阴阳之专精为四时，四时之散精为万物。积阳之热生火，火气之精者为日；积阴之寒气为水，水气之精为月；日月之淫为精者为星辰。天受日月星辰，地受水潦尘埃。③

不仅哲学家这样看问题，即使史学家，讲天地开辟、万物创造与古史发端，也是归于"道之根"，归于太极之道的存在的。皇甫谧撰《帝王世纪》，一开始便这样写道：

---

① 《尚书·汤诰》。
② 《列子·天瑞第一》。
③ 《淮南子·天文训》。

> 天地未分，谓之太易。元气始萌，谓之太初。气形之始，谓之太始。形变有质，谓之太素。太素之前，幽清寂寞，不可为象。惟虚惟无，盖道之根。道根既建，由无生有。太素质始萌，萌而未兆，谓之庞洪，盖道之干。既育万物成体，于是刚柔始分，清浊始位。天成于外而体阳，故圆以动，盖道之实。质形已具，谓之太极。①

宇宙万物，皆因于道，皆是顺太极之动静而条理的，皆是以此为大始而成万物的。此乃宇宙万物所以有统有行者也。由上可知中国文化是怎样将人的生命、国家民族发端归于天的法则、宇宙法则，归于形上之"道"，归诸大道本体了。故曰"民受天地之中以生，所谓命也"②；故曰"天生烝民，有物有则。民之秉彝，好是懿德"③。中华民族的生命是渊源于天的，"好是懿德"本性是天所赋予的。从根本上说，中华民族是本于天、原于天的民族。溥博如天，渊泉如渊，民见之莫不敬也；渊渊其渊，浩浩其天，聪明睿智达于天乡，能够从那里获得道德，方是精神世界源头所在。讲文化历史先从哲学本体论写起，这似乎与历史著作本身的内容距离甚远，然惟此写法，方可以看出它为中国文化历史存在提供了怎样坚实的哲学基础。讲国家民族发端与精神源头，撰写《中国精神通史》开卷，自然也需要这样的哲学基础。

世界古老文明民族的宗教神话，大都是从宇宙结构法则秩序的对称、均衡、和谐、美好、有序，获得真理、正义、和平、纯真、至善及自然法与国家观念的。宇宙结构法则秩序，即是天道，即是天的法则秩序。那么，本于天、原于天的中华民族，是怎样从天道法则秩序获得种种美好观念，获得自己精神世界的呢？这是今天研究撰写《中国精神通史》首先应该解决的问题。但由于时间远古，风沙弥漫，历史的道路几乎全被尘封，要讲清这个问题并非易事。关于中国文化精神源头问题，我在《绵延论》一书中曾提出"渊渊乎伏羲，积蓄于炎黄，大备于唐虞，经夏商周三代而浩荡于天下"④的论断。把中国精神史发端断于伏羲时代，那么，在这个时代之前是怎样一种纵深的文化历史存在与精神存在呢？这是撰写《中国

---

① ［晋］皇甫谧《帝王世纪第一》。
② 《左传》成公13年。
③ 《诗经·大雅·烝民》。
④ 《绵延论》第156页，陕西人民出版社2003年版。

精神通史》不能不过问的。因此，在把中国精神史发端断于伏羲时代时，弄清远古纵深的文化历史存在与精神存在问题，弄清当时人文觉醒与精神发生，以及这种觉醒与发生怎样与天道法则秩序相联系一类的问题是必要的。为此，本书开章之初，就只有先深入到远古岩画、图腾、神话、巫术与宗教祭祀的各种神秘思维，研究它们怎样会通于天、会通天道本体了。而断于伏羲时代的《中国精神通史》，第二章才是它的真正开始。

那么，远古文化历史究竟是怎样一种纵深存在呢？远古岩画、图腾、神话及宗教祭祀的种种神秘思维是怎样会通于天、会通于天道的呢？本章一步步研究叙述这些问题。

一　纵深的文化历史存在

中国虽自古以来是一个文物兴盛的国家，然而关于远古时期人的生活情形与言行事迹的记载，则大都淹没泯灭了。惟此，屈原才感慨地发问："远古之初，谁传道之？上下未形？何由考之？"① 虽然后来有"三皇五帝"之说，但时间遥远，记忆渺茫，其为事迹，也是若存若亡、若觉若梦一般的存在；特别是远古没有文字的文化历史，只是凭记忆和口传，更是或隐或显，说法不一。但这不等于说上古史之不存在。我们通过古籍的片言只语或偶然的记述，还是依稀可以看到远古时期人的生活情形与言行事迹的。因为这片言只语或偶然记述，并非完全出于杜撰，而是后世对远古文化历史的记忆、回忆、口传的一种描述。尽管这种描述是偶然的，有时甚至是相互矛盾、相互对立的，但决不能说它纯是胡编乱造的。例如道家庄子讲至德之世与史学家皇甫谧讲帝王世纪开辟，就是两种不同的古史存在的描述。庄子讲至德之世说：

子独不知至德之世乎？昔者容成氏、大庭氏、伯皇氏、中央氏、栗陆氏、骊畜氏、轩辕氏、赫胥氏、尊卢氏、祝融氏、伏羲氏、神农氏，当是时也，民结绳而用之，甘其食，美其服，乐其俗，安其居。②

而皇甫谧讲帝王世纪的开辟，则说：

---

① 《楚辞·天问》。
② 《庄子·胠箧篇》。

及女娲氏没，次有大庭氏、柏皇氏、中央氏、栗陆氏、骊连氏、赫胥氏、尊卢氏、浑混氏、昊英氏、有巢氏、朱襄氏、葛天氏、阴康氏、无怀氏，凡十五世，皆袭庖牺之号。①

依庄子所说，容成氏、大庭氏、伯皇氏、中央氏、栗陆氏、骊畜氏、轩辕氏、赫胥氏、尊卢氏、祝融氏一系列至德之世的存在，似乎是前伏羲氏时代的不同氏族部落；而依皇甫谧《帝王世纪》所说，大庭以下诸氏族部落，则是后伏羲时代的存在了，而且多出了浑混氏、昊英氏、有巢氏、朱襄氏、葛天氏、阴康氏、无怀氏，少了容成氏。班固也认为这些氏族部落，皆属后伏羲时代的存在，故其《汉书·古今人表》亦是如此制作的；后来《礼记》正义②及《初学记》③等书，皆从其说。直到清人马骕作《释史·太皞世系图》，亦采用此说。对此，我们能不能说道家庄子的著作多"谬悠之说，荒唐之言，无端崖之辞"，是完全不可信的呢？恐怕也不能这样说。我们知道，道家庄子之学是以自然本体论为宗看待文化历史与精神存在的，即人类社会愈是远古，其为道德精神世界就愈高尚；愈是近世，道德精神世界就愈是被异化，愈是显得浇薄鄙俗。庄子讲"至德之世，其行填填，其视颠颠。山无蹊隧，泽无舟梁，万物群生，连属其乡，禽兽成群，草木遂长，是故禽兽可系羁而游，鸟鹊之巢可攀援而窥"；讲"至德之世，同与禽兽居，族与万物并，同乎无知，其德不离；同乎无欲，是谓素朴"④；而进入有文化的社会，"自虞氏招仁义以挠天下也，天下莫不奔命于仁义，是非以仁义易其性；自三代以下，天下莫不以物易其性矣"⑤，就是以自然本体论为宗，看待文化历史与精神存在的论述。在庄子看来，愈是远古，就愈是天放自然，而愈是近世，文化愈发展，人的存在就愈是削其情性，深乖造化，违背本性，异化为非自我存在，而道德精神世界也就愈低下、愈不淳朴，天性自然而成为流俗情伪的存在者。从这种自然本体论哲学出发，道德精神世界自然愈是远古就愈好了。因此，不论是《庄子》讲至德之世的容成、大庭诸氏族部落存在，还是讲五帝以上淳

---

① 《帝王世纪第一》。
② 《礼记》正义卷一。
③ 《初学记》卷九。
④ 《庄子·马蹄篇》。
⑤ 《庄子·骈拇篇》。

朴无为之风，皆是不能视为前伏羲时代的氏族部落存在及道德精神的真实状况。但庄子是应世挺生的哲学家，其致远古宏深之说，讲至德之世之古史，也绝不是凭空妄说。《史记》讲"昔无怀氏封泰山，禅云云；虙羲封泰山，禅云云；神农封泰山，禅云云"①，就是将无怀氏放于伏羲氏之前的；罗泌《路史》，亦是谓无怀氏为前伏羲时代的氏族部落的。据此种种，恐怕谓庄子所讲的古代氏族全为凭空妄说，也是不太合适的。

尽管我们对这些氏族部落存在于前伏羲氏时代还是后伏羲时代无法详加考证，但它们能以一个世系存在，并有如此众多的氏族部落构成上古文化历史存在，则可证中国古史之纵深久远。自然，能够以此构成此种宏深久远古史的，并不只上述氏族部落，还有燧人氏、成鸠氏、狶韦氏、冉相氏、东户氏等。《尸子》讲"燧人上观星火，下察五木以为火"②；《鹖冠子》讲"彼成鸠氏天，故莫能增其高，尊其灵"③；《庄子》讲"夫道，狶韦氏得之以挈天地"④；"冉相氏得其环中以随成，与物无终无始，无几无时"⑤；以及《子思子》讲"东户氏之熙载也，绍荒屯，遗美好，垂精拱默而九寰宇以承流"⑥ 等，就是讲的燧人氏、成鸠氏、狶韦氏、冉相氏、东户氏等以世系或时代而存在的氏族部落。

对于这些古代氏族部落，虽不好说它们就是以序排列的古史存在，但应该说它们的盛衰成败与消亡，则是上古存在过的。以容成氏而论，它不仅存在于《庄子》一书中，其他书也屡屡提到，如《淮南子》讲"昔容成氏之时，道路雁行列处，托婴儿于巢上，置余粮于畮首，虎豹可尾，虺蛇可蹍，而不知其所由然"⑦ 等，讲的就是容成氏族部落存在状况。1993年荆门郭店楚墓所出土的竹简文献，有一篇叫《容成氏》⑧。它与出土的

---

① 《史记·封禅书》。
② 《尸子·君治》。
③ 《鹖冠子·王鈇第九》。
④ 《庄子·大宗师》。
⑤ 《庄子·则阳篇》。
⑥ 《释史》卷1引。
⑦ 《淮南子·本经训》。
⑧ 《上海博物馆战国楚竹书（二）》第93~146页（版图），249~293页（释文），上海古籍出版社2001年版。

《唐虞之道》、《子羔》两篇一样，皆是讲古代禅让制度的。《容成氏》不仅讲唐、虞及尧、舜、禹禅让之史实，而且一开始便讲"……［尊］卢氏、赫胥氏、乔结氏、仓颉氏、轩辕氏、神农氏"等氏族部落之有天下也，"皆不授其子而授贤"的上古禅让史。它虽出于战国时期，然亦可证明容成氏族部落于上古存在为不假。禅让本来是中国古代政治权力更替的理想形式，它在夏以前应是普遍实行过的一种政治制度，后世出于功利之学的思考，或受西方历史哲学的影响，遂以为是"虚言"或"在想象中构成的乌托邦"存在。但不管怎么说，容成氏族部落于上古存在，应该说是属于历史事实的。《世本》有"容成造历"[①] 之说，不过它放于黄帝之下，故宋衷注曰："容成，黄帝史官。"不管容成氏是否真为黄帝史官，它的存在大概多少与天文历法发明有着某些关系。由此也可知《庄子》讲"容成氏曰'除日无岁，无内无外'"[②]，不是没有根据的。这些氏族部落于古史中存在次序，虽然无法详加考证，但其存在构成了一部中国古史纵深宏远的存在[③]，则是无疑的。

这些于上古纵深存在的氏族部落，亦是有自己精神的。这种精神存在，若借用《泰晤士报》主编（Jessica Rawson）的话说，即在绵延不绝的中国文明背后有着"深藏的灵魂"[④]。因此，上古纵深久远的文化历史存在，亦乃精神史之纵深久远存在也。这种存在究竟是怎样的，我们虽然可以从后人描述中推测想象它的某些状况，但由于后人皆是从各自学说出发作这种描述的，因此，不论是《庄子》所讲，还是《子思子》、《淮南子》

---

① 《世本作篇》。
② 《庄子·则阳篇》。
③ 《释史》引《春秋元命苞》说："天地开辟至春秋获麟之岁，凡二百二十六万七千年，分为十纪。其一曰九头纪，二曰五龙纪，三曰摄提纪，四曰合雒纪，五曰连通纪，六曰叙命纪，七曰循蜚纪，八曰因提纪，九曰禅通纪，十曰疏仡纪"；引《丹壶书》说："皇次四世，蜀山陊傀六世，潭敦七世，东户十七世，皇覃七世，启统四世，吉夷四世，几渠一世，狶韦四世，大巢二世，遂皇四世，庸成八世。凡六十（八）［七］世"；及"仓颉一世，柏皇二十世，中央四世，大庭五世，栗陆五世，丽连十一世，轩辕三世，赫胥一世，葛天四世，宗卢五世，祝融二世，昊英九世，有巢七世，朱襄三世，阴康三世，无怀六世。凡八十（八）［九］世"。此纬书及道家之说，虽不足信也，然远古文化历史之纵深久远之存在，亦可想见。
④ 李零著《简帛古书与学术源流》第10页，生活·读书·新知三联书店2007年版。

所论，皆是不可作为纵深宏大古史之充分根据的。远古之时，文字未兴，史官未设，历时久远，史迹失坠，只是凭着族群记忆或口传古史的片言只语与偶然记述，是不可妄称上古精神史的，更是不能按照某种历史哲学所作的神圣"三皇"之说，或据纬书关于古代氏族神异描绘，强去划分哪些是前伏羲时代的氏族部落，哪些是后伏羲时代的氏族部落的，真的那样做，是非常愚蠢荒诞的。但是，上古纵深文化历史的真实存在，也是不容否认的；我们据此推知上古精神史的纵深存在，推知中国文化精神源头久远，也是没错的。

自然，这样做是非常不容易的。因为上古文化历史的存在，不仅已经淹没在黄沙滚滚之中，历史深处的人文精神也被遮蔽，即使那些没有完全被淹没、尚留在人们记忆中的部分，也在长期氏族部落的群体参与互动中衍生出许许多多离奇古怪的东西，更何况进入晚周以后，道术为天下裂，百家之学，往而不返，皆以一察之见，解释古史存在，更使其精神史云遮雾障。因此，即使努力通观达识，明其流变，去其遮蔽，真正从文化发生与道德意识萌发上，讲清远古深处的精神觉醒也是不容易的。

精神史者，文化精神之史也。人的精神世界是随着文化创造和道德意识萌发而产生的，是随着宗教的、神话的形而上学不断提高升腾而发展起来的。它乃是人的一种道德觉醒与理性自觉，并非仅仅是人之先天道德本性的自然流露，或无文化的自然淳朴德性。人的先天道德本性的自然流露，固然有其本质的一面，然就人的形上道德意识与精神世界而言，仍然是处于无知状态的。孔子所讲"一阴一阳之谓道，继之者善，成之者性"，"百姓日用而不知"①，就是指这种无知状态而言的。人虽有先天道德本性，但它又是杂气质而存在的。成性存存，道义之门。人只有获得"道"的存在，"神而明之，存乎其人。默而成之，不言而信，存乎德行"，才能逐渐发展起自觉的道德精神世界。存之即为君子，即为理性自觉者；放下即为庶民，即为懵懵懂懂存在者。故孟子讲："庶民去之，君子存之。"②远古纵深的文化历史虽然被淹没了，但尚有远古的岩画、图腾、神话与宗教祭祀的种种遗存。因此，我们研究远古深处的人文觉醒，研究上古精神史发端，仍可以从岩画、图腾、神话、巫术与宗教祭祀遗存的神秘形上思

---

① 《周易·系辞上传》。

② 《孟子·离娄下》。

维中，探索它的发展踪迹。

二　岩画的生命精神觉醒

宇宙万物，变动不居，驰骛不息，但有一样东西，从古到今，是没法轻易改变的，那就是岩画。它虽然也被风雨侵蚀、人力破坏，但不论是完整的还是残迹，现在从已发现的古代遗留岩画，依稀可以看出古代人类生命的痕迹。因此，我们研究古代人的自我生命精神觉醒，首先应该深入研究岩画，然后再深入到古代巫术、原始宗教、神话存在，进一步看看这种生命精神是如何发展的。

古代文化历史的深远存在，一方面随着时间推移，被滚滚黄沙所淹没，遭是是非非而搅乱；另一方面，由于某种偶然机遇，它又不断被发掘发现，露出某些真迹。这种文化历史真迹的发现，由于它打开了某些新领域，不仅会带来新学问的兴起，有时也强有力地拯救着学术危机。近世上古文化历史的研究正是这样。上个世纪初，当一些饱学疑古之士试图掀翻整个中国上古史之存在时，古籍之外的原始文物发现则一次次拯救了古史研究的危机。最初是甲骨文的发现与大量发掘。疑古学派最初连周史都不想承认①，更不要说殷商之史了。但甲骨文的发现及其在20世纪初的大量发掘，特别是甲骨文所刻王号研究，则证明了一部完整的殷商历史存在。而后是20世纪初数以万件商周青铜器的大量发掘及其他文物相伴出土。它虽为殷周文物，但它反映的却是古代宗教信仰、礼仪制度与文化精神的赓续绵延。因此，商周青铜器研究不仅超出了金石学范围，也为研究远古以来文化历史及其宗教信仰、礼义制度与精神发展提供了有力证据。而后是文化考古关于新石器时代大量陶器的发掘。不计其数的灰陶、黑陶及数以万计的彩陶，不仅以它的绚烂纹饰、完美技艺、变化形态向世人证明了中国上古史的灿烂存在，而且其地理分布、文化关系、渊源流变及其纹饰内涵，使文化史学家不得不重新认识中国远古以来的文化历史存在及其精神发展。而后是20世纪70年代以来马王堆汉墓帛书与银雀山、八角廊、

---

① 胡适在《中国哲学史大纲》上卷的导言中认为，《易经》只是"一部卜筮之书"，《书经》缺乏史料价值，"东周以前的中国古史，只可存一个怀疑的态度"，商务印书馆大学丛书1936版。

双古堆、张家山汉墓竹书及郭店、慈利楚墓竹书的发现。大量佚书的出现，特别是它所提供的古书最早本子及其所记载的古史内容，不仅使我们对古书的时代、传播、真伪、流变有了进一步认识，而且在许多方面澄清了被疑古学派搅浑了的上古史。过去，不要说西周、东周、殷商、虞夏，即使秦代、两汉文化历史，也是浑浊不已、模糊一片的，现在它们作为全新领域展现在了世人面前。凡此皆是通向远古深处人文精神觉醒之路的文化历史基础，不仅为我们研究上古史搭建了新的平台，也为我们研究远古人文精神觉醒提供了可能性。

在考古原始文物遗存的发现中，对研究远古人文精神觉醒富有意义的，还有一件是值得人注意的，那就是古代岩画。岩画是从古到今唯一没法改变的遗存。中国古籍对岩画早已有记载，如郦道元的《水经注》，但对它的大量发现与研究，则是20世纪50年代以后，80年代渐渐进入学术研究视野。现在发现的古代岩画，已多达10万余幅，遍布中国境内。它北起内蒙古高原，西从内蒙古阴山南麓，沿黄河而上，则有山西，宁夏、甘肃、青海、新疆，从内蒙古东部向东北发展到辽宁、黑龙江，向东南发展到山东、江苏、福建与台湾万山一带，西南则有四川、贵州、云南，而南方则有广西、广东等地。据研究，这些岩画有的比甲骨文、青铜、彩陶等古代文物遗存的年代还要久远，有的学者断代推测说一些"岩画是远古人类的早期作品"①；更有学者认为最早遗存达3万余年②。不过，从岩画的腐蚀风化状态看，岩画遗存历时比较久远，最早属旧石器时代晚期，有的属于新石器时代。陈兆复先生分析北方地区的史前岩画，判断为"距今约一万年至三千年，包括新石器时代的早、中、晚各个时期，或许可能还要更早一些"③。对研究远古深处的人文精神觉醒富有意义的，是那些旧石器时代晚期及新石器时代的岩画遗存。

现在，世界各地都发现有岩画，法国拉斯科（Lascux）地区、西班牙阿尔塔米拉（Altamira）地区的山洞岩画，就是最有名的岩画。但中国岩画的大量发现，则对研究中国远古深处的人文精神觉醒有着特殊意义。因为这些岩画不仅具有世界一般岩画的内容，如狩猎及野牛、山羊、马、

---

① 周兴华编著《中卫岩画》第31页，宁夏人民出版社1991年版。
② 盖山林著《中国岩画学》第283页，中国社科文献出版社1995年版。
③ 陈兆复著《中国岩画发现史》第335页，上海人民出版社2009年版。

狼、狗等动物图画遗存，更有反映中国远古氏族部落的原始思维与精神存在的特有内容；特别是关于生命精神觉醒的岩画，它较典籍之叙述要具体生动得多。凡此都是通过岩画人物形象磨刻或磨砺之特有内涵表达出来的。

达尔文曾经指出，人性中有一种本能，就是"人总是要对自然所赋予他的任何特征表示赞赏，并且往往还要试图加以夸大"①。人的这种对自我特征的赞赏，其实是一种自我生命意识的觉醒。人的这种意识愈是觉醒，就愈是要自我表达，其中一种方式就是在岩石上作画，对自然所赋予他的某些特征表示赞赏。这就像文明人题字名山，留下自己的思想与感受一样。古代岩画，本质上说就是远古时期人的生命意识觉醒的自我赞赏！这种赞赏，虽然可以是自然所赋予人的任何部位特征，但能够唤起人自我欣赏的，则是他的面部：脸、眼睛、鼻子、嘴、胡须、头发等。这正如今天文明人讲美貌，把脸当作打扮鉴赏的主要部位一样，在远古氏族部落那里也是把脸当作自我刻画磨砺中心的。由此我们也就不难理解，从内蒙古阴山、宁夏贺兰山到江苏连云港将军崖的所有岩画，虽然内容极为丰富，但为什么集中到一点就是磨刻或磨砺人的头像了；并且在磨刻或磨砺头像时，都表现出试图加以夸大的成分，狼山大坝沟圆形人面岩画（图1.1）及贺兰山口的方形人面岩画（图1.2），就有这种明显的特征。这种大圆或宽大脸形的岩画虽有夸大的成分，但在南方岩画中是绝对少见的。因此可以看出，它属于远古北方氏族部落独有的文化遗存。岩画的意义自然不好解读。但高嵩教授父女从文字学、音韵学、文献学诸多

图1.1 狼山大坝沟巨大人面岩画

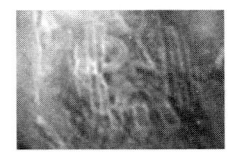

图1.2 贺兰山方形人面岩画

考古方面用力，曾把贺兰山口的方形人面岩画解释为对帝尧（放勋）的称颂与祭祀②。

人的自我生命意识是伴随着文化发展而觉醒的，并不只是本能的表现。因此，任何自我生命意识觉醒，都是一种文化觉醒，都是某种文化意

---

① ［英］达尔文著《人类的由来》第878页，商务印书馆1983年版。
② 高严、高原著《岩画中的文字和文字中的历史》第86~88页，宁夏人民出版社2007年版。

识的自觉。尽管这种觉醒或自觉并不一定完全属于知识理性的，可能还包含着某种神秘意识，包含着一些混沌的模糊不清的成分，但它一旦含有文化意识，一种意识到的自我生命存在，岩画人物造型，包括它的磨刻或磨砺，就不只是对人的自然特征的模拟，而是赋予了它某种文化意义，赋予它自我意识到的某种神秘精神性存在。人的这种生命意识之觉醒，无疑是从意识到自身存在开始的，即自我生命是从哪里来的。人的生命是从哪里来的？氏族部落的生命是从哪里来的？这在文化低层次上讲，在世俗的形下意义上讲，就是内蒙古、新疆等地一些生殖崇拜岩画遗存。但是中国这个民族，从远古时候起，就是把自我生命与天的存在联系在一起的，就是属于本于天、原于天的民族。惟此，才是上天之子，才是"皇矣上帝"的孩子。那天，那"皇矣上帝"，就是皓肝光明的存在，就是光芒四射的太阳所在。《山海经》讲"东南海之外，甘水之间，有羲和之国"，就是讲的崇拜太阳、崇拜光明、崇拜羲和美好的国度；而讲"有女子名曰羲和，方日浴于甘渊，生十日"① 云云，意即日（太阳）乃羲和女子所生，亦人之子也。这种神秘的天人合一思考，不仅把人的自我生命本原提升到了天和太阳存在的高度，而且也把天的存在、太阳的存在贯通了人的生命，使人的生命成为天、太阳一般的人格神存在了。在这种天人合一的神秘文化哲学里，人就是太阳，就是天；天就是人，太阳就是自我生命存在。明白了这种原始文化哲学的神秘意义，我们就不难理解从江苏连云港将军崖，到内蒙古阴山、狼山、桌子山及宁夏贺兰山等地所遗存的大量太阳神性人面岩画的意义了。这种意义显示要以内蒙古桌子山苔烧沟人面岩画遗存最为典型（图1.3）。它是人面岩画，又是太阳神性存在。这种太阳神性岩画，并不是出于巫术"相似律"对太阳形象的模拟，而是远古氏族部落出于"人本乎祖，万物本乎天"的本体论思维，即相信天为人的生命本源，太阳即是祖先神存在。如果将桌子山人面岩画与郑州大河村所出土的太阳神性彩陶文饰（图1.4）相比，则可以看出它们几乎是出于同样的太阳神性思

图1.3　桌子山类圆人面岩画

图1.4　郑州大河村出土太阳陶纹

---

① 《山海经·大荒南经》。

维，虽然前者属于6000年左右的新石器时代遗存，后者属于仰韶文化时代遗存，时间要晚一些，但其神秘的天人思维，则是一脉相承的。由此我们也就不难看出，中国远古以来文化哲学精神的发展具有怎样的相续绵延性了。

人的神性发展，最终是人的精神性发展。这种发展就是相信人作为上天之子，作为太阳祖先神的后代，具有天、太阳祖先神的神性能力。这在岩画中就是表现神性自我与天之本原相接，与天神进行精神交通的磨刻或磨砺。这不是现代人所讲的神异功能，而是古代氏族部落人的一种精神性发展。它对现代人来说也许是不可理解的，然它在远古氏族部落那里，则是符合神秘的天人合一原始思维的。因此，它在内蒙古桌子山岩画中出现了一种非常奇异的人头岩画，即原来的太阳神性类圆人面岩画忽然拉长，头顶长出了一个类似天线似的角，如四川三星堆出土的神异纵目人青铜头像（见彩图1）。把它解释成帽子是不合理的，因为远古时期没有这般帽子编织物。它实际上是人与天之间进行精神交通的一种写照，是远古氏族部落的神秘宗教意识、祖先神情感与自我精神力量的一种特殊表现形式。它们的文化意义，就是相信人与天可以相交通。桌子山头顶长角岩画（图1.5）与四川三星堆出土的神异纵目人青铜头像是颇为相似的。不过，桌子山头顶长角岩画所表示的是天人精神交通图，而纵目人青铜头像长了两个夸大的长耳朵，眼睛凸出有两个橛子，则很像后来小说中的顺风耳和千里眼。《封神演义》中两个神力巨

图1.5 桌子山头顶长角的岩画

大的人物，一个叫高明，一个叫高觉，也是类似形象。《山海经》中的"一人三首"① 或 "一首三身"②，以及佛教的千手观音，也属这种形象。相信人的神性存在与自我神性能力，相信自我可以与天之本原相接，与天进行精神交通，今天看来是不可思议的，但在远古氏族部落的神秘思维那里，则是一种自我精神性存在，一种自我高明的精神发展与自觉。这种精神性发展与自觉，同样不是根据"相似律"对太阳神性存在的模仿，而是中国远古氏族部落的天道本体意识最为原始的神秘表现形式。

---

① 《山海经·海外南经》。

② 《山海经·海外西经》。

这种与天相交通的生命意识反映到远古氏族部落群体生活的岩画，则表现为最为原始的集体生命精神之觉醒与信仰信念之建立。不论是连云港将军崖的神灵崇拜图，还是内蒙古阴山、宁夏贺兰山的人面纹图，抑或新疆阿尔泰山的生殖崇拜图、云南沧源的村寨图，所有由人与半生符号构成的群体生活岩画，都表现了人的生命精神觉醒，人特有的信仰信念的精神形式。但岩画是一种综合性的原始思维与文化创造：它作为原始思维形式，既表现为自然崇拜、实物崇拜、祖先崇拜、鬼神崇拜等神秘思维形式，也杂有混沌意识、万物有灵观、前万物有灵观等；而作为原始文化创造，则表现为图腾、神话、巫术、宗教祭祀诸多遗存，显示为不同的精神性存在。因此，要研究远古深处的人文觉醒，研究远古氏族部落的文化意识与精神状态，还必须深入到图腾、神话、巫术、宗教祭祀的文化遗存中去，然后才能弄清中国文化精神源头所在。

图腾、神话、巫术、祭祀，皆属原始文化神秘思维，而且其思维形式是相互关联的。但图腾崇拜思维形式在文化上相对属于低级形态。我们的研究首先从图腾崇拜开始，看它表现为一种怎样的生命意识，然后再进一步研究神话、巫术、宗教祭祀包含着怎样的人文精神觉醒。

三　图腾崇拜的生命意识

何谓图腾？就其文字音义讲，图腾（Totem）两字，乃是从北美印第安人土语转化而来，意为"彼血之族"。其实，图者，图像也；腾者，升腾也；图腾者，由动植物或无生物崇拜所升腾之图像也。它乃是远古氏族部落的一种宗教信仰，即相信自己的氏族部落与某种动植物（包括无生物）有着特殊的亲属血缘关系，因而把它作为保护者或文化象征而成了氏族部落图腾崇拜对象。不论何种图腾，皆是人赋予动植物或无生物的某种文化意义存在：或为祖先神存在，或与之有亲属血缘关系，或有恩于氏族部落等，因而才作为一种文化象征或氏族部落标志，成为图腾崇拜对象存在的。

图腾崇拜虽然包括无生物，但主要是以动植物为崇拜对象的。所以如此，实乃远古氏族部落处狩猎采集阶段，对某些动植物感到神秘，因而产生崇拜、畏惧或亲和感而成。人类社会发展大都经过原始狩猎采集阶段，故不同国家民族远古氏族部落阶段都普遍存在着图腾崇拜现象。中国远古时期也不例外。《史记》讲黄帝"教熊、罴、貔、貅、虎，以与炎帝一战于阪泉之野"①。这里，熊、罴、貔、貅、虎，就是不同氏族部落图腾标记。《山海经》讲"大荒之中，有中容之国。帝俊生中容，中容使四鸟：虎、豹、熊、罴"；"大荒之中，有自民之国。帝俊生帝鸿，帝鸿生自民，使四鸟：虎、豹、熊、罴"②；或讲"大荒之中，有叔歜国。颛顼之子，使四鸟：虎、豹、熊、罴"；"有北齐之国，姜姓，使虎、豹、熊、罴"③。这里的虎、豹、熊、罴，皆是氏族部落图腾。这种动物图腾崇拜在古代氏族部落是普遍存在的。《说文》训"蛮"、"闽"曰："蛮，南蛮，蛇种；闽，东南越，蛇种。"训"羌"曰："羌，西戎牧羊人也。南方蛮、闽，从虫；北方狄，从犬；东方貉，从豸；西方羌，从羊。"这种训释透露出一个讯息，即蛮、闽、狄、貉、羌之为中国古代氏族部落组织，分别是以蛇、犬、貉、羊为图腾的。这不是贬称，而是远古氏族部落对图腾文化的一种认同。当时以动物为氏族部落图腾是寻常事，而且充满自尊感。《山海经》讲"大荒之中，有山名曰融父山，有人名曰犬戎。黄帝生苗龙，苗龙生融吾，融吾生弄明，弄明生白犬，白犬生牝牡，是为犬戎"；"有犬戎国，有神，人面兽身"④；"有北狄之国。黄帝之孙曰始均，始均生北狄"⑤。这里，犬戎、北狄就是讲的黄帝后裔戎、狄氏族部落的图腾。《说文》云："姜，神农居姜水以为姓。"羌、姜，皆属西域氏族部落，皆以羊为崇拜对象。宁夏贺兰山至今仍保留着类似羌人的羊头岩画（如图1.6）⑥，亦应是羌、姜氏族部落图腾遗存。由上不难看出，中国古代氏族部落是普遍存在着动物图腾崇拜的。

图1.6　宁夏中卫类羌人图像岩画

人从哪里来的？祖先源于何处？氏族部落何以存在？这类问题是远古氏族部落最为关心的。它既是一种

---

① 《史记·五帝本纪》。
② 《山海经·大荒东经》。
③ 《山海经·大荒北经》。
④ 《山海经·大荒北经》。
⑤ 《山海经·大荒西经》。
⑥ 此图像制作资料采自周兴华编著《中卫岩画》中篇第64页，宁夏人民出版社1991版。

本体论的追问，亦表现为强烈的生命意识觉醒。中国古代这种记载很多，如讲"太皞帝庖牺氏，风姓也，代燧人氏继天而王，母曰华胥。履大人之迹于雷泽，生庖牺于成纪"①；"神农氏，姜姓也。母曰任姒，有乔氏女，名女登，为少典妃，游于华阳，有神农首感女登于尚羊，生炎帝"②；"炎帝神农，母曰任姒，有蟜氏女，名女登，少典妃。游华阳，有龙首感之，生神农于裳羊山"③；或"帝女游于华胥之洲，感蛇而孕，十三年生庖牺"④ 等。这些说法虽属于感生神话，然其"履大人之迹"或"感于龙首"、"感蛇而孕"，则是带有图腾崇拜性质的。他们希望知道自己是从哪里来的，祖先源于何处，然又得不到合理的回答，于是就以为"履大人之迹"或"感于龙首"、"感蛇而孕"生。曰"游华阳"，或曰"游于华胥之洲"，阳也；而曰"感于龙首"或曰"感蛇而孕"，实乃阳感于阴也。它包含着最为原始的阴阳化育法则。至于说训"巨人"之为上帝，解"大人之迹"之为"上帝之迹"、神的足迹，如讲"姜源为帝喾元妃，年少未孕，履上帝之迹，天犹令有之"⑤，则属于后来被神化的解释。

　　图腾崇拜同岩画一样，皆是带有原始宗教信仰性的，它包含着自然崇拜、实物崇拜、祖先崇拜或鬼神崇拜、万物有灵观等神秘思维形式。但是，任何图腾都不是简单的动植物崇拜，而常常是集义所生，复合了不同事物象征意义的。但这种集义或复合，不是物象的直接抽象概括，也不是自然知识的理性获得，而是远古氏族部落的特定生命意识与人生意义的赋予。它在初级阶段，可能是氏族、胞族、部落的图腾崇拜，就像熊、罴、貔、貅、虎为不同氏族图腾标记或图腾崇拜对象那样；然及至集义所生，复合了各种文化象征意义，发展为高级阶段的图腾时，它就常常成为整个氏族部落或民族的图腾标记或图腾崇拜对象了。因此，图腾崇拜发展是可显示为氏族部落不同阶段的社会组织形式与文化象征意义存在的。因此，研究图腾崇拜不仅可知远古氏族部落生命意识的发端，亦可从中看出远古氏族部落所赋予的祖先生命精神的所在。

---

① 《史记·补三皇本纪》。
② 《太平御览》卷70及78。
③ 《太平御览》卷135。
④ 《路史·后纪一》罗苹注引《宝椟记》。
⑤ 《吴越春秋·吴太伯传》。

达尔文说："每一个文明有了足够进展的民族都要为他们的神道或神化了的帝王造像，造像的雕塑匠无疑地会试图把他们的美丽和庄严的最高理想表达出来。"① 这种理想表达，同样表现在中国远古氏族部落对首领或帝王的崇拜上。对女娲的图腾崇拜就是这样。女娲在中国文化中乃是由母系氏族社会向父系氏族社会过渡的一位神女式帝王人物。《山海经》所讲"西北海之外，大荒之隅，有山而不合，名曰不周负子。有神十人，名曰女娲之肠，化为神，处栗广之野，横道而处"②，就是讲的女娲之腹化而为神的神话。女娲之肠，郭璞作"女娲之腹"。女娲之腹，即女娲之体也。此体者，母体也，本体也，创化之体也。"女娲有体，孰制匠之？"③《淮南子》的回答是："黄帝生阴阳，上骈生耳目，桑林生臂手，此女娲所以七十化。"④ 这就是说，女娲之体，所以能创化，能一日有七十之化，乃是因为其体包含阴阳之道，包含着创造法则。这里所说的"黄帝"，是指皇天上帝，化生阴阳的古天神。女娲创化之体，就是从化生阴阳的天神那里获得的。从天神那里获得阴阳之道，获得创化法则，女娲作为母体或本体存在，自然也就具有了神性。故《说文》云："女娲，古之神圣女，化万物者也。"既是"神圣女"，又是"化万物者"，女娲本身就包含着人与神的二重性。讲其造人与补天，乃是指她对中国原始华夏氏族部落的创化与再造之功也。据高嵩教授父女研究，不周之山，即贺兰山。女娲之"娲"，即"呙"也。"呙"与"华"同音转注，"女娲即女华"，即轩辕之妣⑤，即整个华夏民族的老祖母。她在贺兰山的岩画中就是一位头顶花环的女神形象（如图1.7）⑥。它虽带有图腾崇拜性质，然其对华夏民族庄严美丽之女祖先及其神道所表达的赞美，则是极为理想的。

图1.7　贺兰山女娲岩画

远古氏族祖先崇拜的原始思维形式，并不是完全服

---

① 《人类的由来》第877页。

② 《山海经·大荒西经》。

③ 《楚辞·天问》。

④ 《淮南子·說林篇》。

⑤ 《岩画中的文字和文字中的历史》第19、36页。

⑥ 此图制作资料采自许成、卫忠编著《贺兰山岩画》彩版，文物出版社1993年版。

从于某种特定逻辑定律的,而是在长期族群参与互动中不断发生感应、效应、互渗、交互作用,因而衍生出各种特征,增殖出不同的观念性存在的。特别是祖先神作为氏族部落的集体形象时,它一方面会给这种形象增添许多神秘力量;另一方面则又凭着普遍流行的信仰与风俗,把神秘力量变成极为世俗的存在。说"女娲人头蛇身"①;"伏羲鳞身,女娲蛇躯"②;并把伏羲、女娲说成是再造人类的夫妻,就是既神秘又世俗化的说法。汉代石刻与砖刻的蛇身伏羲女娲交尾像,梁武帝室石刻伏羲女娲的鳞身蛇尾、两尾相交之像,就是属于神秘而又世俗的画像遗存。它虽然有鳞蛇图腾崇拜的神秘性质,但是流于世俗化两性交尾的实体性存在,则反而不富于形上精神存在了。图腾愈是从形体抽象出来,愈是超越形体,提高升腾为形上存在,也就愈高妙,愈具有文化精神。例如中国古代玄鸟崇拜,就是集义或复合了许多事物特征而成为玄鸟图腾的。《诗经》讲"天命玄鸟,降而生商"③;《史记》讲简狄吞玄鸟卵而生契④;或讲女修吞玄鸟卵而生大业⑤。这里的玄鸟,就是商族、秦族的图腾崇拜对象。这种图腾标记或图腾崇拜对象,虽然是炎黄之后的文化遗迹,但它的存在则可追溯到远古时期。如玄鸟崇拜就可追溯到新石器时代文化遗存。《说文》曰:"玄,幽远也。黑而有赤色者为玄象。"玄鸟,幽黑之鸟也,它类燕子,更是阳乌、金乌、三足乌。它的出现是和中国远古氏族部落的太阳崇拜联系在一起的。《山海经》所说"汤谷有扶木,十日所浴,一日方至,一日方出,皆载于乌"⑥;《楚辞》所说"翼焉毕日,乌焉落羽"⑦,就是说的这种三足乌。故郭璞注《大荒东经》"一日方至,一日方出,皆载于乌"时,说曰"中有三足乌"。河南陕县庙底沟出土的仰韶文化时期彩陶,就有绘有负日乌与三足乌的纹饰(图1.8),南阳唐河出土的东汉画像砖,亦保留着三足乌纹饰(图1.9)。乌、三足乌、阳乌、金乌皆是太阳中的乌鸟。它

---

① 王逸《楚辞·天问注》。
② 王延寿《鲁灵光殿赋》,《文选》卷11。
③ 《诗经·商颂》。
④ 《史记·殷本纪》。
⑤ 《史记·秦本纪》。
⑥ 《山海经·大荒东经》。
⑦ 《楚辞·天问》。

实际上是太阳与鸟的复合。现在考古发掘属于仰韶文化、大汶口文化、马家窑文化、大溪文化、大地湾文化、河姆渡文化的遗址中,都发现了大量的、各式各样的鸟类纹饰,并且都与太阳有着某种神秘联系:或朝向太阳,或背负着太阳,或在太阳中作三足状,或展翅飞翔像太阳一样光芒四射。其为乌、三足乌、阳乌、金乌,则复合了太阳与鸟类的特征,成为神鸟存在了,成都金沙遗址出土的太阳神鸟

图1.8 汉代出土的画像砖三足鸟图像

图1.9 河南陕县出土的负日鸟与三足鸟彩陶纹饰

(见彩图2),最具有这种神圣特征。太阳、玄鸟崇拜之意义,实乃属于远古氏族部落对生命法则及人类起源的追求。他们从日月经天、晦明变化、万物生灭中已经感受到一种生命法则的存在,感受到外部世界有某种生命本原的存在。于是古代氏族把自己的祖先神与神鸟联系起来,产生一种神秘思维,即相信人最初也像鸟类一样是由卵生的。《山海经》讲"有卵民之国,其民皆卵生"①,就是属于这种神秘思维;它的另一种神秘思维就是相信人是感鸟神而生,"天命玄鸟,降而生商"等,就是属于这种神秘思维。玄鸟、三足乌、阳乌、金乌等,虽然仍具有生殖崇拜性质,但它已经超越了生殖崇拜存在,而变成了祖先神崇拜存在了。因此,这种图腾虽起源于氏族部落的神秘生命意识,但它作为祖先所出神的存在,则已提高升腾为形上之精神了。

此类图腾崇拜,经过融合与涵化、提高与升腾,当它的文化意义超越氏族部落的生命意识,由低级形态的祖先图腾崇拜发展为神话思维时,就逐渐成为一种民族精神性的存在了。中国龙凤图腾的发展就是这样。

四 自然崇拜与龙凤精神

神话是远古祖先对自然界和人类社会各种现象通过推理、联想与想象,所赋予各种事物奇特的神秘思维形式。它虽然神秘,但不是梦想,不

---

① 《山海经·大荒南经》。

是纯粹虚幻的思维形式，而是对外部世界各种现象神秘而又奇特的价值思维肯定形式与抽象形式。它不仅包含着远古氏族最为原始的人生意义思考，也显示着他们特有的灵感，体现着他们的心境、憧憬、意志与希望。透过神话不仅可以知道远古氏族推理、联想与想象的能力，更可以通过这些推理、联想与想象，了解远古氏族部落特有的精神世界。一个国家民族的宗教神话思维不仅包含着他们文明时代的宇宙观，也包含着他们后来文化哲学的基本精神。因此，研究远古氏族部落时期的精神状况，是不可不研究神话的。

神话不仅是世界各族人民的文化母体，也是他们通向不同文明道路的特殊思维形式。过去有人认为中国是"没有神话的国家"，即使有也只是孤零零的片断。因为在他们看来，"古代的中华民族是一个朴实而不富想象力的民族"①，是一个缺乏天惠、"重实际而黜玄想"②的民族。但是观《楚辞》、《山海经》中的神话，不论是日神、月神、风神、雷神，还是黄帝、炎帝、夸父、帝女，几乎全是驾龙、系蛇、乘云、载雷、以云为裳、以风为马、横跨四海、翱翔于天地之间者，如何能说中华民族缺乏想象力和创造力，如何能说它一切经验实在而不能凭着联想与想象在天地间任意驰骋呢？具有五千年乃至七千年文化历史的中华民族，不仅创世神话、自然神话、日月神话、星辰神话、帝子神话、神女神话、山河神话、四季神话应有尽有，而且其思维形式之奇特、精神境界之神圣美好、语言之典雅优美，皆是世所罕见的。不过由于中国文化的早熟，它没有编织成有系统的结构形态，而是流入到了《诗经》、《楚辞》、《山海经》及《庄子》、《淮南子》诸书，成为中国古代文化历史存在与道德意识形态的一个组成部分，一种文化哲学思维的特殊形式。

但这不等于说中国古代没有原始神话。它虽流入文学、哲学、历史著作里，不同程度地被哲学化和历史化了，但它的原始价值精神还是依稀可辨的。《楚辞》、《山海经》就是这样。《楚辞》中的神话大多是古代流传下来的，它所表现的宗教巫术及祭祀活动，乃是由古代原始宗教信仰延续下来的。说《山海经》出于唐虞之际，为禹、益所作，虽不可完全相信，但观《周礼》大司徒及其以下之职掌天下之地图，周知九州地域之数，辨

---

① 胡适《白话文学史》第75页，岳麓书社1986年版。
② 《鲁迅全集》卷8，第16页。

山川、林泽、原隰之名，以及原地生、道方志、诏辟忌、知地俗①等，可知《山海经》为周代官方搜集编纂的风物志或社会风俗志。观《论语》所说"殷因于夏礼"，"周因于殷礼"②，可知夏、商也是有礼仪风俗制度的。因此也可认为，《山海经》是夏、商以来所搜集记录的材料，于周代始才编纂成书的，以后虽有所增益，但它所反映的乃是夏、商、周三代各地流行的风物民俗，其中的神话也都是古代流传下来的。《楚辞》、《山海经》是这样，其他像《诗经》、《尚书》、《礼记》、《左传》、《史记》以及先秦诸子著作中的神话也是这样。它虽然有所增益，有所复合，但大都是有所本、有所原的，决不能说是后人任意编造的。因此，这些著作中的神话还是可以作为中国精神史研究对象的。

神话的类型很多，以其关于自然界与人类社会的思维而言，大体可分为自然神话与人类神话两大类。自然神话又可分为宇宙神话、太阳神话、月亮神话、星辰神话、山河神话、四季神话、四方神神话等；而人类神话又可划分为创世神话、祖先神话、帝子神话、神女神话、神人神话、仙子神话等。而且这两类神话的内容经常是彼此涵摄、交互发展、相互联系在一起的，是很难严格分开的。一切分类，皆是为了研究的需要。我这里为了研究需要，暂且把它们划分为自然神话与日月神话两类。我这里讲的自然神话，偏重于研究自然界中生物的神话思维，主要看这种思维是怎样由远古神话提升为中国文化龙凤精神的。虽然日月神话也是自然神话，但它主要是研究日月经天、沐浴运转的天道精神的。现在，我们先研究自然神话与龙凤精神。

《左传》记载郯子的话说，"太皞氏以龙纪，故为龙师而龙名"；又说，"少皞挚之立，凤鸟适至，故纪于鸟，为鸟师而鸟名"③。当时的龙是什么样子，凤是什么样子，郯子没有讲。司马贞《补三皇本纪》说，太皞庖牺氏，"有龙瑞，以龙纪官，号曰龙师"。《汉书·百官公卿表》"序"说"宓羲龙师名官"。颜师古注引应劭语说："师者，长也，以龙纪其官长，故为龙师。春官为青龙，夏官为赤龙，秋官为白龙，冬官为黑龙，中官为黄龙。"看来，伏羲时代以龙名官，其为龙的存在，只是青龙、赤龙、白龙、黑龙、黄龙之类的图腾标记，它的存在还没有超越氏族部落图腾崇

---

① 《周礼》卷10、16。

② 《论语·为政》。

③ 《左传》昭公十七年。

拜。这种崇拜作为文化创造，实乃是复合了鱼、蛇、蚌、蜗、螺、蠃之类的鳞介类动物而成的。但及至《山海经》讲"直目正乘，其瞑乃晦，其视乃明，不食、不寝、不息，风雨是谒，是烛九阴"的烛龙①；讲"视为昼，瞑为夜，吹为冬，呼为夏。不饮、不食、不息，息为风"的烛阴②，或讲"处南极，杀蚩尤与夸父，不得复上"，旱而为其状，"乃得大雨"的应龙③（图1.10）云云，其为龙的存在，则不仅复合了许多鳞介动物的特征，也与阴雨闪电的神秘意象联系在一起了。烛龙、烛阴所处钟山、章尾山，皆在中国西北，通北极之光；应龙所处南极，亦本造极于天者，古代人把它想象成晦明风雨的所在，亦是合情合理的。此龙不应危害于人，而应该为人所驾驭。故《山海经》讲四方神，全是乘两龙、系两蛇的人物，如南方祝融，兽身人面，乘两龙④；西方蓐收，左耳有蛇，乘两龙⑤；北方禺彊，黑身手足，乘两龙⑥；东方句芒，鸟身人面，乘两龙⑦。这样的龙，已不是太皞氏时青龙、赤龙、白龙、黑龙、黄龙之类的图腾标记，而是超越了鳞介动物，能够变化风雨的神性存在了。自然，氏族部落图腾崇拜是不断发展的，整个龙的图腾发展也是经过漫长的文化历史时期的。例如夏族及其龙文化图腾的发展就是这样。《说文》训"禹"，虫也；训"夒"，"神魖也，如龙一足"，乃水中之怪。据姜亮夫先生训释，"夒"、"夔"与"夏"在甲骨文中是相近的，"冀"字来源，亦是鳞介之属。因此他认为，"夏民族是以鳞介属为其崇敬之物"⑧的民

图1.10 《山海经》中的应龙

---

① 《山海经·大荒北经》。
② 《山海经·海外北经》。
③ 《山海经·大荒东经》。
④ 《山海经·海外南经》。
⑤ 《山海经·海外西经》。
⑥ 《山海经·海外北经》。
⑦ 《山海经·海外北经》。
⑧ 《夏殷两民族若干问题汇述》，《古史学论文集》第2265页，上海古籍出版社1996年版。

族。大禹治水，虽然靠人力与智慧，但禹既"收九牧之金，铸九鼎，皆尝鬺烹上帝鬼神"①，崇拜龙的存在就是很自然的事了。因此，龙的图腾发展到夏代大禹之时，已经超越一切鳞介之类的存在，成为与吉凶祸福相关的神物了。《山海经》讲"西南海之外，赤水之南，流沙之西，有人珥两青蛇，乘两龙，名曰夏后开。开上三嫔于天，得《九辩》与《九歌》以下"②；讲"夏后启筮，御飞龙登于天，吉"③；或讲"夏后启筮：乘龙以登于天"④云云，所乘之龙，皆是指其神物存在。现在山西陶寺出土的属于夏文化的彩绘龙盘，也说明当时龙的形象已经从鳞介之物存在中提升出来，成为夏族崇拜的神物。此之为龙也，能升能降，能嫔于天，能潜于地，能吉凶祸福，能屈伸存身，能鼓之雷霆，能润之风雨，"远而视之，似朝日之阳；迩而察之，象列缺之光"⑤，其升腾往来之理，也就成为一种龙的精神存在了。它虽萌发于远古氏族部落图腾崇拜，然其作为华夏民族的一种精神存在，实始于夏代也。

郯子讲少皞时代"鸟师而鸟名"，也是"以鸟名官"的图腾标记。其讲"凤鸟适至"之气象，也就像讲伏羲时代"有龙瑞"一样，只是一种和平祥瑞的气象。观其所讲"凤鸟氏，历正也；玄鸟氏，司分者也；伯赵氏，司至者也；青鸟氏，司启者也；丹鸟氏，司闭者也；祝鸠氏，司徒也；雎鸠氏，司马也；鸤鸠氏，司空也；爽鸠氏，司寇也"等，可知少皞时代的凤鸟，也只是诸多鸟图腾的一种，并没有抽象、提高、升腾为一种超越氏族部落的精神性存在。《山海经》中关于凤鸟、皇鸟、鸾鸟的神话很多，如说"诸沃之野，鸾鸟自歌，凤鸟自舞。凤凰卵，民食之；甘露，民饮之，所欲自如"⑥；如说"有拿州之山，五彩之鸟仰天，名曰鸣鸟。爰有百乐歌舞之风"⑦；如说"黑水之间，都广之野，鸾鸟自歌，凤鸟自

---

① 《史记·孝武本纪》。
② 《山海经·大荒西经》。
③ 《山海经·海外西经》郭璞注引《归藏·郑母经》。
④ 《太平御览》卷89引《史记》。
⑤ [魏] 缪袭《青龙赋》，《初学记》卷30。
⑥ 《山海经海·外西经》。
⑦ 《山海经大·荒西经》。

舞，灵寿实华，草木所聚"① 等。这里所说的五彩鸟、凤鸟、皇鸟、鸾鸟等，都是自然界的鸟类。这些鸟类的出现，虽然也显出一种和平祥瑞的气象，但它尚无太多神圣色彩与神秘意义。但这些鸟类多出于太阳升起的地方，随着太阳图腾崇拜的发展，也渐渐复合了太阳的神圣性质。前面所讲的玄鸟、三足乌，就是属于这种复合。这种复合除包含太阳升腾运行、鸟类鸣叫飞翔的种种意象外，它还有一种氏族图腾崇拜的性质。特别是发展到殷商时期，玄鸟或凤鸟崇拜不仅是祖先神所出处，而且几乎成了殷朝文化的象征性存在。他们不仅讲"天命玄鸟，降而生商"，以玄鸟为祖先神之所出，而且处处表达这种图腾崇拜。我们从殷墟甲骨文中仍然可以看到它的遗迹。如把祖宗的"宗"字画作 （甲799），《殷墟文字甲文编》说是"美宗"，它实际上是对想象中祖先神的一种美好描绘。它和甲骨文中的"凤"、"鸟"字一类的写法是极为相似的，如"凤"字画作 （京津2915），"鸟"字画作 （甲2624）②。由此也就可知殷商时代怎样崇拜凤鸟或凤凰了。这样，凤鸟或凤凰的存在，就不仅仅是复合了各种鸟类动物特征，如凤鸟为鸿前麟后、燕颔鸡喙等，而且具有了神圣性质与文化象征意义了。《山海经》讲"丹穴之山，有鸟焉，五彩而文，名曰凤凰，首文曰德，翼文曰义，膺文曰仁，背文曰信。是鸟也，饮食自然，自歌自舞，见则天下安宁"③ 等（图1.11），就是指其神圣性质与文化象征意义而言的。自然，这些说法可能附加了后人衍生的意义，但在远古氏族部落那里，把鸟与太阳神复合在一起，并不只是出于一时好奇或感情冲动，除祖先神之所出的图腾神秘思维外，更表现出他们观象于天、

图1.11 《山海经》具神圣文化象征意义的凤凰

观法于地与鸟兽之纹，所做出的价值思维肯定与抽象，即把天象、地象、鸟兽之象通过联想、想象与神秘的复合，赋予它一种神圣的文化意义。天

---

① 《山海经·海内经》。
② "甲"为《殷墟文字甲编》，"京津"为《战后京津新获甲骨集》。
③ 《山海经·南山次经》。

地作合，太阳升腾，正风熙熙，万物复苏，鸟绕林间，穿梭飞翔，这种和谐神秘的景象、意象，是诗，是画，是音乐，也是原始哲学思维。凡此景象、意象出现的时候，即象征着宇内光明、熙和、祥瑞，象征着天下有道、和平、有序。由远古氏族鸟图腾崇拜经过氏族部落的融合与会通，真正发展为一种具有人文精神的凤文化，应该始于殷商时代。

鱼、蛇、蚌、蜗、螺、蠃之类，都生于潮湿水泽之地，复合提升为龙的存在，其性属于阴，故伊川说"龙阴物也"①；龙之存在，走者能飞，主于屈伸舒长，则阳之性也。惟此，其潜于下，方曰"潜龙勿用，阳在下也"②；而玄鸟、凤鸟、皇鸟、鸾鸟，皆出于太阳升起的地方，其性属阳，故曰"凤出丹阳"；讲"凤，火精"③ 或"凤凰者，阳之精也"④。然凤凰飞之能走，出入盈度，则又阳从于阴。龙凤在中国文化中乃是祥瑞美好的象征，它出现并存在于远古氏族部落的图腾文化神秘思维中，实乃属于一种阴阳和谐美好之追求。这种神秘思维于日月经天、沐浴运转的神话中，就是原始天道精神。

五　日月神话的天道精神

人类有生以来，就不仅有追求美好、追求义理、追求信仰信念的先天道德本性，而且具有推理、联想、想象的先天知性能力与悟性能力。他们从古代时候起，面对着苍茫大地及浩瀚的宇宙，凭着直觉，凭着热情，凭着联想、想象及幻觉，如醉如狂地思索着外部世界。但这并不是为了消遣，不是躺在棕榈树下白日做梦，而是为了思考宇宙万物法则秩序这样一个非常严肃的哲学问题。尽管他们可能尚未意识到这是个哲学问题，但是生命意识的发生，已经促使他们做此形而上学思维活动了。

上古时期，中华民族无疑也是陶醉于神话、宗教与诗歌之中的，但这神话、宗教与诗歌不是凭空创造出来的。正如佛教依据古代印度环境所创造的自然、美好、纯净、光华、和乐的净土世界、天香之国，不同于西方文化依据古代希腊罗马城邦所创造的基督教天国一样，中华民族于上古时

---

① 《河南程氏遗书》卷15，《二程集》第172页。
② 《周易·象上传》。
③ 《初学记》卷30引《孔演图》。
④ 《鹖冠子·度万第八》。

期自己所生活的黄河广阔流域所创造的神话、宗教与诗歌之神奇世界，也是不同于古代希腊、印度民族的。中国的地形，自古西高东低。所谓"天倾西北，故日月星辰移焉；地不满东南，故水潦尘埃归焉"①，就是指的这种地形。中国远古氏族部落主要是在广阔的黄河流域生存发展起来的，西边有山，东临大海，日月经天，出于海而没于山。这种广阔背景，不仅会引起他们对日月出没、升腾运转、晦明变化的观察，更会启迪他们许多美好的联想和想象。《山海经》记有许多日月所出的山，如大言山、合虚山、明星山、鞠陵于天山、猗天苏门山、壑明俊疾山。这些山皆在《大荒东经》，应是东部氏族部落于不同所在地观日出所记；也记有许多日月所入的山，如丰沮玉门山、龙山、日月山、鏖鏊钜山、常阳山、大荒山，皆在《大荒西经》，应是西部氏族部落于不同所在地观日落所记。从这些日月出入之山的记载我们可以看出，远古氏族部落时期，华夏诸族是怎样对日月出没、升腾运转、晦明变化进行观察、联想与想象的。神话思维不过是通过观察、联想与想象所作出的神秘价值思维的肯定。正因为它神秘，才构成了一种神话精神，一种最原始的天道宇宙观。

中国文化精神及宇宙观，远在仰韶文化、大汶口文化的日月经天的描绘中就已经开始了。虽然那时候哲学还没有出现，虽然那时候还没有抽象出"道"的形而上学存在，但是从考古发现的日、月、山纹饰上，我们隐隐约约地看到了一种天道运行的文化哲学精神在东方华夏土地上升腾崛起。山东莒县陵阳河遗址所发现的日、月、山陶纹就是这样（图1.12）。古代太皞氏族、少皞氏族，就生活在山东东平、曲阜、泰山一带。太皞、少皞俗称太昊、少昊。皞、昊即皓肝光明之貌。这日月经天、升腾运转的纹饰，应该说是远在太昊、少昊氏族时期的人们，仰观天象、俯察地物及鸟兽之纹，通过神秘思维及联想与想象，所赋予它的意义。这种神秘思维就是日月经天神话。《山海经》所说"日浴于甘渊"②；

图1.12 山东莒县陵阳河大汶口文化遗址出土的日月陶纹

---

① 《淮南子·天文训》及《列子·汤问》。
② 《山海经·大荒南经》。

"汤谷上有扶桑，十日所浴，九日居下枝，一日居上枝"①；"大荒之中，汤谷上有扶木，一日方至，一日方出，皆载于乌"②；以及《楚辞》所说"出自汤谷，次于蒙汜"③；《淮南子》所说"日出汤谷，浴于咸池"④，就是对日月经天见诸神话思维所赋予的文化意义。成都三星堆遗址二号坑出土的青铜神树（见彩图3），实际上就是《山海经》所说的扶桑载鸟图式，不过变成了九乌存在，皆出于谷中而已。汤谷，即太阳出来的地方。"谷"字从北从口。北，卜辞作艹。据闻一多先生考证，"谷字从（衢），衢即道，谷亦道也。"⑤中国古代的"易"字，写作"彡"，即上日下月，就象征着日月经天之意。因此，我们从这些纹饰中也可以看到中国古代"易"的原始精神。

  郭璞注《大荒南经》羲和生十日神话时，曾引用《归藏·启筮》说明尧时立羲和之官，作日月之象以掌之。我们知道，古代之《易》，夏有《连山》，殷有《归藏》，周有《周易》。《连山》、《归藏》的符号系统都不似《周易》以"乾"起首。《归藏》起首于"坤"，象征着万物皆生于大地，又归藏于大地。《连山》起首于"艮"，是山的象征。曰连山者，象征着如山一样连绵不绝。《山海经》中的日月神话，大都和日月出入之山有联系，如大言、合虚、明星等都是日月出入之山，而且这些山都在《大荒东经》所记的羲和之国即少昊之国附近。如果把这些神话与上面山东莒县陵阳河出土的日月山陶纹联系起来，我们也就不难看出它的原始哲学意义了。许多考古学者对日月山纹饰作过解释，有人认为它是太昊、少昊氏族的族徽，有人认为它是"艮"字，其实，它应是夏代之前太昊、少昊氏族最原始的《连山》之《易》的意象符号之描绘。古籍皆谓"太皞，为伏羲氏"⑥；又说"伏羲作《连山》"⑦云云，亦可证太昊、少昊氏族时

---

① 《山海经·海外东经》。
② 《山海经·大荒东经》。
③ 《楚辞·天问》。
④ 《淮南子·天文训》。
⑤ 《闻一多全集》卷2第326页，上海开明书店1948年版。
⑥ 《世本》、《史记·补三皇本纪》皆云"太皞，伏羲氏"；另外，高诱注《吕氏春秋·孟春》亦云"太皞，伏羲氏"；吴任臣、郝懿行注《山海经·海内经》均以为太皞为伏羲氏。
⑦ 郑樵《通志·三皇纪·序》："伏羲作《连山》，神农作《归藏》，黄帝作《乾坤》。"

期之《易》就是《连山》。此亦可证中国《易》文化之久远也。郭璞引《归藏》以说明尧夏有羲和之官，掌日月之象，无疑有道理。因为《归藏》源于《连山》，它保留《连山》所记载的尧夏时文化制度是可以理解的。但郭氏的说法则把这种文化制度在时间上大大地推迟了，实际上它可以追溯到新石器时代的太昊、少昊氏族时期。日、月、山的纹饰不仅是太昊、少昊氏族的族徽、文化制度，也是他们掌管日月晦明变化、沐浴运转的天书，即夏代前最原始的《连山》。它像日月神话一样，都是太昊、少昊氏族时期人们对日月运转、晦明变化的一种神秘的价值思维肯定。尽管它神秘，但却已经经包含着一种天道哲学意义的发生，或者说包含着中国天道观的萌芽。

中国古代氏族在观察日月经天、晦明变化时，不仅发现它的升腾变化、沐浴运转有个"天衢"，有个"道"，有个日月出入的至极存在，如《山海经》讲"东方曰折，来风曰俊，处东极以出入风"①；"南方曰因乎，来风曰民，处南极以出入风"②；"大荒之中，有山曰北极天柜"③，而且还发现一个宇宙奥秘，那就是整个宇宙的涡流旋转、日月出入、晦明变化有一个中心，有个中枢存在，《山海经》所讲"大荒之中，有山名日月山，天枢也"④，就是这样一个存在。这个中心，这个天枢，实际上也就是后来所说的太阴、太极、天一的存在。此乃统御整个宇宙法则秩序的至极之道也，日月星辰之移、天地四时之变，无不统摄于此。此道是极其神异的，有不可原极、不可言之情状。它在统天道、正天时的意义上讲，实际上就是《山海经》所说的极为神秘的"太岁"存在：

> 地之所载，六合之间，四海之内，照之以日月，经之以星辰，纪之以四时，要之以太岁，神灵所生，其物异形，或夭或寿，唯圣人能通其道。⑤

天有中枢，有主日月、经星辰、纪四时、以为晦明的"太岁"神异存

---

① 《山海经·大荒东经》。
② 《山海经·大荒南经》。
③ 《山海经·大荒北经》。
④ 《山海经·大荒西经》。
⑤ 《山海经·海外南经》。

在，这种神话实际上已经包含着中国哲学太极分两仪、分四象的神秘思维，其为阴阳和谐有序状态，生出太阳、生出月亮，就是"羲和生十日"①与"常羲生月十二"②的神话；而其处于混沌无序状态，就是"浑敦无面目"③的神话。它虽然属于神秘思维，但中国古代氏族创造这些神话，并不只是为了沉浸在梦幻中，陶醉于幻想或幻象，而是为了热切地感知外部世界的。那些神话思维虽然是神秘的，虽然是不可以经验知识进行实证的，但如果撩开它神秘的面纱，仍然是可以看到隐藏于它背后的知识论基础的，或者说它包含着太昊、少昊氏族时期人们对天道自然法则的认识与理解。郭璞注《山海经·大荒南经》"羲和生十日"引《归藏·启筮》，所讲"空桑之苍苍，八极之既张，乃有夫羲和，是主日月，职出入，以为晦明"；"瞻彼上天，一明一晦，有夫羲和之子，出于旸谷"，就或多或少地反映了远古太昊、少昊氏族时期人们对天道自然法则的认识与理解。

因此，在中国古代神话思维中，天地的开合、宇宙的法则秩序，无不显示为一种阴阳变化之道。而在天地未开、阴阳未动之前，就是《山海经》所说"浑敦无面目"的世界。它在《庄子》书中，就是"南海之帝为儵，北海之帝为忽，中央之帝为浑沌。儵与忽时相与遇于浑沌之地，浑沌待之甚善。儵与忽谋报浑沌之德，日凿一窍，七日而浑沌死"④的神话；在盘古神话中，就是"天地浑敦如鸡子，盘古生其中，万八千岁，天地开辟，阳清为天，阴浊为地"⑤的说法；而在伏羲、女娲的神话中，就是"古未有天地之时，惟像无形，窈窈冥冥，莫知其门。二神混生，经营天地，孔乎莫知其所终极，滔乎莫知其所止息，于是乃别为阴阳，离为八极，刚柔相成，万物乃形"⑥的神话思维。这些神话虽然所出较晚，且有哲学化的倾向，但观《山海经》、《楚辞》等书所记，它还是保留了原始神话精神的，即天地未分而为混沌世界，及至化分为阴阳，才有天地万

---

① 《山海经·大荒南经》。
② 《山海经·大荒西经》。
③ 《山海经·西山经》。
④ 《庄子·应帝王》。
⑤ 《艺文类聚》卷1引《三五历纪》。
⑥ 《淮南子·精神训》。

物，有法则秩序。"二神"，《淮南子》解释为"得道之柄，立于中央，神与化游，能天运地滞，轮转而无废，水流而不止，与万古始终"①的"二皇"。它实际上乃是对伏羲、女娲开天辟地的一种神话思维。它虽为神话思维，从哲学上讲，实乃寓意天道阴阳两种力量的存在与大用。它在盘古那里，是开天辟地，化分阴阳，"垂死化身，气为风云，声为雷霆，左眼为日，右眼为月，四肢五体为四极五岳，血液为江河，筋脉为地理，肌肉为田土，发髭为星辰，皮毛为草木，齿骨为金石，精髓为珠玉，汗流为雨泽"②；而在女娲那里，是面对着"四极废，九州裂，天不兼覆，地不周载"的石破天惊的局面，则是以无畏精神，"炼五色石以补苍天，断鳌足以立四极"③，恢复天地间的法则秩序！整个宇宙万物包括人类社会，一切法则秩序的形成、恢复与有常，皆是基于宇宙间阴阳两种力量，基于这两种力量的至极存在。这就是中国古代神话所追求的宇宙本体论神秘存在所显示的原始天道文化精神！

天道本体的存在，阴阳两种神秘力量的存在，不管它多么神圣奥秘，最终是人对宇宙法则秩序的价值思维的肯定形式与抽象形式，就其主体性来说，都是人的虚灵心性所赋予的精神性存在，它的超越形式，就是巫术的虚灵通神能力。

六　巫术的虚灵通神能力

人类在原始氏族部落时期，对自然界的神异事物及阴阳变化莫测，不仅惊恐莫名，而且充满了神秘感与崇敬心。这就是原始宗教的发生。但随着人的知性能力和悟性能力的发展，他们中知性悟性能力稍高的一些人，在一般民众尚对自然界的神异事物及阴阳变化莫测不可理解、不可言语形容时，则表现出极高的智慧与能力，即相信自我可以感知那神异事物及阴阳莫测的存在，并获得同样的能力，与之相互交通。这种能力，就是西方社会学、文化人类学、民族学或民俗学所说的"巫术"，而中国文化则称之为"法术"；后来，随着方士的兴起，称之为"方术"；随着道教的兴

---

① 《淮南子·原道训》。
② 《绎史》卷1引《五运年纪》。
③ 《淮南子·览冥训》。

起，见之于道士施法，则称之为"道术"。它的类型很多，见诸天文、历谱、五行、占卜、相法等神秘文化形式，其中天文类有星占、日月占等，五行类主要是以阴阳五行解释灾异，占卜类则有筮占、龟卜等，相法则包括相宅地、相人等。凡推测阴阳灾异、吉凶祸福，以象数言之者，称之为"术数"，历谱也属此类巫术。因巫术有其邪妄蛊惑之性质，后世贬义为"妖术"。但它在古代则绝对是一部分智力最高和能力最强之人的行为方式与方法，尽管是神秘的，甚至是荒诞怪异的。

巫术在中国远古纵深文化历史上，其存在如同岩画、图腾、神话一样久远。远在旧石器时代晚期山顶洞遗址，考古发现人头骨周围就撒有很多赤铁矿红色粉末。这些粉末并非涂画身体或装饰尸体之用，实乃是生者出于对死者的恐惧所施用的法术，意在不让死者之鬼魂到处去作祟，就像现在豫北一带村里死了人，家家户户门前皆撒上一道儿草木灰一样。此可知中国巫术起源之早也。半坡遗址发现的彩陶盆内人面鱼纹的头像，有的学者就认为是巫师。伏羲作八卦，用于卜筮，可知太皞之世，乃巫术之行世也。大汶口文化发现的穿孔龟甲，即巫师占卜之用，亦可证明远在太昊、少昊氏族时期巫术之流行了。发展到龙山文化期间，不仅占卜普遍流行，而且出现了专业性的巫师。巫术活动在岩画中刻画颇多，贺兰山巫师形象的岩画是最为典型的（图1.13）①，它与《说文》中"巫"字的写法极为相似。高嵩教授父女从文字学训诂方面曾把这幅岩画解释为共工之形象②。郭璞注《山海经》"共工之臣柳相氏"条，从历史角度解释说，"共工，霸九州者"③；

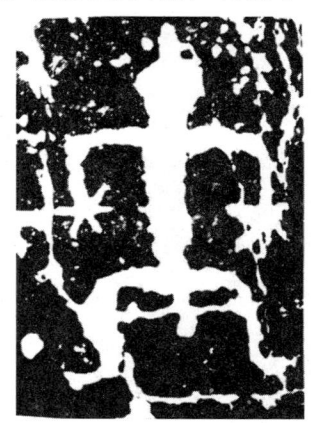

图1.13 贺兰山巫师形象岩画拓本

而《淮南子》则从神话角度出发，把共工演绎为与颛顼争为帝天神④，曰"共工之臣柳相氏"云云，此共工实乃指古代南方共工氏族部落之首领。

---

① 此图制作资料采自许成、卫忠编《贺兰山岩画拓本萃编》，北京文物出版社1993年版。
② 《岩画中的文字和文字中的历史》第44～45页。
③ 《山海经·海外北经》。
④ 《淮南子·天文训》。

古代氏族部落首领是兼巫师的，首领与巫师常常是一致的。从这个意义上说，高嵩教授父女把巫师岩画解释为共工之形象，亦无不可。不管怎样解释，此岩画之存在，可证巫术于中国古代纵深文化历史上存在之久远。

《说文》云："灵，巫也，以玉事神。"王逸注《楚辞·九歌·东皇太一》"灵偃蹇兮姣服"句曰"巫也"；注《云中君》"灵连蜷兮既留"句曰："楚人名巫为灵子。"巫，何以为灵子呢？其心虚灵不昧，能感通神灵者也。古代巫之通神，不仅是神秘的，而且是神圣的，故能通神之巫，称之为"神巫"。故王逸注《楚辞·离骚》"巫咸将夕降兮，怀椒糈而要之"曰："巫咸，古神巫也。"《庄子》有"巫咸䄂"①者，"䄂"实乃"招"之讹，言巫相招致答之意。有此之讹，多以"巫咸"为人名②。其实，咸者，感也。巫咸，即能感通神灵的大巫师也。古本"靈"（灵）与"巫"，乃属一字。此也可知古之巫具有怎样虚灵通神的神圣性了。

中国古代从事巫术活动的，女者为巫，男者为觋。《说文》曰，"巫，祝也，女能事无形，以舞降神者也"；"觋，能斋肃神明也"。"事无形"，即事神也；"斋肃神明"，即于斋肃中通神明也。因此，巫术也就是巫觋的法术，即通过祷词、咒语、跳舞等以事无形神明之存在，或降鬼神于身，达到人神交通的目的。因此，古代之巫，乃是降神于身而为神所托者，虽其行为神秘怪异，然熏其室，美其服，在钟鼓锵锵、磬管喤喤、箫管备举、乐曲盈盈中，巫之降神形象，则是非常美好的。《楚辞》中有许多关于巫于缓节漫舞、徐歌相和中降神的美好描写，如"灵偃蹇兮姣服，芳菲菲兮满堂。五香纷兮繁会，君欣欣兮乐康"③；"浴兰汤兮沐芳，华采衣兮若英。灵连蜷兮既留，烂昭昭兮未央。灵皇皇兮既降，焱远举兮云中"④；

---

① 《庄子·天运篇》。
② 《世本作篇》："巫咸，尧臣也。"《尚书·咸有一德》，孔氏传："伊陟，伊尹子；巫咸，臣名。"陆德明《经典释》文引马融云："巫，男巫也，名咸，殷之巫也。"近人徐复《訄书详注·订实知第十四》更说："巫咸，古星相家。殷中宗的贤臣。"凡此，皆是以巫咸为人名者也。尧臣、殷臣之为巫咸，应该理解为他们都是当时通神明的大巫师，但不好说此时之"巫咸"，就是指这些具体历史人物之存在，抑或借之称名也。
③ 《楚辞·九歌·东皇太一》。
④ 《楚辞·九歌·云中君》。

"合百草兮实庭，建芳馨兮庑门。九嶷缤兮并迎，灵之来兮如云"①；"緪瑟兮交鼓，箫钟兮瑶簴，鸣篪兮吹竽，思灵保兮贤姱。翾飞兮翠曾，展诗兮会舞，应律兮合节，灵之来兮蔽日"②。"灵之来兮如云"，"灵之来兮蔽日"，可知巫之来也，如何美好众多了。

《山海经》说："大荒之中，有灵山，巫咸、巫即、巫盼、巫彭、巫姑、巫真、巫礼、巫抵、巫谢、巫罗十巫，从此升降。"③ 又说："有互人之国。炎帝之孙名曰灵恝，灵恝生互人，是能上下于天。"④ 灵山，即巫山也；"从此升降"或"上下于天"，即神人交通也。巫咸，即大巫师也。《尸子》说："天神曰灵，地神曰祇，人神曰鬼。"⑤ 巫之为灵子，能"上下于天"，即与天神相交通也，亦即《诗经》所说"文王在上，于昭于天"；"文王陟降，在帝左右"⑥ 者也。

中国文化从来就是人与天地万物浑然一体、不相隔限的，不仅宇宙万物不曾隔限于人，连天地鬼神也是与人相通的。从远古时候起，伏羲作《八卦》就是"通神明之德，类万物之情"⑦ 的。神明者，神之明也；德者，神之大用也。通神明之德，就是通神明之大功用也。讲"神也者，妙万物而为言者也"⑧，虽有泛神论倾向，然其在原始巫术阶段，通万物之情性，施之于法术，亦乃是一种尽万物之情、获神化之德的行为。

朱子说："鬼神之理，即是此心之理。"⑨ 远古氏族时期，巫与神之相交通，虽然在今人看来行为神秘怪异，然而我们于此也不难发现，在巫之内心，在当时氏族部落少数人之精神世界里，一种神性形而上学已经发展起来。惟内心有此神性形而上学，才能通神；不具此神性形而上学，是无法通神的。是故朱子讲："古者，巫以降神，神降而托于巫，盖身则巫而

---

① 《楚辞·九歌·湘夫人》。
② 《楚辞·九歌·东君》。
③ 《山海经·大荒西经》。
④ 《山海经·大荒西经》。
⑤ 《尸子》卷下。
⑥ 《诗经·大雅·文王》。
⑦ 《周易·系辞下传》。
⑧ 《周易·说卦传》。
⑨ 《朱子语类》卷3。

心则神也。"① 巫以心通神，乃通天地之道，与鬼神为一，达于神妙无方、变化无迹之境也。达此境界，则心与神一，心即神，神即心矣，则心无所不往，神无所不通矣。这在精神世界上，若用宋代程子的话说，亦是"玩心神明，上下同流"② 矣。自然，远古时期巫之精神世界，并不是纯粹理性的，而是充满非理性的神秘成分的。但巫之神性形而上学的出现，毕竟为后来道体形而上学的纯精神发展提供了精神基础与哲学基础。

正是巫的精神世界不是纯粹理性的，充满着非理性的神秘成分的，所以远古时期的巫术虽然最初包含着许多自然知识，采药行医，但最终导致了后来巫与医的分化，使之成为非理性巫医。但这种分化也导致了巫之精神向哲学方面的发展，特别是诸巫发展成为担任天子宗庙祭祀特别是郊祭之礼的太宰、太宗、太史、太祝、太卜之类官职后，使其有更多的时间思考纯乎天理的存在，因此，其为祭祀之礼，虽仍然充满非理性的神秘成分，但其宗庙祭祀的通神，也就多具形上天道精神了。自然，这是进入殷周宗之后的事，待第八章讲《周礼的天道精神》时再去叙述，这里，首先讲远古祭祀的祖先精神。

七　远古祭祀的祖先精神

从西方文化人类学视野看，图腾、巫术、神话、祭祀都是属于原始宗教的，因为它还没有发展出至上神的存在。前面所讲中国远古的岩画、图腾、巫术、神话，自然也有这种性质。但从根本上说，中国古代的宗教，乃是以祖为教、以宗为教的，是以祖先及祖先所出神为教，而不是以某种宗教性至上神为教的。不仅岩画、图腾、巫术、神话是这样，古代祭祀更是如此。它在西方文化人类学家或宗教神学家看来，也许属于低级形态的宗教，然其所包含的人文精神，却远胜于以某种至上神为最高本体存在的宗教。中国文化的图腾、巫术、神话、祭祀之神性形而上学及至发展为天道本体的至精至神存在时，它虽仍然有宗教信仰之大用，但已不是宗教，而是纯粹道体哲学了。为了便于理解、认识、把握这一精神发展的文化历史过程，我们研究一下远古祭祀的祖先精神是非常必要的。

---

① 朱熹《楚辞集注》卷2，《东皇太一》注，上海古籍出版社1979年版。
② 《河南程氏遗书》卷7，《二程集》第99页。

中国文化的祭祀活动，乃是像岩画、图腾、巫术、神话一样久远的。《左传》说："初，平王之东迁也，辛有适伊川，见被发而祭于野者。曰：'不及百年，此其戎乎？其礼先亡矣。'"① 杜注："被发而祭，有象夷狄。"据王献唐先生考证，被发而祭，乃是属于东夷氏族部落的礼俗。平王东迁时，辛有尚能"见被发而祭于野"者，此乃夷狄礼俗遗存而已。《论语》曰："微管仲，吾其被发左衽矣。"② "被发左衽"之制，亦属夷狄礼俗。《礼记》说"东方曰夷，被发文身"③，亦证明此俗的存在。王献唐先生认为，夷狄为炎族。被发而祭于野，乃是属于炎帝氏族祭祀礼俗遗存。远古时期，炎、黄两大氏族部落的礼俗是非常不同的：黄族束发，炎族被发；黄族右衽，炎族左衽；炎族被发祭于野，黄族不祭于野而祭于庙。野祭，即祭其墓也；庙祭，即祭其神也。所以如此，乃是因为黄帝氏族以为人死，其体弗灵，以骨肉为土藏之可矣，而尸体之外，别有魂气，故持衣于屋，招其魂以复之，供于庙而祭之，而不祭于野也；炎帝氏族则以尸身为祖先真体，故其仍被发而祭于野也。这种祭祀礼俗的不同，到东周时期人们已经忘记了，只知道庙祭而忘记了古时的野祭。故辛有曰："其礼先亡矣。"不过，王献唐先生认为，重神灵的礼俗，并非发于黄帝氏族，而是由炎帝氏族沿传下来的，因为以木为位，立表为主而祭之，乃出于炎族。故其认为，"炎族体灵皆重，既为主祀，复祭墓葬。黄族轻体重灵，专行祭主，俗出炎族，而趋守各异"④。炎帝氏族如何"体灵皆重"，黄帝氏族如何"轻体重灵"，其沿革过程固无法考，然中国古代氏族之祭祀活动，一开始便注重灵的存在，则是可知的。惟重视灵的存在，其祭祖才是一种追思祖先精神的活动。它才发展到后来，就是宗庙祭祀活动。

王献唐先生认为，不仅"被发而祭于野"为炎帝氏族之礼俗，"凡后代祀神祭鬼之典及一切神道异俗，大抵皆炎族之遗也"⑤。例如古伊耆氏郊祭八蜡，即祭先啬、司啬、神农、邮表畷、猫虎、坊、水庸、昆虫八种

---

① 《左传》僖公22年。
② 《论语·宪问》。
③ 《礼记·王制》。
④ 王献唐《炎黄氏族文化考》第100～112页，齐鲁书社1985年版。
⑤ 《炎黄氏族文化考》第104页。

神,及祭祀所用土鼓之乐,即"土鼓蒉桴苇籥,伊耆氏之乐也"①;"蒉桴而土鼓"②。伊耆氏,即神农也;伊耆氏之乐,即神农氏之乐也。土鼓,即土烧之鼓,亦即尧时击壤鼓缶之类。神农时挖土制器,初时不煅,及入火烧之,遂为陶器。初无乐器,鼓缶之类,击之作响,用于歌舞,遂发展为祭祀活动之礼乐。关于当时的礼乐祭祀活动,《尚书大传》曾描述说:

> 阳伯之乐,舞侏离,其歌声比余谣,名曰皙阳。夏伯之乐,舞谩或,其歌声比中谣,名曰初虑。羲伯之乐,舞将阳,其歌声比大谣,名曰朱于。秋祀柳谷华山,贡两伯之乐,秋伯之乐,舞蔡俶,其歌声比小谣,名曰苓落。和伯之乐,舞玄鹤,其歌声比中谣,名曰归农。幽都弘山祀,贡两伯之乐焉。冬伯之乐,舞齐落,歌曰缦缦。垂为冬伯,舞丹凤,一曰齐落,歌曰齐乐。一曰缦缦,并论八音四会,归假于祢祖,用特五载一巡守,群后德让,贡正声而九族具成③。

曰"侏离"、曰"初虑"、曰"朱于"等,皆是炎帝氏族语"邾娄"的谐音,它们实际上皆是神农炎帝氏族的歌舞曲。此可知中国礼乐祭祀活动之远古也。

中国远古的这种祭祀活动,在岩画中亦是有所反映的。广西左江流域宁明县花山崖壁大大小小、重重叠叠的人物画就是这样。这些人物岩画虽然不能直接判断为祭祀活动,但人物一律双臂高举,作祈祷状,总是和宗教信仰有关的(图1.14)。但山西陶寺遗址所出土的鼍鼓、石磬一类乐器,以及龙盘、瑗、琮、钺等礼器,可

图 1.14 广西左江流域宁明县花山崖画

证明远古祭祀礼乐之存在。中国古代黄帝有《云门》、尧有《咸池》、舜有《大韶》、禹有《大夏》等乐章。我们虽然看不到当时的祭祀活动,但从《帝载歌》之"谩乎鼓之,轩乎舞之";及《卿云歌》之"卿云烂兮,

---

① 《礼记·明堂位》。
② 《礼记·礼运》。
③ 《尚书大传》卷1。

紝缦缦兮"① 一类记载，也可想见当时礼乐祭祀活动之盛况。《吕氏春秋》所说尧"命质为乐，质乃效山林溪谷之音以歌，乃以麋骼置缶而鼓之，乃拊石击石，以像上帝玉磬之音，以至舞百兽"②，就是古代礼乐祭祀活动盛况的生动描绘。

中华民族自古就是本于天的民族。中国古代虽有祭社稷、祭五岳、祭山林、祭川泽诸多祭祀活动，但最主要的还是祭祀天。天，在无限时空意义上就是宇宙。以天为本，就是以天道、以宇宙法则为生命精神之源头。祭天，就是追溯这个源头，这个生命本源！远在7000年前的伏羲时代，中华民族就开始了祭天的活动。现在保留在连云港将军崖熏黑大石旁所刻的银河、太阳、星辰岩画，就是一幅伏羲时代东夷氏族部落所留下来的最为古老的祭天图。将军崖背靠绵屏山，面向大海，石坡上有两块祭祀禋黑的巨石（其中一块已毁为两块），而在它右边宽阔的岩石地面上刻磨有一条长长的银河（见彩图4），银河内刻有各种星云符号（见彩图5），银河右边更刻有太阳、星星符号。它显然是古代氏族部落祭天时依据观察想象所绘制的上天图像，亦即宇宙图像也；而在登上将军崖的岩石坡上，所刻众多人头像，皆包扎网状饰物。此乃伏羲氏因结网而渔所发明之"都布"，即土布也（见彩图6）。因此可以断定，将军崖所刻的银河、太阳、星星符号，实乃伏羲时代东夷氏族部落的祭祀活动所遗留下来的最古老祭天图。

以天为本，为生命的源头。因此，中国古代的祭天，是祭天地神，亦是祭祖先所出神。《尚书》所说舜"正月上日，受终于文祖。肆类于上帝，禋于六宗"③，就是讲的舜继承尧之帝位郊祭天帝神、祖先神及禋祭星、辰、风伯、雨师，司中、司命的活动。文祖者，尧之祖庙也。"受终于文祖"，就是舜于"正月上日"继位这一天祭祀尧之祖先。何谓"肆类于上帝"？肆，遂也；"类于上帝"，即祭祀上帝也。曰"类"者，以时而例行祭祀上帝之活动也。古代凡以时而祭，皆曰类祭。它就是《国语》观射父所说"古者先王日祭月享，时类岁祭"④。由上可知，舜之继位，虽禋祭六宗，但主要是祭祀天帝神与祖先神。这种祭祀活动，虽见于唐虞，然据

---

① 《竹书纪年》卷2。
② 《吕氏春秋·古乐》。
③ 《尚书·尧典》。
④ 《国语·楚语》。

王献唐先生考证，其制度之初，皆出于炎帝氏族①。《史记》所说"昔无怀氏封泰山，禅云云；虑羲封泰山，禅云云；神农封泰山，禅云云"，也可证郊祭天帝神、祖先神活动之久远也。

  远古时期，祭祀天帝神与祖先神，常常是二神合一的，即天帝神常常是祖先所出神。因为不论是讲华胥氏"履大人之迹生庖牺"；少典妃"游华阳，有龙首感之，生神农"；还是讲"天命玄鸟，降而生商"，简狄吞玄鸟卵而生契，女修吞玄鸟卵而生大业，其所感所履者，皆是与龙、玄鸟一类的天上神圣存在联系在一起的。训"巨人"之为上帝，解"大人之迹"之为"上帝之迹"，虽是后人的解释，但它也说明中国古代氏族祖先及祖先神皆源于天，是源于上天的神圣存在。祭祀祖先神及祖先所出神，就是祭祀上天的神圣存在。它发展到后来就是"郊祭天以祖配之"。朱子曾用上蔡的话说："祖考精神，便是自家精神。"② 祭祖先神，亦即追思祖先精神耶！祖先所出神原出于天，因此，祭祀祖先神与祖先所出神，亦即怀念追思上天之精神耶！

  自然，这并不是说中国古代氏族的祖先神或祖先所出神即是同一至上神。远古时期各个氏族部落氏族的祖先神或祖先所出神是极为不统一的，甚至可以说各氏族部落皆有自己的氏族祖先神或祖先所出神。中国远古乃是一个大大小小氏族部落林立的时期，各氏族部落不仅皆有自己的祖先神，而且在原始图腾、神话中，皆有自己的祖先感生神。他们不仅对祖先所出神称"帝"，而且对氏族祖先、部落首领，也是"生称王，死称庙王，皆以帝名配之"的。这样，祖先神也就变成"天亦帝"的存在。"殷人尊汤，故曰天乙"③，以及《礼记》所说王者死，"措之庙，立之主，曰帝"④ 就属于这种情况。因此，《山海经》所说"昆仑之山，实惟帝之下都"⑤；"青要之山，实惟帝之密都"⑥；以及"帝都之山"、"幽都之山"⑦

---

① 《炎黄氏族文化考》第 100~101 页。
② 《朱子语类》卷 63。
③ 司马贞《史记·殷本纪索隐》引《古史考》。
④ 《礼记·曲礼下》。
⑤ 《山海经·西山经》。
⑥ 《山海经·中山经》。
⑦ 《山海经·北山经》。

等，应该说都是古代氏族祖先或部落首领的墓地。称"下都"、"幽都"者，言墓冢之幽深也；称"密都"者，言墓冢之多也。他们死后是有灵的，可享人间乐趣，故为其所设下棋的地方，谓之"帝台之棋"；为其所设饮宴的地方，谓之"帝台之浆"；为其所设游玩休憩的地方，谓之"帝苑"，从那里流出的水，谓之"帝苑之水"。其实，这都是氏族部落对其祖先或首领的供奉。更有意思的是，许多神话传说中的天帝鬼神也都在这些山上。《山海经》仅崇吾之山到翼望之山，就有神鼓、英招、有穷、天神、帝神、西王母、轩辕、少昊、老童、帝江等神性存在[1]。其他各山所记，也是人神、天神或天帝神并存。此有"民神杂糅，不可方物"的意味。这并不是说人与神不分，而是说人神、天神并处相杂。古代人再蒙昧，也不至于分不清实实在在的人与无形无体的神。问题在于祖先或首领死后亦称之为神，这就像现代人称家庙或家族谱中的祖宗灵位为"神主"一样。因此，人亦神，神亦神也；天亦帝，帝亦天也。《山海经》中所记的天帝神，如黄帝、帝舜等，应该说最初都是氏族祖先或部落首领，及死葬于山上，历时久远，巫师出入、升降于此，忽而降为这个神，忽而降为那个神，经过长期的巫术模拟、接触、交互感应、远距离作用，或种种神话思维的复合，也就常常发生列维－布吕尔所说的互渗现象了。例如神话中的帝喾、帝俊、帝舜，就是这样。《帝王世纪》说："帝喾生而神异，自言其名曰夋。"[2] 夋即俊；如是说，帝喾，即是帝俊也。《山海经》中，帝俊、帝舜，同妻娥皇，生羲均，因此，帝俊亦即帝舜。这样，在神话中帝喾、帝俊、帝舜也就变成同一个人了。殷墟卜辞，帝俊，即"高祖夋"。夋甲骨文写作 ᛉ 或 ᛒ，其头如鸟形。这样，帝喾、帝俊、帝舜，则同为殷商氏族的祖先神矣。他们死后葬于山上，巫之升降，所降之神，可能一会儿是神话感生神，一会儿是氏族祖先神，随着历史的推移，发生互渗、复合，是可以理解的；而且历时愈是久远，就愈是从个别的、与血缘相关的感生神或祖先神中抽象出来，成为一般的、至高无上的天帝神存在。这实际上是一种神的转型：即个别氏族的感生神或祖先神转型为无形的天帝神或至上神。《淮南子》所说"昆仑之山，或上倍之，是谓凉风之山，登之不死；

---

[1] 《山海经·西山经》。
[2] 《帝王世纪第二》。

或上倍之，是谓玄圃，登之乃灵，能使风雨；或上倍之，乃维上天，登之乃神，是谓太帝之居"① 云云，即可视为神之提升与转型过程。它是巫术接触、模拟、交感、远距离作用的结果，也是长期神话思维不断复合互渗所发生的神秘现象。

正是由于祭祀活动存在着祖先所出神与天帝神的互渗、复合及转型，所以三代以来以祖配天的郊禘对象，才会出现混乱现象。如在《国语》中，舜在有虞氏那里只是所宗的对象，而在商人那里却成了所禘的对象；又如《国语》中，商人禘舜，而在《礼记》中则成了商人禘喾了②。"禘"即祭天祭祖先所出神也；"宗"即以祖配天，祭祀祖先神也。按照《国语》的说法，各个氏族皆是有着自己的祖先神及祖先所出神的，如有虞氏和夏后氏，皆以为自己的所生祖先为颛顼，祖先所出神为黄帝，故其禘黄帝以颛顼祖配之；商人以所生祖先为契，祖先所出神为帝舜，故其禘舜以祖契配之；周人禘喾以稷配之也是这样。中国古代是"非此族类也，不在祭典"③的。可知《国语》的说法是大体可信的，因为非氏族祖先所出神是不实行禘祭的；但据《国语》的说法同样可知，远古时期不仅各个氏族有着不同祖先神和祖先所出神，而且不同氏族祖先神或祖先所出神又是互渗的。特别是各个氏族的祖先所生神或天帝神在远古是不断发生互渗、复合、转型的，在一个时期是氏族祖先，到另一个时期则成了祖先所出的天帝神，如黄帝、帝舜，更容易产生郊禘对象的混乱。《山海经》中的黄帝、帝喾、帝舜之为天神或天帝神存在，无疑具有神话的性质，但历史地看，应该说黄帝、帝喾、帝舜最初可能都是氏族祖先或部落首领，只是随着氏族的分化与整合，经过神话、图腾、巫术、祭祀等神秘思维作用，发生互渗、复合、转型，也就成为不同氏族祖先所出神或天帝神了。

但不管怎么说，中国古代各族皆是"非此族类也，不在祭典"的。这

---

① 《淮南子·地形训》。
② 《国语·鲁语》说："有虞氏禘黄帝而祖颛顼，郊尧而宗舜；夏后氏禘黄帝而祖颛顼，郊鲧而宗禹，商人禘舜而祖契，郊冥而宗汤；周人禘喾而郊稷，祖文王而宗武王。"《礼记·祭法》说："有虞氏禘黄帝而郊喾，祖颛顼而宗尧；夏后氏禘黄帝而郊鲧，祖颛顼而宗禹。殷人禘喾而郊冥，祖契而宗汤；周人禘喾而郊稷，祖文王而宗武王。"
③ 《礼记·祭法》。

用《左传》的话说，就是"神不歆非类，民不祀非族"；"鬼神非其族类，不歆其典"①。不管祖先所出神或天帝神怎样互渗、复合、转型，只要它是与其祖先神、祖先所出神不相关者，皆不在祭祀之内，不能成为祭祀对象。由此也就可知，中国古代宗教祭祀活动一开始就包含着一种怎样的祖宗精神了！即使祖先所出神或天帝神，也必须是与自我、氏族、氏族祖先的生命精神相关者；否则，是不予祭祀的！但这并不等于说中国古代宗教祭祀时对象与内容是偏狭的，更不能说古代宗教祭祀只是停留在血缘关系上，因为中国宗教祭祀对象，不论是祖先所出神还是天帝神，皆是源于天的，皆是包含着对宇宙（天）法则的价值思维肯定、提升与抽象的。氏族部落群体在多大程度上接受这种价值思维肯定、提升与抽象，并认同了经过神话、图腾、巫术、祭祀等神秘思维作用互渗复合的祖先神与天帝神存在，也就在宗教经验中多大程度地完成了神的转型，承认了祖先神与天帝神合一。当不同氏族祖先所出神嬗变为超氏族的天帝至上神时，其宗教祭祀追思的祖先神也就是天帝神，祖先精神也就是天帝精神了。

通过上面对岩画、图腾、神话、巫术与宗教祭祀思维形式的叙述，不难看出中国人文精神是怎样在远古纵深文化历史中发生与发展的了。它虽然具有原始文化萌发初造的性质，但并非完全像现在西方文化人类学家所说的那种野蛮蒙昧，而是以中华远古文明特有的价值思维形式肯定着外部世界存在，也肯定着自己的精神生命存在形式，从而创造了有异于世界各族的古老文化。它最初之为道，虽然昧昧茫茫，但随着伏羲时代的到来，终于有了一个华夏文明的开端；它虽萌发于形下神秘思考，但经过炎黄文化的蓄养，以其特有的早熟，到唐虞时代则发展到了"惟精惟一"的高度。因此，它最初那如涓涓细流的存在，经夏商周三代也就汇成浩荡不息的生命精神了。

---

① 《左传》僖公 10 年、30 年。

第二章 伏羲炎黄时代的人文精神

内容提要：孔子讲政治史，断自尧舜时代，故《尚书》第一篇即是《尧典》；而孔子讲文化哲学精神史，则是断自伏羲时代的。这就是《周易·系辞传》所说："古者包牺氏王天下也，仰则观象于天，俯则观法于地，观鸟兽之文与地之宜，近取诸身，远取诸物，于是始作《八卦》，以通神明之德，以类万物之情。"伏羲《八卦》之作，既是对宇宙万物法则秩序的价值思维肯定，也是中国文化精神的诞生。故《中国精神通史》讲中国文化精神源头，深入到前伏羲时代，研究叙述了纵深文化历史存在及精神觉醒之后，更把中国文化精神的诞生，断自伏羲时代，沿着中国文化精神"发端于伏羲，积蓄于炎黄，大备于唐虞，经夏商周三代而浩荡于天下"的论断展开叙述的。而本章的叙述，涉及伏羲八卦创造与精神诞生、上古《三坟》、《五典》、《八索》、《九丘》的存在及炎黄文化精神大宗形成诸多问题。

研究一个民族，首先应该研究它最初的母体文化，研究它是从哪里来的，从氏族部落到民族国家是如何发展演变的，这样研究，才有民族史、文化史，才有民族世系与法统，才能使民族有义相亲。研究中国精神史亦然。只有先研究它的精神发端于何处，国家民族文化大宗如何形成的，才有精神源头与价值源头，才有国家民族精神史，才知道如何加强自己民族的凝聚力与向心力，维系国家民族文化精神的赓续绵延。

文化精神发端，实际上是撰写《中国文化精神通史》断于何处问题。孔子编辑整理《尚书》，断于唐虞时代；司马迁撰写《史记》，断于《五帝本纪》。那么，《中国精神通史》断于何处呢？上章虽然深入到岩画、图腾、神话、祭祀等原始文化，研究了远古神性形而上学存在及其精神发展，但那尚不能确切地说明中国文化精神的诞生，也不能说明中国精神史肇端何处。因为岩画、图腾、神话、祭祀一类的原始文化，乃是远古时期神性形而上学及精神的一般存在，对它的研究只是一个总体叙述，而非对中国文化精神发端的确切断代描述。

  精神发端于何处，总是与人的最初来源，与国家民族的最初形成联系在一起的。这一点，一些古老民族总是从神性形而上学存在说明问题。如印度《吠陀》文化认为，人来源于"梵天"大神解体，"梵我如一"乃是精神的最高境界；西方基督教《圣经》认为，人来源于上帝耶和华创造宇宙万物与人的存在，人的始祖亚当、夏娃，因偷吃了智慧果，犯了原罪，因此，讲精神史，总以讲赎罪回归天国为精神运动之始。以神性形而上学存在为精神本原，很难确切地说明精神史最初的发端，因为神性形而上学存在与社会历史之间缺乏真实可靠的逻辑关系。中国文化则不然。中国文化虽然也有盘古开天、女娲造人之说，但那只是神话，并非真实无妄的存在，因此，它并没有真正成为精神史发端的断代根据。中国文化是早熟的，它造就了一个非常理性的民族。因此，华夏民族不是从某种神性存在上寻求自己文化精神的创造与诞生，而是将它归功于最初人文祖先的存在。这人文祖先，就是后来所说的"三皇五帝"。"三皇"之说，虽然不一，然"三皇"之始，始于人皇伏羲，则是华夏民族的共识。皇者，大也；人皇者，人之大祖先也。从根本上说，文化精神是人的精神，是人的生命精神的最高存在。因此，讲精神史发端，惟从人文祖先的文化哲学创造讲起才是正理。中国文化哲学创作，既然始于人皇伏羲，因此，讲中国文化精神发端，自然应该从伏羲时代开始，从这个人皇祖先讲起。此我所以讲中国文化精神"发端乎伏羲"者也。

  虽然精神史以人的来源与精神创造为其发端，但一个国家民族精神的诞生，又总是以他们的哲学创造与文化经典的出现为标志的；特别是形而上学何时从诸多文化现象中提升出来，成为文化精神的最高本原存在，并以此设教而成为国家民族教典，乃是其精神史发端的根本标志。此乃印度文化精神以《吠陀》经典为其肇起根据；西方文化精神以基督教的《圣经》与古代希腊罗马哲学为其发端者也。他们讲哲学史或精神史，总是从这些经典存在开始的。中国文化精神则是以《六经》为源头，《六经》则是以《易》为源头；而《易》则又是以《八卦》之作为名教之始的。因此，中国文化精神的诞生，应以伏羲《八卦》之作为肇起。此亦精神史发端断于伏羲时代之根据也。孔子编辑整理《尚书》而为政治史，虽断于唐虞时代，然其"晚而喜《易》，序《彖》、《系》、《象》、《说卦》、《文言》"①，而为哲学史或精神史，则是断于伏羲时代的。故《中国精神通史》断于伏羲时代，亦是本于孔子之教也。

然而进入现代以来，自从疑古学派把整个上古文化历史变成了"层累地积造成的中国古史"，今人写哲学史或思想史，谁也不敢再以《六经》为源头，而以先秦文化历史为期限了。冯友兰的《中国哲学史》从子学时代开始，胡适的《哲学史大纲》从老子开始，侯外庐主编的《中国思想通史》从殷周之际开始，就是这样。那么，《中国精神通史》讲精神史发端，断于伏羲时代，有无真实的文化历史根据呢？它是一种真实的历史存在，还是"层累地积造成的中国古史"呢？具体地讲，中国文化精神是怎样发端于伏羲时代的呢？怎样看待伏羲《八卦》创造与精神诞生以及《三坟》、《五典》、《八索》、《九丘》的存在呢？它与炎黄文化精神有着怎样的联系呢？炎黄时期是中国文化精神"剖判大宗，窍领天地"②的时期，这种文化大宗又是怎样形成的呢？只有研究了这些问题，才能真正弄清中国文化精神大源，及后来五千多年的文化精神发展。本章的研究与叙述，就从遥远真实的伏羲时代开始。

一 遥远真实的伏羲时代

文化精神发端于何处，精神史最初发展断于何时，不仅是一个学术问题，也是一个关乎国家民族存在与维系的大问题。疑古学派之疑古，就是怀疑中国古代文化历史，怀疑古代一切文化制度与历史事实存在。实际上，任何国家民族的古代文化历史，都是经过长期的群体参与、互动形成的；而在群体参与互动过程中，发生相互感应、效应、互渗、远距离作用，衍生出一些东西，增殖出新的价值与意义，是完全可以理解的。疑古学派不这样看问题，他们认为中国古代历史都是后人"层累地积造成的中国古史"，它是不真实、不存在的，即使《六经》所载也不行。为了说明自己论点的正确，凡是古籍记录不一致的地方，有出入、有矛盾的地方，

---

① 《史记·孔子世家》。
② 《淮南子·俶贞训》。

都说是后人伪造的：先秦不行，就推到两汉；两汉不行，推到魏晋，反正他们越往后越好。这样，中国上古五千年乃至七千年的文化历史就被推翻了。中国上古文化历史被推翻了，讲中国文化精神发端于伏羲，以此断代写《中国精神通史》，岂不成了问题？

那么，讲精神史发端断于伏羲时代，有无真实的文化历史根据呢？讲中国文化历史的存在，自应以《六经》为据。因为《六经》皆史，皆是古代圣王的政令教典。其他典籍记载，如郭象注《庄子》所说，乃是"十言而七见信"① 的。尽管典籍所记史实可能会有某些出入，但无论是古籍所载，还是现在考古学发现，都证明中国古史的真实存在是不能推翻的。例如古籍所记"太皞因网罟以制都布"②。都布，就是土布。古籍所载的太皞氏族发明都布是真是假呢？现在山东泰安大汶口文化遗址考古学所发现的陶器陶纹，不是手捏的印记，而是布纹，就证明陶器是用布做的坯子。没有发明都布，哪来的布纹呢？尽管大汶口文化遗址属于少皞时代，但若无太皞伏羲时代发明都布，是决不会出现这种文化现象的。再如《易传》说"伏羲作八卦"，1959 年大汶口墓地 M26 文化遗址出土的一把象牙梳子，上边刻有《八卦》图示（见彩图 7），亦可证明伏羲作八卦为不假。没有伏羲所作八卦，哪来的八卦梳子？梳子所刻八卦符号，☰乾为天，☷坤为地，"⊥"为上，"⊤"为下，正好构成一幅天在上、地在下、乾坤阖辟、阴阳变化的图像。它正证明了老子所说的"虙牺氏之王天下，枕方寝绳，杀秋约冬，负方州，抱员（圆）天"③。大汶口墓地 M26 虽属大汶口文化中期，较之太皞伏羲氏族生活的北辛、青莲岗及大汶口早期文化要晚一些，象牙梳子所刻的八卦图案，很可能是东夷人根据当时流行的伏羲所画的八卦图像创造的。不论是大汶口文化遗址所发现的带有布纹的陶器陶纹，还是象牙梳子所刻的《八卦》图，这些太皞伏羲时代所留下的文化遗存，都说明中国五千年乃至七千年的文化历史，是班班可考，历历可证，不可推翻的；特别是伏羲作八卦，乃中国哲学创造与精神诞生之始，大汶口遗址所出象牙梳子之《八卦》图示，更说明把中国精神史发端断于伏羲时代之无误。

---

① 郭象《庄子·寓言篇》注。
② 《路史·太昊纪》。
③ 《文子·精诚篇》引。

研究精神史之发端，还涉及中国上古民族源分布与古史系统问题。这个问题，不论是傅斯年的"夷夏东西说"①，还是蒙文通的把古史分为海岱民族（泰系）、河洛民族（黄帝系）、江汉民族（炎帝系）②，抑或徐旭生把古史系统分为华夏、东夷、苗蛮三大集团③，虽然他们立论不同，史料也各有取舍，他们都承认一个基本的历史事实，即中华民族在原始氏族部落时期，主要是由生活在黄河中上游地区的古华夏诸族和生活在黄河中下游及沿海地区的东夷诸族及长江流域的苗蛮诸族构成；其文化精神，主要是由这三大族系所创造的古老文化在历史长河中汇合融化成了中华民族的文化价值体系。这些年，考古学的发现打破了"万世一系皆出于黄帝"的说法，中国文化起源多元论的观点颇占上风。但有一个基本的观点也是为多数人所公认的，那就是中华民族的文化最初主要是在黄河中上游的高原地区与中下游及沿海地区发育成长起来的，并在历史发展过程中，向南扩展为长江流域的文化，向北扩展为长城南北及辽东半岛一带的文化。如果上边两个基本看法不错，那么，把黄河看作是中华民族的摇篮这一传统的说法，仍然是正确的；同样，把黄河中上游的高原地区与黄河中下游及沿海地区看成是中华民族生命精神的发源地也不为错。

那么，生活在黄河中上游的高原地区与黄河中下游及其沿海地区的原始中华民族是怎样的古老氏族部落呢？它属于怎样的族源分布、古史系统，其文化精神又是怎样产生的呢？这牵涉到古籍所记载的伏羲、神农、黄帝、尧、舜等历史人物的存在问题。对于这些问题，自然不应该完全相信古籍所载，但也不能苟同于疑古学派所谓的考证。50万年前的北京人、沂源人是不是中华民族的祖先，学者们虽然尚有不同意见，但疑古学派把大禹说成是条虫子，把黄帝说成是个牛皮筏子，学术界大多数人也是不敢步其后尘的。因为考古学的大量发现愈来愈证明古籍所载的发端于伏羲的中国古史系是真实存在的：不仅考古文化遗存序列一脉相承的关系与中国古史系统的沿革是大体上相符的，而且不同文化遗存序列的存在，也证明了中国古代不同地区存在着独立的文化系统，而两者的延续与不断融合，恰恰显示了中国上古文化精神史的发展过程。

例如在黄河中上游地区，从仰韶文化→庙底沟二期文化→河南龙山文

---

① 傅斯年《夷夏东西说》，《傅斯年选集》，天津人民出版社1996年版。
② 蒙文通《古史甄微》，上海商务印书馆1933年版。
③ 徐旭生《中国古史的传说时代》，科学出版社1960年版。

化→二里头文化→二里冈文化→安阳殷墟文化的序列是一脉相承的。研究古史的学者认为，仰韶文化是"黄帝族沿渭水东迁至黄河中游肥沃平原所留下来的文化遗迹"①。它上接裴李岗、磁山、大地湾等处的前仰韶文化，下经过庙底沟二期发展为山西陶寺、河南王湾三期的龙山文化。许多学者已论证了这些遗址属陶唐氏的文化遗存。然后，它又发展为河南二里头文化。其为夏文化，已为多数学者所承认。二里头四期已属夏末早商文化。然后由它发展为郑州二里冈的中商文化和安阳殷墟的晚商文化。这些文化发展都是考古学家所公认的。由上可以看出，由前仰韶文化、仰韶文化发展到殷墟的商文化是一脉相承的。它属起源于黄河中上游地区古华夏氏族所创造的文化系统。其文化遗存序列的一脉相承，大体上反映了他们由西往东迁徙的文化发展历史过程。

又如在山东地区，由北辛文化→大汶口文化→山东龙山文化→岳石文化的序列也是一脉相承的。北辛文化遗存与江苏青莲岗遗存属同一种文化。它遍布鲁中南及苏北、黄淮地区，时间约在公元前5400至前4400年，与中原仰韶文化相比略早一些，相当于前仰韶文化与早期仰韶文化相交之际。其后续是大汶口文化。研究古史的学者认为，"太皞和蚩尤大体在山东的北辛—大汶口文化时期"②。而已故著名古史学家唐兰先生则认为，大汶口文化是东夷少皞氏族的文化遗存③。其后则是山东龙山文化。它上承大汶口文化，后续为岳石文化。研究古史的学者认为，"龙山时代诸文化正好都在夏朝以前，相当于古史传说中的唐尧虞舜的时代"④；而"山东岳石文化的绝对年代大体在公元前19世纪到前16世纪，这个时间正是中原地区的夏王朝"⑤。由上可以看出，由太皞氏族时期的北辛、青莲岗文化发展为夏王朝时期的岳石文化，也是一脉相承的。它是东夷诸族所

---

① 何光岳《炎黄源流史》第515页，江西教育出版社1992年版。
② 逢振镐《东夷文化史》第61页，中国社会科学出版社1995年版。
③ 唐兰《从大汶口文化的陶器文字看我国最早的文化年代》，《光明日报》1977年7月14日。
④ 严之明《龙山文化与龙山时代》，见《山东龙山文化研究文集》第146页，齐鲁书社1992年版。
⑤ 逢振镐《东夷及其史前文化试论》，见《东夷古国史研究》第1辑第14页，三秦出版社1988年版。

创造的独立文化系统。其文化遗存序列的一脉相承，大体上反映了其文化创造及与中原华夏诸族文化融合的历史过程。

那么，伏羲氏族部落在古史帝系及考古文化遗存年代处于什么位置呢？要弄清这个问题，首先需澄清古史帝系、氏族记载的一些混乱。例如，若依《左传》昭公17年郯子所说，"昔黄帝氏以云纪，故为云师而云名；炎帝氏以火纪，故为火师而火名；共工氏以水纪，故水师而水名；太皞氏以龙纪，故龙师而龙名；我高祖少皞挚立，凤鸟适至，故纪于鸟，为鸟师而鸟名"，则太皞氏排在黄帝、炎帝、共工氏之后，少皞氏之前。这虽不是严格的帝系、氏族排列，但也给人一种假象，即太皞、少皞是依次相续排列的两个帝系、氏族。故有的学者以此为根据，认为太皞、少皞是两个兄弟氏族。同时，这也影响到它们在考古文化遗存年代中的排列问题。这种说法实为不妥。已故著名考古学家王献唐先生在《炎黄氏族文化考》一书中，曾从地名、氏族、乐歌、母族、庙祀、族裔、官司诸多方面详细地考证了太皞伏羲氏族出于曲阜泗水，是炎黄之前居住在泰山周围一带的东夷民族部落[1]。太皞伏羲为渔猎氏族部落。其后，炎帝族起于西，发明农业，沿黄河东行，遂代太皞伏羲氏而有天下。神农氏曾游江、汉，建国于南方。南方炎热，属火，火师火名，故称之为炎帝。其实，这种称号乃是汉代人以五行配五帝所造，如称伏羲为青帝一样，称神农为炎帝，不过是汉代人以此逢迎世主的一种说法。但太皞伏羲氏族在前，炎帝神农氏在后，在历史持续的时代次序上应该说是对的。太皞伏羲氏族属由渔猎向原始农业过渡的时代。根据考古遗存所见，太皞伏羲氏族大体应在北辛、青莲岗文化时期及大汶口文化早期。它绵延的时间相当长，大约在公元前5400年～前3500年之间。其行时相当于前仰韶及仰韶文化早期。炎帝神农氏上承伏羲，下接轩辕氏王天下。"据诸子及古史考，炎帝之后，凡八代，五百余年，轩辕氏代之"[2]，似乎历时只有500年左右。但神农作为一个氏族部落存在，却远远超过这个时间。古籍说炎帝神农成于姜水[3]，起于烈山[4]。据王献唐先生考证，烈山即厉山，即今陕西骊山，可能起于

---

[1] 《炎黄氏族文化考》《伏羲考》，齐鲁书社1985年出版。
[2] 《史记索隐·三皇纪》注。
[3] 《国语·晋语四》。
[4] 《通志·三皇纪》。

骊山脚下。烈山亦即列山、连山。故称之为烈山氏、列山氏、连山氏①。它最初可能是一个刀耕火种的氏族部落,发展到炎帝神农氏族部落是一个漫长的文化历史过程。故《吕氏春秋》说,"神农氏十七世有天下"②。炎帝代伏羲氏王天下之前,神农作为一个氏族部落存在,有个与太皞伏羲氏族部落并存的时期;加上"神农后世子孙亦称炎帝"③,其历时之长可知矣。以其整体上晚于太皞伏羲氏族计,它大体上应在大汶口文化早中期与仰韶文化中晚期,即庙底沟类型到马家窑类型时期。时间约在公元前4300年~前3000年左右。黄帝与蚩尤同时。据古籍所记,"黄帝之初,有蚩尤兄弟七十二人,铜头铁额"④,"蚩尤以金作兵器"⑤,以及"黄帝采首山之铜铸鼎荆山之阳"⑥云云,可知黄帝、蚩尤时代已有铜器制造。大汶口晚期的男女合葬1号墓发现带有孔雀绿色的骨凿,曾为铜质的染色,是否有了铜器,尚不能确定,但在山东长岛县店子村、胶县三里河等龙山文化遗址中,皆发现了黄铜器,确是事实。黄铜要较青铜为早。蚩尤属东夷人。因此,黄帝蚩尤氏族大体在大汶口文化晚期或龙山文化早期,是不为错的,即公元前3000年~前2500年左右。它相当于仰韶文化庙底沟二期。少皞乃黄帝的后裔。依《路史》所记,少皞之父曰清,为黄帝第五子,娶东夷风莱氏女所生,子从母姓,故为风姓,与太皞伏羲氏同姓。封于清,始于穷桑而都于曲阜,故为青(清)阳氏或穷桑氏⑦。少皞乃娶东夷嬴姓女子所生,故《古史考》说:"穷桑氏,嬴姓。"少皞氏族始自穷桑而都曲阜,后自东西行,都于小颢。小颢即小皞,亦即少皞或少昊。以其都于少皞而曰少皞,与太皞氏族并无关涉。古书说:"命蚩尤宇于小颢。"⑧又说:"蚩尤者,炎帝之后,与少昊治西方之金。"⑨由上可知,少

---

① 《炎黄氏族文化考》第14、404~415页。
② 《吕氏春秋·审势》。
③ 《史纪·封禅书》、《索隐》。
④ 《汉学堂丛书》辑《龙鱼河图》。
⑤ 《世本·作篇》(张澍稡集补注本)。
⑥ 《史记·封禅书》。
⑦ 《路史·少昊纪》。
⑧ 《路史·后纪四》。
⑨ 《黄氏逸书考》辑《遁甲开山图》。

皞氏族大体与黄帝、蚩尤氏族同时，即在大汶口文化晚期或龙山文化早期。其氏族后裔，可能绵延于整个龙山文化的唐虞时期。其后，才是岳石、二里头的夏文化及二里冈、安阳殷墟的商文化。如果上面的理解不错，那么，在华北整个黄河流域，考古文化遗存所揭示的中国古史系统及其文化精神的依次发展，大体上可以排列如下①：

  安阳殷墟：晚商

  郑州二里冈：中商

  二里头四期：早商（夏末）

  岳石与二里头：夏文化时期

  山东龙山与河南龙山：唐虞（少昊氏族）时期

  大汶口晚期～龙山早期或仰韶庙底沟Ⅱ期：黄帝及蚩尤氏族时期

  大汶口早中期与仰韶中晚期马家窑类型：炎帝神农氏族时期

  北辛、青莲岗、大汶口早期与前仰韶早期：太昊伏羲氏族时期

  上面古史系统及其文化精神的依次发展，还可征之于长江中下游流域的河姆渡、大溪、马家浜、良渚等文化遗存。自然，不论是在黄河流域，还是在长江流域，考古文化遗存所验证于古史系统者，不仅在细节上还有许多不明之处，而且在文化系统连接上，如仰韶文化与河南龙山文化之间、山东龙山文化与岳石文化之间，以及文化遗存与古史年代的联系上，如陶寺文化遗址与夏代、岳石文化遗址与殷商，都还有不少空缺、间隔，暂时连接不起来的地方。尽管如此，考古文化遗存序列一脉相承的关系所揭示的中国古史系统的真实存在及其精神发展，是不容怀疑的。古史帝系、氏族中的一些人物，如伏羲、神农、黄帝、帝尧、帝舜，虽然在历史持续中交口相传，并通过群体参与、互动以及交互感应、远距离作用、转移、互渗等过程，把他们神话化了，甚至许多史迹弄混乱了，但我们决不能因此就否认这些古史中帝系、氏族人物的存在，更不能因此说中国古史系统只是一个"层累地积造成的中国古史"，或只要记载有出入、有矛盾、有不一致的地方，就因而怀疑乃至推翻整个中国古史系统及帝系或氏族历史人物的存在，推翻遥远真实的伏羲时代。

---

① 此中国古史系统及文化精神依次发展排列表，请参看《绵延论》第163页，陕西人民出版社2003年版。

二 伏羲文化精神的发端

那么，伏羲时代的文化精神是怎样发端、怎样开创自己时代的精神的呢？中国文化之发端，一是从甘肃、陕西、山西及河南西部的黄河中上游流域的泾、渭、伊、洛、汾、涑诸多支流交叉地带发展起来的，它属于原始华夏诸族文化；二是由山东西部及沿海一带发展起来的，它属于黄河下游太皞、少皞诸族文化。前者属于古华夏诸族，后者属东夷氏族，然后二者经过唐虞时代逐渐汇合融会成为古代华夏民族文化。

太皞氏族，曰伏羲、曰庖戏者，乃地名、氏族名也；曰皞或昊者，皆皓旰光明之意，后世尊称也；曰太皞伏羲者，因其移居泰山一带而王天下也。太，即泰也。因其出于泰山一带而王天下，故被称为泰皇、泰帝、太帝、太皞、太羲、太雄等。少皞古为金天氏，"皞"即"昊"，意谓日出之国，实是一个崇拜太阳与光明的氏族部落。

黄河中下游多是丘陵湖泊之地。据《水经注》所载，太行山以东有四十多个湖泊，长江、淮河以北，黄河以南，有一百四十多个湖泊。其中今河南的荥泽、圃田、孟诸，河北南部的大陆泽，山东的巨野、雷夏、荷泽等，都是有名的大湖泊。《诗含神雾》、《史记·补三皇本纪》皆云伏羲生于雷泽。据王献唐先生考证，雷泽即服泽或伏泽，亦即雷夏，在山东泗水东，北有伏山，即华胥履迹而生伏羲之地①。太皞伏羲氏族的文化，主要是在泰山周围、曲阜泗水一带及黄河中下游丘陵沼泽湖泊地区发展起来的。太皞伏羲氏族率先发展起渔猎生活及其水文化。当时伏羲氏族所发展起来的文化，是高于黄河中上游一带土著居民文化的。他们不仅过着结绳为网、"歌扶徕，咏网罟"②的渔猎生活，而且还创造了原始的农业。《世本》说："伏羲乐曰《扶来》。"澍案："《扶来》，一作《扶犁》，亦即《凤来》也。"③据王大有先生考证，"扶来"，即扶莱，亦即伏莱；"扶犁"，即扶黎，黎是黍，即燕麦、雀麦、荞麦、莜麦之类。"莱"同"华"，华胥，即莱胥。今山东半岛有蓬莱（凤来）、莱阳、莱芜、石莱、

---

① 王献唐《炎黄氏族文化考》第470～474页，齐鲁书社1985年版。
② 《路史·太昊纪》。
③ 《世本·帝系篇》（张澍粹集补注本）。

徂徕，即古莱人的聚居地。泰山徂徕山的一个湖泊即是雷泽，即是生伏羲之地，并从金鼎文、甲骨文的一些形音考证了与"华"、"莱"相近的字，以《扶来》之乐，说明伏羲生自华（莱）胥氏，史载不误。①

北辛遗址所发现的石铲、鹿角锄等生产工具，可证伏羲时代原始农业已相当发达，居民"已经脱离了刀耕火种的阶段，进入到锄耕农业的时期"②，因结网学会了织布。这从大汶口文化遗址所发现的许多纺轮、骨针、骨梭及陶器上的细密布纹可证。虽然这种细密的布纹可能较之伏羲所发明的都布要晚出一些，但它也可证古籍所记"太暤因网罟以制都布"的文化史实为真。另外，伏羲氏不仅作琴瑟，使素女鼓之③，而且"制俪皮嫁娶之礼"④，以修人道。以俪皮为礼，男婚女嫁，可知太暤伏羲氏族部落时期并不像现代人所想象的那样野蛮无知，而是已经进入一个文质彬彬的礼仪社会了。由此可知，东夷氏族所居的泰山一带，乃中华民族文化的发源地之一。太暤伏羲氏族，虽然最初属中国东方氏族，然其并非只是生活在泰山、曲阜一带，而是沿黄河西进，散居河南、陕西、甘肃、四川等地。伏羲氏族部落的文化，后来乃是在这一广大地区发展起来的。

考古文化遗存所提供的并不只是遗迹及石器、骨器、陶器、铜器一类的遗物，古籍所载之古史提供给我们的也不只是充满尘土的陈迹、凡物或器物所在，我们还可看出精神的存在，凡遗址、遗迹、陈迹存在的地方，都可以看出中国上古氏族生命精神的活动。例如我们从北辛、青莲岗以及大汶口文化早期遗留下来的蚌镰、蚌铲、蚌镞、网坠、鱼钩、鱼镖以及残存的鱼、龟、鳖、蚌等物，可以看出伏羲太暤氏族水里来，水里往，撑篙打桨、捕鱼捉蟹的渔猎生活。此正《易传》所说包牺氏之王天下，"作结绳而为网罟，以佃以渔"者也；同样，我们从仰韶文化早期所遗留下来的房屋、圈栏、窖室等构成的聚落遗址以及大量粟壳、炭化菜籽与各种各样的家畜家禽骨骼，可以看出伏羲氏族之后，神农氏族执着于土地的农耕畜

---

① 王大有《三皇五帝时代》（修订本）第92~93页，中国时代经济出版社2005年版。
② 吴汝祚《试论北辛文化——兼论大汶口文化的渊源》，《山东史前文化论文集》第202页，齐鲁书社1986年版。
③ 《史记·封禅书》。
④ 《礼记·月令》正义引《世本》。

养生活。此正《易传》所说伏羲氏族之后，"神农氏作，断木为耜，揉木为耒，耒耨之利，以教天下"① 者也。

太暭伏羲文化之发端，不仅在泰山周围、曲阜泗水及黄河中下游多丘陵沼泽湖泊地区一带发展起渔猎生活，创造了原始农业，更在于他们精神上的崛起，创造了原始哲学：《八卦》。《山海经》所说"汤谷上有扶桑，十日所浴"；"汤谷上有扶木，一日方至，一日方出"云云，汤谷即旸谷，即海滨日出的地方。扶桑即扶木，即扶桑，亦即穷桑、空桑，即泰山曲阜一带。《淮南子》说："东方之国，自碣石……东至日出之次，扶桑之地，青出树木之野，太暭、苟芒司之。"② 太暭司之，即太暭伏羲之观日月沐浴运转的地方；而扶桑"十日所浴"或"一日方至，一日方出"云云，亦即登泰山观日出所产生的意象。大汶口遗址出土的日月山陶纹，有人说它是少暭氏族的族徽，有人说它是古代的"炅"字，实际上乃是伏羲氏族生活在泰山周围观察日出所获得的意象，亦即原始《连山》易之意象符号。梁元帝曾引杜子春的话说："《连山》易，伏羲也。"朱元昇也说："《连山》作于伏羲，用于夏。"③ 不管《连山》是不是伏羲之《易》，但据此可证伏羲"仰观象于天，俯察法于地"而作《八卦》，是非常善于观察日月之象并获得天文历法知识的。

伏羲《八卦》之作，所以构成一种精神，不在于取象制器或器物发明创造，不在于它所获得的天文历法知识，也不在于鱼是鱼，网是网，风雷山泽只是风雷山泽之质，而在于它超越鱼与网的器物存在，由此提高升腾出的生存法则，并把它与天地万物生化联系起来，从而构成一种生命哲学，一种性命之理。如果鱼只是鱼，网只是网，风雷山泽之质只是风雷山泽之质，只是停留于物的知识上，而不能上升到生命的普遍法则或具有某种抽象意义的存在，就像爱斯基摩人只有这种鱼、那种鱼，而没有"鱼"的抽象概念一样，那是很难看出其抽象思维能力与文化精神发展的。鱼不是鱼，网不是网，风雷山泽之质不是风雷山泽之质，而是由此提高升腾出来的精神存在，才有文化意义发生，才是哲学义理存在。伏羲氏族的文化所以能够成为中华民族精神的源头，就在于他们不停留于鱼就是鱼、网就

---

① 《周易·系辞下传》。

② 《淮南子·时则训》。

③ 《玉函山房辑佚书》辑《连山》附《诸家论说》。

是网、风雷山泽之质就是风雷山泽之质，而是由此提高、升腾、抽象出一种生命精神存在，一种普遍法则与性命之理存在。仰韶文化早期半坡村出土彩陶盆中的人面鱼纹、双鱼形纹就是这样（图2.1）。它所显示的并不仅仅是鱼，乃是一种生命法则和生命精神存在，一种生命哲学最原始的意义。仰韶文化早期仍处于伏羲氏族时期。半坡出土的陶盆人面鱼纹、双鱼形纹，可能是太暭伏羲氏族西行陕西一带所留下的文化遗迹，或者说它至少反映了伏羲氏族由"结网而渔"所发展出来的原始生命意识。这种意识上升为普遍的生命法则，也就是伏羲文化的生命哲学与性命之理。其所谓"作结绳而为网罟，以佃以渔，盖取诸《离》"，就是通过结网而渔的生活，发现生命的法则与人生的意义。离者，丽也。网罟之用，必审

图2.1　西安半坡村彩绘鱼盆之人面纹与双鱼纹绘图

知鸟兽鱼鳖附丽之处，然后才能丽兽于山，丽鱼于水。这样做，不观察天地法则、鸟兽之纹及地理环境，自然是不行的。有了这种观察，并把它抽象出来，提高升腾成为生命法则，就是《离》卦的产生。自然，整个八卦符号及其哲理并不只是由鱼、网抽象提升出来的，而是观诸天地万物的生化法所产生的。如（乾）为天，（坤）为地，（震）为雷，（巽）为风，（坎）为水，（艮）为山，（兑）为泽等，就是这样产生的。不管怎么说，只有鱼不是鱼，网不是网，风雷山泽之质不是风雷山泽之质的时候，才能产生哲学，发生意义，而且只有把自我生命法则与天地万物法则在形上意义上联系起来的时候，才能成为人生哲学，才具有精神意义。要明白这种精神文化的产生，进一步弄清《八卦》的创造与精神诞生是必要的。

三　八卦创造与精神诞生

中国古代所谓《六经》，《乐》经不传，实乃《五经》也。《五经》乃圣人经纬天地、王道教化之迹，而《易》则是其哲学原理，是其所出大道本原的根据。"乾元"即本原，即原始，即原理，即形上太极本体存在。它包含阴阳、刚柔、动静、仁义，具有万理。有阴阳，则有变化；有变化，则有错综交互；有错综交互，则有自然之理；有自然之理，而有圣人穷理尽性至于命之学；而其阴阳莫测，即是神；"寂然不动，感而遂通"，

即是至神存在；其"发微不可见，充周不可穷"者，则神天神地，盈天地，充万物矣。故周子说："《易》何止《五经》之源，天地鬼神之奥乎！"① 因此，研究中国精神史之发端，从伏羲创作《八卦》开始，即是直探中国精神发端之源头，达天地鬼神最深奥处也。

传说中的伏羲作《八卦》，是充满着许多神秘成分的。最为普遍的说法，就是伏羲得《河图》、《洛书》而作《八卦》。《易传》所谓"天生神物，圣人则之；天地变化，圣人效之；天垂象，见吉凶，圣人象之；河出图，洛出书，圣人则之"②，就是这种说法。孔氏传所说"伏羲王天下，龙马出河，遂则其文以画《八卦》，谓之河图"，即附会此说法也。汉代纬书及郑玄、刘歆、杨雄、班固、马融、王肃诸人，皆竞相曲意附会此种说法。其实，《易传》所说"天生神物，圣人则之"云云，不过是说圣人作八卦，乃取诸天地万物变化之法则，以尽其神用而已。凤鸟飞至，龙马负图而出，乃文明祥瑞之象也。伏羲取诸天地万物法则，取诸文明祥瑞之象，以作《八卦》，说明它取诸美好法则也。《八卦》之作，正是取诸祥瑞之象，取诸美好法则，才有美好的价值、圣蕴的精神；无此美好价值与精神存在，它就不能成为华夏民族的性命哲学与文明教典了。天下无有文明祥瑞之象，显示其衰也。孔子感叹"凤鸟不至，河不出图，吾已矣夫"③，即是感慨文明之象不至，礼乐文章之失，天下之衰败也。《易传》所谓"神物"者，乃指蓍龟之类也。船山认为："《洛书》本龟背之文。古者龟卜或法之以为兆，而今不传"，过于附会于《易》，"则诬也"④。近人章太炎先生则认为，《河图》乃"括地者"之类；"《雒书》，犹是图"，是伏羲之前圣哲"仪其地之象而沦于河"者，伏羲得之为宝，就像"萧何之收秦图籍"⑤那样。这虽然过于强调《河图》、《洛书》的经验实在的知识性，但也说明伏羲之作《八卦》，主要还是本诸天地法则及其自然知识积累的。自然知识与社会文明发展到一定程度，加之伏羲的智慧，不论是否河出《图》，洛出《书》，《八卦》都是要创作的，不必过于附会它与

---

① 《通书·精蕴第三十》。
② 《周易·系辞上传》。
③ 《论语·子罕》。
④ 《周以内转》卷五下，《船山全书》第1册第564页，岳麓书社1996年版。
⑤ 《訄书·河图第二十二》，徐复《訄书详注》第347页，上海古籍出版社2000年版。

《河图》、《洛书》的关系。而《河图》、《洛书》所涉及的天文气象与水文地理知识是极为精确可靠的。这些知识不是一般的仰观俯察可以得到的，其为《图》为《书》，在天成像，在地成形，应该说是和大禹治水实地观察测量分不开的。因此，关于《河图》、《洛书》所含的文化精神，将放到第4章"三圣相继的夏文化"去叙述。

伏羲之创作《八卦》，最为明确的说法，就是《周易》所讲："古者包牺氏之王天下也，仰则观象于天，俯则观法于地，观鸟兽之文，与地之宜，近取诸身，远取诸物，于是始作《八卦》，以通神明之德，以类万物之情。"① 它实际上是说，伏羲的《八卦》，乃是在积累了大量天文、地理知识的基础上，"近取诸身，远取诸物"，把对天地法则的领悟与自我生命的体验提升到道体形而上学高度，能够"通神明之德，类万物之情"而创造的。如果说《山海经》所讲灵山"十巫从此升降"②；登葆山"群巫所从上下"③，是以身之上下相交通而通神的话，那么，伏羲作八卦，乃是于精神上通于神明。因此，《八卦》之作，乃是中国原始哲学之创造，文化精神之真正诞生！

那么，这种原始哲学究竟是怎样创造、文化精神世界究竟又是怎样诞生的呢？这首先是自然知识经过形上道德的体验领悟，进入价值判断，使之成为性命之理与价值本原的存在。《八卦》之作，无疑获得了大量天文历法知识与社会人文知识，是建立在这些知识基础上的。邵康节先生诗说："须信画前原有《易》，自从删后更无诗。"④ 黄宗羲之弟黄晦木作《周易象辞先天卦图辩》，解释伏羲作《八卦》的先验客观法则存在时说："伏皇以前，初无著之方册，代见物理之事。伏皇欲以文字教天下，传后世，创为奇耦之画，使天地雷风水火山泽八象之在两间者，焕然移于方册之上，正所谓文字也。"⑤ 可知伏羲作《八卦》之前，先验客观的自然法则已经存在，而《八卦》之作，不过是获得这种法则的自然知识而已。

---

① 《周易·系辞上传》。
② 《山海经·大荒西经》。
③ 《山海经·海外西经》。
④ 《河南程氏遗书》卷2上引。
⑤ 见《宋元学案·百源学案下》，《黄宗羲全集》第三册第488页，浙江古籍出版社1985年版。

但是，如果只是这些自然知识，而无形而上学的道德体验与领悟，无价值判断，没有意义的发生，也是不能成为精神性存在，成为性命之理的。它惟有与形上道德体验、意义领悟、价值判断联系在一起，天地万物的法则才有意义发生，才能成为精神性存在，成为哲学的性命之理。《易纬》所说"卦道演德者"①，虽为文王所说，它也是适于伏羲《八卦》创作的。可以说整个《八卦》的创作，皆是与形上道德体验、意义领悟、价值判断联系在一起的。惟此，《八卦》之作，才不仅仅是筮书，而是人生哲学，是"演德"之学；它所提供的法则，才不只是自然知识，而是道德法则、精神性存在。若不是这样，《八卦》之作离开道德体验和意义领悟，离开道德法则和价值判断，把天地万物的文明祥瑞之象，变成赤裸裸的物质宇宙或"漆黑一团"的存在，把《乾》、《坤》之道，把"天根月窟"与"静翕动辟"的存在，完全变成物性运演，变成男女之间苟合之道，那不仅是非常荒唐的，而且也就没有任何意义与精神了！《八卦》之谓《乾》、《坤》者，已不是自然意义上的天地存在，而是包含着宇宙万物大法则之神用及其厚德载物、承天行时的伟大品性的；特别是《乾》卦，是包含着元、亨、利、贞之四德，包含着至刚至和至仁的德性及造化大用的。朱子谈及古乐时说："失其义，陈其数，祝、史之徒也。"② 惟《乾》、《坤》不是自然意义上的天地存在，而是包含着生生之德与不息之理，包含着乾坤开合、阴阳大化的大德性、大品格、大功用，超越了祝、史的神秘演术，它才是天地精神，才成为华夏民族的性命之理与生存哲学。此《八卦》之作精义入神，会通其用，利用安身者也，也是它第一次通过道德体验与价值领悟，将天地法则变为性命之理，穷神知化，演为道德精神存在者也！

伏羲《八卦》不仅通过道德体验与领悟，将天地法则变为《乾》、《坤》存在，变为性命之理与精神性存在，而且提神太虚，将天地之道、阴阳法则提升成为宇宙万物的本原存在；特别是把天视为万物之祖，把乾元之德性及其造化之大用，看成是万物资始的存在，则在哲学上为宇宙万象找到了所以存在的本原，并以此开始了解释宇宙万物包括人类社会的生化流转与法则秩序。《易传》所说"有天地然后有万物，有万物然后有男

---

① 《易纬·乾凿度》补遗。
② 《朱子语类》卷87。

女,有男女然后有夫妇,有夫妇然后有父子,有父子然后有君臣,有君臣然后有上下,有上下然后礼义有所错"①,就是属于这种解释。太皞伏羲不论是"始画《八卦》,列八节而化天下"②,还是"造六峜以迎阴阳,作九九之数以合天道"③,以及作网罟教民以渔猎,"制嫁娶,以俪皮为礼",一切因物付名,因名定分,皆是以此万物本原存在设教的。此即《白虎通》所说"伏羲仰观象于天,俯察法于地,因夫妇,正五行,始定人道,画八卦以治天下"④者也。正因为伏羲八卦有定人道,纷争息,化成天下的人伦大用,所以郑玄《六艺论》才说:"易者,阴阳之象,天地之所变化,政教之所生。"⑤

英国文化人类学家弗雷泽认为,古代王位称号和祭司职务是合在一起的,并且认为,"在那些年代里,笼罩在国王身上的神性决非是空洞的言辞,而是一种坚定的信仰。在很多情况下,国王不只是被当成祭司,即作为人与神之间的联系人而受到尊崇,还被当作神灵"⑥。太皞伏羲之王天下,当时不仅是受人尊重敬仰的氏族部落首领,能够为人提供信仰信念的神圣巫师,而且就知识与文化发展而言,他亦是当时最有智慧的大科学家、大哲学家。伏羲王天下,不仅担负着维系各氏族部落人伦道德关系的责任,而且肩负着人与神交往、降福臣民、向人提供坚定信仰与信念的精神使命。要完成这样的使命,就必须获得"建诸天地而不悖,质诸鬼神而无疑,百世以俟圣人而不惑"⑦的至知盛知,并且精神上极为神明,能物物而不物于物,超越经验实在,凌空观照,发现宇宙万物纯一存在,达于至神至妙之境。惟此,才能通神明,与天地精神相往来。伏羲虽曰"龙身",虽王天下,"以龙纪官","龙师而龙名",但这只是文化上尚保留着图腾崇拜而已,然就其精神世界而言,则亦非愚昧不知所始者,而是凭着

---

① 《周易·序卦传》。
② 《尸子》下。
③ 《管子·轻重戊》。
④ 《白虎通德论·号》。
⑤ 《玉函山房辑佚书》辑《五经总类》。
⑥ (英)詹·乔·弗雷泽著《金枝》(上)第17页,徐育新等译,中国民间文艺出版社1987年版。
⑦ 《中用》第29章。

灵明发窍之心，天地之道贞观之，日月之道贞明之，"天下之动，贞夫一者也"①，使天与人、宇宙与万物的存在获得了先天的统一性。故《史记》说："泰帝兴神鼎一。一者，一统天地，万物所系终也。"② 此伏羲大易，先天一画，贯通古今者也。惟天与人、宇宙与万物存在获得先天的统一，精神达于"一统天地，万物所系终"的形而上学高度，天理昭昭、皞肝光明的中国文化精神才算真正诞生了！

而且这种哲学创造与精神诞生，一开始就是包含着大道哲学气象的。"法象莫大乎天地，变通莫大乎四时，县象著明莫大乎日月。"伏羲《八卦》作为哲学之创造，一开始就是法其大者之存在，以天（乾）、地（坤）、山（艮）、泽（兑）、风（巽）、雷（震）、水（坎）、火（离）之大气象存在为其哲学思维对象的；特别是天地之象、日月往来之象、四时阴阳寒暑变化之象，作为《八卦》哲学创造思维对象，经过形上道德体验与领悟所达到的超越性存在，更使其获得了文化哲学的大气象、大哲理。如果说上古神话所创造的日月经天、沐浴运转、晦明变化的景象与意象是中国大道哲学的原始精神气象，那么，《八卦》之作，"广大配天地，变通配四时，阴阳之义配日月，易简之善配至德"所达到的道德精神境界，"崇效天，卑法地，天地设位，易行乎其中"③，穷理入神，所获得的周乎万物之理，则是大道哲学及其精神世界存在第一次获得的理性自觉。此伏羲《八卦》之作于中国精神史上之巨大贡献也！故我曾为之作《伏羲赞》曰：

  天地大文章，
  宇宙无字书。
  无知无识时，
  混沌无面目。
  伏羲作《八卦》，
  乾坤始得著。
  识得天之根，

---

① 《周易·系辞下传》。
② 《史记·封禅书》。
③ 以上所引均见《周易·系辞上传》。

观察月之窟。
凌空画一笔，
先天一字无。
造化称乾元，
大始为太初。
天地见精神，
人间有道枢。
万古灿灿然，
羲皇一卷书。

马骕编撰《释史》，评价伏羲作《八卦》的历史地位，曾说：

浑沦未判，蒙昧未分，天地混其体，日月含其辉，《八卦》隐其神，圣人藏其身。然后廓然既变，清浊乃陈，二仪立而阴阳交，六合拓而万汇萌。举万物之纷赜变动，已并包于太极之中，非递相生而转相有也。盖自开辟以来，《易》在天地之间，顾义蕴未宣，以待圣人之兴起焉。唯伏羲氏为能德洽上下，故天地垂文，河洛献象，于是仰观俯察，因自然之象数，法自然之变化，则象作《易》，以通神明类万物，而参赞位育之能事毕矣。故曰："变动不居，周流六虚。参伍以通其变，遂成天地之文，错综以极其数，遂定天下之象。"虽其时画无文，文即在画之中也。逮其后文王、周公系之，孔子赞之，人更三圣，世历三古，故《易》之道大矣。今世之称伏羲者，著在史策，不过作甲历、制嫁娶、造琴瑟、教佃渔数事而已。盖天地民物之理，已备于六十四卦之中，圣人犹留不尽之藏，以俟后圣之制作。不然，爻象具陈，何以衣裳、栋宇、舟楫、弧矢诸事，犹须炎黄以下之取象也哉？呜呼，至矣！①

最初伏羲《八卦》，只是符号，并无文字。但《八卦》符号，亦象形文字也。是故许慎《说文》讲文字起源，推本于伏羲画卦垂象。伏羲《八卦》，虽然纯是符号，但它却是包含着深刻的性命之理与巨大的人文精神，实乃文字之祖、义理之宗也。故《说文》曰"文即在画之中"。故今世称赞伏羲，不能只看到他"作甲历、制嫁娶、造琴瑟、教佃渔"一类的文化

---

① 《释史·太皞纪》。

创造，更应该看到《八卦》之作，在哲学创造与文化精神上的巨大贡献。至于说伏羲《八卦》何时发展为六十四卦，虽然说法不一①，然《八卦》发展为六十四卦，则不过如《易传》所说"八卦而小成，引而伸之，触类而长之，天下之事能毕矣"② 而已。

《周礼》说："太卜掌三《易》之法，一曰《连山》，二曰《归藏》，三曰《周易》。"③ 郑玄注《周礼》云："名曰'连山'，似山出内气也；'归藏'，万物莫不归而藏于其中也。杜子春云：《连山》，宓戏。《归藏》，黄帝。"《周易正义》又云："《连山》起于神农，《归藏》起于黄帝，《周易》起于文王、周公。"④ 这就是说，伏羲《八卦》之易，是经过《连山》、《归藏》而后发展到《周易》的。那么，从伏羲《八卦》到《连山》、《归藏》，又表现为怎样的文化精神呢？这种精神发展经过怎样的文化历史过程呢？这就涉及上古文化精神发展的两个源头与两种精神问题。

四　两个源头与两种精神

所谓中国文化"渊渊乎伏羲"，是说中国文化精神发展，渊源于整个

---

① 《周易正义》卷八曰："夫八卦备天下之理而未极其变，故因而重之"。如何重卦，《周礼太卜》注疏卷二十四曰："重卦之法，先以《乾》之三爻为下体，上加《乾》之三爻，为纯《乾》卦；又以《乾》为下体，以《坤》之三爻加之，为《泰》卦；又以《乾》为本，上加《震》之三爻，为《大壮》卦；又以《乾》为本，上加《巽》之三爻，为《小畜》卦；又以乾为本，上加《坎》卦为《需》卦；又以《乾》本，上加《离》卦为《大有》卦；又以乾为本，上加《艮》卦为《大畜》卦；又以乾为本，上加《兑》卦为《夬》卦。此是乾之一重，通本为八。自《坤》、《震》、《巽》、《坎》、《离》、《艮》、《兑》，其法皆如此。"何时何人重卦，郑玄以为伏羲画《八卦》，神农重之；王弼以为伏羲画卦，即自重之；而孙盛以夏禹重之，司马迁则以文王重之。八卦重为六十四卦，实乃甲子以配八卦而成。因此，重卦应是黄帝命大挠造六甲以后的事。朱元昇《三易备遗》说，夏之《连山》出于伏羲，殷之《归藏》作于黄帝。《连山》、《归藏》皆为六十四卦，亦可证明重卦为黄帝造六甲之后为不假。
② 《周易·系辞上传》。
③ 《周礼·春官·太卜》。
④ 《周易正义》卷8。

太暤伏羲氏族时期，非仅指伏羲王天下的时期，它既包括伏羲王天下之前的太暤氏族，亦包括太暤伏羲后裔之存在。据王献唐先生考证，"东方九夷，一为风夷，一为方夷，均为伏羲族氏"①。可知太暤伏羲氏作为东夷土著，并非一时之氏族也。据皇甫谧《帝王世纪》所说，伏羲氏没，"凡十五世皆袭伏羲氏之号"②。可知伏羲氏族的生存绵延活动，乃是一个漫长的文化历史时期。古籍所记的这个时期，我们看不出有什么战争，有什么争斗，有的只是自然尊长的氏族生活。它漫长、平静而幽深，就像一个浩淼深静的大湖。中国文化精神"渊渊乎伏羲"者，就是以这样一个漫长、平静、幽深的文化历史时期为源头的。

如果说太暤伏羲氏族主要是在泰山周围、曲阜泗水一带及黄河中下游丘陵沼泽湖泊地带发展起渔猎生活的话，那么，在黄河中上游的高原地带，神农氏族则率先发明了农业，以耒耜之利以教天下了。黄河中上游地势较高，气候湿润，特别是黄河河道的陕、甘、晋一带，有渭、泾、汾、涑、洛、伊、沁等诸多支流，土地肥沃，气候适宜，水分充足，极有利于农作物的生长。即使发展到西周时期，这里的气候及自然环境也不是现在西北光秃秃的景象。我们读《诗经》里的《秦风》等诗篇，可看出那一带长满了原始大森林，林中栖息着野鸡和飞禽，生活着野兔和鹿群。在这样的自然环境下，神农氏族发明农业与家畜饲养，创造出一派生机勃勃的土地文化现象，是可以理解的。

如果说伏羲氏族是中国文化精神大湖的开掘者，那么，炎黄氏族则是它的积蓄者。为什么这样说呢？因为炎黄氏族时期的文化是沿着伏羲氏族部落时期的文化不断积累发展的，而不是另外创造的一种文化，或者说后者只是前者的延续，而不是另辟蹊径的创造，在精神文化方面更是如此。这样说，自然有个氏族存在的历史分期问题。但这是很难严格划分的，特别是伏羲氏族与神农氏族。他们作为氏族部落的存在，可能有一个交叉并存的时期，而且在这个时期文化是平静地、缓慢地向前发展的。有些文化既可以看作是自然缓慢的演进，如"伏羲以俪皮为币"，发展为神农时期的"日中为市，致天下之民，聚天下之货，交易而退，各得其所"③。有

---

① 《炎黄氏族文化考》第 452 页。

② 《帝王世纪第一》。

③ 《周易·系辞下传》。

些文化之产生，如《连山》易，可能是他们共同创造的。杜子春、朱元昇皆言《连山》出于伏羲，而孔颖达、罗泌等人皆曰："《连山》起于神农。"① 这两种不同的说法并非完全是记载混乱，可能《连山》易的创造起于伏羲、神农氏族并存时期（如连山氏、烈山氏之时期），共同参与了这一文化创造的历史过程。神农氏族之发展，西起姜水，发明农业，而后沿黄河往东，迁徙到河南、山东一带，都于陈，经营于曲阜，足迹北至山西，南及江、汉，应该说参与了伏羲氏族中后期的文化创造。从这一点上说，中国文化精神的源头，不仅是"渊渊乎伏羲"，而是"渊渊乎伏羲、神农氏族"整个历史时期。虽然在历史持续与分际上，炎帝神农氏族时期并不等同于太暤伏羲氏族时期，特别是神农氏王天下以后，但其文化历史则是持续存在的。它虽然经营农业，发展了社会经济，然而在精神文化方面，基本上是沿着伏羲《八卦》之易的宇宙观向前发展的。

黄帝氏族也是这样。《易传》虽然把物质文化创造多归功于黄帝轩辕氏，而且言黄帝之发明创造者，皆与尧舜连述。但若就精神文化或宇宙观方面来说，仍然是沿着伏羲《八卦》易或羲、农二氏《连山》易向前发展的。孔颖达、朱元昇皆云《归藏》之易起于黄帝②。但观《归藏》所说"瞻彼上天，一明一晦，有夫羲和之子，出于旸谷"；"空桑之苍苍，八极之既张，乃有夫羲和，是主日月，职出入，以为晦明"③，其《易》之哲理仍然是以《八卦》或《连山》易的乾坤阖辟、阴阳变化为基本原理的。这自然不是说黄帝氏族对于《易》的发展没有创造性贡献，但它在基本哲理上并没有超出《八卦》或《连山》易的宇宙观，或者说它只是丰富了这个哲理、这种宇宙观。正因为这样，炎黄氏族的文化创造活动才是中国文化精神的积蓄时期。这个时期一直延续到唐尧虞舜之际。

但积蓄也包含着创造。不创造，以何积蓄？但这种创造，不过是按照伏羲氏族《八卦》的思维方式继续对外部世界事物进行价值思维肯定与抽象，并非另外创造一个文化精神世界。但若仔细观察这个时期的文化创造，不论是在思维对象的关注上，还是在价值和意义判断的思维方式上，

---

① 《玉涵山房辑佚书》辑《连山》附《诸家论说》。
② 《玉涵山房辑佚书》辑《归藏》附《诸家论说》。
③ 郭璞《山海经·大荒南经》注引《归藏·启筮》。

炎、黄两族还是有区别的。正如从仰韶文化到河南龙山文化、从大汶口文化到山东龙山文化，在器物的创造上显现出两个不同的独立的文化系统一样，在文化精神特别是在宇宙观方面，也显现出某种细微差别，表现出不同倾向，显现为不同价值系统。迁徙到山东泰山、曲阜一带被东方化的炎帝神农氏族，包括蚩尤和后来的少暤氏族，其哲学思考主要表现为对天道法则的价值思维肯定，其文化精神表现为乾坤翕辟、阴阳消长之理，宇宙观显现出博大恢宏的气象。而黄帝氏族的哲学思考则主要是对生命法则的价值思维肯定，其文化精神则表现为造化发育之理及蓄养不息的生命精神。这两种不同的哲学思考及文化精神，我们只要看一看大汶口文化与仰韶文化的不同陶纹就会发现。如大汶口莒县陵阳河遗址的陶纹、大朱村灰坑的陶纹，所表现的都是日出旸谷、沐浴运转、阴阳变化之象。它刻于陶尊，可能具有中国古代郊祭日出的宗教神秘和意义。但它作为哲学思考，则主要是对天道法则的价值思维肯定，亦即伏羲"仰则观象于天，俯则察法于地"者。与此相反，仰韶文化中则很难看到这种日月经天、皇皇昊昊的陶纹。即使有拟日陶纹，如半山期的旋涡纹和马厂期的大圆圈纹，不仅色调灰暗，而且纹路所表达的文化哲学意义也不明确。仰韶文化大量存在、常见的母体是花纹、菱纹、鱼纹、蛙纹、螺纹（图2.2）。它说明黄帝氏族关注的不是天道法则，而是生命法则，是万物造化发育之理。朱元

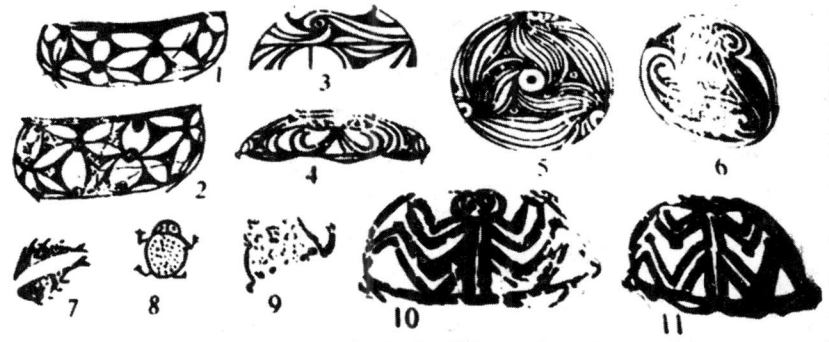

图2.2　仰韶文化充满造化发育生机的母体陶文图示

　　1、2河南陕县庙底沟出土的仰韶文化彩陶盆上的"花瓣"纹；3、4甘肃天水出土的庙底沟后期彩陶底纹；5、6甘肃马家窑彩陶纹；7、8陕西临潼姜寨出土的彩陶鱼蛙纹；9河南庙底沟的蛙纹；10、11甘肃马家窑文化纹。

昇引《说卦》讲《归藏》"坤以藏之,盖造化发育之真机,常于此藏"①,就是指哲理与生命精神。此亦透露出黄帝氏族最初的哲学思维所关注的不是天道而是生命法则的信息。黄帝氏族虽然起于西而往东,并且与炎帝后裔蚩尤发生过战争,但他们并没有像炎帝神农那样代伏羲氏族都于陈,经营于曲阜。黄帝东迁之后的政治、文化活动中心地带是河南的新郑。这自然不能使他们像生活在泰山曲阜一带的伏羲及后来的神农那样观日出旸谷、沐浴运转,获得晦明变化的感受与意象,因此对一阴一阳的天道法则不那么关注,或者说没有引起高度的哲学思考,这是可以理解的。《归藏》起于黄帝,黄帝氏族起于土地肥沃、气候适宜、水分充足的黄河中上游,在极为有利的生物繁衍的环境中,关注生命法则,关注万物生化及不断归藏复始,并对其进行哲学思考,自然也是可以理解的。它成为哲学思考,也就是《归藏》之易。《归藏》以坤为首。坤为地。朱元昇所说"坤以藏之,盖造化发育之真机,常于此藏焉",就是指的这种哲学义理。它的核心是生命法则,形而上言之,就是生命精神。对此进行价值思维肯定,并将其抽象提升为生命法则的形上存在,就是生命哲学的本体论思考。这种思考在前面所讲的半坡人面鱼纹和双鱼形纹中就已经显现出来,其后贯穿于黄帝氏族生存的整个仰韶文化时期。它可以说是黄帝《归藏》继承了伏羲《八卦》"近取诸身,远取诸物,以通明之德,以类万物之情"的文化传统。正是黄帝氏族关注生命法则,并不像太皞伏羲、炎帝神农氏族那样追求天道运转、皇皇光明世界,所以他们也不像太皞伏羲、炎帝神农氏族王天下那样称"皇",而是称"帝"。如黄帝、帝颛顼、帝喾、帝尧等。"帝者,蒂也。像花萼全形"②,乃生命法则所在也。此王献唐先生引《独断》一书说"上古天子,庖牺氏、神农氏称皇,尧、舜称帝"③之内在根据也。由此不同的氏族部落对其祖先之称号,亦可知夷夏不同的文化精神发展及本体论思考。

我把炎黄氏族时期的文化创造与积累划分为两种不同的倾向,或显现为两个不同的价值、精神系统,并不是说这两个系统是截然对立的或泾渭分明、井水不犯河水的。不是的。炎黄同出于少典氏。少典为伏羲氏之后

---

① 《三易备遗》卷2。
② 《观堂林集·释天》。
③ 《炎黄氏族文化考》第459~460页。

裔。他们在文化源头上本来就是联系在一起的。他们的文化价值、精神系统之不同，不过是后来区域文化发展之差别而已。太暤伏羲氏族起于东而往西，炎、黄氏族起于西而往东，文化上相互交流，价值思维上则显现为某种统一性。陕西泉护村出土的仰韶文化阳乌负日陶纹，与《山海经》所描写的"汤谷上有扶木，一日方至，一日方出，皆载于乌"就是这种统一性的显现。因为前者出于黄河中上游的古华夏氏族，而后者出于泰山周围的东夷氏族，陶纹或神话的乌、阳乌出现于两地，足见其文化有交流融合。《连山》易作于伏羲，神农而用之起于西方的夏，《归藏》易作于黄帝而用之起于东方的商也是这样。它说明文化愈往后发展，随着氏族部落的互动与融合，也就愈具有精神上的统一性。

正是有此统一性，古之《三坟》、《五典》、《八索》、《九丘》，才表现为内在价值精神的持续性与不同发展。考释这种精神发展，方知上古文化精神发展具有怎样的内在逻辑。这是研究撰写中国精神史不可忽视的。

五 《坟》、《典》精神考释

中国上古文化精神发展具有怎样的内在逻辑性，有一篇《尚书》序是值得注意的。尽管它过于简略，说法有不准确的地方，但对上古文化精神的发展却给出了一个总的叙说：

> 古者伏羲氏之王天下也，始画《八卦》、造书契，以代结绳之政，由是文籍生焉。伏羲、神农、黄帝之书，谓之《三坟》，言大道也。少昊、颛顼、高辛、唐、虞之书，谓之《五典》，言常道也。至于夏商周之书，虽设教不伦，雅诰奥义，其归一揆，是故历代宝之，以为大训。《八卦》之说，谓之《八索》，求其义也。九州之志，谓之《九丘》——丘、聚也，言九州所有，土地所生，风气所宜，皆聚此书也。《春秋左氏传》曰："楚左史倚相，能读《三坟》、《五典》、《八索》、《九丘》"，即谓上世帝王遗书也。

这篇序言，近世被称为"伪古文《尚书》序"。它是否为孔安国所撰，多存疑议。但这篇序言对上古著作的叙述，却为我们理解上古文化精神的发生发展提供了一个总括性文本。古典文献涉及上古的叙述虽然不少，但此序之外，目前我们尚找不到一个更为简要明确叙述上古文化精神发生发展的文本。正确理解这篇序言的大义，考释《坟》、《典》的文化精神，不仅可以帮助我们理解上古文化精神发展的大脉络，亦可从中看出这种发展的一些内在逻辑，特别是《三坟》、《五典》、《八索》、《九丘》的产生及其相关内容。

楚左史倚相能读《三坟》、《五典》、《八索》、《九丘》的说法，出于《左传》昭公十二年。怎么读法以及它的内容，《左传》虽然没有涉及，但"楚左史倚相能读"其书，说明当时《三坟》、《五典》、《八索》、《九丘》还是存在的。这些书虽然后来遗失了，但决不能说它于上古时期不存在，或者把它的存在看成是后人伪造的。后世虽有伪作，但决不能因此而否定是书上古的存在。

《三坟》、《五典》、《八索》、《九丘》究竟是什么性质的书，它如何存在，汉唐以来，说法不一。《汉书·艺文志》录古书虽详，但均未见载。经学家虽各以意猜度，但终无定说。郑玄注《周礼·宗伯》"外史"掌"三皇五帝之书"，只是说它为"楚灵王所谓《三坟》、《五典》"①。马融《春秋三传异同》认为，《三坟》为"三气阴阳始生，天、地、人之气"；《五典》为五行；《八索》为《八卦》；《九丘》为九州之数。马融之师，贾逵《春秋左氏传解诂》不仅解《三坟》为三皇之书，《五典》为五帝之书，而且解《八索》为八王之法，《九丘》为九州亡国之戒②。《尔雅》曰："坟，大防也。"因此，汉儒亦有解《三坟》为天、地、人之三礼，《五典》为五帝之常道，《八索》为《周礼》之"八议"之刑，《九丘》为《周礼》之"九刑"者③。凡此皆以意猜度，而不能验证。我们现在仅能见到《汉魏丛书》保留的所谓《古三坟》。据北宋毛渐说，此书是元丰七年（1084年），他奉使西京，巡按所属邑，于唐州泌阳偶然发现的，"因命取而阅之"，"考此书，笃信之"，遂"为之叙"而刊行于世。所谓《古三坟》，即《山坟》、《气坟》、《形坟》；并说《山坟》言君、臣、民、物、阴、阳、兵、象，谓之《连山》；《气坟》言归、藏、生、动、长、育、止、杀，谓之《归藏》；《形坟》言天、地、日、月、山、川、云、

---

① 《周礼》卷26。
② 马融《春秋三传异同》、贾逵《春秋左氏传解诂》均见《玉函山房辑佚书》辑"春秋类"。
③ 《春秋左传正义》卷45引延笃之言"张平子说"。

气，谓之《乾坤》。《四库总目提要》解《古三坟》说，《连山》为伏羲之《易》，《归藏》为神农之《易》，《乾坤》为黄帝之《易》，各衍生为六十四卦的不同系统而流传。近人据是书说"燧人氏，有巢子也；伏羲氏，燧人子也"云云，多疑其为宋人"伪书"。至于它如何存在，现在有人认为它是古代沙盘推演之书的，也有人认为它属古代巴比伦"泥版"书之类的，不过，亦皆是猜想臆度，并非真有实据。

《三坟》、《五典》、《八索》、《九丘》是何性质的书，如何存在，虽无定说，然亦是不可私意妄加猜度的，更不可为了强调自己某个论点，不惜改变时间、空间跨度，无限推延自己的理论观点，由楚文化怎样受印度文化影响，将《三坟》解释为印度婆罗门教所诵之三《吠陀》，《五典》为婆罗门教意味的《阿闼婆吠陀》教典，《八索》为四分律、五分律的印度法典，《九丘》为印度婆罗门教祭祀用的迎神曲之《九歌》，甚至将屈原《天问》之宇宙本原论解释为印度《梨俱吠陀》创造赞歌的意译，老子"有"、"无"、"道"、"一"的概念，皆出印度《吠陀典》，制造新的"佛遣三弟子震旦教化，儒童菩萨，彼称孔丘；净光菩萨，彼称颜回；摩诃迦叶，彼称老子"的神话，将整个中国上古文化及其精神存在，全部蒙上异域的光彩，否定其五千年乃至七千年的独立创造与独立发展。

从《尚书》所说"天叙有典，勑我五典五惇哉"[1] 及《左传》孔子引《夏书》所说"惟彼陶唐，帅彼天常，乱其纪纲，乃灭而亡"[2]，可知讲《五典》为少皞、颛顼、高辛、唐、虞之书，"言常道也"，大体不错。典，即常也，五典，即五种常道法则也。然《五典》今也只有《古文尚书》所存《尧典》、《舜典》，少皞、颛顼、高辛之典，已不见矣。另外，讲"八卦之说，谓之八索"，也大体不错。索即求也，《八索》，即《八卦》索求之义也。不过，《八索》可能只是卜筮之书，没有多少哲理，容易混乱《易》道，故孔子删《诗》定《书》赞《易》时，恐其乱《易》道而误人，将其删除了。程子讲"《八索》之类，乱《易》者多矣"[3]；讲"孔子未发明《易》道之时，如《八索》之类，不能无谬乱；既赞《易》

---

[1] 《尚书·尧典》。
[2] 《左传》哀公6年。
[3] 《河南程氏粹言》卷2，《二程集》第1229页。

道,黜《八索》,则《易》之道可以无过谬"①,就是对此而说的。《左传》所说左史倚相能读"《三坟》、《五典》、《八索》、《九丘》",在昭公十二年。孔子去楚,自楚返卫,自卫返鲁,"赞《易》道,黜《八索》",则是倚相能读《坟》、《典》之后的事②。它说明《八索》之类的书,于孔子"赞《易》道,黜《八索》"之前在楚国还是流传的。惟此,它才能为楚国倚相所读。

除《五典》、《八索》之外,《尚书》序所讲《三坟》、《九丘》是何种图书呢?它们又表现为上古文化怎样的精神呢?古之《三坟》,实亦乃上古文化哲学原始之创造也。坟,繁体为"墳",从土音贲。《周易·序卦传》曰:"贲者,饰也。"《贲》卦,上体本坤,下体本乾,"柔来而文刚",所讲乃止于文明之象而成贲饰也。《贲》卦《彖传》讲"观乎天文以察时变;观乎人文以化成天下"③,就是讲的贲饰之道。由此可以推知,《三坟》亦应是止于文明之象而成贲饰者也。它们作为伏羲、神农、黄帝之书,所讲内容应是其进入文明时期的不同文化创造,而非仅仅指自然现象;易言之,是他们"观乎天文以察时变;观乎人文以化成天下"的礼乐教化之书,而非纯粹自然现象的描绘。《程氏易传》所说"观人文以教化天下,天下以成其礼俗,乃圣人用贲之道也"④,即指此也。从这点上说,汉儒之解《三坟》,为天、地、人之礼,非为不对也。

但《三坟》作为礼乐教化之书,非一般的礼仪或礼法之用,而是用于大祭祀活动的。古代最大的祭祀活动,是封禅大典,祭祀天地。封土为坛而祭,故"坟"字从土。从《史记》所讲"昔无怀氏封泰山,禅云云;虙羲封泰山,禅云云;神农封泰山,禅云云"⑤判断,可能《三坟》是伏羲、神农、黄帝用于封禅大典之书。从《周礼》说"太卜掌三《易》之法,一曰《连山》,二曰《归藏》,三曰《周易》"云云,可知《三坟》亦是由太卜掌管的。太卜,即古代的大巫师。古代封禅,是祭祀天地神的大

---

① 《河南程氏外书》卷3,《二程集》第368页。
② 孔子去楚为哀公4年,自楚返卫,为哀公6年,自卫返鲁,为哀公11年,距《左传》昭公12年说倚相之能读《坟》、《典》,已30多年矣。
③ 《周易·彖上传》。
④ 《程氏易传》卷2,《二程集》第808页。
⑤ 《史记·封禅书》。

礼，亦是施行礼乐教化的大好时机。举行封禅，由大巫师进行占卜，以示其慎重，是可以理解的。伏羲、神农以来，虽皆有化成天下的贲饰之道，然由于观乎天文人文所获得的《易》理不同，因而所作筮书不同而有《三坟》，是可以理解的。

天文，即天之文、天之道、天之理，即宇宙法则秩序也；人文，即人之文、人之道、人之理，即人之伦理关系也。"天叙有典"、"天秩有礼"①，"观乎天文以察时变；观乎人文以化成天下"，即以天道法则秩序、宇宙法则秩序，以为人伦法则秩序，修明其庶政，以成文明之治。《易》之作也，虽"近取诸身，远取诸物"，但欲"通神明之德，类万物之情"，非取诸大法则不足以为道。故伏羲作《八卦》之始，即取诸日月星辰，取诸天地山川，此皆光照万物、覆载万物者也，亦"万物并育而不相害，道并行而不相悖"者也。惟此大法则、大哲理，方可"通神明之德，类万物之情"，修明庶政，化成天下。《三坟》作为贲饰之道，作为礼乐文化，虽然文化形态较为低下芜杂，然从本质上讲，亦乃上古伏羲、神农、黄帝之治天下大道也；同时它亦说明，中国文化创造之始，即是以天地大法则为其根本精神的。

伏羲、神农、黄帝之《三坟》，是否为《古三坟》所说《山坟》、《气坟》、《形坟》，虽然不好断定，但《周礼》说"太卜掌三《易》之法，一曰《连山》，二曰《归藏》，三曰《周易》"，应该是没错的。另外，汉唐以来的注疏家，皆认为《连山》是夏《易》，《归藏》是殷《易》，《周易》是周朝的《易》书，也是比较一致的。今天决不能为疑古而疑古，硬把它说成是刘歆伪造的，否定三《易》的存在。至于《连山》、《归藏》、《周易》之间的承续关系，自然是一个极为复杂的文化历史过程，它既有文化上的绵延持续性，也有氏族部落文化创造价值关注的特殊性。但《古三坟》及《四库总目提要》把《山坟》归为伏羲氏之《易》，《气坟》归为神农氏之《易》，《形坟》归为轩辕氏之《易》，也揭示出一个信息，即三《易》作为贲饰之道，可能经过伏羲、神农、黄帝氏族部落的不同时期，或者说这三个时期存在着不同的文化形态的原始《易》作。伏羲所作《八卦》，应是诸多筮书之一种，不过八卦之易理，更为博大深厚纯正而已。此其所以传于后世者也。

---

① 《尚书·皋陶谟》。

作为上古封禅筮书的《三坟》，亦如伏羲所作《八卦》一样，最初是没有文字的，只是图示符号。然它亦是包含着"天、地、日、月、山、川、云、气"的自然法则把握，包含着"归、藏、生、动、长、育、止、杀"的人生哲学思考，并且这种把握与思考，一开始便是与"君、臣、民、物"的社会伦理联系在一起。马融所说《三坟》为"三气阴阳始生，天、地、人之气"，即是指此诸多原始《易》文化形态。虽然伏羲、神农、黄帝氏族部落时期存在不同的文化形态的原始《易》作，但其《易》理，皆思维天、地、人的法则，并以此化成天下，应是一致的。由于《三坟》之易道不同，后世衍生为大体相同而又各异的六十四卦系统，也就可以理解了。楚左史倚相所读《三坟》，即不同于六十四卦系统之《易》书。但终因其不够纯粹，待孔子赞《易》道时，则黜《八索》，废《三坟》，专以《周易》穷理尽性而发挥性命之理了。

何谓《九丘》？《说文》曰："丘，土之高也，非人所为也。""丘"为未开垦的荒丘，故曰"非人所为也"。那么，已开垦的土地叫什么呢？叫"畴"。故《说文》曰："畴，耕治之田也。""丘"是未开垦的荒丘，"畴"是已开垦的田畴。《九丘》实际上就是原始的"九畴"。由此可以断定，《洪范》"九畴"，乃是由原来不成熟的《九丘》发展而来的。

"丘"为未垦荒丘，本来是"非人所为"的自然存在，那么，它的文化哲学意义是如何发生的呢？为何又冠之以"九"而曰"九丘"呢？它与后来的《洪范》"九畴"究竟是怎样一种关系呢？应该说，远古时期，"丘"并不只是在"非人所为"的自然意义上讲的，并不只是指未开垦的荒丘，它还指氏族祖先墓地之所在。《山海经》所说"昆仑之丘，惟帝之下都"[①]，指的就是氏族祖先大墓所在。"丘"，亦称之为"虚"。故《山海经》说："昆仑之虚，帝之下都。"[②]"昆仑之虚"，即是"昆仑之丘"。虚，即墟也，即氏族祖先墓丘至大荒芜的存在。丘，即邱也。古代人死后不埋于地下，以砖石垒棺木而藏者，曰邱。此风俗，传统社会一直存在。那么，上古氏族祖先大墓曰"丘"曰"虚"，为什么总是和昆仑山联系在一起呢？王大有先生曾考证，昆仑山即是《山海经》所说的日月山等，它也就是今天甘肃河西走廊的合黎山，并认为中国古代文化发端于昆仑山，

---

① 《山海经·西山经》。

② 《山海经·海内西经》。

是冰期消融、洪水退后，中华原始氏族燧人氏、拿兹氏、盘古氏、雷泽氏、华胥氏，由昆仑山一带高原地区发展而来①。《山海经》"帝之下都"，每每讲"昆仑之丘"或"昆仑之虚"，是否怀有对远古氏族祖先墓丘的遥远记忆，固然不好论断，但它也说明曰"丘"曰"虚"，并非只是指"非人所为"的自然之丘，而是与远古氏族祖先"帝之下都"联系在一起的，它已有文化意义存在。

关于"九丘"之说，《山海经》曾有这样一段记载：

> 南海之外，黑水青水之间，有灵山，有九丘，以水络之，名曰陶唐之丘、叔得之丘、孟盈之丘、昆吾之丘、黑白之丘、赤望之丘、参卫之丘、武夫之丘、神民之丘。有木，青叶紫茎，玄华黄实，名曰建木，百仞无枝，有九欘，下有九枸，其实如麻，其叶如芒，大皞爰过，黄帝所为。②

这里，陶唐、叔得、孟盈、昆吾，皆是古天子诸侯之号，而曰"丘"者，即古天子诸侯大墓所在也。黑白、赤望、参卫、武夫诸丘，皆产金石美玉之丘也。"神民之丘"，即神人之丘也。墓在黑水青水之间，又有金石美玉，以水绕之，说明丘墓环境之灵性也。故曰灵山，可知也。曰神人之丘，亦说明其神圣也。《山海经·大荒西经》讲灵山有"十巫从此升降"，是否为此灵山，固然不好判断，但曰"灵"者，皆是巫之感通神灵所在也。何谓"建木"？《淮南子》说："建木在都广，众帝所自上下，日中无景，呼而无响，盖天地之中也。"③ 郭璞注《山海经》说："建木青叶，紫茎，黑华，黄实，其下声无响，立无影也。"④ 据"建木在都广，众帝所自上下"，及《山海经》所讲灵山有"十巫从此升降"；登葆山"群巫所从上下"⑤ 云云，袁珂注《山海经》认为，建木，乃是通向宇宙的天梯，即"众帝所自上下"者。因此，亦注"大皞爰过"，不是说太皞从此经过，而是说从此"上下"；"黄帝所为"，不是说"建木"为轩辕黄帝所

---

① 参看王大有著《昆仑文明播化》第115~116页，中国时代经济出版社2006年版。
② 《山海经·海内经》。
③ 《淮南子·坠形篇》。
④ 《山海经·海内南经》。
⑤ 《山海经·海外西经》。

治，而是说此通向宇宙的天梯，乃天帝神之所施为①。自然，"建木"之说，不应否定《山海经》原有的神话意义，因为它毕竟是古代神话传说。但是，若只是停留在此种神话意义上，则仍然看不出其文化哲学意义的发生。《山海经》中的"黄帝"，虽然常常指天帝神，但在这里"黄帝"与"大皞"并列，视其为宇宙天梯施为的天帝神，则显不妥。如何看待"建木"，王大有先生把它看作是伏羲时代所建造的观察天象的圭表②，是颇具眼光的。以"建木"为观察天象的圭表，那么，灵山"九丘"之地，实乃太皞时代的天象观测台，而且这种观测一直延续到轩辕黄帝时代。因此，曰"大皞爰过"，实乃是说太皞观察天象从此"上下"也；而曰"黄帝所为"者，亦是说观察天象的天梯（圭表）为轩辕黄帝所建造。自然，上古时期的天象观测，绝对不像现在天文台观察宇宙星象那样纯属于自然科学行为，而是充满神圣意义的。灵山有"十巫从此升降"，即说明其神圣也。如前所说，太皞伏羲在当时不仅是氏族部落首领，亦应是大科学家、大哲学家，从当时的地位影响上说，他还应该是权威最大、地位最高之巫师。在遥远的古代，观测天象，观测奥秘的天道运行，探求宇宙的秘密，这该是多么神圣的事业啊！帝丘所在，群巫上下，仰观于天，俯察于地，观鸟兽之文与地之宜，神圣而又神秘，这就是伏羲时代于灵山"九丘"之地所从事的伟大事业！而曰"（上）有九欐，下有九枸"者，言"建木"之盘根曲折也，其含义与"九丘"相应。它不仅说明"九"的数理概念已经提升出来，而且说明它所获得的知识涵盖了天文、星象、历法、人文、巫术、祭祀的诸多领域，甚至包含着《尚书》序所说"九州所有，土地所生，风气所宜"的知识，因此，它可以说是原始自然知识与人文知识的大综合，其数为九，故曰《九丘》。

《山海经》"九丘"神话，虽然所讲的内容属伏羲时代的文化事业，但若将"九丘"的概念与《尚书》中"九州"及"九功"、"九叙"、"九歌"一类的概念联系起来看，此神话的产生应是夏时，不然，讲灵山有"陶唐之丘"，就不好理解了。其谓"大皞爰过"、"黄帝所为"云云，实际上乃是夏时传说伏羲、炎黄时代的神话。《九丘》虽产生于伏羲、炎黄时代，然它的真正成书，应是虞夏时代。它的发展成熟，就是《洪范》

---

① 袁珂《山海经校注》第450~452页，上海古籍出版社1980年版。
② 王大有著《三皇五帝时代》（上）第125页。

"九畴"。据王献唐先生考证,畴,即田畴,象形。畴之得音,本出于"邾"。神农炎帝氏族生活时期,已出现耕稼,为田为畴,故其族名为"邾",黄帝氏族效之,然因其制出于邾,亦呼为"邾",后书之为"寿"为"周"。"寿"之义,增衍为"畴"。"畴"义划地为界,故"疆界"二字,音声并出于邾,亦呼为"邾"①。"畴"为"疆界",已有界定范围之义,并且含有分类之义。故高诱注《国策》"夫物各畴"句曰:"畴,类也。"而"丘"虽有"虚"、"聚"之义,然其分类含义并不明确,故《九丘》乃天文、星象、历法、人文、巫术、祭祀之综合知识也。及至《九丘》发展成熟,即由未垦之"丘",发展为已垦之"畴",由"丘"之"虚"、"聚"义,发展为"畴"之"类"义,知识分类愈来愈明确,理论范畴愈来愈纯正,它就是后来《洪范》所说"五行、五事、八政、五纪、皇极、三德、稽疑、庶政、五福"九大范畴了。但《洪范》的成书并没有代替《九丘》,《洪范》出现而《九丘》并没有因此消失,而仍然独立存在着。惟此,它才与《三坟》、《五典》、《八索》一起,成为"上世帝王遗书",同时构成中华民族最古老的文化典籍,而能为楚左史倚相所读;然它发展为《洪范》,文化精神已经大大提升,特别是"皇极"理论范畴概念的出现,标志着中国文化精神已经上升到纯正形而上学高度。

六 炎黄文化大宗的形成

庄子以自然本体论为宗,讲至德之世,愈是远古,就愈是天放自然;而愈是近世,文化愈发展,人的存在就愈是失却本性、深乖造化。这是庄子的理想,但它并不符合文化精神发展的历史事实。因为文化发展虽然包含着它自我相关的悖论,包含着精神世界价值思维的悖谬,但总的说来,人的精神还是随着文化发展而不断提升到更高境界的。没有文化发展,特别是形而上学的发展,处低下蒙昧文化状态,人的精神世界是不可能达到至精至神至妙境界的,它只能使人过一种"其行填填,其视颠颠"的生活。因此,关于人与文化的关系,人的精神世界与文化创造的关系,应该说是不断发展进步的。《淮南子》作为道家著作,虽然也崇尚至德之世,但它已不像庄子那样笼统地谈论自然天放的文化理想,而是从文化历史发

---

① 《炎黄氏族文化考》第107页。

展看待人的心性变化，看待人的道德与整个精神世界怎样依赖文化历史存在的，故它在谈到伏羲氏族部落以来人的心性与精神世界的发展变化时说：

> 至德之世，甘暝于溷澜之域而徙倚于汗漫之宇，提挈天地而委万物。是故圣人呼吸阴阳之气，而群生莫不颙颙然仰其德以和顺。当此之时，浑浑苍苍，纯朴未散。是故虽有羿之知而无所用之。及世之衰也，至伏羲氏，栖迟至于昆其道昧昧芒芒然，吟德怀和，被施颇烈，而知乃始昧昧琳琳，皆欲离其童蒙之心而觉视于天地之间。乃至神农、黄帝，剖判大宗，窍领天地，提挈阴阳，嫥挽刚柔，枝解叶贯，万物百族，使各有经纪条贯，于此万民瞪瞪盱盱然莫不竦身而载听视，是故治而不能和下。吾夏后之世，嗜欲连于物，聪明诱于外，而性命失其得。施及周室之衰，浇淳散朴，杂道以伪，俭德以行，而巧故萌生。周室衰而王道废，儒、墨乃始列道而议，分徒而讼，于是博学以疑圣，华诬以胁众，弦歌鼓舞，缘饰《诗》《书》，以买名誉于天下，繁登降之礼，饰绂冕之服，聚众不足以极其变，积财不足以赡其费，于是万民乃始慊䀛离跂，各欲行其知伪以求凿枘于世，而错择名利。是故百姓曼衍于淫荒之陂而失大宗之本。夫世之所以丧性命，有衰渐以然，所由来者久矣。是故圣人之学也，欲以返性于初而游心于虚也①。

至德之世虽好，然人的存在，毕竟是"甘暝于溷澜之域"，"徙倚于汗漫之宇"，是"提挈天地而委万物"而生存；圣人依赖自然，呼吸阴阳之气，而群生存在也莫不"颙颙然，仰其德以和顺"，处于"浑浑苍苍，纯朴未散"的原始状态。只有到了伏羲氏族时期，其"栖迟"，方"昆其道昧昧芒芒然，吟德怀和，被施颇烈"，而人才"始昧昧琳琳，离其童蒙之心而觉视于天地之间"的。而至神农、黄帝之世，文化哲学"剖判大宗，窍领天地，提挈阴阳，嫥挽刚柔，枝解叶贯，万物百族，使各有经纪条贯"，才使万民"瞪瞪盱盱然，莫不竦身而载听视"。《淮南子》认为，夏代虽"嗜欲连于物，聪明诱于外，性命失其得"；"周室之衰，浇淳散朴，杂道以伪，俭德以行，巧故萌生"，但整个中国上古文化精神则是以伏羲

---

① 《淮南子·俶真训》。

时代为发端，炎黄时代为大宗而发展起来的。

那么，什么是中国文化大宗呢？它是怎样发展起来的？具有何种文化本质与精神特征呢？这里所讲的文化大宗，乃是指华夏民族文化从伏羲氏族部落发展到炎黄氏族部落所形成的根本义理与价值体系而说的。文化大宗乃是相对于文化小宗而言，相对于各个氏族部落所形成的原始文化丛而言的。文化大宗的出现，标志着国家民族文化的根本义理与价值精神已经形成，并且本质上规定着后来文化精神的发展。

炎黄时期中国文化大宗的形成，首先是与氏族部落大系的发展联系在一起的。《国语》说："昔少典娶于有蟜氏，生黄帝、炎帝。黄帝以姬水成，炎帝以姜水成。成而德异，故黄帝为姬，炎帝为姜。"① 黄帝姬姓，炎帝姜姓，古时是两个氏族部落；这两个氏族部落，则皆生于少典氏族部落，皆为"少典娶于有蟜氏"所生。那么，少典氏族又生于何处呢？《伏羲庙残碑》："东迁少典君于颛顼，以奉伏羲之祀。"② 中国古代，"非此族类也，不在祭典"。少典奉祀伏羲，可知少典为伏羲族裔。黄帝、炎帝神农皆出于少典，皆属伏羲氏族后裔；而伏羲氏族生于华胥氏。此可知由华胥氏→伏羲氏→少典氏→黄帝、炎帝，乃古华夏民族一大族系也。炎帝、黄帝两大族系之发展，黄帝氏族一直立于黄河中上游流域，而炎帝氏族则离开黄河流域向西、向东、向北、向南发展，越发展越远，向西者曰羌戎，向东者曰东夷，向北者曰狄貊，向南者曰苗蛮。此即自古"中国、夷、蛮、戎、狄，皆有安居"③ 者也。此后，东夷有九，曰：畎夷、于夷、方夷、黄夷、白夷、赤夷、玄夷、风夷、阳夷④。《禹贡》提到的岛夷、淮夷、莱夷，即是九夷之属，在今天山东、江苏、安徽北部一带。南蛮也有七八种，主要是现在南方苗、瑶、畲、土家诸族。《诗经》有"蠢尔荆蛮"⑤ 之说，《左传》有"蛮夷属于楚者"⑥ 之记，可知蛮族主要生活在江汉及荆门、百越之地。西戎有六，曰：侥夷、戎夫、老白、耆羌、鼻

---

① 《国语·晋语四》。
② 王献唐《炎黄氏族文化考》第487页引。
③ 《礼记·王制》。
④ 《后汉书·东夷传》。
⑤ 《诗经·小雅·采芑》。
⑥ 《左传》成公7年。

息、天刚①。《禹贡》提到的西戎，有织皮、昆仑、析支、渠搜。它主要指生活在陕甘一带的羌氏诸族。北狄有五，曰月支、秽貊、匈奴、单于、白屋②，有赤狄、白狄、长狄之分。他们主要是后来蒙古、鲜卑诸族，生活在燕山及长城内外。此即《尔雅》所说"九夷、八狄、七戎、六蛮，谓之四海"③者也。由上可以看出，古代夷、蛮、戎、狄诸族，实乃皆源于华胥氏→伏羲氏→少典氏→黄帝、炎帝之一大族系也，或者说它皆是炎帝、黄帝两大族系的发展。炎黄时期文化大宗就是以这两大宗族系为主体性的存在。后世所谓皆炎黄子孙者，就是指这两大宗族系而言的。

氏族部落的存在如同国家民族的存在一样，它并不仅仅是血缘群体问题，不仅仅是生物学或人种学问题，而是文化生命和精神生命的存在问题，是文化精神共同体或统一体问题。炎黄时期文化大宗的形成也是这样。它所以构成文化大宗，在于有着共同的文化；所以为夷、蛮、戎、狄诸族，在于他们离华夏文化中心愈来愈远，形成了不同的语言、服饰、饮食、习性、风俗、礼仪及生活方式。上古时期"中国"的概念与现在不同，乃是指与夷、蛮、戎、狄并称的古华夏诸族。曰中国，意为居四方诸夷之中也；曰华、曰夏，具礼仪之大，服饰之美，以"华"为纪，文化最发达之意也。故《说文》训"夏"为"中国之人也"。而曰夷、曰蛮、曰戎、曰狄，是不带歧视意义的，主要是礼仪、风俗之不同。但他们都生活于中国大地，生存绵延上相互通婚，文化交往上相互融合涵化，是"夷狄入中国则中国之"的。如春秋战国时期楚武王自称"我蛮夷也"④，及之与中原大国诸侯会盟，接受华夏文化变为华夏诸族群体，就属于这种情况。整个上古文化是以炎、黄两族为主体形成的，虽然两族文化也有差异，但最初的诸夷与中国之间的文化差异并不那么大；即使他们居住得愈来愈远，远离华夏文化中心，文化差异愈来愈大，但整个文化价值体系之核心，仍然是以古华夏文化为大宗的。这正是至今中国各少数民族在自然崇拜、祖先崇拜等方面，仍然保留着与华夏民族大体相同的神话传说的原因所在。

---

① 《尔雅注疏·释地》引李巡注。
② 《诗经·小雅·采芑》。
③ 《尔雅·释地》。
④ 《史记·楚世家》。

炎黄时期文化所以能够成为大宗，更在于哲学创造使文化根本义理与价值精神得以形成。章太炎说："卜筮尚占，其道异于执辞，是故筮史占繇，不可用于经说。"① 伏羲《八卦》，所以为《五经》之源，就在于它虽带有筮书的性质，但其形而上学思考已包含着宇宙万物的生化之理及经天纬地的造化法则，包含着文化哲学的根本义理与形上精神存在。及至它发展到以"艮"为"万物之终始"的神农《连山》易及"充满造化发育之真机"的黄帝《归藏》易，则将关注日月沐浴运转、阴阳晦明变化的天道法则思考，与关注万物"造化发育之真机"的生命法则思考渐渐融会、契合、贯通矣。它不仅构成了中国文化哲学发展的基本框架，也会通了华夏大地东西方夷夏哲学的根本义理与最高精神，并且在这个过程中，使原本属于各氏族部落占卜用的筮书，渐渐提升为通性命之理、知物之终始的哲学。惟上古文化哲学的根本义理与形上精神有此融会、契合、贯通，形成了基本框架，所以《淮南子》才说，伏羲八卦"至神农、黄帝，剖判大宗，窍领天地，提挈阴阳，嫥捖刚柔，枝解叶贯，万物百族，使各有经纪条贯"；惟将各氏族部落占卜用的筮书，提升为通性命之理、知物之终始的哲学，才使"万民瞧瞧盱盱然莫不竦身而载听视"。此炎黄时期发展为文化大宗之大功用也。嗣后中国几千年文化哲学精神的发展，则基本上是沿此大宗义理之本质规定性向前发展的。

中国文化自古皆是以宗为教的。但中国文化所说的"宗"，并不是指宗教，而是就宗族说的，是就家庙、族谱、风俗、礼仪制度诸多文化联系说的。上古时期，虽也有大大小小的氏族、宗族林立，但基本上是以炎、黄为其两大宗族系统的。因文化上同宗同源，故炎黄方是华夏诸族的人文祖先；文化大宗的形成，不仅使华夏诸族获得了共同的生命精神，而且以此为纽带渐渐使之成为不可分割的国家民族共同体。它随着唐虞时代文化的发展与国家民族的统一，精神上的联系与凝聚就更为紧密。

---

① 《检论·易论附易象义》，见刘梦溪先生主编中国现代学术经典《章太炎卷》第172页，河北教育出版社1996年版。

第三章　唐虞时代与华夏精神

内容提要：人类古老文明的国家民族，都有一个自己文化理想的时代，并不断地从对它的回顾、记忆、归复中，获得巨大的精神动力。中华民族亦然。但中华民族文化理想的时代，不是雅斯贝斯所设定的人类历史的"轴心期"，不是他按此设定所说的中国春秋战国时期，而是更为遥远、更为古老、更为光辉的唐虞时期，即尧舜时代。中国文化发展到唐虞时期，哲学的基本原理与根本精神已经发展出来，后来诸子的思想，不管多么光辉灿烂、摇曳多姿，都不过是从不同方面、侧面对唐虞时期文化哲学的基本原理与根本精神的发挥与阐释。此乃中华民族动则谈尧舜之道，谈唐虞三代圣治者也。中国文化乃是以《六经》为源头的，子学不过是《六经》的逸出流变而已。写文化史、哲学史、精神史，若从先秦诸子写起而不讲尧舜之道，不讲唐虞时期的根本文化精神，乃是写其流而断其源者也。孔子说："唯天为大，唯尧则之。"巍巍乎其有成功，焕焕乎其有文章！整个尧舜时代的政治理想与根本精神，皆是从"惟精惟一"的天道法则引申出来的。本章就是从唐虞时期的天道哲学思维，研究叙述尧舜之道的发展及华夏民族根本文化精神之奠定的。

雅斯贝斯在谈到人类历史的轴心期时说："直至今日，人类一直靠轴心期所产生、思考和创造的一切而生存。每一次新的飞跃都回顾这一时期，并被它重燃火焰。自那以后，情况就是这样。轴心期潜力的苏醒和对轴心期潜力的回忆或曰复兴，总是提供了精神动力。对这一开端的复归是中国、印度和西方不断发生的事情。"[①] 每一个古老文明民族，都有其文化

---

① ［德］卡尔·雅斯见斯著《历史的起源与目标》第 14 页，华夏出版社 1989 年版。

和哲学产生、思考、创造的光辉时期，而且每一次新的飞跃都要回顾、复兴这一时期，并从这一时期文化和哲学的存在中吸取其巨大的精神力量。这一点，雅斯见斯说的没错。但中华民族对这一时期的回顾、记忆、归复及获得精神动力的，不只是春秋战国时期，也不只是孔子、老子及诸子百家著作，而是一个比春秋战国、比雅斯贝斯所说公元前500年或前800左右至公元前200年的历史轴心期更为遥远、更为古老的光辉时期，即公元前2300至公元前2200年左右的唐虞时期。

讲中国文化传统，讲文化精神，没有不以《六经》为源头的；讲哲学，没有不以尧、舜、文、武之道为主轴的。《六经》即史。不仅《春秋》为史，其他《五经》亦史也。如《易》为伏羲氏之史，《书》是尧舜之史，《诗》、《礼》、《乐》是三代之史。由此可知，《六经》源头可为远矣。《六经》是史，亦是道也。特别是唐虞时期，不仅伦理道德、行政管理、典章制度、礼乐教化等文化发展已经大备，而且随着哲学思维把"道"提升为"惟精惟一"的存在，华夏民族的内心世界已达于人类智慧之巅。如果说伏羲时代是文化精神的发端，伦理教化之始，那么，唐虞时代则是发明大哲学、大法则、大原理的时期，社会的伦理法则、政治学说的理想、国家权力更替的制度，都产生于这个时期，虽然尚有不详备处，但基本理论法则都已经提出来了。孔子祖述尧舜，即祖述尧舜之道，祖述这个时期的大哲学、大原理、大法则。墨子讲三代圣王之德，也是以尧、舜、禹之道为其大用的。后来诸子学说所阐述者，皆不过是阐述唐虞时期所发明的大哲学、大法则、大原理而已。故中国文化精神之发展，子学是流，而不是源。源是《六经》，是《六经》的尧舜之道，而不是春秋战国的诸子学说。因此，中华民族对文化历史的回顾、记忆与复兴，没有不讲唐虞时期尧舜之道而只讲春秋时期诸子百家之学的。写文化史、哲学史、精神史，若从先秦诸子写起而不顾及唐虞时期或者更远，乃是写其流而断其源者也。由此也就可知唐虞时期及其尧舜之道与精神存在，对于撰写《中国精神通史》是多么重要了。

然而，疑古学派为了推翻唐虞时代历史的可信性，他们不顾孔子"追迹三代之礼，序《书传》，上记唐虞之际，下至秦缪，编次其事"① 的基本历史事实，硬把《尚书·尧典》说成是战国秦汉人精心编造的；为了推

---

① 《史记·孔子世家》。

翻唐虞时代清明政治及带有民主性质的"禅让"制度，他们不顾"墨子学儒者之业"①，硬说它是墨家根据"尚贤"说创造的，然后流入儒家《孟子》著作并影响后世的。为了推翻这段光辉灿烂的历史，他们甚至不惜利用《汲冢》一类荒诞不经的东西研究历史。但现在不论是古代文献的记载，还是现在文化考古学的发现，都说明唐虞时代光辉灿烂的文化历史是班班可考、历历可证、推不翻的！

那么，唐虞时期在精神上究竟是怎样一个时代呢？它是不是像雅斯贝斯所说的，作为轴心期以前的古代文明"没有显示出某种觉醒意识"或"似乎罩上了面纱，人仿佛仍未真正苏醒过来"②，抑或像疑古学派所说的，只是"黑漆一团"的存在呢？如果不是他们所说的那样，那么，它作为一个中华民族不断地回顾、记忆、复兴的时代，具有怎样的文化精神与理想价值呢？它以怎样的文化理想光照后人呢？为了讲清这种精神的发展，本章将先从唐虞时期的文化发展与诸族融合讲起，然后再看它是如何通过宗教改革走向"唯天为大"的哲学思维，并由此发展出"惟精惟一"的精神，提升出政治理想，建构起道德精神世界的。

一　文化发展与诸族融合

中国文化从伏羲时代进入炎黄时期以后，随着氏族部落的迁徙及后来几次战争的发生，已经有过多次氏族部落间的大交流、大聚汇、大融合；但进入唐虞时期之前，华夏大地不仅仍然存在着炎黄两大氏族部落，而且仍然存在着"中国、夷、蛮、戎、狄"皆安居的局面，存在着大大小小的四方诸侯势力。《尚书·尧典》讲尧舜"咨四岳"，《山海经》讲"伯夷父生西岳"③，就是指四方诸侯势力的存在。但随着畜牧业、农业、手工业及早期商品经济的发展，如《易传》所讲神农氏"斫木为耜，揉木为耒，耒耨之利，以教天下"；"日中为市，致天下之民，聚天下之货，交易而退，各得其所"；发展到黄帝及尧舜时期"刳木为舟，剡木为楫，舟楫之利，以济不通，致远以利天下；服牛乘马，引重致远，以利天下；断木为杵，

---

① 《淮南子·要略训》。
② 《历史的起源与目标》第13页。
③ 《山海经·海内经》。

掘地为臼，杵臼之利，万民以济"①等，夷夏各族的交往愈来愈多，迁徙愈来愈频繁，通婚愈来愈普遍，礼仪、习俗、生活方式愈来愈趋同化，因而不断融合涘化，渐渐变成了一个华夏民族整体。帝喾帝尧之后，本属黄帝族嫡系；"舜生于诸冯，迁于负夏，东夷之人也"②。帝尧为天子，虽属于西夷华夏氏族部落，然他并没有将当时的国家权力传授予自己的儿子丹朱，而是让位给了属于东夷氏族部落的舜，并将女儿娥皇、女英嫁给舜，协助其治理天下。由此不难看出，夷夏诸族怎样随着畜牧业、农业、手工业及早期商品经济的发展，在不断地迁徙、交往活动中，通过制陶、婚姻等形式，文化上逐渐融合为国家民族群体了。

帝尧舜处五帝之末，三代之冠，是整个上古史开合旋转的时期，它既是中国历史第一次大开合之开辟高峰期，又是这次大开合走向阖闭的初始时期。按照邵康节"三皇，春也；五帝，夏也；三王，秋也；五伯，冬也"③一类说法，唐虞时代正处于中国上古文化繁荣明媚的夏季。尧夫曾用"五帝之时似日中，声明文物正融融"④来形容这个时期的文化。可以说，发端于伏羲氏族部落时期的中国文化和哲学，经过炎黄氏族漫长历史时期的积蓄，发展到唐虞时代，已达繁荣昌盛状态。孔子所说"巍巍乎其有成功！焕乎其有文章！"⑤就是指的这个时期。我们从《文心雕龙》所说"夏歌《雕墙》，缛于虞代。商周篇什，丽于夏年"⑥，也可想见当时文化繁荣昌盛的状态。尧为陶唐氏，初封于唐，后居陶，即山东定陶。它就是舜陶于河滨的地方。尧、舜皆善陶，唐虞皆是善陶的氏族部落。现在河南龙山文化和山东龙山文化出土的轮制漆黑光亮的黑陶、蛋壳黑陶以及黄色或白色的细砂质陶，可视作唐虞时代的器皿文化。"舜作室、筑墙、茨屋、辟地、树谷，令民皆知去岩穴，各有家室"⑦。现在龙山文化遗址的建筑遗迹，可证明这些居住文化的不假。帝尧时，后稷为田畴，"乃列封疆，

---

① 《周易·系辞下传》。
② 《孟子·离娄下》。
③ 《皇极经世观·物内篇之十》。
④ 《五帝》，《伊川击壤集》卷13。
⑤ 《论语·泰伯》。
⑥ 《文心雕龙·通变篇》。
⑦ 《淮南子·齐俗训》。

画畔界,以分土地之所宜,辟土殖谷,以用养民,种桑麻,致丝枲,以蔽形体"①。现在龙山文化遗址发现的大量翻土收割工具、牛羊猪狗之家畜饲养及各种手工业经营、水井、三室两室的房间或庭院等,已可看出当时已完全是农村居家过日子的样子。它说明封疆画界分土地之后的农业经济,较之神农氏族的原始农业已有很大发展。所谓"有虞氏身有南亩,妻有桑田。神农氏并耕而王,所以劝耕也"②,就是指此农耕经济不同而言的。唐虞时代,不仅物质文化、农业经济有了很大的发展,而且自然知识、社会伦理、礼乐文化等也都发展了起来。西方人时间观念不强,进入近代才慢慢获得"时间"的概念。而中国远在黄帝时期,为了农耕及社会生活的需要,已经发明了最早的历法,即"大挠作甲子","容成造历"③。而帝尧时"命羲和,钦若昊天,历象日月星辰,敬授人时",所制定的历法,将一年定为"三百有六旬有六日,以闰月定四时",以成岁了。天文历法的制定,不仅有利于农业生产,而且使中华民族第一次获得了时间感、节日感,生活因有节奏而过得和谐有序,"允厘百工,庶绩咸熙"④,就是这种生活的写照。我们从当时《帝载歌》所唱"日月有常,星辰有行。四时顺经,万姓允诚"⑤,可以看出人们由于获得时间感、节奏感,感到多么真实无妄了。现在的元旦春节,就起于那时。《卿云歌》所唱"卿云烂兮,糺缦缦兮。日月光华,旦复旦兮"⑥,就是描写当时人们欢庆元旦即春节活动的。卿,即庆也。卿云,祥瑞和气之云也。糺,即礼也。"日月光华,旦复旦兮",即每年都载歌载舞地欢庆这个光华元旦的节日。唐虞时期的春节距今已有四千三百多年的文化历史了,它要比西方的圣诞节多两千三百多年。后来的历书虽有改变,如夏以寅为正,以十三月为正月;商建于丑,以十二月为正月,但过元旦春节一直是中华民族的习俗,几千年来从未改变过。

唐虞时期,帝尧通过天文历法的制定,敬授人时,使"黎民于变时

---

① [汉] 陆贾《新语·道基》。
② 《尸子》下。
③ 《世本·作篇》。
④ 《尚书·尧典》。
⑤ 《尚书·大传》卷1。
⑥ 《尚书·大传》卷1。

雍"；帝舜更通过种种文化举措，以融合浃化夷夏诸族。帝舜之教天下，不仅顺春夏秋冬之时，执天文地理人道之政，而且禋于六宗，望于山川，召见四方诸侯，协正四时，度律量衡，以立信于万民。帝舜每五年一巡狩，四方诸侯无不朝于方岳之下；另外，帝舜把中国的广大疆域营界为十二州，浚导河流①，以通天下之利，颁布典刑法律及学校教育制度，以理人伦，更促进了夷夏诸族的融合。特别是唐虞时期中国夷夏诸族发展为氏族部落联盟组成的政体——华夏民族国家，更从行政管理上加强了夷夏各族的融合浃化。尧时曾任"舜为司徒，契为司马，禹为司空，后稷为田畴，夔为乐正，倕为工师，伯夷为秩宗，皋陶为大理，益掌驱禽"②；及至舜为帝时，又任禹作司空，平治水土；后稷播百谷；契作司徒，敬敷五教；皋陶作士，以五刑以治蛮夷猾夏、寇贼奸宄；垂继共工之职，管理百工；益作虞，管理山泽之草木鸟兽；伯夷典三礼，作秩宗，使天地人处于和谐状态，夔典乐，教胄子，使八音克谐，无相夺伦，以和人神；龙作纳言，出纳王命，献善宣美，管理谏诤③。这些包括军队、司法、田畴、水利、山林、百工、礼乐、教化等在内的行政管理的实施，无疑从政治上加强了夷夏各族的融合浃化。

唐虞时期，不仅设官分职，以实施夷夏诸族的行政管理，而且当时人才济济，皆聚集在尧舜的国家政权周围，发展到帝舜时期，更是这样。可以说，帝尧时没有尽用的人才，到帝舜时皆得到了重用，如帝舜举高阳氏

---

① 《史记·五帝本纪》说舜"肇十有二州，决川。"《尚书·尧典》说舜"肇十有二州，封十有二山，浚川"。《尚书大传》肇作兆。郑玄注说："兆，域也。"古代坛域营界为兆，与祭祀有关。《礼记·表记》"后稷兆祀"，就是坛域营界以祭祀之意。因此，"肇十有二州，封十有二山"，皆是唐虞时期坛域营界所致，与后来禹平水土、所置九州不同。又观《史记·五帝本纪》下文所说，"舜乃至于文祖，谋于四岳，辟四门，明通四方耳目，命十二牧"云云（《尧典》所记亦近于此）及《尚书大传》所说"维元祀，巡狩四岳八伯"，可知"十二牧"即四岳八伯也。此亦可知十二州所委任十二牧，是包括四岳在内的，亦可证十二州与坛域营界之祭祀活动有关，它是古代所具有的。凡此皆可证明疑古学派说古无十二州，十二州是秦汉所置，并以此怀疑《尧典》为秦汉人所伪造，是错误的。

② 《说苑·君道》。

③ 《尚书·尧典》。

有才子"八恺"①，使主后土，以揆百事；举高辛氏有才子之"八元"②，使布五教于四方。"八恺"、"八元"，乃十六族之人也。他们不论是属于西夷氏族部落的，还是东夷氏族部落的，世济其美，人尽其才，皆得到了重用。然后分职禹、皋陶、契、后稷、伯夷、夔、龙、垂、益、彭祖，并任命十二牧，共二十二人，各敬职守，以顺天时。一个时代有这么多德行笃厚、才智敏锐的人才，是很难得的。故孔子说："唐虞之际，于斯为盛。"③ 其后，此二十二人皆成其大功：皋陶为大理，天下正平；伯夷主礼，上下谐让；垂主工师，百工致功；益主虞，山泽开辟；弃主稷，百谷时茂；契主司徒，百姓亲和；龙主宾客，而远人至；十二牧之实行，民未有敢违背者；禹披九山，通九泽，决九河，定九州，各以其职来贡，不失其宜。此当时天下所以熙和于穆不已者也。国家统一，民族和睦，虽然氏族部落间的融合浃化是极为重要的，但若不能把广大的精英上层团结到国家权力的周围并为其所用，也是不行的。唐虞时期夷夏诸族所以能够融合浃化为一个国家民族群体，应该说是和尧舜把广大的精英上层团结到国家权力的周围并人尽其用分不开的。

唐虞时期夷夏诸族所以迅速融合浃化，最终是与帝尧、帝舜之为政治领袖的高尚道德、博大胸怀与人格魅力联系在一起的。帝尧乃"帝喾娶陈锋氏女"所生，其名曰"放勋"④；《书》序说，帝尧"聪明文思，光宅天下"；《尧典》说，帝尧"钦明文思，安安，允恭克让，光被四表，格于上下"，仁德充溢天地之间，故能"克明俊德，以亲九族。九族既睦，平章百姓。百姓昭明，协和万邦"；而帝舜，名曰"重华"⑤。《舜典》说他"濬哲文明，温恭允塞，玄德升闻"；"慎徽五典，五典克从；纳于百揆，

---

① 《左传》文公18年说："高阳氏有才子八人，仓舒、隤皑、梼戭、大临、龙降、庭坚、仲容、叔达。"
② 《左传》文公18年说："高辛氏有才子八人，伯奋、仲堪、叔献、季仲、伯虎、仲熊、叔豹、季狸。"
③ 《论语·泰伯》。
④ 《史记·五帝本纪》说："帝喾娶陈锋氏女，生放勋。娶娵訾氏女，生挚。帝喾崩，而挚代立。帝挚立，不善，而弟放勋立，是为帝尧。"
⑤ 《史记·五帝本纪》说："虞舜者，名曰重华。重华父曰瞽叟，瞽叟父曰桥牛，桥牛父曰句望，句望父曰敬康，敬康父曰穷蝉，穷蝉父曰帝颛顼，颛顼父曰昌意：以至舜七世矣。自从穷蝉以至帝舜，皆微为庶人。"

百揆时叙；宾于四门，四门穆穆；纳于大麓，烈风雷雨弗迷"。正是帝尧、帝舜有此高尚的道德修养与伟大光辉的品格，才能融合浃化夷夏各族人民，把他们凝聚在一起，使之成为一个国家民族群体。帝尧曾"巡狩行教，周流五岳，西教沃民，东至黑齿"①；"南抚交趾，北怀幽都"②；"教化及雕题、蜀、越，抚交趾，训及大夏、渠搜，北中幽都"，远及"国与人身鸟面及焦侥"③；及至舜"受终于文祖"，登上帝位，更是以天地之大德，泽及四方。他"南抚交址、北发、西戎、析枝、渠廋、氐、羌，北山戎、发、息慎，东长、鸟夷，四海之内，咸戴帝舜之功"④；"理三苗，朝羽民，徙裸国，纳肃慎，未发号施令而移风易俗"⑤。当时，三苗不服，禹曾请攻之。而舜曰："以德可也。"于是修政偃兵，执干戚而舞之，行德三年，三苗服⑥。此即孔子所说"远人不服，则修文德以来之"⑦者也。远人不服，不是加之以兵，以武力相威胁，而是修德于内，严于治己。若无天地之大德，岂能有此博大胸怀！故大禹曾赞美帝舜曰："帝，光明天下，至于海隅苍生。"⑧《史记》更说："天下明德，皆自虞帝始。"⑨ 由此可知帝舜的道德精神世界是怎样的博大高尚了！那时，虽然华夏大地尚存在着大大小小的氏族、部落、邦国，然而舜为天子，贤士归之，万民誉之，男男女女，振振殷殷，不论西夷氏族部落，还是东夷氏族部落，无不拥戴。举行盛大的祭祀祖考活动，帝舜站在祭祀高台上望着那载歌载舞的人们，曾激情地为之诗曰："普天之下，莫非王土！率土之滨，莫非王臣！"⑩ 把普天之下，不论东西南北，皆看作是王土所在；把天下人民，不论西夷东夷，皆看作是自己的臣民，这是多么博大的胸怀啊！

---

① 《淮南子·主术训》。
② 《尸子》卷下。
③ 贾谊《新书·修政治上》。
④ 《史记·五帝本纪》。
⑤ 《淮南子·原道训》。
⑥ 《吕氏春秋·上德》。
⑦ 《论语·季氏》。
⑧ 《尚书·皋陶谟》。
⑨ 《史记·五帝本纪》。
⑩ 《吕氏春秋·慎人》。

人们载歌载舞，欢呼雀跃！"元首明哉！股肱良哉！庶事康哉"①。一片欢乐、祥和、清明的太平景象啊！帝舜即位第二年，作《大唐之歌》，美帝尧禅让之德。歌曰"舟张辟雍，鸧鸧相从，八风回回，凤凰喈喈"②，使人觉得人与宇宙万物都雍容和谐，融成了一个整体：天地澄明，日月光辉，泛舟辟雍，黄鹂相从，八风回旋，凤鸟相鸣，而在青云缭绕之中，整个宇宙生命，乘日月之光华，且复且兮，同流浃化，创造赓续，生生不已。其清明之治，构成了一幅人与宇宙万物生命交融、弥漫贯通而又光明熙和的欢乐颂歌！

《墨子》说："尧北教乎八狄，道死，葬蛩山之阴。"③蛩山或许就是《山海经》所说的帝尧所葬的狄山④，因为它是帝尧教八狄之所在；《帝王世纪》说："尧葬于济阴成阳西北四十里，是为谷林。"《皇览》说，尧之冢在济阴之成阳，《帝王世纪》说，近帝尧冢所在。《史记》说，舜帝"三十九年南巡狩，崩于苍梧之野，葬于江南九嶷，是为零陵"。《集解》引"《皇览》曰：'舜冢在零陵营浦县。'"《山海经》、《礼记》、《风俗通》、《淮南子》、《皇览》、《舆地考》等书，皆说帝舜葬于苍梧之野。《墨子》说："舜西教于七戎，道死，葬南己之市。"⑤《帝王世纪》说，帝舜"葬苍梧九疑山之阳。是为零陵，谓之纪市"⑥。"南己"即"南纪"，即零陵也，不过墨子把"南巡"误说成了"西教"而已。尧、舜已去，然以其高尚的道德修养与伟大光辉的品格，创造了一个雍融和谐的唐虞时代。这个时代，包括尧舜的道德修养与光辉品格，皆植根于当时深厚博大的文化精神发展中；而这种精神的发展，又是从颛顼时期的宗教改革开始，以天道法则提升为唐虞时代"唯天为大"的哲学思维为其肇端的。

---

① 《尚书·皋陶谟》。
② 《尚书大传》卷1。
③ 《墨子·节葬下》。
④ 《山海经·海外南经》。
⑤ 《墨子·节葬下》。
⑥ 《帝王世纪第二》。

二　宗教改革与唯天为大

人类文化精神的出现，最初大多来源于神性形而上学存在，而不是哲学，哲学的出现是后来的事。但真正文化精神的出现，特别是纯粹文化精神的出现，是离不开哲学、离不开道德形而上学的，那才是精神本原的存在。中国文化虽然是早熟的，但其精神存在与发展，也没逃出人类文化发展的这一规律，即在哲学、在纯粹道德形而上学没有真正出现以前，中国古代华夏与东夷诸族文化的原始精神，还是以神性形而上学为其本体存在的。

这种神性形而上学存在有两种形式：一种是低级形态的宗教、图腾、巫术，另一种是高级形态的形上本体存在，即东夷氏族部落称"皇"、西夷华夏氏族部落称"帝"的神性存在。中国文化发展，虽然远在唐虞时期，纯粹形而上学就已经出现，但由于夷夏诸族文化发展不平衡，在其漫长的宗教信仰与祭祀活动中，一直存在着低级形态的宗教、图腾、巫术及高级形态的"皇矣上帝"的神性存在。只有发展到殷周之际，随着道德意识的觉醒及哲学形上思维的发展，才逐渐隐退上帝，完成由神性形而上学到道德形而上学的转变，为中华民族道德精神的发展提供了纯正的本体论存在。这是经历了一个极为复杂且漫长的文化历史演变过程的。它在上古时期最为突出的变革，就是我在《道德本体论》一书中所说的两次宗教改革：一次是少皞氏族及帝颛顼时期，另一次是殷周之际[1]。这两次宗教改革，在上古精神发展史上是具有重大意义的。殷周之际的宗教改革，主要是隐退上帝，代之以形上之"道"，使中国文化精神走向了大道本体论。这一点放到本卷第六章去叙述。少皞氏族及帝颛顼时期的宗教改革，则由低级形态的宗教、图腾、巫术的混乱信仰，发展为"唯天为大"、"惟精惟一"的道德形而上学本体存在，使中国文化发展出一种天道本体的纯正精神。这在中国精神史上乃是一个具有重大阶段性意义的发展，是不可不着重研究叙述的。

少皞氏族及帝颛顼时期的宗教改革，乃是由于当时巫术盛行所造成的宗教信仰混乱所引起的。中国古代夷夏诸族皆有强烈的祖宗崇拜意识，且

---

[1] 《道德本体论》第二章第 64~65 页，华夏出版社 2012 年版。

实行一种原始天人合一之教。这种合一是非常神秘的：它一方面以神秘的道德感受祖先神或天帝神的存在；另一方面以跳神、诏祝"交神明之道"，进行宗教巫术活动。《说文》所说"巫，祝也，女能事无形，以舞降神者也"；"觋，能斋肃神明也"，就是指"交神明之道"的宗教巫术活动。上古时期，由于知识理性尚未充分发展起来，人们相信祖先神或天帝神存在，这并没有什么奇怪的。特别是当人们尚无法掌握自己命运的情况下，如观射父对楚平王所说的："天子亲春禘郊之盛，王后亲缲其服，自公以下至于庶人，其谁敢不齐肃恭敬，致力于神？"① 禘郊天帝之神，以祖先神配之，本来是天子的祭祀活动，但由于巫术活动盛行，发展为家家为巫，人人与神交通，"人上通，且上天，夕下天，天与人，且有语，夕有语"② 时，特别是各个氏族部落，皆"宠神其祖，以取威于民"，发展到"少皞之衰，九黎乱德"、"民神杂糅，不可方物"时，就造成了宗教信仰与祭祀活动的混乱。因此，就发生了《国语》所说的颛顼"乃命南正重司天以属神，命火正黎司地以属民，使复旧常，无相侵渎"、"绝地通天"③ 的宗教改革。《尚书》所说的帝"乃命重、黎，绝地天通，罔有降格"④ 以及《山海经》所说的"帝命重献上天，令黎邛下地"⑤ 等，皆是指这场宗教改革而言的。后人对"帝命"或"帝令"重、黎"绝地天通"所以不解，主要是停留于天文历法的自然知识抑或神话意义上，忽视了它的宗教改革意义。依《帝王世纪》、《古史考》等书所说，少皞乃黄帝后裔，号金天氏，始于穷桑而都于曲阜。而帝颛顼，乃黄帝之孙，号高阳氏，始都穷桑，徙商丘。当时九黎，主要是指南方炎族后裔；而谓其"乱德"，就是家家为巫，人人与神交通，打乱了人与神的法则秩序，破坏了当时的宗教信仰与祭祀活动。所谓"绝地天通"，不是说民之登天，而是帝颛顼平了九黎之乱，进行宗教改革，重新命南正重司天以属神，命火正黎司地以属民，使人与神分开，互不混杂。重、黎是司天文历法之官，当时也是最高的巫师。使人与神分开，互不混杂，这看似是恢复旧制，即所谓"使复旧

---

① 《国语·楚语下》。
② 《壬癸之际胎观第一》，《龚自珍全集》第13页，中华书局香港分局1974年版。
③ 《国语·楚语下》。
④ 《尚书·吕刑》。
⑤ 《山海经·大荒西经》。

常",但它实际上是一场宗教改革,因为它不仅制止了巫术盛行的家家为巫、人人通神、各族皆"宠神其祖,以取威于民"所造成的宗教信仰混乱,也为夷夏诸族在形而上学的意义上建立统一的宗教信仰开辟了道路。因此,少皞氏族及帝颛顼时期的宗教改革,标志着中华民族上古道德意识与文化精神的一次新的觉醒。

这场宗教改革延续的时间很长。《国语》所说"其后,三苗复九黎之德,尧复育重、黎之后,使复旧典。以至于夏、商,重、黎氏,世叙天地"①等,就是这场宗教改革的延续。它虽然延续到夏、商,但直接延续这场宗教改革的,则是帝颛顼之后的唐虞时期。所谓"尧复育重、黎之后,使复旧典",说的就是这场宗教改革的接续。它并不是一味地回复旧制,而是在文化哲学上进行了一场更为深刻的变革,即帝尧时对天的崇拜代替了对巫术的迷信,对天道的感受代替了巫术的"交神明之道"。它就是后来孔子所说的:"唯天为大,唯尧则之。"② 这就是说,当时不论狄蛮夷夏诸族的祖先神是谁,不管泛神论的信仰如何,由宗教变革发展为"唯天为大"的哲学思维,而今的最高信仰与精神存在,都应该以天为大,为博大、高明、悠远、永恒的存在。惟有天的存在,才是无妄之理与圣人之道,才是不见而章、不动而变、无为而成的最高真理,才是"巍巍乎其有成功,焕焕乎其有文章"的礼乐法度所在。因此,"唯天为大"是宗教信仰信念的变革,也是哲学思维对象的转变,即由宗教神秘存在转变为以天为思维对象,由神性形而上学的存在转变为以天道为哲学的最高本体,从而使精神世界"渊渊其渊,浩浩其天",把天的溥博渊泉存在变为华夏民族精神的源头。这是一次由神秘的宗教改革发展为理性自觉哲学革命的伟大转变。有此转变,华夏民族不仅从此以天道本体为真实无妄之理,而且以此为人的知觉主宰处建立信仰与信念,从此使华夏民族在宇宙浩浩大化的生存中开始获得一种理性自觉而成为无妄的民族。所谓的中国文化早熟,始于此也。

自然,这并不是说中国文化精神从此完全走向了理性自觉。不是的。文化发展是极为复杂的:不仅各个氏族部落存在着文化发展的不平衡,存在着参差不齐的情况,而且文化精神的存在绝不是以某种阶段为标准截然

---

① 《国语·楚语下》。
② 《论语·泰伯》。

划分的，而常常是绵延不绝、持续存在的，即使最为高级的文化阶段，也存在低级形态的文化的现象。中国文化早熟，虽然远在唐虞时期纯粹道德形而上学已经出现，但其宗教信仰与祭祀活动中，还是以"上帝"或神的存在为其道德本原。唐虞时期讲"祖考来格"就是这样。帝尧死后，舜"受终于文祖"，祭祀于尧之文德祖庙，讲"类于上帝"①，即是祭祀上帝之神。曰"类"者，时祭也。凡此，不仅可知当时仍然保留着"上帝"的信仰，而且还可以看出在宗教信仰与祭祀活动中，仍然是以神秘思维感通神明之德的。这种道德思维形式，即使发展到殷商时期还是存在的。《商书》讲"顾諟天之明命，以承上下之神祇"②；"咸有一德，克享天心，受天明命"③，虽曰"天"，曰"天之明命"，然其思维形式，仍然是神秘的。由此可知，虽然纯粹道德形而上学远在唐虞时期已经出现，但若就中国整个上古文化发展来看，由于文化发展的不平衡，或各个氏族部落文化独立发展，其为纯粹道德形而上学存在，还没有完全从宗教信仰与祭祀活动的神秘思维中独立出来，也没有真正成为中华民族道德精神本原的存在，只有发展到殷周之际，随着道德意识的觉醒，以"道"代替"上帝"的神秘思维形式，它才逐渐完成了道德形而上学的哲学革命，确立为中华民族道德精神本原的存在。这是一个极为复杂漫长的文化历史演变过程，后面讲夏、商、周各代文化精神发展时，再作进一步叙述。

文化精神的转变与提升，不是靠一次宗教改革能够完成的，它主要是靠人心人性的发展及人的知性悟性能力的提高来实现。这是一种心性本体的存在与提升。唐虞时期形上纯粹道德精神的发展，主要是靠此心性本体的存在与提升完成，达到"惟精惟一"的高度。

三　纯粹直觉与惟精惟一

我于《心性灵明论》自序曾说："一切范畴概念，一切理论方法，一切原理、定理、定律，一切事实的归纳，一切理论的设定，一切经验的实证，一切逻辑的运演，一切观念理念的提出，一切法则秩序的肯定，一切

---

① 《尚书·尧典》。
② 《尚书·太甲上》。
③ 《尚书·咸有一德》。

信仰信念的建立，一切主义与世界观，一切见解与皇皇大论，以及种种生活世界与精神世界，包括神天神帝、丈六金身、庄严色相、天堂地狱等等，哪一点不是人创造的呢？不是人凭着灵明心性创造的呢？不是出于这个本原、这个主体性存在呢？天地毁，则易不可见，则生生之机或几乎息矣！心性毁，则灵明之机不可见，则创造生化之机或几乎息矣！"① 由此可知，精神的发展是怎样和人的心性联系在一起了。

唐虞时代虽文化繁荣昌盛，然就人性来说，还是非常淳朴的。当时，虽然农业经济及种种器物文化已经发展起来，但人们依然过着"茅茨不剪，采椽不斫"、"冬日麑裘，夏日葛衣"② 的简朴生活；虽然社会伦理已经平成有序，但那依然是一种血缘宗法关系，人们只是在血缘宗法关系中过着一种自然素朴而有亲情的生活；虽然礼仪制度已经隆起，但它只是尊尊亲亲，以尽性命之情，而非让人屈曲折旋，行礼乐以矫其性。正是唐虞时代如此素朴，所以孔子说："虞夏之质，殷周之文，至矣。虞夏之文，不胜其质；殷周之质，不胜其文。"③ 所谓"虞夏之文，不胜其质"，就是说，唐虞时代虽然文化繁荣昌盛，但它并不能掩盖人性质朴淳厚的一面。物质文化上的创造，并没使人殉于物，不过是人尽其性，物尽其用而已；经济上的发展，并没使人轻身赴利，为名利营营争斗不已，不过是各劝其业，乐其事而已；即使刑罚礼乐兴起，也没有侵袭削弱人的情性，不过是让人知自然之理，以任淳朴之性，以正性命之情而已。故曰："尧之治天下也，在下欣欣焉人乐其性。"④ 那时，人们基本上不争不斗，不畏不惧，各任其能，竭其力，以得所欲。天下熙熙，各劝其业，天下攘攘，各乐其事，若水之趋下，日夜无息，一片自然淳朴熙和之景象。总之，那是一个文化繁荣、人性自然素朴的时代，是一个"尧治天下，不赏而民劝，不罚而民畏"⑤ 的时代，是一个帝舜"弹五弦之琴，歌南之诗，而天下治"⑥ 的时代。文化是繁荣之文化，人是真情性之人，世是淳朴之世，天下是熙

---

① 《心性灵明论》自序第 2 页，华夏出版社 2012 年版。
② 《韩非子·五蠹篇》。
③ 《礼记·表记》。
④ 《庄子在·宥篇》。
⑤ 《庄子·天地篇》。
⑥ 《淮南子泰·族训》。

和之天下。故王阳明说："平旦时，神清气朗，雍雍穆穆，就是尧舜世界！"①

但人类史也告诉我们，在野蛮时期的低级阶段，人类的高级属性已经开始发展起来，个人的尊严、雄辩、宗教情感、正直、刚毅、勇敢，此时已成为品格的一般特质，但是残酷、奸险和狂热也随之俱来。这些人类品格与特性，究竟是与生俱有的，还是进化而来的，我们且不去管它。中国古代是一个文化上早熟的民族，不必生硬机械地套用人类发展的各个文化阶段。但中国古代史表明，至少在公元前3000年～前2500年的时期，神农氏族衰落，诸侯侵伐，暴虐百姓而其不能征，蚩尤为暴而不能伐，黄帝修德振兵，抚万民，度四方，与其发生过两次战争：一次是与炎帝战于阪泉之野；另一次是与蚩尤战于涿鹿之野②。这两次战争的性质，是否如《史记》所载，暂且不去管它。但它至少也说明，当时人的暴虐之性已起。发展到唐虞时期，则有舜"流共工于幽洲，放驩兜于崇山，窜三苗于三危，殛鲧于羽山"③，即所谓的舜惩办流放"四凶"族。依《左传》所讲，共工、驩兜、三苗、鲧，即是帝鸿、少皞、颛顼、缙云四凶族的不才子，亦即诨号分别被称之为穷奇、浑敦、饕餮、梼杌的贵族部落子弟，用今天的话说，就是四个氏族为非作歹的高干子弟。如浑敦的"掩义隐贼，好行凶德，丑类恶物，顽嚚不友"；穷奇的"毁信废忠，崇饰恶言，靖谮庸回，服谗蒐慝"；梼杌的"不可教训，不知话言，告之则顽，舍之则嚚"；及饕餮的"贪于饮食，冒于货贿，侵欲崇侈，不可盈厌，聚敛积实，不知纪极"④等。由此可知，唐虞时期，虽然发展起了明德、亲族、爱民、仁慈、深沉、具有智慧的伟大品格及一般诚实、笃厚、宽容、大度、随和、肃敬、懿美、通达事物、勤于公职的特性，如"八恺"的"齐圣广渊，明允笃诚"，"八元"的"忠肃共懿，宣慈惠和"⑤，而残暴、凶顽、贪鄙、毁信弃义、蛮横无理、顽嚚不化之性，"掩义隐贼、好行凶德"的行为也表现了出来，"贪于饮食，冒于货贿"的私有观念与行为也发展了起来。史

---

① 《传习录》下，《王阳明全集》上册第116页。
② 《史记五·帝本纪》。
③ 《尚书·尧典》。
④ 《左传》文公18年。
⑤ 同上。

书说丹朱"凶顽",共工"善言,其用僻,似恭漫天"① 等,亦可证明这一点。凡此皆是"人心惟危"者也。

但这些邪恶乖戾心性的存在并不影响精神的发展,因为精神是美好的存在,是由先天道德本性决定的,是由人的美好心性发展出来的,而不是残暴、凶顽、贪鄙、丑恶一类的心性所产生的物欲、情欲及贪婪、自私的行为。精神的产生与发展,离不开人的智慧发展,离不开人的灵明之心,离不开人的先天道德本性。离开了这种心性,外部世界只是浑然一体、茫然一片的存在,是谈不上精神创造与发展的。因此,本节所说的唐虞时代心性发展与道德精神的关系,主要是指这个时期人的心性本体及其知性悟性发展对于精神世界知觉大用而言的,特别是纯粹理性知觉发展对于"惟精惟一"的感知,才是精神史所关注的根本问题。

这里所说的纯粹理性直觉,不是心理分析学家所说的本能,也不是直觉主义哲学家所说的与理性思维相对立的非理性直观或神秘的直觉认识形式,而是随着夷夏诸族文化上的早熟所发展起来的"天道"纯粹理性意识。这种意识不是存在于概念化逻辑推理或客观分析之中,而是存在于非概念化、非逻辑、非推理的直观或直觉感受、体验、领悟中。它是直觉的,又是理性的;这种理性,不是知识理性,而是形上理性,是"天道"形而上学知觉性与领悟性,是超越经验实在的纯知识、纯理性思维形式,是中国古代夷夏诸族对宇宙万物法则秩序的观察剥落了各种芜杂认识、知识和价值判断,而提高升腾起来的形上之"道"的纯知识、纯价值、纯观念、纯理念,或者说是经过长久的文化积累、沉淀、过滤,形上之"道"存在保留在直觉中的纯粹意识。因此,它不同于心理分析学家所说的本能或无意识,也不同于非理性的、直觉主义哲学家所说的神秘直觉或非理性直观。从本质上说,纯粹理性直觉乃是理性思维的最高形式或纯粹形式。它虽然不借助于概念化的逻辑推理与判断,但也不排斥经验知识和理性观念,而是把这些知识和观念剥落、提升、纯粹化,使之成为直觉可以把握、体验、领悟的纯知识、纯价值、纯理念,是物物而不物于物的纯粹思维形式,是天道不形不名的最高思维形式与领悟形式。唐虞时期天道本体"惟精惟一"的存在,就是这种思维形式与领悟形式。

唐虞时期道德精神所以突出发展,就是纯粹理性知觉达到了"惟精惟

---

① 《史记五·帝本纪》。

一"的高度。惟有心性纯粹，才能道德精一。帝尧"惟彼陶唐，帅彼天常"①；帝舜"慎徽五典，五典克从"②，就是属于对天道法则秩序获得的最高道德感与抽象认识。不论是帝尧的"克明俊德"，还是帝舜的"濬哲文明，温恭允塞，玄德升闻"，皆是其形上抽象思维极为发达的表现，不然何以能够从天、从庄严肃穆的宇宙法则秩序中获得美好品德，何以睿智文明，洞晓天地的常道法则，涵养扩充为形上道德感，成为温恭的品格与行为？此乃帝尧所以"光被四表"的伟大人格与道德诚意，协和上下，感化万民者也；亦帝舜能"慎徽五典，五典克从；纳于百揆，百揆时叙；宾于四门，四门穆穆；纳于大麓，烈风雷雨弗迷"③者也。"唐者，荡荡也，道德至大之貌也"④。舜昭帝尧之业，明明德于天下，故曰《韶》。韶者，昭昭也。唐虞时期，"与之语道，广大而不穷"⑤，其为道德形而上学存在，不仅深厚博大，高明悠远，而且无形无象，极为精微中正。"德者，天地万物得也；义者，天地万物宜也，礼者，天地万物体也"⑥。随着纯粹道德理性直觉的发展及纯粹道德法则被抽象提升出来，向下落实，得之为德，宣之为义，体之为礼，一般的社会伦理道德也发展起来。道德是广大、精微、中正的，而人心却存在着种种危险的念头。故曰"人心惟危，道心惟微，惟精惟一，允执厥中"⑦。此乃尧、舜、禹三圣相传之语也。它虽出于古文，然观《论语》引"尧曰：咨，尔舜！天之历数在尔躬，允执其中"⑧之语；《荀子》讲"昔者舜之治天下也，不以事诏而万物成。处一危之，其荣满侧；养一之微，荣矣而未知"；引《道经》而曰："人心之危，道心之微。危微之几，惟明君子而后能知之"⑨；以及《管子》讲"舜之有天下也，禹为司空，契为司徒，皋陶为李，后稷为田。此四士者，

---

① 《左传》哀公6年。
② 《尚书·尧典》。
③ 《尚书·尧典》。
④ 《白虎通·号》。
⑤ 《尸子》卷下。
⑥ 《尸子·处道》。
⑦ 《尚书·大禹谟》。
⑧ 《论语·尧曰》。
⑨ 《荀子·解蔽》。

天下之贤人也，犹尚精一德"①等，皆可知"惟精惟一"乃是唐虞时代道德精神境界达到至精至纯高度者也。惟有唐虞时代道德精神达此高度，它发展到晚周时期，儒家孔子讲形上之"道"的至精至神存在，道家庄子讲于"寥天一"高处，"独与天地精神相往来"，才不至于不好理解。现在，人们阅读晚周诸子作品所以感到不好理解，有点突然，就是没有看出唐虞时代精神的发展，好像晚周诸子作品的精神境界，是一下子上升到那样无形无象高度似的。

　　世界上任何古老民族的大气象哲学，都是立根于宇宙本体论而建立起深厚博大的思想体系的，并通过玄而又玄的哲学思辨和艰苦卓绝的形而上努力，解决宇宙本体真相和价值本原问题，才使万物的存在有所依托，人的生命价值有所本、有所原，精神世界有所安顿与寄托。此古代印度、西方、中国三大文化价值哲学体系所以达到人类智慧之巅者也。然古代印度《奥义书》讲"精英中之最，为无上真元"②；讲"一切众生与般若为一"③，乃是在公元前七、六世纪；古代希腊赫拉克利特讲"一切产生一，一产生一切"④；毕达格拉斯学派讲"万物的始基是一元"⑤，在公元前六、五世纪；而中国古代唐虞时期帝尧、舜、禹口口相传，讲"惟精惟一"之道，则是在公元前二十四、二十三世纪。由此可知中国文化精神产生发展之纵深悠远了。中国文化发展不仅大备于唐虞，而且"惟精惟一，允执厥中"形上本体的提出，为中国文化精神后来四五千年的发展奠定了哲学基础，《洪范》"皇极"大中之道，《易传》"太极"刚健中正之道，以及儒家"执其两边，用中于民"的中庸思想等，皆是沿着唐虞时代"惟精惟一，允执厥中"的哲学精神发展的。儒家"祖述尧舜"⑥，就是以尧舜之道为其根本精神准则。

　　但唐虞时代"惟精惟一"的形而上学思维及帝舜的"濬哲文明，玄德升闻"等，当时也只是停留在知识精英上层，尚未达到一般人所能理解的

---

① 《管子·法法》。
② 《唱赞奥义书》，《五十奥义书》第73页，中国社会科学出版社1985年版。
③ 《考史多启奥义书》，《五十奥义书》第59页。
④ 北大哲学系编译《古希腊罗马哲学》第19页，商务印书馆1982年版。
⑤ 北大哲学系编译《古希腊罗马哲学》第34页。
⑥ 《中唐》第30章。

程度。故孔子说："大哉尧之为君也！巍巍乎唯天为大，唯尧则之。荡荡乎民莫能名焉。"① 帝尧时，童子所以歌曰"不识不知，顺帝之则"②，也是讲的形上之"道"的非知识性存在。由此可知，虽然当时纯粹理性直觉已经发展起来，但"惟精惟一"的形而上学思考，并未成为当时普遍的道德精神与社会意识。但它作为一种哲学思想毕竟在唐虞时期已经出现，并以此贯通了当时的政治哲学、伦理道德与礼乐之教，成为以之治理天下的理论学说了。

四 天道法则与伦理精神

每一个国家民族的社会治理，不仅会遇到前社会遗留下来的种种文化历史情境与情势，而且还要涉及现实的政治、经济、技术发展诸多问题。但社会历史维系最为根本的存在是伦理道德。因为社会关系、政治关系、经济关系等，最为核心的关系乃是伦理道德关系。中国几千年治国安民的一条重要经验，就是要使整个国家民族的社会历史建立在人伦常道法则基础上，而不要违背这个法则。人伦有常，彝伦攸叙，自然大治；人伦悖逆，争斗不已，君子失义，小人犯刑，则天下无以治。宋代赵普曾讲半部《论语》治天下。其实，一句话就可以治天下，那就是孔子、孟子讲的"人者，仁也，亲亲为大"③，"人人亲其亲，长其长，天下平"④。试想，如果所有人都怀着一颗仁爱之心，都亲其亲，长其长，天下不就太平了吗？因此，任何时代，任何国家民族，要想实现大治，建立伦理道德秩序乃是首要的任务。

这在唐虞时代，就是以伦理道德教化天下。唐虞时期，一方面是人纯粹理性直觉的发展及道德理性的觉醒；另一方面，则是人的残暴、凶顽、贪鄙、顽嚚不化之性及毁信弃义、蛮横无理、好行凶德、贪婪自私行为之发展。因此，当时尧舜之治天下，也面临着一个伦理道德教化的任务，也都有一个普天之下，率土之滨，无论夷夏，都必须进行伦理道德教化、建

---

① 《论语·泰伯》。
② 《列子·仲尼篇》引。
③ 《中庸》第20章引孔子语。
④ 《孟子·离娄上》。

立起正常的伦理道德秩序的问题。此帝尧"克明俊德，以亲九族。九族既睦，平章百姓。百姓昭明，协和万邦时"者也；亦是帝舜时"百姓不亲，五品不逊"而命契"作司徒，敬敷五教"；"举八元，使布五教于四方，父义、母慈、兄友、弟恭、子孝，内平外成"者也。五品，即父、母、兄、弟、子也；五品，即五常也。"五品不逊"，就是父、母、兄、弟、子的五伦关系不正常，不符合父义、母慈、兄友、弟恭、子孝的常道法则。帝舜命契"作司徒，敬敷五教"；"举八元，使布五教于四方"，就是建立父义、母慈、兄友、弟恭、子孝的常道法则。它就是后来孟子讲的"父子有亲，君臣有义，夫妇有别，长幼有叙，朋友有信"[1]。唐虞时期乃是一个封土为社、重视亲族的社会，一个以亲族为基础建立伦理关系与道德生活的社会。此当时所以能够内平外成、和谐有序者也，亦其伦理道德精神所在也。

  唐虞时代所以有此伦理道德精神，就在于他们相信伦理道德能够克服人性的弱点，使其恢复到人的道德本性与伦理常道法则上来。史说，帝舜其母早死，父瞽瞍更娶，生弟象，象傲。父溺爱弟象，常欲杀舜。但四岳推荐舜时，则告诉帝尧说，舜虽是盲人之子，"父顽，母嚚，弟傲"，然他们坚信，若能"和以孝，烝烝乂"[2]，就不至于奸恶。此足见当时人们对伦理道德力量的信仰与信念，亦足见其当时之人文精神。帝尧之治天下，正是具有这样的信仰、信念与精神，才把女儿娥皇、女英嫁给舜，协助其治家，以观其治国能力；同样，舜也正是具有这样的信仰、信念与精神，才"不失子道，兄弟孝慈。欲杀，不可得；欲求，尝在侧"[3]，修己以行敬，改变其父子兄弟的人伦关系。治家如此，治国也是如此。舜之治国，正是对理论道德的力量有其信仰与信念，执政以后，虽然命皋陶为司理之官，以刑法对付"蛮夷猾夏，寇贼奸宄"，但更是谆谆地告诫契为司徒，要"敬敷五教，在宽"[4]。惟伦理道德宽厚，才能得天下人心，才能实现夷夏大治；而要实行这种宽厚的伦理道德，为政者只有自己的伦理道德宽

---

[1] 《孟子·滕文公上》。
[2] 《尚书·尧典》。
[3] 《史记·五帝本纪》。
[4] 《尚书·尧典》。

厚才行。尧舜正是有此道德品格与精神者。故曰:"圣人,人伦之至也。"①

那么,人怎样才能获得这种伦理道德精神呢?或者说,人类社会的伦理道德从哪里引申出来呢?从经济关系中引出吗?那只能是利害冲突;从政治关系中引出吗?那只能是权力争斗。人既然是原于天,原于天道本体的,"有天地然后有万物,有万物然后有男女,有男女然后有夫妇,有夫妇然后有父子,有父子然后有君臣,有君臣然后有上下,有上下然后礼义有所错"②,那么,人伦道德只能从天道本体引出,从这个最为本原处引出。唐虞时代,所谓"天叙有典"、"天秩有礼"③,就是这种伦理道德的本体论思考。人原于天,天的法典,就是人的法典;天的法则秩序,就是人伦应遵守的法则秩序。天秩,即人伦也;天叙,即人常也。一切伦理道德法则,皆是从这里引出的。唐虞时代,特别是发展到虞舜时代,命契为司徒,"敬敷五教",或"举八元,使布五教于四方",实乃是"天工人其代之",按照天道法则施行伦理道德教化。此亦可知,虞舜时代的伦理道德精神是怎样以天道法则为其本原了。此史所说"天下明德,皆自虞帝始"④者也。

伦理道德从天道本体引出,自然是适合人性发展的,因为人是原于天、为天所生的,人之性即天之性也。因此,唐虞时期的伦理道德不仅是由天道本体引出,也是立于人心性本体的。曰"天聪明,自我民聪明;天明畏,自我民明威"⑤,则不仅包含着对天道本体的肯定,也包含着对心性的天道本质之肯定。惟对人性有此天道本质的肯定,人之聪明,才能像天一样聪明,才知按照天道自然法则办事;而天道自然法则之不可违背处,才能被人所理解而有所敬畏。人之心性本于天道自然,人的伦理道德从天道本体引出,二者皆本于天道自然法则而不相悖;而人之生也,岂能不顺乎天道自然法则而与之相悖乎?自我心性乖戾到违背天理,违背天道自然法则,偏颇到残暴、凶顽、贪鄙方面去,那是要受到惩罚的,因为天是不

---

① 《孟子·离娄上》。
② 《周易·序卦传》。
③ 《尚书·皋陶谟》。
④ 《史记·五帝本纪》。
⑤ 《尚书·皋陶谟》。

容许悖逆乖戾的。

所谓顺乎天道自然法则，就是人不论处何种角色地位，都应该遵照自然法则，遵守其伦理道德规范。为君的就应像个国君，为臣的就应像个臣子，为父的就应像个父亲，做儿子的就应像个儿子。君仁、臣忠、父爱、母慈、兄友、弟恭、子孝，乃常道法则。一个国家，一个民族，若为君的不仁，不像个国君；为臣的不忠，不像个臣子；父无爱心，子者不尽孝道，一切都建立在利害关系上，"为人臣者怀利以事其君，为人子者怀利以事其父，为人弟者怀利以事其兄，是君臣、父子、兄弟终去仁义，怀利以相接，然而不亡者，未之有也"①。尧舜之道，唐虞时代伦理道德的真精神，就是顺乎天道自然法则。故孟子说："欲为君，尽君道；欲为臣，尽臣道。二者皆法尧舜而已矣。"② 唐虞时代正是有此伦理道德的真精神，所以才不悖不逆、顺乎天则，巍巍乎而为君，荡荡乎而有大德！巍巍乎其有成功，焕焕乎其有文章！创造了一个神清气朗、雍雍穆穆的世界！一个清明光辉的尧舜时代！

创造这个世界与时代的，不仅是尧舜之为君，还有一大批圣贤明哲，一大批社会精英所构成的智慧群体。他们的哲学思想与道德精神，乃是支撑唐虞时代文化繁荣昌盛的力量所在。其中，皋陶的政治哲学思想乃是最突出的一种。

五　皋陶的政治哲学思想

陆象山先生曾说"唐虞之际，道在皋陶；殷周之际，道在箕子"③；"《皋陶谟》、《洪范》乃传道之书"④；又说："'天'之一字，是皋陶说起。"⑤ 此可知，皋陶其人，不仅是唐虞时代的哲学家，而且是中国历史上第一个言"天"、以天道为本体的哲学家；亦可知，说中国文化商代以前

---

① 《孟子·告子下》。
② 《孟子·离娄上》。
③ 《语录上》，《陆九渊集》卷34 第395页。
④ 《澹园集》卷47，第721~722页引，中华书局1999年版。
⑤ 《语录上》，《陆九渊集》卷34 第398页。

不言"天"① 之为错也。

在中国上古文化历史上，辅佐黄帝治天下者，有风后、力牧、常先等②；辅佐尧舜治天下者，更有禹、契、后稷、伯夷、夔、龙、垂、益、彭祖等一大批圣贤明哲，然孔子追迹上古，编纂《尚书》，为之谋篇，独为其留下空间的，只有《皋陶谟》。此可知皋陶为唐虞明哲地位之重要。

《史记·夏本纪》正义引《帝王纪》说："皋陶生于曲阜。曲阜，偃地，故帝因之而以赐姓曰偃。尧禅舜；命之作士。舜禅禹，禹即帝位，以咎陶为贤，荐之于天。将有禅之意，未及禅，会皋陶卒。"《说苑》云："当尧之时，皋陶为大理。"③ 大理，就是主管司法的官。关于皋陶的神奇为人与司法理刑，古书有许多传说与记载。如说"皋陶鸟喙，是谓至信；决狱明白，察于人情"④；如说"皋陶治狱，其罪疑者，令羊触之"⑤ 等。这些都带有神奇传说的性质。但说"皋陶作五刑"⑥，说"皋陶暗而为大理，天下无虐刑"⑦ 等，则应属于历史事实。"暗而为大理"，乃是说皋陶平狱理讼，虽贵言而不多讲，能得人情之故。

皋陶于唐尧之时为大理，于虞舜与禹夏之时，皆为士，历尧舜禹三代。以皋陶的任职而言，不论是以五刑"治蛮夷猾夏、寇贼奸宄"，还是"明于五刑，以弼五教"，都属于当时的政治思想家。但他的政治思想是以天道法则为其哲学基础的，是充满哲学精神的。皋陶虽历尧舜禹三代，特别是于禹夏的时期，他布道行德，道德威望达到了"黎民怀之"⑧ 的程度，功德业绩是非常辉煌的，但若就其整个文化哲学背景的存在而言，他的哲学思想乃是属于唐虞时代的。

这里所说的"政治"二字，不是作为经济基础的上层建筑而言的，而

---

① 郭沫若《先秦天道观之进展》一文认为："卜辞称至上神为帝，为上帝，但决不曾称之为天"；并认为称天为至上神是武丁以后的事。"凡殷代的旧有的典籍如有对至上神称天的地方，都是不能信任的东西"。
② 《史记·五帝本纪》。
③ 《说苑·君道》。
④ 《白虎通·圣人》。
⑤ 《论衡·是应篇》，另见《述异记》。
⑥ 《世本·作篇》（张澍稡集补注本）
⑦ 《淮南子·主术篇》。
⑧ 《尚书·大禹谟》。

是在以刚健中正天道法则治理天下之意义上讲的。故曰：政者，正也；政治者，正天下之不正，治天下之不治也。正是在这个意义上讲，皋陶的政治思想才是充满哲学精神的。它涉及政治体统、施政纲领、政道与治道的一系列政治哲学思想问题。

皋陶认为，天下之治理，在于修身明德，在于从天道本体那里获得最高道德。皋陶还在虞庭与禹、伯夷共事的时候，有一次讨论如何理民，于帝舜面前，就曾明确地提出了自己的政治主张：

> 皋陶作士以理民。帝舜朝，禹、伯夷、皋陶相与语帝前。
>
> 皋陶述其谋曰："信其道德，谋明辅和。"
>
> 禹曰："然，如何？"
>
> 皋陶曰："于！慎其身修，思长，敦序九族，众明高翼，近可远在已。"
>
> 禹拜美言，曰："然。"
>
> 皋陶曰："于！在知人，在安民。"
>
> 禹曰："吁！皆若是，惟帝其难之。知人则智，能官人；能安民则惠，黎民怀之。能知能惠，何忧乎驩兜，何迁乎有苗，何畏乎巧言善色佞人？"
>
> 皋陶曰："然，于！亦行有九德，亦言其有德。"乃言曰："始事事，宽而栗，柔而立，愿而共，治而敬，扰而毅，直而温，简而廉，刚而实，彊而义，章其有常，吉哉。日宣三德，蚤夜翊明有家。日严振敬六德，亮采有国。翕受普施，九德咸事，俊乂在官，百吏肃谨。毋教邪淫奇谋。非其人居其官，是谓乱天事。"
>
> 禹曰："女言致可绩行。"
>
> 皋陶曰："余未有知，思赞道哉。"①

这段对话，乃是皋陶的一篇政治宣言，也是其理民的政治纲领。皋陶在这次讨论中，明确地提出了天下之治"在知人，在安民"的政治主张；要实现这一主张，就必须使卿大夫"日宣三德"，蚤夜明行之，以称其家；使有国诸侯日日严振其身，"敬六德"，以诚信而治政事，然后才可以为诸侯；能以"九德"布施政教，使具"九德"者皆能用事，才是以美好品德

---

① 《史记·夏本纪》，文字与《皋陶谟》略有不同。

治理天下的天子。这样，百官臣工，皆得到抚顺，相互师从；百官肃谨，兢兢业业，万事几微，皆戒惧之，而不教之邪淫奇谋，使其逸豫贪欲，天下何以不治？一切政道与治道的根本，皆在于知人，在于人的治理；而人的治理，在于治人者之有道德，有很高的道德品质。布施政教，若不宣九德，而是教之邪淫奇谋，使其逸豫贪欲，"非其人居其官"，则必造成天下大乱。对天子帝王来说，这虽然是难事，但若能知人，诚如大禹所赞许的那样："知人则智，能官人；能安民则惠，黎民怀之。能知能惠，何忧乎驩兜放于崇山，何迁乎有苗于三危，何畏乎巧言善色佞之人呢？"

克明俊德，明于何处？行有九德，德者为何？天道之大用，得之为德也。从皋陶的政治哲学来看，不论是"宽而栗，柔而立，愿而共"，还是"治而敬，扰而毅，直而温，简而廉，刚而实，彊而义"，行有九德，乃章天道之常也。惟天的存在，才是道德本原，才是知人安民之大哲理、大法则的源头。有天地然后有万物，有万物然后才有男女，才有人类社会。人类社会是源于天的，不仅人类本身及其伦理道德源出于天，整个社会的政治法律制度，也是根源于天道法则的。惟人与天、社会与天道相和谐，雍容熙和，协恭和衷，才能演出永恒不息的天人大合唱！人类社会才能政事顺畅，实现大治，繁荣兴盛，熙和永昌！故曰："天叙有典，敕我五典五惇哉！天秩有礼，自我五礼有庸哉！同寅协恭和衷哉！天命有德，五服五章哉！天讨有罪，五刑五用哉！政事懋哉懋哉！"① 由天的法则、宇宙的法则引出政治法则，比由经济利益引出政治法则要高尚得多、超越得多！因为它是立于宇宙本体，而不仅仅是立于现实利害关系的。这正是皋陶的政治哲学的高超精神所在！它不仅体现着一种刚健、中正、仁本的政治法则，也是华夏民族的一种政治理性的自觉。

皋陶于唐虞时代，不仅倡导天道本体的政治哲学，而且坚持将这种哲学付诸政治实践。大禹治水，九州五长成，皆道其功，惟三苗顽凶，善恶不分，于帝舜与大禹之间拨弄是非。皋陶曾以九德之说，考绩次序于四方，行政施法，无有不明。一切立于中正之理，出于公心与仁爱，使枉者能直，狱何以不断，讼何以不理！故《论语》说："舜有天下，选于众，举皋陶，不仁者远矣。"② 有一次举行庆典，面对着欢庆的场面和大臣百工

---

① 《尚书·皋陶谟》。
② 《论语·颜渊》。

们对帝舜的恭敬颂扬，皋陶一再提醒帝舜，千万不要忘记"率作兴事，慎乃宪，屡省乃成"①。由此可知，皋陶是怎样坚持将其政治哲学精神贯通于政治实践了。

皋陶死葬庐江六安，后裔六与蓼二国皆被楚所灭。大夫臧文仲闻此非常感慨地说："皋陶庭坚不祀，忽诸？德之不建，民之无援，哀哉！"②由此可知后人对这位政治哲学思想家是多么怀念了。皋陶历尧舜禹三代，不仅为中华民族留下了第一篇政治哲学法典，而且其哲学精神也体现着华夏民族的一种政治理想，那就是国家权力性质属公，而不能为私人占有。

六　天下为公的政治理想

唐虞时期随着文化哲学思维"惟精惟一"的发展，不仅以天道为最高本体提出了一套具有哲学性的伦理法则、政治学说，而且以其清明光辉的社会文化为底蕴，培育出了一种华夏民族特有的政治理想。这个理想，孔子于《礼记·礼运篇》曾极为感慨地作过如下的描述：

> 大道之行也，天下为公。选贤与能，讲信修睦。故人不独亲其亲，不独子其子，使老有所终，壮有所用，幼有所长，矜寡孤独废疾者皆有所养。男有分，女有归。货恶其弃于地也，不必藏于己；力恶其不出于身也，不必为己。故其谋闭而不兴，盗窃乱贼而不作，故外户而不闭，是谓大同③。

《礼运》属《礼记》篇名，作者虽不能确定，但它作为孔子的言行记录，出于儒家是肯定的，它所追求的"天下为公"的"大同"理想世界，乃是相对于禹夏、成汤、文武周公时代的"小康"社会而言的。因此，"天下为公"的理想世界，乃是感慨于唐虞时代的社会现实，而不是属于"乌托邦"的幻想。

那么，"大道之行也，天下为公"，这个"大同"世界的理想，是否像

---

① 《尚书·皋陶谟》。
② 《左传》文公五年。
③ 《礼记·礼运》。

一些人所皮相的那样,属于"原始共产"社会的理想追求呢?如果不是,又应该怎样理解这种政治理想呢?它是一种怎样的政治观念与理想形式呢?具有何种政治精神呢?以及它为中国几千年的政治发展,特别是政道与治道的建设,提供了怎样的思想法则与理论基础呢?这是讲述唐虞时代"天下为公"的政治理想与精神不可不弄清楚的问题。

这自然应首先弄清"大道之行也,天下为公"的政治哲学含义。"大道之行也",是在政治理想的哲学本体论上讲的,是指此理想由何种哲学本体引出上讲的,而不是在形下社会道路意义上讲的。因此,"天下为公"不是从经济分配制度上讲的,而是说国家权力乃天下之公器,不为私人占有。孙中山先生所讲"天下为公"即是此本义也。这种政治理想,以《礼运》言之,乃本于天理也。"礼者,理也"①。大道运行,即天理运行也。此乃是由天道本体引出政治理想世界。它就像柏拉图由"至善本身"建立"理想国",奥古斯丁由《上帝之城》建构人间天国理想一样。唐虞时代由天道本体引出政治理想,以"大道运行"言之,比柏拉图、奥古斯丁由神或上帝的世界引出政治理想世界要理性得多,而且此理想世界与现实世界之间更具有真实的逻辑关系。"大道者,所以变化而凝成万物者也"②。大道即天道,即形上之"道",即生化万物的宇宙本体。此道也,洋洋乎发育万物,竣极于天。以其最高本体而言之,则"大哉乾元!万物资始乃统天"。它肫肫其仁,渊渊其渊,浩浩其天,发育万物,而圣贤明哲达于天德者,即指此德也。天道皇皇无私,天德浩浩大用,由此引出国家权力,代天理民,惟仁爱天下者方可为王,如何能使国家权力流于私有而不为廓然大公的存在呢?国家权力为私人占有,为特殊的阶级、阶层、政治集团所占有,乃国家权力的异化。回归国家权力的"天下为公",才是政治理想所在!这种权力回归,这种理想追求,就是使国家权力回归作为天下公器的本质,使权归于民,政出于民,而不再为私人攫取与占有。有此国家权力回归,使政治权力的运作行使重新回归到"大道之行也,天下为公"的时代,正是唐虞时代的政道与治道,是那个时代天德王道的政治理想。"天下为公",可以说是中国哲学关于国家学说的第一个政治教典,也是《帝典》的根本的文化精神所在。

---

① 《礼记·经解》。
② 《大戴礼记·哀公问五义》。

"选贤与能，讲信修睦"，就是举高"八元"，使其主后土，以揆百事；举"八元"，使布五教于四方；就是任用大禹、皋陶、契、后稷、伯夷、夔、龙、垂、益、彭祖诸人，使其各敬职守，以顺天时。这些人，在当时皆是圣贤明哲。他们不仅能够像大禹那样为治理洪水，克勤于邦，克俭于家，获得成功，像皋陶那样，明于五刑，以弼五教，既能平狱理讼，又能教化天下，而且皆是明于天道之常，明于永恒法则者，也就是西方柏拉图所说的那种"能把握永恒不变事物"的哲学家，而不是"被千差万别事物的多样性搞得迷失了方向的人"①，或庄子所批评的那种只是以小知小识嚣嚣于天下者②。这样的人并非圣贤明哲，当不了哲学家，也当不了理想国的政治领袖。因为治国平天下，面对着驰骛不息、变动不居的世界，不仅要于变化中善于通变化裁、趋时利用，更要知道天地间的常道法则，知道其永恒不变的存在。惟此，才能知道社会历史内在的目的论所在及事物本质的规定性，才能于宇宙浩浩大化中为人的存在建立起信仰和信念。此国家民族乃至整个人类社会历史所以能够绵延赓续而持久者也。唐虞时期所以讲"惟彼陶唐，帅彼天常"、"慎徽五典，五典克从"，正是这个道理。离开常道法则，不懂天人相通之理，不懂得天地间永恒不变的存在，只是靠小知小识治国平天下，不足以安天下性命之情！也不能使国家民族持续绵延发展，更不能讲信修睦，使"黎民于变时雍"，建立起和谐社会。"天下为公"的政治理想，惟有通过"选贤与能，讲信修睦"，才能实现。因此可以说，《礼运》以"选贤与能，讲信修睦"说唐虞时代的理想政治，不仅打通了中国几千年的政道与治道，而且为其人才选拔制定了第一个政治标准。

而其讲"人不独亲其亲，不独子其子，使老有所终，壮有所用，幼有所长，矜寡孤独废疾者皆有所养。男有分，女有归。货恶其弃于地也，不必藏于己；力恶其不出于身也，不必为己。故其谋闭而不兴，盗窃乱贼而不作，故外户而不闭，是谓大同"者，乃是政治理想世界之具体描述。这种"大同"世界的描述，不是出于"乌托邦"的幻想，也不是对"天国"

---

① 柏拉图《理想国》第229页，商务印书馆1986年版。
② 《庄子·缮性篇》说："小识伤德，小行伤道。"于《天地篇》说："大声不入于里耳，高言不止于众心，至言不出，俗言盛也。"批评那些自以为博学，实乃小知小识之人，为功利目的而"独弦哀歌以卖名声以天下"。

的价值设定,而是对人的天然本性特别是"好是懿德"的先天道德本性的肯定。人有此本性,才有爱心,才有仁义之行,才能"不独亲其亲,不独子其子,使老有所终,壮有所用,幼有所长,矜寡孤独废疾者皆有所养",才能"货恶其弃于地也,不必藏于己;力恶其不出于身也,不必为己"。人人有此爱心,有此仁义之行,才能造就一个"谋闭而不兴,盗窃乱贼而不作,故外户而不闭"的"大同"理想世界。这个理想世界,乃天理或大道本体向下贯通落实于人世间者,亦是圣贤明哲获得天道法则见诸国治天下平者。它的理论基础,就是人的先天道德本性存在。这种本性,虽然是人与动物的"几希"① 区别,是人少有的本质规定性,但建立政治理想世界,只有肯定人的这种道德本性,肯定人性善良与美好的一面,才有人性论基础;若其不然,只是肯定人的情欲物欲,肯定人性之恶,肯定人的混同动物、魔鬼的一面,不管怎样将其理性化,而不是抑制它,那样,政治理想世界也是不可能建立起来的。相反,由于人的物欲膨胀、情欲泛滥,通向理想世界的历史道路也就可能由恶魔铺就了。因此,治国平天下,建立理想世界,是绝不能以性恶论为基础的。利用人的物欲情欲一类的性恶,虽然可以达到一时的政治功利目的,但人性之恶汹汹于天下就像魔鬼一样,一旦放出来再想把它收回去是很难的。正因为这样,中国几千年来圣人治国平天下,绝不以性恶论为是,总是以性善论进行政治建设,即使承认人之有性恶的一面,也是通过礼乐教化,抑制人性之恶。这就是《礼运》以唐虞时代清明光辉的政治为典范,为华夏民族建立理想世界所提供的政治学原理。

"天下为公"的政治理想,是以唐虞时代的文化发展为内涵,受华夏民族文化理想统御的。西方,不论是公元前四、五世纪的柏拉图追求正义、节制、勇敢、智慧的理想国,还是中世纪奥古斯丁追求充满爱的"永无终止的"上帝之都,都不过是幻想的城邦。西方在古代希腊之前,既没有文化历史,也没有政治哲学。而中国在早于柏拉图十八九个世纪的唐虞时代,经过伏羲、炎黄的漫长文化历史时期,已经发展为一个统一的国家。不仅其哲学思维达到了"惟精惟一"的高度,而且从形上之"道"或大道本体引出政治哲学与伦理道德,主后土,揆百事,布五教四方了。此时的尧舜,不是像两千年后的西方人那样只是盯着城邦思考问题,乃是以

---

① 《孟子·离娄上》。

"普天之下，莫非王土"的广阔视野，"率土之滨，莫非王臣"的博大胸怀，思考"天下"治理的。因此，唐虞时代的政治理想，不是像柏拉图那样追求正义、节制、勇敢与智慧，也不是像奥古斯丁那样追求充满爱的上帝之都，而是"人不独亲其亲，不独子其子"的最高伦理道德，"老有所终，壮有所用，幼有所长，矜寡孤独废疾者皆有所养"的社会福祉，及"男有分，女有归。货恶其弃于地也，不必藏于己；力恶其不出于身也，不必为己。谋闭而不兴，盗窃乱贼而不作，外户而不闭"的社会秩序。它的核心是伦理道德，是现实社会的彝伦攸叙，而不是军事城邦与商业社会的正义、节制、勇敢与智慧或宗教世界的神秘国度存在。它不是出于虚假的理论设定，而是由唐虞时代发展起来的大道哲学及其伦理道德精神所统御的政治理想。

这个理想世界怎样建立与维系呢？它需要怎样的政治制度保障国家权力的正常更替呢？这就是唐虞时代的禅让制度。

七　权力更替的禅让制度

当人类大部分地区尚处于蒙昧野蛮状态时，在公元前两千三百多年前的东方，在熙和美好的华夏大地，出现了一个道德高尚、彝伦攸叙、雍容和谐、高度文明的统一国家——唐虞帝国。这是人类第一次建立这样高度文明统一的国家。希腊人建立斯巴达国，希伯来人建立犹太国，比这晚了将近一千年，而且国家小得多；罗马帝国的出现，则晚了一千八百多年；俄罗斯九世纪才建立国家，欧洲直到今天还没有统一，而中国在公元前二十四世纪的唐虞时代，即建立起了以部落联盟为基础的统一国家。这是西方没法相比的。有国家民族的统一，才会有国家民族统一的政治哲学思考，而不是孤立地思考一个小公国或城邦国的利益。因此可以说，唐虞时代尧舜帝国的出现，不仅在四千多年前的东方亮起了人类进步的曙光，而且实乃是人类文化历史上空前未有的一大变局，一个具有划时代意义的历史事件。这个统一国家的出现，当时面对着四方诸侯、方国林立的天下，它向自己提出的第一个挑战，就是如何保持国家权力的正常更替而不使之陷于混乱。为了应对这一挑战，尧舜及当时圣贤明哲发挥巨大的政治智慧，创建了一种国家权力更替的有效形式，一种西方现代政治制度至今尚不具备的权力更替的理想形式，它就是唐虞时代的禅让制度。

这是一个怎样的政治制度呢？孟子曾对它作过如下的追叙与描述：

> 万章曰："尧以天下与舜，有诸？"
>
> 孟子曰："否。天子不能以天下与人。"
>
> "然则舜之有天下也，孰与之？"
>
> 曰："天与之。"
>
> "天与之者，谆谆然命之乎？"
>
> 曰："否。天不言，以行与事示之而已矣。"
>
> 曰："以行与事示之者，如之何？"
>
> 曰："天子能荐人于天，不能使天与之天下；诸侯能荐人于天子，不能使天子与之诸侯；大夫能荐人于诸侯，不能使诸侯与之大夫。昔者尧荐舜于天，而天受之；暴之于民，而民受之。故曰天不言，以行与事示之而已矣。"
>
> 曰："敢问荐之于天而天受之，暴之于民而民受之，如何？"
>
> 曰："使之主祭而百神受之，是天受之；使之主事而事百治，百姓安之，是民受之也。天与之，民与之，故曰天子不能以天下与人。舜相尧，二十有八载，非人之所能为也。尧崩，三年之丧毕，舜避尧之子于南河之南，天下诸侯朝觐者，不之尧之子而之舜；讼狱者，不之尧之子而之舜；讴歌者，不讴歌尧之子而讴歌舜，故曰天也。《泰誓》曰：'天视自我民视，天听自我民听'，此之为也。"[1]

那么，这种禅让制度在唐虞时代是真实存在的呢，还是后人想象编造出来的呢？疑古学派是极力否定唐虞时代存在这种制度的。他们认为，天子的地位极高，天下最贤的人，"可以径从最低升到最高，毫不受社会阶级的牵制"是不可想象的。在他们看来，所以出现禅让的说法，乃是"墨子望天讨价的手段，是墨子一鸣惊人的手笔"。因此认为，禅让说是直接从墨家尚贤主义中产生出来的，"倘没有墨家的尚贤思想，绝不会有禅让的传说"[2]，而儒家孟子的说法，乃是受墨家学说影响所致。我们知道，尚贤及选贤任能并非只是墨子的学说，而是中国唐虞之后夏商周三代的政治

---

[1] 《孟子·万章上》。

[2] 《禅让传说起于墨家考》，《顾颉刚古史论文集》第1册第295、313页，中华书局1988年版。

传统。《夏书》讲"予视天下，愚夫愚妇，一能胜予。为人上者，奈何不敬"①；《商书》讲"德懋懋官，功懋懋赏"②；"股肱惟人，良臣惟圣"③；《周书》讲"今朕作大邑于兹洛，予惟四方罔攸宾"④；"文王惟克厥宅心，乃立兹常事，司牧人，以克俊有德"⑤ 等，就是属于这种政治传统。即使春秋时代，尚贤也不只是墨家学说啊！儒家孔子、孟子、荀子都是最主张尚贤的；而且禅让及尚贤之说，并不只是出于儒墨两家，道家《庄子》讲"尧以天下让许由"、"舜以天下让善卷"⑥ 等，皆是讲禅让于贤的。怎么一有墨家尚贤之说，就把唐虞时代的禅让制度说成是墨子"望天讨价"想象出来的呢？这究竟是疑古学派小私有者之心理作怪呢，还是其为了功利目的，而故作"一鸣惊人的手笔"呢？疑古学派为了强调自己考证的正确，有时不惜颠倒基本的文化历史事实，例如，《尧典》虽是后人追记的，但原始材料来源于王室典籍是多数人所承认的，而疑古学派硬是说成"《尧典》所记就是墨家的禅让说"；夏商周三代的选贤任能，本是沿袭于唐虞时代的政治传统，特别是《皋陶谟》的政治学说，而疑古学派硬是把《皋陶谟》说成是取资于《周书·立政》，甚至不惜用荒诞的《汲冢书》否定唐虞时代尧舜禹禅让的历史事实；为了强调唐虞禅让制度出于春秋战国传说的立论，还煞有介事地质问别人："你自己除了战国的材料以外，能确实找到唐、虞时的禅让材料吗？"⑦ 当疑古学派把《尚书》中的大禹变成了一条虫子，一种爬行的"蜥蜴之类"的动物⑧；把《六经》变成了"几本档案帖子，几张礼节单子，几首迷信籤诗，几条断烂朝报"⑨；把整个中国上古史变成了"层累造成"的虚假历史的时候，别人还能提出什么材料不被你们推翻呢？疑古学派，特别是顾颉刚先生，考经学推翻经学，

---

① 《尚书·五子之歌》。
② 《尚书·中虺》。
③ 《尚书·说命下》。
④ 《尚书·多士》。
⑤ 《尚书·立政》。
⑥ 《庄子·让王篇》。
⑦ 《禅让传说起于墨家考》，《顾颉刚古史论文集》第 1 册第 296、322 页。
⑧ 顾颉刚《与钱玄同先生论古史书》，《古史辨》第 1 册第 63 页。
⑨ 钱玄同《论〈说文〉及壁中〈古文经〉书》，《古史辨》第 1 册第 242 页。

考帝系推翻帝系，考制度推翻制度，几乎成了一个疑古狂和推翻狂。他的《禅让传说起于墨家考》是不足信的。

那么，唐虞时代的禅让制度具有怎样的性质呢？它体现了什么样的政治原则呢？从这个制度应该理解领悟到国家权力更替的何种政治哲学本质呢？1993年郭店楚墓出土的竹简《唐虞之道》，对禅让制度作了较为详细的描述。它说：

> 唐虞之道，禅而不传。尧舜之王，利天下而不利也。禅而不传，圣之盛也。利天下而弗利也，仁之至也。故昔贤仁圣者如此。身穷不均。殁而弗利，躬仁嘻。必正其身，然后正世，圣道备嘻。故唐虞之口也。
>
> 尧舜之行，爱亲尊贤。爱亲故孝，尊贤故禅。孝之方，爱天下之民。禅之传，世无隐德。孝，仁之冕也。禅，义至也。六帝兴于古，咸由此也。
>
> 禅也者，上德授贤之谓也。上德，则天下有君而世明；授贤，则民兴教而化乎道。不禅而能化民者，自生民未之有也，如此也。①

禅让就是不传子而让贤的制度，就是不利己而利天下的盛德行为，也是身正而后正天下的圣人之道。它是没有私心的，故曰"禅之传，世无隐德"，它是按照天地大义进行的，故曰"禅，义至也"。禅让，就是《礼记》所说"天下为公，选贤与能"②的制度。

"天下为公，选贤与能"，古代称之为"禅让"。这种制度是非常神圣的，国家权力的禅让是要经过祭天之神圣方式的，故《说文》曰："禅，祭天也。"所谓"选于众，荐于天"，就是指唐虞时代国家权力更替的神圣的政治民主制度。"选于众"，就是由四方诸侯从各氏族部落选举推荐人才。"荐于天"，就是要得到天的承认，即获得天命。在中国文化中，天就是"维天之命，于穆不已"的存在，就是刚健中正的存在，就是天道义理、真理正义的存在。荐于天，使之主祭，率众向"于穆不已"的上天宣誓，就是向真理正义宣誓。因此，"选于众"，就是民主，就是由民众中选举产生国家领导人；"荐于天"，就是神圣的民主，得到上天承认的民主。

---

① 《郭店楚墓竹简·唐虞之道》，文物出版社2002年版。
② 《礼记·礼运》。

它不仅说明选举天子事关重大，而且说明国家权力本身是庄严神圣的。中国文化的国家权力乃是神器之存在，是最高神圣性存在的象征。这种神圣性是不可亵渎的，是一切执国家之大器者必须尊重的。这种神圣性就像男女婚姻之神圣性一样。中国传统社会男女结婚要拜天地，西方人结婚要进教堂，为什么？因为婚姻是神圣的。婚姻没有了这种神圣性，就会变为男女苟合；同样，国家权力没有了这种神圣性，就会变成苟且，变成"权力游戏"，变成谁都可以"称帝称王"的世俗权力的争夺活动。现代社会的政治生活（包括选举活动）和情感生活（包括"闪婚"等）所以显得苟且，没有意义，就是因为与先验论、本体论，与形而上学存在割断了联系，缺乏神圣性，缺乏精神性存在，没有了神圣崇高的意义。

唐虞时代的禅让制度，所谓"荐于天，天受之"，最终还是人受之，"天赋人权"最终还是"人赋人权"，还是人民接受不接受。一个人民不接受的政治领袖，谁也不能硬塞给他们。天虽不言，然所荐之人，其身之所行，措诸天下之事，正确与否，是不是符合天道法则，是不是合乎真理正义，总是要在政治实践中显示出来的。"暴之于民"，即显示给人民，显示给人民，就是显示给天。民意如何，就是天意如何。因为天本无心，是以民心为心、百姓之心为心的。天无形，其视听，皆从于民之视听。只要民受之，人民接受了，天也就最后接受了。此即所谓"天视自我民视，天听自我民听"者也。它所表达的是天与人的一致性。"民与之"，就是"天与之"；"民赋人权"，就是"天赋人权"。这正是唐虞时代禅让制度的理性精神所在，中国政治文化的理性精神所在。西方17、18世纪以前，教权大于政权，教皇代表天或上帝，授予国王权力，即"天与之"，即"天赋人权"。但它缺乏"民与之"这一环，缺乏"人赋人权"的合法性。少了这一环，就会走向专制独裁。而西方现代社会的民主选举制度，虽有了"民与之"，有了"人赋人权"的合法性，但又缺了"天与之"一环，缺了"天赋人权"一环。缺了这一环，国家权力的存在就失去神圣性。没有这种神圣性，选举就会变成世俗的权力争夺，就会出现沽名钓誉的"窃权"或使政治选举变为苟且之事。国家权力乃神器之所在，岂能没有神圣性！中国唐虞时代的政治制度，既要"选于众，民与之"，使人民享受天之所予的神圣自由的民主权利，又要"荐于天，天与之"，使天子之位与国家权力的获得具有无比的庄严神圣性。唐虞时代"选于众，荐于天"的禅让制度，乃是"天赋人权"与"人赋人权"相结合，是二者庄严神圣的统一，是一种神圣的政治自由民主选举制度。

正是这样一种制度，保障了尧、舜、禹三代国家权力的合法有效更替，保障了当时国家权力行驶的不脱轨、不腐败、不堕落。西方，不论是中世纪神秘的"天赋人权"，还是现代民主选举的"人赋人权"，皆没有真正解决国家权力合法更替的有效性问题，没有解决权力行使的不脱轨、不腐败、不堕落问题。唐虞时代的禅让制度所以能解决这些问题，不仅有它内在的合理性与本质的规定性，而且这种合理性与本质规定性所体现的政治原则是不可随便改变的。这些原则主要是：

（1）国家权力乃天之公器，此乃国家之本质也。中国历来讲"天下，器也"①，"国者，天下之大器也"②，而不讲国家权力之私有。因为国家并不是由私有制度而产生的，而是为保佑生民而组织建立起来的。天降衷于民，自然应受到上天的保护，生民自然也应享受保护的权力，而王者不过是承受这个权力而已。故王船山说："佑之者，天也，承其佑者，人也。于天之佑，可见天心；于人之承，可知天德。"③ 正因为国家不是私有制的产物，故是不可以私下授受的。这正是唐虞时代禅让制的政治基础，也是实行任何政治民主选举制的政治基础。如果把国家的本质看成是由私有制度而产生的，那么，国家权力的性质必然是私有的，它就必然是为私有制度服务的，为少数人的权力地位与集团利益服务的，那样，也就根本谈不上国家权力禅让，谈不上实行政治民主制度了。国家权力一旦陷入私有性质，那么，国家权力更替实行形式上的禅让就变得虚伪了，魏晋时期的禅让就是如此。至于说实行民主选举制度，不管外在形式显得多么民主，只要国家权力陷入私有性质，每一次通过民主选举所实现的国家权力更替，本质上都不过是一个利益集团代替另一个利益集团对国家权力的占有而已。

（2）"选于众"，即政出于民，即民主，即民选政治领袖，即权力合法性所在。这种选举制所产生的政治领袖，乃是由地方诸侯即"四岳"从民间挑选推荐的，就像"四岳"向帝尧推荐舜那样。在推荐过程中，即使被推荐者存在着一些问题，如舜"父顽母嚚弟傲"，推荐者也是可以提出建

---

① 《大戴礼记·礼察》。

② 《荀子·王霸篇》。

③ 《宋论》卷1，《船山全书》第11册第20页。

议的，如"四岳"建议让舜行于孝道，就不至于使家庭伦理关系坏到哪里去。因此，"选于众"的推荐，是政治协商，是推选制与民选制相结合的政治制度，而不是现在西方民主政治的票选制度。

（3）"荐于天"，即国家政治权力神圣性所在。"天"是超越任何党派、集团政治利益之上的存在，有此存在，国家权力更替才有最高合法性。国家权力作为大器的存在，不仅是天下之至重，而且其为治也，具天下之繁。政治民主不能陷天下于混乱，不能万物职职而无有统会处。此唐虞时代所以讲"惟精惟一，允阙执中"者也。惟有天的超越存在，惟有"惟精惟一，允阙执中"，才能"统之有宗，会之有元"。而有其寂然不动，各种社会势力处于非理性的争斗时，才翻不了天地。这个"天"的存在，虽为"于穆不已"的神圣存在，然终是人的存在，代表民心的最高存在，亦"天也"。

（4）天子或民选领袖，乃是执掌国家之大器，代天理民者。因此，他从执掌国家政治权力的那一天开始，就必须超越自我，以天地之大德，仁爱天下，成为廓然大公无私者，而不能只是自私自利，为家族或一些集团牟私利者。惟有宽厚大公无私，以天下为重者，方可以托天下，才能"民兴教而化乎道"。"禅也者，上德授贤之谓也"。自私自利，攫取权力或抱着权力视为私有者，是不能授予权力的。一个心底自私自利的人，一个每天计较个人得失的人，岂可教化天下，岂可为天下担当！唐虞时代的禅让制度得以实行，全在于尧舜精神巨大，廓然大公无私，能消融一切魔障！

（5）天的存在，最终是人的存在，人心民心的存在。民选领袖获得天的承认，最终是人的承认，人民的承认，人心民心的承认。因此，天子或民选领袖的政治合法性，最终取决于民心向背，取决于他的政治实践是否为人民所承认，获得人民的信任，获得政治魅力与权威性。此即尧舜所说"天之历数在尔躬"[①] 者也。不论是"尧崩，天下诸侯朝觐者，不之尧之子而之舜"，还是"禹崩，虽授益，诸侯皆去益而朝启"[②]，皆是民意所在，人心所向，最终决定着国家权力更替的政治取向。

（6）"选于众，荐于天"，并不是获得推荐的人就立即接管国家权力，

---

① 《论语·尧曰》。

② 《史记·夏本纪》。

而是要经过政治实践检验的。只有实践证明民选领袖具有政治权威与治国能力，得到四方诸侯的承认，人民的承认，才能接管国家权力，实现政治权力更替。舜摄位二十八年，帝尧陨落，三载丧毕，然后"格于文祖"，就天子位，就是这样。没有经过政治实践检验，仅靠一时选票获胜即登大位，去实现国家权力更替，乃是苟且草率的民主政治也。

（7）唐虞时代"选于众，荐于天"的神圣政治民主制度，是以天道法则为其政治哲学本体论，把它落实于政治制度所建立起来的，同时，它又是以人的美好道德本性为其政治哲学基础的。唐虞时代的神圣政治民主制度，为理想政治制度的建立，提供了三条不得不考虑的政治原则：第一，它在宇宙本体论上站得住站不住？若以宇宙法则、天道法则为根据，就站得住，因为它是真实无妄之理；而若以虚妄的宗教理想城邦为根据，则站不住，因为那是虚假的存在；第二，它在人性论上站得住站不住？好的政治制度应该建立在性善论基础上，至少应能抑制人性之恶，而不能建立在性恶论基础上。如前所说，性恶乃人性之魔鬼也。若以性恶论为基础，执掌国家权力者若不能抑制自我人性之恶，变成了大魔鬼，那样，不管用政治法条编织何种笼子，也是无法将他锁住，使其不成为独裁者与腐败者的；第三，所要设想建立的美好政治制度，与现实的社会历史生活之间有没有真实的逻辑关系？有此关系，站得住；没有，只是虚假的理论假设，则站不住。符合这三条基本原则的政治制度，应该说是好的、有价值的；违背这三条原则，任何理想的政治制度设想，不管多么美妙动听，恐怕都是靠不住的。此亦唐虞时代的神圣政治民主制度所提供的最为基本的政治法则也。

千古以来，人们都渴望建立一套好的政治制度。但对怎样建立好的政治制度，它以何种哲学为基础，应该遵循怎样的政治法则，并没有认真考虑过。唐虞时代的禅让制度，"选于众，荐于天"的神圣民主制度，不仅以最为合理有效的方式解决了国家权力更替问题，也为人类建立美好的政治制度提供了最为基本的文化历史经验与政治哲学理论。这种制度是现在西方任何国家所没有的，也是至今任何西方政治学所没有解决的难题，而中华民族在四千多年前就以巨大的政治智慧解决了。这是中华民族对世界政治文化发展的一种了不起的贡献！

唐虞时代不仅建立起了一套神圣的政治民主制度，而且为保障这套制度的良好运行，还发展出了一套具有形上精神的礼乐制度，对人实施礼乐教化。

八　唐虞时代的礼乐精神

　　理想的社会政治制度，只有得到美好人性的支持，才能得以运转，建立彝伦攸叙、雍容和谐的社会生活。人虽有先天道德本性，有此与动物不同的"几希"存在，有此本质的规定性，但人也是有物欲情欲的，有人性之恶的。可以说，从人降生那一天开始，从天道的纯粹法则与气的质料相结合那一刹那开始，就包含着清浊、阴阳、动静，包含着人性的善与恶，包含着种种物欲情欲一类的性恶存在。因此，"人生而静，感物而动"，"知诱于外，好恶无节"，就造成了"悖逆诈伪之心，淫泆作乱之事"①。唐虞时代"四凶"的出现就是这样。因此，唐虞时代不仅制作了一套政令教典，而且还发展起了一套礼乐文化，对人进行礼乐教化，以保障国家权力的正常运行。

　　这种礼乐文化的发展，不仅可以从山东龙山文化所刻云雷纹、兽面纹的精致黑陶一类的礼器存在上看出来，更可以从山西陶寺文化遗址出土的木鼓、石鼓等乐器存在得到证明。从史书所记当时祭祀祖考的活动，如"戛击鸣球、搏拊、琴瑟、以咏；祖考来格，虞宾在位，群后德让；下管鼗鼓，合止柷敔，笙镛以间，鸟兽跄跄。箫韶九成，凤凰来仪"，"击石拊石，百兽率舞"②，可以想见当时礼乐教化是极为隆重的。帝尧时，曾命质创作音乐。"质乃效山林溪谷之音以歌，乃以麋鞈置缶而鼓之，乃拊石击石，以象上帝玉磬之音。以致舞百兽，瞽叟乃拌五弦之瑟，作为十五弦之瑟，命之曰《大章》，以祭上帝"③。陶寺文化遗址出土的木鼓、石鼓等乐器，不仅可证明这种礼乐文化的存在，亦可知唐虞时代已经礼乐大备，礼乐教化活动极为繁荣昌盛。

　　《尧典》，《书》之始也；《不识》之歌，《诗》之始也。《帝舜歌》、《帝载歌》、《卿云歌》，有《雅》、《颂》之大美；《南风》之诗，则有《国风》之蕴。唐虞时代之礼乐教化，实乃《诗》、《书》、《礼》、《乐》

---

① 《礼记·乐记》。
② 《尚书·皋陶谟》。
③ 《吕氏春秋·古乐》。

教化之始也。如果说伏羲时代的礼乐教化尚无明确的宗义与目标，那么，唐虞时代以天道为礼乐设教，其宗义与目标则是非常明确的，那就是帝舜伯夷"作秩宗"，"典三礼"，所说"夙夜惟寅，直哉惟清"，及任命夔管理礼乐所说"命汝典乐，教胄子，直而温，宽而栗，刚而无虐，简而无傲。诗言志，歌永言，声依永，律和声。八音克谐，无相夺伦，神人以和"①。三礼，即天地人之礼，即祭祀天神、地祇、人鬼之礼。主管三礼，乃是关乎天地人宗法秩序的大事，是非常肃穆静洁神圣的职务，故曰"夙夜惟寅，直哉惟清"。而管理音乐，以此教胄子，使之刚直、宽厚、温和、简易不骄，以诗言志，以歌永言，"声依永，律和声"，更是要达到"八音克谐，无相夺伦，神人以和"的神圣美好境界。典，即敟也。《说文》曰："敟，主也。"敟即主持大典之人也。凡能主持大典之人，皆是有道德学问的。伯夷作秩宗，"典三礼"，夔为典乐，"教胄子"，就是当时有道德学问的人主持礼乐教化。可知唐虞时代不仅礼乐大备，礼乐教化活动极为繁荣昌盛，而且礼乐管理有了专门分工，礼乐教化的宗义与目标也是极为明确的。

《礼记》说，"礼必本于天"，"礼必本于大一"②。大一，就是统一宇宙万物的纯法则、纯秩序，就是纯一，就是常道，亦即礼之"示民以常"者也。唐虞时代，不论是《尚书》、《帝舜歌》所唱"敕天之命，惟时惟几"；《帝载歌》所唱"日月有常，星辰有行。四时顺经，万姓允诚"；《卿云歌》所唱"日月光华，旦复旦兮"，还是"帝舜弹五弦之琴，以歌南风，其诗曰：'南风之薰兮，可以解吾民之愠兮，可以阜吾民之财兮'"③，在礼乐文化思维上，皆达到了宇宙万物纯法则、纯秩序、纯一的高度。匈牙利著名音乐家萨波奇·本采说，"音乐的两大要素，音高和节奏，作为一种自然的、宇宙的现象都存在于人体之内"；"当希望形成经过修饰的、匀称的结构的这种纯音乐要求占了上风的时候，旋律在摆脱口语

---

① 《尚书·尧典》。
② 《礼记·礼运》。
③ 见《释史·有虞纪》引《尸子》。现存《尸子·绰子篇》只有"南风之薰兮"两句。其他像《礼记·乐记》以及《吕氏春秋·泰族训》皆只有"帝舜弹五弦之琴，以歌《南风》之诗"的记载。

的过程中就初露端倪了"①。唐虞时代的礼乐文化,不仅施之于金石,用之于宗庙,成了感天地、动鬼神的神圣存在,而且礼乐文化思维已经摆脱"咿呀吱咋"阶段,发展到了纯音乐的高度,或者说,它作为"自然的、宇宙的现象"的内心存在,已经提升为宇宙万物纯法则、纯秩序、纯一的存在,提升为天道法则的纯粹存在。帝尧殂落,舜服尧三年丧之后,月正元日,舜格于文祖,即天子位,巡狩四岳八伯,坛祭祀四方之神。《尚书大传》对当时的祭祀礼乐做过如下描述:

> 维元祀,巡狩四岳八伯。坛四奥,沈四海,封十有二山,兆十有二州。乐正定乐名。元祀代泰山,贡两伯之乐焉。东岳阳伯之乐,舞《侏离》,其歌声比余谣,名曰《晳阳》。仪伯之乐,舞谩哉,其歌声比大谣,名曰《南阳》。中祀大交霍山,贡两伯之乐焉。夏伯之乐,舞谩彧,其歌声比中谣,名曰《初虑》。羲伯之乐,舞《将阳》,其歌声比大谣,名曰《朱于》。秋祀柳谷华山,贡两伯之乐焉。秋伯之乐,舞《蔡俶》,其歌声比小谣,名曰《苓落》。和伯之乐,舞玄鹤,其歌声比中谣,名曰《归来》。幽都弘山祀,贡两伯之乐焉。冬伯之舞《齐落》,歌曰《齐乐》,一曰《缦缦》。并论八音四会,归格于祢祖,用特。五载一巡狩,群后德让,贡正声而九族具成。虽禽兽之声,犹悉关律乐者,人性之所自有也。故圣王巡十有二州,观其风俗,习其性情。因论十有二俗,定以六律五声八音七始。著其素蒉以为八,此八伯之事也。分定于五,此五岳之之事也。五音,天音也。八声,天化也。七始,天统也。②

这里所说的《侏离》、《晳阳》、《南阳》等歌舞曲,最初或许皆是民间舞蹈歌谣,但它们经过乐正的编撰整理、提高升华,正定乐名,用之于祭典,也就成为纯正的礼乐作品了。五音以"天音"言之,八声以"天化"言之,七始,以"天统"言之,可能有汉儒的阐释,但唐虞时代的哲学思维能够达到"惟精惟一"的高度,那么,它的礼乐文化能够表达宇宙万物纯法则、纯秩序、纯一的存在亦不为过也。

唐虞时代的礼乐教化,虽曰"神人以和",但最为根本的教旨与目的,

---

① [匈]萨波奇·本来著《旋律史》第1、7页,人民音乐出版社1988年版。
② 《尚书大传》卷1。

还是"无相夺伦",建立彝伦攸叙、雍容和谐的社会生活。唐虞时代的礼乐,是植根于人的先天道德本性,植根于"人性之所自有"的,它能够建立彝伦攸叙、雍容和谐的社会生活,是很自然的事。惟其以此为礼乐,教化天下,才有野老《击壤》①之谈,童谣《不识》之歌,才可见其政阜民暇、盛德化钧及人心人性的恬适、自由、和乐、纯朴自然。是故,尧舜之天下,才是一个清明的时代,一个礼乐盛行的时代。由上可以看出,唐虞时代不仅以"惟精惟一,允执厥中"的哲学思维规定了中国几千年根本文化精神之发展,而且以其礼乐之治,德化民教,开了中国历代《诗》、《书》、《礼》、《乐》教化的先河。

---

① 《论衡·感虚篇》说:尧时五十人之民,击壤于涂。观者曰:"大哉尧之德也!"击壤者曰:"吾日出而作,日入而息,凿井而饮,耕田而食,尧何等力!"皇甫谧《帝王世纪第二》亦记载,文字略有不同。

第四章　三圣相继的夏文化精神

内容提要："人心惟危，道心惟微，惟精惟一，允执厥中"，乃是尧语之舜、舜语之禹的政训，亦是尧、舜、禹三代相传的根本理念与文化精神。故夏文化精神，乃是三圣相继的精神也。然大禹作为历史的开拓者，在文化精神上也是有所开拓的：大禹及益、后稷、夔诸位圣贤明哲，通过治水不断总结诸多文化历史经验，经过自身的体验与领悟，不仅以成熟的《洪范》九大理论范畴丰富发展了原始的《九丘》，在上古文化历史上第一次解决了哲学发展的诸多大用问题，而且从天道法则秩序那里获得"皇极"大中之道，在形而上学方面，也极大地推动了唐虞时代"惟精惟一"精神的发展。"皇极"之道的最高法则，五行之教的提出，"正德、厚生、利用"的治理，以及《河图》、《洛书》所蕴含的巨大智慧，皆是禹夏时的文化哲学成就。这个时期，文化哲学上虽然还存在神秘主义，但理性思维仍是占上风的，"九鼎象物，以承天休"以及"尊天命远鬼神"的宗教观，就是其神圣而又理性的文化精神。

中国自古以来皆是一个讲究文化传统的国家民族。文化传统，即文治教化体统所传所递也。中国自古以来，虽历代皆有改制，然其所改者，只是服色一类的外在形式，而不是大纲人伦、政治教化、哲理大义。故董仲舒说："王者有改制之名，无易道之实。"因此，历代制定礼乐，皆不离开根本传统。故他又说："舜时民乐其昭尧之业也，故《韶》。《韶》者，昭也。禹之时民乐，其三圣相继，故《夏》。《夏》者，大也。"① 其他像

---

① 《春秋繁露·楚庄王》。

《白虎通义》讲"尧曰《大章》,大明天地人之道也。舜曰《箫韶》者,舜能继尧之道也。禹曰《大夏》者,言禹能顺二圣之道而行之,故曰《大夏》也"①;《汉书》讲"禹作《夏》。《夏》,大承二帝也"②;以及何休注《公羊传》讲"夏曰《大夏》,夏时民乐大,其三圣相承也"③ 等,皆是讲夏代礼乐与唐虞时代是一脉相承的,是继承尧舜之道发展出来的。它不仅是在礼乐上讲的,也是在大纲人伦、政治教化上讲的。因此,夏文化精神,从根本上说乃是尧、舜、禹三圣相继的精神!

自然,这并不是说夏文化没有什么创造,文化精神没有什么独特之处。《夏》曰大者,不仅是说大禹治水博士,德大中国,使诸侯方国实现了真正意义上的统一王国,而且在中国古代文字中,"夏"通"雅","大夏"即"大雅"也;大夏之道,即大雅之道。故《墨子》说:"于先王之书,大夏之道之然:'帝谓文王,予怀明德,毋大声以色,毋长夏以革,不识不知,顺帝之则。'"④ 所谓"大夏之道之然",是说诸夏以"不识不知,顺帝之则"的形上思维方式,继承尧舜之道,创造了一种不见声色而实现变革道路,一种如文王时期那样尚诚实而贵自然,使天下怀归的光辉的道德精神。三圣相继的夏文化精神发展,不仅集尧舜时期文化发展之大成,而且可以说五帝以来从未见如此笃实、如此光辉而又如此自然者。现在属于夏代的河南二里头文化遗址考古所发现的大型中心聚落的都邑城址、殿堂建筑、神圣祭坛、青铜礼乐器等,就是大夏文化精神发展的证明。它说明远在公元前21世纪的夏代,以黄河流域为腹地,已由诸侯方国时代真正走向了光辉笃实的夏代文明。

夏朝历年,自大禹即天子位算起,到夏桀灭亡为止。《帝王世纪》说:"自禹至桀并数有穷,凡十九王,合四百三十二年。"所谓十九王,是包括篡位的羿、寒浞在内的。若除去羿、寒浞为王,则只有十七王。故《竹书纪年》说:"自禹至桀十七世,有王与无王,用岁四百七十一年。"据《竹书纪年》推算,夏朝约在公元前2050年~1580年;1925年出版的《辞源》所附《世界大事年表》,则在公元前2255年~1783年;而《夏商

---

① 《白虎通义·礼乐》。
② 《汉书·礼乐志》。
③ 《公羊传》隐公5年。
④ 《墨子·天志下》。

周断代工程阶段成果报告》以公元前 2070 年作为夏代起年。

夏朝虽有四百多年历史，然就其精神存在与发展而言，则主要表现在大禹为政时期。大禹是尧舜时期的功勋之臣，又是接受禅让后夏朝的开拓者。大禹的整个政治实践，乃是处于中国上古文化历史第一次大开合的顶峰时期：它既是尧、舜、禹三圣相继的时期，又是夏、商、周三代的开端时期；而若就其当时国家政治权力更替的性质而言，则是由"大道之行，天下为公"的时代，转向"大道既隐，天下为家"的时代；而若就其社会伦理而言，则是由"人不独亲其亲，不独子其子"的"大同"社会，走向"各亲其亲，各子其子"的"小康"① 社会。正是这一文化历史的大开合、大转折，造就了夏代文化精神的巨大发展，而这种巨大的精神发展，既有相赓相续的性质，又有它独特的文化历史特点。

那么，大禹在这种文化历史的大开合与大转折中，是如何进行文化历史开拓的呢？其文化精神创造，是怎样既相赓相续而又独特发展的呢？以及该如何看待这种文化历史开合转折中的政治权力更替性质及与之相适应的大纲人伦、政治教化、伦理道德、社会意识与精神存在呢？弄清这些问题，对建设"小康社会"的现时代，是非常具有借鉴意义的。本章的叙述，就从夏道的精神传承与文化历史开拓讲起。

一 大禹的历史开拓精神

《史记》说："夏禹名曰文命。禹之父曰鲧，鲧之父曰帝颛顼，颛顼之父曰昌意，昌意之父曰黄帝。禹者，黄帝之玄孙而帝颛顼之孙也。"②《帝王世纪》说："伯禹夏后氏，姒姓也。其先出颛顼。颛顼生鲧，尧封为崇伯，纳有莘氏女，曰志，是为修己。生禹于石纽，长于西羌，西夷人也。"③ 据《国语》说，大禹时，治水有功，"皇天嘉之，祚以天下，赐姓曰'姒'，氏曰'有夏'，谓其能以嘉祉殷富生物也。"④ 韦昭之注说："姒，犹祉也，夏，大也，以为善福殷富天下为大也。"赐姓曰"姒"，氏

---

① 《礼记·礼运》。
② 《史记·夏本纪》。
③ 《帝王世纪第三》。
④ 《国语·周语下》。

曰"有夏",可视为帝舜禅让之前对大禹继位的赐姓与祝福。故曰"夏"者,实乃是帝舜对大禹的封号,亦是大禹有天下之号。"有夏"即夏族,即古华夏民族。他们在中原一带过着农耕生活而又有发达的文化,故又称之为"诸夏"。夏原为西夷之族,入中国,始"谓中国人为夏人"。故《说文》曰:"夏,中国之人也。"可知夏朝四百余年,对于中国华夏民族的形成是起了决定性作用的。根据文献记载,夏之部族最初生存活动于而今河南西部嵩山周围及伊、洛、颍、汝河谷平原地区,以此为中心建立夏朝后,它的政治活动范围主要在西起渭水,东到黄河中下游一带。《世本》说"禹都咸阳,及后乃徙安邑";又说"禹都阳城,在大梁之南"①。禹被称为夏后氏,是指受禅之后。曰后者,君也。禹受禅之前,《帝典》中皆称伯禹,而不称后。《史记》说"帝禹东巡狩,至于会稽而崩"②;《墨子》说"禹东教乎九夷,道死,葬会稽之山"③。

上古尧舜帝国初期,中国虽然实现了夷夏诸族的融合与统一,但那主要是文化上的,而在政治上、经济上及贡赋制度上,在行政管理诸多方面,则还存在着互不融合、互不统一,存在着诸侯方国各自为政的局面。如果说尧舜赢得夷夏诸族的推举拥戴而有天下,主要靠的是伦理道德精神与伟大的人格魅力,那么,大禹不仅具有这种道德精神与人格魅力,更是一位伟大的文化历史开拓者。

大禹的历史开拓,主要是通过治理天下洪水而实现的。当帝尧之时,洪水滔天,浩浩怀山襄陵,下民其忧。大禹当时的主要任务,是治平了洪水,使天下更加融合统一。《史记》述其伟大功绩说,大禹治洪水,"居外十三年,过家不敢入门,陆行乘车,水行乘船,泥行乘橇,山行即樏,左准绳,右规矩,载四时,以开九州,通九道,陂九泽,度九山"④。《庄子》一书更引墨子语称道曰:"昔禹之堙洪水、决江河而通四夷九州也,名山三百,支川三千,小者无数。禹亲自操橐耜而九杂天下之川,腓无胈,胫无毛,沐甚雨,栉疾风,置万国。禹大圣也,而形劳天下也如此。"

---

① 《世本·居篇》。
② 《史记·夏本纪》。
③ 《墨子·节葬下》。
④ 《史记·夏本纪》。

曰："不能如此，非禹之道也。"① 禹之道，即形劳天下之道也，亦即疏理江河、导天下之道也。大禹治水，开九州，通九道，陂九泽，度九山，东渐于海，西被于流沙，北至朔方，南到华阴，声教讫于四海，使天下同其利，自然而然使四夷之族、九州之民，融会、集合、统一到虞夏王朝中来。大禹"合诸侯于涂山"时，虽然"执玉帛者"尚有"万国"②，然经过治水，克勤于邦，待事已成，功已立，为万世利，功济天下，夷夏诸族则已经融合于虞夏王朝之下了。这并非像魏特夫（Karl A. Wittfogel）所说的那样，治水社会为有效地管理治水工程建立遍及全国的组织网，因"控制这一组织网的人总是巧妙地准备行使最高政治权力"③ 所产生的"东方专制主义力"，而是大禹治水，声望教于四海，四夷诸族被其利，对中国自然而然的融合与归属。

　　大禹治水，并非单纯的兴修水利，而是一种伴随着经济管理与社会教化的政治行为。大禹在治水过程中，不仅根据具体的自然环境发展不同的经济作物，而且还根据不同的地理条件、经济发展状况，"行相地宜所有以贡"，实行上、中、下不同的财赋制度、物产交流。大禹"令益予众庶稻，可种卑湿。命后稷予众庶难得之食，食少，调有余相给，以均诸侯"，就是属于这种制度。如冀州之漳水一带，不板结的好土地，实行"赋上上错，田中中"贡赋制，鸟夷皮服一类东西，通过碣石，经海上流通交换；济、河及雷夏大泽一带，桑土养蚕，其土黑坟，草繇木条，实行"田中下"之赋贞，而且"十有三年"不变，但贡漆丝，筐织文，即锦绣一类的东西，浮于济、漯，通于河，进行流通交换；海岱、青州、琅琊、临淄一带，其土白坟，海滨广潟，多盐碱地，实行"田上下，赋中上"之制，贡盐絺、海产之物，泰山畎丝、枲、铅、松、怪石与莱夷之筐酓丝，则浮于汶，通于济；海岱、徐州及淮河、沂蒙一带，土地广阔，平整肥沃，草木丛生，属于可耕土地，实行"田上中，赋中中"，贡五色土，其他羽畎夏狄，峄阳孤桐，泗滨浮磬，淮夷蠙珠臮鱼，筐玄纤缟，浮于淮、泗，通于河；淮海至扬州一带，属彭蠡之都，三江平原，山泽稳定，土地肥沃，草木茂盛，实行"田下下，赋下上上杂"，贡金三品，瑶、琨、竹箭，齿、

---

① 《庄子·天下篇》。
② 《左传》哀公 7 年。
③ [美] 卡尔·魏特夫著《东方专制主义》第 18 页，中国社会科学出版社 1989 年版。

革、羽、旄、岛夷卉服、织贝、包橘、柚锡等，均江海，通淮、泗；其他，荆河、豫州及伊、雒一带，华阳黑水、梁州及沱、涔一带等，根据不同的地理条件、经济发展状况，除实行不同的财赋制度外，物产也都有流通渠道与交换之法，"行相地宜所有以贡"，实行上、中、下不同的财赋制度。凡此，皆属虞夏通行之法。故太史公说："自虞夏时，贡赋备矣。"①大禹治水，金、木、水、火、土、谷，六府皆修，不仅全面地发展了夷夏诸族的经济，而且通过审慎的财赋制度，实行物产交流，使整个夷夏诸族在经济上联系在一起了。欧洲直到今天，货币、财税制度都不能统一，而中国在公元前2300多年前后，居然已经建立起了多样统一的财税制度！这个巨大的文化历史功绩，不能不归于大禹及益、后稷一班圣贤明哲！

经济者，经世致用、道济天下者也。中国文化的"经济"二字，从来不是仅指投入、产出、市场、利润、价格、商品买卖一类的活动，而是指经国家，抚百姓，"知周乎万物，而道济天下"的事，指"开物成务，冒天下之道，以通天下之志，以定天下之业，以断天下之疑"② 的事。经济作为一种经世致用、道济天下的活动，它从来就不抛却大纲人伦、政治教化与伦理道德，搞单纯的商品经济活动。大禹治水，金、木、水、火、土、谷，六府皆修，"行相地宜所有以贡"，实行上、中、下不同的财赋制度，也是这样。它总是和大纲人伦、政治教化联系在一起的。大禹治水，时刻没有忘记诸侯方伯之建、政治教化之设，没有忘记致尧舜之道、道尧舜之德，没有忘记帝舜"道吾德，乃女功序之"的嘱托与使命。通过治水，他不仅使四方之宅可居，九州之山楂木通道可旅祭，九州之川涤除无壅塞，九州之泽陂障无决溢，九州攸同，四海会同，而且天子建国，诸侯祚土，赐之姓，命之氏，弼五服，揆文教，奋武卫，使声教讫于四海，功勋垂于万世，天下实现了大治。此大禹"敏给克勤；其德不违，其仁可亲，其言可信；声为律，身为度，称以出；亹亹穆穆，为纲为纪"而为人者也，亦大禹历史之开拓者也。正因为大禹有此历史开拓之功，有此天下太平之治，是故帝舜"锡禹玄圭，以告成功于天下"③。

大禹的历史开拓，不是开疆扩土的占有，不是十字军的远征，不是弯

---

① 《史记·夏本纪》。

② 《周易·系辞上传》。

③ 《史记·夏本纪》。

刀铁骑的奔驰与呼啸，亦不是船坚炮利的攻击与占领，而是天下为治，诸夏艾安，不动声色的文化历史开拓，是以天地之大德，无不兼覆，无不兼载，仁爱天下，功施于三代，德垂于后世的开拓。此大禹历史开拓之大功绩也！亦大禹历史开拓之真精神也！《吕氏春秋》把大禹的文化历史开拓，看作"大智以形，大器晚成，大音希声，事已成，功已立，立为万世利，禹之所见者远也，而民莫之知"① 的化成天下之行为。《释史》更赞之曰："禹惟以不矜不伐之德，孜孜勤劳，三圣协心，用襄厥成。八年之内，不但疏瀹决排而已也，画疆制井，任土作贡，分封胙土，弼五服以至五千，声教讫于四海，八年而垂万世之功，故曰禹之明德远矣。"②

夏文化精神，不只是表现在九州攸同、四海会同的历史开拓上，也不只是表现在天子建国、诸侯胙土、弼五服、揆文教的政治设施以及"众土交正，三壤成赋"的制度建设上。这些都是外在的。夏文化所以构成一种"亶亶穆穆，为纲为纪"的文化历史存在，构成一种大夏之道，一种"不识不知，顺帝之则"的文化历史精神，自有它文化历史内在的目的论之发展，有它哲学上深刻的根源与内在根据。这才是阐述夏文化精神的根本存在。

二　皇极之道的最高法则

《吴越春秋》谈到大禹治水时说："遂巡行四渎，与益、夔共谋，行到名山大泽，召其神而问之。山川脉理，金玉所有，鸟兽昆虫之类，及八方之民俗，殊国异域，土地里数，使益疏而记之，故名之曰《山海经》。"③《论衡》亦说："禹、益并治洪水，禹主治水，益主记异物。海外山表，无远不至，以所闻见作《山海经》。"④《山海经》是否是如此产生的，且不去考证，但《吴越春秋》、《论衡》所说大禹治水时与益、夔等人一起进行了各种考察，获得了大则山川脉理、金玉所有、八方民俗、土地里数，小则鸟兽昆虫之类的各种知识，应该说是没问题的。自然，这些知识的获

---

① 《吕氏春秋·乐成》。
② 《释史》卷11。
③ 《吴越春秋·越王无余外传第六》。
④ 《论衡·别通篇》。

得有时是很神秘的,带有某种神秘思维在内。如说大禹凿龙门之山,至一空岩,于深数十里幽暗处,遇一蛇身神人。禹因与语,神示大禹《八卦》之图,列于金板之上。禹曰:"华胥生圣子,是汝邪?"答曰:"华胥是九河神女以生余也。"神人授大禹以玉简,长一尺二寸,以合十二时之数,使量度天地。于是,大禹执持此简,以平定水土。蛇身之神,即羲皇也①。这种神秘思维,可能有后人传说演绎的成分,但在上古时期,古人有此思维也是天然合理的,这并不能掩盖大禹在治水过程中获得各种知识。这种知识经过大禹、益、夔等圣贤明哲的总结、概括、提高、升腾,产生出新的哲学、新的理论,也是符合文化哲学发展规律的。《尚书·洪范》所提出的"皇极"大中之道的最高政治法则就是这样。

武王克商,面对纣王荒淫暴虐所造成的混乱局面,不知国家该如何治理,昼夜不寐,访于箕子。箕子告之以治国安民的九大理论范畴,就是现在的《洪范》九畴。《洪范》在《尚书》中属于《周书》。这大概是因为《洪范》为武王访于箕子所得。但《洪范》真正产生的时间,应该是禹夏时。因为箕子说得非常明确,是"鲧堙洪水,汩陈其五行。帝乃震怒,不畀《洪范》九畴,彝伦攸斁。鲧则殛死,禹乃嗣兴,天乃锡禹《洪范》九畴,彝伦攸叙"②。《洪范》,大禹得之,箕子告之武王。可知,《洪范》之书实起于禹,箕子乃传之者也。故陆象山先生曾说:"殷周之际,道在箕子。箕子所以佯狂不死者,正是为欲传其道。"③ 箕子只是传道者,《洪范》九大理论范畴乃是属于禹夏文化精神的,尽管它流传于周代,但从根本上说,它不属于周文化。

"天乃锡禹《洪范》九畴",即由天而得也,即获得天道法则秩序而得者也。自然,除了"皇极"之道外,其他八畴,并不直接属于天道法则,而是天道法则秩序的向下贯通落实。我们于第二章讲由《九丘》发展到《洪范》九畴时就曾指出,《九丘》已经包含了天文、星象、历法、人文、巫术、祭祀诸多领域的知识,发展为《洪范》九畴,不过是知识分类愈来愈明确,理论范畴愈来愈纯正而已。大禹与益、后稷、夔一班圣贤明哲通过治水,总结各种经验,会通各种知识,加上自己的体验与领悟,将它归

---

① 《拾遗记·夏禹》。
② 《尚书·洪范》。
③ 《语录上》,《陆九渊集》卷34 第395 页。

纳、概括、抽象、提高、升腾，提出"九州所有，土地所生，风气所宜"的"九大"常道法则或理论范畴，是可以理解的。至于说是否大禹治水，玄圭告功，"文命"未布之时，立极绥民，事天治人之本，藏于几微，"畴"的概念存乎其中，而大禹会而通之以作《范》，自然不好说得如此细微。但《尚书》所说"禹乃嗣兴，天乃锡禹《洪范》九畴，彝伦攸叙"，应该说是没错的。至于说采取"天锡"的神秘形式，正如《吴越春秋》说玄夷苍水使者锡大禹《山神书》①一样，不过说《洪范》之神圣而又重要罢了。

《洪范》九畴：一曰"五行"，即金、木、水、火、土。此是构成天地万物及人类社会的五种根本常性或五种本质规定性；二曰"五事"，即貌、言、视、听、思的敬用事，是人进行社会交往活动五种应有的身心常态。要做到貌恭、言从、视明、听聪、思睿，自然要明于道，懂得事理，达到最高要求，则"明作哲，睿作圣"；三曰"八政"，即施政教民的八种政务。其中食与货，教民勤于农业，求于资用。此乃经济基础，是最重要的。其他像礼、司空、司徒、司寇、宾、师，则分别是教民祭祀、居住、礼仪的。此八种政务，皆是圣人法于天、则于天，施之于国家社会生活的；四曰"五纪"，即岁、月、日、星辰、历数。此属天文历法，乃是圣人则天地开合、乾坤阖辟、寒暑往来、日月推移、阴阳之道的存在；五曰"皇极"，此属"会其有极，归其有极"的大中之道，属于整个国家社会结构秩序的最高法则，是《洪范》九畴的本体论所在，整个国家社会结构及其政治生治、社会生活、精神生活，都是由"皇极"大道本体派生出来的，领悟得此种本体存在，其他都好安排了；六曰"三德"：一曰正直，二曰刚克，三曰柔克。此乃根据"皇极"大中之道所安排的政治生活与道德精神生活。不论是刚克，还是柔克，都要做到"平康正直"；七曰"稽疑"，举事顺乎天地之道、事物之理，不要迷失方向；八曰"庶政"，即管理好民政事务。要顺乎天时，风调雨顺，减少自然灾害；九曰"五福"，即寿、富、康宁、好德、终命。要达五福，自然不能偏颇，不能走极端，

---

① 《吴越春秋·越王无余外传第六》说，禹乃东巡，登衡山，仰天而啸，忽然而卧，因梦见赤绣衣男子，自称："玄夷苍使者闻帝使文命于斯，故来候之。"东顾谓禹曰："欲得我山神书者，斋于黄帝岩岳之下，三月庚子，登山发石，金简之书存矣。"禹退又斋，三月庚子，登宛委山，发金简之书，案金简玉字，得通水之理。

不能搞非理性。这就是《洪范》九畴为建立和谐社会提供的常道法则秩序。这九大理论范畴囊括了整个国家社会生活，构成了一部结构体系完整的《社会学原理》。现代人撰写的《社会学原理》可能只是按照社会的结构功能归纳提出各种框架，不见得有本体论根据，而《洪范》的九大理论范畴体系，则是完全以"皇极"这个最高存在为本体论根据的。

皇极，即大中之道，即《洪范》所说"会其有极，归其有极"的存在，即老子所说"大曰逝，逝曰远，远曰反"① 者，即《易传》所说"刚中而应，大亨以正，天之道也"② 的存在。曰"皇"者，大也；曰"极"者，极高而中正者也。极，即至极之意。在古代，它原为房屋脊处的大梁，因其置于最高中正处，故有最高标准与中正之意。脊梁之为屋极，北辰之为天极，都是最高中正之意。故朱子说："极者，至极之义，标准之名。"③ 而曰"皇极"者，若皇皇上帝，至极至尊也。实际上，"皇极"也就是唐虞时期"惟精惟一"的存在，皆是在天道本体论上说的，但其作为最高精神，较之"惟精惟一"的存在，更增加了皇皇光明之意。这也许是大禹及益、后稷、夔诸位圣贤明哲，通过治水领悟东夷诸族文化的皞旰光明之意，吸收其曰"皞"曰"皇"的含义所提升出来的，或者说是夷夏诸族文化融合的一种表现，但它在最高本体论上似不如"惟精惟一"纯正，蒙上了一层神秘的宗教色彩。

自汉至唐代之儒家皆训"皇极"为大中之道。但朱子认为，"北极"之极，"皇极"之极，"民极"之极，虽有"在物之中"及标准之意，不可将"极"直训为"中"，因为"'极'是名此理之至极，'中'是状此理之不偏，虽然同是此理，然其名义各有攸当，虽圣贤言之，亦未敢有所差互也。若'皇极'之极，'民极'之极，乃标准之意，犹曰立于此而示于彼，使其有所向望而取正焉"。他更从本体论上解释说："中者，天下之大本，乃喜怒哀乐之未发，此理浑然无所偏倚而言，太极固无偏倚而为万化之本，然其得名自为'至极'之极，而兼有标准之义。"④ 因此他认为，"极"即中正仁义之道，即至极不易之理，亦即天地万物性命之理的存在。

---

① 《老子》第25章。
② 《周易·象上传》。
③ 《皇极辨》，《朱文公文集》卷72。
④ 《答陆子静》，《朱文公文集》卷36。

箕子曰"皇建其有极"者，即建此极，即为民立极，立此中正仁义之道及至极不易之理。朱子这些见解都是极为重要的看法。但他认为，为民立极，不仅是个道德水准，亦是建国立德之所在。故朱子认为，"皇建其有极"，若为君道之说，是"人君以眇然之身，履至尊之位，四方辐辏"，"居天下之至中，必有天下之纯德，而后可以立至极之标准"，"顺五行，敬五事，以修其身，厚八政，协五纪，以齐其政"；然后以"至极之标准，卓然有以立乎天下之至中，使夫面内而环观者，莫不于是而取则焉"。其曰"皇极之敷言，是彝是训，于帝其训"云者，是"言夫人君以身立极，而布命于天下，则其所以为常为教者，皆天之理而不异乎上帝之降衷"；其曰"凡厥庶民，极之敷言，是训是行，以近天子之光"者，是"言夫天下之人，于君所命，皆能受其教，谨行之，亲被其道德之光华也"；其曰"天子作民父母，以为天下正"云者，是"言夫人君能立至极之标准，所以能作亿兆之父母，而为天下之王也"；"不然，则有其位，无其德，不足以首出庶物，统御人群，而履天下之极尊矣"①。朱子所说，人君以天地之大德，为天下立以至极之道德标准，然后才能首出庶物，统御人群，履天下之极尊。这在道理上虽是极为高明的见解，但把"皇极"或"皇建其有极"理解为"皇帝"或"天子"建其极，则未必符合禹夏时的文化现实。大禹，乃是属于黄帝、颛顼、帝喾、帝尧之古华夏氏族，是称"帝"而不称"皇"的，而称形而上学的大中之道为"皇极"，可能是受到东夷诸族曰"皞"曰"皇"的文化影响，但若把夏后氏称之为"皇帝"或"天子"，则是近于秦汉之后的说法，非夏后氏时之称谓也。

"皇极"为"标准之名"，乃是以天道至极之义为最高存在的，为"建国立德"者，乃是以大中之道的最高道德精神为根据的。可以说，禹夏文化在道德形而上学方面，向前极大地推动了唐虞时代"惟精惟一"的精神。虽不好说禹夏时是否在"建国立德"上达到极高的理性自觉，但大禹及益、后稷、夔诸位圣贤明哲，通过治水不断总结诸多文化历史经验，经过自身的体验与领悟，从天道法则秩序那里获得《洪范》九大理论范畴，亦即九大常道法则，使天下彝伦攸叙，在上古文化历史上第一次解决了精神发展之现实大用问题。

文化的发展、精神的发展，不在于重复陈旧的话语，而在于一个时代

---

① 《皇极辩》，《朱文公文集》卷72。

较前一个时代提出了什么新的范畴、新的概念、新的观念。如果只是重复陈旧的话语，在哲学发展上没有提出新的范畴、新的概念、新的观念，即使富有典册，外在文明极为明丽光辉，但在文化精神上也没有向前推进。禹夏时所以说发展了唐虞时代的文化精神，不仅在形而上学方面，在天道本体及最高精神方面，以"皇极"之道的最高准则发展落实了"惟精惟一"的存在，而且将天道本体向下贯通，在认识界定宇宙万物常性存在方面，以成熟的《洪范》丰富发展了原始的《九丘》，提出了九大理论范畴，其中一个最重要的范畴概念，那就是"五行"的观念。

那么，"五行"究竟是一种怎样的观念呢？这种观念的贯通落实在当时遇到了怎样的阻力与障碍呢？"五行"的提出，在文化哲学上，在宗教信仰上，大禹是叛乱尧舜之教者吗？这就需要在更深的哲理上弄清禹夏文化精神的发展。

三　五行：禹之乱教者乎？

禹夏时所提出的"五行"观念，不论是在当时的认识上，还是在后来的文化发展中，都引起了很大争议，特别是"五行"的观念被神秘化以后，如何把握理解它的形而上学性质，对于认识中国上古精神史发展，乃是一个极为重要的理论问题。

中国文化自古皆有一套自己的思维方式。它认识事物，看待万物存在，不是像西方近代以来的实证哲学那样，总是不断地往下分析，如原子分成质子、中子、电子、光子等，而总是提神太虚，站在"寥天一"的高处，俯瞰宇宙万物，透视其生生化化的宇宙奥秘，由下往上提高升腾，把它提升为一个最高存在，然后去此去彼、去杂去芜，去掉一切具体时间、空间的存在，去掉一切世俗价值判断，去掉从不同视野所获得的各种观点、观念、偏见、边执，"参万岁而一纯成，万物尽然而以是相蕴"[1]，然后看那个存在，看那个最高纯粹的法则是什么？获得这个最高纯粹的法则后，再把它往下落实，贯通一切、旁通一切，于生化流行处看待万物的生化流转，辩证地把握其具体物化法则。以今天的眼光看起来，这好像不够精细化，但它克服了西方文化不能从根本上说明事物本质规定性及终极存

---

[1]《庄子·齐物论》。

在原因的局限。任何事物，只是往下分析，"一尺之捶，日取其半，万世不竭"①，都是无法穷尽的。因此，西方分析哲学并没有真正解决万物生化的哲学本体论问题。讲上帝创造一切，创造宇宙万物，那只是神话。哲学，包括科学，不解决本体论问题，只是随物象流转，终不能繁而不乱，变而不惑，定其数，明其要，把握事物的本质。中国文化的思维方式看似陈旧，但它把宇宙万物提升为一个最高纯粹的存在，然后向下贯通落实，却是把握宇宙万物普遍法则、说明事物终极存在的有效方式。中国文化这种知识的获得，谓之德。故曰德者，得也。获得最高的知识，达到"穷神知化"的程度，就是最大道德，故曰"德之盛也"②。中国古代《易》之为书，关于"阴阳"的观念，《洪范》"五行"的范畴概念，就是这样产生的，即它是古人阴阳化育的天道法则所获得的道德。

　　《易》之"阴阳"，并不只是在形下流行处讲的，而是在形而上学处、在宇宙本体论上讲的。若在形下流行处讲，宇宙万物，无处不阴，无处不阳，两两而立，相对而出，有阴就有阳，有阳就有阴，无处不"负阴而抱阳"，无不是"一阴一阳"之道，无处不阴阳化育。但这并不能成为宇宙万物本体，成为哲学本体论存在。只有将"一阴一阳"之道的存在，将"负阴而抱阳"的存在，提高升腾，提升为纯粹的阴与阳，提升为"一阴一阳"的纯粹法则，提升为天地之道、乾坤之理的存在，才是生化宇宙万物的法则，才是哲学本体论存在。这"一阴一阳"之道或"负阴而抱阳"的存在，在《太极图》里还只是那个"阴阳鱼"的图像，而它在周子《太极图说》所画《太极图》中，也还只是《坎》、《离》图的存在，还不是最高本体。因为它仍然有形有象，仍然还不是无形无象、纯粹至极的存在。只有将宇宙万物的存在，将阴阳化育法则，继续向上提高升腾，上升为无形无象的存在，上升为无形而实有是理的存在，才是最高本体。《太极图》"阴阳鱼"中间的小圆圈"O"，周子《太极图》最上面所画"O"空白圆圈，所表示的就是最高本体存在。这个最高本体，就是天地之道、乾坤之理，就是"无极而太极"的存在。

　　《洪范》所说"五行"之金、木、水、火、土，并不是指五种物质，而是指五种常性，即宇宙万物都有这五种常性，这五种本质的规定性。比

---

① 《庄子·天下篇》。

② 《周易·系辞下传》。

如说"木",它不只是指木头,而是指万物皆具有"木"的常性:它在时间上代表着早晨,在方位上代表着东方,在四季上代表着春天,在事物发展上代表着生机勃勃的存在。其他金、水、火、土的存在,也是在常性、在本质规定性上说的。金、木、水、火、土只是符号。古代人类,发现事物的常性或本质规定性,当时没有复杂的文字概念可以表达,就用金、木、水、火、土作为符号表示。它就像现代科学当初发现了维持生命的元素,即维生素,没有准确的范畴概念表达,就用 A、B、C、D、E 的英文符号表示一样。符号只是为了表达事物的本质,即意义的存在,就像《周易》用"马"表示"乾"、"健"的意义,用"牛"表示"坤"、"顺"的意义一样。只要认识了事物的本质,用符号表达了它的意义,那么,在中国文化看来,得意可以忘象,得象可以忘言。"触类可为其象,合义可为其征。义苟在健,何必马乎?类苟在顺,何必牛乎?爻苟合顺,何必坤乃为牛;义苟应健,何必乾乃为马"① 呢?只要把握了事物的本质,得之谓德,符号是可以忘掉的。只有这样看待"五行"金、木、水、火、土之符号,才能领悟它的形上意义与道德精神。五行,即五德也,亦即大禹及益、后稷、夔诸位圣贤明哲,在治水过程中不断观察、体验、领悟天地万物的性质及其相互间的联系与作用,所获得的形上知识,亦即"得之谓德"的存在也。

五行的观念是怎样形成的呢?它实际上乃是由天地之气的变化而提升出来的。天地之间本是一气流行,无所谓天之气、地之气。此气细缊和畅流行,自然相感相生,而无有止息。但天地一气,由于四时变化,也就有了质之轻重、数之多寡及时之次第。它用什么表示呢?就是金、木、水、火、土之符号。如黄宗羲《周易象数论》所说:"当其和也,为春,是木之行;和之至而温,为夏,是火之行;温之杀而凉为秋,是金之行;凉之至而寒,为冬,是水之行;寒之杀,则又和,木火金水之化生万物,其凝之之性即土。"② 木、火、金、水、土,虽分别为五,而实则一气也;分为金、木、水、火、土,不过以此符号表示气质之轻重、数之多寡及时间次第,表示事物的不同常性、本质规定性而已,如土重于金,金重于木,木重于火,火重于水。

---

① 王弼《周易略例·明象》。
② 《周易象数论》,《黄宗羲全集》第 9 册第 8 页。

五行观念的形成是与古代天文学发展联系在一起的。中国古代天文学把整个上天分为十二宫，每宫以不同的星座如玄枵、析木、大火、寿星、鹑尾、鹑头等名为标志，然后分别以子、丑、寅、卯等十二地支代之。木星称"太阴"或"岁阴"。它在天空的位置不断移动，以其在十二宫的不同位置，称之为"太阴在×"或"岁在×"。十二宫又分别赋予水、火、木、金、土五种常性，以"太阴"所在年的常性，观看天气变化及年景好坏。如《史记》说依"计然之策""知岁在金，穰（丰年）；水，毁；木，饥；火，旱"的物理，并有"六岁穰，六岁旱，十二岁一大饥"① 之说。《越书·计倪内经第五》也有差不多相同的说法②。这些说法虽然神秘，然它也包含着中国古代天文历法的经验知识。

　　那么，确切点说，五行的观念是什么时候形成的呢？它的文化哲学意义何在呢？《史记》说："盖黄帝考定星历，建立五行，起消息，正闰余，于是有天地神祇，是谓五官。"③ 依次，五行之起基于黄帝造历之世。但从箕子所说"鲧堙洪水，汩陈其五行。帝乃震怒，不畀《洪范》九畴，彝伦攸斁"的话看，五行的观念应该在帝舜时就已经存在，只是鲧堙洪水时不太理解，胡乱陈五行，造成治水失败，才没赐给他包括五行在内的《洪范》九畴的。这一点，从《尚书大传》载《洪范五行传》所说"维王后元祀"，即禹始摄政为君元年，帝舜令大禹，用六沴之祀礼，祈求六气和顺，而禹"乃共辟厥德，受命休令，爰用五事，建用王极"来看，五行的获得亦为虞夏之际。五行的出现，应该说从黄帝"定星造历"，到形成《洪范》九畴之一，是有个由形下到形上的神秘主义发展过程的。黄帝"定星造历，建立五行，起消息，正闰余"，无疑是立于天文历法知识基础上，但它以"天地神祇"建立五官，则是有神秘成分的。它发展为大禹用五事，即貌、言、视、听、思，"爰用五事，建用王极"，或大禹用貌、言、视、听、思，尽得天人阴阳之用，奉命而陈之，推演天道，建立"皇极"存在，则是属于形上本体论的，尽管它仍存在着神秘主义成分。《五行传》之曰"王极"，即皇极也；"建用王极"，即建立"皇极"大中之道也。在

---

① 《史记·货殖列传》。
② 《越书·计倪内经第五》说："太阴三岁处金则穰，三岁处水则毁，三岁处木则康，三岁处火则旱。故散有时积，籴有时领，则决物不过三岁而发矣。"
③ 《史记·历书》。

大禹看来，有国有天下者，貌、言、视、听、思之失，则其政逆；其政逆，则金、木、水、火、土五气失其常；金、木、水、火、土失其常，则民失其五材之用。

在古人看来，金、木、水、火、土五气失其常，乃是有国有天下者貌、言、视、听、思之失，政之逆，惹起神怒，使其变异而为灾沴所造成的。沴，即有害之气，引申为相害、相克之义。不论是金沴木，"时则有服妖、龟孽、鸡祸"，木沴金，"时则有诗妖介虫之孽，犬祸口舌之痾"，还是水沴火，"时则有草妖倮虫之孽"，火沴木，"时则有鼓妖鱼孽豕祸耳痾"，抑或是金木水火沴土，"时则有脂夜之妖，华孽牛祸心腹之痾"，皆是变异乖戾之象，而非处"皇极"中正之道，故曰"王之不极，是谓不建"。不建"皇极"大中之道，王政不中，五行相沴，天下失常，"时则有射妖蛇虫之孽，马祸下人伐上之痾，日月乱行，星辰逆行"之象矣。有国有天下者的责任，就是用貌、言、视、听、思，推演天道，体悟"皇极"大中之道的存在，从天道运转中，洞察万象，避免六沴的出现。"若尔神灵洪祀，六沴是合。无差无倾，无有不正。若民有不敬事，则会批之六沴、六事之机，以垂示我。我民人无敢不敬事上下王祀！"① 惟"皇建有其极"，惟五位复，建辟厥沴，才能使金、木、水、火、土五气不失其常，不相沴伤。由上可以看出，五行的观念，虽然出现在虞夏之际，但主要还是大禹及益、后稷一班圣贤明哲通过治水，观察天道运行，识别天地气变化而提出来的。尽管五行观念的提出充满着神秘主义，但他们已经由形下之五气上升为形上五性的存在，并且看到了它们之间相克相生的关系与联系。

五行观念于虞夏之时提出并流行，人们并不是一下子就能很好地理解它、接受它。"鲧堙洪水，汩陈其五行"，以至于帝震怒，不畀《洪范》九畴，造成天下彝伦攸，就说明这种情况。另外，从《尚书》所说"有扈氏威侮五行，怠弃三正，天用剿绝其命"② 来看，即使到夏启时期，一些氏族部落也没有完全理解接受五行的观念。有扈氏不遵照五行的观念行事，还威虐侮慢五行，造成天地人失正就是这样。这正是夏后启讨伐它的理由所在。由上可知，即使在当时，人们对五行观念的理解和执行也是颇

---

① 《洪范五行传》，《尚书大传》卷2。
② 《尚书·甘誓》。

不一致的，甚至是有阻力的。但五行的提出，是不是大禹的一种乱教行为呢？是不是像章炳麟先生所说的那样，"自禹之衍九畴，始以声、味、容、色暨于人事，皆笼以五行，以是耀民而擅其威。故五行者，禹之乱教也"①呢？恐怕是不能这样看待的。

　　夏后之世，虽然"嗜欲连于物，聪明诱于外"②，追求于金、木、水、火、土的五材之用，但这只是人知性的一种觉醒，并不能说它是大禹提倡五行之教所造成的，更不能说大禹以此乱教。凡于文化哲学上为宗为教者，皆是在本体论上说的，有其宗，才有其教。金、木、水、火、土，虽最初为五材之用，然在哲学上，在道德形而上学上，它已不是仅指五种物质材料，而是指贯通宇宙万物的五种常性，指人获得它则是一种道德精神存在。大禹所陈五行，不仅是奉帝舜之命所为，谈不上乱教，而且所陈五行之观念，乃是伏羲八卦阴阳之道的进一步发展，并不是与之相悖：是阴阳之中包含着五行，而不是五行有悖于伏羲八卦阴阳之道。"太极"之道，虽然"寂然不动"，然却包含着阴阳，包含着动静，包含着纯粹至极之道，包含着大道本体的至精至神存在。因此，它虽然"寂然不动"；然却"动而生阳，静而生阴，一动一静，互为其根"。它一旦动静，分阴分阳，两仪立焉；阳变阴合，即有五行之常性。故曰"五行，一阴阳也；阴阳，一太极也"③。阴阳之道，五行之性，周流一切，贯通一切，阳变阴合，即可以生化出宇宙万物。这一点，清人李光地解释阴阳与五行之关系时，说得颇为清楚：

　　　　伏羲虽不言五行，然《坎》本为水，《离》本为火，《巽》本为木，《乾》本为金。《震》本为苍筤竹，亦有木之象。《兑》为金，虽无所见，恐于古有之，且《兑》利口，亦金之象。《艮》本为山，《坤》本为土，山亦土也。文王见《先天》八卦有五行，因变易出来，有自然之次序。《坎》、《离》各以一卦当水火，东方之木，阳用事，故首《震》而次《巽》。西方之金，阴用事，故进《兑》而退《乾》。水之渣滓为土，水得土而生木，五行不言石，石亦土也。火之煨烬为

---

① 《訄书·争教第四十九》。
② 《淮南子·俶真训》。
③ 周敦颐《太极图说》。

石，火炼石而生金，此《艮》、《坤》二土之妙也。木温火热，金凉水寒，燠熟则阳多，寒凉则阴多。惟土称和，阴阳之气均焉，东北、西南阴阳所以均。如卦画至寅、申而均是也。京房谓"土居四季则土多"；吕令谓"土居季夏则土少"，其位置皆未确。文王八卦，若以五行而言，则与《先天》同功。先天言阴阳，后天言五行，五行一阴阳也①。

五行观念的提出，不仅不悖于伏羲八卦阴阳之道，而且使道体最高存在向下贯通落实，增加了现实的逻辑基础。《易》之为书，"无极而太极"的道体存在，虽然无形无象，看不见，摸不着，但并不是什么也没有，什么都不存在，而是无形实有是理的存在。它虽然"寂然不动"，然却包含着阴阳、动静，自然包含着万有。《易》之为道，太极分阴阳，可以说囊括了天下所有的事，涵盖了一切生化之理，但是，在最高本体论上说，阴阳之道，乾坤之理，只是纯粹法则，若无气质的存在，就不能动静，不能生化万物。因此，它向下落实，一旦动静，分阴分阳，阳变阴合，就是裹着气质而来的，就离不开阴阳之气、五常之性。因此，于流行处说，阴阳，亦太极也，五行，亦阴阳也。二五之气，变动不居，亦即阴阳之道，五行之性，周流一切，贯通一切，阳变阴合，生化宇宙万物。因此，五行的提出，不仅非乱上古圣人之教，而且使至极之道化生万物，有了现实的逻辑基础。五行观念提出之后，懂得通变之理，叁伍以变，错综其数，通其变，可以成天下之文，极其数，可以定天下之象矣，就像中医根据阴阳五行变化可以开出无限的处方或现代量子力学之构成加入一个新的量子就可以改变整个量子结构一样。大禹所陈五行，何来乱教之说？它不仅不乱教，而且给中国文化哲学的性命之理带来了可经验实证的逻辑性。特别是由伏羲《八卦》发展为六十四卦，《八卦》言天道，讲自然之理，六十四卦言人之道，讲人文精神，使五行与人伦五常联系起来，与仁义礼智的道德联系起来，五行之说更发展成为一种伦理道德精神的存在。

自然，最初的五行观念并没有那么完善，也没有将其量化为一系列象数存在。这种发展是后来的事。晚周将五行与五德、五声、五官等相匹配，演化出天地万物诸多美好性质的存在，也衍生了许多神秘的东西，特

---

① 《榕村语录》卷3，第580~581页，中华书局1995年版。

别是发展到汉代，五行之说更加神秘。如《汉书》引《左传》郑裨灶的话"火，水妃也。妃以五成"①，而解之曰"天以一生水，地以二生火，天以三生木，地以四生金，天以五生土。五位皆以五而合，而阴阳易位，故曰'妃以五成'。水之大数六，火七，木八，金九，土十"②云云，就是将五行量化为象数存在的。妃，音 pei，通配，即万物皆有对称性，皆有其相配的存在。《左传》讲"天有三辰，地有五行，体有左右，各有配耦"③，就是属于这种观念。天地絪缊，阴阳易位，相感相应，相生相成，将其数量化，将天地一气的存在象数为相互匹配的存在，不能说不是对宇宙结构均衡对称法则的一种认识。但将五行的形而上学存在量化为相互匹配的象数，也就流入形而下了。如郑康成《易注》讲"天地之气各有五。五行之次一曰水，天数也；二曰火，地数也；三曰木，天数也；四曰金，地数也；五曰土，天数也。此五者阴无匹，阳无耦，故又合之。地六为天一匹也，天七为地二耦也，地八为天三匹也，天九为地四耦也，地十为天五匹也。二五阴阳各有合，然后气相得，施化行也"④，就是以数量化天地之气将其相互匹配的。这种量化颇有数理逻辑推理的性质。由于这种象数逻辑推理是建立在历史经验实证基础上的，它对研究气象周期性变化不能说没有一定的道理。但是以象数逻辑推理社会历史的兴衰存亡、人的灾异祸福，如绉衍深观阴阳消息而作怪迂之变，以闳大不经之语，先验小物，推而大之，至于无垠，序今至黄帝，说其时代盛衰，载其禨祥度制，推而远之，以至天地未生，窈冥不可考之原；汉代董仲舒解说《春秋》，讲阴阳灾异之变，纬书讲"君乘土而王"、"乘木而王"、"乘火而王"、"乘水而王"⑤；讲"大运在五"⑥；讲"五德之运，各象其类，兴亡之名，录以次相代"⑦等，不仅使五行之说变成了与经义无关的神秘主义，而且带有为历代帝王政治合法性辩护的性质；特别是郑康成讲"天一生水于北，地二

---

① 见《左传》召公9年。
② 《汉书·五行志》。
③ 《左传》召公32年。
④ [汉] 郑玄《周易注·系辞》。
⑤ 《礼纬斗威仪》。
⑥ 《春秋纬说题辞》。
⑦ 《春秋纬元命苞》卷上。

生火于南，天三生木于东，地四生金于西，天五生土于中"，使五行在天地间各有方位，并引纬书配上神或天神帝，就将五行变为整个宇宙的神秘存在了。

创造五行之说的是始于公元前22～前21世纪的华夏民族，要他们一开始便作纯理性思维是非常不现实的。我们不能因为它后来发展蒙上了神秘主义，就否定其最初所包含的常道伦理精神。只要天地万物常道常性存在，五行之说在中国精神史上的地位就是不可磨灭的。

不论是《洪范》，还是《洪范》所提出的五行观念，其神秘主义都是与中国上古另外两种文化存在联系在一起的，即《河图》、《洛书》。怎样撩开《河图》、《洛书》的神秘面纱，从精神上理解揭示它所包含的奥秘，是撰写上古精神史不可回避的问题。

四 《河图》、《洛书》精神解

上古文化中，《河图》、《洛书》是最为神秘而又神奇者，而且对它们的看法，至今分歧很大。自从孔安国传《尚书》讲"《河图》者，伏羲氏王天下，龙马出河，遂则其文，以画《八卦》"①；"《洛书》者，禹治水时，神龟负文而列于背，有数至九，禹遂因而第之以成《九类》"②；注《论语》讲"圣人受命，则凤鸟至，河出图。《河图》，《八卦》是也"③，其后，皆沿袭此说。如刘歆以为"伏羲氏继天而王，受河图，则而图之，《八卦》是也。禹治洪水，赐洛书，法而陈之，九畴是也"④；特别是在汉代神秘主义支配下，关于《河图》、《洛书》，越传越神。如纬书讲"河龙出图，洛龟书威，赤文绿字，以授轩辕"；"尧率群臣东沉璧于洛，退诸侯至于下稷，赤光起，元龟负书出，背加赤文，成字止坛"；"修坛河洛，仲月辛日，礼备至于日稷，荣光出，河休气四塞，白云起，回风摇，龙马衔甲，赤文绿地，临坛止雾，吐甲图而蹲。甲似龟背，广袤九尺，圆理平上，五色文，有列星之分，斗正之度，帝王录纪兴亡之数，言虞夏商周秦

---

① 孔安国传《尚书·顾明》。
② 孔安国传《尚书·洪范》。
③ 《论语孔氏训解》卷5。
④ 《汉书·五行志》。

汉之事，帝乃写其文，藏之东序"；尧命伯禹治水，帝曰："出尔命图，示乃天。"伯禹曰："臣观河，有白面长人，鱼身出，曰：'吾河精也。'"表曰"文命治淫水，授臣河图蹺入渊"，伯禹拜辞①等，就是汉代神秘主义盛行环境下的一些说法。及至讲"《河图》，命纪也；图天地帝王终始存亡之期"②，就不只是神秘主义了，而是通过神秘主义为历代帝王政治合法性制造说辞了。

"河出《图》，洛出《书》"的说法，不仅出现在伏羲、大禹时期，亦在黄帝、帝尧、帝舜、成王、周公时期也不断迭出。这一点史志记载尤详。这一方面大抵是说圣王出，天下太平，出书出图，乃祥瑞之气象，及至王道废，则祥瑞气象竭绝，就不出书出图了；另一方面，也可能和古代河道祭祀之礼有关，因为河道治理乃是国家之大事，每治水，祭祀时，帝王皆以沉碧玉为礼。沉碧之时，泛起烟波，以为祥瑞气象，因而产生种种神秘感受，也是可以理解的。纬书所说"尧率群臣东沉璧于洛，退诸侯至于下稷，赤光起，元龟负书出，背加赤文，成字止坛"③云云，就是属于这种情况。

河出《书》出《图》之说，其实皆是源于《易传》所说"河出图，洛出书，圣人则之"④ 一句记载，皆是由这句话的发挥、演绎、衍生出来的。文化在群体参与、互动和传播中，每每要衍生增值出许多东西。神秘文化更是如此。由于出《书》出《图》的种种说法越来越近于荒诞不经，所以关于《河图》、《洛书》之说也就越来越引起人们的怀疑。欧阳修在《葛氏鼎》一诗中明确质疑《河图》、《洛书》的存在，"马图出河龟负畴，自古怪说何悠悠"⑤；于《易童子问》中，更否定伏羲受《河图》画《八卦》之说，认为伏羲氏"仰则观象于天，俯则观法于地，观鸟兽之文与地之宜，近取诸身，远取诸物，于是始作《八卦》"；"始作者，前未有之言也"；《八卦》之前，不存在《河图》，"《八卦》者，是人之所为也，《河图》不与焉"；将《八卦》与《河图》联系起来，是"曲学之士，牵合以

---

① 《尚书中侯》卷上。
② 《尚书纬考灵曜》。
③ 《尚书中侯》卷上。
④ 《周易·系辞上传》。
⑤ 《古诗》，《居士集》卷5。

苟通其说而惧惑学"①。欧阳修是从"大儒君子之学，理达而已"，不应像"曲学之士，喜为奇说以取胜"② 出发讲这番话的，而现代疑古学派，则"不特否认《易》、《书》是圣经，连伏羲、大禹是否有其人也问起来"；认为"他们画《卦》作《范》的事情自然更属悠谬难稽，何况怎样的《图》，怎样的《书》呢"③。

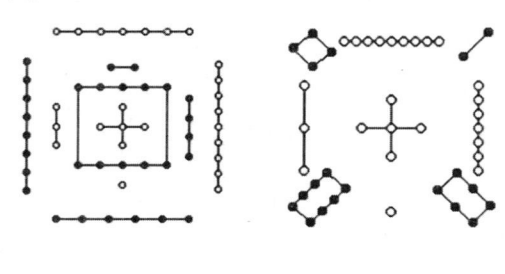

图 4.1　河图　　　　洛书

但是，《河图》、《洛书》毕竟是存在的。因为《尚书》有"赤刀、大训、弘璧、琬琰在西序，大玉、夷玉、天球、《河图》在东序"④ 之载；《管子》有"昔人之受命者，龙龟假，河出图，洛出书，地出乘黄，今三祥未见有者"⑤ 之说；《易传》更有"河出图，洛出书，圣人则之"的话。自然，《河图》、《洛书》究为何物，尽管宋以前的古籍一直未载，至宋，始才由道家陈抟门人刘放传出（图4.1），同时传出的还有邵康节的《先天图》、周敦颐的《太极图》。《河图》因源于"龙马负图"之说，当时尚称之为《龙图》。究竟何为《河图》、《洛书》？郑康成溺于纬书，以为《河图》九篇，《洛书》六篇；孔安国以《河图》为《八卦》，《洛书》为九畴；刘歆以《河图》为《八卦》，《洛书》为九章；蜀隐者以希夷《先天太极》即为《河图》。蔡元定更将《九宫图》称为《洛书》，《五行生成图》称为《河图》。众说纷纭，莫衷一是。欧阳修诸公以为《河图》、《洛书》虚妄怪诞，污秽圣经，极欲屏绝之，是可以理解的。但《河图》、《洛书》的存在，也是不可否认的，因为它毕竟有经书记载，尽管它的图

---

① 《易童子问》卷3。
② 《经旨·易或问三首》，《居士集》卷18。
③ 《三皇考》，《顾颉刚古史论文集》（第三册）第212页，中华书局1996年版。
④ 《尚书·顾命》。
⑤ 《管子·小匡》。

式发展到宋代可能有变化。

伏羲《八卦》及《河图》、《洛书》、《太极图》一类的文化，本来就是道家的东西。它们由道家传出，也是很自然的事情。《八卦》重为六十四卦，经文王、周公、孔子参与，始才纳入中国儒家主流文化。但上古图书，凡祭祀占卜之用，皆是藏于王室的。孔子时西藏书于周室，往见周之柱下史的老聃，以求观其藏书[1]；及郑玄讲"孔子求书，得黄帝元孙帝魁之书迄秦穆公，凡三千二百四十篇"[2]，就可知书藏于王室为不假。另外，从纬书援引孔子的话说"丘览史记，援引古图"[3] 云云，也可以想见当时《河图》、《洛书》一类的图式是存在的。只是周室衰微，史官失守，图书流于民间，变为由道家私藏了。它流传到宋代，由道家传出，也是有其合理性的。不能因它由宋代道家传出，就怀疑上古《河图》、《洛书》一类的图式的存在。现在文化考古发现所透露出的信息，也证明上古时期《河图》、《洛书》是存在的。如1987年河南濮阳西水坡出土的M45墓，距今约6500多年，用贝壳绘制有《河图》的青龙、白虎、玄武、朱雀图像，整个二十八宿形意，上合天星，下合地理；同年出土的安徽含山县长冈乡凌家滩4号墓出土的玉龟甲腹片，亦有《河图》、《洛书》图像，距今约5000多年。虽然"龙马负图"之说近于神话，然洛阳东北孟津县会盟镇雷河村至今仍坐落有龙马负图寺。凡此，皆不能说上古《河图》、《洛书》不存在。

正因为它存在，是无法改变的事实，所以朱子才说："以《河图》、《洛书》为不足信，自欧阳公以来，已有此说，然终无奈《顾命》、《系辞》、《论语》皆有是言。而诸儒所传二图之数，虽有交互，而无乖戾，顺数逆推，纵横曲直，皆有明法，不可得而破除也。至如《河图》与《易》之天一至地十者合，而载天地五十有五之数，则固《易》之所自出也。《洛书》与《洪范》之初一至次九者合，而具九畴之数，则固《洪范》之所自出也。《系辞》虽不言伏羲受《河图》以作《易》，然所谓仰观俯察，远求近取，安知《河图》非其中一事邪？大抵圣人制作所由，初非一端，然其法象之规模，必有最亲切处。如鸿荒之世，天地之间，阴阳之气，虽

---

[1] 《庄子·天道篇》。
[2] 郑玄《六艺论》。
[3] 《春秋纬·汉含孳》。

各有象，然初未尝有数也。至于《河图》之出，然后五十有五之数，奇偶生成，粲然可见，此其所以深发圣人之独智，又非泛然气象之所可得而拟也。是以仰观俯察，远求近取，至此而后两仪、四象、八卦之阴阳奇偶，可得而言，虽《系辞》所论圣人作《易》之由者非一，而不害其得此而后决也。"① 从欧阳公、朱子所作的不同问答，我们虽然不能确切地知道伏羲作《八卦》与《河图》之间是否真有文化历史的内在逻辑关系，也不能完全明确箕子所陈《洪范》与《洛书》之间是否真有因果联系，但若就《河图》、《洛书》的数理而言，它虽然神秘而又神奇，却并非完全虚妄，因此对它是不可妄加诋毁讥讽的，透过神秘的存在，仍然是可以看出它所包含的文化哲学精神的。正是因为这样，所以李光地折中其是非说："《图》、《书》为天地之文章，立卦生蓍为圣神之制作，万理于是乎根本，万法于是乎权舆，断非人力私智之所能参，而世之纷纷撰拟，屑屑疑辨，皆可以熄矣。"②

那么，怎样透过神秘的存在，看出《河图》、《洛书》所包含的文化哲学精神呢？首先是弄清《河图》、《洛书》与大禹治水的关系，而不要只是盯着它与伏羲制《八卦》的关系。由于文化历史的纵深久远，如果只是将着眼点盯在《河图》与伏羲制《八卦》的关系上，无论怎样沟通附会，也是无法确切地说明它们之间真实的文化历史逻辑关系的，牵强附会，弄不好就会流于武断，特别是从先验论的主观判断出发，往往会流于偏颇。例如，清人胡渭出于反对程朱理学的需要，作《易图明辨》，千方百计地论证伏羲作《易》与《河图》、《洛书》的不同，说明《河图》、《洛书》只是道家的东西，宋儒周敦颐取之以为本体论而后发展为程朱理学。这种论证的先验目的，就是从根本上否定程朱理学的纯正性，而清人胡煦作《周易函书约存》，则先一口咬定"河出图，洛出书，圣人则之"，此圣人即是伏羲，然后论证《河图》、《洛书》同出于伏羲，其先验目的，在于说明《周易》之源断自《河图》、《洛书》始。这样的论证都有点为自己先验论观点辩护的性质，并不能真正透过《河图》、《洛书》的神秘存在，揭示其哲学精神本质。

《河图》、《洛书》虽然神秘，但透过神秘存在，可以看出它与大禹治

---

① 《答袁机仲》，《朱文公文集》卷38。
② 《周易折中·启蒙附论》。

水之关系。如前面所引孔安国所说"《洛书》者，禹治水时，神龟负文而列于背，有数至九，禹遂因而第之以成《九类》"；刘歆所谓"禹治洪水，赐洛书，法而陈之，九畴是也"；以及纬书所说"文命治淫水，授臣河图蹲入渊"① 云云，就是这方面的信息。宋代邵康节曾把《河图》、《洛书》看作是古星图；今人高亨先生则把《河图》、《洛书》视为古代地理书；亦有人把《河图》视为上古气候图，《洛书》为上古方位图。《河图》、《洛书》虽不自禹始，然其为《图》为《书》，在天成象，在地成形，和大禹的治水实践分不开，和治水所获得的天文气象与水文地理知识分不开，而且这种知识是极为精确、极为可靠的。我们从《河图》有阴阳、五行、四象：前朱雀，后玄武，左青龙，右白虎，中间为土，每象统领七星，共二十八宿，从各种数据皆"交互而无乖戾，顺数逆推，纵横曲直，皆有明法，不可得而破除"，从《洛书》主于变，极于九，示以常，肇其变，具河图之妙，皆可以看出天文气象与水文地理知识的精确可靠性。没有大禹的治水实践，这种知识的精确性与可靠性是不可理解的。它虽然神秘，然所谓"龙马负图"，不过是大河奔腾翻滚、涡流旋转所形成的阴阳图式而已，就像宇宙星云涡流旋转所形成的黑洞一样，而"龟负《洛书》"云云，也不过是龟背纹路显示出某种神秘法则而已，就像用龟背占卜所呈现的吉凶祸福符号一样。伏羲《八卦》之作，虽非一定出于龙马负图，《洪范》九畴之出，也未必直接源于龟负《洛书》，但受大河奔腾翻滚、涡流旋转所形成的阴阳图式或龟背神秘法则的启示，也是有可能的。但从根本上说，是文化的积累与社会历史的需要。故伊川说："孔子感麟而作《春秋》，然麟不出，《春秋》岂不作！大抵须有发端，如画卦因见《河图》、《洛书》，果无《河图》、《洛书》，《八卦》亦须作。"② "龙马负图"或"龟负《洛书》"，应该说是包含着对龙马神龟的精神崇拜与神秘信仰的，但透过这种崇拜与信仰的神秘思维形式，可以看出它所含的知识理性与数理精神所在，同时，它也透露出一种文化精神，一种禹夏时特有的精神模式。故把《河图》、《洛书》放于禹夏时叙述。

这种文化精神模式是怎样获得的呢？它包含着怎样的文化哲理与信仰信念呢？中国文化乃经历了由无文字到有文字的不同发展阶段。因此，文

---

① 《尚书中侯》卷中。
② 《河南程氏遗书》卷15，《二程集》第160页。

化形式的表达，也经历了图与书的两种不同形式。最早出现的文化表达形式应该说是图而不是书，伏羲的《八卦》就是图画而不是文字。"神农氏结绳而治，黄帝之史仓颉见鸟兽蹏迒之迹，乃造书契"①。黄帝之前的伏羲、神农之时，只有图而无书。黄帝时始造甲子，与《八卦》相配，始有六十四卦。《连山》、《归藏》之六十四卦皆出于黄帝造六甲之后。此前，《易》之为书，尚不存在复杂的数理。若从这一文化史实出发，观察中国文化精神的发展，应该说是先有图而后有书的。出《书》出《图》，虽非自大禹治水始，然若从上古时期的经验知识积累与文化演进来讲或以天文气象与水文地理知识的获得来讲，大禹与远古伏羲时期是非常不同的。伏羲"仰则观象于天，俯则观法于地，察鸟兽之文与地之宜"，是天文气象与水文地理知识的获得；同样，帝舜"璇玑玉衡，以齐七政；肆于上帝，禋于六宗；协时月正日，同律度量衡"②，也是这种知识的获得，而且都是很神秘的。伏羲不仰观俯察获得天地之道，如何能"知幽明之故，死生之说，精气为物，游魂为变，知鬼神之情状，与天地相似"？如何能"范围天地之化而不过，曲成万物而不遗"③？但伏羲所获得的文化精神模式是《八卦》而非《河图》，因为那时尚无文字，也无六甲之数。同样，帝舜不察天之枢、星之极，获得宇宙法则，如何能治理天下，使天文、地理、人事、四时皆归于正？不协正四时，制定历法，如何能"历象日月星辰，敬授人时"？不制定统一的律、度、量、衡，如何能度长短，量多少，权轻重，称物平施，制度天下？至于祭祀上帝，对星、辰、司中、司命、风师、雨师诸神进行禋祀，即点火燃柴禾，烟气上升达于诸神，以表诚心，则不过是对天地诸神所体天地法则的一种尊重与敬授。但尧舜所获得的文化精神模式是《五典》，也非《河图》、《洛书》，因为尧舜时期已有书契，虽有图画，已不是主要的文化思维形式。惟到大禹时，与益、后稷一班圣贤明哲通过总结治水经验，会通上古以来积累下来的大量天文气象、水文地理知识，加上自己的体验与领悟，图书并用，始才有可能绘制出《河图》、《洛书》这样完好的文化精神模式。黄宗羲说："'天垂象，见吉凶，圣人象之'者，仰观于天也。'河出图，洛出书，圣人则之'者，俯察于

---

① 许慎《说文解字》序。
② 《尚书·尧典》。
③ 《周易·系辞上传》。

地也。谓之《图》者，山川险易，南北高深，如后世之《图经》是也。谓之《书》者，风土刚柔，户口随塞，如夏之《禹贡》、周之《职方》是也。"①《河图》、《洛书》，实际上乃是大禹时期仰观于天，俯察于地，见"山川险易，南北高深"而图之，知"风土刚柔，户口随塞"而书之，所制作产生出来的。其为图的形式，即是《河图》；其为书的形式，即是《洛书》。文化是在积累中发展的，《河图》、《洛书》的文化形式与思维方式，虽非《八卦》，却包含着《八卦》；虽非《五典》，却包含着《五典》；虽非《洪范》，却包含着《洪范》，它甚至可以说涵盖了上古以来《八索》、《九丘》与《易》之阴阳、五行的文化形式与思维方式，是整个上古文化形式与思维方式的另一种表达样式，即《河图》、《洛书》的文化精神模式。焦竑赞《河图》"景龙呈文，《易》数斯显"；赞《洛书》"洛有龟书，《易》象所祖"②，也是从文化形式与思维方式的不断发展上理解《河图》、《洛书》的。

《河图》、《洛书》是在河水、洛水产生的，自然与河洛文化有着密切的关系。但是，绝不能因此把《河图》、《洛书》视为区域文化。因为古华夏民族虽然生活在河、洛一带，但他们并没有把河、洛视为边陲小域，而是把它视为天下中心的地方。故河、洛者，地之中、天下之中也。古华夏民族正是以此为中心，仰观俯察天道运行、日月晦明、山川流峙、四时变化、万物生化流转的，并以此获得宇宙法则秩序，获得天秩、天叙、天命、天理，获得太极之道、大中之理的。在他们看来，一切都"归其有极，会其有极"，一切都"曰大曰逝，曰远曰反"，一切都要回归到常道法则，回归到大道本体。因此，他们以此为中心，设计绘制了一个极为均衡、极为对称的宇宙法式，即《河图》、《洛书》所体现的宇宙结构均衡对称法则。这种对称性，不仅是以数字对称性实现的，如《洛书》纵横皆十五之数，更是以太一为中心，构造了一个宇宙存在模式，如《洛书》所行九宫：中央太一紫薇、北宫叶蛰、东北天留、东宫仓门、东南阴洛、南宫上天、西南玄委、西宫仓果、西北新洛。周行有序，不违天则。它虽然始于纬书《乾凿度》，极为神秘，但从人文精神发展上看，则精神化了宇宙世界。至于《河图》以一、三、五、七、九为天数，二、四、六、八、

---

① 《易学象数论》卷1，《黄宗羲全集》第9册第4页。
② ［清］焦竑《澹园集》卷8。

十为地数，天数是奇，属阳；地数是偶，属阴，阴阳相索，而生金、木、水、火、土，化育流行，物之终始，更体现了一种生成之道与性命之理，一种宇宙大化流行、生生不息的生命精神！《河图》、《洛书》之神妙，影响到哲学、政治、伦理、道德、审美及文学、艺术的诸多领域，然它最为根本的精神，乃是追求整个宇宙的和谐美好。蔡季通正是以《河图》、《洛书》的灿然数理与造化妙用作《律吕新书》①，用黄钟大吕的浩荡不息之音乐，追求宇宙最大的和谐美好！

圣人作《易》之由，也就是《易传》所说"天地变化，圣人效之；天垂象，见吉凶，圣人象之；河出图，洛出书，圣人则之"②。不管是《易》出于《河图》，还是《畴》出于《洛书》，而"皇极"作为九《畴》的最高范畴，则是中国古代圣人仰观俯察，远求近取，深发独智，所获得的文化理念与精神形式。它从唐虞时代算起，已有四千三百多年，而若从伏羲时代算起，则有七千多年矣。

夏代还有另一种形式的《河图》、《洛书》，那就是铸鼎象物，以承天休。它象征着国家的权力地位，也体现着夏代的信仰与信念。

五　铸鼎象物　以承天休

中国古代有一种特殊的器物文化创造，即鼎。《说文》曰："鼎，三足两耳，和五味之宝器也。"鼎，一般为圆形，三足两耳，也有长方形四足的。最大的鼎，称之为鼐，而以木横贯两耳而可抬举的鼎，称之为鼏。鼎，古代本为炊器，但随着文化哲学的发展，特别是兴神物、主祭祀、国家权力与宗教信仰的发展，赋予了鼎的存在许多文化象征意义及宗教、哲学、道德、政治的含义。如《鼎》之为卦，上《离》下《巽》。离者，火也；巽者，为木为风。故鼎之为象，木上有火，还有风的巽入，这样，为烹饪以登于鼎，自然要站立在一个很中正的位置，不然是很危险的。故《易传》说："木上有火，鼎，君子以正位凝命。"③ 鼎下之为足，中之为腹，受物于中，和五味在于养也。君之所以养，在养圣贤、享上帝也。故

---

① 《宋元学安·西山蔡氏学案》。

② 《周易·系辞上传》。

③ 《周易·象下传》。

《易传》说:"鼎,象也,以木巽火,亨饪也。圣人亨以享上帝,而大亨以养圣贤。"① 此以鼎之功用所赋予的宗教、道德内容也。君之所养有道,其养也,无不取之于民,然若养其上而忘其下,取养的结果是贫弱于民,民不堪命,则病民矣。病民,则病其国也。民贫病而贪不止,政治污秽不堪,"害于而国,凶于而家",则鼎足折矣。这就是《易传》所说"鼎折足,覆公悚,其形渥,凶"② 的意思。此乃以鼎之功用,所赋予的政治意义也。鼎之为器,其形端正,其体安重,不仅取其端正之象,应正其所居之位,而且它亦是力量、权力、地位的象征。如果执此大器者,没有巨大的道德与智慧,处其位也是很危险的。故孔子说:"德薄而位尊,知小而谋大,力小而任重,鲜不及矣。易曰:'鼎折足,覆公悚,其形渥,凶。'不胜其任也。"③ 凡此种种,皆是以鼎为法象之器所赋予的文化象征意义及宗教、哲学、政治含义。自然,这些意义是随着社会文化的发展逐渐赋予的,并非一开始它便具备。

那么,鼎是什么时候创造出来的呢?它的文化、宗教、哲学等意义是何时赋予的呢?《史记》引有司之言曰:"闻昔大帝兴神鼎一,一者一统,天地万物所系终也。黄帝作宝鼎三,象天、地、人也。禹收九牧之金,铸九鼎,皆尝鬺烹上帝鬼神。"④《索隐》引颜师古的话说:"大帝即太皞伏羲氏,以在黄帝之前故也。"太皞伏羲氏时,尚没有铜的发现与使用,铸鼎似是不可能的事,即使兴神鼎,也应是陶器的。黄帝时,蚩尤已经作金,有了铜的使用,以铜作宝鼎,应该是可能的,但也是有司这么说,没有更多的记载。但大禹铸九鼎,则是记载颇详的。《左传》说,楚庄王至洛,观兵于周疆,周定王使王孙满劳之,庄王问鼎之大小轻重,王孙满曾对夏鼎之铸及其存在、功用有过一段完整的叙述:

> 昔夏之方有德也,远方图物,贡金九牧,铸鼎象物,百物而为之备,使民知神、奸。故民入川泽山林,不逢不若,螭魅、魍魉,莫能逢之。用能协于上下,以承天休。桀有昏德,鼎迁于商。载祀六百,商纣暴虐,鼎迁于周。德之休明,虽小,重也;其奸回昏乱,虽大,

---

① 《周易·象下传》。
② 《周易·象下传》。
③ 《周易·系辞下传》。
④ 《史记·封禅书》,另见《汉书·郊祀志》。

轻也。天祚明德，有所底止。成王定鼎于郏鄏，卜世三十，卜年七百，天所命也。周德虽衰，天命未改，鼎之轻重未可问也！①

不仅《左传》有此记载，其他如《史记·封禅书》、《汉书·郊祀志》、《帝王世纪》等古籍也有大体相同的记载。《史记》说："黄帝采首山之铜，铸鼎于荆山之下。"②《帝王世纪》说："禹铸鼎于荆山，在冯翊怀德之南，今其下荆渠也。"③《世本》说"蚩尤以金作兵"④以及《越绝书》讲"禹穴之时，以铜为兵，以凿伊阙，通龙门"⑤等等，可知随着铜的冶炼，禹收九牧之金，铸鼎象物之事，应该是可靠的。

那么，大禹铸鼎的意义究竟何在呢？铸鼎象物，所铸又为何物呢？是一般自然物呢，还是社会文化事物？它的文化哲学意义何在？表现着夏代怎样的宗教信仰与信念呢？从《左传》所说，铸鼎象物，所铸者显然不是一般的自然物，而是"远方图物"，是大禹治水，与益、后稷、夔等人驱禽兽，命山川，类草木，别水土，识五方之山，分八方之海，划天下为九州，所选九州风物民俗与宗教信仰的社会文化事物，所谓"百物而为之备"者，备此也。这些社会文化之事物，有珍宝奇物，水土草木禽兽昆虫麟凤之类，亦有祯祥变怪之物，远国异人风俗，有神圣著明之者，亦有神秘怪诞者。这些社会文化之事物，不管如何万物殊分，灵怪纷纭，所选入铸者，皆具风物民俗与宗教信仰之性质。大禹不论是治水，还是治天下，皆没有忘记大纲人伦、政治教化，没有忘记天地之道、尧舜之德及以此净化天下，建立秩序。铸鼎象物者，就是将"远方图物"铸之九鼎，使民知风俗，达事变，辨神、奸，以教化天下者也。曰"民入川泽山林，不逢不若，螭魅、魍魉，莫能逢之"者，就是其政治教化所致也。

铸鼎象物，使民知神、奸，与汉朝刘秀山所说"禹别九州，任土作贡；而益等类物善恶，著《山海经》"⑥的性质差不多，同属天下教化之

---

① 《左传》宣公3年。
② 《史记·封禅书》。
③ 《帝王世纪第三》。
④ 《世本·作篇》。
⑤ 《越绝书》卷11。
⑥ 西汉刘秀山上《山海经》表，见袁珂《山海经校注》所附"叙录"，上海古籍出版社1980年版。

用。不过，铸鼎象物，"使民知神、奸"，要比"类物善恶"而著《山海经》神圣得多！因为铸鼎象物不仅具有国家权力象征的意义，而其"协于上下，以承天休"，更有国家政教之性质。这种政教，不仅在于"使民知神、奸"，更是要通过"协于上下，以承天休"，解决最高信仰信念问题，即在天人和谐之中承受天恩，以天的美德为自我的美德！这再一次说明，虞夏时的宗教信仰乃是以天为最高本体存在的，那种认为中国文化在商代以前不言"天"的观念是错误的。

铸鼎象物乃是《河图》、《洛书》的另一种表现形式，不过它的内容不像《河图》、《洛书》那样充满数理逻辑，只是铸鼎象物以行政教而已，但其所表达的神圣崇高的意义与最高信仰信念则是相同的。但是，铸鼎象物所表达的国家神圣的权力象征意义，则是《河图》、《洛书》所不具备的，因而它也更富于哲理与文化意义。

铸鼎象物，不仅是国家权力的象征，更是执国家大器者盛德之所在，是"昔夏之方有德"的表现。鼎，在中国古代文化看来，乃是国家大器、神器，它不仅象征着有国有天下者德之休明，而且代表国运之盛衰。它用于国家祭典，乃是神人交通、协和上下的礼器，是天祚明德与人承天休的立国重器。正是夏之有德，方能"收九牧之金，铸九鼎，皆尝烹饪上帝鬼神"①，才有"桀有昏德，鼎迁于商。商纣暴虐，鼎迁予周"的历史事实。因此，铸鼎象物，以承天休，所表现的乃是大禹立国以德协和天人的文化精神。

自然，铸鼎象物、以承天休的精神，是神圣又神秘的。《墨子》讲"鼎成三足而方，不炊而自烹，不举而自臧，不迁而自行"②；《拾遗记》讲"当夏桀之世，鼎水忽沸。及周将没，九鼎咸震"③，就是指其神秘意义而言的。太史公说："自古圣王将建国受命，兴动事业，何尝不宝卜筮以助善！唐虞以上，不可记已。自三代之兴，各有祯祥。"④ 在知识理性尚不发达的上古时期，要人完全脱离神秘主义是不可能的。但铸鼎象物、以承天休的神秘精神，是包含着天道神圣和立国盛德之思考在内的，正如

---

① 《史记·封禅书》、《汉书·郊祀志》，另见《史记·孝武本纪》。
② 《墨子·耕柱》。
③ 《拾遗记》卷2。
④ 《史记·龟策列传》。

"龙马负图"、"神龟负书"所带给有盛德者以祥瑞一样。夏是一个非常质朴而理性的时代。铸鼎象物，以承天休，尝觞烹上帝鬼神，虽然包含着神秘主义，但夏代继唐虞而兴，总的精神还是理性的，是以天道法则建立信仰信念而非崇尚迷信鬼神的。这更表现在它的宗教观上。

六　尊天命远鬼神的宗教观

当世界其他各族大多处于野蛮蒙昧阶段，尚以图腾、巫术等低级形态文化为信仰信念时，古老的华夏民族已经发展出一种道德感，一种对天道法则领悟所获得的道德精神存在，并开始以此建立信仰信念，修身、齐家、治国、平天下了。《虞书》所说"日宣三德，夙夜浚明有家。日严祇敬六德，亮采有邦。翕受敷施，九德咸事。俊乂在官，百僚师师，百工惟时。抚于五辰，庶绩其凝。无教逸欲有邦，兢兢业业，一日二日万几。无旷庶官，天工人其代之"①，就是虞夏文化精神所发展出来的文明状况。正是道德感代替了神秘感，天道法则代替了神秘的生死意识，所以虞夏时发展出了一种理性的宗教观，即以天为宗，以"惟精惟一，允阙执中"的存在为最高信仰，遵从天道法则存在胜过鬼神。此即《尚书》所说"有夏服天命"②，亦孔子所说"夏道遵命，事鬼敬神而远之"③者也。"服天命"，就是服从天道命令，就是遵天命而为之治道。此即夏代的宗教观，亦即他们的最高宗教信仰，而不是迷信亲近鬼神。

夏代的宗教观念所以以天为宗，以天道法则秩序为最高宗教信仰，是因为在他们看来，人类社会的真理、正义、美好、至善、伦理、道德、礼仪、法律、典章制度与国家观念的存在及其大用，皆是法于天的，皆是法于天道法则秩序的：不仅"天叙有典，敕我五典五惇哉。天秩有礼，自我五礼有庸哉。同寅协恭和衷哉"构成了人类社会的和谐美好，而且"天命有德，五服五章哉。天讨有罪，五刑五用哉。政事懋哉懋哉"也构成了政治刑典及政事的兴旺发达。天在无限时空意义上就是宇宙，天道法则秩序即是宇宙法则秩序，它就像天道命令一样，是违背不得的。故曰"有夏服

---

① 《尚书·皋陶谟》。
② 《尚书·召诰》。
③ 《礼记·表记》。

天命",而禹"皇天眷命",才"奄有四海,为天下君"①。这种宗教观包含着一种道德精神,一种自唐虞以来所发展出来的纯正美好的天道观念。它虽有神圣性,但却表示着一种人文精神觉醒。因为这种宗教观念不是压抑人的存在,而是承认"天聪明自我民聪明,天明畏我民明威"的,承认人的主体性存在的,人"达于上下,敬哉有土"②。

惟承认"天聪明自我民聪明,天明畏我民明威",承认人的主体性存在,所以夏代的宗教信仰才"夏道遵命,事鬼敬神而远之,近人而忠焉"。如何看待人的存在,看待人的生命存在,上古时期,"大凡于天地之间者皆曰命,其万物死皆曰折,人死曰鬼,此五代之所不变也"③。人生天地间,是最聪明的存在,是天因民而降福,民以天为归的存在,是天之视听以民之视听,天之明威见于民之明威的存在,故为政者,在知人安民。及人之死也,魂气归于天,魄归于地,反于本始,虽亦应尊重,但较于生者,较于活生生的生命存在而言,则已经过去了,为政者无论如何是不能重死者而轻生者的,因为生者毕竟是天地间的主体性存在。从这个意义上说,"夏道遵命",近人而远鬼神,亦含有尊重人的存在、尊重人的生命存在之意义,而不能仅仅解释为"外宗庙而内朝廷"也。惟此,方可见夏代宗教观的人文精神要义。

"事鬼敬神而远之",并不是说不相信鬼神的存在,而是说相对于天的存在、人的存在,鬼神的存在要远得多,因此敬而远之。夏代还没有无神论思想,也并非不敬鬼神,恰恰相反,他们对于鬼神的存在还是相当敬重的,"禹收九牧之金,铸九鼎,皆尝鬺烹上帝鬼神",就是例子。另外,《尚书》说,惟有夏"乃有室,俊尊上帝"④及孔子所说"禹,吾无间然矣。菲饮食而致孝乎鬼神,恶衣服而致美乎黻冕,卑宫室而尽力乎沟洫。禹,吾无间然矣"⑤,也可以说明这种情况。但这无碍虞夏时发展出道德感,发展出人文精神,因为他们对天道的思维,毕竟达到了"惟精惟一"的高度,对人的存在提升到了"天聪明自我民聪明"的地位,因而尊重天

---

① 《尚书·大禹谟》。
② 《尚书·皋陶谟》。
③ 《礼记·祭义》。
④ 《尚书·立政》。
⑤ 《论语·泰伯》。

道命令，尊重人的生命存在，是可以理解的。

　　历代的宗教观，皆是体现在它的宗教仪式中的。夏代的宗教观也是通过它的祭祀活动体现的。中国远古自伏羲时代即实行祭天活动。唐虞时代，舜接受尧之帝位，"受终于文祖"或"格于文祖"，既是祭"尧文德之祖庙"，亦是祭天也，即孟子所说"昔者尧荐舜于天，天受之"①处。此不过是"祭天"在"以祖配之"而已。故《经典释文》说："文祖，天也。""禹收九牧之金，铸九鼎，皆尝鬺烹上帝鬼神"，亦是祭天也。"夏服天命"或"夏道遵命"亦是体现在这种祭天活动中的。不过，夏代除以天为宗，以天道法则秩序建立最高宗教信仰，出于对人的尊重，对人的生命的尊重，它还发展出一种祭祀土地社稷的活动。这种活动，据说始自"共工氏之霸九州也，其子曰后土，能平九州，故祀以为社"②。但共工氏时期，因"怒而触不周之山"，尚大水汪洋，封土立社，似乎不太现实。大禹治水之后，土地露出水面，为民耕种而成为神圣存在，方有可能封土立社而祭祀之。故《史记》说："自禹兴而修社祀。"③封土立社，即祭祀土地之神圣存在也。土地种植五谷，为民之食，亦是维持生命所必需的神圣存在。五谷之长，曰稷。立稷而祭之，也是神圣的事情。此即《白虎通》说"封土立社，示有土也；稷，五谷之长，故立稷而祭之"④者也。上古时期，人非土不立，非谷不食，土地五谷，实乃人之生存、国家存亡之根本。禹兴修社而祭祀之，虽有求福报功之意，但以此为宗教信仰信念，更是重视土地、重视民生的表现。中华民族安土重迁以及视国家社稷为神圣始自夏代，后世"国君死社稷"⑤、"执干戈以卫社稷"⑥亦源于此。由上可知，夏代道德感之发生与人文精神之觉醒，不仅表现在最高信仰上，即使在祭祀社稷信仰上，这种道德感与人文精神也是存在的。

　　自然，夏代人文精神还是非常质朴的。这不仅是那"惟精惟一"的存

---

① 《孟子·万章上》。
② 《礼记·祭法》。
③ 《史记·封禅书》。
④ 《白虎通·社稷》。
⑤ 《礼记·曲礼下》。
⑥ 《礼记·檀弓下》。

在,"唯天为大,唯尧则之"的存在,"荡荡乎!民无能名焉"①,一般氏族民众尚不能理解,更为主要的是当时经济并不发达,物质条件也比较差,人们的生活还相当艰苦。因此,宗教信仰及祭祀活动,一切都必须从人出发,从人的最为基本的生存需要出发,"先禄而后威,先赏而后罚","亲而不尊",以自然素朴为根本,而不是先建立最高的神圣权威。孔子所谓"其民之敝,惷而愚,乔而野,朴而不文",即指此也,因此,即使祭祀活动,"夏道未渎辞,不求备","不大望于民"。这种简朴的祭祀活动,从"夏后氏尚明水,殷尚醴,周尚酒"② 也可以看出来。一切皆以简朴为尚。故曰"虞夏之文,不胜其质"③ 也。

正因为"夏道遵命",继唐虞而发展出一种崇尚天道的宇宙观,一种以天道为本体的道德观,所以,夏代在处理政治、经济、文化、教育事务时,道德也就成了最高准则。这就是"正德、利用、厚生"的政治哲学观念。

七 "正德·厚生·利用"之治

夏代文化精神的发展,不仅表现在"皇极"之道的建立、阴阳五行法则的流行、《河图》、《洛书》的创造以及"九鼎象物,以承天休"、"尊天命而远鬼神"的宗教观上,更表现在它的政治哲学和政治实践上。《尚书·大禹谟》所提"正德、利用、厚生"的观念,就是这样的政治哲学和政治实践:

> 禹曰:"德惟善政,政在养民,水、火、金、木、土、谷惟修,正德、利用、厚生惟和,九功惟叙,九叙惟歌。戒之用休,董之用威,劝之以九歌,俾勿坏。"

> 帝曰:"地平天成,六府三事允治,万世永赖,时乃功。"

《大禹谟》虽出自《古文尚书》,正如前述《论语》引"尧曰"、《荀子》引《道经》以及《管子》讲"舜之有天下",禹、契、皋陶、后稷

---

① 《论语·泰伯》。
② 《礼记·明堂记》。
③ 《礼记·表记》。

"犹尚精一德"云云,可知"惟精惟一"为唐虞时代的道德精神境界,而且达到至精至纯的高度,《大禹谟》所讲"德惟善政,政在养民,水、火、金、木、土、谷惟修,正德、利用、厚生惟和,九功惟叙,九叙惟歌"云云,亦是可见于《左传》① 等书的,其为历史事实,也是不允许怀疑的。

"德惟善政,政在养民"。治国何以示民,平天下何以示天下?仅仅显示武力吗?那是对付犯罪者。对于老百姓,对于天下人民而言,只能为政以德,以大德示民,以仁义示天下。为政以德的根本问题是养民。惟正德以率天下之利用,阜财厚生以养天下之民,以正德、利用、厚生三者建立和谐社会,人民怀之,国方可以治,天下方可以平。因此,"德惟善政,政在养民",乃是大禹为中国文化所提供的一条政治原则,一条建立盛德富有大业的根本准则。水、火、金、木、土、谷,谓之六府。正德、利用、厚生,谓之三事。六府三事,谓之九功。歌之,谓之九歌。善于治国平天下者,善于经世致用之道者,美以戒之,威以督之,歌以劝之,惟有把六府三事做好了,处理恰当了,方能达到万世永治。经国治世者,只有正德,才能率下民;只有率下民,开物成务,利而用之,才能创造更多的财富;只有创造更多的财富,才能厚生以养民。德行正,财用利,资生厚,三者和谐、完美、统一,则经世致用之道备矣。要建盛大富有之业,就要以天地之大德仁爱天下,以养万民。惟以天地之大德仁爱天下,以养万民,黎民怀之,盛德富有之大业方可建成。有天德而后方可以语王道。此大禹之政治哲学也,亦大禹留于后人之政治原则也。

这条政治原则,远在虞夏时,通过大禹的政治哲学就已把它确定了下来。圣人之德,原于何处?原于天道法则,原于对形上大道本体之体验与领悟。天地之大道,显诸仁,藏诸用。圣人崇效天,卑法地,体悟得天道法则,体悟得大道本体存在及大用,得之谓德,宜之谓义,崇其德,广其业,则谓之天地大德也。不论是其"地平天成,六府三事",还是"九功惟叙,九叙惟歌",凡以大德教化万民,治理天下者,皆是通玄德深远大道的,皆是以阴阳化育的宇宙原理为源头,以形上大道本体为最高法则

---

① 《左传》文公七年晋郤缺言于赵宣子曰:"《夏书》曰:'戒之用休,董之用威,劝之以《九歌》,勿使坏。'九功之德,皆可歌也,谓之《九歌》。六府、三事,谓之九功。水、火、金、木、土、谷,谓之六府;正德、利用、厚生,谓之三事。义而行之,谓之德。"

的。虞夏时代，有此"惟精惟一"的存在，有此无妄之道，大亨之理，才能穷神知化，安身利用，明庶物，察人伦，兴礼乐，施教化，开物成务，道济天下，以成大业。此古华夏民族知至至之，诚明不息，成己成物，参赞天地万物化育，以成盛德富有大业者也，亦大禹政治哲学之大用者也。

大禹的政治哲学，乃经世致用之学也。若从体用之学上讲，它用"刚中而应，大亨以正"的天道，以正其德，属于本体论；开物成务，利而用之，属于知识论；利之用之，生之养之，天下之民，莫不尊其道而贵其德，则属于价值论。大禹的政治哲学就是这三论的统一。惟美戒之、威督之、歌劝之，六府三事做好，世才可以经，国才可以治，才可以建"万世永赖"之功。大禹勤劳天下，日夜不懈，通大川，决壅塞，统治水土，调民安居，使各得其所，帝德广运，文命敷于四海，凭的是什么？就是凭借这种政治哲学，这种哲学道德精神。而这种道德精神，乃是根于天道本体存在、根于天地大道法则的。

中国经世致用的思想家，从大禹时起，就从来没有离开过本体论、价值论、知识论相统一的大经济学思想，从来没离开过"德惟善政，政在养民"的原则，没有抛开过最高本体论和价值论，抛开人的主体性及其价值判断，单纯以谋取利润的工匠经济学及其知识论来治理国家的，而是首先讲正德，讲政在养民的本体论和价值论，然后才讲利用厚生的知识论，讲三论的和谐统一，美以戒之、威以督之、歌以劝之，以此教化天下，达到"万世永赖"之治。在他们看来，惟天地交泰，阴阳和顺，才能万物亨通。人惟有体得天地交泰、阴阳和顺之宜，而为法制之用，以辅化育之功，以成丰美之利，才可以治国家，抚百姓，以养万民。此即《易传》讲"天地交泰，后以财成天地之道，辅相天地之宜，以左右民"[①]者也。有国有天下者，经世致用的思想家，惟其慎德，才不失众、不失国，才有德即有人，有人即有土，有土即有财，而有财则有用，也才能繁荣兴盛、国泰民安。此即"国不以利为利，以义为利也"[②]。以义为利，则得天下之利。故曰："利者，义之和也。"[③] 惟天下太平，社会和谐，经济才能获得最大效益，人生才能获得最大适宜性。他们决不抛开常道法则，干那不义而谋

---

① 《周易·象上传》。
② 《大学》第 10 章。
③ 《周易·文言传》。

其利的事情，决不抛开价值判断，以不仁的手段，豁出身家性命，干那种以身发财的事情，决不背离生生之大德，为追求"利润最大化"，干那种向自然界生杀掠夺，甚至杀鸡取卵、竭泽而渔，最后财聚而民散的事情。此中华民族几千年生存绵延，不失其国土财用，根深本固，生生不穷者也！亦大禹"正德、利用、厚生惟和"的政治哲学思想及其道德精神影响于后世者也。

程子说："道不行，百世无善治；学不传，千载无真儒！"[1] 欲治国平天下，欲建盛德富有大业，惟有以大禹的政治哲学立大本，树大德，行之于天下才行。后世之君及经国治世者所以迷失，究其原因，不外乎如下数则。

一是识小德薄，不知大行。小识而不大决，小能而不大成，顾小物而不知大论，亟变多私，是不可能成就盛德富有大业的。特别是在现代格物主义流行的今天，只是以物的小知小识浮华言辩，毒害天下，困苦苍生，必毁伤大道，亏损盛德，是不足以定天下、建盛德富有大业的。

二是急于功利，走向苟且。治国平天下，建盛德富有大业，非大道不足以范围天地万物之化，非盛德不足以包养天下万民。为了眼前的一点功利，浮气躁动，淫志竞奔，是不足以定天下、成大业的。治国平天下，不立根本，不树大德，一涉功利，即流于苟且。霸者之业，虽一时看似红火，因无根底，哪个不旋起即灭？

三是晦于圣学，迷于邪说。治国平天下，建盛德富有大业，其为道德，不仅要盛大，而且要纯正。用今天的话说，就是思想理论正确，不迷信歪理邪说。近现代以来，西方这个"主义"、那个"主义"传来，虽不能说都是歪理邪说，但它也只是西方近现代特殊的社会文化历史背景下各种思潮的产物，是算不得真实无妄之理的。即使那些成为理论体系的思想，也只是在西方社会文化体制内，在其理论设定前提下，才能成立，才有意义。不认识这一点，盲目地迷信之，拿来作为治国之道，创业之本，是要误大事的。

四是心不至诚，德不纯正。治国平天下，建盛德富有大业，乃是穷神知化、利用安身、开物成务、备物至用的大事，是要会通于天地之道、无妄之理的。因此，有志于此者，惟诚之明之，动静语默，不离乎道，不离

---

[1] 《河南程氏文集》卷11，《二程集》第640页。

乎道的精神，其治国兴邦，创造富有，才能尽人之性，尽物之性，与天地参，与万物化，成就一番伟大的事业。惟其所学博大，陶镕得古今天地大道血脉，装得下许多天道义理，才能观天地运化，阴阳消长，以达乎万物之变，然后才能行乎至顺，归乎根本，与天地相终始。惟其所学纯正纯粹，才能心地至诚，德气睟然，精诚至极，正而不偏，通而不汙，才能乘天地之正，顺万物之性，过化存神，成己成物，浩然与天地同流！此大禹政治哲学戒于后世者也。

然而，大禹戒于后世的政治哲学，夏朝本身并没有延续下去，到了第三代太康手里，就造成了失国。这是由禅让制发展为传子制后，中国历史上第一次王朝统治失去国家政治权力。它所提供的历史哲学思考，是不可不重视的。这就是本章最后所要讲述的问题。

八 太康失国的历史哲学思考

大禹死后，其子夏启即位，从此开启了政治上的传子制时代。夏启死后，其子太康继位，由于不务政事，贪图游猎，结果被东夷部族后羿所逐，造成了太康失国。《尚书·夏书》所说"太康尸位，以逸豫灭厥德，黎民咸二，乃盘游无度，畋于有洛之表，十旬弗反。有穷后羿，因民弗忍，距于河"①，即指此也。"距于河"，距太康于洛河之南，不得入国，而废之。太康失国，昆弟五人与其母等待于洛水之北，怨其盘游无度而失国，述大禹之戒，而作《五子之歌》曰：

其一曰："皇祖有训，民可近，不可下，民惟邦本，本固邦宁。予视天下，愚夫愚妇一能胜予，一人三失，怨岂在明，不见是图。予临兆民，懔乎若朽索之驭六马，为人上者，奈何不敬？"

其二曰："训有之，内作色荒，外作禽荒。甘酒嗜音，峻宇雕墙。有一于此，未或不亡。"

其三曰："惟彼陶唐，有此冀方。今失厥道，乱其纪纲，乃底灭亡。"

其四曰："明明我祖，万邦之君。有典有则，贻厥子孙。关石和

---

① 《尚书·五子之歌》。

钧，王府则有。荒坠厥绪，覆宗绝祀！"

其五曰："呜呼曷归？予怀之悲。万姓仇予，予将畴依？郁陶乎予心，颜厚有忸怩。弗慎厥德，虽悔可追？"

《五子之歌》虽出于《古文尚书》，然太康失国到少康中兴的史实，古史所载则是清清楚楚的，如《左传》引《夏训》讲"昔夏之方衰也，后羿自钮迁于穷石，因夏民以代夏政"以及后羿、寒浞怎样乱政为夏遗臣所灭，立少康而中兴，都讲得很清楚①。不仅如此，《五子之歌》亦为《左传》、《国语》所引用。如《左传》引《夏书》曰"惟彼陶唐，帅彼天常，有此冀方，今失其行，乱其纪纲，乃灭而亡"②；《国语》引《夏书》曰"民可近也，不可下也"③；"一人三失，怨岂在明？不见是图"④；"出则禽荒，入则酒荒"⑤等。据此可知，《五子之歌》虽出于《古文尚书》，然太康失国及昆弟待于洛北而作《五子之歌》的史实，是不可轻率否定的。

大禹平治水土，艰苦卓绝十三年，虽居王位，亦不敢丝毫懈怠；夏启继位，便骄奢淫逸；及至太康即位，没出三代，不到百年⑥，即造成失国，丧失国家政治权力。这究竟是为什么呢？是政治上出了问题，还是夏启、太康的行为所致？它表现为怎样的精神衰微？应该引起怎样的历史哲学思考呢？太康失国，固然与夏启、太康的行为有关，但若只是指责他们的个人行为，而不能从精神发展史、从历史哲学方面思考问题，并引出政治历史原则，那还是停留于就事论事上，不足以为精神史叙事与历史哲学之思考。那么，如果从精神史与历史哲学上思考太康失国问题，它应引出什么样的政治历史哲学原则呢？

---

① 《左传》襄公4年。
② 《左传》哀公6年。
③ 《国语·周语中》。
④ 《国语·晋语九》。
⑤ 《国语·越语下》。
⑥ 《竹书纪年》说：禹在位四十五年。夏启在位三十九年，《路史》注引《纪年》，说夏启在位二十九年，而今本《竹书纪年》谓其在位十六年，《史记·夏本纪》集解引皇甫谧云启在位十年。《帝王世纪》说"太康无道，在位二十九年，失政而崩"。不论何种说法为准，大禹去世后，国家政治权力则不到百年即已丧失矣。

第一，太康失国，国家政治权力的丧失，从根本上说，乃是尧、舜、禹三圣相继的文化历史精神之丧失。不论是帝尧的克明俊德、亲九族、平百姓、协和万邦的精神，帝舜的睿智文明、温恭之德充塞上下的精神，还是大禹艰苦卓绝，乃圣、乃神、乃武、乃文，亹亹穆穆，为纲为纪的精神，到太康之际完全丧失，变成了"内作色荒，外作禽荒。甘酒嗜音，峻宇雕墙"的腐败堕落。孔子曰："大哉尧之为君也！巍巍乎！唯天为大，唯尧则之。荡荡乎！民无能名焉！君哉舜也！巍巍乎，有天下而不与焉！尧、舜之治天下，岂无所用其心哉？"① 尧、舜、禹三圣相继的文化历史精神，全是本于天、本于天道法则的。失却这种文化历史精神，即失其道，失却天道法则，成为无道之君，从而使国家政治权力失却根本，失却历史法则而陷入虚妄之治。如此，怎能不失国、失天下呢？失却刚健文明的历史精神，即失却刚健文明的历史道路；失却刚健文明的历史道路，即要失国、失天下也。此乃太康失国所显示的第一条政治历史法则。

第二，治国平天下必须遵守常道法则，是不可偏颇的。三皇之书，谓之《三坟》，言大道也。五帝之书，谓之《五典》，言常道也。中国自古就是一个追求常道法则的民族，并且把它看成是治国安民的历史法则与政治根本之所在。帝尧克明俊德，平章百姓，协和万邦，为使黎民于变时雍，"命羲和钦若昊天，历象日月星辰，敬授民时"②；帝舜"慎徽五典，五典克从；纳于百揆，百揆时叙；宾于四门，四门穆穆；纳于大麓，烈风雷雨弗迷"③，就是以常道法则治天下。这不仅是自然法则，亦乃历史法则也。夏朝继唐虞而治天下，即以此法则也。治国平天下，这个历史法则是不可违背的。故曰"惟彼陶唐，帅彼天常，有此冀方，今失其行，乱其纪纲，乃灭而亡"。太康所以失国，就在于其为政，"内作色荒，外作禽荒"，"盘游无度，畋于有洛之表，十旬弗反"，失却常道法则。天无常则以风暴淫雨乱天下，执政者无常则荒唐无度乱天下，乱则无序。国家长期陷于荒唐无度的失序状态，如何能长久维持而不灭亡呢？有国有天下者，只有勿用非彝，追求永恒的常道法则而不偏颇，才能治国安民，天下有序。此乃"天乃锡禹洪范九畴，彝伦攸叙"者也，亦禹夏"有典有则，贻厥子孙"

---

① 《孟子·公孙丑下》引，另《论语·泰伯》。
② 《尚书·尧典》。
③ 《尚书·舜典》。

者也。

第三，民惟邦本，本固邦宁。民即人也。民惟邦本，就是以人为本，就是把人的存在，人民的存在，看作是国家的根本、天下的根本。惟此本之固，国家才能稳定，天下才能安定。不要看不起人民，不要视人民的生死而不顾。"民可近，不可下"。人的存在，人民的存在，终究是社会历史主体的存在。不懂得这个道理，"一人三失"，不亲近人民，轻视人民的存在，最终是要被人民抛弃的。此大禹"予视天下，愚夫愚妇一能胜予"者也，亦大禹"出见罪人，下车问而泣之"①者也。"大禹之治天下也，诸侯万人而禹一皆知其体"②，以及禹"纳礼贤人，一沐三握发，一食三起"③，皆是尊重人的存在也。大禹时，"合诸侯于涂山，执玉帛者"尚有"万国"④，不尊重人的存在，如何能治得了天下？大禹治天下，面临兆民，尚"懔乎若朽索之驭六马"，后世治国平天下者，怎么骄于上而不尊重人的存在呢！骄于人民，不尊重人的存在，就是无视社会历史主体存在，忽视了国家、天下之根本。此太康所以失国、失天下者也。

第四，国家政治权力本来是为公的，太康所以失国，就在于使国家政治权力异化成为个人享乐的工具。由禅让制到传子制，只是权力更替的不同形式，从本质上说，国家政治权力的根本性质并没有改变，仍然是天下为公，而不是天下为私。国家政治权力传贤传子，并非仅仅是个人意志与道德品质，而是人心所向问题。国家政治权力传继，尧不传其子而传舜，乃天下不从尧之子丹朱而从舜；舜不传其子而传禹，亦乃天下不从舜之子商均而从禹。因为丹朱不肖，商均不肖也。大禹亦并非要把权力传给启。他曾经荐伯益于天，且授以政事。只是因为伯益"佐禹日浅，天下未洽"，

---

① 《说苑·君道》说：禹出见罪人，下车问而泣之。左右曰："夫罪人不顺道，故使然焉。君王何为痛之至于此也？"禹曰："尧舜之人，皆以尧舜之心为心。今寡人为君也，百姓各自以其心为心，是以痛之也。"《吴越春秋》卷六说：大禹南到计于苍梧而见缚人，拊其背而哭。益曰："斯人犯法，自合如此，哭之何也？"禹曰："天下有道，民不罹辜。天下无道，罪及善人。吾闻一男不耕，有受其饥。一女不桑，有受其寒。吾为帝，统治水土，调民安居，使得其所。今乃罹法如斯，此吾德薄不能化民证也，故哭之悲也。"

② 《新书·修政语上》。

③ 《帝王世纪第三·夏》。

④ 《左传》哀公7年。

及至禹崩，天下诸侯才"去益而朝启"①。所以，国家政治权力的传贤传子，起最终作用的是人心之向背，而非个人意志与品质也。人心即天心。故孟子说："天与贤则与贤，天与子则与子。"② 不论与贤与子，国家政治权力的本质，仍然是为公的，而不是为私的。故孔子说："唐、虞让，夏侯、殷、周继，其义一也。"③ 太康失国，从本质上说，就是改变了国家政治权力为公的性质，使之异化为权力私有，异化为个人享乐的工具。因此，要想整治腐败堕落，拯救国家衰微，惟有使国家政治权力回归为公的性质，方是为治之道。

第五，天赋人权并非永恒不变的，而是"天之历数在尔躬"，视其代天理民的政治实践。因此，在国家政治权力的更替过程中，政治合法性是不断重塑、不断重构的，绝无一次性赋予就永恒不变。这就要求有国有天下者，执掌国家之大器者，以天下为公为政治准则，不断检验自己的政治合法性，修正自己的政治行为，是为公还是为私，是代天理民，还是自我享乐。只有经得起这种检验，不断获得政治合法性，才能维持国家政治权力；否则，一旦把国家政治权力变为私有，走向腐败堕落，就会丧失政治合法性，走到失国、失天下的地步。

以上所述五条，就是太康失国所提出的历史教训，亦《五子之歌》所引大禹之训所提出的政治历史法则。太康之后，虽有少康中兴，然后世子孙终没有时刻铭记这些教训，这些历史法则，到夏桀时就丧失了三圣相继的文化历史精神而走向灭亡，而成汤正是获得这些历史法则与文化历史精神而兴起的。

---

① 《史记·夏本纪》。
② 《孟子·万章上》。
③ 《孟子·万章上》引。

第五章　虚静深厚的殷商文化精神

内容提要： 殷族自契至于成汤，虽曾八迁，然至汤始居亳，从先王居，长期徜徉在广阔、深厚、安静的土地上，发展了成熟的农业，因此，不仅愈来愈渴求一种安静的生活，而且渐渐领悟到大地蕴藏着万物生机，发展出一种深厚虚静的文化生命精神。此即殷商据黄帝《易》谓之《归藏》，以纯坤为首，所发展出来的文化哲学精神。成汤代夏而立，不仅讲"予畏上帝，不敢不正"，有一种虔诚的宗教意识，而且"以宽治民"，从政治上发展出一种宽厚仁爱的精神；伊尹辅政，讲"惟和惟一"或"协于克一"，从哲学上继承发展了唐虞夏三代"惟精惟一"的文化精神。成汤之《诰》，伊尹之《训》，乃殷商之大法，天下之治道。殷商《归藏》文化精神，深远地影响于后世的，就是老子"致极虚，守静笃"的思想。

　　三圣相继的夏文化，从孔甲好鬼神，事淫乱，诸侯多叛夏，就已开始走向衰微；及至夏桀虐政淫荒，不务德而武伤百姓，百姓弗堪，整个三圣相继的夏文化精神也就完全丧失了。汤修德，诸侯皆归汤。汤遂率兵以伐夏桀。桀走鸣条，遂放而死。汤乃践天子位，代夏朝天下，不仅完成了中国政治史上禅让制变为传子制后的第一次政治权力更替，也在文化史上第一次实现了精神转换，即由三圣相继的夏文化精神转换成了殷商文化精神。

　　那么，殷商文化是怎样发展起来的呢？它是以何种社会形态为基础发展起来的，具有怎样的精神特性？这种精神特性与三圣相继的夏文化精神有什么不同呢？或者说它与整个唐虞以来的夏文化精神发展是何种关系呢？汤代夏以朝天下的权力性质如何呢？这种权力更替是否改变了唐虞以来整个文化精神的本质呢？或者说它怎样保证了唐虞以来整个文化精神的赓续绵延呢？

孔子说："夏礼吾能言之，杞不足征也；殷礼吾能言之，宋不足征也。文献不足故也，足则吾能征之矣。"① 古代文化历史研究，应该有几分材料说几分话。孔子在这方面是很严肃的。孔子的治学态度，是研究殷商文化精神发展时应该注意的。不能像疑古学派那样怀疑一切、推翻一切，为推翻古史"宁可疑古而失之，不可信而失之"②。不管是"疑而失之"，还是"信而失之"，都是不严肃的。仅就殷商的史料而讲，应该说在上古文化历史上，唯殷先人是"有册有典"③ 的社会。殷商文献资料比禹夏要多得多，特别是20世纪以来殷墟甲骨文及青铜器的发掘，更为研究殷商文化精神发展提供了丰富资料。但随着殷墟甲骨文及青铜器的发掘，特别是甲骨文的发掘，各种争论也异常纷纭。有些争论，如关于王号产生的争论、关于自契至成汤八迁之地的争论，无疑是有意义的。但整个的争论，多是在器物层面的，对于殷商文化意识、道德精神及形上信仰信念的研究，则是很少的，即使有所研究，也多限于极为教条的意识形态说教。这无疑给研究精神发展史增添了许多障碍。研究殷商精神史，无疑要面对特别是20世纪以来殷墟甲骨文及青铜器的发掘所提供的丰富资料，但我必重申《中国精神通史》界说所强调的一条原则："凡是物的存在，我都必须看到精神的存在。"只有这样，才能像孔子那样，"欲观夏道，是故之杞"，虽"不足征"，而能"得《夏时》"；"欲观殷道，是故之宋"，虽"不足征"，而能"得《坤乾》"④，得天道，得形上精神。

成汤代夏的权力更替怎样完成了由禹夏文化精神向殷商文化精神的转换呢？要了解这一点，我们就必须从商族与商文化发展说起了。

一　商族与商文化的发展

商族祖于契。关于契之生及其历史存在，《史记》说得比较清楚：

---

① 《论语·八佾》。
② 胡适《自述古史观》，见《古史辨》第一册第23页，1933年版。
③ 《尚书·多士》。
④ 《礼记·礼运》。

>殷契，母曰简狄，有娀氏之女，为帝喾次妃。三人行浴，见玄鸟堕其卵，简狄取吞之，因孕生契。契长而佐禹治水有功。帝舜乃命契曰："百姓不亲，五品不训，汝为司徒敬敷五教，在宽。"封于商，赐姓子氏。契兴于唐、虞、大禹之际，功业著于百姓，百姓以平。①

简狄吞玄鸟卵而生契，就是《诗经》所说："天命玄鸟，降而生商。"② 这个故事就像姜原践巨人迹生弃（后稷）③，女修玄鸟陨卵而生大业④一样，都属于感生神话，除了它的宗教祭祀意义，其历史存在，实难深考。但契处于唐、虞、大禹之际，佐禹治水有功，帝舜命契"为司徒敬敷五教，在宽"，则可见于《尚书·尧典》记载，应属历史事实。而且从《尧典》可以看出，大禹、契、后稷同在虞庭共事，分别属于夏、商、周三个不同氏族部落的祖先。《尧典》有帝尧"克明俊德，以亲九族，平章百姓"之句。《左传》说："天子建德，因生以赐姓。"⑤ 姜亮夫先生据此考证，"百姓"之说，并非今日平民百姓之义，而是天子赐姓者。不赐姓者，有氏无姓；赐姓者，皆是贵族。因此他认为，"九族者，指尧之氏族。百姓者，指聚居大邑的贵族"⑥。据此可以说，大禹、契、后稷所属的夏、商、周氏族部落，乃属唐虞时期三个聚居区域不同的贵族集团。

关于商汤的祖先之为帝喾，亦应视为历史事实。除《史记》所说简狄为"有娀氏之女，为帝喾次妃"，吞玄鸟卵而生契的神话外，《楚辞》亦有"简狄在台喾何宜？玄鸟致贻女何喜"⑦，"望瑶台之偃蹇兮，见有娀之佚女"，"凤凰既受诒兮，恐高辛之先我"⑧ 之句。此神话亦可看出商族祖先源于帝喾。这一点，更从祭祀中可以看出。《礼记》说"非此族也，不

---

① 《史记·殷本纪》。
② 《诗经·商颂·玄鸟》。
③ 《史记·周本纪》。
④ 《史记·秦本纪》。
⑤ 《左传》隐公8年。
⑥ 《尧典新议》，姜亮夫《古史学论文集》第19页，上海古籍出版社1996年版。
⑦ 《楚辞·天问》。
⑧ 《楚辞·离骚》。

在祀典";又说"商人禘喾而郊冥,祖契而宗汤"①。帝喾若非商人祖先,是不会成为商族所禘对象的。自然,帝喾作为古代祖先,在氏族群体参与互动中,不仅有神话成分,也存在着交互作用与互渗现象,名字出现某种混乱也是可能的。《国语》所说"商人禘舜而祖契,郊冥而宗汤"②,就可能属于这种情况。《山海经》说:"帝俊生中容。"③ 郭璞注此曰:"俊亦舜字假借音也。"郝懿行据《初学记》九卷引《帝王世纪》云:"帝喾生而神异,自言其名曰夋。"疑夋即俊也。又据《大荒西经》讲"帝俊生后稷",及《大戴礼·帝系篇》所说后稷为帝喾所生,因而认为"帝俊即帝喾"。王国维《殷卜辞中所见先公先王考》,亦力主"帝俊即帝喾"④。帝俊在《山海经》中因互渗有许多不同说法,如《大荒南经》说"帝俊妻娥皇";《海内经》说"帝俊生三身,三身生义均"等。义均即舜之子商均。照此说,帝俊即是帝舜矣。在《大戴礼·帝系篇》中,帝舜乃颛顼之后。《史记》说:"帝颛顼崩,而玄嚣之孙高辛立,是为帝喾。"⑤ 这样,商族"禘舜而祖契",所禘对象不仅是帝喾,亦是禘帝喾之祖颛顼矣。由于《山海经》带有神话性质,远古祖先神在氏族群体参与互动中发生互渗现象是常有的事,但这并不影响商族祖先之为帝喾。

商族的发展,可分为成汤灭夏以前的早商、成汤灭夏至盘庚迁殷的中商及盘庚迁殷之后的晚商三个阶段。早商是商族兴起的阶段,其先公世系的存在,一般的说法为十四世。《国语》说"玄王勤商,十有四世而兴"⑥;《荀子》说"契玄王,生昭明,居于砥石迁于商。十有四世,乃有天乙是成汤"⑦,就属这种说法。玄王,即契,因其"天命玄鸟"而生,故后世称之为玄王。天乙即成汤。故《世本》说:"汤名天乙。"《殷本纪》亦说:"主癸卒,子天乙立,是为成汤。"这就是说,早商及其先公世系,从契到成汤共历十四世。《史记·殷本纪》说得比较具体,从契至成

---

① 《礼记·祭法》。
② 《国语·鲁语》。
③ 《山海经·大荒东经》。
④ 《观堂集林》卷7。
⑤ 《史记·五帝本纪》。
⑥ 《国语·周语下》。
⑦ 《荀子·成相》。

汤所给出的商之先公世系为：

> 契卒，子昭明立。昭明卒，子相土立。相土卒，子昌若立。昌若卒，子曹圉立。曹圉卒，子冥立。冥卒，子振立。振卒，子微立。微卒，子报丁立。报丁卒，子报乙立。报乙卒，子报丙立。报丙卒，子主壬立。主壬卒，子主癸立。主癸卒，子天乙立，是为成汤。

殷族十四世若以表排列，则如下：

> 契—昭明—相土—昌若—曹圉—冥—振—微—报丁—报乙—报丙—主壬—主癸—天乙

胡适认为"东周以上无史"，甚至说："在东周以前的历史，没有一字可以信的。"① 然而甲骨文出土以后，许多学者对商王庙号进行了研究，如陈梦家作《商王名号考》② 及《殷墟卜辞综述》，王国维作《殷卜辞中所见先公先王考》及《殷卜辞中所见先公先王续考》③，皆证明《殷本纪》所记世系，除契与昭明卜辞无见，多数商族先公先王之名，均是可见于卜辞记载的④，从而说明《殷本纪》所记世系是可靠的、不可怀疑的。

关于商族早期的发展，《尚书》说："自契至于成汤八迁，汤始居亳，从先王居。"⑤ 八迁从哪里迁到哪里，孔颖达疏此说："契至成汤，十四世凡八迁国都者：《商颂》云：'帝立子生商'，是契居商也。《世本》云：'昭明居砥石'；《左传》称：'相土居商丘'，及今汤居亳。事见经传者，

---

① 《中国文艺复兴：胡适演讲集（一）》第198页，北京大学出版社2013年版。
② 《燕京学报》1950年第27期。
③ 《观堂集林》卷9。
④ 在甲骨文中有一"㗊"字，是商族早期哪个祖先的名字？王国维释为帝喾，王襄释为帝契，目前尚无定释。除契以外，未见于甲骨文的还有：昭明、昌若、曹圉。其他先公，尽管记载上略有出入，均可见卜辞。另外，王国维《殷卜辞中所见先公先王考》据甲骨文卜辞人名，于王亥外，考证有一"恒"字，此名虽不见于《史记》、《世本》、《山海经》、《竹书纪年》等书，但据《楚辞·天问》"恒秉季德"之句，认为卜辞中的"恒"字应为"王恒"。王恒为王亥之弟，季［冥］之子。因此认为，应在先商世系中，于王亥与上甲微之间，又当有王恒一世（见《观堂集林》卷7）。
⑤ 《尚书·胤征》。

有此四迁，其余四迁，未详闻也。"仅此四迁，其余未闻。故陆德明《经典释文》说："八迁之书，史唯见四。"清代以后，人们始对八迁之说作更为详尽的考证。王国维先生根据古代文献记载，作《说自契至于成汤八迁》一文，考其八迁之地及其次第则为：

> 契本居亳，迁蕃，一迁也。（《世本·居篇》）
> 昭明迁砥石，二迁也。（《世本·居篇》）
> 昭明居于砥石迁于商，三迁也。（《荀子·成相》）
> 陶唐氏火正阏伯居商丘，相土因之，四迁也。（《左传》襄公九年）
> 相土迁泰山下，又复归商丘，五迁。（《左传》定公九年）
> 帝芬三十三年，商侯迁殷，六迁。（《今本竹书纪年》）
> 孔甲九年，殷侯复归于商丘，七迁。（《今本竹书纪年》）
> 汤始居亳，八迁。（《尚书》序）①

自契至于成汤之八迁，牵涉到商族起源及其早期文化发展问题，弄清这个问题，自然是必要的。但上古之事，年代久远，若存若亡，古籍所记，虽有一定根据，但也未必真实无误。商族八迁，已是不好确定的事，而八迁之地，如商、蕃、亳等，究竟在哪里，更是烟波渺茫信难求。近人求真态度，虽然可敬，但其烦琐考证，更让人感到扑朔迷离。其实，商族之先祖帝喾、契皆居亳，商乃所封之地。惟帝喾、契居亳，"汤始居亳"，才言"从先王居"。这就是说，早期商族，虽然经过八迁，但中心地带始终是亳，到成汤时居亳，才兴旺发达起来。故司马迁说："夫作事者必于东南，收功实者常于西北，故禹兴于西羌，汤起于亳。"②商族，乃契封于商所得之名也，至汤始以商号令天下，所居中心地带，乃是亳也。亳在哪里？郑玄注《尚书·胤征》："亳，今河南偃师县有汤亭。"孔颖达疏《诗经·商颂·玄鸟》引皇甫谧"三亳"说云："殷有三亳，二在梁国，一在河洛之间。谷熟为南亳，即汤都也；蒙为北亳，即景亳，是汤所受命也；偃师为西亳，即盘庚所徙者也。"偃师为西亳，即所谓河洛之间也，即盘庚所迁之地，亦即考古所发现的偃师二里头文化也。它广泛地散布于河南西部黄河以南伊、洛、汝河流域，已知的有陕县、洛宁、伊阳、洛阳、嵩

---

① 《观堂集林》卷12。
② 《史记·六国年表序》。

县、伊川、偃师、登封、临汝、巩义县、郑州等处。三亳，所谓二在梁国，即在梁国蒙县北之亳城及梁国谷熟县也，亦即今天河北南部漳河流域也。"商"古音"章"。甲骨文中的"滴"水，即漳水也。《史记》说"契封于商"。王国维先生认为："古之宋国，实名商邱，邱者虚也。宋之称商丘，犹洹水南之称殷墟，是商在宋地。"①《史记·郑世家》"集解"引贾逵语说："商丘在漳南。"漳南，即漳水以南也。由上可知，商族早期活动范围，乃是在今冀南、豫北一带也。这一带是商族发源地，亦是殷商文化产生发展的中心地区。

商族早期发展，虽然经过十四五代，但对其文化发展有贡献并留下记载的，帝喾、契之后，主要有相土、冥、王亥与上甲微。《国语》说："冥勤其官而水死。"② 冥为商王朝第六代祖，死于治水。"殷人禘喾而郊冥"③，是很自然的事情。相土是商的第三代祖。王亥即第七代祖振。"上甲微能率契者"④，为第八代。《世本》说"相土作乘马"；又说"胲作服牛"，"胲"即王亥。"服牛"，即《山海经》所说"王亥托于有易，河伯仆牛"⑤。"服牛"、"仆牛"，皆驯服牛、驾驭牛之事。《管子》说"殷人之王，立皂牢，服牛马，以为民利，而天下化之"⑥，非虚言也。《世本》说"奚仲作车"；《通典》亦说"夏氏末代制辇"⑦。从安阳小屯、侯家庄等地所发现的商代车马坑及马车，可知殷族之"服牛乘马，引重致远"⑧。《世本》说"垂作耒耜"⑨；虞夏耒耜的发展，又有了相土、王亥乘马服牛，说明早期商族已开始进入马拉牛耕的农业时期。甲骨文"己亥卜，贞，王往观耤"（《甲》、3420），"庚子卜，贞，王其观耤"（《后》下、28·16），所说的就是商王视察农田耕作情况；而甲骨文"己酉卜，即贞：

---

① 《说商》，《观堂集林》卷12。
② 《国语·鲁语上》。
③ 《礼记·祭法》。
④ 《国语·鲁语上》。
⑤ 《山海经·大荒东经》。
⑥ 《管子·轻重戊》。
⑦ 《通典·礼典》。
⑧ 《周易·系辞下传》。
⑨ 以上所引《世本》皆见《作篇》。

告于母辛，𦥯农"，"己酉卜，员告于𦥯农"①，即是祭告先王田亩农业情况。现在安阳殷墟、河北藁城台西村、郑州二里岗遗址出土的大量石质生产工具，如斧、锛、铲、凿、刀、镰、铲、纺轮、镞、杵、砺石、纺轮等，可见其当时的农业发展状况。特别是殷墟妇好墓中发现的属于生产工具的大量青铜器，如锛、凿、刀、铲等，居然有四十件之多，可知当时农业生产已经相当发达。孟子所说"汤居亳，与葛为邻，汤使亳众往为之耕"②，就属于商族推广农耕生产的情况。据姜亮夫先生考证，商族经过早期的迁徙往来无定处，到"成汤以后，殷民族已完全是农业社会，到盘庚时，形态已定"③。

进入农业社会，自然提升了牛马的价值，而为获得牛马产生某种矛盾冲突，就是很自然的事情了。《易·旅》上九爻辞说："丧羊于易，无悔。"而上九爻辞说："丧牛于易，凶。"高亨先生解此说："此记殷之祖先王亥之故事。王亥屡见殷墟卜辞。据《山海经·大荒东经》、《竹书纪年》、《楚辞·天问》所载，王亥曾作客于有易之国，从事畜牧牛羊，而行淫享乐，有易之君绵臣杀王亥而取其牛。'丧牛于易'，谓王亥失其牛于易国。'凶'，谓王亥遭遇凶祸。"④高亨先生所说"从事畜牧牛羊"，实则应为农耕需要，贩运牛羊于易之国也。这并非一般的经商，在当时亦是诸侯国间的贸易了。做此大事，不检点，没有礼义，没有道德精神，自然做不好的。故《楚辞》说："恒秉季德，焉得夫朴牛？"⑤

农业社会最为根本的问题是土地耕种。在当时的人们看来，田地耕种是无比重要的。"若农服田力穑，乃亦有秋"；若"惰农自安，不昏作劳，不服田亩，越其罔有黍稷！"⑥正因为田地耕种无比重要，所以甲骨文凡关乎土地或农事者，多从"田"字。"田"字甲骨文写作"田"（《粹》1222）或"田"（《粹》1223）；如以耒（𖡼）从事农作之"男"以"𭁳"

---

① 《殷墟书契前编》第48、74页，北京图书馆出版社1932年版。

② 《孟子·滕文公下》。

③ 《夏殷两民族若干问题汇述》，《古史学论文集》第298页。

④ 《周易大传今注》第344页，清华大学出版社2010年版。

⑤ 《楚辞·天问》。

⑥ 《尚书·盘庚上》。

(《京津》2122）表示；田畴的"畴"，变形以"㊙"（《甲》2124）表示；疆界之"疆"，以"㊙"（《后》2.4.7）表示；田官之"畯"以"㊙"（《京津》582）表示；还有些文字，虽未定论，如"㊙"（《燕》621背）及"㊙"（《铁》214.1），也总是和农田播种的意义联系在一起的。中国古代原始农业发端于炎黄。故《礼记》说："厉山氏之有天下，其子曰农，能殖百谷。黄帝正名百物，以明民财。"① 黄帝的"黄"字，甲骨文写作"㊙"（《前》1.52.2），是大人耕种于田间之义。原始农业发端于炎黄，颛顼继续之，经帝喾治历法，明天时，教民稼穑，及禹夏平治水土，包括"相土作乘马"、"胲作服牛"、"冥勤其官而水死"、"上甲微能率契"，发展到成汤后的农业社会，渐渐发展出一种土地意识，一种安土重迁的文化心理，民众反对盘庚迁都于殷，就反映了这种心理。成汤之后，虽有盘庚五迁，但"自殷盘庚徙殷至纣之灭，二百七十三年更不徙都"②。殷族长期徜徉在广阔、深厚、安静的土地上，渐渐领悟到一种万物蕴藏生机的存在，愈来愈渴求一种安静的生活。因此，成汤以后，殷族在生活中渐渐发展出一种宽厚静美的文化生命精神。夏代据伏羲之《易》，谓之《连山》；殷商据黄帝之《易》，谓之《归藏》。朱元昇《三易备遗》说："《归藏》以纯坤为首，坤为地，万物莫不藏于中。《说卦》曰'坤以藏之'。盖造化发育之真机长藏于此焉。"③ 殷商宽厚静美的文化生命精神，实乃是由黄帝至殷商以来各民族感悟深厚土地的发育真机而发展出来的，特别是"汤以宽治民"④，更使这种精神得到了深化。老子"致极虚，守静笃"的归藏思想，亦根源于殷商文化精神，其后来的发展构成了中国文化精神的重要内涵。

农业社会的发展，不仅改变了殷商的生产方式、生活方式，同时也要求进行新的文化创造以适应农业社会，这种文化创造反过来影响到文化意识、思想观念以及风俗、习惯的诸多变化。例如由于农业生产的发展，季

---

① 《礼记·祭法》。
② 《古本竹书纪年·殷纪》。
③ 《玉函山房辑佚书》辑《归藏》。
④ 《礼记·祭法》。

节的寒暑变化及与农业相关的雨季、风季、月盈、月亏等，成了极为重要的事情。因此，支干之使用便成了商族的历法。《山海经》有帝俊妻羲和"生十日"①、妻常羲"生月十二"②的神话，帝俊，即"夋"也，即帝喾也。《礼记》说"帝喾能序星辰以著众"③，《国语》说"帝喾能序三辰以固民"④。曰"生十日"、"生月十二"者，即干支历法之创造也。这就是说，商族远在帝喾时期，就已开始以干支纪时序，治历法，明天时，教民稼穑了。干支历法的应用，对商族来说是一种极为重要的文化创造。他们不仅次序三辰，治历明时，以此指导农业生产，而且由帝喾发展到王亥以后，连生子的命名，也是"生于甲日者名曰甲，生于乙日者名曰乙"，纪于干支的⑤。由此可以看出，干支历法的创造怎样适应农业社会的生产需要而又怎样影响到社会生活了。

农业社会的出现，对于社会文化生活的要求是多方面的，它不仅表现为天文历法，亦要求经济制度、亲属制度、礼乐制度、宗教信仰及整个精神生活等皆做出相应的改变。经济制度的"夏后氏五十而贡，殷人七十而助"⑥，亲属制由夏单一传子制发展为殷商男系氏族传嗣制，即同属于一个男系氏族的，财产享受、王位继承皆有其合法性，就是属于这种适应性改变。这些改变更表现在技术进步与器物创造方面。现在考古出土的殷商文化，不仅有富丽堂皇的青铜器，更有光亮的釉陶器及精美的漆器。这些器物文化，没有化学知识的获得与技术进步是创造不出来的。安阳殷墟发现的青铜器司母戊鼎，高133厘米，长110厘米，宽78厘米，重量竟达875公斤（见彩图8），有的青铜器铭文已长达几十个字，凡此皆可见其所包含的科学技术水平。殷商文物出土不仅集中于安阳殷墟周围的地区，更散布于中国东北、西南及长江流域。殷商文物出土是空前的，有些出土甚至

---

① 《山海经·大荒南经》。
② 《山海经·大荒西经》。
③ 《礼记·祭法》。
④ 《国语·鲁语上》。
⑤ 王国维《殷卜辞中所见先公先王考》认为，殷人以祭日为名，"祭名甲者用甲日，祭名乙者用名乙"。姜亮夫先生是主张"以生日为名"的（见"夏殷两民族若干问题汇述"，《古史学论文集》第306页）。
⑥ 《孟子·滕文公上》。

是绝后的，如殷墟出土刻有饕餮纹、夔纹、云雷纹的白陶（见彩图9）。这些出土器物全是用于宗教祭祀的，它之所以被称为"文物"，不仅是因为包含着特殊的文化意义，更在于它背后隐藏着那个时代的文化理想与精神世界，包括殷人的宗教信仰与信念。这些文化的改变形成了一种新的价值体系，一种新的精神生活，但它又都是植根于土地耕种的农业基础上的。

农业社会的出现，使殷商完成了一次文化价值体系的转换，但其根本文化精神，则还是沿着禹夏文化精神发展的，不过是夏商文化的合流颤变而已。这种文化合流颤变是怎样发生的呢？它们各有怎样不同的特点又保持着怎样的统一性呢？这只有对夏商文化合流颤变本身进行研究才能明白。

二 夏商文化的合流嬗变

夏、商、周三代，不仅是政治上依次更替的不同王朝，更是文化上同源共流的三个独立而又平行的氏族部落群体，若以其天子赐姓封地而言，则同属虞庭之下三个不同的贵族方国。夏商两族文化的不同发展及其合流颤变，正是在这种大文化历史背景下发生的。《孟子》说："夏后殷周之盛，地未有过千里者也。"[1]《史记》说："三代之君，皆在河洛之间。"[2]夏商两族的文化，虽然后来扩充涵化到很远的地方，就其最初的发展而言，实乃是以河、洛、洹、漳为中心地带展开的。

"禹兴于西羌，汤起于亳"[3]。夏商两个氏族部落，虽然起源一西一东，但却是同时发展起来的。因此陈梦家认为，"夏之十四世，即商十四世"，《史记·夏本纪》所叙禹至帝癸凡十四世，即《殷本纪》所叙帝喾至示癸凡十四世[4]，而张光直先生更认为："中国古代夏、商、周三代实在是一气呵成的历史发展。"[5]

---

[1] 《孟子·公孙丑》。
[2] 《史记·封禅书》。
[3] 《史记·六国年表》。
[4] 陈梦家"商代的神话与巫术"，《燕京学报》1936年第29期。
[5] 《中国青铜时代》第79页，生活·读书·新知三联书店1983年版。

夏商两个氏族部落，毕竟"禹兴于西羌，汤起于亳"，文化起源一西一东。他们所处的自然环境与地理条件不同，形成了各自不同的文化中心地带，水土、风气、礼俗及民之好恶，自然各有趋向。《竹书纪年》说"自禹至桀十七世，有王与无王，用岁四百七十一年"；"汤灭夏以至于受，二十九王，用岁四百九十六年"。可知夏商文化，皆是经过长时间的传承与积累的，特别是"自殷盘庚徙殷至纣之灭，二百七十三年更不徙都"，文化在这样长期稳定的环境中传承与积累，不论是器物文化特质，还是习俗、风尚、道德、礼仪制度，具有不同的特性是很自然的事情。孔子讲"行夏之时，乘殷之辂，服周之冕，乐则舞韶"①，就是讲夏、商（包括周）之历法、车马、衣冠、乐舞创造之不同，而讲"夏后氏以松，殷人以柏"②，则是讲夏、商立社所植树木之不同也。《礼记》讲"夏后氏尚黑，大事敛用昏，戎事乘骊，牲用玄。殷人尚白，大事敛用日中，戎事乘翰，牲用白"③，讲夏商祭祀与戎的礼俗、车马、器物之不同也，而讲"夏后氏收而祭，燕衣而养老；殷人冔而祭，缟衣而养老"④，则是讲夏、商祭祀及养老制度的不同也，讲祭祀之祭器"夏后氏以琖，殷以斝"，祭品"夏后氏祭心，殷祭肝。夏后氏尚明水，殷尚醴"，祭服文饰"夏后氏山，殷火"，祭祀之官"夏后氏官百，殷二百"⑤等，则是讲夏、商之礼的器物、祭祀、礼仪、制度之种种不同也。它给人以"百里不同风，千里不同俗"的感觉。其实这些不同，皆是夏、商两族于不同的人文地理环境所造成的文化差异也。

夏商两族，不仅器物、祭祀、礼仪、制度不同，人文精神及精神气质也是有很大差异的。孔子所说"夏道遵命，事鬼敬神而远之，近人而忠焉；其民之敝，蠢而愚，乔而野，朴而不文。殷人尊神，率民以事神；其民之敝，荡而不静，胜而无耻"；讲"虞夏之文，不胜其质；殷周之质，不胜其文"；讲"虞夏之质，殷周之文，至矣"⑥等，就是讲人文精神及

---

① 《论语·卫灵公》。
② 《论语·八佾》。
③ 《礼记·檀弓上》。
④ 《礼记·王制》。
⑤ 《礼记·明堂位》。
⑥ 《礼记·表记》。

人的精神气质之不同。器物、祭祀、礼仪、制度不同者，人文地理环境所致也，而人文精神及人的精神气质不同者，乃水土风气、人性好恶取舍不同所造成的。夏商两族文化的这些差异，皆源于夏商两族不同区域文化流变的结果。这种差异，就商族而言，从有娀氏二女作歌曰"'燕燕往飞'，实始作为北音"[1]，就已经开始了。

夏商文化精神尽管有这些不同，但它们不是孤立存在的，而是在不断的合流嬗变中向前发展的。这种文化合流就像涓涓细流汇向江河东注于海一样，文化嬗变则不过是激起的波涛浪花，但其根本精神则是一脉相承的。例如现在出土的偃师二里头文化、郑州商城文化和安阳殷墟文化就属于这种一脉相承的发展。二里头文化早期属于夏文化，处于仰韶文化晚期；二里头晚期则是早商文化，近于早期的河南龙山文化；而郑州商城和安阳殷墟，则分别属于殷商文化中期与晚期了。从二里头文化、郑州商城文化到安阳殷墟文化的发展不仅是一脉相承的，而其嬗变也是符合自仰韶文化晚期到早期河南龙山文化发展的内在规律的。这在器物文化上看得很清楚。现在出土的安阳小屯文化，乃是殷商承接夏文化之迹。小屯所出土的殷墟彩陶与河南仰韶彩陶花纹形色是极其相似的，它不仅表现为夏商文化的一脉相承，也显现出彩陶文化的嬗变之迹。其他像舟车发展、房屋建筑等器物文化的嬗变，也都具有夏商文化一脉相承的性质。

这种夏商文化的合流与嬗变，不仅表现在器物文化上，从社稷祭祀之礼的发展上，也同样可以看出这一点。社稷之立，有王者、诸侯自立者，也有王者、诸侯为群性、百姓而立者。不论为何而立，古代所以制定社稷祭祀之礼，法施于民，使其祭祀之，其为事迹，皆是因为有功于天下、国家、人民者：或以死勤于事，或以劳定国，或能御大灾，或能捍大患。故《礼记》说："厉山氏之有天下也，其子曰农，能殖百谷；夏之衰也，周弃继之，故祀以为稷。共工氏之霸九州也，其子曰后土，能平九州，故祀以为社。"[2] 社稷之礼，虽有嬗变，但若就其产生发展的根本所在，乃是立于夏商诸族生存的土地上，伏羲、炎黄以来的夏商诸族为维护其生存绵延的根基而见诸社稷祭祀的。因此，夏商文化不论怎样合流嬗变，它们皆出于同一个母体，出于伏羲、炎黄以来立于天道哲学基础上的文化。因此，虽

---

[1] 《吕氏春秋·音律》。

[2] 《礼记·祭法》。

然殷商文化不断合流嬗变，不断展现出不同的文化个性，但其不同个性的文化就像一母之子一样，则是有着共同的本质规定性的。

正因为夏商两族文化的河流嬗变有着共同的文化哲学基础，所以不管它们存在多大差异，其根本文化精神还是统一的。故孔子说："殷因于夏礼，所损益可知也；周因于殷礼，所损益可知也。"① 礼者，理也。孔子说："礼有大有小，有显有微，大者不可损，小者不可益，显者不可揜，微者不可大。"礼之大小显微，就其根本精神而言，就其政治体统、伦理纲常而言，是不可损益的。故孔子接着说："经礼三百，曲礼三千，其一致也。"② 孔子虽然承认"殷因于夏礼"有所损益，"周因于殷礼"有所损益，但同时认为，国家民族的政治体统、纲常伦理及其根本文化精神则是没有改变的。中国文化精神发端乎伏羲，积蓄于炎黄，大备于唐虞，经三代而浩荡于天下者，正此精神也！惟此根本精神不会改变，孔子生于周世，才敢说"其或继周者，虽百世可知也"。夏商文化虽有因革损益，但其根本精神并没有中断；虽有差异，但精神本质还是统一的，并没有改变，如果说有所改变，那也只是一些形下的东西。惟此，孔子才说："三代之礼一也，民共由之，或素或青，夏造殷因。"③

夏商根本文化精神的统一性，不仅体现在政治体统、纲常伦理、礼仪制度方面，更表现在图腾崇拜、宗教信仰信念上。龙的崇拜虽然可以追溯达到远古时期，但它主要发生在禹夏时期，是大禹治水由鳞介动物与雷雨闪电意象联想、想象、提高、升腾出来的。《山海经》夏后启"乘两龙"④ 的神话，就属于禹夏时期对龙的崇拜。现在山西陶寺出土的龙盘，说明夏时龙的形象已经由鳞介动物与雷雨闪电意象抽象提升出来，它所表现的乃是一种升腾、变幻、超越的生命精神。它一旦抽象提升出来，不论是作为图腾崇拜，还是作为文化生命精神，就会在国家民族中不断被传承延续。《国语》讲"夏之衰也，褒人之神化为二龙，以同于王庭"⑤，就是殷人仍然对龙的存在敬若神明，在图腾崇拜与宗教信仰上所表现的传承延续。殷

---

① 《论语·为政》。
② 《礼记·礼器》。
③ 《礼记·礼器》引。
④ 《山海经·海外西经》。
⑤ 《国语·郑语》。

人祖先生于玄鸟，发展为对凤的崇拜，殷商衰后，周族及后世则仍然崇拜凤的存在。这种文化传承延续的一个重要功能，就是保持文化精神上的统一性。

这种精神上的统一性，在商族形而上学最高的宗教信仰上表现得更为明显。中国自古就是本于天的民族，其形上信仰信念，皆是以天道义理为其最高信仰存在的。殷商时期讲"予畏上帝，不敢不正"[①]；讲"惟皇上帝，降衷于民"[②]；讲"顾諟天之命名，以承上下神祇"[③]；讲"皇天眷佑有商"[④]；或讲"先王有服，恪谨天命"，"天其永我命于兹新邑"[⑤]；"肆上帝将复我高祖之德"[⑥] 等，与唐虞时期讲"类于上帝"[⑦]；夏时"吁俊尊上帝"[⑧]；讲"皇天眷命"[⑨]；"天用剿其命"[⑩] 是一致的。"皇天"、"上帝"、"天命"，即天的形而上学神圣存在，亦即最高精神存在。由上可知，虞夏文化发展为殷商文化，其最高精神存在及宗教信仰，还是保持着统一性而没有中断或改变。

成汤以夏商文化的最高存在建立政治哲学代夏而立，这种哲学的建立，也赋予了殷商文化精神以新的形态。

三　汤代夏立的政治哲学

桀败走鸣条，成汤代夏而立，从此开创了殷商六百余年的文化历史。成汤代夏，在当时应该说是惊天动地的大事件。它不仅是中国政治史上由禅让制变为传子制后所发生的第一次政治权力的更替，也是文化历史的一次深刻变革。它比太康时期的短暂失国要严重得多！怎样解释这次事件？

---

① 《尚书·汤誓》。
② 《尚书·汤诰》。
③ 《尚书·太甲上》。
④ 《尚书·太甲中》。
⑤ 《尚书·盘庚上》。
⑥ 《尚书·盘庚下》。
⑦ 《尚书·尧典》。
⑧ 《尚书·立政》。
⑨ 《尚书·大禹谟》。
⑩ 《尚书·甘誓》。

它仅仅是夏桀虐政淫乱造成的政治权力丧失吗？这种权力丧失背后隐藏着怎样的政治法则呢？成汤代夏而立又是以何种政治哲学取得合法性的呢？这种政治哲学造就了殷商六百多年何种文化精神形态呢？或者说夏商政治变革背后隐藏着怎样深层的文化历史精神的变化呢？一般地研究叙述商族文化的发展是不够的。只有研究了成汤代夏而立的政治哲学，才可以确切地说明这种哲学怎样引领了殷商六百多年意识形态与精神形态的发展，也才能对这段精神史发展做出确切的叙述。

夏桀为何丧失国家政治权力？史书典籍一般把它归结为夏桀的腐败堕落，如《史记》说"夏桀不务德而武伤百姓，百姓弗勘"①；《帝王世纪》说夏桀淫虐，"多求美女，以充后宫。为琼室瑶台，金柱三千。大进侏儒倡优，为烂漫之乐，设奇伟之戏，纵靡靡之声"②；《世本》亦说"夏桀作倾宫、瑶台，殚百姓之财"③；《尸子》更说夏桀"为璇室瑶台，象廊玉牀，权天下，虐百姓"④ 等。腐败堕落所以能够造成夏桀政治权力的丧失，在于它使政治权力存在的社会基础丧失，在于它丧失了赋予权力的人心；丧失了赋予权力的人心，也就丧失了政治权力存在的合法性。此即孔子所说"暴其民甚，则身弑国亡"⑤ 者也，亦《史记》所说"夏后氏德丧，诸侯畔之"⑥ 者也。

丧失人心，即丧失国家政治权力存在的合法性。这才是夏桀所以亡国失天下的关键所在。因此，成汤要想代夏而立，一开始就必须从哲学上考虑政治合法性问题，考虑获得政治权力取代夏王朝的合法理由，同时也必须为自己治理天下制定一套政治纲领。理论上不通，没有最高本体论根据，只是陈述夏桀的腐败坠落，也是很难获得人心、获得天下诸侯支持的。所以成汤要想获得国家政治权力，代夏而立并治理天下，一开始就必须有一套自己的政治哲学，从理论上讲通所以代夏的诸多问题。这不仅关乎政治合法性问题，也是能否引领一个时代的意识形态与精神发展的

---

① 《史记·夏本纪》。
② 《帝王世纪第三》。
③ 《古本竹书纪年·夏纪》。
④ 《尸子下》。
⑤ 《孟子·离娄上》引。
⑥ 《史记·夏本纪》。

问题。

那么,成汤政治哲学是什么样的呢?他将以此哲学建立怎样的新王朝并引领那个时代的意识形态与精神发展呢?任何政治哲学都不是凭空建立的,它总是和特定的时代环境、政治需要联系在一起的。帝舜之后,大禹践天子位而朝天下,属于禅让制,不存在一个王朝灭亡的问题,自然也用不着对这类问题进行解释。成汤代夏而立就不同了。成汤要取代四百多年的夏王朝,如果对夏朝所以灭亡没有合理的解释,对商王朝所以代夏而立不能给出正当理由,天下是很难信服的。因此,成汤建立政治哲学,自然必须对上述问题作出解释。但这种解释不能只是停留在孔甲、夏桀的腐败堕落上,而应该从更高、更为神圣的存在上给予说明。成汤政治哲学赋予唐虞以来"皇天上帝"的存在更加神圣的性质,从这个最高、最神圣的存在解释夏王朝灭亡的原因及自己代夏而立的理由。所谓"有夏多罪,天命殛之"①;"夏王灭德作威,以敷虐于尔万方百姓";"天道福善祸淫,降灾于夏,以彰厥罪"②,就是属于这样的解释。它不仅以此解释夏朝灭亡的原因,也以此解释代夏而立的理由。如讲"今汝其曰:'夏罪其如台?'夏王率遏众力,率割夏邑,有众率怠弗协。曰:'时日曷丧?予及汝皆亡!'夏德若兹,今朕必往"③;"肆台小子,将天命明威,不敢赦,敢用玄牡,敢昭告于上天神后,请罪有夏"④。讲夏桀以劳役之事,摧残众生,有人率众不与合作,自然是失民心所致,但因此就"昭告于上天神后,请罪有夏",不能说不是以宗教的神圣性解释夏朝灭亡的合理性,同时也是以宗教神圣性提升世俗政治权力更替的合理性。由此不难看出,成汤的政治哲学乃是建立在宗教神学基础上的,是以"皇天上帝"或神的存在为最高本体论的宗教政治哲学,它是充满宗教精神的。

这种充满宗教精神的政治哲学并不只是成汤个人的,而是属于那个时代的,是唐虞以来宗教政治哲学发展的继续。唐虞时期讲"惟精惟一",虽然哲学本体论上比较纯粹,但在政治哲学上还是"选于民,荐于天"的。即使禹夏时"事鬼敬神而远之",但在政治哲学上还是"尊天命"

---

① 《尚书·汤誓》。
② 《尚书·汤诰》。
③ 《尚书·汤誓》。
④ 《尚书·汤诰》。

的,"铸鼎象物,以承天休"就是"尊天命"的表现。中华民族是本于天的,但这个"天"不是在自然意义上讲的,而是在天道义理、神圣存在意义上讲的。国家政治权力是天赋予人的,是保护生民而设定的,因此政治权力才具有神圣的性质。从宗教政治哲学上看,夏桀"不务德而武伤百姓,百姓弗勘"或"多求美女,以充后宫"等,乃是使神圣的宗教政治权力走向了世俗政治权力,是一种宗教政治权力向世俗政治权力的腐败堕落。正因为这样,成汤才以"皇天上帝"的神圣政治意志解释夏朝灭亡及商代夏而立的合理性。不光成汤这样解释,其他政治人物也是以此解释的。如成汤左相仲虺讲"夏王有罪,矫诬上天,以布命于下",因而"帝用不臧,式商受命"①;伊尹讲"呜呼!古有夏先后,方懋厥德,罔有天灾。山川鬼神,亦莫不宁,暨鸟兽鱼鳖咸若。于其子孙弗率,皇天降灾,假手于我有命,造攻自鸣条"② 等,就属这种解释。不仅成汤、仲虺、伊尹以此宗教政治哲学解释夏朝灭亡及商代夏而立的合理性,即使盘庚迁都,也是以天命的神圣存在而言之的,如讲"今予将试以汝迁,安定厥邦",乃是"予迓续乃命于天,予岂汝威"③ 等,就是属于宗教政治哲学的解释。

  成汤的政治哲学,虽然有以宗教神圣性提升世俗政治权力更替合理性的目的,但这种政治哲学并非出于伪善,更非有意作假,而是建立在虔诚的宗教信仰信念上的,是充满虔诚的宗教精神的。"天大旱,五年不收。汤乃以身祷于桑林曰:'一人有罪,无及万夫。万夫有罪,在余一人。无以一人之不敏,使上帝鬼神伤民之命。'于是翦其发,磨其手,以身为牺牲,用祈福于上帝"④,就是成汤虔诚的宗教精神的表现。说汤以身祷于桑林,"四海之云凑,千里之雨至"⑤,固然充满神秘主义色彩,但"汤之救旱也,乘素车白马,著布衣,身婴白茅,以身为牲,祷于桑林之野",禁止一切"弦歌鼓舞者"⑥,其宗教政治行为,不能说不是充满虔诚的宗教

---

① 《尚书·仲虺之诰》。
② 《尚书·伊训》。
③ 《尚书·盘庚中》。
④ 《吕氏春秋·顺民》。
⑤ 《淮南子·主术训》。
⑥ 《尸子·君治》。

精神的。《诗经》所说"帝命不违,至于汤齐。汤降不迟,圣敬日跻"①,就是指成汤的宗教政治虔诚精神而言的。

这种宗教政治哲学,其为形上学神圣存在不是空悬着的,而是与天心与人心、形上价值与人的存在浑然一体的。它落实为政道与治道,就是成汤的仁爱之心,充满仁爱之心的政治哲学精神。汤居亳时,与葛国为邻,葛伯放纵无道,不祭祀祖先。汤使人问之曰:"为何不祭祀呢?"答曰:"无以供牺牲也。"汤使遗之牛羊。葛伯将这些牛羊杀掉吃了,仍不祭祀。汤又使人问之曰:"为何不祭祀?"答曰:"无以供粢盛也。"于是,"汤使亳众,往为之耕,老弱馈食"②。此事说明,成汤不仅关心祖先祭祀问题,更有一颗爱心,具有仁爱精神。成汤正是以这样一颗爱心,一种仁爱精神,关心人民疾苦,后来获得天下。桓公曾问管子说:"夫汤以七十里之薄,兼桀之天下,其故何也?"管子对曰:"桀者冬不为杠,夏不束柎,以观冻溺。弛牝虎充市,以观其惊骇。至汤而不然,夷竞而积粟,饥者食之,寒者衣之,不资者振之,天下归汤若流水。此桀之所以失其天下也。"③ 杠为床前横木,柎为百姓草木房子。"冬不为杠,夏不束柎",即夏桀不关心老百姓生存也。不关心老百姓生存,让通货膨胀,夏桀之治何能不失去人心?汤之治天下,平夷竞价而讲究蓄养,使"饥者食之,寒者衣之,不资者振之,天下归汤若流水",成汤之治何以不获得人心?获得人心,即获得天心,亦即获得政治合法性也。此夏桀所以失天下、成汤所以得天下者也。

成汤的宗教政治哲学,从本质上说乃人本政治哲学。夏朝亡国使成汤认识到,历史存在是人的存在,夏朝所以灭亡,就在于"夏王灭德作威,以敷虐于尔万方百姓,万方百姓罹其凶害,弗忍荼毒"④。因此,成汤政治哲学一个重要的内涵,就是有一种宗教上的虔诚胸怀与律己精神,一种政治上的宽厚仁爱精神。所谓"夏氏有罪,予畏上帝,不敢不正"⑤;"凡我造邦,无从匪彝,无即慆淫。惟简在上帝之心。其尔万方有罪,在予一

---

① 《诗经·商颂·长发》。
② 《孟子·滕文公下》。
③ 《管子·轻重甲篇》。
④ 《尚书·汤诰》。
⑤ 《尚书·汤誓》。

人。予一人有罪，无以尔万方"①，就是成汤虔诚自律和宽厚中正的仁爱精神的自我表白。天心、上帝之心，即是民心，即是社会历史的主体存在，怎么可以轻视之、怠慢之呢？不仅不能轻视怠慢，而且还必须兢兢业业、如履薄冰，敬畏人民就像敬畏上帝一样。惟此，才能获得天心，获得民心，才能不至于"天命殛之"。成汤正是有此虔诚律己和宽厚中正的仁爱精神，所以成汤放夏桀于南巢，仲虺之诰天下，才曰："惟王不迩声色，不殖货利。德懋懋官，功懋懋赏，用人惟己，改过不吝，克宽克仁，彰信兆民。"②。伊尹训于太甲，所说"惟我商王，布昭圣武，代虐以宽，兆民允怀"③ 以及《淮南子》所说"汤夙兴夜寐，以致聪明；轻赋薄敛，以宽民氓；布德施惠，以振困穷；吊死问疾，以养孤孀，百姓亲附，政令流行"④，也是指成汤的宽厚仁爱精神而言的。《诗经》说成汤与方国交往中，"受小球大球，为下国缀旒"，"受小共大共，为下国骏厖"⑤，还赠丰厚盛大的礼品，也是其宽厚仁爱精神的表现。成汤虽曰"武王"，虽曰"十一征而无敌于天下"⑥ 或曰"凡二十七征而德施于诸侯焉"⑦，然若就其征伐的本质而言，乃是征其诸侯不义者，诛其君，吊其民，故天下咸悦。此即《诗》所说"古帝命武汤，正域彼四方"⑧ 者也。成汤的征伐也是出于政治上的虔诚胸怀与宽厚的仁爱精神。

　　正是因为成汤有一种虔诚的胸怀与宽厚的仁爱精神，所以才能使天下归心。《史记》所说"汤修德，诸侯皆归商"⑨，《墨子》讲"诸侯与之，百姓亲之，贤士归之。未殁其世而王王天下，政诸侯"⑩，皆是讲天下所以归心者也。天下所以归于成汤，不仅是因为他能够修德，更在于他领悟到人才的重要，能够以虔诚的胸怀与宽厚的仁爱精神致天下之士。《史记》

---

① 《尚书·汤诰》。
② 《尚书·仲虺之诰》。
③ 《尚书·伊训》。
④ 《淮南子·脩务训》。
⑤ 《诗经·商颂·长发》。
⑥ 《孟子·滕文公下》。
⑦ 《帝王世纪·第四殷商》。
⑧ 《诗·商颂·玄鸟》。
⑨ 《史记·夏本纪》。
⑩ 《墨子·非命篇》。

载成汤致士之事说：

> 汤出，见野张网四面，祝曰："自天下四方皆入吾网。"汤曰："嘻，尽之矣！"乃去其三面，祝曰："欲左，左。欲右，右。不用命，乃入吾网。"诸侯闻之，曰："汤德至矣，及禽兽。"①

《新序》讲成汤致天下士，说得更为明白清楚：

> 汤见祝网者，置四面，其祝曰："从天坠者，从地出者，从四方来者，皆罹吾网。"汤曰："嘻！尽之矣。非桀其孰为此？"汤乃解其三面，置其一面，更教之祝曰："昔蛛蝥作网，今之人循序。欲左者左，欲右者右，欲高者高，欲下者下。吾取其犯命者。"汉南之国闻之曰："汤易之德及禽兽矣。"四十国归之。人置四面，未必得鸟。汤去三面，置其一面以网四十国，非徒纲鸟也。②

所谓网络人才，不是以财货笼络之、私心满足之，更不是以权力意志奴役之、命令之，而是让其"欲左者左，欲右者右，欲高者高，欲下者下"，给予其生存的空间、精神的自由，让其自己做出选择。惟"不用命"，方能听命，方能使天下人才尽归之。如果像网鸟者那样，置四面而祝之曰"从天坠者，从地出者，从四方来者，皆罹吾网"，那也就与夏桀残害天下之士没有什么不同了。成汤所以能致天下之士，乃在于他能以虔诚的胸怀与宽厚仁爱的态度，给天下之士以自由，让其自己做出政治选择也。

成汤政治哲学的获得，不仅是因为他具有"予畏上帝，不敢不正"的虔诚的宗教意识，更应该说是他审视夏朝灭亡的邪辟历史，使天下政治归于中正仁义法则的结果。《国语》讲成汤"以宽治民，而除其邪"③，即指此也。这对成汤来说，不是某种叛逆力量逼之使然他，而是经过历史反思，所获得的一种政治哲学的理性自觉。其讲"人视水见形，视民知治不"④，就是这种理性自觉的表现。《管子》说："政之所兴，在顺民心，

---

① 《史记·殷本纪》。
② 《新序·杂事第五》。
③ 《国语·鲁语上》。
④ 《史记·殷本纪》。

政之所废，在逆民心。"① 一切国家之兴废、政治之得失及其是否具有合法性，全在于民心所向，全在于能否使天下人心尽归之。要想取得政治合法性，首先要取得民心，使天下人心尽归之。惟有取得民心，天下人心尽归之，取得政治合法性才能成功，"失民心而立功名者，未之曾有也"②。夏桀所以失天下，失却了人心也，而天下所以归汤，汤修德赢得了民心也。此天下所以兴、所以废之根本所在也。历史真正深厚的基础，是人与人心的存在。抛开这个深厚的历史存在，天下之治，则如冠危石，如履春冰也，"未有冠危石而不压，履春冰而不陷者"③。一切暴虐者，一切不知修德而残暴天下者，必然如孔子所说："暴其民甚，则身弑国亡。"④ 此乃夏朝灭亡所提供的历史经验也。故《诗》曰："殷鉴不远，在夏后之世。"⑤

这种修德见诸尹伊的政治实践，就是他辅政殷商的道德精神。这种精神亦是古代政治大公无私的表现，是由禅让制发展为传子制之后，圣贤明哲进行历史担当不可或缺的政治精神。

四　伊尹辅政的道德精神

成汤代夏而立，并不是个人的事情，也不是一个人能够完成的。他不仅要以正当的政治哲学布告天下，而且还需有强大的团队共同完成天道命令，而这个团队的人不能只是家奴与莽汉，而必须是圣贤明哲。伊尹、仲虺、义伯、仲伯、女鸠、女房、咎单就是这样一批人，特别是伊尹，不仅是协助成汤得天下者，更是商代爽邦明哲、国政重臣，其辅政道德精神，乃是炳照千秋者。

《史记》说"伊尹名阿衡，为有莘氏媵臣，负鼎俎，以滋味说汤，至于王道"，或说"伊尹处士，汤使人聘迎之，五反然后肯往从汤"⑥。《史

---

① 《管子·牧民篇》。
② 《吕氏春秋·顺民》。
③ 《韩诗外传》卷5。
④ 《孟子·离娄上》引。
⑤ 《诗经·大雅·荡》。
⑥ 《史记·殷本纪》。

记索隐》引《孙子兵书》曰:"伊尹名挚。"孔安国亦曰"伊挚"。解"阿衡"为官名,而非伊尹之名。《索隐》又引皇甫谧《帝王代纪》曰"伊尹,力牧之后,生于空桑",引《吕氏春秋》曰:"有侁氏女采桑,得婴儿于空桑,母居伊水,命曰伊尹。"

《帝王世纪》说:"汤思贤,梦见有人负鼎抗俎对己而笑。寤而占曰:'鼎为和味,俎者,割截天下。岂有人为我宰者哉?'初,力牧之后曰伊挚,耕于有莘之野。汤闻,以币聘。有莘之君留而不进。汤乃求婚于有莘之君,遂嫁女于汤,以挚为媵臣,至亳,乃负鼎抱俎见汤也。"① 这带有神秘的性质,但说伊尹"耕于有莘之野",则与《孟子》诸书的说法是一致的,而其说"汤闻,以币聘",即《史记》所说"汤使人聘迎之",而所谓"负鼎抱俎见汤",亦即《史记》所说"负鼎俎,以滋味说汤,至于王道"者也,亦即以鼎俎至和之理治天下者也。尔雅云:"媵,将,送也。"曰"以挚为媵臣"者,即为有莘君嫁女陪送之臣也。伊尹不论是"耕于有莘之野",还是作为陪送之臣,在他进入成汤团队之前,地位都是非常低下的,但其以鼎俎至和之理治天下的思想,在哲学上则是很有见地的。《孟子》说"伊尹耕于有莘之野,而乐尧舜之道焉。非其义也,非其一道也,禄之以天下,弗顾也;系马千驷,弗视也。非其义也,非其道也,一介不以与人,一介不以取诸人"②;《新语》说"伊尹负鼎,屈于有莘之野,修达德于草庐之下,躬执农夫之作,意怀帝王之道,身在衡门之里,志图八极之表。故释负鼎之志,为天子之佐"③,虽有誉颂之词,但其志向与精神之高远,还是可见的。

伊尹虽入汤,但对成汤可否代夏而立,最初可能是犹豫的。故《史记》说伊尹曾"去汤适夏",只有亲自看到了夏朝的腐败堕落,不可救药,才"复归于亳"。遇成汤之贤臣女鸠、女房,所作《女鸠》、《女房》,孔安国说此二篇就是讲述夏之腐败堕落之丑事的。关于伊尹如何从夏返汤之事,《尚书大传》有一个具体的描述:

> 夏人饮酒,醉者持不醉者,不醉者持醉者,相和而歌曰:"盍归

---

① 《帝王世纪·第四殷商》。
② 《孟子·万章上》。
③ 《新语·慎微第六》。

于亳，盍归于亳，亳亦大矣。"伊尹退而闲居，深听乐声，更曰："觉兮较兮，吾大命格兮；去不善而就善，何不乐兮。"伊尹告于夏桀曰："大命之亡，有日矣。"桀佪然叹，哑然笑曰："天之有日，犹吾之有民也。日有亡哉？日亡，吾乃亡矣。"是以伊尹遂去夏适汤。①

关于夏桀的腐败堕落及伊尹何以由夏返汤，《新序》也有一个生动的叙述：

> 桀作瑶台，罢民力，殚民财。为酒池糟堤，纵靡靡之乐，一鼓而牛饮者三千人。群臣相持而歌曰："江水沛沛兮，舟楫败兮，我王废兮，趣归薄兮，薄亦大兮。"（案：薄，即亳也）又曰："乐兮乐兮，四牡骄兮，六辔沃兮，去不善而从善，何不乐兮。"伊尹知天命之至，举觞而告桀曰："君王不听臣之言，亡无日矣。"桀拍然而作，哑然而笑曰："子何妖言？吾有天下，如天之有日也。日有亡乎？日亡，吾亦亡矣。"于是接履而趣，遂适汤，汤立为相。故伊尹去夏入殷，殷王而夏亡。②

伊尹看到了夏朝的腐败堕落，天下大势已去，无可挽救时，才毅然离开夏朝回汤，辅佐成汤代夏而立。伊尹的一生，虽然有功于成汤平定海内，践天子之位，但其政治实践更在于成汤死后的辅政。特别是成汤长孙太甲立，暴虐乱德，不遵守成汤法度时，伊尹曾作《伊训》、《肆命》、《徂后》，陈述成汤之训及治理天下的道理。太甲不听其训，不明政教之理，伊尹无奈将其放之于桐宫，摄政当国，以朝诸侯。及至太甲悔过自责返善，伊尹则迎之授政，辅佐其治理天下，以宁百姓。伊尹此举实乃大公无私之历史担当也，现存所作《伊训》及《太甲》三篇，就是以戒太甲的。《汉书·艺文志》载《伊尹》五十九篇，或有近世后人补入者，但《史记》所说伊尹作《伊训》、《肆命》、《徂后》、《咸有一德》及《太甲》五篇，虽《肆命》、《徂后》已失，然其他三篇现存《尚书·商书》中，应是可信的。

伊尹不论是辅助成汤代夏而立，还是放太甲进行历史担当，所表现的整个道德精神，皆是以他的道德哲学为基础的。这种道德哲学就是体悟形

---

① 《尚书大传》卷1。
② 《新序·刺奢》。

上天道本体，得之为德，演为最高政治法则与为政之理，然后讲天下治道，讲道德精神存在。伊尹所讲"咸有一德，克享天心，受天明命"；讲"惟天佑于一德"①；讲"先王顾諟天之明命"②；讲"先王惟时懋敬厥德，克配上帝"③ 等等，就是这样一种道德哲学。"咸有一德"，即纯一之德，就是道德境界达到的"惟精惟一"的高度。在伊尹看来，领悟天道本体，惟有获得最高道德，惟达到"惟精惟一"的高度，达到"惟和惟一"或"协于克一"的存在，就像鼎俎调羹达于至和状态一样，才能求得天下至和，建立太平世界。故曰："其难其慎，惟和惟一。善无常主，协于克一。"要想王天下者，使天下和谐和平，只有王者之心达到"惟和惟一"或"协于克一"的道德境界，才能一天下，和万民，求得大治。故曰"一哉王心"，故曰："德惟一，动罔不吉；德二三，动罔不凶。"④。此正伊尹以鼎俎至和之理，致王道者也，亦训于太甲，政教所当行者也。由此可知，国家天下之治，最大的维和，不是棍棒，不是枪炮，而是人心，是人心之和，人之和谐也。人心即天心，即宇宙，即天地万物的存在。这个世界充满伦理道德，充满仁义礼智，充满美好的东西，达到至和境界，与天地为一，与万物并生，则社会人生无不和谐矣！人心不和，充满物欲，充满争斗，充满躁动，充满不安，充满邪辟，充满愤怒与仇恨，充满恶与不善，化为邪恶的力量，即使再多的棍棒、枪炮，也是对付不了的，特别是当各种邪辟的力量汇合成一种巨大势力的时候，更是如此。伊尹在三千七百多年前就认识到了这个道理，讲这个道理，后世治国平天下者，岂可忘记这个道理，而盲目相信棍棒、枪炮可以维和，可以求得天下大治呢！

伊尹讲"惟和惟一"，实乃唐虞时代"惟精惟一"的阐释，是哲学本体论的进一步发展。伊尹"惟和惟一"之论，虽然在形上本体论上没有"惟精惟一"洁净纯粹，然它不论是作为天道本体的至刚、至键、至和的存在，还是作为道德精神的精一至和境界，都达到了极高状态。正如尧舜禹的政教伦理皆是从天道本体的"惟精惟一"存在引申出来的那样，伊尹

---

① 《尚书·咸有一德》。
② 《尚书·太甲上》。
③ 《尚书·太甲下》。
④ 《尚书·咸有一德》。

辅政的为治之道与最高精神，也皆是从天道本体"惟和惟一"的最高本体演绎阐释出来的。从这个意义上说，伊尹的道德哲学乃是继承了尧、舜、禹三圣的哲学精神也。从"惟精惟一"到"惟和惟一"的发展，不仅在本体论上延续了上古以来的天道哲学，而且给殷商时期文化哲学的发展带来了一种持续不断的和平精神的追求。《商颂》所讲"鞉鼓渊渊，嘒嘒管声。既和且平，依我磬声"①、"亦有和羹，既戒既平。鬷假无言，时靡有争。绥我眉寿，黄耇无疆。约軝错衡，八鸾鸧鸧"② 等等，就是这种和平精神的祈愿、追求与颂歌！

伊尹不仅像唐虞时代一样，把对天道本体体悟的"惟和惟一"道德演为最高道德精神与政治法则，亦如唐虞时代讲"天叙有典"、"天秩有礼"一样，从天道本体那里引申出整个政教伦理。伊尹认为，"皇天降灾"于夏，就在于夏桀不遵守天道法则，不听从祖训，而皇天所以"假手于我有命"，就在于"惟我商王，布昭圣武，代虐以宽，兆民允怀"。一念之动，即有善恶，"今王嗣厥德，罔不在初"？人世间，不论是政治关系，还是经济关系，都不能只是建立在利益基础上，那样天下就会纷争不已。只有以政教伦理治理天下，"立爱惟亲，立敬惟长，始于家邦，终于四海"，才能像先王那样"肇修人纪"；只有"居上克明，为下克忠；与人不求备，检身若不及，以至于有万邦"，在艰难的时世，才能"敷求哲人，俾辅于尔后嗣"③。在伊尹看来，"惟天无亲，克敬惟亲。民罔常怀，怀于有仁。鬼神无常享，享于克诚。天位艰哉！德惟治，否德乱。与治同道，罔不兴；与乱同事，罔不亡"④。因此，伊尹认为，惟有以政教伦理，方可治天下；惟立于政教伦理，诚明于道德，方能天下大治。此"先王昧爽丕显，坐以待旦。旁求俊彦，启迪后人，无越厥命以自覆"⑤ 者也，亦"尹躬暨汤，咸有一德，克享天心，受天明命"者也。

殷商是占卜巫术盛行的时代，不仅"殷人尊神，率民以事神"⑥，而

---

① 《诗经·商颂·那》。
② 《诗经·商颂·烈祖》。
③ 《尚书·伊训》。
④ 《尚书·太甲下》。
⑤ 《尚书·太甲上》。
⑥ 《礼记·表记》。

且巫风是极盛的。伊尹所说"三风十愆"①，首当其冲的就是巫风。虽然占卜巫术远古以来皆存在，但像殷商那样把这类东西引入宫廷，兴风作浪，则是很少的。伊尹提倡道德哲学，从天道本体那里演绎引申出政教伦理及道德精神，以此治理天下，教化万民，这在当时不仅冲破了巫术占卜之风所笼罩的地位，继尧舜禹之后又一次理性自觉地发展了道德形而上学，而且在精神史上开了周代"演德"之学的先声，为后来文王从《易》演绎建立新的道德哲学奠定了理论基础。由禁巫到作《咸有一德》，乃是由巫术到演德的发展。

自然，伊尹的道德哲学不仅是本于天的，而且它的政教伦理与道德精神的引出，也是以心性本体论为基础的。伊尹讲先王"慎乃俭德，惟怀永图。若虞机张，往省括于度则释"，而若"兹乃不义，习与性成"，造成道德的迷失②，就是讲的这种心性本体论存在。伊尹之前，成汤讲"惟皇上帝，降衷于民"③，仲虺讲"惟天生民有欲，无主乃乱；惟天生聪明时乂"④，也是讲的心性本体论问题。在伊尹及成汤、仲虺看来，上天降生下民，本性上是善良的，是具有先天道德本性的，而若不能用政教伦理进行道德教化，就会丧失本性，造成心灵的迷失，从而陷入纵欲，陷入道德缺失与人性之恶。如果说唐虞时代只有少数"四凶"族的为非作歹，扰乱社会秩序与诸族的正常生活，那么，特别是由于夏代社会长期稳定，随着农业生产的发展及物质生活的提高，发展到夏桀时期，上层也开始纵欲而走向了政治上的腐败堕落。夏桀时"作瑶台，罢民力，殚民财。为酒池糟堤，纵靡靡之乐，一鼓而牛饮者三千人"，就是属于这种情况。故成汤一再说"有夏多罪，天命殛之"⑤，"天道福善祸淫，降灾于夏，以彰其

---

① 《尚书·伊训》说："敢有恒舞于宫，酣歌于室，时谓巫风；敢有殉于货色，恒于游畋，时谓淫风；敢有侮圣言，逆忠直，远耆德，比顽童，时谓乱风。"三风，即巫风、淫风、乱风，愆即过错，十愆，即巫、舞、歌、货、色、游、畋、乱一类纵于物欲情欲的过错行为。
② 《尚书·太甲上》。
③ 《尚书·汤诰》。
④ 《尚书·仲虺之诰》。
⑤ 《尚书·汤誓》。

罪"①，伊尹一再告诫太甲说"古有夏先后，方懋厥德，罔有天灾。于其子孙弗率，皇天降灾，假手于我有命"②；"夏王弗克庸德，慢神虐民，皇天弗保"③。然成汤之后，太甲及上层社会已经忘记了夏朝灭亡的教训，纵于物欲情欲之风又开始肆无忌惮地发展起来。伊尹所说的"三风十愆"，就是当时的世风写照。理不可亏，欲不可纵。一切情欲物欲的表达，皆有个限度，过则败礼义，违法度，陷入乖戾悖逆。歌之舞之，表达情志虽无不可，但若恒舞酣歌于宫，荒淫无度，耽于酒色，以巫配之，弄鬼降神，则陷于非理性之荒诞也。财货一类的物质享受，虽是人生之所需，然不顾礼义，贪于货，好美色，以贪婪暧昧求之，则陷于政治腐败矣。游戏、畋猎，虽可启迪智慧，锻炼勇敢，然游猎无度，狎侮礼义，轻慢道德风俗，则走向淫逸无度矣。"三风十愆"是走向政治腐败堕落的温床，有国有天下者有此一条，则必成丧家亡国之君！何能不警惕、不制止、不反对！惟此，伊尹才谆谆告诫太甲说："欲败度，纵败礼，以速戾于厥躬。天作孽，犹可违；自作孽，不可逭！"④

正是"三风十愆"有巨大的政治危害，所以伊尹才制官刑，儆于有位者，第一次以政教伦理、道德教化开展了反对"三风十愆"的政治斗争。他不仅严正地告诉那些政治上的腐败堕落者，说"敢有恒舞于宫，酣歌于室"，谓之巫风；"敢有殉于货色，恒于游畋"，谓之淫风；"敢有侮圣言，逆忠直，远耆德，比顽童"，谓之乱风，而且指出，"兹三风十愆，卿士有一于身，家必丧；邦君有一于身，国必亡"，若"臣下不匡，其刑墨"，并将此训诫于所有"蒙士"⑤，即下层知识分子。"臣下不匡，其刑墨"，这在当时是非常严厉的政治惩罚！伊尹懂得，反腐败，仅仅从法律上进行政治惩罚是不行的，没有政教伦理，没有道德教化，不能贞正人心人性，是不能从根本上解决政治腐败问题的。人心正，天下定。惟有立于政教伦理，对人进行道德教化，贞正人心，才能拯救人性的腐败堕落，挽救礼义道德的荒废。此正伊尹以政教伦理、道德教化反对政治腐败、整治吏治者

---

① 《尚书·汤诰》。
② 《尚书·伊训》。
③ 《尚书·咸有一德》。
④ 《尚书·太甲中》。
⑤ 《尚书·伊训》。

也。伊尹此举不仅显示了伦理道德的大用，同时也表现出了一种刚健中正、大公无私的道德精神。

伊尹正是有一种刚健中正、大公无私的道德精神，太甲暴虐乱德，不守法度，不听祖训，不明政教之理，才敢将其放之于桐宫，摄政当国，以朝诸侯。及至太甲悔过自责返善，则又迎之授政，辅佐其治理天下。伊尹放迎太甲之事也说明，国家权力的更替虽然由禅让制发展为传子制，但国家政治权力的性质仍然是天下为公而不是为私的，它是绝对不允许异化为自我享乐腐败之工具的。至于《古本竹书纪年》所说太甲"潜出于桐，杀伊尹"云云，所纪不过是小私有者鄙俗的心理妄说而已，岂能相信！伊尹的整个思想与为人，不仅有现存所作《太甲》三篇可证，而且可见之甲骨卜辞对伊尹的种种祭祀。若伊尹自立被太甲所杀，有罪于殷商，殷商后人岂能给予祭祀的崇高地位！《左传》说"伊尹放太甲而相之，卒无怨色"①，《帝王世纪》说"帝沃丁八年，伊尹卒，葬以天子之礼，祀以太牢，亲自临丧三年，以报大德焉"② 等，虽不敢说全是体圣心之言，但也足以补《纪年》之妄。伊尹乃是佐汤获得天下者，深知创业垂统经营之艰难，又亲睹夏之所以亡，商之所以兴，若嗣业继承问题得不到解决，则有大厦将倾的危险。伊尹放太甲去桐宫，实乃让其"亲丘墓，煮蒿凄怆，以发其哀慕之思；歠粥艮衰，以消其骄溢之气"③ 也。《史记》说："帝沃丁之时，伊尹卒。既葬伊尹于亳，咎单遂训伊尹事作《沃丁》。"④ 《书序》曰："太甲既立，不明，伊尹放诸桐。三年，复归于亳，思庸。"⑤ 此皆史书明纪也。公孙丑问："贤者之为人臣也，其君不贤，则固可放与？"孟子答曰："有伊尹之志，则可；无伊尹之志，则篡也。"⑥ 关键是否有圣人之心、圣人之政治品质与道德精神，有则廓然大公，沛然而行，无愧于天下，无则如后世曹操弄权柄者，流于篡矣，即使借伊尹为口实，不管怎样冠冕堂皇，如王莽、曹操之辈，然其行为终是篡。而伊尹则不然也。考

---

① 《左传》襄公21年。
② 《帝王世纪·第四殷商》。
③ 《绎史》卷14《伊尹辅太甲》"后记"。
④ 《史记·殷本纪》。
⑤ 《尚书·太甲上》。
⑥ 《孟子·尽心上》。

《太甲》三篇，伊尹曷尝有一言见废立之意？前作《伊训》，乃明政教之始，后作《咸有一德》，则讲"天佑于一德"以终。此乃伊尹克终其德、精神光辉难掩者也。说伊尹放太甲自立，奚足为信哉！

成汤之《诰》，伊尹之《训》，乃殷商之大法，天下之治道。殷商后王，有遵守者，亦有违背者。遵守者复兴，违背者衰微，因此就造成了殷商多次的衰微与中兴。夏太康失国，虽有少康中兴，然而像殷商这种多次衰微与中兴，则是由禅让制变为传子制之后第一次反复出现的文化历史现象。这种中兴之道是怎样发展出来的，怎样看待这种文化历史现象，它构成了一种怎样的文化历史内在的价值与意义，是不可不研究的。

五　殷商轶衰的中兴之道

殷商之世，轶衰轶兴。据史书记载，帝雍己立，殷道衰，太戊复兴，时称中宗；河亶甲时，殷商复衰，祖乙立，复兴；阳甲之时，殷又衰，盘庚迁都，殷又复兴；小辛立，殷商复衰，武丁复兴，庙号高宗。帝甲，乱而复衰，帝乙益衰，至纣而亡。

殷商虽轶衰轶兴，若论其显著复兴，则有两次：一次是盘庚时期，另一次是武丁时期。这两次复兴间歇很短，可以看作是有内在联系的两次行动。盘庚迁都于殷，虽然出现了一时复兴之象，但实现复兴的变革并没有真正完成，故盘庚没，国家仍处于衰微之中，其弟之子武丁即位，其复兴的变革始才完成，实现了中兴。武丁所实现的中兴，实际上是盘庚中兴变革的继续。因此，这两次复兴行动实际上是前后相继的一次中兴：开拓者是盘庚，完成者是武丁。自成汤朝天下至纣亡，殷商虽有600多年的历史，中间几度兴衰之变，然具中兴之道并表现为一种文化历史精神的，则是盘庚、武丁时期的中兴变革。

大凡天下之兴，则必有圣贤明君作。殷商之有天下及中兴亦然。成汤、太戊、祖乙、盘庚、武丁，皆圣贤之君也。实现复兴或中兴，不仅要有圣贤明君，更要有圣贤明哲的辅佐。成汤时之伊尹，太戊时之伊陟、臣扈、巫咸，祖乙时之巫贤，武丁时之甘盘、傅说，皆佐君之明哲也。盘庚中兴，当时是非常困难的。自仲丁以来，诸弟子争立，几经世乱，诸侯莫朝，国家政治已处于非常衰微的时期。要实现中兴，就必须打破这种局面。迁都于殷亳，理以祖制，重以新民，消除党争，就是当时所采取的措施。然而世家大族，各有党与，贪图安逸，忘记忧患，胥动浮言，以蛊惑百姓，使其怨恨，实现中兴措施是非常困难的。盘庚动员迁都，反复讲"天其永我命于兹新邑，绍复先王之大业，底绥四方"、"兹予大享于先王，尔祖其从与享之"① 等，就是以祖宗之权威，反复开谕，以息浮言，以解行怨也。《史记》说"帝盘庚之时，殷已都河北，盘庚渡河南，复居成汤之故，迺五迁，无定处。殷民咨胥皆怨，不欲迁"，就是当时迁都的实际情况。盘庚时而搬出"天命"，时而拿出"祖训"，好不容易才完成了迁都任务。迁都之后，盘庚治亳，所以一时实现中兴，就是"行汤之政"、"尊汤之德"②。然而盘庚治亳，除了理以祖制，似乎并没有采取其他重大举措，为中兴建立起政道纲领。所以如此，一个重要原因，或许就是《释史》所说的"盘庚不幸而享国未久也"，"庚不幸而无贤佐也"③。

要实现中兴，哲学上找不到出路是没有希望的。因为没有伟大的哲学家，就不可能提出新的兴国治世哲理，也不可能真正建立起中兴的政道与治道。此即"股肱惟人，良臣惟圣"④ 者也。殷商时期真正能够理性自觉地认识到这一点的，除了成汤，就要属高宗武丁了。成汤为求伊尹，不惜往返五次聘迎之；而高宗为得到傅说，则是梦寐以求之。高宗于傅岩之野，求得傅说，《史记》叙述得极为生动：

> 帝武丁即位，思复兴殷，而未得其佐。三年不言，政事决定于冢宰，以观国风。武丁夜梦得圣人，名曰说。以梦所见视群臣百吏，皆非也。于是乃使百工营求之野，得说于傅险中。是时说为胥靡，筑于傅险。见于武丁，武丁曰："是也。"得而与之语，果圣人，举以为相，殷国大治。故遂以傅险姓之，号曰傅说⑤。

此即《尚书》所说高宗"恭默思道，梦帝赉予良弼，其代予言。乃审厥象，俾以形旁求于天下"⑥，傅岩之野，得到傅说也。《史记》引《括地

---

① 《尚书·盘庚上》。
② 《史记·殷本纪》。
③ 《绎史》卷16《太戊盘庚之贤》"后记"。
④ 《尚书·说命下》。
⑤ 《史记·殷本纪》。
⑥ 《尚书·说命上》。

志》曰："傅险即傅说版筑之处，所隐之处窟，名'圣人窟'，在今陕州河北县北七里，即虞国虢国之界。又有傅说祠。"《集解》孔安国曰："傅氏之岩在虞虢之界，通道所经，有涧水坏道，常使胥靡刑人筑护此道。说贤而隐，代胥靡筑之，以拱食也。"此可知傅说的政治影响及后人对他的祭祀与怀念。

《尚书》说"在祖乙，时则有若巫贤；在武丁，时则有若甘盘，率惟兹有陈，保义有殷。故殷礼陟配天，多历年所"①，又说"台小子旧学于甘盘，既乃遁于荒野，入宅于河"②。孔颖达疏曰："'旧学于甘盘'，谓为王子时也。甘盘于小乙之世以为大臣，小乙将崩，受遗辅政。高宗之初，得有大功，及高宗免丧，甘盘已死，故《君奭》孔传曰：'高宗即位，甘盘佐之，后有傅说。'是言傅说之前有甘盘也。但下句言'既乃遁于荒野'，是学讫乃遁，非即位之初从甘盘学也。"③ 这就是说，武丁即位之前，虽学于甘盘，然父丧三年满执政时，甘盘已去世矣。武丁"三年不言，政事决定于冢宰，以观国风"，无疑从中学到了不少政治经验。周公说高宗"作其即位，乃或亮阴，三年不言。其惟不言，言乃雍"④，即指此也。但甘盘死后，武丁毕竟感到无强有力的辅佐者，其梦得良弼，让百工以其梦中之像，旁求于天下，可知他多么思贤如渴了。

关于高宗如何感到道德修养不高，政治经验不足，求得傅说而用之，《国语》讲得颇为清楚：

> 昔殷武丁能耸其德，至于神明，以入于河，自河徂亳，于是乎三年，默以思道。卿士患之，曰："王言以出令也，若不言，是无所禀令也。"武丁于是作书曰："以余正四方，余恐德之不类，兹故不言。"如是而又使以梦象旁求四方之贤。得傅说以来，升以为公，而使朝夕规谏，曰："若金，用女作砺；若津水，用女作舟；若天旱，用女作霖雨。启乃心，沃朕心。若药不瞑眩，厥疾不瘳。若跣不视地，厥足用伤。"若武丁之神明也，其圣之睿广也，其智之不疾也，犹自谓未乂，故放三年默以思道。既得道，犹不敢专制，使以象旁求圣人。既

---

① 《尚书·君奭》。
② 《尚书·说命下》。
③ 《尚书正义》卷10。
④ 《尚书·无逸》。

得以为辅,又恐其荒失遗忘,故使朝夕规诲箴谏,曰:"必交修余,无余弃也。"①

傅说之事,可见于《尚书·说命》三篇。依孔传所说"命"即任命傅说为相,使摄政,"说命",即始得傅说而命之也。《国语》所讲高宗重用傅说"若金,用女作砺;若津水,用女作舟;若天旱,用女作霖雨。启乃心,沃朕心"的话,亦见于《尚书·说命》,文字少有变动,即"若金,用汝作砺;若济巨川,用汝作舟楫;若岁大旱,用汝作霖雨。启乃心,沃朕心"。但讲"正于四方,惟恐德弗类,兹故弗言",其语言则是相同的。高宗既得傅说以为辅,又恐其荒失遗忘,故使其"朝夕规诲箴谏",可知高宗对傅说是多么重视了。故《楚辞》说:"说操筑于傅岩兮,武丁用而不疑。"② 清华大学所收藏的战国竹简有《傅说之命》,亦三篇,虽重在讲高宗对傅说的任命及对政教的理解,而不是傅说对政教的理解与阐释③,但这也只是今人文字判断解释之不同。从根本上说,高宗既命百官寻找贤者,好不容易找到了傅说,不好好请教,反而自己讲一篇政教道理,似乎不合情理,但它也说明傅说的历史存在不假。

傅说总百官,辅佐高宗,建立中兴之道,首先是以天道本体重建政治哲学,为政道与治道提供本体论根据。傅说总百官,进于王曰,"呜呼!明王奉若天道,建邦设都,树后王君公,承以大夫师长",就是呼吁这种政治哲学的重建。在傅说看来,"惟天聪明,惟圣时宪,惟臣钦若,惟民从乂",这才是本质的规定性;而轻易言论,则会蒙羞;乱动甲胄,就会引起战争;奇装异服,会乱乎礼义;带兵非其才,就不能反省战乱何以发生。王者政治天下,惟戒慎四者,才能"允兹克明",无不美好。不仅"建邦设都,树后王君公,承以大夫师长",应"奉若天道",以此为本,而且任命官吏,也必须遵守公正的天道法则,"惟其能,惟其贤"。惟"官不及私昵,爵罔及恶德。虑善以动,动惟厥时",其所居行,才是"政事惟醇"④ 的美好表现。

---

① 《国语·楚语上》。
② 《楚辞·离骚》。
③ 程薇"由〈傅说之命〉反思伪古文〈尚书·说命〉篇",见《中国社会科学报》2014年2月26日。
④ 均见《尚书·说命中》。

要重建天道本体的政治哲学,就要恢复敩学教育,加强道德教化。敩者,教也。教然后知困,知困才能自强。在傅说看来,"人求多闻,时惟建事。学于古训,乃有获。事不师古,以克永世,匪说攸闻"。因此,敩学教育,不是浅薄的知识,而是高尚的情操修养与道德精神觉悟。傅说认为,高尚的情操和道德精神来源于道德修养与道德实践。"惟学逊志,务时敏,厥修乃来";惟敩,惟教人修之道德,才能功半于学;惟"念终始,典于学",才能"厥德修罔觉"①,获得精神自觉。他还认为,要实现中兴,鉴于先王的政治经验,惟有恢复与道德修养相关的教育,加强人民的道德教化,其为中兴之道,才能永无过错。

傅说讲纯粹美好的政治,讲道德精神的觉悟,其为中兴之道,是以纯正的天道本体论为基础的,它在哲学上继承了成汤的宗教政治哲学、伊尹的道德哲学的纯正理性精神。其讲"无启宠纳侮,无耻过作非。惟厥攸居,政事惟醇"以及讲"黩于祭祀,时谓弗钦;礼烦则乱,事神则难"②,就是傅说中兴之道的纯正理性精神之所在。一切政治、宗教、祭祀、礼义、道德,皆是立于人的主体性存在,立于自我道德之觉悟及政治之圣明。故曰:"惟木从绳则正,后从谏则圣。后克圣,臣不命其承,畴敢不祗若王之休命!"

《尚书》说:"其在高宗时,旧劳于外,爰暨小人。"③ 孔安国传曰:"武丁其父小乙,使之久居民间,劳是稼穑,与小人出入同事。"可知高宗即位之前,曾遵父教,久居民间,劳于稼穑,知下层人民之苦辛。惟此,武丁才以伊尹所说的"一夫不获,则曰'时予之辜'",为"佑我烈祖,格于皇天"④的正道之言。其父小乙死后,虽行孝守丧,三年不语,然并未有荒怠政事,而是默思中兴之道。因此,一旦求得傅说,听其嘉靖吟邦之理,修德而用之,使其总揽百官政事,也就实现了中兴。自然,这也是和殷商执政时间已久、具有人心所向的社会基础联系在一起的。惟此,孟子才说:"由汤至于武丁,贤圣之君六七作,天下归殷久矣,久则难变也。

---

① 《尚书·说命下》。
② 《尚书·说命中》。
③ 《尚书·无逸》。
④ 《尚书·说命下》。

武丁朝诸侯,有天下,犹运之掌也。"①

不论是成汤的宗教政治哲学、伊尹的道德哲学,还是傅说中兴之道的纯正本体论,其为纯正理性精神,都不是在知识理性上讲的,而是在价值判断即价值理性上说的。这可以从《史记》所记的两件事看出来:第一件事是帝太戊时,伊陟为相,毫有怪异的桑谷合生于朝,"一暮大拱"。帝太戊惧,问伊陟。伊陟说:"臣闻妖不胜德,帝之政其有阙与?帝其修德。"太戊从之,而那棵怪异的桑谷就枯死了;第二件事是高宗祭祀成汤,有飞雉登上鼎耳而叫,武丁惧,贤臣祖己,沉着冷静地对高宗讲:"王勿忧,先修政事。"祭祀后告诉高宗说,"天视下民以义为常。天降年有常有不常,非天夭民,中绝其命";王者"当敬民事;祭祀有常,祀天不要以丰歉而弃常道"。于是,"武丁修政行德,天下咸欢,殷道复兴"②。

由上可以看出,成汤到武丁时期,虽然精神上有很高的价值理性,但他们对鬼神怪异之事还是充满恐惧感的。殷商时期,"殷人尊神,率民以事神",人们还是相信天帝鬼神的存在的,特别是相信自我天命的存在,有时思想行为会陷入非常愚蠢的地步。西伯戡黎,祖之,大臣祖伊奔告纣王说:"天既讫我殷命,神龟考之,无不知吉。王暴虐于民,使不得安食,逆乱阴阳,不度天性,不知明德,不修教法。今民无不欲丧我,今王其奈何?"纣王临其危亡,居然说"我生不有命在天乎"③,岂不是愚蠢的表现!但总的说,殷商在文化哲学上还是保持着一种价值理性精神,其为"殷人尊神,率民以事神",也并不只是一种对鬼神的迷信,还包含着一种对祖先生命精神的尊重。

六 祖宗意识与生命精神

中华民族以天为本,也是以天为祖先神所出者,为生命精神的源头。因此,中华民族祭天即祭祖,即祖先神之所出,即那个最高本原存在。中华民族通过祭天祭祖,形成了一种很强烈的祖宗意识,也构成了一种很强的祖宗生命精神存在。

---

① 《孟子·公孙丑上》。
② 《史记·殷本纪》。
③ 《尚书·西伯戡黎》。

  中国文化祭天祭祖之礼，可以追溯到远古时期。将军崖所留最古老岩画的祭天图，就是伏羲时代的祭祀之礼。炎黄时期，不论是东夷氏族部落的"被发而祭于野"，还是黄帝氏族部落"以木为位而祭于庙"，其为宗教祭祀之礼，都包含着对祖宗及祖先神的追思与怀念。唐虞时期，"正月上日，受终于文祖，肆类于上帝，禋于六宗"① 的祭祀活动，既是祭天，也是祭祖，即告于尧之祖庙。中国上古以来的宗教祭祀，虽然"非我族类，不在祀典"，也形成了不同氏族的祖宗意识或祖先神意识，如"有虞氏禘黄帝而祖颛顼，郊尧而宗舜；夏后氏禘黄帝而祖颛顼，郊鲧而宗禹"②，也形成了一定的祖宗观念，如太康失国，昆弟五人作《五子之歌》，以"皇祖有训"诉说之，但由于上古氏族群体不断分化与互渗，都没有持续不断地长期进行祖先或祖先神的祭祀活动，因此，都没有形成氏族群体强烈持续的祖宗意识或祖先神意识，祖宗观念及其祖先精神也没有作为社会意识存在于中华民族的文化历史上。

  但殷商氏族就不一样了。殷商轶衰轶兴六百多年的历史，一时也没有忘记祭祀自己的祖宗及祖先神，没有忘记祭祀列祖列宗的存在。他们不仅祭祀成汤、祭太戊、祭祖乙、祭盘庚、祭高宗、祭中宗，也祭契、相土、冥、王亥、上甲微，祭列祖列宗之神的存在。举行祭祀活动，不仅"奏鼓简简，衎我烈祖"；"于赫汤孙，穆穆厥声"③；"嗟嗟烈祖！有秩斯祜"；"自天降康，丰年穰穰。来假来飨，降福无疆。顾予烝尝，汤孙之将"④，祈求列祖列宗给国家带来丰年，给子孙带来幸福，更歌颂列祖列宗的盛德伟业及开创精神，如讲"天命玄鸟，降而生商，宅殷土芒芒。古帝命武汤，正域彼四方，方命厥后，奄有九有"⑤；讲"有娀方将，帝立子生商。玄王桓拨，受小国是达，受大国是达。相土烈烈，海外有截"⑥；以及讲"昔有成汤，自彼氐羌，莫敢不来享，莫敢不来王。曰商是常"⑦ 等，就

---

① 《尚书·尧典》。
② 《国语·鲁语上》。
③ 《诗经·商颂·那》。
④ 《诗经·商颂·烈祖》。
⑤ 《诗经·商颂·玄鸟》。
⑥ 《诗经·商颂·长发》。
⑦ 《诗经·商颂·殷武》。

是对列祖列宗的盛德伟业的颂歌！《诗经》的《商颂》，乃宋大夫"正考父校商之名颂十二篇于周太师"① 者。这一点，《毛诗·那》篇序也说得很清楚："微子至于戴公，其间礼乐废坏，有正考甫者，得《商颂》十二篇于周之大师，以《那》为首。"② 正考甫，即正考父，《商颂》乃其得于周太师者也。然及至司马迁讲"襄公之时，修行仁义，欲为盟主。其大夫正考父美之，故追道契、汤、高宗，殷所以兴，作《商颂》"③，后人就以为《商颂》是宋大夫正考父作的。实际上，《商颂》乃殷商时代的祭祀乐歌，正考父得之，宋襄公时，为追思"契、汤、高宗，殷所以兴"而演唱者也。虽然可能有所加工，但《商颂》本身则是殷商时代之祭祀乐歌也，故其所歌颂的商代列祖列宗的盛德伟业及开创精神，亦应是真实的。

　　殷商重视祭祀活动还有一个重要的原因，那就是殷人有一种厚生重死的意识，亦即对人死后生命精神存在的尊重。《礼记·表记》所说"殷人尊神，率民以事神，先鬼而后礼"，不能将它一味地看作是殷人迷信鬼神，它还包含着对于死去的祖先及祖先精神的尊重。郑玄注此所说"先鬼而后礼，谓内宗庙外朝廷也"，就是说的殷人亲近祖宗，尊重祖宗精神存在的宗教礼仪安排。在殷人看来，人死后，他的鬼魂、他的生命精神仍然存在。甲骨文"鬼"字写作"甶"，即"田"下一个"人"字。它说明人死后不过是归入地下而已。故鬼者，归也。人死之后，并不是只是化为尘土，化为灰烟，一切都不存在了，而仍然是一个生命精神存在，一个精神性存在。惟此，才有祖先神，才有列祖列宗的魂魄与生命精神。鬼神乃人精神之发，是人精神气息的存在。故孔子说："气也者，神之盛也。魄也者，鬼之盛也。合鬼与神，教之至也。众生必死，死必归土，此之谓鬼。骨肉毙于下，阴为野土。其气发扬于上为昭明，焄蒿凄怆，此百物之精也，神之著也。因物之精，制为之极，明命鬼神以为黔首则，百众以畏，万民以服。圣人以是为未足也，筑为宫室，设为宗祧，以别亲疏远迩，教民反古复始，不忘其所由生也。"因此，祭祀的本义，就是教民知其始，返其本，不忘其所由生。通过祭祀活动，"教民相爱，上下用情，乃礼之

---

① 《国语·鲁语下》。
② 《毛诗正义》卷23。
③ 《史记·宋微子世家》。

至也"①，更何况殷商之为上层贵族政治集团呢！孔颖达崇尚君臣交接之礼，将政治礼仪看得高于亲情相爱之礼，因而疏"殷人尊神，率民以事神"为"尚虚无之事"，实乃是不理解中国文化宗教之礼的根本教义，不理解殷人重视祖先生命精神者也。

那么，怎样看待上古以来宗教祭祀活动的发展呢？殷人对宗教祭祀活动的态度是虔诚的吗？《礼记》讲了这样一件事：

> 鲁人有周丰也者，哀公执挚请见之而曰不可。公曰："我其已夫。"使人问焉，曰："有虞氏未施信于民而民信之，夏后氏未施敬于民而民敬之，何施而得斯于民也？"对曰："墟墓之间，未施哀于民而民哀；社稷宗庙之中，未施敬于民而民敬。殷人作誓而民始畔，周人作会而民始疑。苟无礼义、忠信、诚悫之心以莅之，虽固结之，民其不解乎？"②

见悲哀之事而悲哀之，见庄敬之事而庄敬之，其为宗教祭祀礼义，乃是立于人真情无伪的基础上的，属于孔子所说"教民相爱，上下用情，礼之至"者也。墟墓之间或社稷宗庙的宗教祭祀活动，一旦发展为无诚信的宣誓或会盟结众，言不由衷，人民就会怀疑其诚信而背叛之。此意即孔子所说"其身正不令而行，其身不正，虽令不行"③者也。其实，历史上作《誓》，并非自殷人始，夏启之作《甘誓》，远早于殷人，会盟也非自周人始，大禹就曾会盟"诸侯于涂山，执玉帛者万国"④。一切宗教礼仪，包括墟墓之间或社稷宗庙的宗教祭祀活动，关键是要忠信诚意，真情无伪。《越绝害》说"汤行仁义，敬鬼神，天下皆一心归之"，就是一种虔诚的宗教信仰所致。当是时，荆伯尚未归顺商汤，成汤就将一头经过装饰的牺牛送给荆伯用于祭祀。荆伯惭愧地说是自己"失事圣人礼"，然后就诚心地归顺了商汤⑤。"汤献牛荆之伯"的故事，说明殷商时期的宗教信仰虽立于价值理性基础上，但对天帝鬼神的信仰仍然是虔诚的。自然，也有不

---

① 《礼记·祭义》。
② 《礼记·檀弓下》。
③ 《论语·子路》。
④ 《左传》襄公7年。
⑤ 《越绝书》卷3。

虔诚的时候。帝武乙做木偶谓之"天神",与之搏斗,天神不胜,就侮辱之、仰射之,就是不信仰鬼神,不仅不信仰,竟至于达到了侮辱玩弄的地步。

"祖考精神便是自家精神"①。祭祀活动乃是以自家精神会通祖考精神,与祖考精神相交通。通过祭祀活动,自家精神长期持续地与祖考精神相交通,祖考精神也就变成自家意识到的精神,自我意识也就具有祖考精神存在了。"殷民六族"②。殷人的宗族观念是非常强烈的,这从甲骨文不断出现的"族"字可以看出来,如"乎王族先"(《河》589);"令……王族"(《铁》93.1);"贞令多子族"(《续》5.2.2);"令三族"(《甲》948);"王其令五族"(《粹》1149)等。《左传》说"同姓于宗庙,同宗于祖庙,同族于祢庙"③,《礼记》说"有百世不迁之宗,有五世则迁之宗"。不论是同宗,还是同祖,百世之宗,还是五世之宗,其为祭祀活动,无不是"人道亲亲也",惟"亲亲故尊祖,尊祖故敬宗,敬宗故收族"④,祭祀活动皆是为加强宗族意识。殷商氏族通过这种长期持续的宗庙祭祀活动,不仅使列祖列宗的存在成为自我族群的宗族意识,也使列祖列宗的盛德伟业成为氏族群体的祖宗精神!《诗经·商颂》"奏鼓简简,衎我烈祖"、"嗟嗟烈祖!有秩斯祜",所表现的正是这种强烈的氏族群体的祖宗精神。"国之大事,在祀与戎"⑤。祖宗祭祀活动虽然可以追溯到远古时代,但通过祭祀活动获得祖宗意识,使祖先神或祖宗精神成为意识到的自家精神,并且随着时间的推移逐渐成为国家民族的文化意识与祖先精神的存在,则是和殷商时期愈来愈自觉的祭祀活动分不开的,特别是发展到周朝制定出一整套祭天祭祖的礼仪制度之后,这种精神更成了中华民族意识中的文化精神存在!

中国文化不像西方文化那样只认上帝,不认祖宗,而是具有非常强烈的祖宗观念,即使祭祀上帝,也是"以祖配天",祭祀中的"皇天上帝",就是祖先所出神的存在。这从西方文化人类学或宗教哲学的立场看,中国

---

① 《朱子语类》卷3。
② 《左传》定公4年。
③ 《左传》襄公12年。
④ 《礼记·大传》。
⑤ 《左传》成公13年。

文化形上最高信仰的存在似乎还没有完全脱离血缘关系，或者说还没完全从血缘关系提升为纯粹的至上神存在，但从中国文化看，至精至神的天道本体与祖先所出神则是一致的，并且在形而上学高度实现了最为完美的合一。正因为这样，中国文化历代的祭天祭祖就不再是一个虚妄的价值设定，而是一种真实无妄之理的存在，一种最高文化精神的存在。这种文化精神随着殷商文化的宗教统合，在中华民族中就显得尤为突出。

七　殷商文化的宗教统合

精神的绵延不仅靠时间上的持续，更靠这种文化在历史上的统领合化能力，靠这种能力多大程度上将自身提升到新的文化历史高度，自然，还要看它在文化历史上所处的统合地位及以何种文化精神起统合作用。

如果以此观察殷商文化就会发现，它在夏、商、周三代的文化绵延中，乃是处于承上启下的统合地位的。这可以从《礼记》下面这些说法中看出来：

> 有虞氏瓦棺，夏后氏堲周，殷人棺椁，周人墙置翣。周人以殷人之棺椁葬长殇，以夏后氏之堲周葬中殇、下殇，以有虞氏之瓦棺葬无服之殇。
>
> 夏后氏尚黑，大事敛用昏，戎事乘骊，牲用玄。殷人尚白，大事敛用日中，戎事乘翰，牲用白。周人尚赤，大事敛用日出，戎事乘騵，牲用骍。①
>
> 凡祭，慎诸此。魂气归于天，形魄归于地，故祭求诸阴阳之义也。殷人先求诸阳，周人先求诸阴。②
>
> 鸾车，有虞氏之路也。钩车，夏后氏之路也。大路，殷路也。乘路，周路也。
>
> 有虞氏之旂，夏后氏之绥，殷之大白，周之大赤。
>
> 夏后氏骆马黑鬣，殷人白马黑首，周人黄马蕃鬣，夏后氏牲尚黑，殷白牡，周骍刚。

---

① 《礼记·檀弓上》。
② 《礼记郊特性》。

> 有虞氏服韨，夏后氏山，殷火，周龙章。
> 夏后氏尚明水，殷尚醴，周尚酒。
> 有虞氏之绥，夏后氏之绸练，殷之崇牙，周之璧翣。①

自然，就整个礼乐文化而言，殷商文化在夏、商、周三代文化的绵延中所处承上启下统合地位的不只上述这些，它还表现在其他许多方面。例如，官吏设置"有虞氏官五十，夏后氏官百，殷二百，周三百"；学校设置"米廪，有虞氏之庠也。序，夏后氏之序也。瞽宗，殷学也。頖宫，周学也"②；社会地位"有虞氏贵德而尚齿，夏后氏贵爵而尚齿，殷人贵富而尚齿，周人贵亲而尚齿"③等。夏、商、周三代的礼乐文化，虽然有丧、祭、射、御、冠、昏、朝、聘诸多内容，由于"国之大事，在祀与戎"，宗教祭祀文化则一直处于最重要的地位。这就是说，殷商文化在夏、商、周三代礼乐文化所处承上启下的地位与作用，主要是在宗教祭祀方面，表现为宗教的统合地位与大用。不论是汤对葛伯"使亳众往为之耕"，还是"汤献牛荆之伯"，皆是为了使当时的宗教祭祀活动得以恢复与正常进行，易言之，就是对葛伯、荆伯在礼乐文化方面实现宗教祭祀上的统领与合化。

虽然"殷因于夏礼，周因于殷礼"④，三代之礼有一种因革损益的关系，但也不总是"夏造殷因"⑤的，有些礼乐文化也是首先由殷商创造，而后"殷造周因"。比如以牺牛为祭就是这样。没有"胲作服牛"，即"王亥服牛"，是无论如何创造不出"牺牛"祭祀文化的，同样，没有"夏氏末代制辇"及殷时"相土作乘马"，也发展不出"夏后氏尚黑，戎事乘骊，牲用玄。殷人尚白，戎事乘翰，牲用白。周人尚赤，戎事乘騵，牲用骍"用于"国之大事"的"祀与戎"一类的车马文化。由此可以看出，殷商文化在宗教祭祀方面并不总是处于因革损益地位，它也是常常以首创地位统领合化整个三代礼乐文化的。

殷商宗教统合是随着国家民族的统一与融合而不断发展的。大禹时

---

① 《礼记·明堂》。
② 《礼记·明堂》。
③ 《礼记·祭义》。
④ 《论语·为政》。
⑤ 《礼记·玉藻》。

期，虽然通过平治水土使夷夏诸族文化更加融合统一，但其会盟"诸侯于涂山，执玉帛者"，尚有"万国"。然发展到殷商，经过"古帝命武汤，正域彼四方"，已是"邦畿千里，维民所止，肇域彼四海，四海来假"①；经过殷武时期的"奋伐荆楚"，"命于下国，封建厥福"，已成为"商邑翼翼，四方之极"②的存在。《吕氏春秋》说，商汤时期，"汉南之国，四十国归之"③，可见殷商时期的夷夏诸族的统一融合是非常迅速的。"昔有成汤，自彼氐羌，莫敢不来享"。至武王克商时，则已是"蒲姑、商奄，吾东土也，巴、濮、楚、邓，吾南土也，肃慎、燕、亳，吾北土也"④。这种国家民族的融合统一，无疑给殷商宗教统合提供了文化基础。

　　最能说明这种宗教统合的，莫过于四川成都出土的三星堆、金沙文化遗址所发现的随葬品与祭祀用品，因为从这些祭祀遗存可以看出，它与殷墟宗教祭祀观念的某些联系。《礼记》说"夏后氏用明器，殷人用祭器"，又说"明器，鬼器也；祭器，人器也"。明器，即随葬品，随死者归于地下者，故曰"鬼器也"。夏后氏所以用明器，"示民无知也"。殷人所以用祭器，"示民有知也"。人死后是否有知，对古代人而言，是非常神秘莫测的。如果说无知，那就用不着祭祀了；如果说有知，那谁又说得清楚呢？孔子说："之死而致死之，不仁而不可为也；之死而致生之，不知而不可为也。"这就是说，生者以物品送死者，如果说死者如草木无知，如此用情则不仁也，是不可行于世的。但是，如果说死者与活着的时候一样，那有谁知道啊！因此孔子认为，对于死者不可谓之有知，也不可谓之无知，有知无知，只能从精神上追求它的存在。故所送物品，"其曰明器，神明之也"。生人所送随葬品及葬用椁材，出殡十日后是要颁布告示的，故曰"既殡，旬而布材与明器"。既然人死后有知无知是个神明问题，因此孔子认为，所送器物就不必太精致完美了，"竹不成用，瓦不成味，木不成斫，瑟张而不平，竽笙备而不和，有钟磬而无簨虡"，"神明之"⑤就可以了。

　　但是，三星堆、金沙文化遗址所发现的随葬品与祭品，恰恰证明是按

---

① 《诗经·商颂·玄鸟》。
② 《诗经·商颂·殷武》。
③ 《吕氏春秋·异用篇》。
④ 《左传》昭公9年。
⑤ 以上均见《礼记·檀弓上》。

照殷人的宗教祭祀观念即人死后是有知而进行的,故其随葬品与祭品,不仅极为丰厚,而且非常精致完美,与殷墟遗存极其相似。三星堆"一号坑"和"二号坑"被专家定名为"祭祀坑"。"一号坑"属于殷墟一期,"二号坑"属于殷墟晚期。"祭祀坑"的明器,不仅具有殷墟文化特征,更是按照殷人宗教观念随葬的。例如"一号坑"出土有精美的铜器、金器、玉器、琥珀、陶器等,"二号坑"除出土有精美的铜器、金器、玉器外,还出土有罕见的绿松石、象牙珠等贵重物品;金沙遗址更出土有大量的精美金器、铜器、玉器、石雕器、漆木器及数以万计的陶器和成吨的象牙等。它说明当时的蜀人于殷商文化的扩充、融合、涵化过程中,在宗教意识上已经接受了殷人的宗教观念,即认为死者是有知有灵的,这些精美的贵重物品,死者可以像生人一样享用。不仅随葬品体现了殷人的宗教观念,祭祀用品也同样体现了这种观念,如三星堆"二号坑"出土的青铜神树、大型立人铜像、青铜面像、人头像,金沙遗址出土的金冠带等,也是视死者有知有灵,通过祭祀供其使用的。青铜神树、大型立人铜像(见彩图10)所以被打断,只是一个祭祀习俗问题,就像今天农村祭祀死者用纸扎的车、马、轿、轿夫及摇钱树、童男、童女,祭祀完毕坟前烧掉这些祭品时被打碎一样。那些青铜面像、人头像,也应是完整的人身形象,就像现在祭祀死者纸扎的轿夫、童男、童女是完整的人身形象一样,不过现在纸扎的人身形象头部是泥做的,而三星堆出土的人面像、人头像是用青铜做的,其他人体部分已经腐烂掉了而已。但它视死者有知有灵,供其驱使享用方面则是一致的,而这恰恰是殷人所发展起来的宗教祭祀观念,是殷人通过文化扩充、融合、涵化实现宗教统合的结果。

中国古代禹夏以来,乃是以象为宗教崇拜对象的。《诗经·维清》序曰"奏象舞也"[1];《礼记》讲"南方曰象"[2];今河南省简称为"豫"。豫,即象群之地也。凡此皆说明,古代禹夏以来,象是宗教崇拜的对象。殷商时期也是这样。三星堆、金沙遗址所出土的大量的象牙随葬品,更具有殷人的宗教崇拜性质。殷人不仅驯象,如甲骨文的"为"字写作"𢖻"[3],即是一个人驯象的形象,更是把所崇拜的大象视为神物作为随葬

---

[1] 《毛诗》卷19。
[2] 《礼记·王制》。
[3] 陈梦家《殷墟卜辞综述》第407页,中华书局1988年版。

品,如殷墟后加庄北冈墓就有殉葬的象、鹿等动物,小屯出土的遗物有象牙,特别是"妇好墓"的随葬象牙雕刻品,不仅有极为生动的玉象(见彩图11),更是雕刻有异常精美的象牙杯子(见彩图12)。凡此皆可见殷人对象的宗教崇拜。湖南醴陵出土的殷商青铜象尊(见彩图13)及陕西出土的青铜象(见彩图14)也同样反映了这种崇拜。殷人的这种宗教崇拜发展到蜀地,就是三星堆、金沙遗址出土的大量象牙随葬品:仅三星堆"二号坑"随葬的完整象牙就有67根(见彩图15),更有象牙珠、象牙器等,与"妇好墓"的随葬象牙雕品极为相似。荆楚及巴蜀地区的古代先民虽盛行巫术,有信奉和使用象牙厌胜的习俗,但随葬的大量象牙及雕刻品供死者使用,则是遵从殷人死者有知有灵观之宗教信仰的。因此,由三星堆、金沙遗址出土的大量的象牙随葬品不难看出,殷人通过文化扩充、融合、涵化是如何实现国家民族宗教统合的。

自然,殷商这种通过文化扩充、融合、涵化实现的宗教统合是不能孤立地看待的,更不能把三星堆、金沙遗址的蜀文化封闭起来,当作孤立的文化现象看待,如何看待那些祭祀用的青铜器及大量的随葬象牙,更是如此。这是因为,上古时期华夏大地黄河中上游的秦晋一带并非像今天一样只是光秃秃的山,而是茂密的原始森林。这一点我们读《诗经》的"秦风"就会感觉到,当时这一带不仅是茂密的原始森林,而且森林中栖息着野鸡和飞禽,生活着野兔和鹿群;黄河中下游也不像今天这样是光秃秃的大平原及一片片村庄与无数低矮的农舍,而多是丘陵湖泊之地。据《水经注》所载,太行山以东有四十多个湖泊,长江、淮河以北,黄河以南,有一百四十个湖泊,其中今河南的荥泽、圃田、孟诸,河北南部的大陆泽,山东的巨野、雷夏、菏泽等,都是有名的大湖泊。因此,上古尚处于冬天温暖、夏天炎热的华夏大地,乃是东方象生存聚集的地方,而非是外来物种。山东大汶口文化遗址出土的象牙梳子和象牙琮,东起鄂中南,西至川东,南抵洞庭湖,北达汉水的巫山大溪文化遗址出土的象牙耳饰、臂饰、项饰等,皆说明华夏大地上生存聚集有大象,而长江流域特别是上游"岷山,江水出焉",更是"其兽多犀、象"①。《礼记》说:"南方曰象。"②

---

① 《山海经·中山经》。

② 《礼记·王制》。

《吕氏春秋》说:"商人服象,为虐于东夷,周公以师逐之,至于江南。"① 凡此皆可看出殷人对大象的崇拜,以此为宗教崇拜统领合化华夏诸族是可以理解的。三星堆、金沙遗址所出土的那么多的象牙随葬品,说明巴蜀地区大象的退出要晚一些而已。另外,巴蜀也并不尽是"一夫当关,万夫莫开"或"蜀道之难,难于上青天"。它不仅有长江"朝发白帝,暮到江陵",而且由四川通往汉中或汉中通往关中,也有各种道路可走,并非完全是封闭的。殷商时期青铜文化及大象宗教崇拜传入巴蜀,以此统领合化其宗教信仰,也是可以理解的。更何况大禹生石纽,"石纽在蜀西川也"②,即今天的汶川,从禹夏时巴蜀就是与内地联系在一起的呢。

《礼记》说"祭者教之本也已"③;孔子说"昔三代明王,皆事天地之神明,无非卜筮之用,不敢以其私亵事上帝,是故不犯日月"④。宗教祭祀虽然最初是为思念祖先及祖先神的存在,并通过宗教祭祀绵延祖先精神。这在最初是自家氏族群体的、纯粹我群的甚至是排除其他氏族群体的,即"非我族类,不在祀典",但及至通过文化扩充、融合、涵化,实现了宗教统合以后,其为精神的绵延存在,也就不仅仅是自家祖先的而是整个国家民族的了。这就是殷商文化实现宗教意识统合的精神史之意义所在。

自然,殷商文化的精神绵延并不仅仅表现在宗教意识、宗教精神统合上,更在于它扎根于华夏大地的宽厚静美的文化精神扩充涵化为国家民族精神,其中士人意识的觉醒以及这种觉醒所发展出来的孤竹精神,才是中国形而上学精神的主流所在。

八 贵族阶层与士人精神

中国自唐虞时代起,社会已经开始分层。《尚书》所说帝尧"克明俊德,以亲九族;九族既睦,平章百姓;百姓昭明,协和万邦,黎民于变时雍"⑤,这里所讲的"百姓",并不是今天讲的平民百姓的意思,而是天子

---

① 《吕氏春秋·古乐》。
② 《吴越春秋·越王无余外传》。
③ 《礼记·祭统》。
④ 《礼记·表记》。
⑤ 《尚书·尧典》。

赐姓的百官及各地贵族。《左传》讲"天子建德,因生以赐姓"①,就是指天子赐姓之事。"因生以赐姓",就是以所生之地而赐姓。赐姓的为贵族,不赐姓的,只有氏而无姓。故《尚书正义》解此曰:"百姓是群臣弟子,不宜越百姓而先下民。"② 其讲"黎民于变时雍"的"黎民",才是指下层的平民百姓。如果前面的"百姓"指下层的平民百姓,后面就不用提"黎民"了。其后,《尚书》讲"弃:黎民阻饥,汝后稷,播时百谷"及"契:百姓不亲,五品不逊,汝作司徒,敬敷五教在宽"③,也是将"黎民"与"百姓"对着讲的。可知中国社会发展到唐虞时代,社会发展已经开始有阶层之分,其中一个重要阶层就是百官及各地的贵族。

唐虞及夏商周三代,凡贵族子弟,皆受到良好的教育。不仅"凡教世子,必以礼乐"④,而且"王命二公、九卿、大夫、元士皆入学",而其弟子,无不"春秋教以《礼》、《乐》,冬夏教以《诗》、《书》",并且建立了一整套由秀士、选士、俊士到造士的选拔制度。凡王大子、王子、群后之大子、卿大夫元士之适子,皆参加国家这种选拔与人才造就。⑤ 发展到殷商时期,已制定了一种完备的制度,而且在制度上向下层贵族士民倾斜。故周公称殷德说:"商宝百姓,王人罔不秉德,明恤小臣。"⑥

这样,发展到殷商时期,中国大地上不仅形成了一个稳定的贵族阶层,而且一些非常优秀杰出的士人也发展了起来。但上古时期的所谓"士",并非指后来"农农、士士、工工、商商"⑦ 的特定阶层,也未分化为后来的武士、侠士、游士、辩士、隐士、名士诸多职业身份地位,他们只是一些贵族子弟,只是贵族子弟受过良好教育,有知识、有学问、有道德情操、有坚定的意志与道德精神、敢于担当的一部分人。他们虽然相当于今天所说的知识分子,但绝不是一些功利之徒、世俗之士,不是汲汲于

---

① 《左传》隐公 8 年。
② 《尚书正义》卷 2。
③ 《尚书·舜典》。
④ 《礼记·文王世子》。
⑤ 《礼记·王制》。
⑥ 《尚书·君奭》。
⑦ 《荀子·王制》。

功名的富贵者或庄子所说以小知小识"独弦哀歌以卖名声于天下者"①，而是"通古今，辩然否"②，懂得天道义理、彝伦大法者，是孔子所说"笃信善学，守死善道"③ 者，或孟子所说"穷不失义，达不离道"④ 者。他们有一种以道自任的历史担当精神，而非小私有者。故举之可以治国平天下，不举，则是一些社会贤良知圣之士。

帝舜时的禹、皋陶、契、后稷、伯夷、夔、龙、垂、益、彭祖以及"八恺"、"八元"就是这样一批士人。他们不仅具有披九山，通九泽，决九河，定九州，主后土，揆百事，布五教，亲和百姓，巍然焕然而治平天下者，而且能够领悟形上天道，精神世界达于"惟精惟一"的存在者。他们全是来自夷夏不同氏族部落的圣贤明哲，是世济其美、不损其名的难得人才。故孔子说："才难，不其然乎？唐虞之际，于斯为盛。"⑤

殷商成汤时期的伊尹、仲虺、义伯、仲伯、女鸠、女房、咎单，中宗太戊时期的伊陟、巫咸，高宗武丁时期的傅岩，也是这样一批士人。他们不仅能经国家，和万民，求得天下大治，而且是能达于天道、获得"惟和惟一"道德境界者。这些士人，或耕于有莘之野，或居于草庐之下，或出于岩洞之内，但都有一种历史担当精神。他们的道德学问与人生智慧是极高的，一旦举而用之，则是爽邦明哲，道德精神炳照千秋者。

发展到殷商之末，就是微子、箕子、比干、伯夷、叔齐诸多贤者。他们皆处殷商末世，处于纣王淫乱、天下皆叛商的时期。《史记》说："纣愈淫乱不止。微子数谏不听，乃与大师、少师谋，遂去。比干曰：'为人臣者，不得不以死争。'乃强谏纣。纣怒曰：'吾闻圣人心有七窍。'剖比干，观其心。箕子惧，乃详狂为奴，纣又囚之。"⑥ 微子见纣无道，去之以存宗祀也；箕子、比干谏于纣王，比干被杀，箕子被囚以为奴，佯狂而受辱。微子去之，比干谏而死，箕子为之奴，三人的行为虽然不同，然皆同出于

---

① 《庄子·天地篇》。
② 《白虎通·爵》。
③ 《论语·泰伯》。
④ 《孟子·尽心上》。
⑤ 《论语·泰伯》。
⑥ 《史记·殷本纪》。

至诚恻怛仁德本心也。故孔子称之说："殷有三仁焉。"①

关于伯夷、叔齐的历史事实,《史记》记载说:

> 伯夷、叔齐,孤竹君之二子也。父欲立叔齐,及父卒,叔齐让伯夷。伯夷曰:"父命也。"遂逃去。叔齐亦不肯立而逃之。国人立其中子。于是伯夷、叔齐闻西伯昌善养老,盍往归焉。及至,西伯卒,武王载木主,号为文王,东伐纣。伯夷、叔齐叩马而谏曰:"父死不葬,爰及干戈,可谓孝乎?以臣弑君,可谓仁乎?"左右欲兵之。太公曰:"此义人也。"扶而去之。武王已平殷乱,天下宗周,而伯夷、叔齐耻之,义不食周粟,隐于首阳山,采薇而食之。及饿且死,作歌。其辞曰:"登彼西山兮,采其薇矣。以暴易暴兮,不知其非矣。神农、虞、夏忽焉没兮,我安适归矣?于嗟徂兮,命之衰矣!"②

殷商之末,何以能够产生微子、箕子、比干、伯夷、叔齐诸多贤者?孟子说:"由汤至于武丁,贤圣之君六七作,天下归殷久矣,久则难变也。武丁朝诸侯,有天下,犹运之掌也。纣之去武丁未久也,其故家遗俗,流风善政,犹有存者;又有微子、微仲、王子比干、箕子、胶鬲皆贤人也。"③"天下归殷久矣",既是个人心所向问题,也是一个文化精神存在问题。惟此文化精神存在,"纣之去武丁未久",才能"家遗俗,流风善政,犹有存者"。这种文化精神就是"自殷盘庚徙殷至纣之灭,二百七十三年更不徙都",殷族经过长期的文化传承与积累,形成了一种各守其节、持道而不自失的士人意识与道德精神。这种意识与精神乃是一种文化精神的觉醒,一种道德的理性自觉。它在微子、箕子、比干身上,表现为或隐或仕必以其正而不枉其道的精神,而在伯夷、叔齐身上,则表现为"遭治世不避其任,遇乱世不为苟存"④ 的精神。伯夷、叔齐,乃孤竹君之二子也。他们与微子、箕子、比干同处于一个时代,同属于一种文化精神。这种精神,若以伯夷、叔齐所处孤竹之国而名之,则可称之为"孤竹精神"。

《史记·索隐》引《韩诗外传》说:"孤竹君,是殷汤三月丙寅日所

---

① 《论语·微子》。
② 《史记·伯夷列传》。
③ 《孟子·公孙丑上》。
④ 《庄子·让王篇》。

封。"又引《地理志》说:"孤竹城在辽西令支县。应劭云伯夷之国也。"可知伯夷、叔齐乃成汤所封贵族。因此,所谓"孤竹精神",亦即当时的贵族精神也。它实乃是殷商时期贵族士人所发展起来的特立独行而终不离其道的精神,亦即中国知识分子作为社会中坚而不屈其志的精神。韩愈作《伯夷颂》,曾把这种精神称之为士的"不顾人之是非","特立独行,适于义"的精神。他说:

> 士之特立独行,适于义而已矣。不顾人之是非,皆豪杰之士,信道笃而自知明者也。一家非之,力行而不惑者寡矣。至于一国一州非之,力行而不惑者,盖天下一人而已矣。若至于举世非之,力行而不惑者,则千百年乃一人而已耳。若伯夷者,穷天地亘万世而不顾者也。昭乎日月不足为明,崒乎泰山不足为高,巍乎天地不足为容也!当殷之亡,周之兴,微子贤也,抱祭器而去之。武王、周公,圣也,从天下之贤士,与天下之诸侯,而往攻之,未尝闻有非之者也。彼伯夷、叔齐者,乃独以为不可。殷既灭矣,天下宗周,彼二子乃独耻食其粟,饿死而不顾。繇是而言,夫岂有求而为哉!信道笃而自知明也。今世之所谓士者,一凡人誉之,则自以为有余;一凡人沮之,则自以为不足。彼独非圣人,而自是如此。夫圣人乃万世之标准也。余故曰:若伯夷者,特立独行,穷天地亘万世而不顾者是!虽然,微二子,乱臣贼子接迹于后世矣!①

伯夷、叔齐所表现出来的贵族精神,乃是士人所表现出的一种高贵与尊严、信任与勇气、荣誉与自尊、服务与奉献的精神,一种独立独行、一往无前、义无反顾的精神,一种无处不担当,无处不恪守真理、正义、信任与荣誉的精神。这种精神是不能以世人誉之沮之来看待的,也是不能以一时之是非来判断的。它是一种"穷天地亘万世而不顾"的绝对精神存在,一种圣人所建立起来的特立独行而不离道的"万世之标准"。程子说:"圣人无一事不顺天时",但同样,"圣人不敢有忘天下之心"②。天下之心,即公心仁心,即天心道心,即天理至善之心。它不以一时之情势而改变,不以物之妍媸而自见于彼。惟此,圣人才能持之特立独行以应变无

---

① 《韩昌黎全集》卷12。
② 《河南程氏外书》卷3,《二程集》第366、369页。

穷。武王、周公，圣人也，然其"从天下之贤士，与天下之诸侯"伐纣，伯夷、叔齐所以叩马而谏之，独以为不可者，除了故国之情，更有出于天理至善之心，不忍因一时之无道而弃之也。至于耻食其粟，饿死而不顾，不过独守此天理至善之心而已。此即韩公所说"信道笃而自知明也"。伯夷、叔齐所为，若以不讲操行，见声名富贵即择地而趋的功利之徒看来，也许是愚蠢的。但是，诚若韩公所说，如果没有伯夷、叔齐二子"特立独行，穷天地亘万世而不顾"的精神，该不知有多少"乱臣贼子接迹于后世矣！"故伯夷、叔齐非一世之高士，乃中国士人万古不废之精神也！士人有了这种精神，才"可以托六尺之孤，可以寄百里之命，临大节而不可夺"，进行历史的担当，才可以弘毅之，身体力行，一息尚存而不懈怠，临危受命，"仁以为己任，死而后已"[1]。至于箕子，诚如陆子所言："唐虞之际，道在皋陶；商周之际，道在箕子。箕子所以佯狂不死者，正为欲传其道。"[2] 此乃中国士人几千年所以能成为社会中坚者也。

---

[1] 《论语·泰伯》。
[2] 《语录上》，《陆九渊集》卷34 第395页。

第六章　殷周之变与精神发展

内容提要：武王伐纣，乃是继商代夏立之后的一次巨大变革。它不仅极大地推动了当时的文化历史进程，也深刻地影响到思想意识、伦理道德和文化精神的发展。这种变革，从权力更替上讲，虽然仍是一个贵族集团代替另一个贵族集团，但就其更替而言，要比夏商时候复杂得多。三代由禅让制改为传子制，国家权力并未改变"天下为公"的性质，但随着政治的发展，有国有天下者对政治权力的意识越来越强烈，特别是当国家政治权力能够给自己带来利益与享受时，就开始对国家权力越来越把持，对诸侯的政治力量越来越控制了。此乃权力渐渐异化者也。这种异化不仅使国家政治权力陷入了把持与控制，也给国家政治权力的正常更替提出了一系列政治哲学问题，从而使时代精神发展演变为新的形式。从公刘积德行义、修后稷之业，到文王受命进行道德领悟及发生的宗教改革等，就是当时精神发展的新形式。商周之变，权力异化，虽然给三代圣教蒙上了暗淡色彩，但也带来了新的政治觉醒与精神发展，那就是对"天下非一人之天下，乃天下之天下"的意识及对国家政治权力把持与控制的抗争。这种意识与抗争，不仅使政治哲学朝着新的方向发展，探索新的政治道路，而且以神圣的天道本体为最高道德命令，发展出一种天下之学，一种"同天下之利者则得天下，擅天下之利者则失天下"的理论学说及一种新的伦理道德精神，一种纯粹的道德精神世界。

周武王率诸侯伐纣，不仅结束了殷商长达六百多年的文化历史，而且开出了周朝八百多年历史的新局面。因此，商周之变乃是继商代夏立之后的一次巨大变革。它不仅极大地推动了当时的文化历史进程，也深刻地影响到思想意识、伦理道德和文化精神的发展。政治变革给予文化意识与哲学精神的深刻影响更是如此。这种变革，虽然从权力更替上讲，仍是一个贵族集团代替另一个贵族集团，但就当时的权力更替而言，无论是权力意识的发展，还是文化历史的进步，情况都要比夏商时候复杂得多。国家政治权力的更替，三代虽然由禅让制改为传子制，但它并未改变"天下为公"的性质，不然也就没有伊尹放太甲、周公归政于成王之事了。虽然如此，但随着政治的发展，有国有天下者对政治权力的意识却越来越强烈，特别是当国家政治权力能够给自己带来利益与享受时，就开始对国家权力越来越把持，对诸侯的政治力量发展越来越控制了。夏桀暴虐百姓，穷其父兄，耻其功臣，囚汤于夏台，纣王好酒淫乐，剖比干，囚箕子，以炮烙之刑威天下，就是属于这种情况。此乃权力开始渐渐异化者也。这种异化不仅使国家政治权力陷入了把持与控制，给国家政治权力的正常更替及新兴政治力量的发展带来了阻力，也给国家政治权力的正常更替提出了一系列政治哲学问题，从而使这个时代的精神发展演变为新的形式。

　　孔子说："夏道不亡，商德不作；商德不亡，周德不作。"① 商周之变，特别是权力的渐渐异化，虽然给三代圣教与政治蒙上了暗淡色彩，但也带来了新的政治觉醒与道德精神的发展，那就是对"天下非一人之天下，乃天下之天下"的意识及对国家政治权力把持与控制的抗争。这种意识与抗争，不仅使政治哲学朝着新的方向发展，探索新的政治道路，而且以神圣天道本体为最高道德命令，发展出一种天下之学，一种"同天下之利者则得天下，擅天下之利者则失天下"的理论学说及一种新的伦理道德精神，一种纯粹的道德精神世界，同时也产生了文王、武王、太公、周公、召公、鬻子、太颠、闳夭、散宜生、南宫适、癸度等一大批圣贤明哲。这是一个激烈变革的时期，亦是文王"周虽旧邦，其命维新"的时期，是"穆穆文王，于缉熙敬止，假哉天命"② 取得天下人心的时期。它发展到武王伐纣，践天子之位，不仅由政治觉醒实现了新的政治权力更替，同时也发展出了新的道德精神世界。

　　这种新的政治觉醒与权力更替及道德精神发展，所涉及的并不只是一

---

① 《说苑·君道》引。
② 《诗经·大雅·文王》。

般的政治哲学、道德哲学问题，而是与先验论、形而上学发展紧密联系在一起的，特别是形上纯粹道德精神的发展，不仅充满庄严的神圣感，是在极为幽深的层次上展开的，而且涉及形上本体存在及其宗教、神学问题。凡此皆把中国精神的发展推向了新的时期。研究商周之际哲学、形而上学、宗教、神学的发展及这种发展怎样将中国精神的发展推向新时期并实现了深层次的精神变革，是撰写此段中国精神史极为重要的任务。

这场变革是从公刘积德行义、修后稷之业开始的，它是周朝以德立国之始，亦是以大根大本通向执政之路的肇起。

一　周朝兴起与道德立国

中国文化的"道德"二字，不是西方社会学所讲的外在强制性规范，而是圣贤明哲凭着天理良知之心，对大道本体或天道法则体验领悟所获得的天道至德及本体大用，是"得之谓德，宜之谓义"意义上所获得的天道大德。天地开合，川流敦化，开物成务，道济天下，以及礼仪三百，威仪三千，莫不原于天道大德。有国有天下者，惟遵此天道，获此大德，才能宜民宜人，受禄于天。此即《中庸》所说"大德者必受命"[1]者也。自然，也有具天道大德而居素位的，如孔子，但无此天道大德者，是决不能久居大位的。是故，有国有天下者无不以此道德立国，宜民宜人，仁爱天下。

正是因为天道大德有此兴国治天下之大用，所以中华民族远在上古时期，便意识到惟有具天道大德者方能践天子位，平治天下。《周书》说，桀放汤回到薄（即亳），三千诸侯大会于薄，汤面对诸侯的拥戴，退而再三拜谢，归诸侯之位说："此天子位，有道者可以处之，天下非一家之有也，有道者之有也。故天下者，唯有道者理之，唯有道者纪之，唯有道者宜久处之。"汤以辞再三，三千诸侯莫敢即位，然后，汤方即天子之位[2]。这篇材料是出于殷商时期还是周人的追记，虽不好定夺，但古华夏民族"天下非一家之天下"、有大德者方能居天子之位的文化意识，应该说是非常久远的，甚至可以说是贯彻唐虞及夏商周三代思想的，因为唐虞时期的

---

[1]《中庸》第17章。
[2]《逸周书·殷祝解第六十六》。

禅让制是建立在非常成熟的政治哲学基础上的,"天下为公"的思想影响深远。

正是因为古华夏民族有"天下非一家之天下"、有大德者方能居天子之位的文化意识,所以周之兴国,一开始便立于道德哲学基础上。故《史记》说:"后稷之兴,在陶唐虞夏之际,皆有令德。"① 后稷名弃,帝尧时,因其好耕农,相地之宜,宜穀者稼穑,民皆法则之,举之为农师,天下得其利;帝舜时,因弃发展农业,"播时百穀",有利于天下,美其前功,封弃于邰,号曰后稷。《诗经》"载生载育,时维后稷"②,就是歌颂后稷之功德的。但后稷的功德,只是在于天下黎民困于饥饿时,发展农业,播时百穀以济之,并非政治哲学意识上自觉。因此,还谈不上以道德立国或以德兴国。以道德立国或以德兴国的根本要义,乃是自觉地以天德王道仁爱天下。后稷播时百穀,虽有利于天下,功不可没,但说自觉以德立国,恐怕还谈不上。后稷之后,真正以政治哲学自觉、以德立国而有功绩者,则一是公刘,二是古公亶父,而后是文王。

关于公刘的以德立国,《史记》说:

> 后稷卒,子不窋立。不窋末年,夏后氏政衰,去稷不务,不窋以失其官而奔戎狄之间。不窋卒,子鞠立。鞠卒,子公刘立。公刘虽在戎狄之间,复修后稷之业,务耕种,行地宜,自漆、沮度渭,取材用,行者有资,居者有畜积,民赖其庆。百姓怀之,多徙而保归焉。周道之兴自此始,故诗人歌乐思其德。③

《山海经》说"后稷是播百谷,稷之孙曰叔均,是始作牛耕"④,又说"稷降以百谷,稷子弟曰台玺,生叔均。叔均代其父及稷播百谷"⑤。可知弃死之后,乃是世袭其职的。而《史记》曰"后稷卒",而不曰"弃卒"者,实乃指世袭其职的"后稷",而非指弃本人。后稷弃处唐虞时代,与大禹同时。若说"后稷卒"即为"弃卒",讲"子不窋立。不窋末年,夏

---

① 《史记·周本纪》。
② 《诗经·大雅·生民》。
③ 《史记·周本纪》。
④ 《山海经·海内经》。
⑤ 《山海经·大荒西经》。

后氏政衰，去稷不务"，则在世代上有缺矣。惟此，《史记索隐》引谯周按曰："《国语》云'世后稷，以服事虞夏'。言世稷官，是失其世数也。若以不窋亲弃之子，至文王千余岁唯十四代，实以不合事情。"《史记》曰"后稷卒，子不窋立"，实乃史法也，并非说不窋为弃之亲子。从《山海经》所说，可知弃封为后稷，其后传子台玺，台玺传子叔均，叔均以后为稷官而称后稷。故后称"后稷"者，世代相袭之职称也。但到了"不窋末年，夏后氏政衰，去稷不务，不窋以失其官"，为夏势力所迫，才"奔戎狄之间"。到公刘时，仍处"戎狄之间"。史说"公刘避桀豳"①，即指此状况也。《史记索隐》说："豳即邠也，古今字异耳。"豳即今山西临汾一带，"公刘避桀豳"，是说周人从封弃于邰地又迁回到了临汾。当时的豳乃是戎狄之地。公刘处豳，"复修后稷之业，务耕种，行地宜"，自漆、沮水度渭，取材用，使"行者有资，居者有畜积"，则是自觉地以德立国的政治行为。惟其自觉以德立国，"百姓怀之，多徙而保归焉"，才说"周道之兴自此始"。《诗经》所说"笃公刘，匪居匪康。乃场乃疆，乃积乃仓；乃裹餱粮，于橐于囊"，"笃公刘，既溥既长。既景乃冈，相其阴阳，观其流泉。彻田为粮，度其夕阳。豳居允荒"②，就是诗人对公刘以德立国的颂歌！

公刘卒，子庆节立，仍国于豳。庆节之后，九世公叔祖类卒，子古公亶父立。古公亶父不仅是一位自觉的以德立国者，而且还有一套政治哲学。《史记》说：

> 古公亶父复修后稷、公刘之业，积德行义，国人皆戴之。薰育戎狄攻之，欲得财物，予之。已复攻，欲得地与民，民皆怒，欲战。古公曰："有民立君，将以利之。今戎狄所为攻战，以吾地与民。民之在我，与其在彼，何异。民欲以我故战，杀人父子而君之，予不忍为。"乃与私属遂去豳，渡漆、沮，逾梁山，止于岐下。豳人举国扶老携弱，尽复归古公于岐下。及他旁国闻古公仁，亦多归之。于是古公乃贬戎狄之俗，而营筑城郭室屋，而邑别居之。作五官有司。民皆歌乐之，颂其德。③

---

① 《史记·刘敬传》。
② 《诗经·大雅·公刘》。
③ 《史记·周本纪》。

古公复修后稷、公刘之业，积德行义，已经不是停留在发展农业上，而是把仁政作为自己执政的唯一准则，且有一种"行一不义，杀一不辜，而得天下，皆不为也"① 的精神。"戎狄攻之，欲得财物，予之"；"欲得地与民，民皆怒，欲战"，而曰："有民立君，将以利之。今戎狄所为攻战，以吾地与民。民之在我，与其在彼，何异。民欲以我故战，杀人父子而君之，予不忍为。"乃与私属遂去豳，渡漆、沮水，踰梁山，止于岐下。这岂是一般的忍让精神，而是把人、人心的存在真正放到历史的天平上也，而且从信仰与信念上讲，有一种宗教的虔诚精神。这种精神就是把人、人心看作天道义理的真正存在，看作是国家政治权力的唯一天平：谁赢得了人心，谁就最终赢得了天下，而不是土地的占有、权力的争夺，以及为了一己之私不惜置民于生死之地而不顾。惟此，豳人才能扶老携幼而从之，尽复归古公于岐下。居于岐山之下，一年成邑，二年成都，旁国亦多归之，其民五倍。故古公之德，乃天地之大德；惟以德立国，所以才能赢得天下。此《诗》颂"古公亶父，来朝走马。率西水浒，至于岐下"；"周原膴膴，堇荼如饴"；"百堵皆兴，鼖鼓弗胜"② 者也。

经过公刘"复修后稷之业"，特别是古公"复修后稷、公刘之业"，以德治行天下，已为周之兴奠定了政治基础。故《绵》之《诗序》说："文王之兴，本有大王也。"③ 大王，即太王，即古公也。古公卒，季历立，是为公季。公季修古公遗道，笃行仁义，诸侯顺之，进一步奠定了周兴的政治基础。公季卒，子昌立，是为西伯。西伯曰文王，仍然沿着以德立国的道路，"遵后稷、公刘之业，则古公、公季之法，笃仁，敬老，慈少。礼下贤者，日中不暇食以待士，士以此多归之。伯夷、叔齐在孤竹，闻西伯善养老，盍往归之。太颠、闳夭、散宜生、鬻子、辛甲大夫之徒，皆往归之"④。

公刘时，"百姓怀之，多徙而保归焉"；古公时，"豳人举国扶老携弱，尽复归古公于岐下"；文王时，士大夫之徒亦"皆往归之"。殷商有天下，自汤得位至纣，已有629年的历史，而诸侯纷纷叛之，而周乃殷商之邦国

---

① 《孟子·公孙丑上》。
② 《诗经·大雅·绵》。
③ 《毛诗正义》卷16。
④ 《史记·周本纪》。

也，封地不过百里，然"文王砥德修政，三年而天下二分垂归之"①。这到底是为什么呢？仅仅是天弃之吗？天弃之，终究是人弃之。人之所以弃商纣而归西伯，乃在于自公刘、古公、季公至文王一直坚持以道德立国的原则，在于他们积德行善，笃仁、敬老、慈少，仁爱其民。现代社会总认为道德是苍白无力的，不如物质有力量，甚至认为采用凯恩斯"恶实用，美不实用"的说教，视"贪婪、高利剥削与防范戒备"的信条更为有用。但是，没有道德，特别是没有中国以天道至德为本体大用的道德，能够开物成务、道济天下吗？一个物质上贫穷，精神上爬行，处处充满暴力与不公，让人感到不可思议与悲悯的国家，能够让人向往而归属之吗？一个没有以天道至诚不息的道德精神，处处作假，玩弄人民，让人不信任，甚至不断让人产生愤怒的国家，能够让人产生向往心而投奔之吗？一个没有兼覆兼载精神，一味傲慢自大，不尊重他人，排挤他人，处处引人反感，或将他人视为奴婢，视为理所当然地被统治对象的国家，能够让人向往而归趋之吗？一个没有刚健、中正、和谐、美好精神，一再显示专制权威，不能给人带来幸福与自由，或处处咄咄逼人、蛮横不讲理的国家，能够让人产生归属感而向往之吗？一个没有仁爱之心，不能平等待人，不能听别人的声音，只会耀武扬威，处处霸道，时时逼人，或一味以势压人，或拒绝他人合理要求的国家，能够至诚感人，使其心悦诚服而归属之吗？从文化上说，一个以狭隘的党派、集团意识统治人民，而不能以仁爱之心、廓然大公的国家，能够让人产生认同感与归属感吗？一个文化低俗，信仰空洞，道德崩溃，处处充满市侩习气与恶劣作风而无真理与正义、大美与崇高、庄严与神圣的国家，能够使人精神上向往、身心归属之吗？治国平天下，不要以为道德是小事，是无足轻重的存在！没有道德或者道德上缺损，自己把形象搞坏了，付出了代价，是千倍万倍的努力都难以补上的。而周之兴国，恰恰在这个问题上毫不含糊，以道德治国平天下，赢得了人心，也最终赢得了天下，而这正是后世治国平天下者应该好好反思的。

周朝之兴，以德立国，并非是其特立独行的创造，而是坚持了唐虞以来所发展起来的以德平天下的王道政治思想。帝尧时"克明俊德，以亲九族。九族既睦，平章百姓。百姓昭明，协和万邦。黎民于变时雍"②，就是这样

---

① 《淮南子·道应训》。

② 《尚书·尧典》。

一种思想。舜初摄位时，南方三苗强大，逆命不服从，舜命禹征之，益佐于禹曰："惟德动天，无远弗届。满招损，谦受益，时乃天道。帝初于历山，往于田，日号泣于旻天，于父母，负罪引慝。祇载见瞽叟，夔夔斋栗，瞽亦允若。至诚感神，矧兹有苗。"禹拜其有理之言，说："是的！"于是班师振旅。舜乃诞敷文德，舞干羽于两阶，七旬有苗格①。这就是后来所说的"有苗不服，于是舜修政偃兵，执干戚而舞之"②；"有苗不服，禹请攻之。舜曰：'以德可也。'行德三年，而三苗服"③。这也是继承了帝尧"克明俊德，平章百姓，协和万邦"的思想。成汤讲"凡我造邦，无从匪彝，无即慆淫，各守尔典，以承天休。万方有罪，在予一人；予一人有罪，无以尔万方"④，也是继承了这种政治思想。它的核心思想就是"惟德动天，至诚感神"，即只有至诚大德，才能感动天心，感动人心，而且无远不至，就像孔子所说的那样："德之流行，速于置邮而传命。"⑤远夷不服，只能修德以来之，不然是不能感化他们使其归来的。这就是孔子说的"不仁，国不化"⑥的道理。不仁，不能以至诚之德感人，只是靠武力征服，是不能使其心悦诚服而归顺之的。"不仁而得国者，有之矣；不仁而得天下者，未之有也"⑦。不仁而得国者，只是篡权霸道而已，而真正有天下者，则必须以道德立国，仁爱天下才行。周朝之兴，以德立国，使天下归之，则不过是继承了唐虞夏商以来的天德王道思想，切实见诸了政治实践而已。此乃中国文化的主流政治思想，亦乃根本的道德精神也。

以德兴国，惟至诚不息者，方能见效，任何单纯的功利思想、权谋思想，都是与之相悖的，都是不能真正获得天下归心的。要做到这一点，就必须立于"天下为公"的思想，必须相信"天下乃天下之天下，非一人之天下"，有德者方能治天下。惟有立于这种立场，相信这一思想的真理性，才能真正将人民放到历史的主体地位上，才能真正实行民主，政出于民，才能

---

① 《尚书·大禹谟》。
② 《淮南子·齐俗训》。
③ 《吕氏春秋·尚德》。
④ 《尚书·汤诰》。
⑤ 《孟子·公孙丑上》。
⑥ 《大戴礼记·千乘》引。
⑦ 《孟子·尽心下》。

立大德使天下归心。如果相信天下为私，相信国家是私有制度的产物，相信权力可以为家族、部落、党派、集团所占有，相信"君失权兮龙变鱼，权归臣兮鼠变虎"的权变思想，相信"到手江山掷于人"为可惜、为不合理，那也就只能不惜一切手段争夺权力、把持权力、控制权力，而不可能以道德立国，以大德赢得天下了。这是后世一切有国有天下者应该深思的，也是一切主张民主政治的人们应该认真想一想的。

周朝以德立国，所以能使天下归心，能"砥德修政，三年而天下二分垂归之"，就在于自后稷、公刘、古公、季公到文王，皆有这份品质，皆有至诚不息的天道至德。这从史书所说的如下事实中也可以看出来：

> 古公有长子曰太伯，次曰虞仲。太姜生少子季历。季历娶太任，皆贤夫人也，生昌，有圣瑞。古公说："我世当有兴者，其在昌乎？"长子太伯、虞仲知古公欲立季历以传昌，乃二人亡如荆蛮，文身断发，以让季历。①

昌，即文王。有圣瑞，即有圣者气象。当时以太伯之德，处商周之际，足以为诸侯有天下。然其弃之不取而泯其迹，让古公立季历以传后来的文王，所体现的道德精神可谓至矣哉！这在那些"君失权兮龙变鱼，权归臣兮鼠变虎"的权变者看来，那些相信"到手江山掷于人"为可惜、为不合理者看来，那些为了党派、集团私利不惜争破脸的权力至上者看来，简直是不可思议的。然它在世代皆积德行善的周室中，在世代皆有令德的周之方国中，如孔子说"太伯独见，王季独知。伯见父志，季知父心"②，为了大局，为了国家天下，为了生民之福，太伯、王季做到了，而且至诚不悔。故《诗经》歌颂太伯、王季说，"惟此王季，因心则友，则友其兄，则笃其庆，载锡之光"；"维此王季，帝度其心。貊其德音，其德克明。王此大邦，克顺克比。比于文王，其德靡悔"③。太即泰，太伯即泰伯。对泰伯让天下之事，孔子更赞之曰："泰伯，其可谓至德也已矣。三以让天下，民无得而称焉。"④

周先自后稷，尧封之邰，积德累善十有余世，及至"文王砥德修政，

---

① 《史记·周本纪》。
② 《韩诗外传》卷10引。
③ 《诗经·大雅·皇矣》。
④ 《论语·泰伯》。

三年而天下二分垂归之"矣。有德则易以王，无德则易以亡。此周室以德立国，以德致人，天下争归之者也，亦其坚持天德王道的政治思想，坚持中国文化根本精神者也。公刘、古公、季公这样做都是很自觉的。文王受命，更是出于一种政治自觉。这种自觉就是天命自我的道德领悟。

二　文王受命与道德领悟

周之祖先后稷名弃，其母为有邰氏之女，名曰姜原。《史记》说："姜原为帝喾元妃。"《史记索隐》引谯周的看法："弃，帝喾之胄，其父亦不著。"所谓"其父亦不著"，就是《史记》所说的"姜原出野，见巨人迹，心忻然说，欲践之，践之而身动如孕"，不知其父为谁。《史记》又说："帝喾高辛者，黄帝之曾孙也。"① 由此可知，不管是"姜原为帝喾元妃"，还是说弃为"帝喾之胄"，周之祖先后稷属于黄帝系统应该是没有问题的。当然也有不同的说法。《史记正义》引《说文》云："邰，炎帝之后，姜姓，封邰，周弃外家。"《国语》说："黄帝以姬水成，炎帝以姜水成。"② 后稷弃之母姜原，出于炎帝氏族的姜水，嫁与黄帝氏族之帝喾，氏族部落之间通婚，这在古代是常事，并不影响后稷弃为帝喾的后裔。后稷弃在帝尧时任农官，而帝尧、帝挚同为帝喾之子，不仅是同时代人，而且皆姓姬。由此可知，周之祖先后稷，不仅在世系上同属黄帝后裔，而且在政治上帝尧时封于邰，也属旧贵族的一支，并且经历了虞、夏、商几代，故周被称为"旧邦"。

"周虽旧邦，其命维新"③。何谓"维新"？《毛诗》说："乃新在文王也。"郑玄笺此曰："大王聿来胥宇而国于周，王迹起矣，而未有受命。至文王而受命。言新者，美之也。"大，太也。大王，即太王也，即古公亶父也。《礼记》云：牧之野，武王之大事成，"追大王亶父、王季历、文王昌，不以卑临尊也"④。曰太王、王季、文王者，皆武王取得天下所追谥之称号也。郑笺是说，古公亶父时，虽已行道于民，起王者之迹，但尚未受

---

① 上引均见《史记·周本纪》。
② 《国语·晋语四》。
③ 《诗经·大雅·皇矣》。
④ 《礼记·大传》。

命，而到了文王，才是受命者。周虽旧国，得天命而为新国，故曰"其命维新"也。此乃美文王之受命而有天下也。故《诗序》说："《文王》，文王受命作周也。"①

所谓受命，不仅是指武王所追谥称号，更是受命于天，接受天道命令。《诗经》所说"文王在上，于昭于天"；"文王陟降，在帝左右。亹亹文王，令闻不已"；"穆穆文王，于缉熙敬止。假哉天命"②；"文王初载，天作之合"；"大任有身，生此文王。维此文王，小心翼翼。昭事上帝"；"有命自天，命此文王。上帝临女，无二尔心"③，就是指文王受命于天也。亹亹者，勉勉也。"亹亹文王"，言文王之勤勉也。穆者，美也。穆穆者，言文王有王者之风貌也。缉熙，光明也。"缉熙敬止"，即文王敬上天光明之德也。"假哉天命"，《尔雅》、《韩诗》皆训假为大。"假哉天命"，即"大哉天命！"惟天道命令是"大哉"的存在，亹亹文王，才缉熙敬止，才"小心翼翼，昭事上帝"，"上帝临女，无二尔心"。此文王勤勉恭敬接受上天之命者也。

《诗》曰"上天之载，无声无臭"④，"维天之命，于穆不已"⑤。既然上天是"无声无臭"、"于穆不已"的存在，它何以能受命于文王，文王又何以能接受其命令呢？既曰天命，又何曰"在帝左右"或"上帝临女"呢？中国文化的"天"，上古以来，皆不是在时空意义上讲的，而是在理的存在、道的存在、法则的存在上讲的，在最高价值与性命之理上讲的，而其曰"于穆不已"者，即生生相续不已之理也。这个理，就是天的刚建中正之道、无妄之理，就是天所以运行不息、生育万物、统御万汇的存在，亦即"乾道变化，万物各正性命"⑥者。而曰"皇矣上帝"⑦、"昊天上帝"⑧者，乃指上天皇皇光明的存在，祖先神之所出者也。不论是讲

---

① 《毛诗正义》卷16。
② 《诗经·大雅·文王》。
③ 《诗经·大雅·大明》。
④ 《诗经·大雅·文王》。
⑤ 《诗经·周颂·维天之命》。
⑥ 《周易·彖上传》。
⑦ 《诗经·大雅·皇矣》。
⑧ 《诗经·大雅·云汉》。

"天",还是讲"帝",它皆不是虚妄的存在,不是价值设定,而是指天的中正之道、无妄之理,指其最高价值与性命之理的存在。人的行为,惟有符合中正之道、无妄之理,符合最高价值与性命之理,而不失其贞正,才能大道亨通而不失性命之情,才符合天道命令,而曰"文王在上,于昭于天"、"文王陟降,在帝左右"者,就是讲文王将道德精神提升到一片皇皇光明的"昊天上帝"的境界,与之进行精神交往活动,接受其道德命令。

中国文化发展到殷周之际,虽然还保留着"皇矣上帝"、"昊天上帝"的神性存在,但它只是在天的主宰意义或祖先所出神的存在时才如此称谓的,而讲上天"无声无臭"、"于穆不已"的存在时,"上帝"一类的神性存在则开始渐渐隐退了,而变成"纯亦不已"的存在了。讲天命领悟,就是凭着灵明之心,凭着直觉,去感知天道义理的纯粹存在,体验、领悟、感知"无声无臭"、"于穆不已"的存在,从中获得天道命令。《诗经》所说"维天之命,于穆不已。于乎不显,文王之德之纯,假以溢我,我其收之"① 或"上天之载,无声无臭。仪刑文王,万邦作孚"②,就是讲文王获得天道命令、获得道德使命的。此乃凭着灵明之心,凭着纯粹直觉,领悟天道法则,领悟中正之道、无妄之理及最高道德命令也。无此灵明之心,无此纯粹直觉,是不能感知那"无声无臭"、"于穆不已"的存在的,更不要说从"皇矣上帝"、"昊天上帝"那里获得天道命令,获得道德使命。因为"皇天上帝"是不可声闻、不可色视的,是"神之格思,不可度思"③ 的存在,是不能从知识论上殚精竭虑、苦思苦想去把握其天命所在的,只有凭着灵明之心,凭着直觉去体验、领悟、感知天命、使命在哪里。此即所谓"不识不知,顺帝之则"④ 者也。正是有此道德领悟,《毛诗》训"有周不显,帝命不时",才云:"不显,显也。显,光也。不时,时也。时,是也";郑玄则笺之云:"周之德不光明乎?光明也。天命之不是乎?是也。"⑤ 由此可知,中国文化从讲龙马负图,河出图,洛出书,显符瑞,为天命之象,发展到殷周之际"文王之德纯",以纯粹道德直觉领

---

① 《诗经·周颂·维天之命》。
② 《诗经·大雅·文王》。
③ 《诗经·大雅·抑》。
④ 《诗经·大雅·皇矣》。
⑤ 《毛诗正义》卷16。

悟天道法则，获得道德使命云云，道德精神已经发展到至真至纯的高度！它不仅对唐虞时代讲"惟精惟一"的精神获得有了直接感受，也较殷商时期讲"顾諟天之明命，以承上下神祇"① 或"咸有一德，克享天心，受天明命"② 要理性得多。可以说，中国文化发展到殷周之际，讲文王以纯粹道德之心获得天命，使上古精神史达到了一个新的顶峰时期。

《尚书》说"天聪明自我民聪明，天明威自我民明威。达于上下，敬哉有土"③，又说："民之所欲，天必从之。"④ 中国文化形上形下、天心人心是浑然一体的，宇宙法则与内在心性是统一的。故天心即道心，即人心也。因此，于"无声无臭"、"于穆不已"的天道法则处获得天命，获得道德使命感，最终是从天下人心那里获得使命感，从当时波澜壮阔的情势与趋势中获得贞一之理，看到天下出路所在，找到自己的道德使命与历史位置。此即《易传》所说"圣人有以见天下之赜，拟其形容，象其物宜，观其会通，以行其典礼"⑤ 者也。文王乃当时大智慧者也，要想获得天下，岂有不察人心几微之变、洞要天下之情势？哪怕是乱糟糟的，哪怕到处都是骂人的话，他也会神而明之，存乎其心；默而成之，存乎德行，从极天下之赜，鼓天下之动的情势中，获得道德使命感，进行历史的担当。这可从《史记》所说的文王断虞、芮人之狱看出来：

> 虞、芮人有狱不能决，乃如周。入界，耕者皆让畔，民俗皆让长。虞、芮之人未见西伯，皆惭，相谓曰："吾所争，周人所耻，何往为，祇取辱耳。"遂还，俱让而去。诸侯闻之，曰："西伯盖受命之君。"⑥

虞、芮皆古国，分别在今山西虞城西北虞山和芮城古内水域。故《史记正义》引括地志云："故虞城在陕州河北县东北五十里虞山之上，古虞国也。故芮城在芮城县西二十里，古芮国也。"关于虞、芮之争，有狱不

---

① 《尚书·太甲上》。
② 《尚书·咸有一德》。
③ 《尚书·皋陶谟》。
④ 《尚书·泰誓上》。
⑤ 《周易·系辞上传》。
⑥ 《史记·周本纪》。

能决的内容，毛苌云："虞芮之君相与争田，久而不平，乃相谓曰：'西伯仁人，盍往质焉。'乃相与朝周。入其境，则耕者让畔，行者让路。入其邑，男女异路，班白不提挈。入其朝，士让为大夫，大夫让为卿。二国君相谓曰：'我等小人，不可履君子之庭。'乃相让所争地以为闲原。至今尚在。"① 可知虞、芮人所争者，乃土地也。所争之地在"闲原"，《史记正义》说："闲原在河东，复与虞、芮相接。"争而不能决，以至成冤狱，可知人间之争斗已成生存绵延的大问题。所谓文王断虞、芮人之狱，不是决讼于庭，亦不是从小私有者观念出发平均地产，而是用彝伦大德与廓然大公之精神，教化国人，影响天下，使人达于君子之国而天下治。此乃文王立于天地间受大命、以生生相续之大理而治天下者也。无此彝伦大德与廓然大公之理，若治国家只是晓于小知小识或以利害关系说于人，那只能使天下更加纷争不已。此乃文王其观天下之动，察天下之赜，神而明之，存乎其心；默而成之，存乎德行，获得天命，行于典礼者也，亦文王以"好生之德，洽于民心"②者也。故《诗经》歌颂此事说："虞芮质厥成，文王蹶厥生。"③。纬书把文王断虞、芮人之狱之年，说成是受命，改正朔，有王号于天下，虽是虚妄之说，但诸侯闻之，赞之曰"西伯盖受命之君"，则可以想见此事得天下人心也。郑玄注《礼记·王制》"州有伯"说："殷之州长曰伯。"④ 当时称文王曰"西伯"，只是州长之官，而曰其"受命"者，不过言其"好生之德，洽于民心"而已。

从"无声无臭"、"于穆不已"的天道法则获得天命，获得道德使命感，实乃一种道德精神的领悟与获得也。后人把它变得非常神秘，如《六韬》所记太公答文王问，讲"王其修德以下贤，惠民以观天道。天道无殃，不可先倡；人道无灾，不可先谋。必见天殃，又见人灾，乃可以谋"、"利天下者，天下放之；害天下者，天下闭之"云云，就是如此。但在天下变革之际，天道无常，人道怪异，而讲"吾观其众，邪曲胜直；吾观其吏，暴虐残贼，败法乱刑，上下不觉，此亡国之时也。大明发而万物皆照，大义发而万物皆利，大兵发而万物皆服。大哉！圣人之德，独闻独

---

① 《毛诗正义》卷16。
② 《尚书·大禹谟》。
③ 《诗经·大雅·绵》。
④ 《礼记正义》卷15。

见，乐哉"①，其为天命，从社会政治现实生活中获得，还是充满现实感的。

对文王来说，不论是以纯粹的道德，从"无声无臭"、"于穆不已"的存在中获得天道命令，还是观天下之动，察天下之赜，获得贞一之理，获得道德使命与历史位置，都是一种自觉地意识到的道德感与使命感。其为受命，不论是受殷命而伐诸侯，还是受天命而兴周室，做什么或不做什么，都是非常理性自觉的，都是经过道德判断所作出的选择。例如密须之伐与不伐，在于"王伐枉不伐顺，伐险不伐易，伐过不伐不及"；伐崇侯虎，在于"闻崇侯虎蔑侮父兄，不敬长老，听狱不中，分财不均，百姓力尽，不得衣食"②。其他像作丰邑、立灵台、建辟雍等，也皆是理性自觉的，属于"其命维新"的政治行为。

文王受命，正是有此理性自觉，故其与纣王之争，乃属以何种理念治理天下之争也，亦即《越绝书》所说"文王以务争"③ 者也。争之核心理念，乃是仁与不仁、有道与无道也。《新序》说，周文王作灵台，及为池沼，掘地得死人之骨。吏以闻于文王，文王曰："更葬之。"吏曰："此无主矣。"文王曰："有天下者，天下之主也；有一国者，一国之主也。人固其主，又安求主？"遂令吏以衣冠更葬之。天下闻之，皆曰："文王贤矣。泽及枯骨，又况于人乎？"④ 文王得枯骨以葬之，而天下归心焉。"有天下者，天下之主也"，此乃以天下之主自命者也。此事虽语出后世追述，但文王能葬无主之枯骨，也足见其天命自负的担当精神。

人有了使命感，特别是使命感变为理性自觉，它就不仅具有一种临危不惧、处事泰然的担当精神与心之定力，更能处处检点，严格要求自己。文王正是这样。《吕氏春秋》说，文王立国八年六月，卧病五日而地震。百官恐惧，请示文王说，臣闻地震是为人主。今王卧病五日而地震，范围不出周郊，群臣都很恐惧，请大王将地震移出去。文王问，如何移呢？臣子们回答，兴师动众，以增国城，可以移之。文王回话说，不可。天见妖祥，是要惩罚有罪的人。地震必因我有罪，以此惩罚我也。若兴师动众，

---

① 《六韬·武韬·发启第十三》。
② 《说苑·指武》。
③ 《越绝书》卷3《越绝吴内传第四》。
④ 《新序·杂事第五》。

以增国城，岂不加重吾罪！你们说的办法是不可以的。我请改行重善，或可移之。于是文王改正自己的言辞，谨慎地以礼物结交诸侯，礼让豪士，以爵位列等级确定群臣地位，没有很久，文王的疾病就痊愈了。地动之后四十三年，国家稳定，文王立国五十一年而终①。此可知文王获得道德使命感之后，为历史担当怎样处处检点，严格要求自己，也可看出文王在灾害变异面前的担当精神与心之定力所在。

自然，这并不是说文王处于殷周变革之际，面对着种种危难与困苦，没有邦家世危之思与忧患意识，恰恰相反，这种世危之思和忧患意识是非常强烈的，它不仅表现在文王受命立国的整个政治活动中，更表现在文王演《易》的哲学思考中。

三　文王演《易》的忧患意识

一个时代哲学思想的发展，特别是具有深刻历史内涵的精神发展，皆是与哲学思想家所处的社会文化背景分不开的。他们不仅从激荡的时代巨变中获得激情，也从各种情景、情势趋势及逻辑运演中获得贞一之理，从而赋予时代精神独特深刻的历史内容。古代圣贤明哲也是如此。但这并不是说哲学思想的出现与精神发展与个人遭际无关。不是的。孟子所说"天将降大任于斯人也，必先苦其心志，劳其筋骨，饿其体肤，空乏其身，行拂乱其所为，动心忍性，曾益其所不能"②云云，对于哲学思想家也同样是适用的。没有人生困苦与不幸，没有哲学思想家的各种遭际及社会人生体验与领悟，是不可能具有深刻真切的人生哲理与道德精神的。《史记》所说"昔西伯拘羑里，演《周易》；孔子厄陈蔡，作《春秋》；屈原放逐，著《离骚》；左丘失明，厥有《国语》；孙子膑脚，而论兵法；不韦迁蜀，世传《吕览》；韩非囚秦，《说难》、《孤愤》；诗三百篇，大抵贤圣发愤之所为作也。此皆意有所郁结，不得通其道也，故述往事，思来者"③云云，就是这样一个道理。殷周之际哲学的发展，特别是《周易》哲理与形上精神的发展，就是与文王的个人遭际与忧患意识分不开的，或者说，文王演

---

① 《吕氏春秋·制乐》。
② 《孟子·告子下》。
③ 《史记·太史公自序》。

《易》所表现的时代哲理与形上精神，乃是文王的文化生命精神发展演变的势之必然与理之必然。

殷商末年，纣王无道，将"天下为公"的政治权力，异化成为自我掠夺与淫乱享乐的工具，使天下之天下，变成一人之天下，变成了个人独裁专制的统治，并以炮烙之刑，以钳天下之口，杀比干，囚箕子，使政治陷入极度混乱和恐怖之中，加上费仲一类的小人为政，善谀好利，以权谋私，遂使国家政治权力陷入腐败堕落，成为迷乱声色、政道混浊之天下。在这种炎炎之虐布于天下的情势下，微子见纣王无道，去之以存宗祀；箕子、比干谏于纣王，比干被杀，箕子被囚以为奴，佯狂而受辱，此时尚有几多贤者不感到焦虑与无奈呢！文王也正是处此焦虑与无奈的背景下，感到无穷的忧虑而思考政治之道的。《史记》对文王的历史遭遇、人生困苦及政治智慧，做过如下描述：

> 崇侯虎谮西伯于殷纣曰："西伯积善累德，诸侯皆乡之，将不利于帝。"帝纣乃囚西伯于羑里。闳夭之徒患之。乃求有莘氏美女，骊戎之文马，有熊九驷，他奇怪物，因殷嬖臣费仲而献之纣。纣大说，曰："此一物足以释西伯，况其多乎！"乃赦西伯，赐之弓矢斧钺，使西伯得征伐。曰："谮西伯者，崇侯虎也。"西伯乃献洛西之地，以请纣去炮格之刑。纣许之。①

纣王不仅囚西伯于羑里，更以其灭绝人性的残酷无道，使文王受尽天理良知的折磨与人格屈辱。据《帝王世纪》载："纣既囚文王，文王长子曰伯邑考，质于殷，为纣御。纣烹以为羹，赐文王，曰：'圣人当不食其子羹。'文王得而食之，纣曰：'谁谓西伯圣者？食其子羹尚不知也。'"② 西伯囚羑里，已处死生之地矣，而不顾天理良知的折磨，忍辱食子之羹，内心几多痛苦！处生死之地，父子相食，鬼神有知，亦当悲泣恻然，更何况仁者文王乎！这该使其产生多少悲愤、多少人生思考啊！悲愤出诗人！而人生的深沉思考则出哲学家！文王从百死千难中走来，心该有多少郁结，又怎样走向解脱与超越啊！心虽怀千古圣贤相传的血脉，然现实生活却不得通其道，怎么能不述往事，思来者，怀着忧患意识，进行社会历史

---

① 《史记·周本纪》。
② 《帝王世纪·第五周》。

的哲学思考与创造呢!《史记》说"西伯囚羑里,盖益《易》之八卦为六十四卦"①,就是说的文王怀着忧患意识所进行的社会历史哲学思考与创造。

伏羲作八卦,何时何人重之成六十四卦,说法不一:郑玄以为伏羲画八卦,神农重之;王弼以为伏羲画卦,即自重之;孙盛以夏禹重之;而司马迁则以文王重之,即所说"盖益《易》之八卦为六十四卦"。《史记正义》按说:"太史公言'盖'者,乃疑辞也。文王著演《易》之功,作《周纪》方赞其美,不敢专定,重易故称'盖'也。"但《易纬》则说:"垂皇策者羲,益卦演德者文,成命者孔。"②《周易正义》则说:"伏羲制卦,文王卦辞,周公爻辞,孔十翼也。"③朱子《周易本义》更于《象上传》说:"彖即文王所系之辞,传者孔子所以释经之辞。"④伏羲作八卦时,文字尚未形成,伏羲之《易》,有图而无文字,为多数人所承认。王弼注《易》,虽有创见,但不说变卦、互卦,且24岁便死了,所说"伏羲画卦,即自重之",似不可靠。从伏羲八卦到夏之《连山》,随着社会的发展,由先天八卦,重之为六十四卦,由表达先天自然之理发展为表达包括天地人在内的后天哲理,应该说是符合文化哲学发展规律的。这一点从玉函山房所辑《连山》、《归藏》佚书也可以看出来。但从上古文化发展看,禹夏重在《洪范》九畴,而不是《易》。因此清人李光地说:"大禹未必知有《易经》,作一篇《洪范》,恰好接《易经》。"⑤明儒曹月川先生亦说过"羲则图而作《易》,《八卦》画焉;禹则书而明范,九畴叙焉"⑥的话。朱元昇《三易备遗》认为,《连山》作于伏羲,用于夏,《连山》六十四卦,乃是黄帝造甲子配伏羲《八卦》所成,《归藏》因之。⑦从《玉函山房辑佚书》所辑《连山》、《归藏》看,《连山》、《归藏》六十四卦,亦非后来《周易》六十四卦。就现存《周易》看,《周易正义》说"伏羲制卦,文王卦辞,周公爻辞,孔十翼",应该说是接近史实的。朱子把

---

① 《史记·周本纪》。
② 《易纬·乾凿度》补遗。
③ 《周易正义》序。
④ 《周易本义》卷3。
⑤ 《榕村语录》上,第309页,中华书局1995年版。
⑥ 《曹月川先生语录》,《曹端集》第216页,中华书局2003年版。
⑦ 《三易备遗》卷2~3。

《象传》看成是文王所系之辞，也大体反映了易学思想在周代发展之事实。因此，从《周易》卦辞的演德之文，是大体可以看出文王演《易》的忧患意识及其道德精神发展的。

当一个人处艰难困苦、生死之地时，最大的忧虑恐怕就是生命安危与命运如何。文王被囚羑里，时时占卜，推测生命安危与命运如何，其忧患意识，亦不如是乎？我们从《乾》卦卜辞"潜龙勿用"、"见龙在田，利见大人"、"飞龙在天，利见大人"，即可想见文王见商纣时诚惶诚恐的内心世界。但他相信，"君子终日乾乾"，处下而尊上，日夕不懈地警惕自己，虽处危而可以无咎。故曰"夕惕若，厉，无咎"。《坤》卦辞讲"元、亨、利，牝马之贞"，也是这个意思。坤虽处下，若能像牝马一样柔顺而内心坚定，仍然是安全的，即使发生一时之迷错，只要内心至诚不息，能得到朋友的帮助，仍然是可以化险为夷、取得胜利的。故曰："君子有攸往，先迷后得，主利。西南得朋，东北丧朋，安贞，吉。"伯夷、叔齐、太颠、闳夭、散宜生、鬻子、辛甲大夫，闻西伯贤，皆往归之，其如是乎？这种忧患意识，从《屯》卦辞更可以看出来。屯者，盈也。《屯》卦震上坎下，虽有大亨之道，利贞之象，然天地始开，阴阳初交，万物始生，雷电相应而有郁结，仍然是非常危险的，即使讲天下之大事，亦弗敢说能成也。故《屯》卦辞，虽曰"元亨利贞"，仍言"勿用有攸往"。处大事，仍然必须小心谨慎，宁可带着负罪感，也不要困于屯难之中也。李光地讲《屯》卦意思说："看'负罪引慝'，舜之屯处；'胼手胝足'，'禹之屯处'；'柞械斯拔'，周家之屯处；'发愤忘食'，孔子之屯处；'仰钻瞻忽'，颜子之屯处。"[①]君子处屯难之世，居未能济之时，仍需终日乾乾，处下而尊上，不懈地警惕自己也。惟此，才能危而无咎，"利建侯"，亦即利建西伯之侯也。由此可见文王思虑之谨慎。

其他像《履》卦辞讲"履虎尾，不咥人，亨"；《谦》卦辞讲谦德之"君子有终"；《豫》卦辞讲"豫"之顺动，"利建侯行师"；《随》卦辞讲顺随之动，"元亨利贞，无咎"；《剥》卦辞讲阴之消阳殆尽的"不利有攸往"；《复》卦辞讲阴极而阳生，君子之道长，"出入无疾，朋来无咎"；《坎》卦辞讲心诚亨通，"维心亨，行有尚"；以及《明夷》卦辞讲，处伤害艰难之时的"艰贞"之利；《困》卦辞讲，处穷困时不失贞正的"大人

---

① 《榕村语录》下，第583页。

吉，无咎"等，无不或多或少地透露出文王处死生之地，困顿之时，忧心忡忡，又坚守道德操守，顺应时势之心情。由此可以看出，尽管文王演《易》仍停留于筮卜的形式，甚至还包含着许多神秘思维与象征意义，但其忧患意识非只是出于自我安危与利害冲突，而是包含着天道体悟所获得的亨通之理与生命法则的，包含着文王对天下存亡之道与盛衰之理的种种思考。

面对纣王的腐败堕落及其所造成的权力异化，文王演《易》的哲学思考落实到天德王道的本体大用上，则更多的是如何进德修业、成德成行问题，而且这种思考是在形上天道本体论高度领悟的。《乾》卦辞讲乾之"元、亨、利、贞"四德，第一次将天道至德的本体大用及其存在性质，提升到至刚至健、至真至纯、太和美好的形上高度，使之成为大道哲学的最高范畴概念。元即始也，即宇宙间浑然一个"仁"字，一个生生不息的天道本体，曰乾者，非指天之形体，指其本体大用也；它作为纯粹至正的形上存在，浑然存在于宇宙间，虽不见物象，然其变化，又是贯通一切，旁通一切，周行不殆，运化不息，生育万物，各以时成的，故曰亨也；然这一切只有在和谐的状态，在至和或太和的状态，才能实现，故曰"利者义之和也"①。这些皆是在天道至德上讲的，在乾道本体大用上讲的。乾道变化，生化万物，无论高下洪纤，皆必须各正性命，此即贞正性命之理也，亦即文王演《易》之谓贞者。此乃文王演《易》之最高精神也。故《乾》曰"元、亨、利、贞"者，意乃只有体悟得天道至德的本体大仁，才能真正成长为伟大人生的存在；只有以天道至德仁爱天下，才能真正行王道，获得天下。这不仅是文王演《易》为周室兴盛提供的政治哲学，亦是为华夏民族几千年发展所制定的社会历史哲学也。尽管"元、亨、利、贞"的范畴概念今已为现代人不理解而丢弃，但它所提供的最高哲学原理，至今思之，仍是不可抛弃的。

文王演《易》，正是能够获得无妄的道德哲学与性命之理，获得高尚的精神世界与知觉主宰，才能忍受常人不能忍受的困苦，才能在极其屈辱与悖逆之境，不诡于圣，不悖于道，经过百死千难被赦，命称西伯时，乃献洛西之地，以请纣王去炮烙之刑！此德何其大仁大义耶！惟此，《吕氏春秋》才说："文王非恶千里之地，以为民请炮烙之刑，必欲得民心也。

---

① 《周易·文言传》。

得民心则贤于千里之地，故曰文王智矣。"① 此智非机智之谓也，乃心通天地、性具大仁之最高智慧者也。

　　文王之德，得于天也；文王之仁，施予天下也。此正文王为西伯，所以百姓悦之，诸侯归附者也。讲文王"阴修德行善"云云，非阴谋之谓也，乃为避纣之残暴、费仲之毁谤，不得已而逃其锋芒也。《吕氏春秋》说："昔者纣为无道，杀梅伯而醢之，杀鬼侯而脯之，以礼诸侯于庙。文王流涕而咨之，纣恐其叛，欲杀文王而灭周。文王曰：'父虽无道，子敢不事父乎？君虽不惠，臣敢不事君乎？孰王而可畔也！'纣乃赦之。天下闻之，以文王为畏上而哀下也。《诗》曰：'惟此文王，小心翼翼。昭事上帝，聿怀多福。'"② 此虽杂家之言，然亦是能体文王之德者。

　　文王演《易》的哲学思考，以"元、亨、利、贞"的最高范畴，讲天道至德的本体大用，实乃唐虞时代讲"惟精惟一"、殷商时代讲"惟和惟一"的哲学发展。它虽然没有排除筮卜的神秘思维形式及许多文化象征意义，但它在本体论上已是至善至纯存在，属于纯粹形而上学的思维。这是哲学思维的发展，亦是文化的成熟。这种文化哲学的发展，自然会影响到政治哲学的发展，影响到宗教信仰的最高存在与道德的理性自觉问题。

四　宗教改革与道德自觉

　　中华民族是本于天的，是以天道本体存在为道德源头的。因此，中华民族上古时期的道德意识，也是随着天道本体形而上学的发展而不断觉醒、不断走向纯粹至善的。这种道德觉醒与纯粹发展，在上古漫长的文化历史时期，在哲学上大体经历了由神性形而上学到道体形而上学的两个不同发展阶段，在宗教信仰上也经历了两次不同时期的改革。

　　第一次是少皞氏族及帝颛顼时期。它主要是由原始宗教的家家为巫、人人与通神明，发展为重、黎"绝地天通，罔有降格"，使人神不扰，各有秩序，达到"德明惟明"③ 的目的。那次宗教改革，不仅统一了古华夏和东夷诸族的神性形而上学存在，也为道德形而上学发展开辟了道路。唐

---

① 《吕氏春秋·顺民》。
② 《吕氏春秋·行论》。
③ 《尚书·吕刑》。

虞时代的"惟精惟一"存在,就是当时道德形而上学的最高发展。那次宗教改革标志着古华夏民族道德意识的一种新的觉醒。这一点,本书在第三章已经叙述过了。

第二次宗教改革是殷周之际发生的。它的发生,自然和文化、哲学、宗教自身的发展分不开,如文化早熟、道德形而上学发展与宗教信仰渐渐隐退上帝,但还有一个原因是不可忽视的,那就是宗法社会的发展,要求在精神上,在宗教信仰上,提出更为理性的存在。如果说唐虞时华夏大地是大大小小的氏族部落与诸侯方国,那么,夏朝以后,特别是发展到殷周之际,则发展为由不同血缘宗法关系组成的宗法社会了。王国维先生曾根据丧服、庙数、祭法、婚姻等制度,特别是政治上的传子之法,即嫡庶制度之确立,认为周为宗法社会,而殷商为非宗法社会①。宗法社会无疑与这些制度有关,但不能只根据这些制度,特别是不能只从政治嫡庶制度来考虑是否为宗法社会,而应该考虑整体社会形态是否建立在亲亲、尊尊、长长的血缘宗法关系上。《礼记》所说"大道既隐,天下为家,各亲其亲,各子其子,礼义以为纪,以正君臣,以笃父子,以睦兄弟,以和妇女,以设制度"②,即指亲亲、尊尊、长长的血缘宗法关系成为整个社会的普遍关系,成为一种社会文化形态。因此我在《大道运行论》一书中认为,唐虞之后的夏、商、周三代,都是属于宗法社会,因为它们都是建立在血缘宗法关系上的,我们决不能因为前两代缺乏明确的嫡庶制度或文献不足而否定这种社会性质。当然,宗法社会自身有一个发展过程,夏商以前作为宗法社会的初级阶段在社会文化制度上并不那么完备,但至少到商朝成汤之后,宗法社会已经发展起来,到周朝则已完备起来③。随着宗法社会的形成,它必然要求发展出一种与之相适应的信仰与道德精神,并建立起一套与之相适应的宗法制度,包括政治制度、宗教信仰与神圣祭典。这就是殷周之际的新的宗教改革或革命。这种宗教改革或革命并不像西方近代的宗教改革那样轰轰烈烈,而是一个渐进的缓慢发展的过程,但它对中国文化精神的发展,则是具有深刻影响的,甚至是有决定性意义的。

这场改革,首先就是从哲学本体论上将天帝神与祖先神分开、提高天

---

① 《殷周制度论》,《观堂集林》卷10。
② 《礼记·礼运》。
③ 《大道运行论》第510~512页,陕西人民出版社2003年版。

帝神的本体论地位开始的。这种改革或革命，我在《大道运行论》一书中称之为"宗教神秘思维的宗法伦理化"，即将原始神秘主义的天帝观理性化并解释为符合宗法社会所需要的伦理观念，使它成为宗法社会的伦理道德体系或最高精神的本体存在①。因此，这种适应宗法伦理化所进行的宗教改革，不是在枝枝节节上的改进，而是在天道的形而上学高度改革的，或者说是在形上本体论上所进行的一场宗教改革与宗教革命。这场革命在殷周之际发生，延至春秋战国时期始才真正完成。

这种宗教改革或革命，实际上远在殷商时期已经发生。《商书》中所说的天或上帝神，就已具有超越祖先神的性质，如说"先王有服，恪谨天命"；"天其永我命于斯邑，绍复先王之大业"；"予迓续乃命于天"；"上帝将复我高祖之德"②等，就不仅把天或上帝的命令与先王的存在分开，而且天或上帝作为至上神存在，已具有超越祖先神的性质。这虽然是盘庚假借天命、帝命所申述的迁都理由，但不管这是自觉还是不自觉，由此可以看出，当时已经把天帝神置于最高的形上本体论地位。可知将天帝神与祖先神分开，并不是发生在周克殷之后的事，更不是周朝纯粹出于政治需要将天帝神提升起来，而是在此之前这种分离就已经发生，将天帝神提升为最高的本体存在，是整个宗法社会的发展在宗教思维上的长进，只不过发展到殷周之际，这种分离与提升变得更为明确而已。

将天帝神与祖先神分开，提升了天帝神的本体地位，那么，怎样处理天帝神与祖先神的关系呢？这就是周朝"以祖配天"的说法。《礼记》所说"王者禘其祖之所自出，以其祖配之"③，《孝经》所说"郊祀后稷以配天，宗祀文王于明堂，以配上帝"④，就是属于"以祖配天"的说法。天帝神是"祖之所自出"，自然是比祖先神更高的本体存在，"以其祖配之"，自然把祖先神降到了从属的、非本体的地位。这样，祖先神的存在，不论是配天还是配上帝，都改变了天帝神与祖先神混沌不分的原始宗教形态。将天帝神提升为高于祖先神的本体存在，不仅降低了祖先神的地位，而且使祖先神具有了神性形而上学性质。这较之早期天人不分的原始宗教

---

① 《大道运行论》第509页。
② 《尚书·盘庚》。
③ 《礼记·丧服小记》。
④ 《孝经·圣治章第九》。

形态，在宗教上则是进行了一次哲学本体论的改革或革命。

　　提高天帝神的本体论地位，并不仅仅是出于宗教哲学的需要，更为主要的是为了建立道德本体论，引出道德命令，以满足宗法社会的需要。这在《商书》中所说"先王有服，恪谨天命"、"天其永我命于斯邑，绍复先王之大业"等说法中已经显示出来。周克殷之后，更强化了这种说法。所谓"维天之命，于穆不已"①；所谓"昊天有成命，二后受之"②；所谓"皇矣上帝，临下有赫，监观四方，求民之莫"；"帝谓文王，予怀明德"③等，就是这种说法。在这种说法中，天帝神不论是"赫赫在上"，还是"于穆不已"，都是一种最高道德本体。因为它是以人的道德思维和价值判断为基础的，是以人的纯粹道德感而存在，亦即通过纯正道德之心或纯粹理性直觉，聆听上天的命令的。《诗经》所说"维天之命，于穆不已。于乎不显，文王之德纯，假以溢我，我其收之"④，就是这种思维方式。所谓德纯，就是纯粹的道德，就是内心具备纯粹理性的道德直觉思维，凭此直觉思维能够感受、体验、领悟"于穆不已"的天命，领悟宇宙纯粹价值法则存在。文王也正是凭着这种纯粹理性的道德直觉，于"于乎不显"处，感受、体验、领悟那"于穆不已"的天道命令，并以此法度天下的。《毛传》训"纯"为大。其实，这种训释是错误的。纯者，纯粹不已也。它也就是郑玄《毛诗笺》所说"纯亦不已"。这一点《中庸》解释得更清楚："维天之命，于穆不已。盖曰天之所以为天也，于穆不已。于乎不显，文王之德之纯。盖曰文王之所以为文王也，纯亦不已。"⑤孔颖达正是因为看出《毛传》训"纯"为"大"的错误，才说"纯不训为大，当谓德之纯美无玷缺而行之不止息也"⑥。德者，得也，体验、领悟天道本体之所得也。德之纯美无缺，就是凭着纯粹理性直觉去体验领悟那"无声无臭"、"于穆不已"、"于乎不显"的至上存在，获得纯粹美好的道德感受与道德精神。

　　这种思维方式，前面索引《商书》"先王顾諟天之明命，以承上下神

---

① 《诗经·周颂·维天之命》。
② 《诗经·周颂·昊天有成命》。
③ 《诗经·大雅·皇矣》。
④ 《诗经·周颂·维天之命》。
⑤ 《中庸》第 26 章。
⑥ 《毛诗正义》卷 19。

祇"、"咸有一德，克享天心，受天明命"等文字，就已经显示出来。它虽然出于《古文尚书》，但若将其与《商书·盘庚》篇有关"天"或"天命"的文字相互联系起来看，当时天道意识的发展，恐怕也是不可完全否定的。自然，这种意识发展到周朝时期讲"畏天命，自度"①，讲"宅心知训"②，讲"尔克永观省，作稽中德"③等，其谓天命、帝命或最高道德法则，就已具有道德主体性了。正如唐虞时代人才济济一样，殷周之际，特别是周朝文、武、周公时期，更是于斯为盛，而且其为人才，皆是论道经邦、燮理阴阳、修德行政、设教化民的圣贤明哲。这也是周代所以能从哲理上完成这场宗教改革或革命，建立道德形而上学，发展最高道德精神的原因所在。

这个时期讲天命或帝命，讲"皇矣上帝"或"昊昊上帝"的存在，虽然还带有神性特性，还没有完全摆脱宗教神秘主义，但讲"悠悠苍天"④、"悠悠昊天"⑤、"倬彼云汉，为章于天"⑥等，已属于对天道法则的理性认识。正是因为这样，我们读《诗》、《书》以及《国语》、《左传》关于这个时期的记载，凡云"帝"或"上帝"处，郑玄以后的儒家皆注为"天也"或"天的别名"，可知殷周之际关于天的理性认识是学术界所公认的。正因为对天的认识是理性的，所以对天帝神的感受也变成了纯粹的道德体验与领悟。前边所说"维天之命，于穆不已"、"昊天有成命，二后受之"，就是属于这种纯粹的道德体验与领悟。这种道德体验与领悟既是属于纯粹本体论的，又是属于纯粹价值论的。天命、帝命作为形上道德本体存在，不仅具有至高无上的性质，而且成为纯粹的道德形而上学存在，特别是从"上天之载，无声无臭"⑦、"维天之命，于穆不已"的存在，引出上天命令，引出"勉勉我王，纲纪四方"的道德法则，较之祈求祖先神保佑，无疑是一种理性自觉。因此，这场宗教改革或革命，不仅为殷周宗

---

① 《尚书·无逸》。
② 《尚书·康诰》。
③ 《尚书·酒诰》。
④ 《诗经·王风·黍离》。
⑤ 《诗经·小雅·巧言》。
⑥ 《诗经·大雅·朴》。
⑦ 《诗经·大雅·文王》。

法社会的信仰信念提供了新的宗教哲学本体论根据，而且为中华民族后来几千年道德精神世界的发展提供了纯正的道德形而上学原理。

自然，这场宗教改革并不是一蹴而就的，而是不断延续发展的。它发生在殷周之际，延至春秋战国时期始才完成。春秋时期，随着自然知识的增长，如《左传》讲"盈而荡，天之道也"①、"盈必毁，天之道也"②，《国语》讲"天道皇皇，日月以为常，明者以为法，微者则是行"③ 等，使天道法则变为知识理性，使道德思维变为纯粹的价值理性，如孔子讲"祭神如神在"④、"鬼神之为德，视之而不见，听之而弗闻，体物而不可遗"⑤，但它并没有改变殷周之际提供的道德形而上学存在，而是使它变得更加纯正。老子讲道"象帝之先"⑥，庄子讲道"自本自根"，天地鬼神皆为之所生⑦等，就是这样。鬼神在哲学思维中已彻底隐退，代之而起的则是天道或大道本体存在，特别是儒家讲"不语怪力乱神"之事，以仁义之心会通天地之大德，所建立起来的道德形而上学，更为中华民族几千年的道德精神发展提供了最高的哲学本体论根据。这一点留待讲晚周之学时进一步叙述。

道德觉醒，最为本质的存在乃是人性的觉醒，道德本性的觉醒。惟此性觉醒，才能促进精神世界的发展，才能为精神发展提供心性本体论根据。

五　人性觉醒与精神发展

武王伐纣并不仅仅是一次政治权力的变更，也并不仅仅是结束殷商六百多年的文化历史，开出周朝八百年政治历史的新局面，而是牵涉到人心向背、政治认同、天下归属一类的社会历史深层结构的发展变化，牵涉到

---

① 《左传》庄公 4 年。
② 《左传》昭公 32 年。
③ 《国语・越语下》。
④ 《论语・八佾》。
⑤ 《中庸》第 15 章引。
⑥ 《老子》第 6 章。
⑦ 《庄子・大宗师》。

人心人性新的觉醒与存在。这种深层发展变化，这种觉醒与存在，虽然是深藏在文化历史背后的，然通过当时的历史事件，仍是可以显现出来的。例如文王为西伯，获得征伐权，黎侯无道，文王伐而胜之。这就是历史上有名的"西伯戡黎"事件。当时纣都朝歌，黎国在朝歌之西，离王都很近。大臣祖伊非常恐慌，奔告于纣王说，非先祖不助子孙，乃是王淫过戏怠，自绝于先王，故天亦弃之。此乃是您不虞天性，不迪率典，乃造成今天的危机。① "不虞天性，不迪率典"，即是说纣王不能体察人的天性所在，不能以常道法则进行担当。"天之爱民甚矣。岂其使一人肆于民上，以从其淫，而弃天地之性？必不然矣"②。不考虑人的天性，违背人之心性的常道法则，淫戏骄奢，自绝于天，自弃于民，乃纣王所以失天下者也。这件事亦可深知当时人心人性之变化。

武王率诸侯伐纣，大会于孟津，乃是一件"天怒纣之恶"的事。纣王有罪无罪，虽天命如此，但人心如何，还是要"同力度德，同德度义"进行考虑的。怎样考虑？就是首先承认"惟天地万物父母，惟人万物之灵"的存在，承认人心人性及其欲望追求具有天然合理性。惟此，才说"天矜于民，民之所欲，天必从之"③。矜，怜也。"天矜于民"，即天心通着人心，天除恶树善是与民心相通的。此亦即《虞书》说"天聪明自我民聪明，天明威自我民明威"也。由这件事亦不难看出，殷周之际的大变革，历史深层背后隐藏着怎样的人心人性的觉醒及新的政治动向了。这种心性觉醒与动向，不仅影响着当时的历史进程，也影响着后来整个文化哲学与道德精神的发展。

人的心性可分为自然心性与天命之性，或按宋儒的说法，可分为天命之性与气质之性。天命之性，即《中庸》所说"天命之谓性"。此心此性，乃是天道义理的存在。故程子说："性即理也。"④ 这是从天理上讲的，从最高本体论上讲的，心性即天理存在，这种存在是纯粹至善的。但人的心性，若离开气，离开气的质料，无着落处，是不能成为生命存在的，它只有与气相结合，与气之质相结合，才能成为人的生命。而这种结

---

① 《尚书·西伯戡黎》。
② 《左传》襄公14年。
③ 《周书·泰誓上》。
④ 《河南程氏遗书》卷22上，《二程集》第292页。

合，可以说从结合的那一刹那开始，心性存在就有了阴阳、清浊、昏明、善恶。这就是人的自然心性，即"生之谓性"。人的自然心性，虽然随着物质世界的开发利用，可能发展出种种物欲、嗜好及非理性追求，如唐虞时代"四凶"族的"贪于饮食，冒于货贿"；禹夏时期太康尸位，盘游无度，及商纣淫乱不止，但若就人的自然心性本身而言，就其生存需要的种种欲望目的而言，则是天然合理的，应该满足的。人的这种心性发展到殷周之际，愈来愈变成一种意识到的存在与追求变成了自我意识的觉醒。《逸周书》所说"凡民生而有好有恶，小得其所好则喜，大得其所好则乐；小遭其所恶则忧，大遭其所恶则哀"①，就是指这种心性存在与追求。这种意识到的存在与追求，这种自我意识的觉醒，既然属于人的天性，属于生存需要的欲望、目的，自然不能忽视它的存在，不能不承认它存在的合理性。"民之所欲，天必从之"。天尚且如此，何况治国平天下者呢！因此，如何满足人的心性存在与追求并解决其非理性问题，乃是当时圣贤明哲治国平天下所面临的一个重要任务。《逸周书》讲"天生民而制其度"②、讲"天生民而成大命，命司德正之以祸福，立明王以顺之"以及讲天道有命、有祸、有福，人道有善恶（丑）、荣辱（绋绕）、灾祸（斧钺），"古之明王奉此六者，以牧万民"③，就是从顺从人的自然心性而制度之、司命之的。

精神的发展虽然离不开人的自然心性，离不开人的这种生命存在，但从根本上说，人的精神发展不是原于人的自然心性，不是原于人的动物本能，而是原于人的先天道德本性，原于人"继之者善，成之者性"的存在，原于人道德本性的觉悟，原于从道德本性出发，以灵明之心对外部世界的价值判断与肯定，以及从这种肯定与判断出发，对信仰信念，对美好事物，对精神世界的追求。茫茫宇宙，天地万物，本是浑然一片的存在，是没有意义的。只是有了人的存在，有了人的一点灵明，才知照宇宙，会通万物，才从道德本性出发，以灵明之心，赋予外部世界以意义，使其变为有效性存在，才使天不为天，不是苍茫存在，而变为"乾"的存在，变为至刚至健、至正至和、至精至神的存在，变为贯通一切，旁通一切，大哉乾元的存在；才使地不为地，不为茫茫荒原，一片泥土，而变为"坤"

---

① 《逸周书·度训》。

② 《逸周书·度训》。

③ 《逸周书·命训》。

的存在，变为顺承于天，万物滋生，含弘光大，品无皆亨的存在，变为坤厚载物，德合无疆，具有无限负载精神的存在，因而也才产生了哲学，产生了形而上学存在，产生了精神，产生了以人领悟形上之道所获得的道德精神世界。道德是灵明心性的道德，精神是灵明心性的精神。这一切都是人的道德本性栽培之、涵养之、扩充之、大化之，成为灵明的存在，成为万感万应，无不澄然，无不照应，无不神会，无不灵通获得的，成为知照古今，道通天地的存在获得的，成为圣人，成为明哲，成为灵明神圣存在者发展出来的。这点灵明之心，这种道德本性，从伏羲仰观于天，俯察于地，观鸟兽之文与地之宜，始作八卦，以通神明之德，以类万物之情，就已经发展出来；到唐虞时代讲"惟精惟一"，殷商讲"德惟一，动罔不吉"，讲"惟和惟一"或"协于克一"，更进一步得到发展；而到殷周之际，更成了一种心性的道德自觉。《诗经》所说"天生烝民，有物有则。民之秉彝，好是懿德"①，就是指人的先天道德本性而言的。郑玄笺此云："天之生民众，其性有物象，谓五行仁义礼智信也。其情有所法，谓喜怒哀乐好恶也。然而民之执持有常道，莫不好有美德之人。"② 人的这种"好是懿德"的本性，就是殷商时期讲的"惟皇上帝，降衷于下民"的"恒性"③。《孔传》解此曰："皇，大也。上帝，天也。衷，善也。"④ 中国文化是本于天的。盈天地万物，皆始于阴阳之道，刚柔之交，始于天地间浑然一个"仁"的本体存在。故《左传》讲"民受天地之中以生，所谓命也"⑤；《正义》解之曰"天地之中，谓中和之气。民者，人也。言人受此天地中和之气，以得生育，所谓命也"⑥。人得天地中和之气获得生命，获得仁心，内心世界已是仁的存在、善的存在。人有此存在，有此道德本性存在，才是仁善的，才能追求信仰与信念，追求美好事物，追求道德精神世界，因而也才能创造这个世界，发展这个世界。殷周之际，正是人的"好是彝德"的道德本性得到了发展，意识到这种本性的重要，所以

---

① 《诗经·大雅烝·民》。
② 《毛诗》卷18。
③ 《尚书·汤诰》。
④ 《尚书孔氏传》卷4。
⑤ 《左传》成公13年。
⑥ 《春秋左传正义》卷27。

才有召公劝诫成王的诗曰："伴奂尔游矣，优游尔休矣。岂弟君子，俾尔弥尔性，似先公酋矣。"① 俾，使也。弥，终也。似，嗣也。酋，成也，就也。它的意思是说，有那么多人陪伴你游玩，车之多，马之驰，优游夸耀，够风光的啦！但你必须始终保持自己的上智之性不失，才能继承先公的伟大事业。此处的"尔性"之"性"，即指道德本性或上智之性。后边所讲"俾尔弥尔性，百神主矣"；"俾尔弥尔性，纯嘏尔长矣"，其为"性"，也是指这种本性而言的，它也就是《毛诗正义》所说的"使汝得终汝之性命，百神皆以汝为主矣"、"承顺天地所受之性命，得久长矣"②。由此可知，"俾尔弥尔性，似先公酋矣"，是不能仅仅作生命、欲望、本能讲的，若作此讲，并将"弥"训释"满"，把这句话解释为"百事满足你的欲望，才能继承先公的事业成就"，就不仅不通，而且就像将《洪范》中的"惟辟作福，惟辟作威，惟辟玉食"解释为"只有为君者才可以作福、作威、玉食"一样荒唐了。此亦可知，傅斯年的性命训辨，将"弥尔性"的"性"字解释为"生"③ 为不妥。《说文》曰："性，人之阳气，性善者也。从心。"④ 性乃一种本善存在，而非仅仅为耳目之欲的生存本能。"弥尔性"，即是成王的上智之性或灵明之性，亦即先天道德本性。这种本性，乃是继承先公而来的。人有此道德本性，有此性善的本质或本原的规定性，才有别于犬马一类的动物本能。故《尚书》曰"犬马非其土性不畜"⑤。殷周之际，讲"民之秉彝，好是懿德"的本性，讲成王"俾尔弥尔性，似先公酋矣"的上智之性或灵明之性，以别于犬马之性，不仅是对人先天道德本性的承认，同时也说明人的这种本性当时已经觉醒。正是这种觉醒为殷周之际精神的创造发展提供了灵明心性源泉，提供了道德精神发展的内在根据。特别是当这种心性发展为纯粹心性本体的时候，就像"文王之德纯"那样，则不仅以纯正道德本性支撑起了两周的精神大厦，同时，承认这种纯粹道德本性，也为周代礼乐之教的建立奠定了心性本体论基础。

---

① 《诗经·大雅·卷阿》。
② 《毛诗正义》卷17。
③ 《性命古训辨证》上卷"释字"，《傅斯年全集》第2册第216页。
④ 《说文解字》卷10下。
⑤ 《尚书·旅獒》。

殷周之际，激烈的社会变动，一方面促进了社会深层人的心性觉醒，包括自我意识的觉醒与先天道德本性的觉醒，另一方面也触及各社会阶层、诸侯的群体利益，搅动得人心不安，而开物成务的成就，更调动起了种种物欲之心，并常常使之陷入非理性。特别是周时武王崩，三监反，淮夷乱，虽被平定，但也暴露出天下人心之不稳定。《尚书》所说"惟民不静，未戾厥心"①，就是指这种情况。因此，如何节制人性，也是当时治理天下面临的一个重要的文化哲学问题。《尚书》所说"节性，惟日其迈"②，就是如此。《孔传》曰："时节其性，令不失中，则道化，惟日其行。"③ "节性"，就是通过道德教化使人节其骄淫之性，变为道德心性。惟此，人才能不失中正之道，才能走上刚健文明的道路，才能日新其德。此即《尚书》所说"旧染污俗，咸与惟新"④ 者也，亦《礼记》所说"司徒修六礼以节民性，明七教以兴民德，齐八政以防淫，一道德以同俗"⑤ 者也。一个时代，人性的觉醒是极为复杂且又至深至微的，但殷周之际毕竟出现了一大批圣贤明哲。他们观天下之动，立礼义之教，教人心，节民性，使之成为中国上古史上刚健文明的一代。此周代所以礼乐之教发达兴盛者也。

殷周之际的大变革，面对着人心向背、政治认同、天下归属一类的社会现实，不仅触动着社会历史深层人心人性的发展变化，带来了人性新的觉醒，而且整个社会历史变革改变了殷商以来的文化形态，给哲学精神发展带来新的历史机遇。

六 文化形态与哲学发展

《礼记》实乃是孔子与其弟子研究讨论上古礼仪制度的书。因此，我们读该书时可以发现，它处处充满夏、商、周三代礼仪及种种社会文化制度的比较，而且发展到周代具有实现新的综合之性质。关于夏商宗教祭祀

---

① 《尚书·康诰》。
② 《尚书·召诰》。
③ 《尚书孔氏传》卷8。
④ 《尚书·佾征》。
⑤ 《礼记·檀弓下》。

及其文化精神的不同，前面谈到夏代"尊天命远鬼神的宗教观"和商代"祖宗意识与生命精神"时，曾引该书《表记》对夏、商、周不同的宗教祭祀制度及民风、习性及文化精神作过比较。如果我们将《表记》所说夏、商、周的文化发展联系起来看，则不仅可以看出这些不同与发展变化，而且可以看出中国文化发展到周代，不仅实现了新的综合，而且产生了新的特质，发展为一种新的文化形态：

> 子曰："夏道遵命，事鬼敬神而远之，近人而忠焉，先禄而后威，先赏而后罚，亲而不尊；其民之敝，蠢而愚，乔而野，朴而不文。
>
> 殷人尊神，率民以事神，先鬼而后礼，先罚而后赏，尊而不亲；其民之敝，荡而不静，胜而无耻。
>
> 周人尊礼尚施，事鬼敬神而远之，近人而忠焉，其赏罚用爵列，亲而不尊；其民之敝，利而巧，文而不惭，贼而蔽。"
>
> 子曰："夏道未渎辞，不求备，不大望于民，民未厌其亲。殷人未渎礼，而求备于民。周人彊民，未渎神，而赏爵刑罚穷矣。"
>
> 子曰："虞夏之道，寡怨于民。殷周之道，不胜其敝。"
>
> 子曰："虞夏之质，殷周之文，至矣！虞夏之文，不胜其质；殷周之质，不胜其文。"

殷周之际，不仅文化上由"虞夏之质"发展为"殷周之文"，达到了三代以来的最高峰，而且就宗法制度而言，虽然王国维先生仅把周朝定为宗法社会有其局限性，但也必须承认，随着宗族林立的发展及宗教制度、宗法制度、婚姻制度特别是嫡庶制度的确立，应该说中国的宗法社会形态已经达到了较为完备的阶段，而且为适应宗法社会的发展，整个社会的文化形态不仅发生了根本性变化，各种文化制度也发展了起来，可以说从货利、田亩、饮食、冠昏、辞让、丧祭、射御制度，到礼乐、明堂、朝聘、刑典、律令、学制、服制及养老制度等，皆有了适应宗法社会的明确规定。而且，这些制度是不准随意改变的，改变是要受到惩罚的，宗教、祭祀、礼乐、服制的改变更是如此。这一点从《礼记》所记也可以反映出来，如说：

> 天子五年一巡守。觐诸侯，问百年者就见之。命大师陈诗，以观民风。命市纳贾，以观民之所好恶，志淫好辟；命典礼，考时月，定日、同律、礼乐、制度、衣服，正之。山川神祇，有不举者为不敬，

不敬者君削以地。宗庙有不顺者为不孝，不孝者君绌以爵。变礼易乐者为不从，不从者君流；革制度衣服者为畔，畔者君讨；有功德于民者，加地进律。①

殷周整个文化制度，最为重要的是礼义制度。这种制度乃是人生之大端，国家权柄之所在，是别嫌明微，傧鬼神，考制度，别仁义，讲信修睦，治国平天下的根本，所以说，礼仪制度乃是"养生、送死、事鬼神之大端"，是"达天道、顺人情之大窦"的所在。因此，礼仪制度是绝对不可缺少的，"坏国、丧家、亡人，必先去其礼"。因此，"圣人参于天地，并于鬼神，以治政也。处其所存，礼之序也；玩其所乐，民之治也"②。

殷周之际整个宗法社会形态与文化形态的发展，特别是"养生、送死、事鬼神"和"达天道、顺人情"的礼仪制度的发展，必然要求圣贤明哲提供哲学基础，要求哲学对天道、鬼神的形而上学存在给予合理性的解释与说明。三代之礼一也，民共由之，虽"事天地之神明，无非卜筮之用，不敢以其私亵事上帝"③，但若就其天道至教、圣人至德而言，就其对天道、鬼神的形而上学存在的解释说明而言，或就其天道义理的哲学发展而言，则没有停留在卜筮之用，停留于龟筮一类的低级思维形式上，而是用形上哲理支撑起自己精神的至精至神存在。这一点，由夏之《连山》、殷之《归藏》发展为《周易》，就可以看出三代哲学本体论发展的脉络及精神演变趋向。

皇甫谧说，夏人因炎帝曰《连山》。其卦以纯艮为首，艮为山上山下，是名《连山》。夏以十三月为正，故以艮为首。④ 朱元昇《三易备遗》述杜子春谓："《连山》伏羲易，夏因其名。""是知《连山》作于伏羲，用于夏。《连山》以纯艮为首，夏建寅正纯艮，实应立春。"⑤ 艮者，万物之所终始也。《艮》卦的方位在东北。一年之终始，不在南北之《乾》、《坤》，而在东北之《艮》。故《艮》乃是万物之所成终而所成始的存在。从时间上说，中国文化的一天、一年、一个甲子，都是一个周期性变化，

---

① 《礼记·王制》。
② 《礼记·礼运》。
③ 《礼记·表记》。
④ 《玉函山房辑佚书》辑《连山》。
⑤ 《三易备遗》卷2。

同样具有终始的意义。一天最热的时候,不是正午十二点,而是下午两点左右;一天最寒冷的时候,不是夜里子时,而是半夜过后一两点钟。一年最热的时候不是夏至,而是夏至过后的三伏;最寒冷的时候不是冬至,而是冬至过后的三九。六十年一个甲子也是这样。人活六十岁不是就完全衰老了,真正衰老是七八十岁以后。六十岁以后反而是人最成熟的时期,故孔子所说:"七十而从心所欲,不逾矩。"① 《艮》不只是在时间上指一年之终始,人生、心性、万物生息皆然,皆有个终始,有个"艮"的存在。故《易传》说:"始万物终万物者,莫盛乎艮。"② 夏代《连山》之易,以《艮》为万物之终始,建寅为正月,以应立春,无疑反映了天道自然变化;以纯艮为首,建立哲学系统,以统天人,无疑也具有哲学本体论意义。

朱元升《三易备遗》说"《归藏》易,黄帝演伏羲《连山》而作也";"《归藏》易以纯坤为首,坤为地,万物莫不藏于中者也。《说卦》曰:'坤以藏之',盖造化发育之真机常于此藏焉"③。《归藏》以坤为首,坤为地,意即万物归于地而蓄养之。它也就是老子讲的"夫物芸芸各复归其根"。于此处"致虚极,守静笃,万物并作,吾以观复",就是以知万物反本复始之道也。惟知此道,才能复命,归于常道状态;惟此,才知常,才清明,才知道的大全恒久存在,也才能不乱动,不妄作,没身不殆。④ 此即《归藏》所包含的性命之理与道德精神也。然《归藏》不是归于空寂,归于虚无,而是归于造化发育之真机,归于造化至精至神的存在,《归藏》以坤为首,先阴后阳,阖而辟,动而静,此乃以藏敛为生气先机之所在。故《归藏》首坤,即动静之首,亦即造化之先机者也;从数理上讲,《归藏》起于黄帝,造六甲以配六十四卦,殷以十二月为岁首,建于丑,此时乃藏冬至《剥》、《复》之理也,即剥落将尽,只留"一"线之阳;然有此"一"线之阳,从此阴消阳长,即可归复到阳光明媚的春天,乃至娇艳似火的夏日。故其乃藏一岁之造化,藏生生不息之机,化化之迹于不露也。不仅如此,一元、一岁、一日,皆有阴阳之交也。如一元为癸亥甲子之交,一岁有冬至夏至之交,一日有夜半日中之交。故一元有一元之造

---

① 《论语·为政》。
② 《周易·说卦传》。
③ 《三易备遗》卷5~6。
④ 《老子》第16章。

化，一岁有一岁之造化，一日有一日之造化，《归藏》无往不用其藏也。无往不用其藏，则无往不藏造化萌动之先机也。此即《归藏》以坤为哲学本体论所包含之生命精神也。

《连山》首艮、《归藏》首坤，发展到《周易》，则首乾。《周易》虽首乾，但在本体论上，则是乾坤并建的。乾者，天也；坤者，地也。然天不曰天，而曰乾，地不曰地，而曰坤者，乃于本体大用上称之也。故曰"大哉乾元！万物资始，乃统天"；"至哉坤元，万物滋生，乃顺承天"①。故"乾坤者，阴阳之根本，万物之祖宗也"②。此乃文王由《连山》、《归藏》发展为《周易》，因阴阳，定消息，立乾坤，以统天地者也。天地之内，万物之性，无处不阴，无处不阳，单阴不生，独阳不化，惟阳抱阴合，相激相荡，相亲相合，冲气以为和，才能化生万物。然这并不是在宇宙本体论上讲的，而是于流行处讲的。惟有将此阴阳化育法则，提升为形而上学的一阴一阳之道，提升为"无极而太极"的存在，才是《周易》的本体论存在。然此"无极而太极"，并不是空寂虚无的存在，其"寂然不动"，则包含着阴阳、动静。及至动而生阳，静而生阴，一动一静，互为其根，则两仪生四象，四象生八卦，八卦生万物矣。故船山说："《周易》并建乾坤为太始，以阴阳至足者统六十二卦之变通。"③ 于此处说，《周易》乾坤并建，所提供的乃是一个万物生化的宇宙原理。乾坤不仅是生化本体，而且是最高价值存在与精神存在。乾有元、亨、利、贞四德，"大哉乾乎！"，乃"刚、健、中、正，纯、粹、精"的存在。坤有"元亨，利牝马之贞"，"坤厚载物，德合无疆，含弘光大，品物咸亨"。因此，乾坤皆是不杂阴阳的至精至神存在，它不仅为大始而利万物，而且心体之、悟之、得之，则可启道义之门，周万物之理，获得自强之道，万行之统宗，刚健中正，以应天行。因此，《周易》乾坤并建，不仅提供了一个万物生化的宇宙原理，而且也创造一个最高的精神原理。

说《周易》乾坤并建，并不是说《连山》、《归藏》不基于阴阳之道、乾坤之理。可以说，从伏羲作八卦开始，即是基于阴阳消长之理也。由伏羲八卦变为《连山》六十四卦，不过是将甲子配八卦，其变化仍然是阴阳

---

① 《周易·彖上传》。
② 《易纬·乾凿度》。
③ 《周易内传》卷1上。

消长之理。《连山》发展为《归藏》，不过是由首艮而为首坤，建寅发展为建丑，将十三月为正月，改为以十二月为正月，其变化仍是以阴阳消长之理而为《易》。故孔子曰："我欲观夏道，是故之杞，而不足征也，吾得《夏时》焉。我欲观殷道，是故之宋，而不足征也，吾得《坤》《乾》焉。《坤》《乾》之义，《夏时》之等，吾以是观之。"[1]《坤》《乾》之义，即阴阳消长之理。《周易》不同于《连山》、《归藏》者，就是将《乾》、《坤》之义提升到了哲学本体论高度，使之成为无时不在的运化大始与心性至神存在。从此之后，不仅为两周精神发展提供了精神原理，而且影响了后来几千年的文化精神创造。西周大匡大济的时代及其刚健精神的出现，就是以此哲学发展开出的。

---

[1] 《礼记·礼运》。

第七章 "周道如砥"的刚健精神

内容提要： 武王伐纣，周之代殷，不仅启开了八百多年新的历史时空，也创造了一个崭新的文化历史时代。这是一个大匡大济的时代，也是一个极有建树的时代。这个时代，不仅出了一大批爽邦匡济的圣贤明哲，一大批有作为的思想家，而且其哲学见解与精神建树，也是空前未有的：《周书》的历史哲学、《周易》的"演德"之学、《诗经》的两周精神及周公平治的礼教精神，就是其最为高明的哲学见解和最为辉煌的精神建树。特别是《周易》的乾坤并建，不仅体现了天地的大生之德与广生之德，也在哲学上建立了一种"周道如砥，其直如天"①的精神。凡此，不仅构成了周代的盛德富有大业与辉煌灿烂的文化历史，构成了中国历史上一个"郁郁乎文哉"的极盛时期，也创造了一个道德精神上极为庄严、神圣、肃穆、辉煌的时代。

夏、商、周三代的政治权力更替，虽然都是一次巨大的社会历史变革，但真正算得上一次政治变革，并且是政治意识极为自觉变革的，应该说是武王伐纣。唐、虞及夏的权力交接，属于正常的禅让。天下为公，权力不传其子，而传予贤者，一点私心没有。商革夏命，乃是"帝桀之时，自孔甲以来而诸侯多畔，夏桀不务德而武伤百姓，百姓弗堪"②。引起这场变革的原因，既有夏桀腐败造成的"诸侯多畔"，也有"夏桀不务德而武伤百姓，百姓弗堪"问题。但是武王伐纣，实现权力更替，从现有文献看，主要是原于纣王荒淫无度，杀比干，囚箕子，微子去，所造成的政治

---

① 《诗经·小雅·大东》。
② 《史记·夏本纪》。

腐败危机，虽曰纣王"昏暴商邑百姓"①，但权力更替并不是直接由经济衰败造成的民不聊生所致。《诗经》说武王"肆伐大商"时，"殷商之旅，其会如林"②，可知当时殷商的政治军事力量还是非常强大的。看得出来，纣王时期，不论是政治腐败，还是军事武装，经济基础都是相当雄厚的。由此可知，单是经济力量雄厚，军事力量强大，并不能保证国家政治权力的稳定。政治腐败了，照样丧失权力。因为政治腐败意味着已经丧失了"天下为公"的政治精神，使天下人之天下变成了一人之天下，使国家政治权力变成了满足自我私欲的占有。这样，别人就有权力讨伐你、推翻你，取而代之，还权力为天下公有。武王"肆伐大商，会朝清明"，灭纣王于牧野，就是这样。

而且从所发生的牧野之战到实现权力更替，完全都是理性自觉进行的。从周朝太王、王季之修德，到纣王囚西伯于羑里，质长子伯邑考于殷，烹以为羹赐之，文王受尽天理良知的折磨与人格屈辱，最后获得释放，谨慎地结交诸侯，礼让豪士，其政治行为都是理性自觉的。武王伐纣，虽上祭于毕，观兵于孟津，诸侯八百，不期而至，皆曰"纣可伐矣"，而武王则迟迟未动，直到纣王昏乱暴虐滋甚，杀比干，囚箕子，太师疵、少师强抱其乐器而奔周，武王才作《泰誓》，告纣王之罪，陈师牧野，共行天下之伐。灭纣之后，武王不仅祭祀殷人祖庙，完成"膺更大命，革殷，受天明命"③的大礼，而且释箕子之囚，封比干之墓，封商纣之子武庚禄父，以续殷祀，治理殷之余民，然后散鹿台之财，发钜桥之粟，以振

---

① 《史记·周本纪》。
② 《诗经·大雅·大明》。
③ 《史记·周本纪》说武王灭纣之后，"其明日，除道，修社及商纣宫"。"社"及"宫"即是商之社稷宗庙。"除道，修社"，就是要到朝歌进行祭祀，告殷之祖先，完成权力更替。及期，从"百夫荷罕旗以先驱。武王弟叔振铎奉陈常车，周公旦把大钺，毕公把小钺，以夹武王。散宜生、太颠、闳夭皆执剑以卫武王"云云，可以看出这次祭祀及权力交接活动是非常隆重的。二十世纪七十年代于陕西岐山县凤雏村发掘的西周甲骨文，"卜祭"类第一片就是记载这次祭祀活动的。其中不仅有杀纣王嬖妾二女的记载，还有祭告殷商之祖成汤的文字，"其彝成唐"，"成唐"即殷商之祖成汤。据陈全方等人合著的《西周甲骨文注》（学林出版社 2003 年版）解释，此甲骨文所以在陕西岐山县发现，乃武王灭商、祭祀商庙于朝歌后，西归收藏于岐山周宫室。

贫弱治民，迁九鼎，修周政，与天下更始。凡此，整个权力更替皆是出于一种理性自觉的政治作为。

正是有了这种理性自觉，所以周朝开创之始，从文王受命，到武王治天下，及鬻子、太公、周公、召公一班圣贤明哲的政治哲学与治平理念，全都具有一种体悟天道法则的理性自觉之精神。最能代表商周两个时代的哲学精神，或者说能够为两代精神的发展提供哲学基础的著作，乃是《归藏》与《周易》。殷之《归藏》首坤，以大地蓄养造化之生机为根本，故其精神主要表现为其宽静、虚静、阴柔的特性；而《周易》乾坤并建，以天道的"刚中而应，大亨以正"①为其根本存在，因此，它在哲学上建立了一种"周道如砥，其直如天"②的精神。尽管商周文化有此不同，但殷商历时600多年的文化历史发展，毕竟为周朝文化的精神发展奠定了深厚的文化历史基础。因此，周朝文化哲学，《周易》乾坤并建，不仅有天道刚健中正的道德精神，亦有《归藏》宽静、虚静、柔美的生命精神，而且这两种精神并不是割裂的，而是弥纶天地之道，乾知大始，坤作成物，显诸仁，藏诸用，阴阳交合，絪缊化醇，既体现着天的大生之德，又体现着地的广生之德的，体现着天地之道刚健文明、大化流衍、生生不息的精神。

周之代殷，不仅启开了八百多年新的历史时空，也创造了一个崭新的文化历史时代。这是一个大匡大济的时代，也是一个极为有建树的时代。这个时代，不仅出了一大批爽邦匡济的圣贤明哲，一大批有作为的思想家，而且其哲学见解与精神建树也是空前未有的。这种见解与精神表现在周初创造基业的平治活动中，也表现在他们表达思想感情的《诗》、《书》、《礼》、《乐》的创作活动上。周代盛德富有大业与辉煌灿烂的文化历史，构成了中国历史上一个"郁郁乎文哉"的极盛时期，也创造了一个道德精神上极为庄严、神圣、肃穆、辉煌的时代。而这个时代的到来，是从大匡大济的平治活动开始的。

---

① 《周易·彖上传》。
② 《诗经·小雅·大东》。

一　一个大匡大济的时代

　　武王伐纣，诸侯八百，"不期而会盟津"①，这是一个多么大的政治自觉行动啊！它与唐虞时代帝舜召见"四岳群牧，班瑞于群后"②或"禹合诸侯于涂山，执玉帛者万国"③是非常不同的。"不期而会盟津"，乃是一种诸侯政治意识的觉醒及参与政治变革的理性自觉，它说明地方政治力量的发展已不可轻视。帝舜召见"四岳群牧"，奖赏"群后"，或大禹"合诸侯于涂山"，只是一种自上而下的政治咨询行为，地方政治力量的存在，并没有威胁到中央帝国的地位。武王伐纣，诸侯八百，"不期而会盟津"，这在当时是一件不可轻视的事情！它说明"天下乃天下人之天下"不仅是一种政治共识，而且成为历史事实，成为现实生活中共同的政治话语。怎样对待四方诸侯，对待已经觉醒的地方政治力量，是武王不得不考虑的，也是周初执政谋划集团中的太公、周公、召公等人不能不考虑的。另外，灭商之后，殷商民诸族对周朝新政权持何种态度，是支持还是暗中反对，也是武王及其执政谋划集团必须考虑的。武王胜殷，立成汤之后于宋，以奉桑，所以"恐惧太息流涕，命周公进殷之遗老，而问殷亡之故"；武王得殷，得二虏而问"若国有妖乎？"一对曰，殷国之妖"昼见星而天雨血"，一对曰，殷国之妖"子不听父，弟不听兄，君令不行"。而武王避席拜之④，就可知武王对于殷民诸族是多么审慎忧虑了。这种忧虑，即使武王灭商之后，回到周朝镐京，内心也没解除。《史记》说，武王回到镐京，夜不能寐，周公旦即王所，问他为什么睡不着，武王说，天不飨殷，自我未生于今六十年，夷羊怪物在牧，飞虫遍野以为灾。天不享殷，今天周才有成。但殷之初建，毕竟登进名贤有三百六十多人，虽非大贤，未能为其兴化致理，但殷朝不显亦不宾灭，也以至于今日。而我尚未定天保，如何能寐呢！天定即民定也，天保即民保也。所以，武王又说，定天保，依天室，若只是寻找一些不知天命、不顺周朝的恶人，皆贬责之与纣同罪，恐

---

① 《史记·周本纪》。

② 《尚书·尧典》。

③ 《左传》襄公7年。

④ 《吕氏春秋·慎大览》。

怕也是不行的。今我日夜劳民，所要明白的事，是如何既安定我西土，又使我之德教施四方明行之，所以寝不寐！此可知武王胜殷之后，思虑如何治天下之事是多么忧深了。

武王伐纣之后，面对天下诸侯势力的觉醒和殷民归属未定的政治局面，如何求得政治上的稳定，求得天下长治久安，是当时面临的最大的政治课题，是大统未集，克成文王之志，以恭成天命的问题，用当时姜太公的话说，乃是"枉者灭废，敬者万世"① 的问题。当时的武王及其执政谋划集团，除了"复盘庚之政，发钜桥之粟，赋散鹿台之钱，以示民无私，出拘救之罪，分财弃责，以振穷困，封比干之墓，靖箕子之宫，表商容之闾"，采取这些安抚殷民的政策之外，做出的另一个重大政治决策，就是"三日之内，与谋之士封为诸侯"②，即实行封土地建诸侯的制度。《史记》对武王分封诸侯的记载说：

> 封诸侯，班赐宗彝，作《分殷之器物》。武王追思先圣王，乃褒封神农之后于焦，黄帝之后于祝，帝尧之后于蓟，帝舜之后于陈，大禹之后于杞。于是封功臣谋士，而师尚父为首封。封尚父于营丘，曰齐。封弟周公旦于曲阜，曰鲁。封召公奭于燕。封弟叔鲜于管，弟叔度于蔡。余各以次受封。③

古代分封，肇起于三皇，大备于五帝，殷以前尚矣，但真正像周初这样封土列侯，班彝分器，以治天下，尚属创制。这种分封，虽多为同姓兄弟，但更有异姓功勋卓著者及前帝苗裔，虞、夏、商之后。同姓兄弟，其封有家天下之嫌，然封异姓功勋卓著者及前帝苗裔，则仍体现着"天下乃天下人之天下"的性质。虽封土列侯，然周室仍为天下之王者。这种列土封侯，不过是分茅食土而已，所封之侯，实则在外为公国，在内为采邑，在内为公卿，在外为州伯。此乃"为政以德，譬如北辰，居其所而众星共之"④ 者也。它所体现的，乃是中国文化"统之有宗，会之有元"⑤ 的精

---

① 《大戴礼记·武王践阼》。
② 《吕氏春秋·慎大览》。
③ 《史记·周本纪》。
④ 《论语·为政》。
⑤ 《周易明例·明象》。

神。因此，它与西方罗马帝国崩溃后，中世纪那种庄园主保护游民，游民心甘情愿地接受保护并宣誓效忠庄园主的封建制度是根本不同的。周初的分封，有强有弱，列侯群辟，星罗棋布，它们既是周室的屏翰，又相互制衡，以卫王室的政治结构。因此，周之列国，已不是氏族部落的自然存在形式，而是武王及周初执政谋划集团一次大匡大济的政治手笔所缔结的文化历史结构。它虽然不是一次完成的，后来屡有分封，但创基业，布大局，成就800年盛德伟业者，则是武王及周初执政谋划集团的功劳。虽然后失其制，诸侯僭于天子，大夫僭于诸侯，造成诸侯纷争，然春秋盟会，以尊王室，七国纷争，犹以周为共主而不敢取代之，可知周初所创封建制之有政治内在合理性与生命精神也。周朝历时800年的封建制所形成的文化历史结构与文化传统以及获得华夏诸族的认同，使后世任何地方势力不敢冒天下之大不韪而闹分裂独立！欧洲直到现在还没实现国家民族统一，更显华夏民族政治智慧之高明悠远！

　　自然，这并不是说有了封建制，天下之治就万事大吉了。在这个制度尚未形成文化历史结构与文化传统并取得华夏诸族的认同以前，当时并不因为武王有封建制就安然无事了。不是的。武王虽分封了天下诸侯，然而武王死后，所封弟叔鲜于管，弟叔度于蔡，及商纣子武庚禄父，就作乱叛周了。这就是当时的"三监之乱"。周公不得不奉成王命，伐诛武庚、管叔，放蔡叔，以微子开代殷后，国于宋，收殷余民，封武王少弟为卫康叔，以治之。武王虽想"纵马于华山之阳，放牛于桃林之虚；偃干戈，振兵释旅，示天下不复用"①，然殷享国600余年，武王伐纣，天下未服周者亦有之。因此，为匡济天下，武王也不得不征伐四方，灭"憝国九十有九，服国六百五十有二"②。憝国，即不顺从之国；服国，即服纣之国。这里所征伐之国，虽与孟子所说"灭国者五十"③有出入，但武王为匡济天下而动用武力征伐，应该是属实的。由此可知，周初之封建制尚是非常不稳定的。武王为匡济天下，动用武力征伐，不仅巩固了当时的封建制度，也为封建制历史结构的形成及中华民族对此文化传统的认同奠定了基础。

----

① 《史记·周本纪》。
② 《逸周书·世俘》。
③ 《孟子·滕文公下》。

《尚书》说："德惟善政，政在养民。"① 这虽是禹夏时候就认识到的政治原则，但武王伐纣并取得天下之后，如何养民，解决民生问题，仍然是匡济天下所面临的根本问题。周朝为匡济天下所做出的另一项重大决策，就是在经济制度上对土地重新规划，实行"政在养民"的井田制。所谓井田制，就是土地制度像"井"字一样，周围八块为私田，是分给人民的，中间一块为公田。人民先种公田，然后再种自己的私田。这种制度，也就是孟子说的："方里而井，井九百亩，其中为公田。八家皆私百亩，同养公田，公事毕，然后敢治私事，所以别野人也。"② 王船山认为，三代之王就已"画井分疆，定取民之则"③，实行井田制，甚至认为"黄帝作井田时"④。中国古代，伏羲时代"作结绳而为网罟，以佃以渔"⑤，基本上是半农耕半渔猎的生活，而炎帝神农时期，为烈山氏族，实则处刀耕火种阶段，皆谈不上土地制度，即使发展到黄帝时期，所谓"治五气，艺五种，抚万民，度四方"⑥ 云云，当时处原始农业阶段，只是安抚四方而已，也谈不上严格的农田制度。唐虞及夏初，乃是"洪水滔天，浩浩怀山襄陵，下民其忧"的时期，大禹治水后，虽然依田地好坏分"上中下"建立了赋税制度⑦，但也不过是依其所产贡其赋税。惟有殷商时期"服牛乘马，引重致远"⑧，发展起了农田耕作，并由农官视察农田耕作情况，但它是在禹夏治水之后"四渎已修，万民乃有居"的情况下，汤之司空咎单作《明居》⑨，也只是明居民之法，至于土地制度，尚无明确记载。故朱子注《孟子》认为，商人始为井田的说法，其制不可考⑩。而孟子之说，商代的土地制度，乃是一种"助法"，即私人助公田耕种的方法。它和夏代的贡赋制、周代的井田制，本质上是一样的，都是一种赋税制度。这就是孟

---

① 《尚书·大禹谟》。
② 《孟子·滕文公上》。
③ 《宋论》卷2。
④ 《读四书大全》卷8。
⑤ 《周易·系辞下传》。
⑥ 《史记·五帝本纪》。
⑦ 《史记·夏本纪》。
⑧ 《周易·系辞下传》。
⑨ 《史记·殷本纪》。
⑩ 《孟子集注》卷3。

子讲的:"夏后氏五十而贡,殷人七十而助,周人百亩而彻,其实皆什一也。"① 清人恽敬作《三代因革论》,考据得更具体:"五十而贡,夏禹治田之法。《夏小正》曰:'初服于公田'是也。七十而助,成汤治田之法,而其时公刘之彻在焉。《诗》云'彻田为粮'是也。百亩而彻,文王治田之法,而其时汤之助法在焉。《公羊传》曰:'古者什一而藉'是也。"② 虽然什一之赋税的本质三代都是一样,但周朝从文王起所实行的"百亩而彻"的治田之法,后来能够发展成为一种理想的井田制,则是建立在封建制基础上的。故宋张子横渠说"井田卒归于封建乃定",认为"治天下不由井地,终无由得平"③,并曾想买田一方,画为数井而实验之。可知井田制实乃周朝建立在封建制基础上的土地赋税制度,它的本质是为民制产,使天下政通、业安、心恒、志定,建立起国民生存的大根基,求得国运长久亨通。周朝井田制的建立,不仅卿士大夫及民皆世居其土,世劝其畴,世修其陂池,世治其助耕之氓而无所争,而且为天下建立起了蓄养之道,使物得天地之宜而生,民被国德之泽而长,建立起了大生机,发展成生机勃勃的亨通之景象。《诗经》所说"有渰萋萋,兴雨祈祈。雨我公田,遂及我私"④,就是这种景象。此乃周为民制定的匡济之策所获生机景象也。

周之胜殷,一切匡济之策,皆是为天下苍生也。匡济之治,在于正其德而厚其性,阜其财而利其用,但惟有建立起一套政治文化制度,明利害于四方,使天下务利而避害,怀德而畏威,方能真正起到匡济作用。因此,从文王到武王,无不以加强制度建设为匡济要务。文王为大匡救民之灾,诏牧三州之侯,问以"罢病之故,政事之失,刑罚之戾,哀乐之尤,

---

① 《孟子·滕文公上》。汉时赵岐注此说:"民耕五十亩,贡上五亩;耕七十亩者,以七亩助公田;耕百亩者,彻取十亩以为赋。"(《孟子章句》卷5)。朱子注此说:"言制民常产与其取之制也。夏时一夫授田五十亩,每夫计其五亩以入贡。商人始为井田之制,以三百六十亩地,画为九区,中为公田,其外八家各授一区,但借力以助耕公田,而不复税其私田。周时一夫授田百亩,乡遂用贡法,十夫九沟,都鄙用助法。八家同井,耕田通力而作,牧则计亩而分,故谓之彻。彻,通也,均也。藉,借也。"(《孟子集注》卷3)
② 《大云山房文集初稿》卷1。
③ 《经学理窟·周礼》。
④ 《诗经·小雅·大田》。

宾客之盛，用度之费，及关市之征，山林之匮，田宅之荒，沟渠之害，怠堕之过，骄顽之虐，水旱之灾"①；武王匡正民之行，曾昭明"九则"、"九丑"②，使其知丑自齐，敬威于国；武王在管，也曾讲"禁九慝，昭九行，济九丑，尊九德，止九过，务九胜，倾九戒，固九守，顺九典"③，以匡其政治行为。其他像文王治岐，以《九政》戒百官，以《九开》之谋，启示后人④；武王初临天下，即以《五戒》⑤ 示之以德，以"四戚、五和、七失、九因、十淫"⑥ 的忠告之言，敬告内外。凡此种种，皆为周之匡济天下者也。

---

① 《逸周书·大匡》。
② 昭明九则，即使民明白九大行为准则，即昭质非朴，思慧丑诈；昭信非展，思复丑潛；昭让非背，思贤丑争；昭位非忿，思直丑比；昭政非闲，思止丑残；昭静非穷，思静丑躁；昭洁非为，思义丑贪；昭因非疾，思任丑诞（《逸周书·大匡解第三十七》）。
③ 九慝：一不类，二不服，三不则，四□务有不功，五外有内通，六幼不观国，七间不通径，八家不开刑，九大禁不令路径。九行：一仁，二行，三让，四信，五固，六治，七义，八意，九勇。九丑：思勇丑忘，思意丑变，思义丑□，思治丑乱，思固丑专，思信丑奸，思让丑残，思行丑顽，思仁丑会亹。九德：一忠，二慈，三禄，四赏，五民之利，六商工受资，七祇民之死，八无夺农，九足民之财。九过：一视民傲，二听民暴，三远慎而近貌，四法令□乱，五仁善是诛，六不察而好杀，七不念□害行，八□思前后，九偷其身不路而助无渔。九胜：一□□□□，二□□□□，三同恶潜某，四同好和因，五师□征恶，六迎旋便路，七明赂施舍，八幼子移成，九迪名书新。九戒：一内有柔成，二示有危倾，三旅有罢置，四乱有立信，五教有康经，六合详毁成，七邑守维人，八饥有兆积，九劳休无期。九守：一仁守以均，二知守以等，三固守以典，四信守维假，五城沟守立，六廉守以名，七戒守以信，八竞守以备，九国守以谋。九典：一祇道以明之，二称贤以赏之，三典师以教之，四四戚以劳之，五位长以遵之，六群长以老之，七群丑以移之，八什长以行之，九戒卒以将之（《逸周书·文政》）。
④ 《九政》、《九开》之篇，今已不传。后人解《九政》，认为属文王与太公讨论大政之语。《九开》的内容，从《逸周书》的《大开》、《小开》，可知其为保民修身之论。
⑤ 五戒：一曰王观幸时，政匮不疑；二曰狱雠刑蔽，奸吏济贷；三曰声乐□□，饰女灭德；四曰维势是辅，维祷是怙；五曰盘游安居，枝叶维落（《逸周书·柔武》）。
⑥ 四戚：一内同外，二外婚姻，三官同师，四哀同劳。五和：一有天维国，二有地维义，三同好维乐，四同恶维哀，五远方不争。七失：一离在废，二废在祇，三比在门，四谄在内，五私在外，六私在公，七公不违。九因：一神有不飨，二德有不

周之大匡大济，从文王治岐，遵后稷、公刘之业，则古公、公季之法，伐犬戎、密须，败耆国就已经开始，随着武王伐殷的文化历史进程而逐渐展开。武王伐殷，师渡孟津，作《泰誓》三篇，不仅告诫天下，商王"弗敬上天，降灾下民，沈湎冒色，敢行暴虐"，"皇天震怒"，亦是宣示"天佑下民"，"吾有民有命"，"作之君，作之师，克相上帝，宠绥四方"①的使命。武王与纣战于牧野，作《牧誓》；伐殷后，在丰作《武成》，不仅是直陈商王"暴虐于百姓，以奸宄于商邑"，宣称"今予发惟恭行天之罚"②的匡正理由，更是面对"大统未集"、"将有大正于商"③了。西旅献獒，太保作《旅獒》；武王有疾，周公作《金縢》，非惟恐其"不矜细行，终累大德"④，亦是作请命之书，恐武王天命之坠，使天下匡正半途而废也。武王崩，三监及淮夷叛，周公相成王，平定三监及淮夷之乱，黜殷武庚之封，作《大诰》；成王黜殷命，命微子启代殷，作《微子之命》；成王将殷余民封康叔，周公以成王之命，作《康诰》、《酒诰》、《梓材》，及作《多士》、《无逸》等，更是绍天明命，巩固政权，防止腐败堕落的大化诫辞。其他像周公作《立政》，还政成王前后组织人制作《周礼》，即《周官》书，更是从政治制度上保障天下匡济成功。召公为保，周公为师，东伐淮夷，残奄，迁其君薄姑，成王自奄归，作《多方》，更是匡正天下之事！后虽有懿、厉之衰，然有周、召二公辅之修政，法文、武、成、康之遗风，亦有周之复兴！唐虞夏商以来，从未有像周朝这样为天下匡济计，不断制定匡济之策及政命教令，颁布于天下者！

但是，周朝的匡济之策及一切政令教令，皆非随意做出来的，皆非仅仅是出于一时的政治需要或功利之求而主观制定的，而是为天下计，为国

守，三才有不官，四事有不均，五两有必争，六富有别，七贪有匿，八好有遂，九敌有胜。十淫：一淫政破国。动不时，民不保；二淫好破义。言不协，民乃不和；三淫乐破德。德不纯，民乃失常；四淫动破丑。丑不足，民乃不让；五淫中破礼。礼不同，民乃不协；六淫采破服。服不度，民乃不顺；七淫文破典。典不式教，民乃不类；八淫权破故。故不法，官民乃无法；九淫贷破职，百官令不承；十淫巧破用。用不足，百意不成（《逸周书·大开武》）。

① 《尚书·泰誓上》。
② 《尚书·牧誓》。
③ 《尚书·武成》。
④ 《尚书·旅獒》。

安民生计，为政以德，贵于德，谋于道，而制定出来的。因此，周朝整个匡济之策，皆是有其哲学基础的，有其历史哲学根据的。惟此，其匡济之策，才极为深厚博大而具有强大的生命力，能够维系周朝800多年文化历史的存在，而非徒为一时谋治之具。非明哲爽邦，何能至于斯！因此，研究周代文化精神的发展，应该首先研究一代明哲爽邦的匡济精神。

二　明哲爽邦的匡济精神

我在《文化价值论》一书中曾说："没有深厚博大、高明通达的哲学，虽有雄兵百万不足以安天下，虽有各种知识不足以化万物，弄得不好，反而可能造成天怒人怨、国家昏乱、道德崩溃、灵魂无寄，而最终失天下、丧万物。一个国家、一个民族，没有哲学上不深厚博大而能使自身深厚博大者，没有哲学上不高明通达而能使自身高明通达者。只有强大的哲学，才能造就强大的国家民族；只有哲学上的深厚博大、高明通达，才能造就国家民族的深厚博大、高明通达，也才能使其开物成务，以成富有之大业，日新之盛德，使其为通天下之志、定天下之业，使其政治清明、社会安定、人民幸福。因此，中国古代圣明的思想家很早就总结出了一条治理天下的重要经验，那就是'爽邦由哲'。"[①]

"爽邦由哲"语出《尚书·大诰》。它的意思是说，国家要想真正成为清明之世，必须由一班圣贤明哲去治理。这颇似柏拉图说的，只有哲学家出来管理国家，或者，只有当权者真正爱上了哲学，受到哲学感染时——"只有这时，无论城市、国家还是个人才能达到完善"[②]。哲学家管理国家是否真的有这么灵，自然有待验证，不过，它也道出了一条政治经验，一种历史的真情，即凡天下大治，能够开出历史新局面的，无不是人才济济、圣贤明哲辈出的时代；而这种大治要想不流于浅薄，就必须由深厚博大的哲学作基础。唐虞时期帝舜用禹、皋陶、契、后稷、伯夷、夔、龙、倕、益、彭祖等，凡"二十二人"见用，不仅内平外成，而且在中国历史史上第一次建立起一片道德天地，其为治一直延续到禹夏时期；成汤时期，更以虔诚的胸怀与宽厚仁爱的精神，致天下之士，有伊尹、仲虺、义

[①]　《文化价值论》第354页，陕西人民出版社2003年版。
[②]　《理想国》第251页，商务印书馆1986年版。

伯、仲伯、女鸠、女房、咎单等圣贤明哲，以不同的方式辅于朝政，不仅诸侯毕服，天下太平，更延续了600多年的祚命。周朝有800年之治也是这样。文王之时，因其有德，就有"伯夷、叔齐在孤竹，闻西伯善养老，盍往归之。太颠、闳夭、散宜生、鬻子、辛甲大夫之徒皆往归之"；武王时期，更有"太公望为师，周公旦为辅，召公、毕公之徒左右王，师修文王绪业"①。鬻子为文王师，太公为武王师，太颠、闳夭、散宜生、周公、召公、毕公，皆一代圣贤明哲。

周朝是一个思贤若渴的时代，也是一个礼贤下士的时代。殷周之际，面对天下之乱，无以为治，惟有得人才者，才能得天下。于斯时也，谁敢慢待圣贤明哲！不仅文王、武王不敢，即使周公摄政，也是以寻求圣贤明哲为康济之本的。此康叔封于卫，周公所以谆谆告诫之"必求殷之贤人君子长者，问其先殷所以兴，所以亡"②者也；亦"一沐三捉发，一饭三吐哺，起以待士，犹恐失天下之贤人"③者也。因此可以说，周朝一代，上求贤问政是一种政治自觉，下参政议政也是一种政治自觉，而且都是非常强烈的。惟此，周代圣贤明哲才能在大匡大济中施展身手，表现出一种明哲爽邦的精神！这是一群哲学思想家的精神，是他们匡济天下所表现出来的哲学思想与道德精神！

唐虞夏商的圣贤明哲，除了个别思想家留有少许可叙述的资料外，如虞夏之皋陶、商代之伊尹，其他大部分个人资料皆已遗失，无法叙述。但周代则不同，不仅《周书》中保存着大部分哲学思想家的资料，而且至今留世的一些著作，如《鬻子》、《六韬》，亦可以看出鬻子、太公的经世思想与康济精神，尽管这类著作有真伪之辨问题。周代圣贤明哲群体人数众多，不可能一一叙述。鬻子为文王师，太公为武王师，周公在成王幼时摄政当国，还政成王，周公为师、召公为保，皆为经世明哲也。这里所讲的周代明哲爽邦的匡济精神，主要叙述鬻子、太公、周公、召公四位明哲的经世匡济思想，其目的在于通过这种经世匡济思想的叙述，研究周代匡济之策的深厚的哲学基础与文化精神发展。

鬻子，亦称粥子，名熊，前面已经提到。关于鬻子的身世，《史

---

① 《史记·周本纪》。
② 《史记·卫康叔世家》。
③ 《史记·鲁周公世家》。

记》说：

> 共工氏作乱，帝誉乃以庚寅日诛重黎，而以其弟吴回为重黎后，复居火正，为祝融。吴回生陆终。陆终生子六人，坼剖而产焉。其长一曰昆吾；二曰参胡；三曰彭祖；四曰会人；五曰曹姓；六曰季连，芈姓，楚其后也。周文王之时，季连之苗裔曰鬻熊。鬻熊子事文王，蚤卒。其子曰熊丽。熊丽生熊狂，熊狂生熊绎。熊绎当周成王之时，举文、武勤劳之后嗣，而封熊绎于楚蛮，封以子男之田，姓芈氏，居丹阳。楚子熊绎与鲁公伯禽、卫康叔子牟、晋侯燮、齐太公子吕伋俱事成王。①

《史记》"集解"引干宝语说："先儒学士多疑此事。谯允南通才达学，精核数理者也，作《古史考》，以为作者妄记，废而不论。"所以疑者，主要是"六子之世，子孙有国，升降六代，数千年间，迭至霸王，天将兴之，必有尤物乎？历代久远，莫足相证"；"陆终生子六人，坼剖而产焉"，亦有故意美之之嫌。但《史记》所说"周文王之时，季连之苗裔曰鬻熊"，及"其子曰熊丽。熊丽生熊狂，熊狂生熊绎。熊绎当周成王之时，举文、武勤劳之后嗣，而封熊绎于楚蛮"，"楚子熊绎与鲁公伯禽、卫康叔子牟、晋侯燮、齐太公子吕伋俱事成王"云云，已是汉代近世之事，应该不会有误。唐逢行珪《鬻子》序说，鬻子"年九十见文王。王曰：'老矣。'鬻子曰：'使捕兽逐麋，已老矣。使臣坐策国事，尚少也。'"《史记》说"鬻熊子事文王，蚤卒"，恐是其事文王不久就逝世了。

《汉书·艺文志》载《鬻子》二十二篇，将其列为道家。著作以《鬻子》称之者，"乃道家者流称述古人也"②；另外于小说家类著作中，又载有《鬻子说》十九篇，并说为"后世所加"。看得出，班固对作为哲学家的鬻子与小说家所说的鬻子还是严加区分的。因此，把现存《鬻子》完全看成小说家言，认为是后人伪撰，不仅与班固《汉书》相左，恐也不符合事实。现存《鬻子》只有十四篇，为唐逢行珪所献，首尾不接，中多脱落。其《序》说，虽遭秦暴乱，《鬻子》因属道家类图书，并未在焚烧之列，但卷帙由此残缺。现存《鬻子》十四篇，或许是逢行珪根据汉代保留

---

① 《史记·楚世家》。
② [清]章学诚《校雠通义通解》第107页，上海古籍出版社2009年版。

之卷帙残缺本子整理出来的，每篇"小序"，亦应为逄氏所加，但其中显然有后人窜入者，如第6篇《慎诛鲁周公》及第14篇《曲阜鲁周公政》，就是这样，因为成王时鬻子已不在世，如何能作周公为政之篇？因此，把《鬻子》视为中国古代第一部哲学著作，似欠准确，但把它视为鬻子著作的残篇，是比较合理的。明儒王应麟说："《鬻子》，前辈去取殊不一，宋太史谓'其文质，其义弘'，余读之信然。"① 鬻子为文王师，处公元前十二世纪中叶。现存《鬻子》要比古希腊赫拉克里特的著作残篇早六个多世纪；而所讲形而上学存在，比苏格拉底、柏拉图著作早七八个世纪。

《艺文志》所以把《鬻子》列入道家著作，大概是因为它在哲学上属于道家自然本体论一派，如它讲以天地之道为政治本体论的学说就是这样：

> 天地辟而万物生，万物生而为政焉。无不能生而无杀也，唯天地之所以杀，人不能生。人化而为善，兽化而为恶。人而不善者谓之兽。有天然后有地，有地然后有别，有别然后有义，有义然后有教，有教然后有道，有道然后有理，有理然后有数。日有冥有旦，有昼有夜，然后以为数。月一盈一亏，月合月离以数纪。四者皆陈，以为数治。②

而且，这种自然本体论，于形而上学处讲，极其广大无艮，提升得很高，近乎虚无缥缈的存在。例如《大道文王问》一篇，论道文字，虽已不见，但从"小序"所说"夫道者，覆天地，廓四方，斥八极，高而无际，深不可测；绵六合，横四维，不可言象，尽不可以指示说"云云，其广大虚无，已近于道家庄子之言矣。以此为道，为无穷妙用，故鬻子回答文王之问，才曰"知其身之恶而不改也，已贼其身，以丧其躯，其行如此，谓之大忘"③。鬻子论自然之道，论形而上者，虽然广大虚无，然他并不是像后来道家那样一味超越，一味解脱，在社会人生上持一种消极回避的态度，而是非常积极地面对社会人生，将形上之道落实到社会人生，落实到政道与治道上。鬻子所讲"有天然后有地，有地然后有别，有别然后有

---

① 《少室山房笔丛》卷31，丁部，《四部证讹》中。
② 《鬻子·汤政·汤治天下之理第七》。
③ 《鬻子·大道·文王问第八》。

义,有义然后有教,有教然后有道"云云,与后来儒家《易传》所说"有天地,然后有万物;有万物,然后有男女;有男女,然后有夫妇;有夫妇,然后有父子;有父子,然后有君臣;有君臣,然后有上下;有上下,然后礼义有所措"①几乎同义,即都是从自然本体,从天地之道,引出宇宙万物及人类社会的法则秩序。但《鬻子》这样讲大道本体的存在及其向下贯通落实,在中国哲学史上则是第一次。

《鬻子》论政道与治道及其所表现的匡济精神,全是建立在这种本体论基础上的。鬻子认为,政道与治道,凡谋之,皆道也。故"君子不与人谋之则已矣,若与人谋之,则非道无由也。故君子之谋,能必用道而不能必见受"②。何道也?大道也,天地之道也,亦五帝三王之道也。"昔者五帝之治天下也,其道昭昭,若日月之明然,若以昼代夜然。故其道若首然,万世为福,万世为教者,唯从黄帝以下,舜、禹以上而已矣。君王欲缘五帝之道而不失,则可以长久"③。以此道治天下,惟君子方可入其职,惟明哲方可以爽邦。故文王问"君子将入其职",有下面一段对话:

> 周文王问于鬻子曰:"敢问君子将入其职,则其于民也何如?"
> 鬻子对曰:"唯。疑。请以上世之政诏于君王。政曰:君子将入其职,则其于民也,旭旭然如日之始出也。"
> 文王曰:"受命矣。"曰:"君子既入其职,则其于民也何若?"
> 对曰:"君子既入其职,则其于民也,曈曈然如日之正中。"
> 文王曰:"受命矣。"曰:"君子既去其职,则其于民也何若?"
> 对曰:"君子既去其职,则其于民也,暗暗然如日之已入也。故君子将入而旭旭者,义先闻也;既入而曈曈者,民保其福也;既去而暗暗者,民失其教也。"
> 文王曰:"受命矣。"④

鬻子认为,"民者,至卑也",人民地位是最低下的,然要想平治天下,要想爽邦,实行吏治,惟有取其君子,取其明哲,取其爱民者,才能

---

① 《周易·序卦传》。
② 《鬻子·撰吏·五帝三王传政乙第三》。
③ 《鬻子·贵道·五帝三王周政乙第五》。
④ 《新书·修政语下》引。

建立起仁爱的政治系统："十人爱之则十人之吏也，百人爱之则百人之吏也，千人爱之则千人之吏也，万人爱之则万人之吏也。故万人之吏，选卿相矣。卿相者，诸侯之丞也。故封侯之土，秩出焉。卿相，君侯之本也。"① 在鬻子看来，不是天下是否有无贤德之人，而是有国有天下者，用不用有贤德之人。圣人在上，化被苍生，德泽万物，虽"贤士百里而有一人，则犹无有也"。若王道衰微，暴乱在上，人皆思贤德之人，则"贤士千里而有一人，则犹比肩也"。鬻子推崇禹道汤政，推崇五帝之治，皆在于立于天地之大道，以贤德君子教化天下也。此鬻子之爽邦精神也。

太公像鬻子一样，也是殷周之际一代明哲，而且作为政治家、军事家，对于周朝的开创是有功劳的。关于太公的身世，《史记》说：

> 太公望吕尚者，东海上人。其先祖尝为四岳，佐禹平水土甚有功。虞夏之际封于吕，或封于申，姓姜氏。夏商之时，申、吕或封枝庶子孙，或为庶人，尚其后苗裔也。本姓姜氏，从其封姓，故曰吕尚。吕尚盖尝穷困，年老矣，以渔钓奸周西伯。西伯将出猎，卜之，曰："所获非龙非彲，非虎非罴；所获霸王之辅。"于是周西伯猎，果遇太公于渭之阳，与语大悦，曰："自吾先君太公曰'当有圣人适周，周以兴'。子真是邪？吾太公望子久矣。"故号之曰"太公望"，载与俱归，立为师。

关于太公的传说，后世所记有许多神话成分，但太公对于周朝的开创之功，是史书所承认的。惟此，《史记》才说："周西伯昌之脱羑里归，与吕尚阴谋修德以倾商政，其事多兵权与奇计，故后世之言兵及周之阴权皆宗太公为本谋。周西伯政平，及断虞芮之讼，而诗人称西伯受命曰文王。伐崇、密须、犬夷，大作丰邑。天下三分，其二归周者，太公之谋计居多。"② 现存《六韬》，载文王问政于太公者有十，武王问于太公者四十有三，虽不敢完全信以为真，但亦可见太公与周朝开国之密切关系也。《帝王世纪》说，文王"未受命时已得太公"③；《竹书纪年》说，康王六年，

---

① 《鬻子·撰吏·五帝三王传政乙第五》。
② 以上均见《史记·齐太公世家》。
③ 《帝王世纪第五》。

齐太公望卒①。此可知太公履周时之长也。

《六韬》又称《太公六韬》,《汉书·艺文志》直接以《太公》名之。正如《鬻子》"乃道家者流称述古人"一样,以《太公》名之,亦后世道家者流称述也。《六韬》不仅是一部兵书,更是一部政治哲学著作。故《汉书·艺文志》不将其列为兵家,而列为道家类著作。虽认为全书237篇,"或有近世又以为太公术者所增加也",但说"吕望为周师尚父,本有道者",故题为太公之书。近现代多怀疑为后人依托。20世纪70年代初,考古所发掘的山东临沂银雀山汉墓竹简及河北定县八角廊汉墓竹简,皆发现有《六韬》残本。若是书全为后人依托,汉人岂可如此看重它,刻于竹简,随葬于墓?全书篇数如此众多,体系如此完整,疑其"有近世又以为太公术者所增加"者是合理的,但若全视之为后人依托,恐也与班固书《太公》相违。既然书"吕望为周师尚父,本有道者",应该说《六韬》保留有太公的某些政治哲学思想,是比较合理的。

太公不仅是兵家,而且是政治家、一代明哲。因此,以《六韬》所说,太公的爽邦匡济之策,主要是立于人的自然本性论。人的自然本性,乃天地之至情;治国平天下,惟立于至情,方能见其成效。他所谓"至情",实际上就是天地万物之情,就是人的生存权利。依次为人的自然本性,其为至情,"人食其禄",就像"鱼食其饵"一样,乃是一种生存权利的需要。因此,王者"以国取天下",就像"以饵取鱼"一样,只要给人以利益,保障人的生存权,满足其生存需要,天下之事,皆可毕矣。这就是《六韬》所说圣人诱天下所归的独到见解,也是其所提出的独到的政治见解。圣人乐此独见,考虑天下之事,使人各有所归,即可收敛天下之心,使其归之。是故文王问:"树敛何若而天下归之?"太公答曰:

> 天下非一人之天下,乃天下之天下也,同天下之利者,则得天下;擅天下之利者,则失天下。天有时,地有财,能与人共之者仁也。仁之所在,天下归之。免人之死,解人之难,救人之患,济人之急者,德也。德之所在,天下归之。与人同忧同乐,同好同恶者,义也。义之所在,天下赴之。凡人恶死而乐生,好德而归利,能生利

---

① 《古本竹书纪年·周纪》。

者，道也。道之所在，天下归之。①

《六韬》把人的生存权利看作是天地之至情，看成是匡济天下的根本，已经超越了通常的"惠民"之说，它在中国上古政治哲学上，可以说是第一次为人的生存权利立宪了。由此可以看出，《六韬》的政治哲学及其整个匡济之策，皆是立于独见的天地至情基础上，立于人的生存权利保障上的。有德者，得于此也；有义者，宜于此也；天下赴之，天下归之，皆在于此也。太公以此建立自己的天下之学，也以此建立自己"天下为公"的政治哲学。此太公匡济之精神也。在《六韬》看来，天下所以非一人之天下，所以为天下之天下，皆在于天下人都有生存权利，有此不可剥夺的权利也。故曰："同天下之利者，则得天下；擅天下之利者，则失天下。"此《六韬》太公之讲人权者也。今天西方之讲人权者，重在政治民主权利，而在人的生存权利上，则也未必有《六韬》太公之言深刻也！

太公立于天地万物至情，从人的生存权利出发，认为要想实现天下大治，最为根本的匡济之策，就是遵守"爱民之道"。故武王问："治国之道若何？"对曰："治国之道，爱民而已。"所谓"爱民之道"，就是使民"利之而勿害，成之勿败，生之勿杀，与之勿夺，乐之勿苦，喜之勿怒。此治国之道，使民之谊也。爱之而已矣"，若不是这样，"民失其所务，则害之也；农失其时，则败之也；有罪者重其罚，则杀之也；重赋敛者，则夺之也；多徭役以罢民力，则苦之也"。故"贤君之治国，其政平，其吏不苛，其赋敛节，其自奉薄。不以私善害公法，赏赐不加于无功，刑罚不施于无罪。不因喜以赏，不因怒以诛。害民者有罪，进贤举过者有赏。后宫不荒，女谒不听。上无淫慝，下不阴害。不幸宫室以费财，不多观游台池以罢民，不雕刻镂以逞耳目。官无腐蠹之藏，国无流饿之民。此贤君之治国也"②。

要遵守"爱民之道"，就要尚贤，任用圣贤明哲。因此，太公向文王提出了上贤的主张。他认为："民不尽力，非吾民也；士不诚信，非吾士也；臣不忠谏，非吾臣也；吏不平洁爱人，非吾吏也；相不能富国强兵，

---

① 《六韬·文韬·文师》。
② 《说苑·政理》。

调和阴阳，以安万乘之主，正群臣，定名实，明赏罚，乐万民，非吾相也。夫王者之道如龙首，高居而远望，深视而审听，示其形，隐其情，若天之高不可极也，若渊之深不可测也。故可怒而不怒，奸臣乃作；可杀而不杀，大贼乃发；兵势不行，敌国乃强。"太公为爽周邦，匡济天下，不仅向文王提出了"下不肖，取诚信，去诈伪，禁暴乱，止奢侈"的尚贤原则，而且在政治用人方面，特别提出要警惕"六贼"、"七害"① 的出现；在举贤方面，关于贤与不贤，特别提出不要为世俗誉毁所左右。太公这些见解，皆是为了维护王权而提出来的。因为在他看来，"臣有大作宫室池榭，游观俱乐者"，则"伤王之德"；而若举贤为世俗誉毁所左右，那就必然是"多党者进，少党者退"，无党者靠边站了，及至"则群邪比周而蔽贤，忠臣死于无罪，奸臣以虚誉取爵位，是以世乱愈甚，则国不免于危亡"② 矣。太公这些见解，皆见于《六韬》，其语浅薄，可能有后人依托者，但其匡正天下之理，则是颇为深刻的。

太公所以能够爽邦，能够匡济天下，不仅因为他具有军事家的谋略、政治家的匡正之举，更在于他能够经世致用，道济天下。从《六韬》所提出的"守土"、"守国"③ 之策，就可以看出这一点。守土守国的自然之

---

① 《六韬·文韬·上贤》太公曰："夫六贼者：一曰，臣有大作宫室池榭，游观俱乐者，伤王之德；二曰，民有不事农桑，任气游侠，犯历法禁，不从吏教者，伤王之化；三曰，臣有结朋党，蔽贤智，障主明者，伤王之权；四曰，士有抗志高节，以为气势，外交诸侯，不重其主者，伤王之威；五曰，臣有轻爵位，贱有司，羞为上犯难者，伤功臣之劳；六曰，强宗侵夺，凌侮贫弱者，伤庶人之业。七害者：一曰，无智略权谋，而以重赏尊爵之故，强勇轻战，侥幸于外，王者慎勿使为将；二曰，有名无实，出入异言，掩善扬恶，进退为巧，王者慎勿与谋；三曰，朴其身躬，恶其衣服，语无为以求名，言无欲以求利。此伪人也，王者慎勿近；四曰，奇其冠带，伟其衣服，博闻辩词，虚论高议，以为容美，穷居静处，而诽时俗。此奸人也，王者慎勿宠；五曰，谗佞苟得，以求官爵，果敢轻死，以贪禄秩，不图大事，得利而动，以高谈虚论说于人主，王者慎勿使；六曰，为雕文刻镂，技巧华饰，而伤农事，王者必禁之；七曰，伪方异伎，巫蛊左道，不祥之言，幻惑良民，王者必止之。"
② 《六韬·文韬·举贤》。
③ 《六韬·文韬·守土》关于守土，太公曰："无疏其亲，无怠其众，抚其左右，御其四旁。无借人国柄，借人国柄，则失其权。无掘壑而附丘，无舍本而治末。日中

道，最为根本的就是以仁爱之心追求和谐，不要破坏自然环境。惟此，才能永久地经世致用，才能维护人的生存权利，使国家立于不败之地。为了经世致用，道济天下，《六韬》提出了"大农、大工、大商"的"三宝"经济思想，认为"农一其乡，则谷足；工一其乡，则器足；商一其乡，则货足。三宝各安其处，民乃不虑。无乱其乡，无乱其族，臣无富于君，都无大于国。六守长，则君昌；三宝完，则国安"①。这些经世致用的匡济之策，是否完全出于太公，自不敢断言，但非大思想家则不能提出也。这些匡济之策，即使今天看起来，仍有巨大的现实意义。

《六韬》的太公之学，不论是讲天地万物之情，还是讲政道与治道，多在于经世致用，因此，其为哲学本体论偏重于经验实在，而于形而上处，似欠远大纯正；即使讲天道，也往往充满神秘主义。其讲"天道无殃，不可先倡；人道无灾，不可先谋。必见天殃，又见人灾，乃可以谋；必见其阳，又见其阴，乃知其心"②云云，就是这样。本体论上不远大纯正，落实为经世致用之学及匡济之策，就难免流于功利之求。文王问太公："天下若何？"对曰："王国富民，霸国富士。"③就是这样。太公封于营丘，恐莱人与之争，夜行急就国，也带有功利之争的性质。太公至国，脩政，因其俗，简其礼，通商工之业，便鱼盐之利，人民多归齐，使齐很快成为大国，连周公也感叹曰："呜呼，鲁后世其北面事齐矣！"④齐从简尚功之求，虽成桓公之霸，然人亡政息，其盛也快，其衰也快，则终不如

必替，操刀必割，执斧必伐。日中不替，是谓失时；操刀不割，失利之期；执斧不伐，贼人将来。涓涓不塞，将为江河；荧荧不救，炎炎奈何；两叶不去，将用斧柯。是故人君必从事于富，不富无以为仁，不施无以合亲。疏其亲则害，失其众则败。无借人利器，借人利器则为人所害，而不终其正也。"《六韬·文韬·守国第八》关于守国，太公曰："天生四时，地生万物，天下有民，仁圣牧之。故春道生，万物荣；夏道长，万物成；秋道敛，万物盈；冬道藏，万物寻。盈则藏，藏则复起，莫知所终，莫知所始。圣人配之，以为天地经纪。故天下治，仁圣藏；天下乱，仁圣昌，至道其然也。圣人之在天地间也，其宝固大矣。因其常而视之，则民安。夫民动而为机，机动而得失争矣。故发之以其阴，会之以其阳。为之先唱，天下和之。极反其常，莫进而争，莫退而让。守国如此，与天地同光。"

① 《六韬·文韬·六守》。
② 《六韬·武韬·发启》。
③ 《说苑·政理》。
④ 《史记·鲁周公世家》。

鲁以周公之礼治，修举废坠，坚持先王之道，能够绵延世泽，享国久远。此即孔子所说"齐一变，至于鲁；鲁一变，至于道"①者也。

周公名旦，文王之子也，武王之弟也，成王之叔父也，以太王所居周地为其采邑，故谓之周公。《史记》说："自文王在时，旦为子孝，笃仁，异于群子。及武王即位，旦常辅翼武王，用事居多。武王九年，东伐至盟津，周公辅行。十一年，伐纣，至牧野。周公佐武王，作《牧誓》。"及至破殷，入商宫，已杀纣，"周公把大钺，召公把小钺，以夹武王，衅社，告纣之罪于天，及殷民。释箕子之囚，封纣子武庚禄父，使管叔、蔡叔傅之，以续殷祀；遍封功臣同姓戚者，封周公旦于少昊之虚曲阜，是为鲁公"。其后武王崩，成王少，在襁褓之中。周公恐天下闻武王崩而畔，乃践阼代成王摄行政当国。管叔及其群弟流言以诬周公，以惑成王曰："周公将不利于成王。"周公乃告太公望、召公奭曰："我之所以弗辟。而摄行政者，恐天下畔周，无以告我先王太王、王季、文王。三王之忧劳天下久矣，于今而后成。武王蚤终，成王少，将以成周，我所以为之若此。"于是卒相成王，而使其子伯禽代就封于鲁，戒之曰："我文王之子，武王之弟，成王之叔父，我于天下亦不贱矣。然我一沐三捉发，一饭三吐哺，起以待士，犹恐失天下之贤人。子之鲁，慎无以国骄人。"其后管叔、蔡、武庚等果率淮夷而反。"周公乃奉成王命，兴师东伐，作《大诰》。遂诛管叔，杀武庚，放蔡叔。收殷馀民，以封康叔于卫，封微子于宋，以奉殷祀。宁淮夷东土，二年而毕定。诸侯咸服宗周。"周公在丰病，将没，曰："必葬我成周，以明吾不敢离成王。"周公既卒，葬周公于毕。②《史记》"正义"引《括地志》云："周公墓在雍州咸阳北十三里毕原上。"

周公既是军事家、政治家，也是教育家、哲学家。他的匡济精神，主要体现在礼治方面，这在后面讲其"礼治精神"时，还要专门阐述。这里只讲其爽邦的哲学精神。这种精神集中到一点，就是以先王之道进行历史担当，匡正太平，康济苍生。这个先王之道，即天道，即《周易》系辞所讲"乾元"的存在，亦即元亨利贞的大用，它有时被称为"天命"，有时则被称为"皇天"或"皇天上帝"的存在。周公所言先王之道，不仅是指太王、王季、文王之道，它亦是属于夏及殷先王圣哲的。周公以康叔为卫

---

① 《论语·雍也》。
② 以上均见《史记·鲁周公世家》。

侯，大诰以明治道，讲"惟乃丕显考文王，克明德慎罚"；讲"往敷殷先哲王，用保乂民"；"宏于天，若德，裕乃身不废在王命"①，就是指此道也。中国士人，中国古代知识分子，唐虞之后，自从有了太康失国，有了夏桀、商纣之亡国，就发展起来一种政治意识，一种历史担当精神。用什么担当？就是天道法则，就是道德使命，就是先王及圣贤明哲的匡济精神，而不是像今天一些人只知道自私自利，只是崇拜金钱与权力，不懂得个人对国家和社会应承担的责任与义务。周公是个政治意识极强的人，因此也是个历史担当精神极强的人。武王去世，成王年幼，面对政局不稳及一些人的蠢动，周公不顾亲人见疑，大臣反对，毅然摄政，平定三监及淮夷之乱，陈大道以诰天下，言周道不至，天下凶害我家不少，"予惟小子，若涉渊水，予惟往求朕攸济"；"予不敢于闭天降威，用宁王遗我大宝龟，绍天明即命"②，就是周公借成王之言，讲历史之担当也！此实乃周公"不敢宁于上帝命，弗永远念天威越我民"者也，亦是其"嗣前人，恭明德，非克有正，迪惟前人光"③者也。此历史担当精神，即周公天命自度、以先王之道匡济天下之精神也。

周公的担当精神，不仅表现在毅然摄政、平定三监及淮夷之乱，在维护周朝政治统治上，更具有一种宅心知训、用康保民而不要腐败堕落的政治意识。康叔为卫侯，周公告之以"汝丕远惟商耇人宅心知训。别求闻由古先哲王用康保民"④；告之以"无彝酒"，"尔克永观省，作稽中德"⑤；告之以"欲至于万年，惟王子子孙孙永保民"⑥等等，皆是以清醒的政治意识维护国家权力的纯洁性，使之永恒延续而不腐败堕落。这一点，与召公陈戒成王"明王慎德，西夷咸宾。无有远迩，毕献方物"，要特别注意政治道德修养的看法是比较一致的。因为"人不易物，惟德其物！德盛不狎侮"；而若"玩人丧德，玩物丧志"；"不矜细行，终累大德。为山九仞，功亏一篑"，就会造成政治上的腐败堕落，丧失政治权力。在召公看来，只有信蹈此诫，"生民保厥居，惟乃世王"⑦。召公虽然在维

---

① 《尚书·康诰》。
② 《尚书·大诰》。
③ 《尚书·君奭》。
④ 《尚书·康诰》。
⑤ 《尚书·酒诰》。
⑥ 《尚书·梓材》。
⑦ 《尚书·旅獒》。

护国家政治权力上与周公是一致的，但在如何维护国家政治权力上，则自有政治哲学及匡济精神。

召公，名奭。《史记》说："召公奭与周同姓，姓姬氏。"①《集解》引谯周语说："周之支族，食邑于召，谓之召公。"《帝王世纪》说："昭公为文王庶子。"此处"昭公"，应即为"召公"，非厉王时召公之后穆公虎，或延至战国时，宣公之后的昭公也。成王时，召公为保，周公为师。周、召二公，实异母兄弟，皆成王叔父辈也。《史记索隐》说："召者，畿内菜地。奭始贪于召，故曰召公。或说者以为文王受命，取岐周故墟周、召地分爵二公，故诗有《周》《召》二南，言皆在岐山之阳，故言南也。"这和《史记》说成王时，"自陕以西，召公主之；自陕以东，周公主之"，是颇为一致的。而且召公之治陕以西，有政绩，颇得人民拥护。史说，召公巡行乡邑，常在棠树下决狱政事，自侯伯至庶人各得其所，无失职者。及至召公卒，人民思召公之政，棠树不伐，作《甘棠》之诗，歌咏之。诗存《诗经·召南》。其诗所说"蔽芾甘棠，勿翦勿伐，召伯所茇。蔽芾甘棠，勿翦勿败，召伯所憩。蔽芾甘棠，勿翦勿拜，召伯所说"，就是歌颂召公巡行乡邑在棠树下决狱政事的。由此可知，人民对召公陕西之治，是相当怀念的。

观决狱政事，可知召公法制治国之政；览《召南》之诗，可见召公礼乐教化之施。在这些方面，召公在政治上似与周公并无异见，其匡济精神也是一致的。但武王崩，成王年幼，周公摄政，当国践祚，召公则表现出极大的疑虑与不快。周公不得不陈述先朝为政事例："成汤受命，时则有若伊尹，格于皇天；在太甲，时则有若保衡；在太戊，时则有若伊陟、臣扈，格于上帝，巫咸乂王家；在祖乙，时则有若巫贤；在武丁，时则有若甘盘。"说明惟有循此数臣之功例，才能"保乂有殷，多历年所"，才打消了召公的疑虑与不快。但召公所以对周公摄政有疑虑与不快，恐怕也与他的政治哲学有关，即他在哲学上近于太公的人之生存权论，而不是形而上者。惟此，召公作《旅獒》，向成王陈戒"德盛不狎侮"时，才讲"生民保厥居，惟乃世王"，而不是"天命"或"上帝之命"。这一点与周公讲"天维纯佑命，则商实百姓"是非常不同的。周公虽然是在纯道德上讲

---

① 《史记·燕召公世家》。

"天命"，讲"天维纯佑命"，讲"天命不易，天难谌"，但他毕竟是承认"天降丧于殷"① 的形而上学存在的。

不论是周公在纯粹道德本体论上讲"天佑"的形而上学存在，还是召公立于人的生存权利上讲"保厥居，乃世王"的政治哲学，都显示上古政治哲学发展到殷周之际有了新的觉醒。这种政治哲学的觉醒，既可以看出周公道德形而上学的发展，亦可见太公、召公立于人的生存权利的匡济精神。特别是太公讲"天下非一人之天下，乃天下之天下也，同天下之利者，则得天下；擅天下之利者，则失天下"，更有一种天下意识，一种为天下人争取生存权利的政治意识。这种意识不仅是太公、召公的，也是当时所有士人、所有知识分子、所有圣贤明哲的，是殷周之际整整一代人的文化觉醒见诸政治意识者。它一直存在于西周时期，存在于那一代士人，那一代知识分子，那一代圣贤明哲的心灵中，并且成了一种政治自觉。有了这种意识，其为士人，其为一代明哲，整个生存与自我存在，就不再是自私的利己打算，或者向权力膜拜，而是以宏大宽广的胸怀、深谋远虑的智慧及高尚坚毅的人格与坚不可摧的气节，至于死生之际而不可夺，只要一息尚存，就会弘廓然大公，毅然决然，为天下谋利益，为万民争生死，为历史进行担当！昭公谏厉王弭谤"防民之口，甚于防川"，就是这种历史担当精神！昭公的谏弭谤说，简直像一篇现代政治民主宣言，其民主精神可炳照千秋！

  厉王虐，国人谤王。召公告曰："民不堪命矣！"王怒，得卫巫，使监谤者，以告，则杀之。国人莫敢言，道路以目。王喜，告召公曰："吾能弭谤矣，乃不敢言。"召公曰："是障之也。防民之口，甚于防川。川壅而溃，伤人必多，民亦如之。是故为川者决之使导，为民者宣之使言。故天子听政，使公卿至于列士献诗，瞽献曲，史献书，师箴，瞍赋，矇诵，百工谏，庶人传语，近臣尽规，亲戚补察，瞽、史教诲，耆、艾修之，而后王斟酌焉，是以事行而不悖。民之有口，犹土之有山川也，财用于是乎出；犹其有原隰衍沃也，衣食于是乎生。口之宣言也，善败于是乎兴，行善而备败，其所以阜财用、衣食者也。夫民虑之于心而宣之于口，成而行之，胡可壅也？若壅其

---

① 以上均见《尚书·君奭》。

口,其与能几何?"王不听,于是国莫敢出言,三年,乃流王于彘。①

周公在纯粹道德本体论上讲"天佑"的形而上学存在,太公、召公正是立于人的生存权利,讲"同天下之利者,则得天下";讲"保厥居,乃世王"的政治哲学,显示中国上古政治哲学发展到殷周之际出现了一种新的觉醒。这种政治哲学觉醒,既可以看出周公道德形而上学的发展,亦可见太公、召公立于人的生存权利的匡济精神。它发展成为晚周儒家文化哲学及其政治精神的存在,不仅打开了孔子"以德知天"的道德形而上学新天地,也开出了孟子"保民而王"的政治哲学。

周代明哲爽邦的匡济精神,不只是鬻子、太公、周公、召公四位明哲的经世匡济思想,还有太颠、闳天、散宜生、毕公诸人,皆一代圣贤明哲也。《论语》有武王曰"予有乱臣十人"② 之句。何晏《论语集解》引马融语说:乱,治也。乱臣十人,谓周公旦、召公奭、太公望、毕公、荣公、太颠、闳天、散宜生、南宫适,其一人谓文母③。《周书》亦有"民献有十夫予翼"、"惟十人迪知上帝命"④ 之说。它虽然没有说"十夫"、"十人"为谁,但其既然"知上帝命",可以作为羽翼治理国家,应该亦是爽邦明哲、治世能臣也,尽管他们是民间所献。凡此可知西周人才之多,明哲之盛。如此众多的人才明哲,不仅其圣治之绩显示着匡济天下的精神,而且见诸周代政典教令的《周书》,亦包含着他们对社会历史的独特见解及康济之本的追求。它就是《周书》的历史哲学。

三 《周书》的历史哲学

西周的礼贤下士以及它的思贤若渴、求贤问政,并不只是为求得一种治乱之策,更为重要的是追求匡济之本,追求一治一乱的动因或社会历史的终极存在。因此,周朝的匡治以及它的求贤问政,虽然涉及政治、经济、军事、农事、桑麻诸多实际问题,但它绝非只是停留在浅薄功利目的

---

① 《国语·周语上》,另见《史记·周本纪》。《周本纪》之召公即《国语》之昭公也,为召公之后的穆公虎也。
② 《论语·泰伯》。
③ 《论语集解》卷8。
④ 《尚书·大诰》。

或权宜之计上，而是关乎政道治道之根本者，关乎天道或大道根本法则者。它见诸政令教典《周书》。

这里所说的《周书》，是包括《逸周书》在内的。《书》乃上古历史事实之记录。它的产生是非常久远的，在孔子编撰《尚书》之前，就已经存在于上古记录中。《尚书纬》说："孔子求书，得黄帝玄孙帝魁之书，迄于秦穆公，凡三千二百四十篇。断远取近，定可以为世法者百二十篇，以百二篇为《尚书》，十八篇为《中侯》，去三千一百二十篇。"① 纬书的说法是否可靠，自不敢盲目断定，但孔子"追迹三代之礼，序书传，上纪唐虞之际，下至秦缪，编次其事"②，则是正史所记。它也说明孔子编纂《尚书》，追迹古史存在，是非常久远的。我这里所说的《周书》，主要是指孔子所编《尚书》中的《虞书》、《夏书》、《商书》之后的《周书》部分。《尚书》是儒家经典之一，经秦火，传至汉代，虽有古今文之分，且古文《尚书》版本比较复杂，有孔壁本、杜林漆本、梅颐献本，但若仅就《周书》部分而言，今古文相比，古文《尚书》除《泰誓》分为上、中、下三篇外，另外比今文《尚书》多出了《武成》、《旅獒》、《微子之命》、《蔡仲之命》、《周官》、《君陈》、《毕命》、《君牙》、《囧命》几篇。伏生、欧阳、夏侯三家的今文《尚书》今已亡失，惟存古文《尚书》。近儒不能体贴圣人之心，不知文化群体参与中存在着意义衍生与口误情况，仅以诸子所引《尚书》之差异，而定现存孔传古文《尚书》为伪造，尚不足以定此是非。故我这里讲《周书》的历史哲学，是以现存古文《尚书》的《周书》为根据的。《尚书》古今之辨，我在《中国精神通史》第二卷讲"汉代经学精神"及第五卷讲"乾嘉治学精神"时，还要论述，此不多叙。

中国古代讲学，注重师承关系。因此，对待古籍，凡有师说者，谓之家学，即某家之学；凡无师说者，则谓之逸书。比如孔安国得孔壁古文《尚书》，以隶书校订伏生口述今文《尚书》二十八篇，多出十六篇，就被称为"逸书"。现存《逸周书》，亦逸书也。虽曰逸书，亦史记之书也。班固《汉书·艺文志》将《逸周书》七十一篇，直接书写为《周书》，并注曰"周史记"。刘师古注《汉书》，于此引刘向语云："周时诰誓号令

---

① 《尚书纬·璇玑钤》。
② 《史记·孔子世家》。

也。盖孔子所论百篇之余也。今之存者，四十五篇矣。"《汉书·艺文志》所载《逸周书》七十一篇，若以后来的《汲冢周书》校之，只缺四篇。可知汉以来就有《逸周书》，非得于汲冢也。《汲冢周书》之名，始得于宋太宗时《太平御览》首卷引目，非"周史记"之《逸周书》。此书是否为孔子编纂《尚书》"百篇之余"，自不敢盲目断定，但《逸周书》之为"周史记"，应该不会发生误会。此我讲《周书》历史哲学所以包括《逸周书》者也。

《尚书纬》说："尚者，上也；书者，如也。上天垂象，象布节度。书也，如天行也。书务以天言之。"① 可知包括《周书》在内的《尚书》，一开始便是以天道为思维对象、讲究法则秩序的，而所书政事也不过如天道运行一样。中国文化原是以天为本的。天，在无限时空意义上，就是宇宙。以天为本，就是以天道法则、宇宙根本法则为哲学最高本体论存在。这个法则，这个本体论存在，中国文化谓之"天道"或形而上学的"大道"。天道，即天理，即形上之"道"，即察天地之变，洞万物之源，由万物阴阳化育法则提升出来的宇宙原理。它至大无外，至小无内，杳杳冥冥，无极所不极，故谓之大道。《周书》立太师、太傅、太保为三公，其"论道经邦，燮理阴阳"②，讲的就是这个道，这个形而上者。文王问鬻子"覆天地，廓四方，斥八极，高而无际，深不可测"③ 者；文王问太公"天下熙熙，一盈一虚，一治一乱，所以然者何"④，也是这个道，这个形而上者。这个道，这个形而上学的大道本体，虽然绵六合，横四维，不可言象，不能指示，然它作为宇宙万物本原，作为无形无象的本体存在，乃是天地之宗，万化之原。武王克殷，平定天下，虽然仍"矢珪矢宪，告天宗上帝"⑤，《周礼》也讲"以禋祀昊天上帝"⑥，但汉以后儒家无不解"上帝"为"天"或"天道"。它说明周代的形而上学存在，虽然还讲

---

① 《尚书纬·璇玑钤》。
② 《尚书·周书·周官》。
③ 《鬻子·大道文王问第八》。
④ 《六韬·盈虚第二》。
⑤ 《逸周书·世俘解第四十》。
⑥ 《周礼·大宗伯之职》。

"上帝"或"昊天上帝",但它已是"无声无臭"①、"于穆不已"② 的天道或形上大道,不是神性形而上学存在,或者说天道或形上大道作为哲学本体论存在,已经由阴阳化育的宇宙法则提升抽象出来,成为当时意识到的形上最高本体了。武王讲"天有显道,厥类惟彰"③,就是讲的这个道,这个最高本体。周代大匡大济的哲学,就是以天道或大道为本体论的历史哲学。故武王伐纣,作《泰誓》,王肃说:"武王以大道誓众也。"④ 这种道体形而上学思想,表现在《尚书》之《周书》包括《逸周书》中,它就是《周书》的历史哲学。

《周书》的这种历史哲学本体论,虽然无形无象,持之无形,视之不见,然作为天道法则、宇宙法则,乃是天地之始,政教之端,可为人类社会历史提供根本法则与为治之理者,是具有一种真实无妄、圆满周遍之政治精神的,体悟之,妙用之,据近知远,可为万世教,为天下福。"周者,合也,备也,言五帝三王贵道,其政能合若一也,而无所不备也"⑤。此周朝所以求道贵德、以道体存在为历史哲学者也。周朝的历史哲学,实乃是继承了五帝三王以贵道思想发展而来的,不过更纯粹、圆满、周遍而已。故其不仅贵道求道,而且屡屡教诲封侯及贵族子弟,不要忘记夏商以来圣贤明哲的道体哲学思想。武王伐殷后,识其政事,讲"反商政,政由旧"⑥;成王黜殷命,命微子启代殷后,告诫他"崇德象贤,统承先王"⑦之道;成王伐管叔、蔡叔,以殷余民封康叔,讲"我不可不鉴于有夏,亦不可不鉴于有殷",告诫康叔"往敷求于殷先哲王用保乂民"⑧,就是周朝对夏商历史哲学思想的继承。

正因为《周书》的历史哲学是以天道或大道为本体论的,所以它首先认为,社会历史的本质是"道"的存在,是由天道或形上大道为本体决定

---

① 《诗经·大雅·文王》。
② 《诗经·周颂·维天之命》。
③ 《尚书·周书·泰誓下》。
④ 《尚书正义》卷10《泰誓》疏引。
⑤ 《鬻子·贵道·五帝三王周政乙第五》。
⑥ 《尚书·周书·武成》。
⑦ 《尚书·周书·微子之命》。
⑧ 《尚书·周书·康诰》。

的，是充满"道"的精神的。武王伐纣，讲"有夏桀弗克若天，流毒下国，天乃佑命成汤，降黜夏命"①；讲"今商王受无道，暴殄天物，害虐烝民，为天下逋逃主，萃渊薮"；讲"惟有道曾孙周王发，将有大正于商"②，就是属于道体的历史观，属于道体历史哲学精神。这里，虽然讲夏商之亡是由夏桀商纣的无道造成的，但最终决定夏商存亡的，乃是遵不遵天道法则或行不行天道。周时，虽然天道或形上大道已经由阴阳化育的宇宙法则提升抽象出来，成了"无声无臭"、"于穆不已"的存在，但当其讲历史盛衰、国家存亡时，特别是向天下诸侯庶民宣布历史盛衰、国家存亡的原因时，仍然带有神秘主义色彩，故其常常以"天命"、"皇天上帝"之命言之。故武王伐纣，讲"今商王受，狎侮五常，荒怠弗敬。自绝于天，结怨于民"，故"上帝弗顺，祝降时丧"③；成王在酆，欲宅洛邑，讲"皇天上帝，改厥元子兹大国殷之命。惟王受命，无疆惟休"④。以"天命"、"皇天上帝"之命，言其国家权力更替，固然增加了神圣色彩，但能不能服膺天命，抚绥四方，为天下王者，最终是以获得"道"的使命与精神为根据的。武王伐纣，能以西土取代商王，就在于能明天道，获得了"道"的精神。故曰"天有显道，厥类惟彰"。天道或大道决定社会历史的本质，最终是通过人的存在实现的，通过人的道德精神实现的。因此，社会历史中"道"的精神，最终是人的精神，是人获得天道或大道精神而贯通于社会历史者。

因此，《周书》以天道或大道为本体论的历史哲学，并不是否定人的存在，否定人在社会历史中的主体性地位，恰恰相反，它是肯定人在社会历史中主体性地位的。武王讲"惟天地万物父母，惟人万物之灵"；"民之所欲，天必从之"⑤；成王讲"皇天无亲，惟德是辅。民心无常，惟惠之怀。为善不同，同归于治；为恶不同，同归于乱"⑥，就是对人历史主体性

---

① 《尚书·周书·泰誓中》。
② 《尚书·周书·武成》。
③ 《尚书·周书·泰誓中》。
④ 《尚书·周书·召诰》。
⑤ 《尚书·周书·泰誓上》。
⑥ 《尚书·周书·蔡仲之命》。

的肯定。"人者，天地之心，五行之端，食味、别声、被色而生者也"①。国家的设立，本是上天保护人民的。所谓"天佑下民"，讲的就是这个道理。为君为师者，"惟其克相上帝，宠绥四方"②，方能保障国家政治权力佑民的性质；君天下者，惟奉天命以爱人民，才算真正代天理民，完成"皇天上帝"交给的使命，否则，"自绝于天，结怨于民"，也就该走向灭亡了。夏商两代所以亡，皆是夏桀商纣腐败堕落，不顾人民的死活，不把人民放在眼里，任意胡作非为造成的。夏商以来，随着文化的成熟，人的自我意识与政治意识也觉醒了，为政者腐败堕落，诸侯叛之，人民厌之，如何不亡！天命即是民命，天赋人权，最终是人赋人权。君临天下者，代天理民者，是好是坏，是为民谋福利，还是残害人民，上天最终是听人民的感受的。故曰："天视自我民视，天听自我民听。"③ 天命所废，终究是民命所废也。武王伐纣，宣布"吾有民有命"④，对商"恭行天之罚"⑤，实际上就是再一次承认人的社会历史主体性，承认天赋人权即是人赋人权的真理性。正因为有此承认，故文王问太公："何为国之大务？"太公答曰："爱民而已。"⑥ 周代的历史哲学，实乃是承继唐虞时期讲"知人"、"安民"而来的，属于"知人则哲"⑦ 之说，是充满人文精神的。

《周书》的历史哲学不仅充满人文精神，更为其匡济天下提供了一种中正的道德精神与平康正直之道。武王问政于箕子，何以治天下，箕子述《洪范》九畴，讲"无偏无陂，遵王之义；无有作好，遵王之道；无有作恶，遵王之路。无偏无党，王道荡荡；无党无偏，王道平平；无反无侧，王道正直。会其有极，归其有极"的"皇极"大中之道，以及讲"平康正直"的"三德：一曰正直，二曰刚克，三曰柔克"，就是讲的刚健中正的道德精神与平康正直之道。天下之治，惟其刚健中正、平康正直、不偏不颇，才能王道荡荡、平且正直；惟其无党无偏，无反无侧，才能王道平

---

① 《礼记·礼运》。
② 《尚书·周书·泰誓上》。
③ 《尚书·周书·泰誓中》。
④ 《尚书·周书·泰誓上》。
⑤ 《尚书·周书·牧誓》。
⑥ 《六韬·国务第三》。
⑦ 《尚书·虞夏书·皋陶谟》。

平、天下无事；而若腐败堕落，"作福作威"，就要"害于而家，凶于而国"①。箕子所讲《洪范》九畴，虽曰是天锡禹者，然其周初重述此"彝伦攸叙"之道，孔子收编于《周书》，不仅其刚健中正的道德精神与平康正直之道流行于周代，而且亦可知道德精神与为治之道对于后世是多么重要了。天道是刚健正直、不偏不颇的，人得之谓德，自然也应该刚健正直，何以敢偏颇邪辟！惟此，成王才说"稽我古人之德"已善矣，"矧曰其有能稽谋"天道？朝代历年之长短，在慎于道，敬其德。故成王说："我不可不鉴于有夏，亦不可不鉴于有殷。"夏、商历年长短原因，虽不敢说独知，但"惟不敬厥德，乃早坠厥命"，"天其命哲，命吉凶，命历年"，惟"王其德之用，祈天永命！"②

　　《周书》的历史哲学不仅为周朝大匡大济提供了刚健中正的道德精神与平康正直之道，其流行日用，更为周代社会生活、政治生活与精神生活提供了最高法则。天有常道，人有常性。"天生民而成大命"，吉凶祸福，皆是与天的至极之道联系在一起的。惟度于至极之道，方知天命，方能无祸而多福。故曰"通道通天以正人"③。通天道以正人，就是要人顺乎天道，顺乎天道的刚健中正法则。明王之生，就是要昭明天道法则，以此正之，使人知天命达于至极之道。《周书》不论是讲"命、丑、福、赏、祸、罚"的"六极"，还是讲"夫妻、父子、兄弟、君臣"的"八政"，讲"忠、信、敬、刚、柔、和、固、贞、顺"的"九德"，无不是与天道法则、与至极之道联系在一起的。惟"六极不赢，八政和平，九德纯恪"，惟以此而为政治之始，天下才能终乃不困，获得大治。此乃"始之以古，终之以古，行古志今，政之至"者也，而若"六极不服，八政不顺，九德有奸"，则"九奸不迁，万物不至"④矣。周代讲天命，讲天道祸福淫，虽然还带有非常重的神秘色彩，但其能够将天的至极之道贯通于社会生活、政治生活与精神生活，说明其为历史哲学，已与人们的实际生活紧密联系在一起，而天道的至极法则已经渗透到整个文化历史领域，成为人们普遍遵守的最高法则。

---

① 《尚书·周书·洪范》。
② 《尚书·周书·召诰》。
③ 《逸周书·命训解第二》。
④ 《逸周书·常训解第三》。

周代能够建立起道体的历史哲学，并将它贯通到天下匡济及文化历史生活中，是和他们对天道或形上大道本体的道德领悟分不开的。这种道德本体领悟，就是《周易》的道德形而上学，亦即是《周易》的演德之学。要想真正理解周代哲学及道德精神的发展，研究讲述《周易》的演德之学，是非常必要的。

四 《周易》的演德之学

唐人陆德明作《经典释文》说："虽文起周代，而卦肇伏羲，既处名教之初，故《易》为七经之首。"① 《七经》，即《五经》加《论语》、《孟子》。"《易》为七经之首"，可知《易》在中国文化哲学史上的地位。中国五千年乃至七千年文化历史，唯《易》之义理贯彻始终。故说"卦肇伏羲，处名教之初"，是没错的。伏羲八卦，只有图，没有文字，也是没有错的，但说"文起周代"，颇值得研究。《周礼》说太卜"掌三《易》之法：一曰《连山》，二曰《归藏》，三曰《周易》"②。黄佐《六艺流别》及罗泌《路史》就曾引《连山》《剥》卦上七"数穷致剥而终吝"；《复》卦初七"龙潜于神，复以存身，渊兮无畛，操兮无垠"③ 的话；而《山海经》郭璞亦曾引《归藏·启筮》说："空桑之苍苍，八极之既张，乃有夫羲和，是主日月，职出入，以为晦明。"④ 所谓"文起周代"云云，应该说是指《周易》的另一套文字，即《周易正义》所说"伏羲制卦，文王卦辞，周公爻辞，孔十翼"⑤ 的文字系统，而不应说周代以前《易》完全无文字，只是不如现存"伏羲制卦，文王卦辞，周公爻辞，孔十翼"的《周易》之文字系统完备。

"伏羲制卦，文王卦辞，周公爻辞，孔十翼"，并非只是孔颖达的断语，而是源于汉儒贾逵、马融、郑玄、虞翻、陆绩诸人的说法。汉儒的说法，最初是不尽统一的。如郑玄据《周易·系辞传》所说"《易》之兴

---

① 《经典释文序录》。
② 《周礼·春官·太卜》。
③ 《玉函上房辑佚书》辑《连山》。
④ 《山海经校注》卷10。
⑤ 《周易正义》序。

也，其于中古乎？作易者其有忧患乎？"及"易之兴也，其当殷之末世，周之盛德邪！当文王与纣之事邪！"① 认为《易经》卦辞爻辞为文王所作。《史记》及《易纬》也认为，《周易》为文王之演易，所演不仅是指由伏羲八卦演为《周易》的六十四卦，并且认为《易经》之卦辞、爻辞皆为文王所作。然《易》之《明夷》卦，爻辞六五有"箕子之明夷"句，此事发生在武王观兵之后，文王岂可言之？而《既济》卦爻辞有"东邻杀牛，不如西邻之禴祭"句。纣王时文王为西伯，以"西邻"自称，以"东邻"称尚且为帝的纣王，若《易》爻辞为文王所作，岂不是自毁其德！故《左传正义》说："先代大儒郑兴、贾逵等，或以为卦下之彖辞为文王所作，彖下之象辞，周公所作。"② 尽管《周易》卦辞爻辞之说意见纷纭，然汉儒"伏羲制卦，文王卦辞，周公爻辞，孔十翼"的说法，还是比较一致的。汉唐儒家基本遵从这种说法。汉唐去中古不远，此说法应是可信的。伏羲、文王、孔子，被称为《易》之三圣，而不言周公者，乃因文王、周公父子也，周公继文王统绪之为业也。但周公爻辞，对于演绎伏羲八卦，使《周易》成为性命之理和道德哲学系统，功不可没！故："韩宣子适鲁，见《易象》云：'吾乃知周公之德。'"③

应该说，现存的《周易》文字系统，是《易》之书最为完备的。《史记》说：西伯"囚羑里，盖益《易》之八卦为六十四卦"④；又说"西伯囚羑里，演《周易》"⑤；而《易纬》云："垂黄策者羲，益卦演德者文，成命者孔也。"⑥这里所说的"演易"，就是演绎伏羲八卦为《周易》的六十四卦，而所谓"演德"，就是使伏羲八卦《易》变为道德感受，变为人生意义或道德精神存在，因此，可称之为演德之学。它就是儒家所说的性命之理，即今天所讲的人生哲学或道德哲学。《易》之书，通过"演德"，使之变为道德感受，变为人生意义或道德精神存在，这不论是在易学史还是精神史上，都是一个巨大发展，是不可不给予叙述的。《易纬》虽曰

---

① 《周易·系辞下传》。
② 《左传正义》卷42。
③ 《左传》召公2年。
④ 《史记·周本纪》。
⑤ 《史记·太史公自序》。
⑥ 《纬书·乾凿度》。

"演德者文",然《易》之演德,实乃周公本文王之义而为之也。因此,这里所说《周易》的演德之学,是包括"文王卦辞,周公爻辞"在内的,是指文王、周公对伏羲八卦发展为《周易》的人生哲学或道德哲学而言的。我在上一章曾就"文王演《易》"讲述过文王处殷周之际的"忧患意识",这里讲《周易》的演德之学,主要依据"文王卦辞,周公爻辞",讲述他们怎样由伏羲八卦发展为《周易》的性命之理与道德精神的。

王船山说:"《易》之道,虽本于伏羲,而实文王之德与圣学所自著也。"① 这就是说,《周易》虽本于伏羲八卦,然体三材之道,推性命之原,极物理人事之变,明吉凶祸福之故,全是文王、周公在特定的文化历史环境中经过自己对天道义理的体验领悟而著述出来的。因此,要理解《周易》性命之理的获得与道德精神的发展,就要把"文王卦辞,周公爻辞"放到殷周之际的权力更替的文化历史背景中去考察,放到《系辞》所说"《易》之兴"、"作《易》者其有忧患"及"易之兴也,其当殷之末世,周之盛德邪!当文王与纣之事邪"中去,思考《周易》卦辞、爻辞的内涵与哲理。这既是知人论世,亦是论世明哲。自然,做到这一点是比较困难的,因为卦辞、爻辞文字极为简要,要准确地说出文、武之心境,几乎是不可能的。因此,我们只能根据它极为简要的文字,体悟其性命之理与道德精神所在。

周之为国,经过公刘、古公积德累世,到文王时已以大德赢得天下信任。然处殷商末年纣王淫乱残暴无道之世,以炮烙之刑,钳天下之口,杀比干,囚箕子,实行专治独裁统治,文王不仅得不到信任,反而因小人崇侯虎之谮,被纣王囚于羑里,不得不违心地以"莘氏美女,骊戎之文马,有熊九驷,他奇怪物",通过"嬖臣费仲而献之纣",文王长子伯邑考质于殷,纣王竟烹以为羹赐文王,他竟不得不忍受着天理良知的折磨与内心的痛苦,得而食之。这对文王来说是怎样的屈辱啊!文王虽悟得天道之"乾"作为纯阳的存在,有贯彻群阴、大造万物之大用,有元、亨、利、贞四德,然圣人得之而谓德,在极为邪辟不正的环境下,也只能自利自正,作不利不正之防。即使你是一条龙,也必须蛰于地下,待其时以养其德。此即《乾》卦爻辞初九讲"潜龙勿用"者也。古代,龙之德,即圣人之德也;"潜龙",即学圣之功,养晦之时也。在圣域难登、天命难受之

---

① 《周易内传》卷1上。

时，君子之德，虽刚健而不可有过也，只有敏而慎，日夕不懈而警惕，才可以无大过也。此即《乾》卦爻辞九三"君子终日乾乾，夕惕若厉，无咎"之谓也。《坤》卦爻辞初六讲"履霜，坚冰至"，兢兢业业、如履薄冰，亦是日夕不懈而警惕之心境也。圣人在世，即使达到极高地位，若不知中正之理，存亡进退之道，而至于亢进至极，也会犯错误而后悔的。此即《乾》卦爻上九讲"亢龙有悔"者也。只有志健虑深，不躁进，不怯退，俟时而兴，或跃或潜，慎于动静之几，才能免于有咎之难。故《乾》卦爻辞九四曰："或跃在渊，无咎。"凡此，是说文王不利不正之防乎？抑或周公摄政，遭人怀疑，自况之惕？特别是《乾》卦爻辞九五"见龙在田，利见大人"，讲圣人之德，若龙飞腾而居天位，更使人觉得惟有德至，方可处盛位。王弼注此说："龙德在天，则大人之路亨也。"① 孔颖达疏此说："犹若文王拘在羑里，是大人道路未亨也。"② 由"文王拘在羑里，大人道路未亨"，到武王会诸侯伐纣而有天下，"龙德在天，大人之路亨"，岂不证明了一个道理：欲有天下者，惟具天德，方有天位。《坤》卦爻辞初三讲"含章可贞，或从王事，无成有终"，亦此道理也。《坤》虽臣道，然能贞正而有美德，则主于王事，亦可以广大事业，顺乎天命而有善终！凡此，不仅可以看作是文王修德之教，亦可以看作是周公摄位的自我告诫！这里，天也，地也，龙也，田也，冰霜也，皆是自然现象，即使殷周之际龙已被神化，也不过是一种文化象征。然文王卦辞、周公爻辞能够由这些自然现象或文化象征领悟出如此高深的性命之理与道德精神，不仅可知文王、周公的灵明悟性与极高智慧，亦可见其内心道德的高尚与纯正！伊川传《乾》卦爻辞九三"君子终日乾乾"为"舜之玄德升闻时"③，实乃是说文王卦辞、周公爻辞继承了唐虞时期的形而上学道德精神也。

  《周易》所以是演德之学，所以能成为人的性命之理与道德精神存在，不在于它是自然知识或物的知识，而在于它"观变于阴阳而立卦，发挥于刚柔而生爻，和顺于道德而理于义，穷理尽性至于命"④，使自然知识或物的知识经过道德领悟与义理判断，提升为人的性命之理与天理良知的存

---

① 王弼《周易上经乾传第一》注。
② 《周易正义》卷1。
③ 《周易程氏传》卷1，《二程集》第696页。
④ 《周易·说卦传》。

在，成为人生哲学与道德精神的存在。此文王卦辞所以立，周公爻辞所以生，《周易》所以演德者也。天地之道，阴阳化育之大用，乃在于生万物也。然若天地不交，阴阳不合，不能雷震雨施，也是不能生化万物的。因此，《周易》于纯阳纯阴的《乾》、《坤》二卦之后，紧接着就是坎上震下的《屯》卦。屯者，万物始生也。然此始生之时，震始交于下，坎始交于中，阴阳始交，云雷相应，尚未成盈天地间的雷震雨施之象，故《屯》之为卦，虽万物始生，然仍郁结未通，盈塞于天地之间也。只有阴阳交合，鼓之以雷霆，润之以风雨，天地通畅，万物茂盛，郁结未通之象，才能解除。这种阴阳郁结、刚柔始交难生之象，本是天地间时令气象的知识或生物物理知识也。然《周易》演德之学，并没有停留在这种知识上，而是将它与社会人生联系起来，与人的价值意义联系起来，通过联想与想象，通过道德体验与领悟，通过人生意义的领悟与认同、提高与升腾，使《屯》之为卦，变成了人生哲学的性命之理，成了道德精神性存在。《屯》卦辞讲"元亨利贞，勿用有攸往，利建侯"及爻辞初九讲"盘桓，利居贞，利建侯"，就是这样。阴阳不交则为《否》，始交而未畅则为《屯》。《屯》卦已阴阳始交，故曰"元亨利贞"。然《屯》卦的"元亨利贞"，不如《乾》元亨利贞之纯正而能无往不利也，而是包含着始交难生之风险的，以世事人生言之，乃如世道初创，天下艰难，虽可建侯以自辅，但并非不警戒而可无所不往的。故曰"勿用有攸往"，用周公的话说，就是当屯难之世，不可急进，而应以贞正之志，"盘桓"静候，待天地通畅，万物茂盛，再经纶天下，以济时艰。这并非只是追求宴安，而是以静息乱，等待世态发展变化，不徒取自辱其身也。故《屯》卦爻辞六三说："君子几，不如舍，往吝。"这就是文王武王观变于阴阳，发挥于刚柔，和顺于道德，穷理尽性至于命，超越自然知识所获得的人生哲学与性命之理，由自然知识升腾为人文精神存在。不仅《屯》卦是这样，其他各卦，如《蒙》卦由山下有险、遇险莫知所止的童蒙现象，讲到刚健中正的圣功修养；《需》卦由稚物待养、遇险而不能进，讲到建刚健、中正、诚信之德而不陷于穷困之义；《小畜》卦由阴阳交和，"密云不雨，自我西郊"的蓄聚现象，讲到君子蓄养懿美文德；《泰》卦由天地交而万物通，讲到"辅相天地之宜，以左右民"等，无不是由自然现象、生物物理知识上升为人生哲学与性命之理，发展为人文精神的存在。这是一种智慧，一种由自然现象、生物物理知识上升为人生哲学与性命之理的转识成慧。哲学停留于物的知识，那只是演物之学，而不是演德之学。停留于物象的小知小识，不能精义入神，达于造化之境，是不能建立起道德法则而成为人生哲学的。惟通过道德体验与领悟，将自然知识或物的知识变为自我道德良知，才可以建立渊渊其渊、浩浩其天的道德法则，安顿人的生命精神与灵魂。此《周易》演德之学所以能够发展出人文精神与道德精神者也。

这种转识成慧，并非只是由自然知识向人生哲学转换或提出道德法则，而是在"穷理尽性至于命"中，知几知神，达到了至精至微的极高的道德精神境界。《豫》卦爻辞六二讲"介于石，不终日，贞吉"就是这样。《豫》卦坤下震上，象征着"雷出地奋"，有一种雷震于上、阳气勃升、万物顺动而生的气象。故豫者，悦乐而动也。但怎么动，何时动，何时不动，是山呼海啸而动，还是优柔寡断而不动，"豫之时义大矣哉！"① 动与不动，皆有个时机问题，有个动静几微之道的存在。躁动失己，滞动失时，不论动静，皆要视其时，知其几，有个道的几理，有个哲学本体论的根据。"动而无静之体，非善动也；静而无动之体，非善静也"②。惟其介如石，中立而不倚于物，抱一种至正的态度，万变不离枢机，能知微知彰，知柔知刚，察于至精至神境界而后动，才是知善恶之几者。几者，动之微也，亦即事物由无变有或由有变无，非有非无，非无非有，刚刚发生变化，那一瞬间的存在。它是事物几微幽深的变化，也是人心几微之动。人生吉凶祸福，全在一念之动，是走向善，还是走向恶，全靠此几微之动的道德自觉。人之生也，不论是应世，还是应帝王，惟知几而动，才能上交不谄，下交不渎，既不失时，又不失人，才能达至善至神境界。故《易传》说："知几其神乎？君子上交不谄，下交不渎，其知几乎？几者，动之微。吉之先见者也。君子见几而作，不俟终日。《易》曰：'介于石，不终日，贞吉。'介如石焉，宁用终日，断可识矣。"③ 此《周易》演德之学达于至精至神境界者也。

《豫》卦是这样，《豫》卦以下《颐》、《大过》、《坎》、《遁》、《睽》、《蹇》、《解》、《姤》、《姤》、《革》、《旅》诸卦，也无不存在着时义与时用问题，存在着动静变化莫测之道与几微玄深之理。不论是《大过》、

---

① 《周易·象上传》。
② 王船山《周易内传》卷 2 上。
③ 《周易·系辞下传》。

《坎》、《遁》、《睽》、《蹇》诸卦讲离乱艰难之世，还是《解》卦讲离散缓解之世，《颐》卦讲颐养之世，抑或《革》卦讲变革之世，其为时也，皆存在着时机的"义"与"用"，存在着几微幽深之变与恢宏玄妙之理，存在着顺义而动、不妄不过的人生价值判断与选择。不懂得这个微妙几理与变化之道，过度兴奋，鸣噪逸乐失准，或居豫之时，迟停不求于豫和而动，都会做出错误的价值判断与选择。故《豫》卦爻辞初六曰"初六：鸣豫，凶"，六三曰"盱豫悔，迟有悔"。凡此，皆是不知变化之道，不知几微之变与玄妙之理者，故不是逸乐淫荒，流于凶险，就是以睢盱之求悦乐，而成为悔吝的存在。惟知变化之道者，知几微之变与玄妙之理者，才能知神妙变化之所在，才能知天道性命之理的存在，然后存虚明，久至德，顺变化，达时中，仁之至，义之尽，知彰知微，无物累而得性命之正，达至精至神境界。故《易传》说："知变化之道者，其知神之所为乎？夫《易》，圣人之所以极深而研几也。唯深也，故能通天下之志。唯几也，故能成天下之务。唯神也，故不疾而速，不行而至。"① 可以说，《周易》的演德之学，已把当时整个道德精神世界提升到了至精至神的境界。

　　正因为不论何种时世皆存在着时义、大用问题，存在着变化莫测之道与几微玄深之理，所以即使圣人在做价值判断与选择时，具体的道德领悟也是各不一样的。这从《明夷》文王卦辞、周公爻辞即可以看出来。夷者，伤也。《明夷》卦，离上坤下，夷者，伤也；离者，明也。离上坤下，光明入于地下之象也。故《明夷》之卦，喻昏君在上而伤其明也。但这对有德之君子而言，虽可伤其身，不能伤其志也。文王处纣王昏暗艰难之时而不失其贞正，故其卦辞曰"明夷：利艰贞"。此文王养其明德以事暗主，处艰难而不失其贞正者也，亦即《易传》所说"内文明而外柔顺，以蒙大难，文王以之"②，以远其祸者也。然《离》为大明，昏暗岂能久伤于人？黑暗是暂时的，晦之复明，乃自然之理也。及至爻动而变，光明上升，昏暗伤不得光明，则是清明之运矣。小人虽能伤其翼，也不能阻挡明德之人奋飞了，即使处穷困亦然也。故《明夷》周公爻卦辞初九说："明夷于飞，垂其翼。君子于行，三日不食，有攸往。"明德之人，虽为黑暗所伤，然因为自处有道，自拯有方，用健壮之马，则可迅速免于被伤害之困局。故

---

① 《周易·系辞下传》。
② 《周易·象上传》。

《明夷》周公爻卦辞六二说："明夷，夷于左股，用拯马壮吉。"不仅如此，待到离之上，明之极，处刚而进，则可以以明治暗，像乘着壮马狩猎一样，将昏暗之君斩首也，就像周公相武王伐纣之时那样，尽管这样做要合正道，不可不养晦待时，以待天命。故《明夷》周公爻卦辞九三说："明夷于南狩，得其大首，不可疾，贞。"但周公处武王之时，毕竟不同于文王之艰难时世也，故才有此不同的道德领悟及价值判断与选择也。惟此，船山才说："文王于《明夷》而言'贞'，周公于《明夷》而言'拯''狩'，各以其时，可以见易之为道，变动不居。"① 尽管于卦辞爻辞有此不同的领悟与判断，但整个《周易》的演德之学，皆是建立在灵明心性基础上的，而其为道德领悟与生命精神，皆出于灵明道德本性，而非只是外在知性。《明夷》爻辞不论是六四讲"获明夷于心"，还是六五讲"箕子明夷，利贞"，其诚明不息，皆在于有明道之心也。无此明道之心，则道德生命精神息矣。那样，就谈不上道德领悟与价值判断，谈不上《易》卦之演德了。

　　《周易》所以为演德之学，不仅在于各卦的道德领悟与人生意义获得，更在于它由八卦演为六十四卦，发展成为一个有内在逻辑联系的道德哲学体系。这个体系乃是一个大道本体论的系统，一个以天道为性命之理的价值系统，一个以道德领悟发展出来的精神系统。伏羲八卦何时演为六十四卦，虽然说法不一，但有一点是应该肯定的，那就是在《周易》之前的夏之《连山》、殷之《归藏》，已经发展出六十四卦。这从清人马竹吾先生所辑《连山》、《归藏》六十四卦残存系统可以看出来。但《连山》艮起、《归藏》坤起，它们与《周易》的六十四卦比，可以看出根本不属于一个系统。唯《周易》乾坤并建，从文王周公起，"观变于阴阳而立卦，发挥于刚柔而生爻，和顺于道德而理于义，穷理尽性至于命"，始才演绎出一个形上道德哲学体系，而且这个道德哲学体系是极具内在逻辑的。这个体系就是以《乾》、《坤》为最高的原始本体存在，然后贯通一切。王船山先生是这样表述这个哲学体系的：

　　　　《周易》并建《乾》、《坤》为太始，以阴阳至足者统六十二卦之变通。古今之遥，两间之大，一物之体性，一事之功能，无有阴而无

---

① 《周易内传》卷3上。

阳，无有阳而无阴，无有地而无天，无有天而无地，不应立一纯阳无阴之卦，而此以纯阳为《乾》者，盖就阴阳合运之中，举其阳之盛大流行者言之也。六十二卦有时，而《乾》、《坤》无时。《乾》于大造为天之运，于人物为性之神，于万物为知之彻，于学问为克治之诚，于吉凶治乱为经营之盛，故与坤并建，而《乾》自有其体用焉。①

《周易》的形上道德哲学体系，不仅以乾坤之道为最高本体存在，贯彻宇宙万物生化流行之始终，而且以此最高本体为逻辑起点，构成了一个具有内在联系的哲学体系。《周易》分为上下经，上经以《乾》、《坤》为首，讲天地之道，阴阳之本，终于《坎》、《离》，讲阴阳之质成。没有乾坤之本，没有这个最高本体存在，宇宙万物的生化都没有根据，没有本原。但若没有阴阳之质，没有阴阳之气的质料，宇宙万物也不能成为生命的存在。只有既讲本原，又讲质料，才能构成宇宙万物生化流转的大哲学、大体系，而且是形上形下、先天后天浑然一体的存在。天地之道，向下落实到人类社会，就是夫妇之道。夫妇之道，乃天地之大经，恒久之道也，乃是整个人类社会的根本存在。故《周易》下经，首于《咸》、《恒》，讲夫妇之道，生育之本。而夫妇之道，生育之本，又牵涉着万物化育之成功与失败，故下经终于《既济》，始于《未济》。《既济》为《坎》、《离》之交，《未济》为《坎》、《离》之合，有交与合，才能生成人与万物存在，此阴阳之有成功也。然成功之中，包含着危机，包含着万物生化的重新开始，故六十四卦以《未济》为终，不仅耐人寻味，而且给人无限遐想。它实际上是说宇宙万物的生生化化是没完没了的，其为道也，乃是生生不息之道，乃是一种宇宙生命精神的存在。但不管怎样生化流转，整个《周易》哲学体系皆未离开阴阳之道、乾坤之理，没离开这个生生化化的宇宙本体论存在。这就是《周易》演德之学的大逻辑结构、大哲学体系。

《周易》的演德之学，不仅具有一种大的逻辑结构体系，而且各卦之间，根据阴阳盈虚消长之理，亦是有一种内在的逻辑结构关系的。如《剥》卦☷☶，以阴剥阳，以柔剥刚，及至阳刚剥落待尽，紧接着就是《复》卦☷☳，一阳而生于下。再如《夬》卦☰☱，以阳决阴，以刚决柔，及

---

① 《周易内传》卷1上。

至阴柔消而将尽，紧接着就是《姤》卦☰，一阴则生于下。其他像《泰》、《否》之理、《损》、《益》之理、《既济》、《未济》等等，无不显现出阴阳盈虚消长之理，显示出一种内在逻辑结构之关系。应该说，正如自然界存在着阴阳两种力量的盈虚消长一样，人类社会历史生活中也存在着这两种力量的盈虚消长，决无阳刚永处阳刚、阴柔永处阴柔之理。一切都是处于阴阳消长之中的。阴极则生阳，阳极则生阴。一种社会历史力量，因其强盛，得势于一个历史时期，占据着主导地位或统治地位，极尽粉饰，极尽享乐，然待其得意之极，得利之极，就必走向反面，另一种社会历史力量，则必生于下，虽然它最初处于弱小阴柔的地位，然及至渐渐长大，成为强盛者，就必与前一种社会历史力量抗衡，甚至取而代之，占据统治地位，成为新的主导力量。人类社会历史就是在这种阴阳盈虚消长中不断运演的。故《周易》演德之学于各卦之间就显现出一种阴阳盈虚消长之理的变化与转换，并以此构成一种道德哲学内在逻辑的巨大体系。

这个巨大的哲学体系，无疑是以知识论为基础的，但它并没有停留于自然知识或物的知识，而是通过道德体验与领悟，超越了自然知识或物的知识，走向道体形而上学，走向穷神知化的最高知识，因此，支撑起这个巨大的哲学体系的，乃是大道哲学的最高本体论、价值论与知识论。而当《周易》的逻辑结构发展为形上道德体验与领悟的时候，它所获得的大哲学、大体系，就变成了浑然一体的道德精神世界的存在。这个大哲学、大体系的道德精神世界，就是文王、周公怀着巨大的忧患意识，由伏羲八卦演为六十四卦，各系以辞所发展出来的道德意识形态。

一个时代的精神发展，不仅存在于它的历史文献与哲学著作中，更存在于它的诗歌创作与礼乐文化发展中，而且这两者常常结合在一起。这就是《诗经》所表现出的两周精神及周公的礼治精神。因此，在分析叙述了《周书》的历史哲学、《周易》的"演德"之学后，进一步叙述《诗经》的两周精神，则更能看出周代精神的发展。周公的礼治精神，我们留在下一节叙述。

五 《诗经》的两周精神

周朝"自克殷至秦灭周之岁，凡三十七王，八百六十七年"①。《诗经》的创作，主要集中在西周初期至东周春秋末期，即公元前11世纪~公元前5世纪，历时500多年，共有305篇，故简称"诗三百"。因此，《诗经》是一部主要反映西周初期到东周春秋末期两周文化历史与社会生活的诗歌总集。它分为《风》、《雅》、《颂》三部分。《风》有《周南》、《召南》、《邶风》、《鄘风》、《卫风》、《王风》、《郑风》、《齐风》、《魏风》、《唐风》、《秦风》、《陈风》、《桧风》、《曹风》、《豳风》，合称"十五国风"，总计160篇。其实，《周南》、《召南》不止两个国风，它包含了周朝岐山以南广大地区诸侯国的风情。《雅》有《大雅》、《小雅》之分，合称"二雅"，计105篇。颂有《周颂》、《鲁颂》、《商颂》，合称"三颂"，共40篇。

虽然《诗经》主要是反映西周初期到东周春秋末期文化历史与社会生活的诗篇，但它并不局限于这个时期，《商颂》就是如此。不管《商颂》是宋大夫正考父"追道契、汤、高宗，殷所以兴"所作②，还是"有正考甫者，得《商颂》十二篇于周之大师"③，它所叙述的内容、所反映的文化历史，都是属于殷商时代的。《诗经》中有些诗篇创作，恐怕也要远远超出两周时期。例如《小雅·北山》一诗，所说"普天之下，莫非王土；率土之滨，莫非王臣"，《吕氏春秋》就说属帝舜"登为天子，贤士归之，万民誉之，丈夫女子，振振殷殷，无不戴说"的"自为诗"④，而非仅仅是"役使不均"、"大夫刺幽王"⑤的诗。《诗经》从西周武王时期所作宗庙祭祀纪述祖宗功德的颂歌，到周公制礼作乐，及成王、康王、昭王、穆王时期制作符合礼乐精神的《雅》、《颂》诗歌，发展到东周时期诸侯献诗美刺而作《小雅》、《国风》，再到孔子之时，将"古者诗三千余篇"，

---

① 《帝王世纪第五》。
② 《史记·宋微子世家》。
③ 《毛诗·商颂》序。
④ 《吕氏春秋·长攻》。
⑤ 《毛诗正义》卷13《北山》序。

"去其重，取可施于礼义，上采契后稷，中述殷周之盛，至幽厉之缺，始于衽席"，以《关雎》为《风》始，《鹿鸣》为《小雅》始，《文王》为《大雅》始，《清庙》为《颂》始，删定成为"备王道，成六艺"的"三百五篇"①，应该说，整个《诗经》的收集编辑删定是经过了一个相当复杂的文化历史过程的。因此，《诗经》中多数诗篇虽然为周代的礼乐作品及民间作品，但有些诗篇，应该说是收集编录了虞夏殷商遗留下来的诗作，包括采诗观风所得的作品。这些诗作，虽被周代收录并用于礼乐，但其产生则是源远流长的，要比周代本身的礼乐作品远久得多。但这并不妨碍通过《诗经》研究两周的文化精神，因为它毕竟多数为两周作品。

有的文化史或文学史研究者为中国古代没有产生像《荷马史诗》那样的作品感到遗憾，但是，如果把《诗经》的《风》、《雅》、《颂》三部分联系起来看，它所反映的周代五百多年的文化历史与社会生活，则要比包括《伊利亚特》、《奥德赛》在内的《荷马史诗》丰富得多，虽然时间的开端都在公元前11世纪。《荷马史诗》所描写的只是希腊岛南部地区阿开亚人和小亚细亚北部特洛伊人之间的一场10年的战争，虽然作品中的英雄事迹交织着古希腊神话，从中可以看出希腊人由野蛮时代进入文明时代的文化历史状况，但它毕竟是以描写杀戮、残暴战争为主题的。而《诗经》则包括了纪祖颂功、郊庙祭祀、朝会燕享、劝诫讽谏、时序兴废、感世情怀及各诸侯国风土人情在内的整个文化历史与社会生活，而且这是中国文化历史进入文明社会1000多年后的作品，它所透露出来的刚健文明的文化历史精神，远比《荷马史诗》由野蛮时代进入文明时代无休止的战争所表现的杀戮、残暴及掠夺更具有文明时代史诗般的意义。现在有人研究《诗经》题为《两周诗史》②，是非常具有文化历史眼光的。

《文心雕龙》说"文变染乎世情，兴废系乎时序"③；《毛诗》序说"诗者，志之所之也，在心为志，发言为诗，情动于中而形于言"；"情发于声，声成文谓之音，治世之音安以乐，其政和；乱世之音怨以怒，其政乖；亡国之音哀以思，其民困"④。《诗经》作为两周文化历史与社会生活

---

① 《史记·孔子世家》。
② 马银琴著《两周诗史》，社科文献出版社2006年出版。
③ 《文心雕龙·时序》。
④ 《毛诗正义》卷1。

的反映，无疑也是系乎两周文变世情与兴废时序，表现为"治世之音安以乐，乱世之音怨以怒，亡国之音哀以思"之时代精神变化的。这种变化，是通过诗的"六义"，即风、雅、颂、赋、比、兴表现出来的，但无论是风以动之，教以化之，还是雅正之言，美盛德之形容，抑或王道衰，礼义废，政教失，国异政，家殊俗，变风变雅作的出现，皆是系乎人之情性，通着王道教化、彝伦攸叙与时代精神的。故从《诗经》中不仅可以看出两周时期刚健、中正、高雅、康乐、和平、肃敬的道德精神存在，亦可知道当时民之康乐、忧思、淫乱及种种非理性。立于此而研究《诗经》两周精神，则如郑康成所说"举一纲而万目张，解一卷而众篇明"① 矣。

  任何时代的文化精神，都是受其经国治世的哲学教化意识支配的，不论这种精神是安以乐的，还是怨以怒、哀以思的，作为人的生命精神，所透露出来的终究是那个时代哲学经世致用、教化流行所表现出来的精神。故《礼记》说："审声以知音，审音以知乐，审乐以知政，而治道备矣。"② 周代的建立及其经国治世，不论是文王集大命、武王初临有天下，还是周公制礼作乐，以教化天下，皆是立于天道本体论的，或者说，皆是立于乾坤并建的《周易》大道哲学基础上的。正如《周易》的《乾》、《坤》并建，以至刚至健、至顺至和的乾坤本体存在为大始，统天下之变与万物之性一样，周初治天下，也是以此哲学克治之诚、经营盛衰之乱的。故西周从文王集大命而有天下，武王初临天下，匡正民行，到周公制礼作乐，以教化天下，那个时代的大匡大济，无不表现为一种"周道如砥"的刚健的文明精神。这在文王就是"于穆清庙，肃雍显相。济济多士，秉文之德"③、"周虽旧邦，其命维新"、"济济多士，文王以宁"④ 的精神；在武王就是"执竞武王，无竞维烈；不显成康，上帝是皇；钟鼓喤喤，磬莞将将，降福穰穰"⑤、"镐京辟雍，自西自东，自南自北，无思不服"⑥ 的精

---

① 《诗谱序》，见《毛诗正义》卷首。
② 《礼记·乐记》。
③ 《诗经·周颂·清庙》。
④ 《诗经·大雅·文王》。
⑤ 《诗经·周颂·执竞》。
⑥ 《诗经·大雅·文王有声》。

神;而在成王就是"穆穆皇皇,宜君宜王;不愆不忘,率由旧章"① 的精神。这种精神当时是非常高尚、刚健、正直的,故曰:"周道如砥,其直如矢。君子所履,小人所视。"② 周初,这些高尚、刚健、正直的道德精神,在文王、武王那里,在那些圣贤明哲那里,全是体验领悟"无声无臭"的天道法则,领悟"于穆不已"的天道命令,领悟皇皇光明的上苍存在而获得的,是得之谓德、宜之谓义而为道德精神的。故曰"昊天有成命,二后受之"③;故曰"文王在上,于昭于天。文王陟降,在帝左右。亹亹文王,令闻不已"④;故曰"有命自天,命此文王"⑤。而且这种道德领悟与精神获得达到了纯粹至善的程度,故曰"维天之命,于穆不已。于乎不显,文王之德之纯。假以溢我,我其收之"⑥。西周时期,虽然还保留着"上帝"或"皇矣上帝"、"昊昊上帝"一类的说法,但它实际上是指无限皞旰光明的上天而言的。故郑玄注"皇矣上帝"曰"皇,大也";注"文王陟降,在帝左右"曰:"言文王升接天也。"《诗经》所说"上天之载,无声无臭。仪刑文王,万邦作孚"⑦;或"帝谓文王:予怀明德,不大声以色,不长夏以革。不识不知,顺帝之则"⑧,实际上就是说文王凭着纯粹道德之心领悟"无声无臭"、"于穆不已"的天道法则,"不大声以色"地顺从这种法则的最高存在,克治之诚,以经营天下万邦。由此可知,"周道如砥"的文化精神,乃是文王、武王盛德于天,以天道本体最高存在为源头的。

　　文王受命,武王临天下,虽有征伐,然所以清明而无乱象,乃是以其所制定的光明法典为根据的。故曰"维清缉熙,文王之典。迄用有成,维周之祯"⑨。此亦文王"倬彼云汉,为章于天。勉勉我王,纲纪四方"⑩ 者

---

① 《诗经·大雅·假乐》。
② 《诗经·小雅·大东》。
③ 《诗经·周颂·昊天有成命》。
④ 《诗经·大雅·文王》。
⑤ 《诗经·大雅·大明》。
⑥ 《诗经·周颂·维天之命》。
⑦ 《诗经·大雅·文王》。
⑧ 《诗经·大雅·皇矣》。
⑨ 《诗经·周颂·维清》。
⑩ 《诗经·大雅·棫朴》。

也。因此,"周道如砥"的文化精神,虽然极为刚健文明,但刚而不暴、柔而不弱,是以至德和平、仁爱雅正为根本的文化精神;即使祭祖的诗篇,所传达的也是一种"喤喤厥声,肃雍和鸣"① 的声音;所展示的也是一种"龙旂阳阳,和铃央央"的氛围及"鞗革有鸧,休有烈光"② 的盛状。特别是西周天下大定以后,随着周公制礼作乐,诗歌创作由祭祀歌颂祖宗功德业绩的《周颂》发展为燕饮之乐的《大雅》,愈来愈发展出了一种雅正、和平、欢乐的文化精神。文王受命,作邑于丰,建筑灵台,以观妖祥,及至"王在灵囿,麀鹿攸伏,麀鹿濯濯,白鸟翯翯;王在灵沼,于牣鱼跃,虡业维枞,贲鼓维镛,于论鼓钟,于乐辟雍"③,一片天人和乐的景象!即使写家庭燕饮之乐,也是极具道德风范的。《行苇》写忠厚之家"戚戚兄弟,莫远具尔;或肆之筵,或授之几";"或献或酢,洗爵奠斝;嘉肴脾臄,或歌或咢"的和乐燕饮;《既醉》写酒醉不失其德的"朋友攸摄,摄以威仪";《凫鹥》写殷实守成之家"旨酒欣欣,燔炙芬芬;公尸燕饮,无有后艰"的芬然欣然之乐,皆极为生动、祥和、欢乐!如果说《大雅》写得广大、宽阔、雅静、达雅,那么,《小雅》则写得简约、明快、欢乐、清新。如《鹿鸣》写"呦呦鹿鸣,食野之苹;我有嘉宾,鼓瑟吹笙"的嘉宾聚会,极为高雅、清新、典正。它一方面是嘉宾的"吹笙鼓簧,承筐是将,人之好我,示我周行";另一方面则是"鼓瑟鼓琴,和乐且湛,我有旨酒,以燕乐嘉宾之心"。整个诗篇写群臣嘉宾聚会,乐其心志,尽其心力,皆其乐融融,一片欢乐谐和的景象!其他诗篇像《湛露》以"湛湛露斯,匪阳不晞,厌厌夜饮,不醉无归";《庭燎》以"夜未央,庭燎之光,君子至止,鸾声将将"写燕饮生活,也是非常和乐美好的;而《常棣》写管蔡失道之后,"妻子好合,如鼓瑟琴;兄弟既翕,和乐且湛"的亲情之重要;《伐木》写"伐木丁丁,鸟鸣嘤嘤;嘤其鸣矣,求其友声;相彼鸟矣,犹求友声;神之听之,终和且平"的故旧贤友之情不可弃,也是西周和乐美好的社会生活之写照。

《毛诗》序说:"言天下之事,形四方之风,谓之雅。雅者,正也,言

---

① 《诗经·周颂·有瞽》。
② 《诗经·周颂·载见》。
③ 《诗经·大雅·灵台》。

王政之所由废兴也。政有大小，故有小雅焉，有大雅焉。"① 因此，雅正，乃是二《雅》的本色与特征。特别是《大雅》，更有一种广大、雅静、豁达、诚正的诗风与精神存在，非具至德和平、仁爱雅正之精神者，不能为之。故李白曾敬慕地说："大雅久不作，吾衰竟谁陈！"② 这只要读一读《大雅》中"穆穆文王，于缉熙敬止"③；"文王初载，天作之合"④；"貊其德音，其德克明"⑤；"威仪抑抑，德音秩秩"⑥ 诸多诗句，就可以看出其广大雅静的诗蕴与诚正清明的精神。即使"鸢飞戾天，鱼跃于渊"⑦；"凤凰于飞，翙翙其羽"⑧ 一类描写自然风物景象的诗句，亦是一片浑然天机，包含着一种天地间的祥和美好的哲理！

这种欢乐、和平、雅正、淳厚的文化精神，不仅表现在记述歌颂祖宗功德业绩的《颂》歌和描写燕饮之乐的《雅》乐中，亦表现在反映当时社会生活的《国风》中，特别是周公、召公制礼作乐，所采集的《周南》、《召南》，读之更给人一种天下太平、人民康乐的景象。我们翻开《周南》，读《关雎》"参差荇菜，左右采之；窈窕淑女，琴瑟友之；参差荇菜，左右芼之；窈窕淑女，钟鼓乐之"；读《卷耳》"采采卷耳，不盈顷筐；嗟我怀人，置彼周行"；"陟彼高冈，我马玄黄；我姑酌彼兕觥，维以不永伤"；读《樛木》"南有樛木，葛藟累之；乐只君子，福履绥之"；"南有樛木，葛藟萦之；乐只君子，福履成之"；读《桃夭》"桃之夭夭，灼灼其华；之子于归，宜其室家"；"桃之夭夭，其叶蓁蓁，之子于归，宜其家人"；读《芣苢》"采采芣苢，薄言采之；采采芣苢，薄言有之；采采芣苢，薄言掇之；采采芣苢，薄言捋之"，似乎进入了歌德《浮士德》所描写的"在自由的土地上居住着自由的人民"的理想国度。至于说《关雎》是否为"后妃之德"，《卷耳》是否为"后妃之志"？后妃之谓谁？我

---

① 《毛诗正义》卷1。
② 《古风五十九首》。
③ 《诗经·大雅·文王》。
④ 《诗经·大雅·大明》。
⑤ 《诗经·大雅·皇矣》。
⑥ 《诗经·大雅·假乐》。
⑦ 《诗经·大雅·旱麓》。
⑧ 《诗经·大雅·卷阿》。

们无法据实判断,但那琴瑟之声、钟鼓之乐及那"采采芣苢"、"宜室宜家"的生活写照,则使我们感觉到进入了勤劳之乡与礼仪之邦。我们翻开《召南》,读《采蘩》"于以采蘩?于沼于沚;于以用之?公侯之事";读《采蘋》"于以采蘋,南涧之滨;于以采藻,于彼行潦";以及读《甘棠》"蔽芾甘棠,勿剪勿伐,召伯所茇;蔽芾甘棠,勿剪勿败,召伯所憩;蔽芾甘棠,勿剪勿拜,召伯所说",似乎同样进入了召公所治理的祥和太平的国度。这里,在"陟彼南山,言采其薇"的劳动中,虽有"未见君子,我心伤悲",但更见"亦既见止,亦既觏止,我心则夷"① 的喜悦;虽有"厌浥行露,岂不夙夜"的艰难,有雀"穿我屋"、鼠"穿我墉"的乱俗,然有召公听讼治理,终不能使强暴之男不顾礼教而侵凌贞女,故曰"虽速我讼,亦不女从"②。至于说《摽有梅》以"求我庶士,迨其吉兮",讲男女及时婚嫁;《江有汜》以"江有沱,之子归,不我过",讲"不我过,其啸也歌"的劳而无怨,更使人感到南国染于礼教的淳厚民风。此皆西周欢乐、和平、雅正、淳厚之文化精神见于《国风》者也。

  周代制礼作乐,大抵经历了成王、康王、昭王到穆王的时期,但记述歌颂祖宗功德业绩的《周颂》及各种燕饮仪式乐歌的《大雅》,到康王时期才被确定记录下来。清道光年间陕西岐山礼村出土的大盂鼎,铭文《德经》所说"余乃辟一人,令我佳即型稟于文王正德,若文王令二三正"云云(见彩图16),就可能是记述周公之治、为政以德的。大盂鼎是周康王时期所铸造的,其铭文则可能是康王颂述周公所发的言论。正因为纪述歌颂祖宗功德业绩的铭文、颂诗大多是在康王时期被确定记录下来的,所以《竹书纪年》说:"康王三年,定乐歌。"③ 成康之际,是西周最太平的时期,《史记》曾说其"天下安宁,刑错四十余年不用"④。但发展到昭王时期,王道已衰微,中央政府的政治权威性已经没有那么高了。昭王南巡狩,史说"及济于汉,船人恶之,以胶船进王。王御船至中流,胶液船解,王及祭公俱没于水中而崩"⑤。穆王是西周最为强盛的时期,也是西周

---

① 《诗经·召南·草虫》。
② 《诗经·召南·行露》。
③ 《今本竹书纪年疏证》卷下。
④ 《史记·周本纪》。
⑤ 《帝王世纪第五》。

历史转折的时期。穆王好礼乐,亦好游猎,尚征伐。《穆天子传》所说,虽不敢尽信,但其所记游猎歌乐,恐也并非无据。《拾遗记》说:"穆王即位三十二年,巡行天下,驭黄金白玉之车,傍气乘风,起朝阳之岳,自明及晦,穷寓县之表。"① 穆王好游猎歌乐,他自己对这种行为是否健康也曾产生怀疑,故曾问手下的人说:"予一人不盈于德而辨于乐,后世不亦追吾之过乎?"② 但穆王最大的失误不在于游猎歌乐,而在于征伐。穆王想征犬戎,祭公谋父曾谏之曰"先王耀德不观兵。夫兵戢而时动,动则威,观则玩,玩则无震。先王之于民也,茂正其德而厚其性,阜其财求而利其器用,明利害之乡,以文修之,使之务利而辟害,怀德而畏威,故能保世以滋大";"是故先王非务武也,劝恤民隐而除其害也。先王之制,邦内甸服,邦外侯服,侯卫宾服"。穆王不听,观兵,遂征犬戎,"得四白狼四白鹿以归,自是荒服者不至"。从此周道衰,丧失政治的权威性,荒服不至矣;及至共王时期,不顾伦理道德,专爱美物与美女,王德已变得不堪矣。故《史记》说进入懿王时期,"王室遂衰,诗人作刺"③。这就是说,西周刚健文明、"周道如砥"的文化精神,进入懿王时期已经丧失,诗歌创作已发展为以讽喻诗为主的时期。《吕刑》之辟,用刑法代替天德王道,文、武时期至德和平、仁爱雅正的诗风与精神已不见矣。宣王自幼长于召公之家,虽然受到了良好的教育,执政后修德行政,一时中兴,但由于宣王并不修亲耕之礼,终败绩于羌戎,丧失江汉之地;及至发展到幽、厉二王执政,荒淫无道,整个西周的衰败已成定势,刚健文明、"周道如砥"的文化精神丧失殆尽矣。《大雅》的《劳民》、《板》、《荡》;《小雅》的《节南山》、《十月之交》、《雨无正》、《小旻》、《小宛》、《小弁》、《巧言》等讽喻诗歌,就属于这个时期的作品。《小雅》所涉政事,虽然不如《大雅》广泛、宽阔,文化精神也不如《大雅》那样广大、雅静、豁达、诚正,但它所涉及的内容毕竟是"言天下之事,形四方之风",关乎"王政之所由废兴"者。故其虽为讽喻之诗,虽为"刺某某"而作,然其根本精神并不失于雅正,即使讲"刺",讲"美刺",诗风与文化精神也已经走向衰微。

---

① 《拾遗记》卷3。
② 《穆天子传》卷1。
③ 《史记·周本纪》。

周朝自共王至夷王四世，纪年不明，所以西周历史编年每依鲁《春秋》为据纪之。共王乃穆王之子。《史记·周本纪》说："穆王即位，春秋已五十矣。"这就是说，中国历史编年若依鲁《春秋》为据纪之，从穆王开始，就已进入春秋时期。然其为周代历史，仍然属于西周时期。共王之后，由于厉王失政，徐狁荆蛮，交侵中国，已造成政治腐败、人心离散的局面。及至幽王时期，西夷犬戎攻之，杀幽王于骊山下，虏褒姒而去，西周已处于危险之地矣。当时，虽诸侯立平王以奉周祀，然平王元年，郑武公为司徒，与晋文侯股肱周室，夹辅平王，率诸侯东迁洛邑，始才为东周时期。平王四十九年，即是鲁隐公元年（公元前722年），始才进入《春秋》编年。人们常以为周伐纣，修洛邑而居之，政治文化中心就转移到了洛邑。其实，那时候周仍然都丰、镐，直到犬戎败幽王，平王徙都，周朝政治文化中心才转移到洛邑。然而"平王之时，周室衰微，诸侯强并弱，齐、楚、秦、晋始大，政由方伯"①。"政由方伯"，就是东周诸侯挟天子以令诸侯的时期。这个时期，不仅周室衰微，而且诸侯政治也逐渐走向了腐败堕落。《国风》中有些西周遗留下来的作品，《周南》、《召南》、《邶》、《鄘》、《王风》、《唐》、《豳》的部分诗篇，有些则是乡间民歌，如《卫》、《郑》、《齐》、《魏》、《秦》、《陈》、《桧》、《曹》诸国之《风》的讽喻诗篇就产生于这个时期，是太师采诗以观民风所收录者。

诗、音乐、舞蹈一类的艺术作为情感、情绪、心志的表达形式，它虽然受时代制约，但其创作亦是受地区传统、风俗与文化精神影响的。东周时期的诗歌，不论是西周遗留之篇，还是太师采风所得乡间之作，或多或少地尚保留着西周各个封国乃至上古传统、风俗与文化精神的影响。惟此，吴公子季札来聘，于鲁观周乐，为之歌《周南》、《召南》，才曰"美哉！始基之矣，犹未也，然勤而不怨矣"；为之歌《邶》、《鄘》、《卫》，才曰"美哉，渊乎！忧而不困者也。吾闻卫康叔、武公之德如是，是其卫风乎"；为之歌《王》，才曰"美哉，思而不惧，其周之东乎"；为之歌《齐》，才曰"美哉，泱泱乎，大风也哉！表东海者，其太公乎！国未可量也"；为之歌《豳》，才曰"美哉，荡乎！乐而不淫，其周公之东乎"；为之歌《秦》，才曰"此之谓夏声，夫能夏则大，大之至也，其周之旧乎"；为之歌《魏》，才曰："美哉，沨沨乎！大而婉，险而易行，以德大辅此，

---

① 《史记·周本纪》。

则明主也";为之歌《唐》,才曰"思深哉!其有陶唐氏之遗民乎!不然,何忧之远也!非令德之后,谁能若是"。这些诗,虽不如《颂》那样具有"至矣哉!直而不倨,曲而不屈;广而不宣,处而不底,行而不流,五声和,八风平,节有度,守有序"的盛大的道德精神,也不像《大雅》那样表达"广哉,熙熙乎,曲而有体直"的"文王之德",然正是由于它们尚保留着西周封国乃至上古的传统、风俗与文化精神,故其才有着和乐美好的一面。然东周毕竟是社会动荡、政治衰微的时期,是诸侯各国政治力量逐渐走向腐败堕落的时期。故吴公子季札来聘,于鲁观周乐,为之歌《郑》,才曰"其细已甚,民弗堪也";为之歌《陈》,才曰"国无主",发出"其能久乎"[1] 的感叹。因此,这个时期的诗歌,虽有人们对西周文、武、周公时期社会生活的美好回忆、眷恋与思念,但更多的则是人们对现实生活中政治腐败、荒淫无道、伦理失常的不满,邶风的《雄雉》、《匏有苦叶》;鄘风的《墙有茨》、《鹑之奔奔》;卫风的《考槃》、《硕人》;王风的《扬之水》、《葛藟》;郑风的《将仲子》、《叔于田》、《东门之墠》;齐风的《南山》、《甫田》;魏风的《汾沮洳》、《园有桃》;唐风的《蟋蟀》;秦风的《黄鸟》、《无衣》;陈风的《东门之枌》、《东门之池》;桧风的《羔裘》;曹风的《蜉蝣》、《候人》等,都是属于这类作品。特别是当政治腐败变为财富掠夺与社会不公时,人们对现实生活中政治腐败、荒淫无道、伦理失常的不满,就常常会变为政治上的愤懑、斥责与控诉。诗歌"坎坎伐檀兮,置之河之干兮。河水清且涟猗,不稼不穑,胡取禾三百廛兮?不狩不猎,胡瞻尔庭有县貆兮?彼君子兮,不素餐兮!"[2] 就属于这种作品;而当这种愤懑、斥责与控诉变得没用时,人们像躲避大老鼠一样躲避剥削与掠夺,逃往理想王国,也就具有合理性了。故诗有"硕鼠硕鼠,无食我黍!三岁贯女,莫我肯顾。逝将去女,适彼乐土"[3] 的逃亡与追求。如果说《小雅》表现为"周德之衰"的话,那么,《国风》发展到"国无主"的程度,东周就已成为不能长久存在下去的社会历史了。因此,《国风》虽"以一国之事,系一人之本",然亦可看出整个时代的精神变化:由于政治上的腐败堕落及经济上的疯狂剥削与掠夺,不仅周室政治上

---

[1] 以上均见《左传·襄公二十九年》记载。
[2] 《诗经·魏风·伐檀》。
[3] 《诗经·魏风·硕鼠》。

极为衰微,而且当时的诗风及文化精神也发展为"幽、厉昏而《板》、《荡》怒,平王微而《黍离》哀"①了。此即"乱世之音怨以怒,亡国之音哀以思"者也。读之,虽能动荡血脉,然文化精神衰微至此,则微弱的国脉已不可复救矣。及至秦庄襄王灭东周,周既不祀,则两周亡矣。

《诗经》的两周精神,虽是当时社会政治生活的反映,更是人之血脉精神所致。而人之血脉精神,又是与人心人性的教化分不开的。有王者之风,周公礼乐教化,始有《关雎》、《麟趾》之德;有先王之化,召公之教,方有《鹊巢》、《驺虞》之风。整个《诗经》的两周精神,皆是以德为本,以礼乐教化为基础发展起来的。因此,要了解两周文化精神的发展,不可不研究周公平治的礼教精神。

六　周公平治的礼教精神

周之所以得天下,一是靠后稷、公刘、季王到文王的历代积德行善、人心所向而致。从这个意义上说,周非取天下也,乃是纣王腐败堕落,人心丧尽,让天下于周也;二是靠武王、周公、毕公、太公诸人之功。武王伐纣灭商后,殷人对他们的新君是什么样的既好奇又疑虑。古籍曾记载他们通过自己的眼睛,观察刚刚取得政权的太公、周公、召公、武王诸人。我们从这种观察中,亦可看出周公与众不同的形象与性格特征:

> 商容及殷民观周军之入。见毕公至,殷民曰:"是吾新君也。"容曰:"非也。视其为人,严乎将有急色,故君子临事而惧。"见太公至,民曰:"是吾新君也。"容曰:"非也。视其为人,虎据而鹰趾,当敌将众,威怒自倍。见利即前,不顾其后。故君子临众,果于进退。"见周公至,民曰:"是吾新君也。"容曰:"非也。视其为人,忻忻休休,志在除贼。是非天子,则周之相国也。故圣人临众,不恶而严,是以知之。"见武王至,民曰:"是吾新君也。"容曰:"然。圣人为海内讨恶,见恶不怒,见善不喜,颜色相副,是以知之。"②

周公既不像毕公的"严乎将有急色",使人"临事而惧";也不像太公

---

① 《文心雕龙·时序》。

② 《帝王世纪第五》。

的"虎据而鹰跱",当敌将众,使人感到"威怒自倍",而是"忻忻休休,志在除贼"。他虽无武王的"见恶不怒,见善不喜",然其临众使人有一种"不恶而严"的感觉。《白虎通》说"周公背偻"①,《荀子》更说"周公之状,身如断菑"②。然而正是这样一个忻忻休休而不伟岸的人物,却是周朝一代强俊。他不仅继承了文王之志,发展了上古以来的《易》哲学,成为爽邦的一代明哲,而且以哲学家兼政治家、军事家前所未有的巨大才能与智慧,为周朝的治理天下建立了不朽的功勋!其中最具开创之功的就是他制礼作乐、以礼治天下的精神。

周公何时制礼作乐,为何要制礼作乐?《礼记》说:"武王崩,成王幼弱,周公践天子之位以治天下。六年,朝诸侯于明堂,制礼作乐,颁度量,而天下大服。七年致政于成王。"③《尚书大传》说得更具体详细:

> 周公将作礼乐,优游之,三年不能作。君子耻其言而不见从,耻其行而不见随。将大作,恐天下莫我知;将小作,恐不能扬父祖功业德泽。然后营洛以观天下之心,于是四方诸侯率其群党,各攻位于其庭。周公曰:"示之以力役且犹至,况道之以礼乐乎?"然后敢作礼乐。《书》曰:"作新大邑于东国洛,四方民大和会。"此之谓也。周公居摄,一年救乱,二年克商,三年践奄,四年建侯卫,五年营成周,六年制礼作乐,七年致政。④

从《礼记》《尚书大传》所说,周公制礼作乐,应该是摄政当国平定三监及淮夷之乱以后,还政成王之前。《礼记》《尚书大传》所说"七年致政于成王"与《史记·康诰》所说"周公行政七年,成王长,周公反政成王"⑤是非常一致的。还政成王以前,营建东国洛邑的工程已经完工,制礼作乐,举行庆祝活动,是非常合理的。但若依《尚书》所说"惟三月哉生魄,周公初基作新大邑于东国洛,四方民大和会。侯、甸、男邦,

---

① 《白虎通德论·圣人》。
② 《荀子·非相》。
③ 《礼记·明堂位》。
④ 《尚书大传》卷2。
⑤ 《史记·周本纪》。

采、卫百工，播民和见，士于周。周公咸勤，乃洪大诰治"①，周公制礼作乐不应是成王六年，应是周公摄政七年之三月。所谓"三月哉生魄"，即是年三月十六日也。"周公初基"，即初始建作王城新大邑于东国洛冰之汭，四方之民大和悦而集会。此时所集，乃侯、甸、男、采、卫五服之民。百官播率其民，和悦并见，即事于周之东国，而周公慰劳劝勉之，因大封命康叔为卫侯，大诰以治道。"惟三月哉生魄，周公初基作新大邑于东国洛，四方民大和会"，也就是《尚书·召诰》所说"若翼日乙卯，周公朝至于洛，则达观于新邑营"。此时成王太保召公已先于周公到达洛邑。但周公"四方民大和会"时，召公仍与诸侯出取币，"复入，锡周公曰：'拜手稽首，旅王若公。'"《孔传》说：此时"诸侯公卿并觐于王，王与周公俱至"。召公所以晋见周公"拜手稽首"，乃是传达成王之意："旅王若公"，即王事还是宜顺周公。这说明此时周公尚未还政成王。但从召公转达周公所说"其作大邑，其自时配皇天，毖祀于上下，其自时中乂"，对成王说"王厥有成命治民，今休"，可知周公已准备还政成王了。因此，周公还政成王应是摄政七年三月以后的事，而周公制礼作乐亦应始于成王七年三月洛邑庆典前后，而不是成王六年。这从《汉书》所讲"周公既成文武之业而制作礼乐"②，亦可看出周公制礼作乐，乃是平定三监及淮夷之乱、完成武王大业之后的事。

不过，从《尚书大传》所说"周公将作礼乐，优游之，三年不能作"看，周公制礼作乐应该是有个思想准备与长期考虑的过程的，并非仅仅出于洛邑庆典的需要而为之。这种思想准备与考虑也许时间太长了，久而不见诸实行，故才有"君子耻其言而不见从，耻其行而不见随"的舆论。所思想所考虑者何？"将大作，恐天下莫我知；将小作，恐不能扬父祖功业德泽"也，然后才"营洛以观天下之心"的。仅是营洛以庆之，就遭到"四方诸侯率其群党，各攻位于其庭"，若把礼治推广到整个社会政治领域，建立起政治伦理与道德规范，那恐怕就不是"四方诸侯率其群党，各攻位于其庭"，而是遭天下质疑了。惟此，周公才说"将大作，恐天下莫我知"；"示之以力役且犹至，况道之以礼乐乎？"这已经不仅是制礼作乐本身的思想准备与实施考虑，而是牵涉到周公内心的巨大忧虑了。此周公

---

① 《尚书·康诰》。
② 《汉书·平当传》。

欲制礼作乐，所以"优游之，三年不能作"者也。想想武王崩后，周公的处境是非常困难的：一方面是成王年幼，尚在襁褓之中，天下极不稳定，周公恐天叛周，不得不践阼代成王摄行政当国；另一方面，摄政当国之后，不仅管叔辈不满，而且群弟也皆散布流言，诬蔑周公，以惑成王，说周公"将不利于成王"云云。尽管周公告太公、召公曰："我之所以弗辟，而摄行政者，恐天下畔周，无以告我先王太王、王季、文王。三王之忧劳天下久矣，于今而后成。武王早终，成王少，将以成周，我所以为之若此。"① 太公、召公仍有不放心处。召公为保，周公为师，相成王为左右。召公不悦，周公作《君奭》，陈古以告之，就是证明。直到平定三监及淮夷之乱，洛邑庆典时，召公告周公"改厥元子，兹大国殷之命"一类事，"惟王受命，无疆惟休，亦无疆惟恤"；"有王虽小，元子哉。其丕能诚于小民"②，仍有逼周公尽快交权、还政成王的意思。周公摄政，大臣反对，亲人见疑，可知其欲制礼作乐，推行于天下，当时该有多么困难了。但是，为了天下太平与长治久安，周公最终还是以廓然大公之心战胜了诸多困难，解除了"天下莫我知"的忧郁与顾虑，终于做出了制礼作乐，以此平治天下的决定。由此可知，周公制礼作乐，非今日之"玩"艺术或"酷"音乐也，而是以自我的政治生命负载着历史使命而完成此千古盛事的。当周公将制礼作乐推行到整个社会政治领域的时候，他的制礼作乐亦非只是制定庆典一类的礼乐文化了，而是指包括政治法律制度在内的整个礼教制度了。它也就是《周礼》即《周官》所涉及的政治礼乐制度的内容。《周礼》实际上是周公还政成王前后，为确保天下太平，组织人所制定的一部礼治大法与政治纲领。它虽然包含着礼乐制度，但并非只是庆典礼乐的规定与实施，而是周公礼治天下所作也。周公制定这些礼乐制度，恐怕一直延续到还政成王之后才完成。故《史记》说"成王在丰，天下已安，周之官政未次序，于是周公作《周官》，官别其宜，作《立政》，以便百姓，百姓说"③；又说周公反政成王后，成王"在丰，作《周官》，兴正礼乐，度制于是改，而民和睦，颂声兴"④。《集解》注《周官》引孔安

---

① 《史记·鲁周公世家》。
② 《尚书·召诰》。
③ 《史记·鲁周公世家》。
④ 《史记·周本纪》。

国语说："言周家设官分职用人之法。"可知《周官》即《周礼》也。

除《周礼》外，还有现存的《仪礼》、《礼记》，也皆是讲上古礼义制度的。《仪礼》原是古礼，是逐渐积累，慢慢周密，圣人录而成书的。汉时河间献王得五十六篇，后失，现只剩十七篇，但它仍保留着许多古代礼义制度。《礼记》是孔子及其弟子讨论礼义所记之书。朱子说："《仪礼》是经，《礼记》是解《仪礼》。如《仪礼》有《冠礼》，《礼记》便有《冠义》，《仪礼》有《昏礼》，《礼记》便有《昏义》，以至燕、射之类，莫不皆然。"① 这话虽不错，但《礼记》的价值不可抹杀。不仅《礼记》所讲的礼义多源于上古，而且它本身也保留着许多古代礼义制度，如《王制》、《月令》，皆属虞夏商代礼制。综上所述可知，《周礼》、《仪礼》、《礼记》三书，皆是中国古代礼义教典。《经礼》三百，《曲礼》三千，优优大哉，皆是人尊德性而道学问，致广大而尽精微，温故知新，敦厚崇礼的教本与根据。但我这里所说的周公平治的礼治精神，则主要是以《周礼》为根据的。

宋元之际，有个儒家名叫邱葵者，宋亡，居海上屿中，自号钓矶翁，曾著《周礼补亡》，其序说：

> 《周礼》一书，周公为天地立心，为生民立命，为万世开太平之书也。后世之君臣，每病于难行也何居？叶水心谓："《周礼》晚出，而刘歆遽行之，大坏矣，苏绰又坏矣，王安石又坏矣。千四百年更三大坏，此后君臣病于难行。"然则其终不可行乎？善乎！真西山之言曰："有周公之心，然后能行《周礼》；无周公之心而行之，则悖矣！"周公之心，何心也？尧舜禹汤文武之心也。以是为书，故能为天地立心，为生民立命，为万世开太平也。歆也，绰也，安石也，无周公之心，而欲行之，适所以坏之也②。

《周礼》乃周公为天地立心，为生民立命，为万世开太平之书也。只要将此书放在那个大匡大济的时代，看看周公怎样为平治周初之乱，忍辱受污，毅然而行，其廓然大公之心，则跃然纸上也。无周公之心，是不能理解周公之道、也不能理解周公《周书》之礼治精神及他对后世开太平之

---

① 《朱子语类》卷85。
② 见《宋元学案·北溪学案》附录，《黄宗羲全集》第5册第703页。

贡献的。因此，要想理解周公之道及其礼治精神，只有从周初天下面临的混乱局面去理解周公为治之心才行。

周公制礼作乐，以礼治天下，乃是武王早终、摄政七年后，即将还政成王时开始的。周公摄政，乃不得已而为之也。武王病危时，周公曾愿替武王死①；武王崩，周公所以摄政，乃"恐天下畔周，无以告我先王太王、王季、文王"②也。可知周公之心，乃恐天下叛周，无以告先王之心也，亦为天下担当之心也。此周公所以不顾大臣反对，亲人见疑，毅然摄政，平定三监及淮夷之乱，陈大道以诰天下者也。周公所以如此，七年摄政，经天下之乱，察人心之动，以及情伪相感，爱恶相攻，人心几微幽深之变，恐怕也体悟到体国经野，为民立极，如果没有大法则、大哲理，并以此会通天下万事，以行典礼，恐怕也是不行的。此周公所以法天道，制礼作乐，以治天下者也。

"礼者，理也"③；"大乐与天地同和，大礼与天地同节"④。礼即天理也，乐乃天乐也。大音乐的旋律同天地的旋律一起和谐，大礼的升降旋转合于天地的节奏。中国文化是本于天，是以天的法则为最高本体存在与价值源头的。中国文化的一切政道与治道，一切体统纲领，一切体国经野，设官分职，为民立极，一切出入利用，通变化裁，创造不息，皆是以天的法则为法则，以宇宙的法则为法则，以此真实无妄之理为最高哲学本体论根据的。周公制礼，不论是《周礼》讲"惟王建国，以辨方正位，体国经野，设官分职，以为民极"的最高体统纲领，还是其讲"立天官冢宰，使帅其属而掌邦治，以佐王均邦国"；"立地官司徒，使帅其属而掌邦教，以佐王安扰邦国"；"立春官宗伯，使帅其属而掌邦礼，以佐王和邦国"；"立夏官司马，使师其属而掌邦政，以佐王平邦国"；"立秋官司寇，使帅其属而掌邦禁，以佐王刑邦国"的设官分职、用人之法，全是按照天理，按照天道最高法则，照此最高哲学本体论制定的。武王崩，三监及淮夷

---

① 《周书》之《金縢》篇，就是武王有疾，周公作策书告神，请代武王死而作。事毕，纳书于金縢之匮。此虽可能有史家美其事者，但周公作策书告神，请代武王死，恐非虚饰也。
② 《史记·鲁周公世家》。
③ 《礼记·经解》。
④ 《礼记·乐记》。

叛，周公将东征，陈大道以告天下说，我虽小子，然治天下，惟在布行大道，惟以文王、武王继天道明命而为道德使命，即"绍天明，即命"①。周公制礼也是绍明天道为道德使命，而制定礼治大法与政治纲领的。虽然世界各古老文明民族的宗教神话都是从宇宙结构法则秩序的对称、均衡、和谐、美好、有序中，获得真理、正义、和平、善及自然法与国家观念的，但任何国家民族也没有像中国这个民族把自己的生命精神植根于天道法则、宇宙法则，没有像周公这样理性自觉地把宇宙法则秩序如此浑然一体地运用到国家体统纲领与政治法则的礼制中去。此乃周公制礼作乐以天道为最高法则，礼治天下之最高精神者也。

  周公制礼作乐法于天，以天道本体为根据，所以理性自觉，所以绍明天道为道德使命，因为这对他来说，已不是像世界其他古老民族的宗教神话那样，只是对宇宙结构法则秩序的朦胧意识，而是建立在天道本体领悟基础上的，而其为道德使命意识，乃是纯粹道德形而上学的知觉与感受。正如《诗经》讲"文王之德之纯"，"于穆不已"处，领悟"维天之命"②的存在，或"倬彼云汉"，追求"为章于天"的存在，以"纲纪四方"③一样，周公制礼作乐，也是讲"惟纯佑秉德，迪知天威"的。尽管他仍假文王、武王之德纯而言之，但若就周公摄政制礼作乐而讲，乃是"嗣前人，恭明德，在今予小子旦"的事。他认为自己这样做，虽然于天下之治，未必能有所改正，但却是欲蹈行先王光大之道，施政于我辈小子的事。故曰："我道惟宁王德延，天不庸释于文王受命。"周公坦率地承认，他摄政制礼作乐法于天，就是自我勉劝，躬行于天道，加益于人民。他认为，这是知天威、明民德的事。"祇若兹，往敬用治"，才能顺天治民；否则，戒之召公说"罔不能厥初"，则不能"惟其终"④。

  正因为周公礼作乐法于天，所以礼乐才充满着形而上学的道德精神，特别是宗教祭祀之礼更是如此。这一点，我们从《诗经·周颂》有关祭祀的诗歌可以看出来。《清庙》之诗，周公朝诸侯，以祭文王，"济济多士，秉文之德。对越在天，骏奔走在庙"，一唱三叹，盛德备矣；《维天之命》，

---

① 《尚书·大诰》。
② 《诗经·周颂·维天之命》。
③ 《诗经·大雅·棫朴》。
④ 《尚书·君奭》。

周公摄政，以天下太平告文王，大哉天命无极，于乎不显，圣德无私，纯亦不已；《昊天有成命》，二后命以心通，神以心守，得之栖于心、至于命而不违，顺天之德，极人之情，行之而成王者之业。整个《周颂》，诗以兴乐，乐配诗唱，特别是在"钟鼓喤喤，磬管将将"①、"箫管备举，喤喤厥声"②的祭祀音乐中，喤喤焉，将将焉，钟鼓齐鸣，箫管瑟瑟，人们更容易忘却自我，忘却现实生活的一切，领悟那形而上的存在，祭神如神在，好像天帝神、祖先神就在上面。于是，在这种氛围中，大乐盈，《诗》教显，合德音，以致礼教，"皇矣上帝"或皓肝光明的形上精神性存在则呈现于祭祀者心灵矣。在这种祭祀活动中，整个礼乐之教，彰大德，理万情，通神明，施教化，形上精神性成了人不可须臾去身的存在。于是乐修以内，礼修于外，礼乐交错于中，其成也怪悦，其行也温恭，形上精神内化为自我心矣。可以说整个周公制礼作乐，皆是通着大道，通着于穆不已的天道法则的。故其才显现出一种极为广大、高尚、纯亦不已的道德精神，或者说，将中国文化的形上道德精神推向一个更加盛大、光明、熙和的境界。

周公制礼作乐，以道设教，能不能施行天下，教化苍生，一要看哲学最高本体论是否真实无妄，二是看有没有接受教化的心性论基础。礼教者，以何理为教而教化天下者也。宗教者，以何为宗设教而教化天下者也。不论是礼教，还是宗教，都牵涉到形而上学存在，牵涉到哲学最高本体论问题。但中国礼教不同于西方宗教者，就是它以天的真实无妄之理为教，而不是像西方宗教那样以上帝的价值设定而为信仰。中国殷周之际，虽然还有"昊天上帝"的存在，但周礼讲郊祭天，以祖配之③，实际上就是报谢天地本始的存在，因为"万物本乎天，人本乎祖"④。以祖配天，既是天帝神与祖先神的合一，又是天道法则、祖先精神的存在。特别是晚周隐退了"昊天上帝"的存在，代之以"道"的纯法则以后，"天"的存

---

① 《诗经·周颂·执竞》。
② 《诗经·周颂·有瞽》。
③ 《周礼·春官宗伯·司服》说"祀昊天上帝，则服大裘而冕"；《小宗伯》说"兆五帝于四郊"；《孝经·圣治》说："严父莫大于配天，则周公其人也。昔者周公郊祭后稷以配天；宗祭文王于明堂，以配上帝。"
④ 《礼记·郊特性》。

在,"天道"或"天理"的存在,也就成了中华民族的信仰。中国的礼教文化就是用这样立于天理的真实无妄存在来解决自己的信仰与信念,解决精神世界的存在,而不是像西方宗教文化那样依赖"上帝"的价值设定来解决这些问题。

中国礼教不同于西方宗教者,除其以天道的真实无妄之理教天下外,还有一点是非常重要的,那就是它建立在性善论基础上,而不是以性恶为依据。惟以性善为基础,礼教才能以天理的真实无妄存在教化天下苍生,使之向往真理、正义的世界,向往皇皇光明的世界,成为真、善、美的存在者,成为光明世界的使者,成为尧舜那样的人,而不是像西方宗教那样只是恕罪,只是不停地忏悔自己的罪恶。正如《诗经》讲"天生烝民,有物有则。民之秉彝,好是懿德"①,承认人有先天道德本性一样,周公制礼作乐,教化天下,也是立于这种心性论基础上的,即承认人性本于天,具有先天道德本性。《周易》文王《乾》卦辞,以"元亨利贞"四德,讲天道本体的美好大用,而周公爻辞九三讲"君子终日乾乾,夕惕若厉,无咎",就是设定人性之美好天为道德修养之教的。它是作《易》之本义,亦是周公制礼作乐、教化天下的心性本体论根据。虽然古代中国文化与古代西方文化皆承认人为上帝降生,但中国文化并不像西方文化那样讲上帝造人,(亚当与夏娃)因偷吃了智慧果,犯有原罪,因而人性是恶的,而是讲"惟皇上帝,降衷于下民,若有恒性"②的。衷,善也。皇天上帝,降衷于民,即有此善的永恒道德本性也。有此道德本性,才能接受教化,继善成性,才能"俾尔弥尔性,似先公酋矣",即你必须始终保持自己的上智之性而不失,才能继承先公的伟大事业,因为此性是"百神尔主"的存在,是"纯嘏尔常"的存在;否则,"伴奂尔游矣,优游尔休矣"③,只顾游玩欢悦,失此道德本性,你也就无法继承先公的伟大事业了。此虽召公劝诫成王之诗,然亦可看出周公制礼作乐的性善论基础。

有此人性基础,周公制礼作乐以教天下,才有人性论根据,才能通过礼乐教化,使人接受和谐美好的天道法则与义理存在,从而使人心向善,成为君子,成为圣贤,成为明哲,成为天地间美好人生的存在者。《周礼》

---

① 《诗经·大雅·烝民》。
② 《尚书·商书·汤诰》。
③ 《诗经·大雅·卷阿》。

讲春官宗伯之大司乐以礼乐以教国子,大师掌之教六诗,就是这样:

> 大司乐掌成均之法,以治建国之学政,而合国之子弟焉,凡有道者、有德者,使教焉,以乐德教国子:中、和、祇、庸、孝、友;以乐语教国子:兴、道、讽、诵、言、语;以乐舞教国子:舞《云门》、《大卷》、《大咸》、《大磬》、《大夏》、《大濩》、《大武》;以六律、六同、五声、八音、六舞,大合乐以致鬼神祇,以和邦国,以谐万民,以安宾客,以说远人,以作动物。①

> 大师掌六律、六同,以合阴阳之声。阳声:黄钟、大簇、姑洗、蕤宾、夷则、无射。阴声:大吕、应钟、南吕、函钟、小吕、夹钟。皆文之以五声:宫、商、角、徵、羽;皆播之以八音:金、石、土、革、丝、木、匏、竹。教六诗:曰风、曰赋、曰比、曰兴、曰雅、曰颂。以六德为之本,以六律为之音。②

《尚书大传》引《周传》说:"王子公卿大夫元士之适子,十有三年入小学,二十入大学。"③ 适子,即王子公卿大夫元士之子适于入学者也。大司乐掌成均之法,"凡有道者、有德者,使教焉",乃是指入于大学者言之的。不论是大司乐掌成均之法,以乐德教国子,使之"中、和、祇、庸、孝、友";以乐语教国子,使之培养起"兴、道、讽、诵、言、语"的能力,还是"大师掌六律、六同,以合阴阳之声,教六诗",使之懂得"曰风、曰赋、曰比、曰兴、曰雅、曰颂"的诗义与境界,其为礼乐教化,皆是以人的道德本性为基础的;没有这种心性基础,是不可能教国子,造就人才,使之成为有道德、有学问的存在者的。《礼记》把上述教化视为乐正掌国子之教,所说"崇四术,立四教,顺先王《诗》、《书》、《礼》、《乐》以造士",就是此教法也。怎么个造士呢? 就是"春秋教以《礼》、《乐》,冬夏教以《诗》、《书》"④。以《诗》、《书》、《礼》、《乐》为教,敷畅义理,阐明旨趣,就是顺着先王之路"崇四术,立四教"。惟有道者、

---

① 《周礼·春官宗伯·大司乐》。
② 《周礼·春官宗伯·大师》。
③ 《尚书大传》卷2。
④ 《礼记·王制》。

有德者，方可实施《诗》、《书》、《礼》、《乐》之教。由此可知，周公以礼教治天下，是怎样立于人的道德本性基础上了。

自然，周公之礼治并非只是《诗》、《书》、《礼》、《乐》教化，它的内容极为广泛。我们看《周礼》，从天官掌邦治，地官司徒掌邦教，到春官宗伯掌邦礼，夏官司马掌邦政，秋官司寇掌邦禁，其设官分职，其因礼用人，皆极为细致周全。从车、服、冠、冕之制，到冠、昏、丧、祭之礼，无不有礼教要求；大则班朝治军、涖官行法，小则乡饮乡射、民间细行，其为礼教，皆有明确的规定；即使祭祀的笾豆之荐，水土之品，也都有明确的规定，以"三百"、"三千"说之不为过也。但不管其礼数怎样繁，规定怎样细，它最根本的要义，核心的内容，还是人性的教化。故曰"礼义也者，人之大端也"。所以讲信修睦，所以制定辞让、饮食、冠昏、丧祭、射御、朝聘之礼，所以养生送死，以事鬼神，皆在于"达天道，顺人情之大窦也"①。

人的道德本性，最为根本者是尊尊、亲亲之情，是其伦理道德本性。故周公制礼作乐，乃在于使宗法社会关系建立在人性化的礼教基础上，建立起一个尊尊、亲亲的理想社会。《周礼》讲师氏"以三德教国子：一曰至德，以为道本；二曰敏德，以为行本；三曰孝德，以知逆恶。教三行：一曰孝行，以亲父母；二曰友行，以尊贤良；三曰顺行，以事师长"②；以及要乡大夫教万民，举其知礼之贤者："一曰六德：知、仁、圣、义、忠、和。二曰六行：孝、友、睦、姻、任、恤。三曰六艺：礼、乐、射、御、书、数"③，就是属于这种礼教。这里，六德之教、六行之教，是与六艺之教结合在一起的，而且六艺之教仍在于实现六德、六行之教的伦理道德目的。此亦乃《周礼》春官大师之"教六诗"者也。用今天的话说，就是通过《诗》、《书》、《礼》、《乐》的艺术形式达到伦理道德教育的目的。因此，以礼乐以教国子，乃在于培养起他们的伦理道德品质。德成而教才能尊，教尊而官才能正，官正而后国才可以治。《周礼》所以能有成周之治，诚如船山先生所说，在于"履中蹈和，以调生民之性情，垂为大经大法以

---

① 《礼记·礼运》。
② 《周礼·地官·师氏》。
③ 《周礼·地官·大司徒》。

正天下之纲纪"①。此周公以礼教治天下之大用也。

正因为礼治这样重要,所以,周公不仅主张以礼乐教国子,更是亲自将伦理之教施予伯禽、成王。《礼记》讲"成王幼,不能莅阼,周公相,践阼而治,抗文王世子之法,于伯禽,欲令成王之知父子、君臣、长幼之道。成王有过,则挞伯禽,所以示成王世子之道"②,就是周公将伦理之教及其大法施予伯禽、示于成王者。"抗文王世子之法",即举文王世子之法也。此法乃文王之为世子、问安王季之礼及所表现出的以下事上之法。周公所以以此法施于自己的儿子伯禽,乃在于通过伯禽实施世子之法而做给成王看,使其知道父子、君臣、长幼之道,知道这些根本的伦理道德关系及其义理之重要。由此可以看出,周公不仅是哲学家、政治家、礼教制定者,而且是礼教的坚定实行者。此亦见周公礼治精神也。

中国文化讲心,不是在血肉上讲的,不是在生物有机体上讲的,而是在天理良知上讲的,是以理设心,操存舍亡,用心则有心,不用心则无心的存在。因此,心并不只是形气知觉,不是生物有机体,而是知觉天理、知觉人伦、知觉善恶的存在。知此者,谓之良知;丧此者,谓之丧失良知。因此,中国文化讲人心人性,是以天道义理为知觉形式的,是以天理的存在为最高哲学本体论的。从最高本体论上讲,从"天命之谓性"上讲,从"继之者善,成之者性"上讲,人心人性是纯粹至善的;有此心性,才能通过礼教领悟那形上天道命令,领悟那皓皓光明、皇矣上帝的存在,也才能终日乾乾不息进行道德修养。但人的心性,若离开气质,离开气的质料存在,则无着落处,也是不能成为生命存在的;但它一旦与气之质料相结合,可以说从结合那一刹那开始,心性存在就有了阴阳、清浊、昏明、善恶。因此,人虽是有天地之心,有先天道德本性,但若就气质之心性上讲,人又是阴阳之会、鬼神之交、五行之秀的存在者。因此,人的气质心性,是有阴阳、有善恶的;特别是当心性受外界诱惑时,天理良知本性不仅会被遮蔽扭曲,而且有丧失的时候。为了使人的道德心性不被遮蔽扭曲或丧失,《周礼》地官大司徒之职,于民才"施十有二教焉":

一曰以祀礼教敬,则民不苟;二曰以阳礼教让,则民不争;三曰

---

① 《读通鉴论》卷19,《船山全书》第10册第705页。
② 《礼记·文王世子》。

以阴礼教亲，则民不怨；四曰以乐礼教和，和民不乖；五曰以仪辨等，则民不越；六曰以俗教安，则民不偷；七曰以刑教中，则民不虣；八曰以誓教恤，则民不怠；九曰以度教节，则民知足；十曰以世事教能，则民不失职；十有一曰以贤制爵，则民慎德；十有二曰以庸制禄，则民兴功。①

阳礼，乃阳刚之礼也，如男人乡射、饮酒之礼。阴礼，乃阴柔之礼也，如男女婚姻之礼。凡此皆是"司徒修六礼以节民性，明七教以兴民德"②，为防止人之道德本性被遮蔽扭曲或丧失而制定的。为了保障道德本性不被遮蔽扭曲或丧失，施予礼教是必要的；但这还不够，它一旦被遮蔽扭曲或丧失，做出不忠不孝、违背伦理道德的事情来，甚至丧尽天良，走向犯罪的，那么，就应该由法律保障礼教的有效性。故周公制礼，大司徒之职，不仅于民才"施十有二教"，使其天道义理，建立起各种伦理道德规范，而且还以乡师之职，各掌其所治乡之教，听其所治，而若不听其教，还有"八刑纠万民"的规定："一曰不孝之刑，二曰不睦之刑，三曰不姻之刑，四曰不弟之刑，五曰不任之刑，六曰不恤之刑，七曰造言之刑，八曰乱民之刑。以五祀防万民之伪而教之中，以六乐防万民之情而教之和。凡万民之不服教而有狱讼者，与有地治者听而断之，其附于刑者，归于士。"③ 由此可知，周公之礼治，并非仅仅是礼乐教化，而是以一套德法制度作保障的。这种德法，不是单纯的法律制度，乃是圣人体天道而为心德，行诸法者也。因此，德法，惟德盛可修，德不盛饰政，则不可也。故《大戴礼记》说："明堂，天法也，礼度，德法也，所以御民之嗜欲好恶，以慎天法，以成德法也。"④ 因此，周公以礼教治天下，虽以一套德法作保障，但它并没有停留于形而下的法制，而是以天道义理体悟而具盛大道德精神的。

从周公制礼作乐，周代礼治大体上经历了成王、康王、昭王、穆王几个时期。不论是以礼乐行教化，还是以德法制度保障礼教的实行，礼治已

---

① 《周礼·地官·大司徒》。
② 《礼记·王制》。
③ 《周礼·地官·大司徒》。
④ 《大戴礼记·盛德》。

经见到成效。"成康之际，天下安宁，刑错四十余年不用"①，就是证明。《诗经》是两周精神的见证，我们从中也可以感受到当时礼教精神的流行。"呦呦鹿鸣，食野之苹。我有嘉宾，鼓瑟吹笙"②，其为燕乐之诗，礼乐之声多么高雅！"窈窕淑女，琴瑟友之"；"窈窕淑女，钟鼓乐之"③，其为男女相悦相求之诗，不论是以"琴瑟友之"，还是以"钟鼓乐之"，皆是礼教文明的美好表现。"未见君子，忧心忡忡"；"亦既见止，亦既觏止，我心则说"④，可见有道德修养的君子之人格已具有多么大的魅力与吸引力，而那些没有道德修养的人则受到了社会的谴责！诗说"相鼠有皮，人而无仪！人而无仪，不死何为？相鼠有齿，人而无止！人而无止，不死何俟？相鼠有体，人而无礼，人而无礼！胡不遄死"⑤，就是属于这种谴责！通过这些辑录的诗篇，我们不仅可见当时礼教精神的流行及其怎样深入到了人心，亦可看到它已经影响到人性教化、风俗演变及人的道德精神发展。

礼教者，经天地之大经，立人道之大本者也。"道德仁义，非礼不成；教训正俗，非礼不备；纷争辨讼，非礼不决；君臣上下，父子兄弟，非礼不定；宦学事师，非礼不亲；班朝治军，涖官行法，非礼威严不行；祷祠祭祀，供给鬼神，非礼不庄不敬"⑥；夷夏之分，人兽之别，文明与野蛮之分，君子与小人之异，全在于此，全在于礼教是否得以践行。天秩即人伦，天命即人性大原也。"天叙有典，天秩有礼"，显诸仁，藏诸用，"缘仁制礼，则仁体也，礼用也；仁以行礼，则礼体也，仁用也"。因此，周公以礼教之教天下，虽以德法为保障，但从根本上说，乃是"仁之经纬斯为礼"⑦，全部贯通一个"仁"字，是以天地之大"仁"为本体论的。玉不琢，不成器；人不学，不知道。中国古代礼教之设，可以说从唐虞时代帝舜命契作司徒，"敬敷五教"；命伯夷作秩宗，"典三礼"；命夔"典乐，

---

① 《史记·周本纪》。
② 《诗经·小雅·鹿鸣》。
③ 《诗经·周南·关雎》。
④ 《诗经·召南·草虫》。
⑤ 《诗经·鄘风·相鼠》。
⑥ 《礼记·曲礼》。
⑦ 《'礼记'章句序》，《船山全书》第4册第9页。

教胄子"，以此平治天下，使人性"直而温，宽而栗，刚而无虐，简而无傲"①，就已经开始了，但从未像周公这样制礼作乐，理性自觉地以此治天下，并且使礼教成为一个与德治相适应的道德教化系统。周公制礼作乐，虽然继承了唐虞以来的礼教文化遗产，如《周礼》讲"大宗伯之职，掌建邦之天神、人鬼、地示之礼"②，实际上也就是《尚书·尧典》所说伯夷之"典三礼"。我们甚至可以从太皞伏羲时代的"始画八卦，列八节而化天下"③；"造六峜以迎阴阳，作九九之数以合天道"④，及作网罟教民以渔猎，"制嫁娶，以俪皮为礼"，看出中国古代原始礼教因物付名、因名定分的产生。中国礼教的发展，如果说它在原始时期尚存在着占卜、巫术一类的非理性成分，那么，它发展到周代，随着中国文化的成熟，隐退上帝，以"无声无臭"、"于穆不已"的天道法则为价值源头，则成了一种文明、理性、成熟的道德教化体系了。正是因为这样，所以王国维先生研究殷周文化制度时才说："周之所以纲纪天下，其旨则在纳上下于道德，而合天下诸侯卿大夫士庶民以成一道德之团体。故知周之制度典礼，实皆为道德而设。"⑤

　　世界各古老文明民族无不在历史上创造发展出了自己的宗教系统，而惟独中华民族超越宗教文化阶段创造发展出了自己独有的礼教系统。这种礼教虽然隐退了上帝，不具超绝本体的宗教特征，但它在中国几千年的文化历史上，不仅具有宗教之用，而且要比任何宗教都理性得多、成熟得多，因而也文明得多。礼教之设，不仅为中华民族提供了伦理道德规范，也为其提供了人之为人的存在意义，提供了做人的根本道理。周朝正是从周公时起理性自觉地发展了礼教，发展了与德治相适应的道德教化系统，所以才不仅维护了周朝八百多年尊尊、亲亲的宗法社会伦理关系，而且它作为一种礼治系统也维护了中华民族几千年生存绵延、为继为续的存在。此人道之大者也，亦礼治所以重要者也。从这个意义上说，怎样评价周公制礼作乐、礼治天下都不为过！但随着礼乐废，周朝也就走向衰败，及至发展到晚周，文化精神的存在则又演化出另一番境界了。

---

①　《尚书·尧典》。
②　《周礼·春官·大宗伯》。
③　《尸子》下。
④　《管子·轻重戊》。
⑤　《殷周制度论》，《观堂集林》卷10。

第八章　晚周衰变与精神逸出

内容提要：这里所说晚周，是指春秋晚期与战国末期而言的，时间大体上在公元前606年～公元前221年之间。这是周朝政治走向衰微而文化精神演变为逸出的时期，也是人文精神觉醒、哲学创造性发展与文化极为繁荣的时期。这种发展与繁荣，涉及的问题很多，如王官失守与诸子兴起问题、百家之学的创造性思维和天下之学的理性自觉问题等，但文化哲学上的缺失也是非常明显的。最大的缺失，是浅薄的知识论哲学淹没了道体纯正的形而上学存在，政治权力异化造成了神圣天命观的危机。上古时期"配神明，醇天地，育万物，和天下，泽及百姓，明于本数，系于末度，六通四辟，小大精粗，其运无乎不在"的完备道德体系与精神体系，已经为天下裂，代之而起的，是天下大乱，贤圣不明，道德不一，天下多得一察焉以自好，而不能"判天地之美，析万物之理，察古人之全，寡能备于天地之美，称神明之容。是故内圣外王之道，暗而不明，郁而不发，天下之人各为其所欲焉以自为方"。百家往而不反，后世之学者，亦不见天地之纯，古人之大体，于是道术为天下裂。《诗》、《书》、《礼》、《乐》、《易》及《春秋》，虽数散于天下而设于中国，百家之学时或称而道之，然亦非"以天为宗，以德为本，以道为门，兆于变化"的圣人之学，而变成"以法为分，以名为表，以参为验，以稽为决"的象数之学。但是，晚周毕竟是人文精神觉醒、哲学创造性思维发展及天下之学的理性自觉的时期，因此，其为文化精神的跌宕逸出，则不仅有朝霞的灿烂光辉，亦有晚霞一样的绚丽多彩！

历史上一些旋起旋灭的朝代，大多规模小、根基浅，即使规模大、根基稍深厚者，其为朝代之建立，体国经野，设官分职，为民立极，也缺乏宏大的体统纲领与博大深厚的哲学基础。周朝则不是这样，它自武王克殷至秦灭周之岁，凡三十七王，八百六十七年，不仅历时是最长的，而且其规模之宏大，根基之深厚，建国体统纲领及其设官分职、为民立极的博大深厚的哲学思想，皆盛于夏、商，更是后来一些旋起旋灭的朝代无法与之相比的。它用礼教与盛德所建立起来的政治威望，即使周室衰微，齐桓公"南伐至召陵，望熊山；北伐山戎、离枝、孤竹；西伐大夏，涉流沙；束马悬车登太行，至卑耳山而还。兵车之会三，乘车之会六，九合诸侯，一匡天下"，三代受命，也无异于此，然"欲封泰山，禅梁父"，也遭到了管仲的反对①，最终没有敢于挑战周朝的政治权威性。

因此，对于周朝之衰，特别是它发展为精神衰微及演变为跌宕逸出，是不能用浅薄的社会经济原因给予简单解释的，也是不能像对待一些旋起旋灭的朝代那样，用单一的原因来加以说明的，因为它是一个历时八百多年的王朝，它的存在不仅有扎根于天下诸侯的深厚的政治基础，而且支撑起它漫长的历史天空的，还有历代先王为周人所树立起来的政治理想与道德天地，包括它赖以存在的信仰信念及神圣的精神世界。这是不能简单对待之的。只有深入到它的政治基础，深入到周人建立信仰信念的形而上学存在，研究它"天下为公"的政治权力是如何异化为私有的，研究周人的形而上学世界如何丧失神圣的本体存在而造成历史天空塌陷的，才能对它的衰微及精神的跌宕逸出，给予符合内在逻辑的解释与说明。

一个历时八百多年的王朝，其盛也衰也、兴也亡也，内在机理的变化，绝非庄子所说的不知晦朔的朝菌或不知春秋的蟪蛄之生死那样的事，而是他所说的如五百岁之冥灵，八千岁之椿，其生也死也、荣也枯也，有它内在的本质属性②。因此，研究周朝的衰微及其精神的跌宕逸出，应该着眼于它所存在的大哲理、大枢机之变化。但是这种变化，也绝非皆如孔

---

① 《史记·齐太公世家》。

② 《庄子·逍遥游》曰："小知不及大知，小年不及大年。朝菌不知晦朔，蟪蛄不知春秋，此小年也。楚之南有冥灵者，以五百岁为春，五百岁为秋；上古有大椿者，以八千岁为春，八千岁为秋。"

子所说"齐一变至于鲁；鲁一变至于道"①那样必然地向着"道"的理想境界发展的，而是跌宕起伏、随变任化，皆有其自然之理的，不能机械地执着于外在是非，而应于大哲理、大枢机处，辨别显微有无的精神世界之发展。在周朝八百年的历史天空中，它的盛衰荣枯，它的精神跌宕逸出，其为朝霞，固然是非常美丽的，然而它的晚霞有时更绚丽多彩！这是研究晚周精神所必须注意的。

　　整个东周时代分为春秋和战国两大时期。春秋时期得名于孔子改削的鲁史《春秋》一书，指公元前722年～公元前481年的一段期间；战国时期虽有异说，若以《史记·六国年表》计算，周元王元年，即公元前476年为战国之始，到秦统一六国，即公元前221年，则战国结束。我这里说的晚周，是指春秋晚期至战国末期而言的。春秋晚期的时间不好规定得太确切。因为即使进入春秋时期，齐桓公尚未敢于挑战周朝的政治权威性；晋文公以臣召君，虽有挟持王权的性质，不足为训，然与周襄王会于河阳践土，诸侯朝之，仍书曰："天王狩于河阳。"这时周朝虽然已经衰微，但政治权威性尚在，天下尚未完全分裂。直到晋文公、秦穆公卒，襄王崩，定王元年，楚庄王"伐陆浑之戎，次洛，使人问九鼎"②，始有威胁周室交权的性质，才真正是挑战周朝的政治权威性，也表示周朝真正走向衰微。这是公元前606年的事情。春秋时期的先哲，如刘康公、子产、管子、老子、孔子等，大多产生于此后的时期。因此，晚周春秋的时间上限划在公元前606年之后是比较合理的。整个晚周，时间大体上在公元前606年～公元前221年之间。这是周朝走向极为衰微及文化精神逸出的时期，也是人文精神觉醒、哲学创造性发展及文化极为繁荣的时期。这种发展与繁荣，涉及的问题很多，如王官失守与诸子兴起问题，百家之学的创造性思维及天下之学的理性自觉问题等，但文化哲学上的缺失也是非常明显的。最大的缺失，是浅薄的知识论哲学淹没了道体纯正的形而上学存在，政治权力异化造成了神圣天命观的危机。这是周朝立国的哲学基础问题，也是它走向衰微的最为根本的原因，本章的研究叙述就从这里开始。

---

① 《论语·雍也》。
② 《史记·周本纪》。

一　神圣天命观的危机

　　中国文化的国家政治权力是非常神圣的，是上天为保护人民的根本存在而设定的。因此，有国有天下的王者，获得国家政治权力，不是为了逸豫贪欲，而是为了爱护人民、保护人民，他们所以兢兢业业、戒惧万事之微，不敢稍有懈怠闪失，是因为知道自己所从事的政治活动，乃是代天理民的伟大事业，此即《尚书》所说"天工人其代之"① 者也。然而，"天聪明自我民聪明"；"天视自我民视，天听自我民听"；"民之所欲，天必从之"②，上天是以人民的视听为视听、人民的要求为要求的。因此，人民想什么、要求什么，任何有国有天下者，皆是不敢稍有大意的。故曰"天明畏自我民明畏"③；故曰"宅心知训，用康保民"④。这就是"民为邦本"⑤ 的思想。因此，中国自唐虞以来，关于国家的性质，关于天下应该由谁来治理，就有一个非常明确的政治意识，那就是孔子所说的"天下为公"⑥ 的性质，就是太公所说的"德之所在，天下归之"，即"天下非一人之天下，乃天下之天下也，同天下之利者，则得天下；擅天下之利者，则失天下"⑦。天下惟有具天道大德者，方能获得治理国家的政治权力，亦即《尚书》所说，只有"咸有一德，克享天心"，方能"受天明命"⑧。天心即民心，"克享天心"，就是获得民心，就是要得到人民的拥护。获得了民心，就是"克享天心"，就能"受天明命"，获得合乎天道法则的政治权力；而若丧失了民心，就违背了天心，不能"受天明命"，丧失权力合法性了。

　　因此，天赋人权最终是人赋人权、民赋人权。尧崩，诸侯朝觐者不之

---

① 《尚书·皋陶谟》。
② 《尚书·泰誓上》。
③ 《尚书·皋陶谟》。
④ 《尚书·康诰》。
⑤ 《尚书·五子之歌》。
⑥ 《礼记·礼运篇》。
⑦ 《六韬·文韬·文师第一》。
⑧ 《尚书·咸有一德》。

丹硃而之舜；舜崩，诸侯朝觐者不之商均而之禹，非人赋人权而何？成汤兴师，率诸侯伐夏桀，曰"今尔有众，汝曰：'我后不恤我众，舍我穑事，而割正夏。'予惟闻汝众言；夏氏有罪，予畏上帝，不敢不正"①，遂胜于夏，诸侯毕服，非人赋人权而何？武王观兵于孟津，诸侯八百，不期而至，纣王昏乱暴虐，杀比干，囚箕子，太师疵、少师强抱其乐器而奔周，然后作《泰誓》，告纣王之罪，陈师牧野，共行天下之伐，释箕子之囚，封比干之墓，散鹿台之财，发钜桥之粟，以振贫弱治民，迁九鼎，修周政，与天下更始，更是人赋人权！而曰"膺更大命，革殷，受天明命"②者，不过是说其权力更替顺乎天道法则而应乎民意而已。

正因为是人赋人权，所以虽曰"天命"，终不敢轻视民意，轻视人民的想法与要求，更不敢轻视人民、慢待人民。因为"民可近而不可下"③；"皇天无亲，惟德是辅。民心无常，惟惠是怀"④，谁轻视、慢待了人民的要求，谁枉顾人民的想法、要求而不予重视，谁就失去政治权力的合法性，谁就最终被人民所抛弃。这不是有国有天下者有求于人民，而是"惟民归于一德"⑤，人民作为历史主体性存在，只服从于有德者的政治法则。中国自唐虞以来，凡是意识到天赋人权最终是人赋人权、民赋人权者，都懂得这种政治法则，而且非常自觉地运用到自己的政治实践活动中。尧曰"终不以天下之病而利一人"，而授舜以天下之权，是这种自觉；舜知子商均不肖，乃豫荐禹于天，是这种自觉；大禹曰"德惟善政，政在养民"，是这种自觉；成汤讲"予畏上帝，不敢不正"，亦是这种自觉。

这种自觉发展到周朝，已经变为非常理性的政治意识，它的整个兴国立国，皆是从这种理性自觉的政治意识出发的。我们前面讲的周朝以德兴国、以德立国就是这样。特别是公刘、古公、文王，以德兴国或以德立国遂变成了一种非常理性自觉的政治意识。这种意识就是对"大德者必受命"⑥的高度自觉，即意识到惟有尊天道，获大德，宜民宜人，才能受禄

---

① 《尚书·汤誓》。
② 《史记·周本纪》。
③ 《尚书·五子之歌》。
④ 《尚书·蔡仲之命》。
⑤ 《尚书·咸有一德》。
⑥ 《中庸》第17章。

于天，惟有以天道大德，仁爱天下，才能获得天下，获得政治权力的合法性。这种意识既是周人的道德观，也成了他们兴国立国的政治法则。公刘避桀豳之害，从封地邰迁回临汾一带，处戎狄之地，复修后稷之业，务耕种，行地宜，自漆、沮水渡渭，取材用，使"行者有资，居者有畜积"，是遵从这种道德观与政治法则；古公修后稷、公刘之业，积德行义，"戎狄攻之，欲得财物，予之"，"欲得地与民"，不战予之而曰："有民立君，将以利之。今戎狄所为攻战，以吾地与民。民之在我，与其在彼，何异。民欲以我故战，杀人父子而君之，予不忍为。"遂去豳，渡漆、沮水，踰梁山，止于岐下，是遵从这种道德观与政治法则；文王为西伯侯，被纣王囚于羑里，质长子伯邑考于殷，烹以为羹赐之，受尽天理良知的折磨与人格的屈辱，获得释放后，结交诸侯，礼让豪士，亦是这种自觉；武王伐纣之前，东观兵，至于盟津，说是奉文王之命以伐，不敢自专，告司马、司徒、司空、诸节曰"予无知，以先祖有德臣，小子受先功，毕立赏罚，以定其功"，随后才兴师，更是遵从这种道德观与政治法则。

　　这种道德观与政治法则，既强调天的神圣性，又强调大德者"受天明命"的合法性。《诗经》讲"维天之命，于穆不已。于乎不显，文王之德之纯。假以溢我"①；讲"昊天有成命，二后受之"②；《尚书》讲"商王受无道，暴殄天物，害虐烝民"，武王"恭天成命，肆予东征"③；或讲其"俾暴虐于百姓，以奸宄于商邑。今予发惟恭行天之罚"④；以及讲"惟不敬厥德，乃早坠厥命。今王嗣受厥命"⑤ 等，就是周人从自己的道德观与政治法则出发讲其获得政治权力的合法性的。这种道德观与政治法则，在周人获得国家政治权力及平治天下的过程中，一方面通过强调天的神圣性，强调大德者"受天明命"的必然性，使周朝权力的建立获得了政治合法性；另一方面通过文王、周公《周易》"德演"之学，特别是周公制礼作乐的文治教化，遂发展成了一种历史哲学，一种体国经野、设官分职、为民立极的政治体统纲领与道德意识形态。

---

① 《诗经·周颂·维天之命》。
② 《诗经·周颂·昊天有成命》。
③ 《尚书·武成》。
④ 《尚书·牧誓》。
⑤ 《尚书·召诰》。

如果说中国文化唐虞时期讲"天叙有典，天秩有礼"，讲"天命有德，天讨有罪"，就已经意识到国家民族应该从天道法则结构秩序的存在中引申出人类的伦理、道德、礼教、法典及和谐的政治秩序的话，那么，周公制礼，讲"惟王建国，以辨方正位，体国经野，设官分职，以为民极"，就是将天道的最高法则，将宇宙本体论存在，具体落实到国家政体结构的设官分职、为民立极的政治体系中了。这在政治哲学上，在政治体统纲领及道德意识形态的发展上，是一种极大的理性自觉，也是一种文化哲学的进步。特别是周人讲"维天之命，于穆不已。于乎不显，文王之德之纯。假以溢我"，讲"上天之载，无声无臭。仪刑文王，万邦作孚"[1]，由无形无象的天道法则引申出纯粹的道德感受，可以说将道德形而上学发展到了非常纯粹的地步。这种发展，虽然还存在着宗教神秘主义，但已不是仅仅将神秘的宗教思维伦理化问题，而是将整个伦理道德与政治法则提升到了纯粹的形而上学高度，使之成为纯粹的道德本体论存在，成为政治形而上学的最高理论根据。这种哲学本体论的转变，所以在殷周之际发生，就是因为当时宗法社会已经形成，必须有一种更加清醒理性的宗教信仰或政治哲学思想，用以协调统一大宗小宗、天子与诸侯以及士大夫与庶民的关系，使之成为一个宗教伦理的社会群体，一个国家民族文化精神的集合体，特别是周朝取代殷朝之后，它不仅需要在宗教伦理上协调各宗支之间的关系，也需要有一种更高的宗教信仰，一种道德哲学思想，向殷朝的遗老遗少及一般庶民说明周代殷王天下的合理性。周人的道德形而上学及其意识形态，就是这样发展出来的。它用于政道与治道，就是周人的政治哲学。

当周代初期将它的道德形而上学及其意识形态，特别是它的纯粹道德形而上学及有德者"受天明命"的思想，以《诗》、《书》、《礼》、《乐》的形式，对天下进行道德精神教化时，它对当时人的道德获得与精神发展，是起到了很大推动作用的。但是，在周代的发展中，当它将自己的道德形而上学及其意识形态，特别是这种形而上学与意识形态用于政道与治道，作为政治哲学，作为尚带有神秘色彩的官方宗教伦理道德及信仰信念，反复灌输给天下诸侯、士大夫及庶民，用以说明有德者"受天明命"的必然性，说明周代殷王天下的政治合法性，而现实生活中有国有天下者

---

[1] 《诗经·大雅·文王》。

的政治行为愈来愈腐败堕落，愈来愈没有道德底线，愈来愈违背有德者"受天明命"的天命法则，而不断给人民带来灾害与苦难时，"天聪明自我民聪明"，随着政治觉醒与智慧的提高，必然对其神圣天命观提出怀疑。《诗经》所说"昊天不傭，降此鞠訩。昊天不惠，降此大戾"①；"浩浩昊天，不骏其德"；"如何昊天，辟言不信"②；"瞻卬昊天，则不我惠。孔填不宁，降此大厉"③；"倬彼昊天，宁不我矜？乱生不夷，靡国不泯"④，就是对有德者"受天明命"法则的怀疑。"谓天盖高，不敢不局。谓地盖厚，不敢不蹐。维号斯言，有伦有脊。哀今之人，胡为虺蜴？"⑤ 天高地厚，为什么却要给人民带来这么多灾难和困苦，生存得连蜥蜴蚯蚓都不如？"悠悠昊天，曰父母且"，我已把你看成父母的所在，但为什么"无罪无辜，乱如此幠"？"昊天已威，予慎无罪。昊天大幠，予慎无辜"⑥，这到底是为什么呀？上天既然如此不公平，人们抱怨、不满也就可以理解了。而当这种抱怨、不满得不到解决时，人们就难免发出不平的责问，"民莫不穀，我独于罹。何辜于天？我罪伊何"⑦；"骄人好好，劳人草草。苍天苍天，视彼骄人，矜此劳人。彼谮人者，谁适与谋？"⑧ 有时候，这种责问甚至达到了愤怒的程度，"上帝板板，下民卒瘅"⑨；"荡荡上帝，下民之辟。疾威上帝，其命多辟。天生烝民，其命匪谌"⑩。但是人民是很清楚的，造成这些灾难、困苦与不幸的，表面上看是天灾，实乃是人祸，是人违背天道法则、胡作非为的结果。故《诗》曰："下民之孽，匪降自天。噂沓背憎，职竞由人。"⑪ 不顾天道法则，一味腐败坠落、胡作非为，其结果只能造成权力异化，由"受天明命"走向违背天命；而违背天命，实则违背人心、

---

① 《诗经·小雅·节南山》。
② 《诗经·小雅·雨无正》。
③ 《诗经·大雅·瞻卬》。
④ 《诗经·大雅·桑柔》。
⑤ 《诗经·小雅·正月》。
⑥ 《诗经·小雅·巧言》。
⑦ 《诗经·小雅·小弁》。
⑧ 《诗经·小雅·巷伯》。
⑨ 《诗经·大雅·板》。
⑩ 《诗经·大雅·荡》。
⑪ 《诗经·小雅·十月之交》。

丧失权力合法性也。周朝幽厉时期，由于腐败堕落，已经开始了这种异化；到平王时，周室衰微，齐、楚、秦、晋强大，发展为"彼黍离离，彼稷之苗。行迈靡靡，中心摇摇"①，权力已异化为政治之痛。此即所谓"幽厉昏而《板》《荡》怒，平王微而《黍离》哀"②也。至此，周朝走向衰微已成必然之趋势矣。

对昔日有德者"受天明命"的怀疑，即对神圣天命观的怀疑，亦是对周朝的道德形而上学及主流意识形态的怀疑。而当这种怀疑发展到抱怨、责问甚至愤怒的程度时，就会产生天命观的信仰危机。这种危机实乃是周朝的道德形而上学、主流意识形态之危机也。而当这种危机影响到人的心性发展及社会现实思考时，或者说当人们愈来愈意识到所有的灾难、困苦与不幸，皆是"噂沓背憎，职竞由人"造成的时候，就会由道德形而上学危机、主流意识形态危机发展为政治信任危机，特别是当政治信任危机流行，天下皆对现实政治不满、愤怒甚至恨其不速亡时，那么，这个政治权力的合法性就存在问题了。当一个政权丧失合法性，它还能维持多久呢？如果说，齐桓公时尚不敢挑战周朝的政治权威性，那是因为周朝的道德形而上学、主流意识形态及其所构成的政治合法性还存在，然而发展到秦穆公时，这种合法性完全丧失，灭周取而代之，就成为一种历史必然了。

东周以后，随着政治衰微，社会动荡，进入春秋之际，整个社会的文化意识急剧变化：一方面是对昔日有德者"受天明命"的怀疑，造成了神圣天命观的危机；另一方面，伴之而来的，则是人的觉醒，人本精神的觉醒，产生了一大批思想家。从季梁、史嚚、刘康公到管仲、子产，就是这样一批思想家。他们是这个时代的先驱者，其文化哲学思想不仅打破了原有的法则秩序，引起了对神圣天命观深深的怀疑，也以人的觉醒、精神的觉醒，开启了一个新的时代，即晚周百家兴起、思想解放与精神创造的时期。他们在中国上古精神史上，具有承前启后的历史地位。因此，讲述整个晚周时期文化精神的演变与发展，首先应该讲述这批精神先驱者的哲学思想及其历史地位。

---

① 《诗经·王风·黍离》。
② 《文心雕龙·时序》。

二 人本精神觉醒的先驱者

任何时代的精神觉醒，总有一批先驱人物。他们所以能成为先驱者，不仅是因为具有牺牲精神，更在于能从哲学上提出问题、思考问题。尽管这种思考不是尽善尽美的，但这种思考汇成一种思潮时，则极大地影响了时代精神的发展。因为他们的思考多是形而上学、本体论的，包含着各种问题存在的本因，所以其思考能够为文化历史寻求新路，解决时代面临的种种社会人生问题与精神世界问题。从季梁、史嚚、刘康公到管仲、子产诸人，就是这样一批思想家。他们的思想，开启了从春秋到战国的晚周文化历史，是老子、孔子出现之前不可忽视的先驱人物。

哲学的思考，特别是文化历史哲学的思考，总是伴随着社会文化变迁，伴随着重大历史事件的发生而出现的。因此，东周人本精神的觉醒，远在西周幽厉王时，就已经开始了。厉王即位三十年（公元前870年）好利，亲近当时好专利的荣夷公。周大夫芮良夫谏厉王，提出的一个政治原则，就是不可专利于天下。他说：

> 王室其将卑乎。夫荣公好专利而不知大难。夫利，百物之所生也，天地之所载也，而有专之，其害多矣。天地百物皆将取焉，何可专也！所怒甚多，而不备大难，以是教王，王其能久乎？夫王人者，将导利而布之上下者也，使神人百物无不得极，犹日怵惕，惧怨之来也。故《颂》曰："思文后稷，克配彼天。立我蒸民，莫匪尔极。"《大雅》曰"陈锡载周"，是不布利而惧难乎？故能载周以至于今。今王学专利，其可乎？匹夫专利，犹谓之盗；王而行之，其归鲜矣。荣公若用，周必败也。①

芮良夫，史称芮伯，可知其在周朝的政治地位。周大夫芮良夫谏厉王，《今本竹书纪年》曾说："厉王八年，芮良夫戒百官于朝。"可见芮良夫所谏政治原则之重要。王者不专利，即不与民争利也；而布之上下，即王德之所在也。故《逸周书》记述此事，把反对专利、布利于天下看作是王德之所在，"子惟民父母，致厥道，无远不服；无道，左右臣妾乃违，

---

① 《国语·周语上》，另见《史记·周本纪》。

民归于德。'德则民戴，否则民仇'。兹言允效于前不远：商纣不道，夏桀之虐，肆我有家。呜呼！尔天子嗣文、武业，惟尔执政小子，同先王之臣，昏行口顾，道王不若；专利作威，佐乱进祸，民将弗堪"①；"百物之所生，天地之所载"，乃天德所在；王者不能导利，布利于天下，而是与民争利，岂是行天德王道者？匹夫专利，犹谓之盗；而今王者与民争利，专利为己，岂不是盗天下之财为己有乎？此乃芮良夫以民本思想说与厉王者也。

凡不修德于天下，贪图物欲的王朝，必夺民财，竭地利，最后走向暴虐与腐败堕落：厉王暴虐以卫巫监谤，告则杀之。召公以民主精神谏厉王说："民不堪命矣！"以"防民之口，甚于防水，水壅而溃，伤人必多"警告之。厉王不听，最后导致人民的反叛，使其流于彘。这一点，上一章已经讲到。而厉王的腐败堕落、夺民财、竭地利，则造成环境破坏、生态失衡，发展到周幽王二年（公元前780年）时，最终造成镐京大地震的发生。周大夫伯阳甫对此警告说：

> 周将亡矣。夫天地之气，不失其序。若过其序，民乱之也。阳伏而不能出，阴迫而不能蒸，于是有地震。今三川实震，是阳失其所而填阴也。阳失而在阴，原必塞。原塞，国必亡。夫水土演而民用也。土无所演，民乏财用，不亡何待。昔伊、洛竭而夏亡，河竭而商亡。今周德若二代之季矣，其川原又塞，塞必竭。夫国必依山川，山崩川竭，亡国之征也。川竭必山崩。若国亡不过十年，数之纪也。天之所弃，不过其纪。②

伯阳甫，《国语·周语上》"甫"字，写作"父"。伯阳甫以"阳伏而不能出，阴迫而不能蒸"，解释地震发生的原因，固然是自然知识的，然他对造成天地阴阳失序的解释，则是人文的，即周朝的过失所造成的水土流失，导致"原塞川竭"，以致"川竭山崩"。《史记集解》引韦昭语说："水土气通为演。演犹润也。演则生物，民得用之。"伯阳甫所说"土无所演"，就是指水土流失，造成生机破坏，故曰"民乏财用"。国家民族失去生机，"不亡何待"？这就是伯阳甫所提出的政治警告！并举出"昔伊、洛

---

① 《逸周书·芮良夫》。

② 《国语·周语上》，另见《史记·周本纪》。

竭而夏亡，河竭而商亡"为证，可知问题的严重性。这是伯阳甫对镐京地区大地震所作的自然哲学思考，也是其文化哲学思考。

从芮良夫、召公到伯阳甫之谏，不仅可以看出天德王道理想仍是当时的主流文化意识，而且它也透露出一种人本精神的巨大觉醒！这种觉醒，发展到春秋早期，就是季梁、史嚚两位明哲降低神性形而上学的地位，提升人的主体性，使人成为社会历史的主体性存在。这就是季梁的"民，神之主"说和史嚚的"国将兴，听于民"之论。

季梁是春秋初年随国大夫。据鲁桓公六年（公元前706年）记载，楚国进攻随国，季梁为阻止随国少师追击伪诈的楚军，向随君进御楚之策，讲述了这样一个道理：

> 季梁止之曰："天方授楚，楚之嬴，其诱我也，君何急焉？臣闻小之能敌大也，小道大淫。所谓道，忠于民而信于神也。上思利民，忠也；祝史正辞，信也。今民馁而君逞欲，祝史矫举以祭，臣不知其可也。"公曰："吾牲牷肥腯，粢盛丰备，何则不信？"对曰："夫民，神之主也。是以圣王先成民而后致力于神。故奉牲以告曰'博硕肥腯'。谓民力之普存也，谓其畜之硕大蕃滋也……故务其三时，修其五教，亲其九族，以致其禋祀。于是乎民和而神降之福，故动则有成。今民各有心，而鬼神乏主，君虽独丰，其何福之有？君姑修政，而亲兄弟之国，庶免于难。"随侯惧而修政，楚不敢伐。①

"民，神之主也。"这在上古文化哲学上，可以说是一次神性形而上学的革命，第一次把人的地位提升为神的主体性存在，使神依人的存在而存在，依照民之如何而存在："民和而神降之福，动则有成；今民各有心，而鬼神乏主，君虽独丰，其何福之有？"提升人的地位、民的地位，在政治哲学上，就是把人民放到历史的主体性地位，使有国有天下者"先成民而后致力于神"。这种哲学发展到史嚚，就是"国将兴，听于民"的论述。

史嚚是春秋时虢国史官。据《左传》记载，鲁庄公三十二年（公元前662年），有神降于莘，虢公向神献祭，求神赐之田土。东周内史过批评说："虢必亡矣，虐而听于神。"史嚚则以"国将兴，听于民"，说与虢公：

---

① 《左传》桓公6年。

> 秋，七月，有神降于莘。惠王问诸内史过曰："是何故也？"对曰："国之将兴，明神降之，监德也；将亡，神又降之，观其恶也。故有得神以兴，亦有以亡，虞、夏、商、周皆有之。"王曰："若之何？"对曰："以其物享焉。其至之日，亦其物也。"王从之。
>
> 内史过往，闻虢请命，反曰："虢必亡矣。虐而听于神。"
>
> 神居莘六月。虢公使祝应、宗区、史嚚享焉。神赐之土田。史嚚曰："虢其亡乎！吾闻之：国将兴，听于民；将亡，听于神。神，聪明正直而一者也，依人而行。虢多凉德，其何土之能得？"①

如果说周内史讲"国之将兴，明神降之，监德也；将亡，神又降之，观其恶也"，还承认"皇矣上帝，临下有赫。监观四方，求民之莫"② 的历史地位的话，那么，史嚚讲"国将兴，听于民"，则完全将人的存在、民的存在置于了历史主体地位矣，即使讲神，承认神的存在，神也是"聪明正直"、"依人而行"的。它与季梁讲"民，神之主也"，在文化哲学精神上是完全一致的。此乃季梁、史嚚处春秋大变革之初，所开拓出的人本精神者也。它的主要特征，就是在文化历史领域以人的主体性取代神的主体性，以人的现实存在取代神性的形而上学存在。

如果说季梁讲"民，神之主也"，史嚚讲"国将兴，听于民"，承认神性的形而上学存在，从民与神的关系上讲人的主体性存在的话，那么，《左传》记刘康公讲"民受天地之中以生"，则是从天地自然法则上说明人的生命本质属性：

> 公及诸侯朝王，遂从刘康公、成肃公会晋侯伐秦。成子受脤于社，不敬。刘子曰："闻之：民受天地之中以生，所谓命也。是以有动作礼义威仪之则，以定命也。能者养之以之福，不能者败以取祸。是故君子勤礼，小人尽力。勤礼莫如致敬，尽力莫如敦笃。敬在养神，笃在守业。国之大事，在祀与戎。祀有执膰，戎有受脤，神之大节也。今成子惰，弃其命矣，其不反乎！"③

刘康公为周大夫，所讲"民受天地之中以生，所谓命也"，就是承认

---

① 《左传》庄公32年，另见《国语·周语上》。
② 《诗经·大雅·皇矣》。
③ 《左传》成公13年。

人的生命原于天地之中的,是由天地法则规定的;而讲"是以有动作礼义威仪之则,以定命也",则把人的自然生命与文化生命联系了起来,以规定人的生命本质。在刘康公看来,人只有"勤礼"、"致敬",以礼义威仪之则,贞正性命,才能避祸取福,成为历史生命的理性存在。这不仅较之《尚书》讲"惟皇上帝,降衷于下民,若有恒性"①,隐退了"上帝"的神性形而上学存在,也较之《诗经》讲"天生烝民,有物有则。民之秉彝,好是懿德"②,从后天礼义教化上,赋予人的生命以文化本质及存在的意义。

当季梁、史嚚、刘康公在文化哲学上论述人的本质与存在的意义时,管仲已于齐桓公元年(公元前684年)被任为相,修国政,开始推行社会改革了。管仲(?~公元前645年),名夷吾,春秋颍上人。司马迁《史记》说:"吾读管氏《牧民》、《山高》、《乘马》、《轻重》、《九府》及《晏子春秋》,详载其言之也。既见其著书,欲观其行事,故次其传。至其书世多有之。"③《管子》旧有389篇,现在的86篇,是刘向从"凡中外书564篇,校除重复的484篇"④,最后校雠而定的。它分为"经言、外言、内言、短语、区言、杂篇、管子解、管子轻重"八类。经言者,管子之言也;外言、内言与其他各篇,皆管子学派或后人记录、阐释管子的思想言行者也。今人多疑其书非管子所作,然司马迁所说《牧民》、《山高》、《乘马》、《轻重》、《九府》五篇,则是所见所读之书,是"见其著书",可"观其行事"的著作,是不能随便否定为管子所作的。《山高》即《形势》篇。刘向所定《管子》首篇《牧民》、《形势》、《权修》、《立政》、《乘马》五篇,均属今本《经言》,应视为管子所作。《九府》、《轻重》是论钱之府藏与钱之轻重的。刘向《别录》说"《九府》书民间无有",情况比较复杂,可暂时略而不论。但仅从属于经言的《牧民》所讲"政之所兴,在顺民心;政之所废,在逆民心。民恶忧劳,我佚乐之;民恶贫贱,我富贵之;民恶危坠,我存安之;民恶灭绝,我生育之",亦可看出其为政的人本精神所在。管子相齐桓公,一匡天下,九合诸侯,虽然

---

① 《尚书·汤诰》。
② 《诗经·大雅·烝民》。
③ 《史记·管晏列传》。
④ 刘向《〈管子〉校录序》,见《诸子集成》第5册。

讲究富国强兵、霸王之道，但其为政还是把人的存在放在首要，不失人本精神的；即使讲"国之四维"的仁义礼智之教，也是以人的生存为基础的，即"仓廪实则知礼节，衣食足则知荣辱"。此管子政治哲学之根本精神也。孔子说："微管仲，吾其被发而左衽矣。"① 此可知管仲为政对于孔子之巨大影响。但周道衰微，桓公既为贤主，管仲不能劝勉辅弼至于帝王，而自称霸主，孔子也是不满意的，故曰："管仲之器小哉！"②

从季梁、史嚚、刘康公到管子，一个重要的思想倾向，就是隐退神性形而上学，凸显人的存在及其主体性。这发展到子产，就是"天道远，人道迩"③的思想，就是将神的存在、精神的存在，给予形而下的解释。子产（？～公元前501年），一称公孙侨，出使晋国，晋人问郑国伯有死后是否为鬼神？子产回答说：

> 及子产适晋，赵景子问焉，曰："伯有犹能为鬼乎？"子产曰："能。人生始化曰魄，既生魄，阳曰魂。用物精多，则魂魄强，是以有精爽，至于神明。匹夫匹妇强死，其魂魄犹能冯依于人，以为淫厉。况良霄（即伯有），我先君穆之胄，子良之孙，子耳之子，敝邑之卿，从政三世矣。三世执其政柄，其用物也弘矣，其取精也多矣，其族又大，所冯厚矣，而强死，能为鬼，不亦宜乎！"④

在子产看来，天道非常遥远，而人道则近在咫尺，因而崇人道而退天道。他对鬼神所给形而下的解释，不仅是知识论的，而且是功德论的。这自然与他修"文德"的主张是联系在一起的。在子产看来，只是发展武力而不修德，是非常危险的，因为它将招来灭国之祸。故曰"小国无文德，而有武功，祸莫大焉"⑤。这也是定公6年，"郑火，公欲禳之"，子产所讲"不如修德"⑥的原因所在。子产虽对鬼神尚存在着某种崇拜，但不论其哲学思想，还是其政治态度，皆是宽厚人本的、充满人文精神的；特别

---

① 《论语·宪问》。
② 《论语·八佾》。
③ 《左传》昭公18年。
④ 《左传》昭公7年，另见《国语·晋语八》。
⑤ 《左传》襄公8年。
⑥ 《史记·郑世家》。

是对郑国乡校议"执政之善否政",所讲"其所善者,吾则行之。其所恶者,吾则改之。是吾师也,若之何毁之"①,更是充满民主精神的。子产在古代实在是一位难得的开明的政治家,惟其宽厚人本,鲁国南宫适"或问子产",孔子才答曰:"惠人也。"②

东周以后,自然知识发展很快。从周大夫伯阳甫以"阳伏而不能出,阴迫而不能蒸",解释地震的发生,到子产以"魄"与"魂"解释鬼神或精神的产生,全是建立在知识论基础上的。其他像周太史伯"以土与金木水火杂,以成百物",讲"和实生物,同则不继"③;秦国医和讲"天有六气,降生五味,发为五色,徵为五声,淫生六疾"④;晏子以羹汤为喻,说明"和"与"同"的差别⑤等,也是建立在知识论基础上的。自然知识的发展,虽然将形而上学的道体向下流行贯通,可以促使科学进步,然而它并不支持道体纯一的哲学本体论。因此,它也常常是降低精神发展,而不是将其提升为纯一的道体存在。故发展到春秋之后的晚周,中国文化哲学衰微的一个重要特征,就是纯一之道为天下裂。哲学的衰微,本体论上被肢解割裂,使国家民族失去最高精神支柱,才是周朝走向衰微的最终原因。

三 纯一之道为天下裂

周朝衰微及其道德的形而上学危机,原因固然是多方面造成的,如政治腐败堕落、权力异化以及齐、楚、秦、晋日益强大,天下由王权走向霸权,王道走向霸道等,但更为主要的原因,是圣人之学走向伯者之学,纯一之道为天下裂,使数百年周王朝的存在,失去了本体论根据与精神支撑。

中华民族以天为本,不是在"天"的自然意义上讲的,不是在物质宇宙或机械宇宙观意义上讲的,而是在宇宙万物本原、在天道义理上讲的,

---

① 《左传》襄公31年。
② 《论语·八佾》。
③ 《国语·郑语》。
④ 《左传》昭公元年。
⑤ 《左传》昭公25年。

而且是在纯粹天理或纯一之"道"上讲的。从伏羲仰观于天，俯察于地，观鸟兽之文与地之宜，凌空一笔，画作八卦，以类万物之情，以通神明之德，其为乾元之道，就成了中国的圣贤明哲正人道、教万民、化成天下的纯一之"道"或纯粹天理的存在。发展到唐虞三代，不论是虞夏讲"惟精惟一"，还是殷商讲"惟和惟一"，皆是各守其典，以承天休。唐虞三代的圣贤明哲，无论是尧、舜、禹，还是成汤、尹伊、文、武、周公，其为政也，皆无任何自私的功利目的，更没有现代西方的新教伦理资本主义那种以赚钱为最高目的的天职，一切皆不过是代天理民，皆不过"天工人其代之"①，而其最大天职，就是养民，养天下万民。故曰"德惟善政，政在养民"②；"民之所欲，天必从之"③。人伦者，天理也；礼者，天秩也；德者，得于天者也；法者，法于天也。故一切政治，皆以此为政；一切教育，皆以此为教；一切学术，皆以此为学。凡此种种，非通天道，达天德者，不能为也；非心怀纯粹天理，执纯一之道者，不能发为天下大用。天下万物虽繁，皆不过是乾道变化，保和太和，生化流衍，洪纤高下，出于天也；而天地运转，万物生化，鼓荡以气，神运无迹，万物各得其和以生，各得其养以成，不见其事而见其功，无非乾道至精至神的大功用！是故，当时的圣贤明哲，于学只是执此精一之道，所知只是知此纯粹天理。此即王阳明先生所说"圣人无所不知，只是知个天理；无所不能，只是能个天理"④者也。正是圣贤明哲于本体处明白，故时时心怀个纯粹天理，事事政执个纯一之道。

然而发展到晚周，虽然物的知识发展了，如《左传》讲"天有六气，曰：阴、阳、风、雨、晦、明也"⑤；《国语》讲"夫天地之气，阳伏而不能出，阴迫而不能，于是有地震"⑥；或讲"气无滞阴，亦无散阳，阴阳次序，风雨时至"⑦等，但这只是物的知识，只是阴阳之气变化的知识，

---

① 《尚书·皋陶谟》。
② 《尚书·大禹谟》。
③ 《尚书·泰誓上》。
④ 《传习录下》，《王阳明全集》卷3第96页。
⑤ 《左传》昭公元年。
⑥ 《国语·周语上》。
⑦ 《国语·周语下》。

而非物物而不物于物的知识，非形上精一之道、纯粹天理的知识。这些知识的发展，虽可用以析之物理，然并非备神明，醇天地，育万物，和天下，泽及百姓的知识，并非以天为宗，以德为本，以道为门，兆于变化，精于纯一的知识。万物生化，皆只是一个天理。"将心滞在知识上，故反以心为小"①。由于晚周讲物的知识离开了天理，离开了哲学本体论，离开了所以变化而凝成万物的大道本体，故其为学术，虽然繁多，皆不离功利之求！特别是齐、楚、秦、晋越来越强大，霸权逐渐代替王权，要求学术日益服务于霸权政治，因此，其为学，皆是伯者之学；其为术，皆是霸者之术。"战国虎争，驰说云涌，人持弄丸之辩，家挟飞钳之术，剧谈者以谲狂为宗，利口者以寓言为主，记载苏秦合纵，张仪连横，范雎反间相秦，鲁连解纷而全赵也"②，就是这样。当时的所谓学术，几乎全部流于追求功利目的！为此，求利禄，贪贵富，绝天性，亡真情，矫其情，伪其性，舍我逐物者，有之；禀性参辩，致高谈，纵危论，鼓动物性，固执是非，执守自论而以为学术者，有之；拔擢德性，消除仁义，深乖造化，违失本性，舍己效物，求之于分外，以其不正而正天下者，有之；得非其自得，知非其自知，舍己效人，得物丧我，以流俗伪情，而为圣人之学，通达圣迹者，有之；以纵逸之心，曲拳之行，消损淳素之道，浇薄仁义之行，澶漫淫逸之乐，摘僻浮华之礼，疑惑苍生，乱天之经，违物之情者，有之；而以小知小识，嚣嚣于天下，为了功利目的，独弦哀歌而卖声名者，更是比比皆是！当时所谓学者，所学乃为伯者之学，所知多是权谋之知，故其为人，多阴谋之术，功利之心！其纷纷藉藉，群起角立，虽万径千躁，莫知其根本所适，而仍欢跃跳踉，骋奇斗巧，献笑争妍者，皆不过逢迎时君世主，内济其私，以求其欲而已。而且没有人格，不坚持学术真理，一切唯时君世主之好是投。商君见秦孝公，说帝道不听，就改说王道；说王道不听，就改说霸道，就是最典型的事例。说霸道，孝公与语，"不自知郄之前于席"，以至于"语数日不厌"。此足见孝公之欲霸之心，亦见商鞅投其所好，不遗余力也。商鞅相秦十余年，虽以其身显名天下，然其为政，贪商人之富，失国之教，畜百姓之怨，及至孝公卒，终因积怨太深，最后不得不车裂而死。故司马迁评其人说："商君，其天资刻薄人

---

① 《河南程氏遗书》卷2上，《二程集》第22页。
② 刘知几著《史记札记》。

也。迹其欲干孝公以帝王术，挟持浮说，非其质矣。"① 从商君心性之浇薄，亦可知精神发展到晚周何其衰微也。

中国文化是本于天的，整个伦理、道德、宗教、礼仪、政治、法律及自然知识与人的性命之理，全部是原于天的，原于天道法则秩序的，得之谓德，宜之谓义，而且达到了纯一程度。特别是视天下为一家，视万物为一体的大道哲学，其为天道义理，无不是中和之德，无不是仁爱之心。德者，天德也；心者，天心也，仁爱之心也；知此者谓之良知；学此者，谓之良知之学。唐虞三代的圣哲，心之所感通者，只是纯一之道，只是纯粹天理。但是，发展到晚周，由于天下混乱，道德不一，其为学也，知觉为物所蔽，为感官材料所局限，多得一察焉以自好，而无作圣之功，因此，就走向了庄子所说的"道术为天下裂"：

> 天下大乱，贤圣不明，道德不一，天下多得一察焉以自好。譬如耳目鼻口，皆有所明，不能相通。犹百家众技也，皆有所长，时有所用。虽然，不该不遍，一曲之士也。判天地之美，析万物之理，察古人之全，寡能备于天地之美，称神明之容。是故内圣外王之道，暗而不明，郁而不发，天下之人各为其所欲焉，以自为方。悲夫，百家往而不反，必不合矣！后世之学者，不幸不见天地之纯，古人之大体，道术将为天下裂。②

纯一之道一旦裂为功利之学与权谋之术，不论是以小知小识嚣嚣于天下，还是为功利目的而逢迎时君世主，其实皆是离开天地纯一之道，离开三代的形上大道本体，离开道体大全之用，以浅薄的知识论而说于世人。因此，其为学也，皆是多得一察焉以自好，虽有所明，不能相通；虽有所长，时有所用，然皆不能"判天地之美，析万物之理，察古人之全。故内圣外王之道，暗而不明，郁而不发，天下之人各为其所欲焉，以自为方"。此即庄子所说"一曲之士也"。为学不见道体大全而流于权谋之术，故其所明者，非道也，术也。学术流于智谋权术，流于浅薄的功利之求，而天下之治，也就无根无本，崇尚功利目的而流于苟且了。天下之学，离开天地纯一之道，往而不反，愈来愈支离，愈来愈荒芜，发展到绝学丧道，异

---

① 《史记·商君列传》。
② 《庄子·天下篇》。

端邪说弥漫,也就使圣学淹没于秽芜之中了!

惟天地精一之道存,方有万物一体之德,其为仁爱之心,才能精神弥漫,志气通达,物我一体,无假乎外,无私乎己;而其为政也,才有仁民之心,养民之政,天下得其教,才能熙熙皞皞,亲如一家。惟此,天下农、工、商、贾,才能各务其业,各安其分,相生相养,而无攀比分外之心。此乃王道之政,立于纯一之道,同然之心者也。一旦弃此大道哲理,而以小知小识教天下,单纯追求功利目的与权谋之术,其治天下,既无仁民之心,亦无养民之政,一切欺天罔人,以猎取声名利益为务,那么,虽可苟一时之得,纯一之道废,同然之心不存,必陷天下于纷争与劫夺也。此乃治天下简易之理也,亦荀子所批评的"凡人之患,蔽于一曲而暗于大理"者也。"天下无二道,圣人无两心。今诸侯异政,百家异说,则必或是或非,或治或乱。乱国之君,乱家之人,此其诚心莫不求正而以自为也";能体道者,惟"虚一而静",方"谓之大清明";而达此境界,"万物莫形而不见,莫见而不论,莫论而失位。坐于室而见四海,处于今而论久远,疏观万物而知其情,参稽治乱而通其度,经纬天地而材官万物,制割大理,而宇宙里矣"①。里,即理也。这就是说,惟有精神上达"虚一而静"的"大清明"境界,天下万事万物才不能挠己,而己立后,才能担当得天下万物;惟此,才能"经纬天地而材官万物",大制不割,使宇宙万物真正得到治理,而不是靠东奔西跑获得那点具体的经验知识。此文化发展到晚周,道术为天下裂,精神衰微,所启示后人者也。

不管晚周道术怎样为天下裂,圣学怎样发展为功利之学与权谋之术,以及由此造成怎样的精神衰微,但晚周文化毕竟是继唐虞三代而来的,它不仅有唐虞"惟精惟一"的哲学基础,而且有夏商周三代的文化相继相续发展,不论学术渊源,还是文化积淀,都是非常深厚的;仅周朝八百年的文化积累,思想渊源之流长与学术根基之深厚,是任何朝代都无法相比的。惟此,它才能孕育出刘康公、子产、老子、孔子以及子思、孟子、庄子诸多圣贤明哲。没有深厚的文化土壤,没有夏商周三代的文化积淀,要想产生这样一大批文化哲学思想家,并把道德精神世界推向新的高峰,是不可能的。因此,研究晚周道术为天下裂,除了研究当时天下大乱、贤圣不明、道德不一外,还应该研究它的学术渊源与流变。这其中一个重要的

---

① 《荀子·解蔽篇》。

渊源与流变，就是王官失守，学术流于民间，造成诸子兴起。

四　王官失守与诸子兴起

中国唐虞及夏、商、周三代，学术上是政教合一的，其立教，不存在着个人学说，即使存在着某些圣贤明哲的学说见解，也是寓于政教之中的，如皋陶、伊尹、周公、太公等，基本上不以个人学说立教。晚周时期，随着周道术为天下裂，出现了一个奇异的文化现象，就是诸子并起，各标新帜，秉笔以抒情志，为文以造新识，造成了一个旷古未有的炳炳烺烺、蔚为大观的新局面。这个时期所产生的孔子、老子、墨子、庄子、列子及其他诸子百家之学，与印度《奥义书》和佛陀经典及怀疑主义、唯物主义、诡辩派和虚无主义派别，希腊诗人荷马及巴门尼德、赫拉克利特、柏拉图等哲学家同时，并且后来的"每一次新的飞跃都回顾这一时期，并被它重燃火焰"，而对它的苏醒、回忆或复兴，"总是提供新的动力"，因而被卡尔·雅斯贝斯称之为"轴心时期"，而在此之前的中华几千年文明与文化学术的发展，雅斯贝斯则称之为"中国土著文化"① 时期。不管有的人怎样崇拜雅氏这一论述，但都不能不说雅氏对中国文化发展的认识是无知的。这一点，我在本书第二章已经指出。

任何一个时代新思想的绚丽多彩与跌宕多姿，绝不是突兀而来，平地起骨堆的，而是既有产生它的特殊的社会历史条件，也有其深刻的文化渊源与名理相因的思想基础。这些新思想的产生与发展，虽通变无方，然若无名理相因之常，是决不能骋无穷之路，饮不竭之泉，创造出时代新声的。此即《文心雕龙》所说"虞歌《卿云》，则文于唐时；夏歌《雕墙》，缛于虞代；商、周篇什，丽于夏年"② 者也。晚周诸子思想之出现也是这样。若其不能"本乎道，师乎圣，体乎经，酌乎纬"，也是不能树德建言，出类拔萃，以成就学术思想大用的。此即《文心雕龙》所说文章之用，"详其本源，莫非经典"③ 者也。中国汉唐以后的思想家，虽然每每回忆、复兴晚周诸子的思想，从他们那里获得理论与思想，获得变革的哲学思维

---

① ［德］卡尔·雅斯贝斯著《历史的起源与目标》，第 8~13 页，华夏出版社 1989 年版。
② 《文心雕龙·通变篇》。
③ 《文心雕龙·序志篇》。

与精神力量，但他们更把自己的注意力集中于《诗》、《书》、《礼》、《乐》、《易》、《春秋》之《六经》，集中于《六经》的经世大法及礼教、官制、典章、文物所蕴涵的大道真脉及文化精神，然后沿道以垂文，披文以明道，总览纲纪，摄契精华，拓渠路，置新意，开出新局面；特别是贯通古今的《易》道哲学，《诗》、《书》皇极彝训，更是他们观天文之变，察人文之化，负气适变，出奇制胜的最高价值法则。故《六经》乃中国文化之源也；诸子百家之思想，不管看起来怎样千脉万派，乃中国文化之流也。中国五千年之文化精神史，惟《六经》为大道真脉与恒久鸿教也！舍《六经》的文化大根本、大源头，而讲诸子，乃舍本源而逐末流也。这一点，章学诚讲得比较清楚：

> 战国之文，其源皆出于六艺。何谓也？曰：道体无所不该，六艺足以尽之。诸子之为，其持之有故而言之成理者，必有得于道体之一端，而后乃能恣肆其说，以成一家之言也。所谓一端者，无非六艺之所该，故推之而皆得其所本，非谓诸子果能服六艺之教，而出辞必衷于是也。《老子》说本阴阳，《列》、《庄》寓言、假象，《易》教也。邹衍侈谈天地，关尹推衍五行，《书》教也。纵横辞命，出使专对，《诗》教也。管、商法制，义存政典，《礼》教也。申、韩刑名，旨归赏罚，《春秋》教也。其他杨、墨之言，孙、吴之术，辨其源委，挹其旨趣，九流之所分部，《七录》之所叙论，皆于物曲人官得其一致，而不自知为六典之遗也。①

《汉书》说："古之儒者，博学乎《六艺》之文。"颜师古注曰："《六艺》，谓《易》、《礼》、《乐》、《诗》、《书》、《春秋》。"②《六艺》亦即后来的《六经》。《艺文志》开篇，叙《六艺》，次及诸子百家，意在说明诸子百家源于《六艺》，源于上古之大道真脉与文化精神也。《周礼》讲《易》掌太卜，《书》藏外史，《礼》在宗伯，《乐》隶属司乐，《诗》领于太师，《春秋》存乎国史，就说明《六艺》的大道真脉与文化精神存于上古久矣。诸子源于《六艺》，亦即源于《六经》，源于古代大道文化精神也。这一点，并非始于班氏《汉志》也，司马迁《史记·十二诸侯年表

---

① 《文史通义·诗教上》。
② 《汉书·儒林传序》。

叙》，已经讲到。《汉志》讲诸子百家，云某家者流，盖出古者某官之掌，其流而为某氏之学，虽然较重辨迹，但较司马迁《十二诸侯年表叙》的"疏而理"的溯源，用章学诚的话说，则显得"密而舛"①；特别是它过分注重官掌作用，忽略文化发展的复杂性，因而关于如何看待诸子百家之源，也常常引出了不同看法。自从章学诚提出"六经皆史"②，龚自珍更谓"六经为周史之大宗，诸子为周史之支糵小宗"③；近人张尔田先生著《微史》，是专"为考镜六艺诸子学术流别而作"的，更提出"六艺皆史也，百家道术，六艺之支与流裔"④。陈钟凡先生作《诸子通谊》，从古代政教合一出发，认为"《六经》皆古之典礼，百家者礼教之支与流裔也"⑤；而尹桐阳先生讲"诸子渊源之皆出于史"，更认为"古代之官，惟巫与史，后世学术分歧更仆难数而理支循干，亦乃在巫与史二者而已。记人事曰史，事鬼神曰巫。古人重祭祀，敬鬼神，故史巫二职兼重于时"。后世史盛巫衰，而在古代则是无轻无轩的，"后世学派盈千累曼，咸从兹二者出焉"⑥。其实，这些都是从《周官》的不同重要地位提出问题的，古代之巫，后世亦是《周官》礼教之官职也。

诸子之学，虽源于《六经》，虽《六经》是源，子学是流，但这是从总体上讲的，是从大道真脉与根本精神上讲的，而若就《六经》与诸子关系之流变而言，则是比较复杂的：不仅经与子的存在是相对的，而且还存在着近人所说的"子中有经，经中亦有子"的诸多情况。《诗》、《书》、《易》、《礼》、《春秋》，孔子之前称为《六艺》，并不称为"经"；而曰"经"者，乃是《六艺》经过孔子的编纂删改后人所称也。若《汉志》所载，伊尹之书，属道家子学著作，然其所作《伊训》、《太甲》三篇、《咸有一德》编入《商书》（《肆命》、《徂后》二篇今亡），则为经矣。殷周之时如此，晚周子学著作也如此。《中庸》、《表记》、《坊记》、《缁衣》四篇，乃子思子之著作，子学之书也，收入《礼记》四十九篇之中，自然也

---

① 《校雠通义》卷3，《汉志诸子第十四》。
② 《文史通义·易教上》。
③ 《古史钩沉论二》。
④ 《微史》卷1《内篇·原史》，上海书店2006年版。
⑤ 《诸子通谊·原史通谊上》，商务印书馆1925年版。
⑥ 尹桐阳《诸子论略》卷1，北京民国大学1927年印行。

就成经书了。大而言之,虞夏之《书》,殷周之《诗》,文王之《易》,太公之《礼》,鲁太史之《春秋》,未经孔子编纂删改之前,亦不如子学之书乎?它们也只是经过孔子编纂删改而才成为经的,更不要说晚周诸子的一些篇章入《六经》存在着怎样复杂的社会群体参与过程了。因此,讲《六经》为源,子学为流,只能从大道真脉与根本精神上讲,不能过多注重《六经》所载知识、技艺与历史之迹。

但晚周诸子百家所以出现,也是有其特殊的社会历史条件的。那么,晚周诸子百家究竟是如何出现的呢?它究竟是怎样以《六经》为源头发展起来的呢?这就是晚周王官失守,造成文化管理机制解体,典藏流入民间。《史记》所说"周道废,秦拨去古文,焚灭诗书,故明堂石室金匮玉版图籍散乱"①,就是指这种情况。《书纬》所说"孔子得黄帝玄孙帝魁之书,至秦穆公为三千二百四十篇"② 云云,是否可靠,有待考证,但孔子之观周书,取虞夏商周之典,删其杂芜,留其善者为百篇,编而序之,而为《尚书》,以垂教立世,应是符合史实的。通过此事,亦可见晚周王室的明堂石室金匮玉版图籍流失之迹也。王室典藏图书流入民间,使神圣的贵族文化学术变成了为民间的世俗文化存在,其文化传播意义是空前未有的:它一方面是文化源头流入民间,不断地滋养扩充学术园地;另一方面,典藏流入私门,师失传授,虽可能游谈无根,支离大道,但更多的则如章学诚所说,乃是"推原古人宪典以定离合","推原前圣经传以折其是非"③,它也造成了新的学术发展,新的文化哲学思想的出现。晚周王官失守,文化管理机制解体,典藏流入民间,在中国文化发展史上是一件大事。它不仅表示中国上古文化由专有走向共享、由封闭走向开放,也是一次远古以来几千年文化积累能量的大释放,一次晚周文化创造力的大解放!没有这种文化积累能量的大释放与文化创造力的大解放,中国是不会出现晚周文化的繁荣景象的。过去,人们谈到晚周时期的百花齐放、百家

---

① 《史记·太史公自序》。

② 《尚书璇玑钤》说:孔子得黄帝玄孙帝魁之书,至秦穆公为三千二百四十篇,断远取近,定可以为世法者,百二十篇,其中一百〇二篇为《尚书》,十八篇为《中侯》。《史记·伯夷列传》司马贞索隐引《尚书纬》云:孔子得帝魁之《书》三千三百三十篇,删定一百篇为《尚书》,十八篇为《中侯》。

③ 《校雠通义》卷3,《汉志诸子第十四》,上海古籍出版社1956年版。

争鸣，多是注重宽松的政治环境与自由的竞争局面，而忽略王官失守、典藏流入民间所造成的文化积累能量的释放与文化创造力的解放。其实，后者才是晚周文化哲学大发展的本原力量与内在逻辑。

晚周诸子百家，依庄子《天下篇》，"百家往而不反"者，其实所论只有五家，加上庄子一家，也只六家，即（一）墨翟、禽滑厘；（二）宋钘、尹文；（三）彭蒙、田骈、慎到；（四）关尹、老聃；（五）庄周；（六）惠施。依《荀子·非十二子》，虽曰十二子，其实也只六家，即（一）它嚣、魏牟；（二）陈仲、史䲡；（三）墨翟、宋钘；（四）慎到、田骈；（五）惠施、邓析；（六）子思、孟轲。依《艺文志》，诸子百家虽多，主要不过儒家、道家、阴阳家、名家、墨家、纵横家、杂家、农家九家；而在文化哲学上，主要是儒道两家，战国诸子百家，皆不过是原始儒家、道家的演变与发展。

晚周诸子百家的出现及文化哲学的发展，并非是突然冒出来的，而是有其本原力量与内在逻辑的；它并非雅斯贝斯所说的"轴心时期"之前中国只是"土著文化"，而是有《六经》的大道真脉，有《六经》的经世大法及礼教、官制、典章、文物等所蕴含的道体精神。这个源头，就是班固所说的："儒家出于司徒之官；道家出于史官；阴阳家出于羲和之官；名家出于礼官；墨家出于清庙之守；纵横家出于行人之官；杂家出于议官；农家出于农稷之官；小说家出于稗官。"在他看来，"凡诸子百八十九家，四千三百二十四篇。诸子十家，其可观者九家而已。皆起于王道既微，诸侯力政，时君世主，好恶殊方，是以九家之术蜂出并作，各引一端，崇其所善，以此驰说，取合诸侯。其言虽殊，辟犹水火，相灭亦相生也。仁之与义，敬之与和，相反而皆相成也。《易》曰：'天下同归而殊途，一致而百虑。'今异家者各推所长，穷知究虑，以明其指，虽有蔽端，合其要归，亦《六经》之支与流裔"①。不管诸子百家怎样逢迎时君世主，取合诸侯，九家之出，各引一端，崇其所善，皆是有文化源头、有发端处的。

班固之说，乃是根据刘歆《七略》而来的。晚周后期，"仲尼没而微言绝，七十子丧而大义乖。《春秋》分为五，《诗》分为四，《易》有数家之传"。发展到战国纵横，真伪纷争，诸子之言纷然殽乱，盛极必衰，秦火一举，燔百家语，诸子之籍，荡然无存。汉兴，改秦之弊，大收篇籍，

---

① 《汉书·艺文志》。

广开献书之路，但是，礼坏乐崩，书残简脱，流失损坏极为严重。武帝时始有建藏书之策，置写书之官，下及诸子传说，皆充秘府。至成帝时，因为书散亡残破，遂使谒者陈农求遗书于天下，诏光禄大夫刘向校经传诸子诗赋，步兵校尉任宏校兵书，太史令尹咸校数术，侍医李柱国校方技。每一书校完已，刘向"辄条其篇目，撮其指意，录而奏之"。因其是附于本书的，故谓之《叙录》；汇集诸书叙录，别为一书，谓之《别录》。刘向卒，哀帝复使其子刘歆继承父业。刘歆于是总括群书，撮其旨要，而著《七略》。故《七略》者，即辑《六艺略》、《诸子略》、《诗赋略》、《兵书略》、《数术略》、《方技略》而为书也，故又称之为《辑略》。《七略》，实际上只有《六略》。班固《汉书·艺文志》，不过是"删其要，以备篇籍"① 而已。而讲诸子百家所出者，亦原于《诸子略》也。

  刘歆《七略》、班固《汉志》的学术价值，决不仅仅是目录学或校雠学的，更为重要的在于它的学术梳理与学脉流贯，在于它把诸子与上古文化源流联系起来总括群书，撮其旨要，指出了诸子的文化源头，指出了它与《六经》经世大法及礼教官制、典章制度的学术联系。这用章学诚谈及《汉志》的话说，就是它"辨章学术，考镜源流"的价值，"非深明于道术精微、群言得失之故者，不足与此"②。尽管《七略》在隋唐已失，但若不是《汉志》在，疑古学派不知要把上古文化历史推翻到何种地步、否定到何种地步呢！尽管有人欲借妄批刘歆《七略》伪造古籍，想推翻《汉书·艺文志》的可靠性，但《汉志》的存在，毕竟使疑古学派在许多学术著作的真伪上不敢轻易饶舌！也使后来有志于读天下之书，弄清上古学术渊源者，得一学问眉目，进取路径门户。

  汉代学术是比较注重师学传承关系的，所以学术皆有渊源，皆有所执着传信，而不像后世学术崇尚心悟、勇于臆断。因此，《汉志》所辨各家学术派别的追求与源流事迹，大体上是准确的。如说儒家出于司徒之官，因其助帝王顺阳阳，明教化，"游文于六经之中，留意于仁义之际，祖述尧、舜，宪章文、武"；道家出于史官，以其"历记成败存亡祸福古今之道"，故其"秉要执本，清虚以自守，卑弱以自持"，多"君人南面之术"；阴阳家出于羲和之官，"敬顺昊天，历象日月星辰，敬授民时"；墨

---

① 《汉书·艺文志》·序。
② 《校雠通义》序言。

家出于清庙之守,故其"茅屋采椽,是以贵俭;养三老五更,是以兼爱;选士大射,是以上贤;宗祀严父,是以右鬼;顺四时而行,是以非命;以孝视天下,是以上同"等等,辨其流别、学术追求及源头所出,大体是对的;即使指出其弊端,如儒家后进失却精微,随时抑扬,脱离道本;道家绝礼学,弃仁义,独任清虚以为治;阴阳家牵于禁忌,泥于小数,舍人事而任鬼神;墨家推兼爱之意,而不知别亲疏等,也是比较实事求是的。

虽然诸子的思想与所出之官守有某种文化联系,如儒家出于司徒之官,故"留意于仁义之际,祖述尧、舜,宪章文、武";道家出于史官,故其"秉要执本,清虚以自守";墨家出于清庙之守,故其尚鬼神等,但诸子所以为诸子,所以能构成晚周文化哲学的繁荣景象,构成麒麟出、凤鸟翔的局面,并不仅仅在于他们因循所出官守的文化渊源,而在于他们的创造性思维,在于这种创造性思维出于心之灵性。当其指陈奥义,独抒灵性,浩浩不息,开创新理时,就造成了精神的逸出。

五 创造性思维与精神逸出

精神虽然是形而上的存在,是超有机体,然而它的产生与发展,却是植根于活生生的现实土壤中的,是随着中华民族文化的生活与生命发展而发展的;中国文化精神五千多年的发展,虽然以其内在价值融会,逐渐构成一个精神连续体,一种超越性的精神体系,但每一个时期都是运动变化的,表现为不同的精神形态,不断显示为本源、中正、逸出的不同阶段及其周期性的存在。如果我们放大历史尺度,把中国五千多年文化精神的发展,按照文化生命的本源、中正、逸出的不同周期划分历史阶段,那么,中国文化生命精神的浩荡不息、跌宕起伏,其逸出大体经过三代以后的晚周时期、两汉之后的魏晋南北朝与宋明之后的晚明时期。这就是说,中国的文化精神,发端乎伏羲,积蓄于炎黄,大备于唐虞,经过夏、商、周三代的持续发展,经过周文化"郁郁乎文哉"的刚健中正文明阶段,发展到晚周,已进入精神的逸出时期。这是中国文化精神的第一次逸出。这种逸出,既是文化精神的跌宕逸丽的发展,亦是其回归纯粹的中正本源的前逻辑阶段。因此,研究晚周中国文化精神的第一次逸出,对于精神史的撰写是极为重要的。

任何文化精神的发展,按理说都应该是和当时的社会政治需要与文化历史情势联系在一起的。但是,晚周时期,时君世主的社会政治需要与当时整个文化历史情势的发展需要却是相悖的。晚周,那个纷然敖然、混乱不一的时代,那个充满政治腐败、人性堕落的时代,应该说真正需要的是大哲学、大哲理,是能够为人类生存重新提供普遍的价值法则与价值取向的哲学,提供庄严神圣的道德理想与精神世界的哲学,然而那时的时君世主所需要的不是这种哲学,不是解天下之倒悬的根本理论与哲学思想,而是富强之说、功利之求、倾诈之谋、攻伐之计,是能够满足其称霸野心和富贵之求的功利之学,而一切圣人之学,一切正人心之大端的哲理,及提供大哲学、大理论的学说,都是不需要的。当时的时君世主,内心所想,外在所求者,只是怎样富强起来,怎样称霸于天下,其他一切皆不想,皆顾不得考虑!惟此,当时才会出现商君挟持浮说,以投时君世主之好的一类人物,产生"人持弄丸之辩,家挟飞钳之术,剧谈者以谲狂为宗,利口者以寓言为主","苏秦合纵,张仪连横,范雎反间相秦,鲁连解纷而全赵"的功利之学、谋略之术。这自然造成王阳明先生说的"王道息而霸术盛,圣学晦而邪说横"① 的情势。在这种情势下,当时这个学,那个学,看似纷纷藉藉,争奇斗巧,皆不过苟一时之得,谋一时之用而已;那些投机者所搬弄的种种所谓学说,不过是窃取貌似圣人之学者欺天罔人而已,目的在于讨君主之好,以逐私欲之满足。时君世主昏迷不知,一曲之士颠倒其说,世人不知其支离虚妄荒谬处,沛然宗之,于是富强之说、功利之求、倾诈之谋、攻伐之计流行于世,成了最为时髦的东西。世人皆以此为知识,为学问,为高明理论,为最好主义,相争以利,相倾以势,相高以技,争夺功名利禄声誉!于是天下耳目眩瞀,精神恍惚,莫知其终,莫知其所是矣!

这种功利之求、霸王之术,自然是谈不上精神的,因为精神的存在是超越功利目的的。但它也从反面激发了精神的发展,那就是晚周诸子超越自我功名利禄之求的哲学创造性发展。晚周诸子,虽然皆出于官守,但他们多不是冬烘,不是抱残守缺者,而是独立思考的思想家,独抒灵性的精神哲学家。他们的学说,虽不能"判天地之美,析万物之理,察古人之全",有点"杂",有点"偏颇",其为思想追求,甚至有点庄子说的"往而不反",但他们作为抚时骋怀的思想家,作为陶铸古今的精神哲学家,

---

① 《传习录中》,《王阳明全集》卷 2 第 55 页,上海古籍出版社 1992 年版。

大多是意志激扬、胸臆炯然、思想宽宏的，他们的学说，多是独抒心意、生机勃然、活活泼泼地进行创造性思维的。因此，他们的创造性思维，他们的独特思想与创造精神，不仅造就了一种斑驳陆离的文化气象，也构成了一个思想缤纷、道光霞陂的时代。

晚周诸子之思想，虽然并不都是非常纯粹的，但他们也不是皆如商君见秦孝公那样，说帝道不听，就说讲王道；说王道不听，就改说霸道，一切唯时君世主之好是投的。不是的。晚周诸子大多是根于心性而为学，从自己心性出发，述其情，显其志，用才情建立自己的学说与道德精神世界。因此，他们更显得有情趣、有韵味、有格调、有远志，有独立的政治见解与卓绝的道德精神。孔子并不仅仅是奔走各国的政治理想宣传者，更是暮春时，"春服既成，冠者五六人，童子六七人，浴乎沂，风乎舞雩，咏而归"①的赞叹者；老子的归根、复命、知常以及"常德不离，复归于婴儿"②，亦可见圣人纯乎情性之所在。至于孟子见梁惠王只讲仁义而不言利；庄子不为楚威王之请，宁愿在泥窝里打滚，也不愿去当官，卿相尊位、千金重利，丝毫不为之所动，更知其为非功利之求者！那是一个有才情的时代，一个贯之以气、统之于性的时代，凡以自己的学说见天下者，莫不情动而为言，理发而为文，用刘勰的话说，就是"吐纳英华，莫非情性"③。

因此，晚周诸子并不皆是从功利目的出发而为学的；恰恰相反，他们中的许多人是抛却自我、抛却自我狭隘自私的功利目的，讲超越性的道德精神，将其为学目的的。老子讲"以其不自生，故能长生"；讲"圣人后其身而身先，外其身而身存"；讲"吾所以有大患者，为吾有身，及吾无身，吾有何患"；"贵以身为天下，若可寄天下；爱以身为天下，若可托天下"④；孔子讲"毋意，毋必，毋固，毋我"⑤；讲"君子无所争"⑥；讲"贤哉回也！一箪食，一瓢饮，在陋巷，人不堪其忧，回也不改其乐。贤

---

① 《论语·先进》。
② 《老子》第16、28章。
③ 《文心雕龙·体性篇》。
④ 《老子》第7、13章。
⑤ 《论语·子罕》。
⑥ 《论语·八佾》。

哉回也"①；以及孟子讲"四十不动心"；讲"我善养吾浩然之气"②；庄子讲"吾丧我"③；讲"至人无己，神人无功，圣人无名"④；讲"真人，不逆寡，不雄成，不谟士"⑤；讲"德人者，居无思，行无虑，不藏是非美恶"⑥；墨子讲"虽辩必不听"，"虽劳必不图"，"善无主于心者不留，行莫辩于身者不立"⑦ 等等，皆非以浅薄的功利之求、是非之争而为其学术、为天下之务的。不论是孔、孟，还是老、庄，抑或墨子，皆是超越自我、超越自我狭隘自私的功利目的而为学的。他们有才情，有学识，有远志，有谋略，他们洞晓情变，懂得为学"通变趋时"、"唯变所适"的道理，知道"生乎今之世，返古之道"是非常愚蠢的事情，因此，他们博学多识，陶铸古今，"凭情以会通，负气以适变"⑧，勃然而发，蔚然成风，文明以健，遂成一代诸家盛学！他们以自己的学术创造了那个时代，也发展了那个时代的精神！

　　从哲学本体论上讲，虽然精神逸出是相对于精神发展的本原与中正阶段而言的，是在相对离开本原与中正阶段发展为跌宕而出的阶段意义上讲的，但若就中国文化精神五千年的赓续绵延而言，则从来没有完全脱离本原、脱离根本的精神逸出，尽管它的精神解放也有发展为精神虚脱的时候。晚周的精神逸出也是这样。晚周诸家学说，无疑是沿着自己独特的道路创造性地向前发展的，然其存在发展而言，则既是沿波讨源，不失根本，又极富灵性之变，充满自家风味的。正如道家接续神农、黄帝的生机哲学为其根脉一样，儒家也是"祖述尧舜，宪章文武"为其学说大端的。其他各家，像墨家崇尚禹道，阴阳家根于《易》道等，也是各有根源的。这种既陶冶经典，又假于灵性的创造性哲学思维，用刘勰的话说，就是

---

①　《论语·雍也》。
②　《孟子·公孙丑上》。
③　《庄子·齐物论》。
④　《庄子·逍遥游》。
⑤　《庄子·大宗师》。
⑥　《庄子·天地篇》。
⑦　《墨子·修身》。
⑧　《文心雕龙·通变篇》。

"沿根讨叶，思转自圆"①。这种创造性思维，这种旨趣各异的发展，造就了晚周各家的理论学说，造就了他们的哲学精神发展，也造成了晚周文化精神的逸出。

晚周是一个混乱动荡的时代，也是一个灵性萌动的时代，是一个宗经述圣的时代，也是一个思想纷纭、狂飙突进的时代。这个时代的思想家、精神哲学家，大多思想上生机勃然，精神上宽洪博大：他们胸怀坦坦荡荡，述情析辞，意气豪爽，然又学出多门，各适所好，常常偏执一端；他们熔铸经典之旨，感知风雅之源，又跨越旧规，驰骋新苑，尚奇辞，昭新意；他们思慕经典，昭显情志，多源乎风雅，然其意气爽，文风生，骛新获巧，亦多败危。晚周诸子文化哲学精神的逸出正是这样造成的。

班固《艺文志》将诸子百家归结为儒家、道家、阴阳家、名家、墨家、从横家、杂家、农家九家；而在此之前，太史公曾将其归为阴阳、儒、墨、名、法、道德六家，并论其要旨及其学术短长曰：

> 易大传："天下一致而百虑，同归而殊途。"夫阴阳、儒、墨、名、法、道德，此务为治者也，直所从言之异路，有省不省耳。尝窃观阴阳之术，大祥而众忌讳，使人拘而多所畏；然其序四时之大顺，不可失也。儒者博而寡要，劳而少功，是以其事难尽从；然其序君臣父子之礼，列夫妇长幼之别，不可易也。墨者俭而难遵，是以其事不可遍循；然其彊本节用，不可废也。法家严而少恩；然其正君臣上下之分，不可改矣。名家使人俭而善失真；然其正名实，不可不察也。道家使人精神专一，动合无形，赡足万物。其为术也，因阴阳之大顺，采儒墨之善，撮名法之要，与时迁移，应物变化，立俗施事，无所不宜，指约而易操，事少而功多。儒者则不然。以为人主天下之仪表也，主倡而臣和，主先而臣随。如此则主劳而臣逸。至于大道之要，去健羡，绌聪明，释此而任术。夫神大用则竭，形大劳则敝。形神骚动，欲与天地长久，非所闻也。

并进一步解释说：

> 夫阴阳四时、八位、十二度、二十四节各有教令，顺之者昌，逆之者不死则亡，未必然也，故曰"使人拘而多畏"。夫春生夏长，秋

---

① 《文心雕龙·体性篇》。

收冬藏，此天道之大经也，弗顺则无以为天下纲纪，故曰"四时之大顺，不可失也"。

夫儒者以六艺为法。六艺经传以千万数，累世不能通其学，当年不能究其礼，故曰"博而寡要，劳而少功"。若夫列君臣父子之礼，序夫妇长幼之别，虽百家弗能易也。

墨者亦尚尧舜道，言其德行曰："堂高三尺，土阶三等，茅茨不翦，采椽不刮。食土簋，啜土刑，粝粱之食，藜藿之羹。夏日葛衣，冬日鹿裘。"其送死，桐棺三寸，举音不尽其哀。教丧礼，必以此为万民之率。使天下法若此，则尊卑无别也。夫世异时移，事业不必同，故曰"俭而难遵"。要曰彊本节用，则人给家足之道也。此墨子之所长，虽百家弗能废也。

法家不别亲疏，不殊贵贱，一断于法，则亲亲尊尊之恩绝矣。可以行一时之计，而不可长用也，故曰"严而少恩"。若尊主卑臣，明分职不得相逾越，虽百家弗能改也。

名家苛察缴绕，使人不得反其意，专决于名而失人情，故曰"使人俭而善失真"。若夫控名责实，参伍不失，此不可不察也。

道家无为，又曰无不为，其实易行，其辞难知。其术以虚无为本，以因循为用。无成埶，无常形，故能究万物之情。不为物先，不为物后，故能为万物主。有法无法，因时为业；有度无度，因物与合。故曰"圣人不朽，时变是守。虚者道之常也，因者君之纲"也。群臣并至，使各自明也。其实中其声者谓之端，实不中其声者谓之窾。窾言不听，奸乃不生，贤不肖自分，白黑乃形。在所欲用耳，何事不成。乃合大道，混混冥冥。光燿天下，复返无名。凡人所生者神也，所讬者形也。神大用则竭，形大劳则敝，形神离则死。死者不可复生，离者不可复返，故圣人重之。由是观之，神者生之本也，形者生之具也。不先定其神形，而曰"我有以治天下"，何由哉？①

六家要旨，所长者，如阴阳家"序四时之大顺"，儒家"序君臣父子之礼，列夫妇长幼之别"，墨家"彊本节用"，法家"正君臣上下之分"，名家"正名实"，道家"使人精神专一，动合无形，赡足万物"，皆是未

---

① 《史记·太史公自序》。

离中国文化根本精神者也;所短者,如阴阳家之术"大祥而众忌讳,使人拘而多所畏",儒家"博而寡要,劳而少功",墨家"俭而难遵,是以其事不可遍循",法家"严而少恩",名家"使人俭而善失真"等,皆是离本伤实、脱离中国文化根本精神而逸出者也。太史公处黄老之学盛行之时,认为道家之术"因阴阳之大顺,采儒墨之善,撮名法之要,与时迁移,应物变化,立俗施事,无所不宜,指约而易操,事少而功多";而班固认为,儒家"游文于六经之中,留意于仁义之际,祖述尧舜,宪章文武,宗师仲尼,以重其言,于道最为高"[1],故讥讽司马迁述其父之言为"论大道则先黄老而后六经"[2],其实,子长所引、孟坚所论,不过立于不同学术观点、价值判断不同而已;而若就诸子文化精神的逸出而言,则儒道各有长短,亦各有精神逸出者。

晚周诸子于应感之会,通塞之纪,意气风发,杼轴于怀,以创造性思维开拓了那个时代的学术时空,然其哲学思维上的达变识次,往塞来连,谬失玄黄之序,亦造成了文化精神之逸出。这种逸出属于哲学精神上的浮泛,亦是属于文化发展上的质文代变。孔子所讲"虞夏之质,殷周之文至矣。虞夏之文不胜其质;殷周之质不胜其文"[3],就是指的这种变化。中国文化发端乎伏羲,积蓄于炎黄,大备于唐虞,虞夏之际已盛矣,它具有了自己本质的规定性,然其文尚不足以表达其质;然及至发展到殷周,"郁郁乎文哉"的文化发展,已经淹没它的本质了;它发展到晚周诸子之学,虽有精微明畅的一面,然其浮躁,其谲诳,也就造成了芜杂丛生、"质不胜其文"的局面。这种"质不胜其文",这种精神的逸出,从文化本身发展的逻辑上讲,要求回归其本质存在也是合理的。这样,发展到秦朝,文化上以强力摈除浮泛、裁剪芜秽的做法,也就变得可以理解了,尽管这种强力做法摧残文化发展,是极为要不得的。中国文化经秦强力摈除浮泛、裁剪芜秽的做法之后,到两汉则进入了另一次本源的蓄养、积累与精神发展的周期了。讲述文化精神另一次周期性发展,是《中国精神通史》第二卷的任务,此不多叙。

晚周诸子的创造性思维,虽然造成了文化精神的逸出,然"天下一致

---

[1] 《汉书·艺文志》。

[2] 《汉书·司马迁传赞》。

[3] 《礼记·表记》。

而百虑,同归而殊途",其为精神逸出,并没有完全脱离中国文化的根本;相反,王官失守,诸子百家兴起,在中国精神史上则造成了一次华夏民族文化意识的空前觉醒与理性自觉。在此之前,图书藏于帝王之家,民间无有接触的机会,无法共享这些文化,是谈不上国家民族文化意识的自觉的,它最多也只是少数上层王公士大夫的文化意识。王官失守,诸子百家兴起,不仅表示文化的群体参与扩大深入了,也显示华夏民族文化意识的一次普遍觉醒。这是中国上古以来文化发展从来没有过的。这种觉醒,一方面表现为天道性命之理的加强;另一方面则是诸子百家天下之学的自觉。

六 天道性命之理的意识

人从哪里来,又到哪里去?一直是哲学的根本问题。它不仅涉及哲学本体论,也涉及人的性命之理。一个国家民族文化的意识觉醒与理性自觉,就在于它脱离原始蒙昧的意识,从文化哲学上意识到自己生命的源头,意识到自己从哪里来,又到何处去,而不是懵懵懂懂地过日子,或者陷入蒙昧的信仰信念。中国文化发展到晚周,在它走向精神逸出时,却是伴随着生命意识的觉醒与理性自觉的。

中国上古文化,虽然也有类似上帝造人的神话,如盘古垂死化身为人与女娲造人之说,但它并没有像西方那样将此类神话提升为宗教哲学的本体论存在,而是随着文化的发展隐退了上帝类神性的形而上学存在,而是走向了天道法则的性命之理的思考,即使神话存在也未离开这种思考,如讲盘古垂死化身为人,首先讲"元气濛鸿,萌芽兹始,遂分天地,肇立乾坤,启阳感阴,分布元气,乃孕中和,是为人也"①;讲女娲造人"所以七十化",首先讲"黄帝生阴阳,上骈生耳目,桑林生臂手"② 等,都是从天道法则讲起的。在中国古代神话中,"黄帝"即皇天上帝,即上天皥皥光明的存在。它既是皇皇光明的天道法则,亦是祖先所出神的所在。《国语》讲"有虞氏禘黄帝而祖颛顼,郊尧而宗舜;夏后氏禘黄帝而祖颛

---

① 《绎史》卷1引《五运历年纪》。
② 《淮南子·说林篇》。

项，郊鲧而宗禹"①；或《礼记》讲"有虞氏禘黄帝而郊喾，祖颛顼而宗尧；夏后氏禘黄帝而郊鲧，祖颛顼而宗禹"②，这里所说的"黄帝"，并非仅指历史上的轩辕氏祖先，更是指皇天上帝的祖先所出神的存在。此即《礼记》所说"王者禘其祖之所出，以其祖配之"③。禘郊上帝，以祖配之。所禘者，即祖先所出神也；所配者，祖先神也。是故，郑玄注此曰："禘，大祭也。始祖感天神灵而生。祭天则以祖配之。"孔氏注《尚书》"惟皇上帝，降衷于下民，若有恒性"句，曰"皇，大也；帝，天也"④，亦是以"惟皇上帝"为天道本体存在的。万物本乎天，人本乎祖，郊祭天以祖配之，乃"大报本始"⑤ 之义也。凡此用来说明人从哪里来，虽然较之仅仅以上帝造人之说明要理性得多，但它在《诗》、《书》中，在郊祭之礼中，"皇矣上帝"或"昊昊上帝"的存在，仍有神性形而上学性质。

但随着文化的发展，经过虞夏、殷周的质文代变，特别是经过殷周之际的"演德"之学，发展为晚周诸子，可以说经历了一次真正的文化意识觉醒。这次文化觉醒，虽然仍有人崇尚鬼神，如墨子，但在诸子道体哲学的本体论中，则隐退了"皇天上帝"的一切神性形而上学存在，使之成了生命之源，成了性命之理的存在。不仅道家老子把"道"看作象"帝"之先⑥，庄子把"道"看作"自本自根，未有天地，自古以固存"⑦ 的存在，儒家孔子也把本来属于筮书的《周易》，变成了一部可领悟性命之理的大道哲学；即使墨子在宗教信仰上崇拜鬼神，而其在哲学本体论上，也是法于天的。这是一次真正意义上的文化意识觉醒，一种哲学本体论上的普遍自觉。它集中到一点，就是加强了对天道性命之理的意识。

天道性命之理的意识，就是意识到人的生命源于天道法则，人以天道法则为自我性命之理。儒家讲"大哉乾元，万物资始，乃统天。云行雨施，品物流形。大明终始，六位时成。时乘六龙以御天。乾道变化，各正

---

① 《国语·鲁语》。
② 《礼记·祭法》。
③ 《礼记·丧服小记》。
④ 《尚书·汤诰》孔氏传。
⑤ 《礼记·郊特性》。
⑥ 《老子》第4章。
⑦ 《庄子·大宗师》。

性命。保合大和，乃利贞。首出庶物，万国咸宁"①；道家讲"道生一。一生二。二生三。三生万物"；讲"谷神不死是谓玄牝。玄牝之门是谓天地根。绵绵若存，用之不勤"；讲"致虚极，守静笃。万物并作，吾以观复。夫物芸芸，各复归其根。归根曰静，是谓复命；复命曰常，知常曰明。不知常，妄作凶。知常容，容乃公，公乃全，全乃天，天乃道，道乃久，没身不殆"②，以及墨家讲"总天下之义，以尚同于天"③等，就是以天道法则为人的生命本源与性命之理的。在儒家看来，人与万物一样，皆是生于天的，是以乾元大道为其生命本原的。因此，人的生存就应该适应天道的变化，惟此，才是正性命之理。而道家则认为，道是生化万物者；谷神不死，即是天地之根，即是天地间绵绵若存的永恒存在；人只有"致虚极，守静笃"，从"万物并作"中，观其归复处。"夫物芸芸，各复归其根"处，就是人生存的根本，就是人生存活动的常道与归根处；人只有知此常道，知此根本处，获得"乃公、乃全、乃天、乃道"的存在，懂得"归根"、"复命"的道理，静中蓄养，与之保持一致，才是"深根固柢，长生久视之道"，才能乃全、乃天、乃道，没身不殆。而墨家则认为，天是"莫若法天。天之行广而无私，其施厚而不德，其明久而不衰"的存在，惟有"以天为法，动作有为必度于天，天之所欲则为之，天所不欲则止"，才能"相爱相利"而不"相恶相贼"，过一种自觉理性的生活。凡此，皆是对天道性命之理的意识，是由皇天上帝的神性形而上学向道体形而上学的一次巨大进步与转换。

晚周时期，虽然《诗》、《书》中仍然保留着"皇矣上帝"、"昊天上帝"或"惟皇上帝"一类的说法，但它只是皞旰光明的上天存在，而非生化一切、创造一切的存在了。生化一切、创造一切的是"道"，是形而上学的大道本体，而非"皇矣上帝"、"昊天上帝"或"惟皇上帝"。惟此，老子才说"道"象"帝"之先，庄子才说"自古固存"的"道"生"神鬼神帝"。孔子讲"获罪于天，无所祷也"④，而"不语怪力乱神"⑤之

---

① 《周易·象上传》。
② 《老子》第6、16、42章。
③ 《墨子·尚同下》。
④ 《论语·八佾》。
⑤ 《论语·述而》。

事，或"敬鬼神而远之，可谓知矣"①，也是这种本体论上的自觉。虽然他也讲鬼神存在，但那只是"道"的阴阳不测者，只是妙万物而言之，并非在鬼神一类的神性形而上学上讲的；即使礼教祭祀承认"神"的存在，那也是"祭神若神在"，表示对祖先神的诚敬，而非逆天理而言之也。凡此，亦可知晚周诸子天道性命之理的自觉也。

自然，由于诸子对天道本体的体验领悟不同，他们所追求的性命之理或人生哲学也是不同的。儒家虽然也羡慕浴沂舞雩的纯真人生，但由于他们对天道本体的理解领悟，是立于《周易》《乾》卦"元、亨、利、贞"德性上的，因此，其为性命之理，则追求一种刚健、中正、仁义、和平的人生，过一种仁义礼智的生活。惟此，才符合"元者，善之长也；亨者，嘉之会也；利者，义之和也；贞者，事之干也"的原理，才是"君子体仁长人，嘉会合礼，利物和义，贞固干事"② 的四德。道家则是从"人法地，地法天，天法道，道法自然"③ 出发，理解天道本体，以自然无为为其最高本体存在的，故他们反对用智，反对用屈折礼乐、响俞仁义一类的社会文化，钩绳规矩、胶漆缥索，侵削先天自然本性，追求一种自然素朴的生活。而墨家是从"天志"理解天道本体的，故其虽讲究知识论、逻辑学，但更发展出一种新的宗教神学，以为人的性命之理。其他如阴阳家以春生夏长、秋收冬藏为天道之大经，教人顺四时之变，以为天下纲纪；农家以天养万民为道，故其"播百谷，劝耕桑"，视君臣并耕为不悖等，也各是凭着自己对天道或大道本体的理解与领悟，提出性命之理的。

诸子从天道引出性命之理，不仅源于他们对天道的体验与领悟，也是晚周自然知识的发展，使他们愈来愈认识到人的生存是与天道法则息息相关的，是离不开天道法则的。这用现代科学的说法，就是人的生态气场、磁场与天地生态的大气场、大磁场是联系在一起的，甚至与整个宇宙的盈虚消息联系在一起的。人的生命体的气场、磁场及其阴阳气息变化，是与天地阴阳消息相通的，与宇宙万物存在着广泛的对应、感应、效应关系。

---

① 《论语·雍也》。
② 《周易·文言传》。
③ 《老子》第25章。

故列子讲:"一体之盈虚消息,皆通于天地,应于物类"。① 人是原于天、本于天的,怎么可以离开天地生态环境的大气场、大磁场,离开这个大本大原而生存呢? 只能保护它、适应它,与之相一致。此即庄子讲"圣人之生也天行,其死也物化;静而与阴同德,动而与阳同波"② 者也。"静而与阴同德,动而与阳同波",就是与天地万物的阴阳变化保持一致。天地之道,即是人的性命之理,即是人的生存不可不遵守的法则。晚周诸子,除荀子主张天人之分外,大多数人则认为,人是应循天理而动,以天道法则为性命之理的。

自然,天道之为性命之理,并不仅是在知觉形气上讲的,不是在人体盈虚消息与天道阴阳变化上讲的,而是在天道至精至神上讲的,在精一纯粹法则上讲的,在形而上学的大道本体存在上讲的。惟此道体至精至神者,惟此形上纯粹法则,惟此万物恃之以生、恃之以归的存在,人守此勿失,与之为一,才是人生最高性命之理性的存在,才能建立起至诚不息之信仰与诚明的精神世界。人的一生,若能守此纯粹不杂、寂然不动的至极之道,才能其动也则天行,其静也恬惔,而精神纯粹,灵魂安宁,合得天德,才养得精神世界。晚周诸子正是在这个高度建立自己哲学本体论、价值论与最高知识论的:不仅道家于"微妙玄通,深不可识"处,讲道体"强为之容"③ 的存在;于"万化而未始有极"处,讲"无为无形;可传而不可受,可得而不可见"④ 的道体存在;而且儒家也是在至精至神"形而上"处,讲"广矣大矣"的天地之道,讲"寂然不动"的太极之道、贞一之理,讲道体"显诸仁,藏诸用"⑤ 的。晚周诸子,惟于此处建立起"大哉乾元"的天道本体,体验之、领悟之,才能获得最高性命之理,建立起诚明的信仰与信念,获得最高道德精神,也才能以此至极之道贯通一切、旁通一切,理性自觉地建立起自己的天下之学,并以此真实无妄之理,化裁通变,举而措之,成就盛德富有之伟大事业!

---

① 《列子·周穆王》。
② 《庄子·刻意篇》。
③ 《老子》第 15 章。
④ 《庄子·大宗师》。
⑤ 《周易·系辞上传》。

七　天下之学的理性自觉

中国文化哲学发展到晚周诸子的学说，已不同于上古的政令教典，不同于典、谟、誓、命、诰、训一类的文化存在形式，而是面对着天下大势，各任怀抱，书写性情，自由地表达思想，独立地发表见解，提出各种理论学说。韩非子曾说："今境内之民皆言治，藏《商》、《管》之法者家有之。"① 可知当时人们对天下之治是如何关心了。中国古代圣人之学，本在修身，在贞正性命之理，而以余事治国家天下。故《吕氏春秋》说："帝王之功，圣人余事也。"② 晚周诸子，面对着天下的纷争与动乱，即使最讲究自我内心修养的学者，也不能不关心天下之治，提出自己的学说见解。其为学也，虽然识有深浅、才有高下，但对天下盛衰之变，因革损益所在以及人类应该怎样生存、国家应该怎样治理，无不因流溯源，由末返本，剖析透视，纵横条贯，提出自己的看法与主张。这些看法与主张，虽属一家之言，可能有偏见与边执，然绝非私家意见或个人情怀，而是为人类生存、天下之治提供普遍法则。因此，其为学，乃是一种天下之学。

中国士人，自唐虞夏商以来，皆有一种很强的天下意识，有一种"天下非一人之天下，乃天下之天下"的文化自觉；及至发展到晚周，面临着周室衰微，天下大乱，诸侯纷争，政由方伯的混乱局面，面对着"万乘之国七，千乘之国五，敌侔争权，盖为战国，贪饕无耻，竞进无厌，国异政教，各自制断，上无天子，下无方伯，力功争强，胜者为右，兵革不休，诈伪并起"③，晚周诸子无不想为天下之治，提出自己的政治理想，提出为治之道与为治之术。他们一方面是上古文化的继承者，具有源远流长的文化底蕴与深厚的学术基础；另一方面，又具有很强的理性自觉的天下意识，因此，他们总是站在时代的上面、历史的上面、国家民族的上面，站在大道哲学宇宙本体论的最高处，理解现实，理解历史，理解人心人性，理解天下的大趋势与贞一之理，其为学也，总是携宇宙，尽万物，纵论天下之事，为人的存在提供性命之理，为天下之大治提供普遍法则。所谓天

---

① 《韩非子·五蠹》。
② 《吕氏春秋·贵生篇》。
③ 《战国策》刘向《叙录》。

下之学，就是这种提供性命之理与普遍法则的学问，就是为人类生存，为天下大治，提供大法则、大哲理的学问。因此，对当时诸子的学问，我们不能因为老子为楚人，就称其学为楚学；孔子为鲁人，就称其学为鲁学；更不能因为孟子为邹人，称其学为邹学；荀子为赵人，称其学为赵学；庄子为宋人，称其学为宋学等等，而应把他们的学说，看成为人的生存与天下之治，提供大法则与大哲理的天下之学，方不为误。

老子认为，宇宙万物，莫不是"道生之，德畜之，物形之，势成之"，是以"万物莫不尊道而贵德"。只要"道生之，德畜之，长之育之，亭之毒之，养之覆之，生而不有，为而不恃，长而不宰"，"莫之命而常自然"，以此修之于身，修之于家，修之于乡，修之于邦，修之于天下，则可以实现大治。"吾何以知天下然哉？以此。"① 此老子天下之学也。

孔子认为，天道变化，生育万物，洪纤高下，各以其类，以正性命。王者惟有体天之道，才能万国咸宁；人遵天道性命之理，才能刚健中正、至德和平。天有元、亨、利、贞之四德，而人应据此四德，终日乾乾，进德修业，知至至之，知终终之，以达至善之理；有国有天下者，欲明明德于天下，就要格物致知、正心诚意、修身齐家。惟心正、身修、家齐，才能治国平天下。"自天子以至庶人，一是皆以修身为本"②，配之以诗书礼乐教化。此孔子天下之学也。

墨子认为，"天之行广而无私，其施厚而不德，其明久而不衰"③，而且使人为善而不为恶，使人"兼相爱，交相利"，而不相为贼。因此，天道法则是神圣美好的，天下从事者，皆应法仪之。祸篡怨恨，其所以起，不相爱生者，皆是其法不仁，其政不能法于天也。"总天下之义，以尚同于天，可以治天下矣"④。此墨子天下之学也。

杨朱认为，"人肖天地之类，怀五常之性，有生之最灵者"，因此，应该重视人的存在。但人为有物有身，常常"横私天下之身，横私天下之物"，因而造成天下纷争不已；而人的一生，"贤愚、好丑、成败、是非，无不消灭，迟速之间耳"，岂可"矜一时之毁誉，焦苦其神形"，而不能快

---

① 《老子》第 51、54 章。
② 《中庸》第 1 章。
③ 《墨子·法仪》。
④ 《墨子·尚同下》。

乐呢?"古之人,损一毫利天下,不与也,悉天下奉一身,不取也。人人不损一毫,人人不利天下,天下治矣"①。此杨朱天下之学也。

庄子认为,天地万物,恢恑憰怪,道通为一;其成也,毁也,皆道行而成,有其自然之情性,皆处于然与不然、可与不可、存在与不存在之中。因此,有国有天下者,不能以小知小识,执着于是是非非,而要以天地之正,顺万物之性,不伤其性命之情。若能忘物忘我,超越自我或"吾丧我",体尽无穷,而游无朕,"游心于淡,合气于漠,顺物自然而无容私焉,而天下治矣"②。此庄子天下之学也。

孟子认为,人皆有不忍人之心,有仁义礼智的道德本性。"以不忍人之心,行不忍人之政",保民而王,仁爱天下,"治天下可运之掌上";仁义礼智之性,扩而充之,使其懂得天道彝伦大法,及"人者,仁也,亲亲为大"的本性,若能"人人亲其亲,长其长,天下平"③;"老吾老,以及人之老;幼吾幼,以及人之幼,天下可运于掌"④。此孟子天下之学也。

而荀子认为"天行有常,不为尧存,不为桀亡,应之以治则吉,应之以乱则凶",因此,应"明于天人之分"⑤。"人生而有欲,欲而不得,则不能无求;求而无度量分界,则不能不争;争则乱,乱则穷",故"先王恶其乱也,故制礼义以分之"⑥。"人之性恶,其善者伪也"。故圣人"化性而起伪",而生礼义,制法度。"今人之性恶,必将待师法然后正,得礼义然后治"⑦。此荀子天下之学也。

凡此种种,皆可看出晚周诸子对天下之治的关心。他们的学说,虽然对天道性命之理有不同看法,如孟子以"性善"为人之先天道德本性,荀子以"性恶"为今人之性;在政道、治道或为治之理上,也存在着某些分歧,如杨朱以"为我"建立存在的学说,而庄子则以"忘我"或"吾丧我"为最高的道德精神境界,但其为天下之学,无不是立于天道性命之

---

① 《列子·杨朱篇》。
② 《庄子·应帝王》。
③ 《孟子·离娄上》。
④ 《孟子·梁惠王上》。
⑤ 《荀子·天论》。
⑥ 《荀子·王制》。
⑦ 《荀子·性恶》。

理，以天道或形上大道为最高本体论的。即使阴阳家讲阴阳之术，法家讲法于天，也皆是本于天道之大经的。其他诸子，如列子、文子、惠施、邓析、宋钘、彭蒙、田骈、慎到、史䲡、魏牟诸人学说，虽杳杳冥冥、混沌迷离，然也是合于道而为学，本于天道法则，建立天下之学的。因此，晚周天下之学，实乃体用之学也，万物一理之学或万物一体之学也。它并非只是浅薄的知识或一时的偏见与边执，而是以形上之道为本体论，有着极为深邃的思辨与道德知性的；而其不同见解，皆不过是本于自己所学，揭示天道法则之用而已。

诸子天下之学，正是因为皆有道体形而上学的存在，所以他们才可以体之悟之，得之谓德，宜之谓义，据此静推天下之理，为人的存在与天下之治，提供性命之理与普遍法则，并以其体悟所获得的宏大深邃的道德，建立起自己的政治理想与精神世界。不论是原始道家儒家所建立的至精至神的道德精神世界，还是墨家所建立起来的宗教世界，都是他们体悟天道法则、与之契合所建立起来的神圣美好的世界。其他各家的形上精神世界，也都是这样建立起来的，尽管有高卑深浅的不同，然来源于道体存在则是相同的。这种精神世界的建立，不论是对人的存在，还是治平天下来说，都是很重要的。因为人的存在，从根本上说是一种精神性存在，离开精神性存在，人是什么也干不成的，特别是治国平天下，自己心神不定，精神尚处于混沌、迷离、模糊之中，何以治得了天下？故太史公说："凡人所生者神也，所讬者形也。神大用则竭，形大劳则敝，形神离则死。死者不可复生，离者不可复返，故圣人重之。由是观之，神者生之本也，形者生之具也。不先定其神形，而曰'我有以治天下'，何由哉？"①

晚周既是诸子天下之学大发展的时期，也是文化精神大发展的时期。在中国上古文化史与精神史上，从未有晚周这样造成一个文化的蓬蓬勃勃的发展，也从未有晚周这样造成一个至精至神的道德精神世界。诸子天下之学的理性自觉，特别是天道形上本体论的理性自觉，不仅造成了中国学术史上的大突变，也极大地促进了文化精神的自由发展。如果把中国上古文化精神发展比作一部浩荡不息的巨大交响乐，那么，只有到了晚周时期，它才浑然一体，将其跌宕起伏地推向波澜壮阔、大美崇高、庄严神圣的辉煌顶峰！而参加这场大演凑、大合唱的，就是晚周诸子，就是他们的

---

① 《史记·太史公自序》。

创造性哲学思维与形上精神追求，及其提神太虚，飘然远举，聪明睿智所达到的峻极天德境界！因此，中国精神史在这一段的发展，显得特别辉煌，特别耀眼，特别绚丽多彩、光辉照人。

要描述这段辉煌的文化精神史，揭示这段生命精神跌宕起伏的主要流向与内在逻辑，就应该首先研究原始道家老子与原始儒家孔子的文化哲学思想，了解他们哲学的道体传承与精神血脉。老子不仅是殷商《归藏》易哲学精神的继承者，而且是整个上古大道真脉的贯通者及炎黄文化生命精神的承载者，而孔子则是"祖述尧舜，宪章文武"，秉承中国主流文化精神之大端者。只有先研究了老、孔的文化哲学思想及其道德精神世界的建构，才能真正掌握上古精神史发展的大端及其流变，才知道中国精神通史何以通以及从哪里来、通向何处！因此，我们将在下两章先后研究老子、孔子的哲学思想及其形上道德的精神世界，然后再探源溯流，循诸子之事迹，研究其道体形而上学的思想与精神发展。惟此，才能领略晚周诸子群体的思想发展与精神流变，使之鸿纤悉备，命脉分明。

第九章　贯通大道真脉的老子之学

内容提要：《周礼》说，太卜"掌三《易》之法：一曰《连山》，二曰《归藏》，三曰《周易》"。《连山》作于伏羲用于夏；《归藏》作于黄帝用于商。老子哲学讲"玄牝之门，天地之根"；讲"致虚极守静笃。万物并作，吾以观复。夫物芸芸，各复归其根"；讲"知其雄，守其雌"；以及讲"至柔"、"无为"、"自化"、"好静"等，乃是继承了黄帝《归藏》易"造化发育之真机"之精神，告人以反本复始之道也，发扬了殷商《归藏》易深厚、虚静、宽柔的文化精神也。老子哲学贯通上古大道真脉者，即贯通黄帝《归藏》大道真脉也。老子之学"尊道贵德"的生命精神、"深矣远矣"的大道教理以及"守雌不争雄"的人生哲学，皆是贯通黄帝《归藏》大道真脉，贯通《归藏》易之精神者也。

"遂古之初，谁传道之？上下未形，何由考之？明明暗暗，惟时何为？阴阳三合，何本何化？"[①]《天问》开篇所发出的提问，就是遂古文化的传承问题，而且这种传承是与文化精神创造的道体存在联系在一起的。可知中国先贤是怎样重视文化精神的传递、绵延与贯通了。由此也想到晚周诸子囊括大典，敷陈圣义，谁是遂古文化的传承者与贯通者问题。孔子是没有问题的。孔子删《诗》《书》，定《礼》、《乐》，编《春秋》，传《周易》，无疑是上古文化的集大成者与贯通者，特别是赞《易》，把中国文化的精神发端断乎伏羲时代，更显其学术源头的深远。但孔子之学，主体在"祖述尧舜，宪章文武"，即使发挥《易》旨，亦在于《周易》，而不在上古的《连山》、《归藏》。《周易》乾坤并建，虽亦包含着《连山》、《归

[①]《楚辞·天问》。

藏》的精神，然孔子之学，直接发挥《周易》，而于《连山》、《归藏》的哲理，于上古之道与文化精神贯通方面，终有缺欠。贯通此道与弥补此缺欠者，还另有其人，那就是老子。

关于老子的身世、经历与著作，《史记》曾记载说：

> 老子者，楚苦县厉乡曲仁里人也，姓李氏，名耳，字聃，周守藏室之史也。
>
> 孔子适周，将问礼于老子。老子曰："子所言者，其人与骨皆已朽矣，独其言在耳。且君子得其时则驾，不得其时则蓬累而行。吾闻之，良贾深藏若虚，君子盛德，容貌若愚。去子之骄气与多欲，态色与淫志，是皆无益于子之身。吾所以告子，若是而已。"孔子去，谓弟子曰："鸟，吾知其能飞；鱼，吾知其能游；兽，吾知其能走。走者可以为罔，游者可以为纶，飞者可以为矰。至于龙吾不能知，其乘风云而上天。吾今日见老子，其犹龙邪！"
>
> 老子修道德，其学以自隐无名为务。居周久之，见周之衰，乃遂去。至关，关令尹喜曰："子将隐矣，强为我著书。"于是老子乃著书上下篇，言道德之意五千余言而去，莫知其所终。
>
> 或曰：老莱子亦楚人也，著书十五篇，言道家之用，与孔子同时云。盖老子百有六十余岁，或言二百余岁，以其修道而养寿也。
>
> 自孔子死之后百二十九年，而史记周太史儋见秦献公曰："始秦与周合，合五百岁而离，离七十岁而霸王者出焉。"或曰儋即老子，或曰非也，世莫知其然否。老子，隐君子也。①

《史记》所说，老子姓李，名耳，字聃，周守藏室之史，楚苦县厉乡曲仁里人，应是属实的。《史记·索隐》说："苦县本属陈，春秋时楚灭陈，苦又属楚，故云楚苦县。"《史记·正义》引《括地志》云："苦县在亳州谷阳县界，有老子宅及庙，庙中有九井尚存。在今亳州真源县界。"又引《晋太康地记》云："苦县东有濑乡祠，老子所生地也。"唐朝真源县在今河南鹿邑县东十里。老子以"老"称之者，《高士传》云："以其年老，故号其书为《老子》。"②《庄子》书说："阳子居南之沛，老子西游

---

① 《史记·老子列传》。
② ［晋］皇甫谧《高士传》卷1。

于秦。邀于郊,至于梁而遇老子。"① 又说:"老聃死,秦失吊之,三号而出。"② "失"即"佚",秦失即秦佚,老子西行,终于陇上,吊唁者也。《庄子》虽多寓言,但有关历史事实的记载,还多是属实的。因此,老子西行,终于陇上,应是可靠的。民俗传说夏历3月28日为老子忌日,临洮、广河等地举行三天庙会,祭祀老子,从古传到今不变,此民俗亦可知老子作为伟大的精神哲学家在文化历史上的真实存在。或曰"周太史儋",或称"老聃"者,或引《论语》孔子"窃比于我老彭",曰"老彭即老子"者,王船山《四书稗疏》云:"聃、儋、彭音相近,老彭即问礼之老子也。"③ 此皆当时人称呼老子者也。至于说,或曰"老莱子"者,虽亦为楚人,则非老子也。《汉书·艺文志》载《老莱子》十六篇,班固自注曰:"楚人,与孔子同时。"

至于《史记》所载,或曰"老莱子",或曰"孔子死之后百二十九年,而史记周太史儋见秦献公",以及老子"将隐",关令尹要其"为我著书"诸事,皆属汉时关于老子的一些传说。《史记》记此,只是客观反映一些说法,并非说它就是历史事实,故有"或曰非也,世莫知其然否"之语。曰"百有六十余岁,或言二百余岁"者,也只是讲老子"修道而养寿也",带有神话的性质。我们决不能因《史记》有此说法之记,就否定《史记》所载老子及其著作存在的可靠性。近人冯友兰、钱穆、梁启超、钱穆、顾颉刚诸先生,为怀疑而怀疑,为推翻而推翻,从先验主观出发,所作种种考证,皆是不足以为据的。这一点,连最具有怀疑精神的胡适之先生也曾带有自我批评地说:

> 从"思想系统"上或"思想线索"上,证明《老子》之书不能出于春秋时代,应该移在战国晚期。这种方法可以说是我自己"始作俑"的,所以我自己应该负一部分的责任。我现在很诚恳地对我的朋友们说:这个方法是很有危险性的,是不能免除主观的成见的,是一把两面锋利的剑可以两面割的。你的成见偏向东,这个方法可以帮助你向东;你的成见偏向西,这个方法可以帮助你向西。结果没有严格

---

① 《庄子·寓言》。
② 《庄子·养生主》。
③ 《船山全书》第6册第32页,岳麓书社1991年版。

的批评，这个方法的使用绝不会有证据的价值。①

　　从先验主观出发，怀疑《老子》成书时代，把它说成是晚出，或者把它拉到《论语》、《孟子》之后，如冯友兰②；或者把它拉到《庄子·内篇》七篇之后，如钱穆③；或者把它拉到《吕氏春秋》之后，如顾颉刚④，皆是不符合实际的。《老子》成书之事，《史记》所说的老子出关，关令尹喜要其为之著书一事，有神话性质，故不可完全相信，但从《汉书·艺文志》所记关尹子"名喜，为关吏，老子过关，喜去吏而从之"，亦可知老子西行过关一事并非虚构。关于老子西行之事，《庄子》亦有记载："阳子居南之沛，老子西游于秦。邀于郊，至于梁而遇老子。"⑤《庄子》"关尹、老聃"并称⑥，《吕氏春秋》称"老子贵柔，关尹贵清"⑦。由此可知，老子、关尹不仅关系密切，而且学术观点也是相近的。关令尹喜要老子著书的事及关尹从老子出关西去，应为春秋之末。所著《老子》一书，用魏源的话说，乃是"道太古之道，书太古之书"⑧，继承整个上古道家文化而写成的。1973年湖南长沙马王堆汉墓出土的帛书《老子》，和1993年湖北荆门郭店楚墓出土的竹简《老子》，皆是王弼注本及各种世传本（可统称为今本）的不同流传本子。各种版本内容及文字上的增减、颠倒、错乱、插入、缺漏等，皆是其流传过程中抄写、散乱、遗漏、衍生及不同

---

① 胡适"评论近人考据〈老子〉年代的方法"，见姜义华主编《胡适学术文集》（中国哲学史）上册，第748页，中华书局1991年版。
② 冯友兰认为，"孔子以前无私人著述之事"，所以《老子》书是孔子以后的作品；"《老子》非问答体，故应在《论语》、《孟子》后"；"《老子》之文为简明之'经'体，可见其为战国时之作品"。《中国哲学史》第210页，中华书局1961年版。
③ 钱穆《关于〈老子〉成书年代之一种考察》一文中认为，《老子》书乃《庄子·内篇》七篇思想之"发挥光大，卓然成一系统"。见《老庄通辨》第26页，生活·读书·新知三联书店2005年版。
④ 顾颉刚《从〈吕氏春秋〉推测〈老子〉之成书年代》一文认为，"在《吕氏春秋》著作的时代，还没有今本《老子》存在"，见《古史辨》第4册第642~520页。
⑤ 《庄子·寓言》。
⑥ 《庄子·天下篇》。
⑦ 《吕氏春秋，不二》。
⑧ 魏源撰《老子本义·论老子》。

本子的编纂、修订、整合所致。但从今本涵盖帛本、简本的内容或帛本、简本内容仍保存在今本这一基本事实来看，今本《老子》不仅内容是最全面系统的，而且其核心思想是最可代表原始道家哲学的。至于它最深奥的哲理部分，而简本所没有，可能包含着老子之后的关尹等道家人物对它的发展；而它针对儒家伦理的批判部分，如仁义观念等，而简本所不存者，可能是战国至秦汉初期一些道家人物出于门户之见窜入的。《老子》成书于何时，至今众说纷纭，不一而终，不必再烦琐考证。研究老子，只要知道老子姓李，名耳，字聃，先为周守藏室之史，后为隐君子，著书五千余言，皆为道德精神哲学就够了；否则，越考证就越支离破碎，越远离老子哲学的根本精神。《汉书·艺文志》所载《老子邻氏经传》四篇，为"邻氏传其学"；《老子傅氏经说》三十七篇，为傅氏"述老子学"；《老子徐氏经说》六篇，字少委，临淮人，亦传老子学者；刘向《说老子》四篇，皆亡。《艺文志》虽称《老子经》，尚未以《道德经》名之。称《道德经》，始于葛洪祖父葛玄《老子道德经序诀》①。《汉志》之《老子》，不详何本。汉后以王弼《老子注》为最佳，本书所引，皆出于此注本。

  我在《论文化复兴》一书中认为，古代希腊艺术中存在着"日神型"与"酒神型"两种文化，并表现为不同的文化精神："日神型"文化追求审美的外观；而"酒神型"文化表现为情绪的放纵。中国也有两种文化，表现为两种不同的文化精神：一种是以孔子为代表的儒家刚健文化，一种是以老子为代表的道家阴柔文化。两种精神虽然不同，然其表现刚而不暴、柔而不弱。中国儒家文化乃是天道文化，故其精神存在像天之道一样，至刚至健，而又至正至和，光照一切、雨露一切，健行不息；而道家文化则是地道文化，故其精神存在像大地一样，至顺至柔，而又柔顺健行，蓄养一切、承载一切，厚德载物。儒、道两种文化，虽然各有特性，各得其宜，然又相辅相成、相互依托、相互兼容地存在于中国文化历史中。它们不仅塑造了中华民族的两种不同性格，而且在几千年文化历史的绵延赓续中，交相辉映地维系着国家民族的文化生命。② 现在还应该指出，儒道两种文化，乃是非常纵深地存在于上古乃至远古时期的，它们发展到

---

① 葛玄《老子道德经序诀》说："河上公者，莫知其姓名也。汉孝文帝时结草为菴河之滨，常读《老子道德经》。"
② 《论文化复兴》第3章"儒道两种文化与两种精神"，社科文献出版社2013年版。

晚周则成为两大文化精神高峰!

　　孔子虽与老子同时,但老子要大于孔子。老子大约生于周灵王初年,即公元前570年左右,而孔子生于周灵王二十一年,即公元前551年。故胡适说:"老子比孔子至多不过大二十岁。"①《史记》所说的老子为"周守藏室之史",应是可信的。惟其为"周守藏室之史",对典藏熟悉,孔子问礼于老子,才有合理性。《礼记》不仅多处记载孔子回答曾子、子夏问,皆引"吾闻诸老聃曰",而且还记载孔子"从老聃助葬于巷党"②,参加葬礼的实践活动。此事不仅可知孔子问礼于老子是属实的,而且说明孔子思想上是受老子影响的。这一点,读一下《论语》,就可以看出来:不仅从"子曰'无为而治者,其舜也与?夫何为哉?恭己正南面而已矣'"③,可见老子无为而治的思想;而且所引"子曰'以直报怨,以德报德'"④的话,几乎是直接引用《老子》之语了。孔子受老子思想之影响,连他自己也是承认的。《论语》所说"述而不作,信而好古,窃比于我老彭"⑤,就是这种承认。陈鼓应先生作《老学先于孔学》,以证"《老子》成书早于《论语》"⑥,即据此也。

　　由上可以看出,孔子不仅问礼于老子,而且在哲学道德精神方面,也是受老子影响的。据《庄子》所载,孔子在典藏、治道、人生哲学与性命之理方面,皆是请教过老子的:

　　　　孔子西藏书于周室。子路谋曰:"由闻周之征藏史有老聃者,免而归居,夫子欲藏书,则试往因焉。"孔子曰:"善。"往见老聃,而老聃不许,于是繙十二经以说。⑦

　　　　孔子行年五十有一而不闻道,乃南之沛见老聃。老聃曰:"子来乎?吾闻子,北方之贤者也,子亦得道乎?"孔子曰:"未得也。"老子曰:"子恶乎求之哉?"

---

① 胡适著《中国哲学史大纲》第39页,东方出版社1995年版。
② 《礼记·曾子问》。
③ 《论语·卫灵公》。
④ 《论语·宪问》。
⑤ 《论语·述而》。
⑥ 陈鼓应著《老庄新论》第58~60页,香港中华书局1991年版。
⑦ 《庄子·天道篇》。

孔子谓老聃曰："丘治《诗》、《书》、《礼》、《乐》、《易》、《春秋》《六经》，自以为久矣，孰知其故矣；以奸者七十二君，论先王之道而明周、召之迹，一君无所钩用。甚矣夫！人之难说也，道之难明邪？"

老子曰："幸矣子之不遇治世之君也！夫《六经》，先王之陈迹也，岂其所以迹哉！今子之所言，犹迹也。夫迹，履之所出，而迹岂履哉！夫白鶂之相视，眸子不运而风化；虫，雄鸣于上风，雌应于下风而风化；类自为雌雄，故风化。性不可易，命不可变，时不可止，道不可壅。苟得于道，无自而不可；失焉者，无自而可。"

孔子不出三月，复见曰："丘得之矣。乌鹊孺，鱼傅沫，细腰者化，有弟而兄啼。久矣夫丘不与化为人！不与化为人，安能化人！"

老子曰："可。丘得之矣！"①

老子所关注的不是"先王之陈迹"，而是化道，是"性不可易，命不可变，时不可止，道不可壅"的大道，是化万物而不化的存在。"不与化为人，安能化人！"这是庄子哲学的核心命题，也是庄子所理解的老子哲学的根本精神所在。讲"道常无为，而无不为。侯王若能守之，万物将自化"②的存在，就是讲的中国文化的化道，亦是讲的大道哲学的根本精神。这种哲学精神不仅是属于老子的，也是属于《六经》，属于上古炎、黄、尧、舜多位圣贤明哲的。由此可知，老子的大道哲学，乃是整个中国上古文化哲学精神的贯通者与承继者也。老子不仅年长于孔子，而且在闻道方面，在道德精神哲学的发明建树方面，也是先于孔子的。因此，讲诸子哲学的精神，首先从老子的道德精神讲起。先从老子的道德精神讲起，乃是按照中国上古以来大道真脉的贯通与承继之序而叙述也。

一　上古大道真脉的贯通者

第二章曾引《尚书》序说："古者伏羲氏之王天下也，始画八卦，造书契，以代结绳之政，由是文籍生焉。伏羲、神农、黄帝之书，谓之《三

---

① 《庄子·天运篇》。
② 《老子》第37章。

坟》，言大道也。少昊、颛顼、高辛、唐、虞之书，谓之《五典》，言常道也。至于夏商周之书，虽设教不伦，雅诰奥义，其归一揆。是故历代宝之，以为大训。"① 坟，大也。《三坟》之书，言大道者，谓三皇之事其道至大也。典，常也。《五典》之书，言常道者，谓五帝之道乃常道法则也。三皇之大道，五帝之常道，皆是可以公平天下，常行天下之道，皆天地之道，人类社会之大法则也。故孔子之论"大道之行也"②，不仅为三皇之道，亦为五帝之道也。它延之夏商周，虽然其设教旨趣，与《坟》、《典》不相类，其辞之雅正、义之深奥，也有差别，但根本要义则是一致的。故曰"其归一揆"；故曰"历代宝之，以为大训"。

那么，这个天地之道，这个人类社会之大法则，究竟是什么呢？此道是如何在三皇、五帝时期及夏商周三代绵延赓续的呢？而老子哲学是如何贯通此道之真脉的呢？天地之道，即大道，即天道运行的大法则也。此道可以用"至刚至健、至神至妙"形容之，但它最为根本的大用，是生化万物，创造万物，亦即"天地之大德曰生"的存在。可以说，盈天地之间，只是一个大生，只是浑然一体、创造不息的存在，中间无任何纤毫间隔，无一点障碍。其为大道哲学，即此大法则之学也，即以此大法则而为本体论，研究其大化流行、生生不息之学也。这个大法则，就是阴阳之道，乾坤之理，就是阳阴合德、生化万物的宇宙原理。伏羲仰观俯察，所获得的"类万物之情，通神明之德"者，即此道，此法则也。如前所说，它乃是伏羲生活在泰山周围，观日月沐浴轮转之所得也，亦伏羲八卦及夏《连山》易之根本精神也。而生活在黄河中上游华夏大地上的黄帝氏族部落，面对着大地的蓄养生化不息，也发现一条法则，那就是《易传》所说《归藏》包藏的"造化发育之真机"③。杜子春、孔颖达皆曰：《归藏》，黄帝《易》也④。朱元昇更曰："《连山》作于伏羲用于夏；《归藏》作于黄帝用于商。"⑤《归藏》所包藏的"造化发育为真机"，即老子所说的"谷神不死是谓玄牝。玄牝之门是谓天地根"的存在；亦即"性不可易，命不可

---

① 《尚书正义》卷1。
② 《礼记·礼运》。
③ 《周易·说卦传》。
④ 《玉函山房辑佚书》辑《归藏》附《诸家论说》。
⑤ 《三易备遗》序。

变，时不可止，道不可壅"的存在。《归藏》所藏的"造化发育之真机"，即黄帝《归藏》易之真精神也。

老子哲学讲"玄牝之门，天地之根"；讲"致虚极守静笃。万物并作，吾以观复。夫物芸芸各复归其根"；讲"知其雄，守其雌"；以及讲"至柔"、"无为"、"自化"、"好静"①等，乃是继承了黄帝《归藏》易"造化发育之真机"之精神，告人以反本复始之道也，发扬了殷商《归藏》易深厚、虚静、宽柔的文化精神也。朱元昇《三易备遗》讲"《归藏》以纯坤为首，坤为地，万物莫不藏于中"②；徐善《四易》讲"圣人命《归藏》之名，盖告人以反本复始之道也"③，就是讲的这种思想与精神。老子哲学贯通上古大道真脉者，即贯通黄帝《归藏》大道真脉也。由此可知，两汉"黄老"并称，并不是没有道理，因为他们的哲学是道脉相贯、精神相通的。

邵康节先生说："老子知《易》之体也。"④《易》之体，即本体也，即生化之体，即阴阳之道、乾坤之理也，亦即孔子所说"乾坤其《易》之门邪"⑤，而老子则谓之"玄牝之门，天地之根"的存在。这个本体是什么样子的呢，它如何存在呢？老子或谓之"玄之又玄，众妙之门"；或谓之"绵绵若存，用之不勤"；或谓之"微妙玄通，深不可识"者⑥等，极力说明《易》之道体形而上学的存在。上古炎黄、尧舜、大禹、成汤、伊尹、文王、周公以来，对于形而上学的大道本体，谁也没有像老子用众多的语言描述它的存在，体验领悟它的存在。如讲：

> 道冲，而用之或不盈。渊兮似万物之宗；湛兮，似或存。吾不知谁之子，象帝之先。
>
> 视之不见名曰"夷"，听之不闻名曰"希"，抟之不得名曰"微"。此三者不可致诘，故混而为一。其上不皦，其下不昧。绳绳不可名，复归于无物。是谓无状之状，无物之象，是谓恍惚。迎之不见

---

① 《老子》第6、16、28、43章。
② 《三易备遗》卷6。
③ 《玉函山房辑佚书》辑《归藏》。
④ 《皇极经世·观物外篇上》。
⑤ 《周易·系辞下传》。
⑥ 《老子》第1、6、15章。

其首，随之不见其后。

孔德之容，惟道是从。道之为物，惟恍惟惚。惚兮恍兮，其中有象；恍兮惚兮，其中有物。窈兮冥兮，其中有精；其精甚真，其中有信。

有物混成，先天地生。寂兮寥兮，独立不改，周行而不殆，可以为天下母。吾不知其名，强字之曰"道"，强为之名曰"大"。大曰逝，逝曰远，远曰反。

故"道"大、天大、地大、人亦大。域中有大，而人居其一焉。人法地，地法天，天法道，道法自然。①

道体形而上学存在，虽然"微妙玄通，深不可识"，虽然"视之不见，听之不闻，抟之不得"，虽然"惚恍"，虽然"绳绳"不可名状，属于"无状之状，无物之象"的存在，然它却是"有精"、"有信"的真实无妄的存在，属于"先天地生"、"象帝之先"的先验论存在。正是这样一个先验论存在，"寂兮寥兮，独立不改，周行而不殆"，能够生化天地万物，可以为"天下母"。故曰"渊兮似万物之宗"；故曰"道者万物之奥"②。故老子知《易》之体，乃生化本体也；而且是在先验论"微妙玄通，深不可识"的形而上学意义上讲的。这种对形上之道的体悟与描述，是前所未有的。可以说，没有老子对《易》体之知，没有他对道体形而上学的体悟与描述，就没有晚周形而上学的发展，没有庄子"审乎无假而不与利迁，极物之真，能守乎本，故外天地，遗万物，而神未常有所困"③的哲学，甚至没有晚周时期整个道德精神世界。老子对道体形而上学的体悟与描述，不仅促进了晚周形而上学及道德精神的发展，而且对两汉、魏晋、隋唐、宋明的儒道哲学及宗教形而上学发展，有着极为深远的影响。

道体形而上学存在，不管怎样深奥，怎样"惟恍惟惚"，怎样先验地"深不可识"，它都不是属于宗教神秘主义的，而是"人法地，地法天，天法道，道法自然"者；而其曰大道者，乃是属于自然法则，属于自自然然之理；而若将其提升到形而上学高度，乃是万物生化的宇宙原理。老子贯

---

① 《老子》第4、14、21、25章。
② 《老子》第61章。
③ 《庄子·天道篇》。

通大道之真脉者，即贯通自然法则、自然之理，贯通宇宙原理也。然老子所知《易》体者，乃《归藏》之易也。《归藏》之易，以坤为首。坤为地。大地虽藏有生机，然而"单阴不生，独阳不化"，没有一阴一阳之道，没有阴阳化育的法则，没有春风雨露，也是不能转化为造化发育之真机，具有负载一切、蓄养一切、生化一切、创造一切之大功效的。惟有阴阳相感相应、相亲相合，以成刚柔之体，以具情性之效，才能成为生生不息、大化流行之本体大用。黄帝《归藏》易，虽然首坤，但这并不是不具一阴一阳之道，不具有阴阳化育大法则。伏羲作八卦，黄帝造甲子，其为《归藏》易，以六十甲子配六十四卦，首甲子而终癸亥，甲子为造化之首，坤乾为《归藏》之首，己亥为阴阳之终，子午为阴阳之始，亥子巳午之间，阴阳终始之际，其交其藏也，有生生之机不息，化化之迹不露。此皆造化自然之理。因此，《归藏》虽以《坤》为首，并非不包含阴阳法则。朱元昇说："始《坤》、《乾》而终《比》、《剥》，《归藏》之易在是矣。"① 据《周礼》所说"太卜掌三《易》之法，一曰《连山》，二曰《归藏》，三曰《周易》"②，可知春秋时，《归藏》易尚在。孔子说："我欲观殷道，是故之宋而不足征也。吾得坤乾焉。"③ 郑康成释之曰："得殷阴阳之书也。"老子为周守藏室之史，不会不知《归藏》易体也；而其知《易》之体，实则是知"坤乾"之体也。老子讲"道生一，一生二，二生三，三生万物。万物负阴而抱阳，冲气以为和"④，即是讲《易》"坤乾"之体也。老子知《易》之体者，即知此"负阴而抱阳"之体，阴阳合德之体也；形而上言之，乃知大道本体阴阳化育的纯粹大法则也。此《易》之为体，流行发用，造就无限发育之真机，也造成负载一切、蓄养一切、生化一切、创造一切的大生机。老子贯通上古大道哲学真脉者，即贯通大道本体造化发育真机之精神也。故曰：

> 大道泛兮，其可左右。万物恃之以生而不辞，功成而不名有。衣养万物而不为主，常无欲可名于小。万物归焉，而不为主，可名为

---

① 《三易备遗》卷5。
② 《周礼·春官·太卜》。
③ 《礼记·礼运》。
④ 《老子》第42章。

大。以其终不自为大，故能成其大。①

大道旷荡，周行天地，亭毒含灵，养之覆之，长之育之，万物无不恃之以生。天地间，万物生化无穷，皆是道生之，德畜之，物形之，势成之，并且生而不有，为而不恃，长而不宰，莫之命而常自然。此乃化育之机，自然之理也。故康节先生说："老子五千言，大抵皆明物理。"② 明物理，即明万物造化发育真机之妙理也。

但这并不是说，《老子》五千言所讲只是自然哲学，只是自然之理，不属道德哲学，不具人文精神。不是的。《易传》曰："先天而天弗违，后天而奉天时。"③朱元昇《三易备遗》认为，伏羲《连山》为先天《易》；文王《周易》为后天《易》；而黄帝《归藏》《易》，属于中天《易》④。先天《易》者，所讲乃先天自然之理，不带后天社会人生之理，不具人文精神者也。后天《易》者，所讲乃后天社会人生之理，具人文精神者也。而《归藏》为中天《易》者，乃贯通先天《连山》与后天《周易》，既具万物造化发育之真机的自然之理，又具社会人生之理与人文精神者也。《老子》得《归藏》之体，即从哲学本体论，从道体形而上学，会通伏羲先天《连山》与文王后天《周易》，会通上古大道真脉，会通太古自然哲学与黄帝以来的人文精神者也；而且是在道体形而上学、在微妙玄极的道体上会通的；而得之谓德，以为性命之理，以应无穷，即是所谓"玄德"⑤，即道德形而上学精神也。《老子》五千言，不仅以体天化，以尽物理，而且上凝天命，下顺人情，具物情之变，体天地之德，赋予了五千言以巨大深厚的道德精神！此老子得《归藏》易之体，贯通上古大道哲学真脉，贯通大道本体造化发育精神与人文精神者也。

老子的贯通上古大道真脉，不仅是知《归藏》易之体，贯通其造化发育真机的精神，而且是上古乃至远古文化继承者与大道哲学精神贯通者。人们读《老子》会发现，它常常引"古之为道"者，或"执古之道"如何如何，例如"执古之道，以御今之有。能知古始，是谓道纪"；"古之善

---

① 《老子》第4、34、51章。
② 《皇极经世·观物外篇上》。
③ 《周易·文言传》。
④ 《三易备遗》卷5。
⑤ 《老子》第34章。

为道者，微妙玄通，深不可识"；"古之所谓'曲则全者'，岂虚言哉"；"古之所以贵此道者何？不曰求以得，有罪以免邪？故为天下贵"；"古之善为道者，非以明民，将以愚之"① 等等。更有甚者，《老子》书中处处讲圣人如何，或直引圣人之言，或援圣人之义，以阐明所讲道理。例如：

是以圣人处无为之事，行不言之教。

是以圣人之治，虚其心，实其腹，弱其志，强其骨。为无为，则无不治。

是以圣人后其身而身先。

是以圣人，为腹不为目。

是以圣人抱一为天下式。

圣人无常心，以百姓心为心。圣人在天下歙歙焉，为天下浑其心。

故圣人云："我无为，而民自化；我好静，而民自正；我无事，而民自富；我无欲，而民自朴。"

是以圣人方而不割，廉而不刿。

是以圣人犹难之，故终无难矣。

是以圣人欲不欲，不贵难得之货。

是以圣人欲上民，必以言下之。是以圣人处上而民不重，处前而民不害。

是以圣被褐怀玉。

是以圣人云："受国之垢，是谓社稷主；受国不祥，是为天下王。"

是以圣人执左契，而不责于人。

圣人不积。圣人之道为而不争。②

引"古之为道"者或"执古之道"如何，实乃是明白告诉后人，《老子》五千言所讲道理，并非老子个人见解，而是古代这样认识理解领悟形上之"道"的，而直引圣人之言，或援圣人之义，也并非只是简单地证明自己所讲道理的正确性，而是说"我之所谓道，即圣人之道也"。据《左传》记载，鲁宣公夫人穆姜死东宫，刚进去时，曾占卜一卦，得《艮》卦

---

① 《老子》第14、15、22、62、65章。
② 《老子》第2、3、5、12、22、49、57、58、60、63、64、66、70、78、79、80章。

之八。杜预释之曰："杂用《连山》、《归藏》、《周易》也。"① 可知，春秋时《归藏》尚在②。不仅《归藏》在，而且《三坟》、《五典》、《八索》、《九丘》也存在。《左传》说"楚左史倚相，能读《三坟》、《五典》、《八索》、《九丘》"③，就是证明。《尚书》序说它们皆是"上世帝王遗书"。郑玄注《周礼·宗伯》"外史"掌"三皇五帝之书"，即"楚灵王所谓《三坟》、《五典》"④ 也。《国语》说："左史倚相，能道训典，以叙百物，以朝夕献善败于寡君，使寡君无忘先王之业。"⑤ 由此也可知《三坟》、《五典》、《八索》、《九丘》具有怎样的训典、百物知识及文化历史哲学精神了。老子为周守藏室之史，对这类书的丰富知识与成败之道，应该是很熟悉的。《老子》引"古之为道"者或"执古之道"者如何，虽然不好说直接援自《三坟》、《五典》、《八索》、《九丘》，但其引圣人之言或援圣人之义，出自"上世帝王遗书"或"三皇五帝之书"，出自上古、远古的"训典"，应是不为过的。《老子》第六章讲"谷神不死，是谓玄牝。玄牝之门，是谓天地之根。绵绵若存，用之不勤"，《列子》直引这段话，谓其为"《黄帝书》曰"⑥，亦可证老子引圣人之言，或援圣人之义，为"上世帝王遗书"或"三皇五帝之书"，或太古"训典"之事实不假。《庄子》讲老子教训孔子弟子，更直引老聃讲"余语汝三皇五帝之治天下"⑦云云。所以，老子为周守藏室之史，著书五千言，援引古籍及圣人言，是很正常的。

不仅如此，从《汉书·艺文志》所载道家，老子以前，尚有伊尹、太公、辛甲、鬻子诸人，可知老子虽为原始道家，但道家并非始于老子也。老子著书五千言，不仅贯通上古乃至太古大道真脉，在学术上亦集古来道术之大成也。是故，魏源《老子本义》序云："黄老之学出于上古，故五

---

① 《左传》襄公9年。
② 朱彝尊曰：按《归藏》隋时尚存，至宋犹有《初经》、《齐母》、《本蓍》三篇，见《玉函上房辑佚书》辑《归藏》附《诸家论说》。
③ 《左传》昭公12年。
④ 《周礼》卷26。
⑤ 《国语·楚语下》。
⑥ 《列子·天瑞篇》。
⑦ 《庄子·天运篇》。

千言中,动称'古之所谓',称'建言有之',称'故圣人云',又尝引兵家之言、礼家之言。其宗旨见于《庄子·天下篇》,其旁出者见于《淮南·精神训》,其于《六经》也,近于《易》。"① 所谓"旁出者见于《淮南·精神训》",即《老子》之精神为后来《淮南·精神训》所引申也。老子援引古籍及圣人之言,颇有"六经注我"的味道,但不能因此否定老子哲学思维的创造性与开拓性,把它说成是古籍道论或圣人论道的简单辑录。对此,我们只能理解为,老子作为周守藏室之史,乃是上古、远古文化哲学的传承者,其为学贯通大道真脉者,主要是贯通黄帝《归藏》易"造化发育之真机"之精神。此讲诸子哲学,所以首老子者也。

《归藏》易所说"造化发育之真机"只是一种原理,一种精神。它惟有蓄养培育,发扬光大,始能成就一种巨大的文化精神。《老子》在文化哲学上的一个重要贡献,就是发明黄帝《归藏》易之原理,提出了蓄养之道,通过"尊道而贵德",蓄养人的生命精神。

二 "尊道贵德"的生命精神

《易传》所说《归藏》易包藏"造化发育之真机"者,即包含着一种生命精神也。如何使这种生命精神变得元气淋漓,变得生机盎然,成为一种生气勃勃的气象,从而使其流行浃化,生生相续,新新不停,以建立盛德富有大业,是中国上古圣贤明哲经常思考的一个最为现实的文化哲学问题。殷周历史上,虽然都经历过几次衰落与复兴,但若蓄养之道问题不解决,国家民族就没有斡流旋转、蓬勃盎然的大生机,没有生气勃勃的文化气象与创造精神,没有根本盛大而又层出不穷的精神力量与创造力量,那样,也就不能从根本上建立起盛德富有大业了。国家民族何以获得这种生气勃勃的文化气象与创造精神?应该如何蓄养这种精神力量与创造力量呢?它除了以大道哲学精神教化天下外,就是有国有天下者或经国治世者,以天道至德蓄养天下,使人民休养生息,具有能生能化的创造力。惟有天下得以蓄养,人民具创造力,才能从根本上培育国家民族文化生命。惟有国家民族生命从根本上得到蓄养和培育,于大化流行处生生不息,蓬蓬勃勃地发展,国家民族才能兴盛发达。故老子发明黄帝《归藏》易"造

---

① 魏源《老子本义》,上海书店1987年据商务印书馆1935年版影印。

化发育"的精神,提出了蓄养之道:

> 道生之,德畜之,物形之,势成之。是以万物莫不尊道而贵德。
> 道之尊,德之贵,夫莫之命而常自然。
> 故道生之,德畜之,长之育之,亭之毒之,养之覆之,生而不有,为而不恃,长而不宰,是谓"玄德"。①

王弼注《老子》"万物莫不尊道而贵德"之句,曰:"道者,物之所由也。德者,物之所得也。"② 物之所由,即万物所以生化者也,即老子所讲"谷神不死是谓玄牝"或"万物负阴而抱阳"③ 的存在,亦即阴阳化育之道也。此道也,天地缊缊,万物化精,无不负阴抱阳,而其几微之变,无限奥妙、无限美好、无限神秘,也无限神圣!它创造无限化育之真机,也创造了人及品类万汇的存在,可以说,只要有一阴一阳之道存在,有此阴阳化育的宇宙原理存在,不论什么神奇美妙的东西,都可以创造出来!而这一切皆是依机遇、因缘、象数、合变的特定环境、形势、情势而发生的。此即"道生之"也。但人及品类万汇的创造,能不能发育、成长、壮大,成为强大的生命存在,成为天地间的强大生命力量与创造力量,则是要靠"德畜之,物形之,势成之",特别是"物之所得"者何,对于物之成为什么样的存在,是极为至关重要的。故曰:德者得也,义者宜也。小德川流,大德敦化。这用儒家的话说,只有得"天地之大德曰仁"④ 的存在,得其"无不持载,无不覆帱"的大德,才能使"万物并育而不相害,道并行而不相悖"⑤,敦厚其化,成为根本盛大的生命,成为大化流行、生生不穷的存在。"道生之,德畜之,物形之,势成之",此讲道德之为本体大用也。

天地之大德,即"道"的全体之大用也,而其所谓"德"者,乃先天而言之也,而人领悟得"道"的全体大用,得之谓德,宜之谓义,即人所获得的道德,乃后天而言之也。《老子》之《道德经》,分为"道经"与

---

① 《老子》第51章。
② 王弼《老子注》第51章。
③ 《老子》第6、42章。
④ 《周易·系辞下传》。
⑤ 《中庸》第30章。

"德经"两部分。虽然上个世纪马王堆帛书本的《老子》"德经"在前，"道经"在后，与今本《老子》八十一章，分上下两篇，《道》上《德》下之分不同，但从其划分也可以看出，老子所讲"道德"，是包括先天后天两部分的：先天为"道"的全体之大用，后天为人领悟得"道"全体大用所获得的道德；而"德经"在前，"道经"在后，正说明人获得的道德在老子哲学中所处的重要位置。"德畜之"，乃主要指在人道德上的蓄养大用也。惟有这样看待道德的大用，讲"万物莫不尊道而贵德"，讲"德畜之，物形之，势成之"，才能理解老子哲学蓄养万物的道德精神！

在老子看来，大道旷荡，周行天地，亭毒含灵，养之覆之，长之育之，乃是自然之道，是"万物恃之以生而不辞，衣养万物而不为主"、"生而不有，为而不恃，长而不宰"的存在，是万物所出之本然者。这与《周易》讲"乾道变化，各正性命"① 是非常不同的。老子所强调的是天地之道的自然意义，是其自然法则与本然之理，而不是它主宰、统摄的地位。因此，他认为，蓄养之道就是顺乎自然法则与本然之理，而不是干预自然法则与本然之理。此即老子讲"人法地，地法天，天法道，道法自然"② 者也。王弼注此曰："道不违自然，乃得其性。"③ "道不违自然"，就是顺乎自然，不违背自然法则。惟顺乎自然，才不违万物自然本性，而若违背自然法则，就违背万物自然本性了。违背自然法则，胡乱作为，干预自然法则，违背万物自然本性，不但不能生化万物、蓄养万物，使万物得到造化发育，反而会破坏自然法则，使其丧失自然本性。

因此，最有效的生化与蓄养，就是不干预自然法则，后天而言之，就是教民以常，不扰民，不干预人民的正常生产与生活。古之大司徒之职，掌邦国之土地之图与民之数，其佐王安邦，一个重要的任务，就是教民以常。惟此，才能使士农工商四民，固其志而安其心，才能使其慎德而不轻易其业，也才能不争不乱而建立起正常的社会秩序。这不仅是佐王安邦的大事，也是为民制产、使万民慎德守业的根本。惟其如此，蓄之养之，才能使国家民族的枢机正常运转，动之于身，发之于物而不乱，才能为建立盛德富有的大业积蓄力量，建立起法则秩序。老子讲"道之尊，德之贵，

---

① 《周易·彖上传》。
② 《老子》第25章。
③ 王弼《老子注》第25章。

夫莫之命而常自然";讲"我无为,而民自化;我好静,而民自正;我无事,而民自富;我无欲,而民自朴"①等,其根本要义,就是不要干预自然法则,不要扰民,使天地万物得以蓄养。无为,并不是说什么事也不干,而是说不要人为地干预自然法则,打乱自然法则秩序。为,干预自然法则,则伪也。故王弼注《老子》"无为"句曰:"为则伪也。"②无为,就是要顺乎自然法则,就是要"莫之命而常自然",一切按自然规律办事。这就是老子哲学生化万物、蓄养万物所提出的根本原则,也是其根本精神所在。惟有无伪,惟有"莫之命而常自然",惟有不干预自然法则,惟有不扰民,使天地万物得以生化蓄养,才能培养国家民族的伟大生命精神,才能造就斡流旋转、生机盎然的大生机,也才能最终为盛德富有大业的实现奠定经济基础,提供文化力量与政治力量。

清儒孙奇峰先生在谈到《归藏》时说:"天下事不竭于发而竭于藏,退藏不密,生趣所以日枯也。故藏者,养也,坤元所以资生也。"③藏,即积蓄,即蓄养,即蓄养之道所在。不懂得《归藏》,不懂得"天下事不竭于发而竭于藏"的道理,即不懂万事万化之原也。天地间,消息盈虚,循环不已,不懂万事万化之原,必然造成生机破坏,生趣枯竭,待人消物尽时,岂不造成万物寝息,景象寂寥!真是那样,则人心毁,伦理乱,政道不立,事业尽废矣,还谈什么国家民族文明事业!由此可知老子发明《归藏》之义,讲生化之道与畜养精神,具有怎样的文化历史哲学意义了。

老子之学的生化之道与畜养精神,并非仅仅是发明《归藏》易的"造化发育"原理,也是得于伏羲《连山》、文王《周易》的乾坤之道、阴阳之理的,或者说,老子之学贯通上古大道哲学真脉,是包括伏羲《连山》、文王《周易》的乾坤之道、阴阳之理的。老子讲"谷神不死是谓玄牝",讲"万物负阴而抱阳"④的存在,就是对《连山》、《周易》乾坤之道、阴阳之理的承认,只是不承认乾道的主宰、统摄地位而已。

那么,老子怎样贯通《连山》、《周易》的大道真脉,发挥其蓄养精神

---

① 《老子》第55章。
② 《老子注》第3章。
③ 《夏峰先生集》卷4第140页。
④ 《老子》第6、42章。

的呢?《连山》首艮,纯艮,山上山下,象征着云气之出,连绵不绝。艮者,万物之所终始也,方位在东北,时间为正月。万物终始者,万物皆始于此,终于此也。因此,《连山》首艮,亦万物生化本体之存在。故黄裳曰:"山者,静而生万物者也,有仁之道也。"① 这与《归藏》首坤,坤为地,万物莫不藏于中,在本体论上是颇为相似的。但其讲阴阳消翕,则似《周易》一般,皆具乾坤之道、阴阳之理的,而且是在神妙万物上讲的。是故朱元昇说"长分消翕者,《连山》易至精至变至神之理寓焉",然"圣人作《易》之意,不言乾坤,是殆神夫数之始终,以妙其用也"②。

　　《连山》、《归藏》、《周易》三《易》之理,皆乾坤之道、阴阳之理也。《老子》贯通上古大道真脉者,即贯通三《易》乾坤之道、阴阳之理也。所辑《归藏》残篇,虽可见"所藏造化发育之真机",居蓄养之理,然未见《小畜》、《大畜》之卦。然据《三易备遗》,《连山》、《周易》皆有此二卦。《连山》易卦无辞,无明言生化之道与蓄养之理,但通过《周易》卦辞及象传,则是可见其生化之道与蓄养之理的。《周易》所谓《小畜》者,即阴畜阳也,即《易传》所说"柔得位而上下应之"③ 或"众阳为阴所畜"④ 之象。小畜出于物之相比附,故其有私也。凡其有国有天下者,利不欲其遗于下,福必欲其敛于上者,其谓为民制产、休养生息云云,皆小畜者也。小畜虽不能大成,但若其能以柔顺之德,畜群阳之志,或阳倡而阴和之,亦可积蓄而小有成就。若其以阴畜阳,以柔制刚,以危厉之道待天下,违背大多数人的意志,阴行其道,则必不能济其众而处艰险之中。即使不如此,小畜,众阳畜于阴也,其畜也浅且薄。"以一阴而畜五阳,能系之而不能固"⑤,故其畜终不能造就一代盛德富有大业的成就。而《大畜》则不然。"有无妄然后可以畜,故受之以大畜"⑥。故大畜者,无妄之畜也。天在山中,君在民中,皆大畜之象也。故"大畜刚健、笃实、辉光,日新其德。刚上而尚贤,能止健,大正也。利涉大川,应乎

---

① 《玉函上房辑佚书》辑《连山》附《诸家论说》。
② 《三易备遗》卷2、3。
③ 《周易·象上传》。
④ 《周易程氏传》卷1,《二程集》第747页。
⑤ 《周易程氏传》卷1,《二程集》第744页。
⑥ 《周易·序卦传》。

天也"①。因此，大畜者，乃阳居尊位、止于刚健中正者也，是无私无妄之畜也。大畜者虽然居上位，享天禄，然其所畜者，皆得于天地之大者。故其德内充，宜其正道，土地虽获而不多取，山泽虽利而不尽竭，施之于时，以畜养天下也。惟畜乎其大，养乎其大者，才能建大根基，成大气象，才能国运昌盛，建盛德富有大业，而无敌于天下。《老子》讲"夫物芸芸各复归其根"的"没身不殆"之道；讲"深根固柢，长生久视之道"②，就是讲的刚健、笃实、辉光，日新其德之《大畜》精神。此《老子》贯通上古大道真脉，发明《连山》、《周易》之道者也。

从《归藏》易的"造化发育"原理，到《连山》、《周易》的《小畜》、《大畜》之卦，蓄养刚健、笃实、辉光之德，已成为中国文化的一种根本精神。它到晚周时期，已成了中华民族的一种文化历史共识。不仅道家老子讲"万物莫不尊道而贵德"的蓄养精神，儒家也从《周易》的《小畜》、《大畜》之卦，发展起一种蓄养刚健、笃实、辉光，日新其德的精神。天下万物，惟有蓄之养之，才能亨通，才能利贞，才能使天下蒙其利，物得其宜而生，民被其泽而长，造成大生机，造成蓬蓬勃勃的国运亨通气象，造就历代复兴。不知蓄养，一味地消耗靡费，是不能持久的。故老子说："持而盈之，不如其已；揣而锐之，不可长久。"③《礼记》更说："国无九年之蓄，曰不足；无六年之蓄，曰急；无三年之蓄，曰国非其国也。"④ 由此想到中国的现代复兴，要想实现复兴，要想建立起盛德富有大业，是不能走一条以大规模地消耗靡费的道路的。那样不仅长久不了，而且是祸害无穷的。老子说："夫唯啬，谓之重积德；重积德，则无不克；无不克，则莫知其极；莫知其极，可以有国；有母之国，可以长久；是谓深根固柢，长生久视之道。"⑤ 啬，即节俭，即不靡费，即蓄之养之，即归复根本，即走一条不断蓄养自化、成就大业的道路。这条道路就是"处其厚，不居其薄；处其实，不居其华"，而若以靡费奢侈为"道之华"，则

---

① 《周易·象上传》。
② 《老子》第 16、59 章。
③ 《老子》第 9 章。
④ 《礼记·王制篇》。
⑤ 《老子》第 59 章。

"愚之始"① 也。此老子之学所提示于国人者也。

老子讲"莫之命而常自然",讲"万物莫不尊道而贵德",所具有的大道哲学蓄养精神,不仅影响深远,而且包含着一种大道教理。这种教理,是有它自己独特深厚的哲学基础的。这种基础就是老子"深矣远矣"的玄德哲学。

三 "深矣远矣"的大道教理

人类文化历史的深处,最能树立国家民族的信仰信念,影响人精神发展的文化形式,就是哲学与宗教。哲学所以能够成为教理,靠的是义理存在;宗教以宗为教者,靠的是神性存在。不论是哲学,还是宗教,要想建立人的信仰信念,影响人的精神世界,皆离不开本体论,离不开形而上学的最高存在。这不论中国还是其他国家民族都是一样的。

在中国几千年的文化历史上,也许没有任何人像孔子和老子的思想那样深刻地影响了中国人的思想与行为。孔子影响中国人的,是仁义礼智之教,是社会伦理道德;而老子影响中国人的,则是信仰信念,是深远的精神世界。哲学解决人的信仰信念问题,解决深远的精神世界问题,不能只是靠富有哲理的格言或者浅薄的知识论,而是要靠超越性存在,靠道德形而上学,以其深厚博大的本体论存在以为教理,解决宇宙万物的真相与本原问题,解决人的存在价值与意义问题,从而使人的生命有所安顿与依托。《老子》一书,正是这样一种具有深厚博大的本体论的哲学著作。本章前面讲"老子知《易》之体",讲了老子之学如何从本体论上贯通上古大道真脉。现在让我们看看,《老子》一书是如何以"深矣远矣"的哲学本体论,为人的存在提供大道教理的。

中国上古,虽自唐虞时期已将形上之道提升为"惟精惟一"的存在,但宗教信仰上,并没有离开神性的"上帝"存在,《虞书》讲"类于上帝"②;《商书》讲"惟皇上帝"③;以及《诗经》讲"皇矣上帝"④、"昊

---

① 《老子》第38章。
② 《尚书·尧典》。
③ 《尚书·汤诰》。
④ 《诗经·大雅·皇矣》。

天上帝"①等,就是这样。这些"上帝"一类的说法,汉唐儒家虽然皆释为上天皞肝光明的存在,带有祖先所出神的性质,但它在文化哲学上,仍属神性形而上学存在,在信仰信念上并没有完全摆脱宗教神秘主义。这发展到晚周就不同了。随着自然知识的发展,特别是纯粹道德形而上学的发展,原始道家老子第一次隐退了"上帝",将形上之"道"看作是先于"上帝"的存在。这就是老子所讲的"道冲而用之,或不盈。渊兮似万物之宗。吾不知谁之子,象帝之先"②的存在。把"道"看作是先于上帝的存在,在中国文化精神史上还是第一次。这不仅意味着文化哲学史上发生了一次哲学革命,道体形而上学代替了神性形而上学,而且从此开始了中国文化精神史上"以神道立教"的新时代。尽管这个"道"的存在,当时还带有神圣或神秘的性质,但以形而上学大道本体立教,建立人间的大道教理,在文化哲学上要比以"皇矣上帝"或"昊天上帝"立教理性得多了。它表示中国文化从此走向成熟。

那么,老子所说的先于上帝存在的道或大道究竟是什么样的呢?或者说老子据以为大道教理的究竟是怎样一种存在呢?如前所说,老子对道或大道的表述是多种多样的:或谓之"玄之又玄,众妙之门";或谓之"绵绵若存,用之不勤";或曰"渊兮似万物之宗";或曰"道者万物之奥"等等,但不管大道存在怎样"微妙玄通,深不可识",怎样"无狀之狀,无物之象",以及怎样"惚恍"、"绳绳"不可名状,但有一点,老子之学是非常肯定的,即道或大道是一个"寂兮寥兮,独立不改,周行而不殆"的客观实在,是一个能够生化天地万物,可以为"天下母"的存在;它也就是庄子所说的"未有天地,自古以固存"③的存在,列子所说的"化物者不化"④的存在。一句话,老子所谓道或大道者,乃是一个真实无妄、实有是理的存在,而不是虚妄的终极价值预设。故曰"其中有精"、"其中有信",而且"其精甚真"⑤。信仰信念的建立,虽然需要某种超越性的终极存在,但这种存在不能建立在理论预设或价值设定上,而必须是真实无

---

① 《诗经·大雅·云汉》。
② 《老子》第4章。
③ 《庄子·大宗师》。
④ 《列子·天瑞第一》。
⑤ 《老子》第21章。

妄、实有是理的存在，不然的话，所建立的信仰信念就会流于虚妄，甚至流于虚无荒诞。

人们一提起老庄哲学，总说它"虚无"，其实，老庄哲学虚无何有？老子作为原始道家的创始者，其为哲学本体论，一开始就是建立在道或大道本体真实无妄的存在基础上的。而其讲"玄之又玄"；讲"微妙玄通，深不可识"者，乃是因为道或大道本体属于形而上学存在，是"挫其锐，解其纷，和其光，同其尘，是谓玄同"的存在，是提升了又提升，抽象了又抽象，"损之又损，以至于无"的存在，一句话，形上之"道"或大道本体，是"道可道，非常道；名可名，非常名"的存在，是"无，名天地之始；有，名万物之母"的存在，而不是物性知识概念。它以"无"言之者，"欲以观其妙"也；以"有"言之者，"欲以观其徼"也。人惟有提神太虚，透视宇宙生命法则，将古往今来一切具体时空的生生化化存在，都虚化掉、抽象掉，剥落了再剥落，损之又损，于几微之变处，领悟那形上之"道"或大道本体的存在，领悟那造化一切、泯灭一切的存在，方能达"众妙之门"。悟得此者，谓之"玄同"；得于此者，谓之"玄德"。由此可以看出，老子之学乃是一种纯粹的道德形而上学，一种"有之以为利，无之以为用"[1]的体用之学，而非佛教的"本无"或将一切归于虚无、归于空寂者也。惟是道德哲学，惟是道德形而上学，它才能发展道德，发展出道德精神世界，惟有形上道或大道本体是一个真实无妄、实有是理的存在，它作为人生教理，建立信仰信念，发展为精神世界，才不陷入虚妄荒诞；而曰"玄之又玄"、"深不可识"者，只是领悟那"微妙玄通"的道体法则及其纯粹的真理性存在而已。

形而上学的大道本体，不仅是"独立不改，周行而不殆"的存在，"微妙玄通，深不可识"的存在，而且是"迎之不见其首，随之不见其后"的存在；是"大音希声，大象无形，道隐无名"的存在，而不是物的经验实在，故曰"玄德深矣、远矣！与物反矣"[2]。惟此玄远之道，才是超越性的永恒存在，才能作为大道教理，教化社会人生。人的生存，要想一生心有定力，要想有坚定的信仰与信念，过得不虚妄、不偏颇、不陷入非理性，不能只依靠感官材料获得那点儿支离破碎的知识，也不能只是盯

---

[1] 《老子》第1、4、11、48章。

[2] 《老子》第14、41、65章。

着眼前那点儿经验实在，而必须物物而不物于物，超越眼前的感官材料，超越物的经验实在及那点儿小知小识，于"大象无形，道隐无名"处，"善贷且成"，获得无上的真理性。此即老子所说"执大象天下往"，或曰"使我介然有知，行于大道"者也。惟此，人的一生，不论外部世界怎样驰骛不息、变动不居，怎样富于迷人的色彩及诱惑力，才能不失足、不迷误，不丧失自我，才能"往而不害，安平太"①。

老子的大道教理，不仅作为道德形而上学存在，"深矣远矣！与物反矣"，而且作为"大象无形，道隐无名"的存在，作为"微妙玄通，深不可识"的存在，也是极其深远博大的。既然道体存在"微妙玄通，深不可识"，那么，怎样理解或体悟这个"不可识"的存在及其立教大用呢？老子不仅对它的存在"强为之容"，进行了极为玄妙美好的描述，并且对其立教之用，做了极为生动的解说：

> 豫兮若冬涉川；
> 犹兮若畏四邻；
> 俨兮其若容；
> 涣兮若冰之将释；
> 敦兮其若朴；
> 旷兮其若谷；
> 混兮其若浊；
> 澹兮其若海；
> 飂兮若无止。
> 孰能浊以静之徐清？
> 孰能安以动之徐生？
> 保此道者不欲盈。
> 夫唯不盈故能蔽而新成。②

在老子看来，道或大道本体，就像冰之消化一样融和；未琢之材质一样素朴；而它的存在，就像空谷一样开阔，幽谷一样深邃；其浑朴纯厚，虽像浊水，而沉静恬淡，则像大海一样苍茫浩瀚寂静；它飘逸辽阔的样

---

① 《老子》第35、53章。
② 《老子》第15章。

子，则是无止境的存在。不要以为道或大道本体深不可测，难以捉摸，但人的一生，还必须像足涉冰川一样小心谨慎，像警惕野兽一样不要轻举妄动，像等待贵宾到来一样端庄、严肃、谨慎。谁能浊以静之，则徐徐而清；能安静而后动之，就能保持悠闲的生存活动。保持此道，是不能自满的；惟有不自满，才能敝而新，不断进步。此即老子以深远博大之大道立教者也。惟有大道本体存在博大、深厚、悠远，立而为教理，才能培植博大、悠远、厚重的人生。"道之在天下，犹川谷之于江海"①，岂有道不博大深厚者，能经天下之大经，立天下之大本，建构博大、深厚、悠远之精神世界的！

　　老子道体"深不可识"之说，颇似康德哲学物自体"不可知"的存在。但在康德那里，不可知之物，乃是上帝或神一类的存在，曰"不可知"，只是说上帝或神是属于信仰领域的存在，是超越人的认识能力的，是不可被经验实证的。老子所说的"深不可识"，则是"道"的形而上学存在。它虽然于至神至妙形而上处"深不可识"，然其向下延伸、流贯、朴散、落实，于流行处讲，则是周流一切，贯通一切，无处不存，无处不在的。此道"寂兮寥兮，独立不改，周行而不殆，可以为天下母"者也，亦"大道泛兮，衣养万物而不为主，可名为小；万物归焉而不为主，可名为大"②者也。故道不远人，是可征之于天地万物的。道虽"深矣远矣"，然惟不远人，可征之于天地万物，立以为教理，才可介然有知，行于大道。

　　这并不是说道或大道存在，只于流行处具有无妄的真理性。大道向下延伸、落实、朴散、泛布，于流行处说，虽然万物无不负阴而抱阳，无不阴阳相推相摩、相激相荡、相生相化，但把它提升抽象为阴阳之道的纯粹法则，提升抽象为形而上学大道本体，则是"乃公、乃全"，于大不终，于小不遗，充天地，包六极，备万物，大全一切、统一一切、范式一切的存在。此即文子所谓"万物变化，合于一道"③，庄子所谓"恢恑憰怪，道通为一"④ 者也。此道或大道本体，千变同为一化，万异归于一宗者也。

---

① 《老子》第32章。
② 《老子》第25、34章。
③ 《文子·自然》。
④ 《庄子·齐物论》。

其"深矣远矣",不仅具有为万物所宗的全面性、统一性与圆满性,而且具有纯粹法则的纯一性与绝对性。人是不能只于变动不居的世界获得真理的,那样获得的真理是靠不住的,所建立起来的信仰信念是不坚定的;只有会其玄极,会通那"深矣远矣"的存在,凝神玄鉴,获得纯一绝对的真理性,才能建立起坚定的信仰信念,才能知万物之总,百事之根,亦应无穷。此老子"孔德之容,惟道是从"、"抱一为天下式"者也。此道虽深远玄极,然惟有立此道以为教,才能"曲则全,枉则直,洼则盈,敝则新";才能"天得一以清,地得一以宁,神得一以灵,谷得一以盈,万物得一以生,侯王得一以为天下贞"①。物于物,从感官材料处获得的那点儿小知小识,因是因非、因非因是,其为道也,是无此大用的。

由于老子"知《易》之体",知《归藏》易之体也。《归藏》易,乃"反本复始"之义也,用明儒王应麟的话说,意在"阖而辟,静而动"②,而不是《周易》的"大哉乾元! 万物资始,乃统天"③ 的存在。因此,其为"道"也,虽为一种大道旷荡、不可左右的存在,一种"独立不改,周行而不殆"的存在,但老子注重它的,不是阳刚的一面,不是它至刚至健、至中至正的道体本质,而是其虚静、至柔的本体论性质。老子讲"玄牝之门"、"天地之根"的"绵绵若存,用之不勤"的存在以及讲"道常无为"、"重为轻根,静为躁君"等,就是讲的大道本体虚静至柔之存在性质。这种本体论存在,不仅于至极处讲,深奥悠远、微妙玄通,于根本处讲,更有一种虚静、柔美、笃厚、婴儿般的淳朴,故曰"含德之厚比于赤子"④。有什么样的哲学本体论,就会引出什么样的教理。老子以虚静、至柔而为道体的根本存在,自然其为大道教理,教人以"归根"、"复命"、"知常"、"不妄作"之理,教人"知其雄,守其雌,为天下溪"⑤ 之道等等。这与《周易》所追求的刚健、中正、大美、崇高、神圣境界相比,自然是另一种人生境界。如果说文王、周公以《周易》"刚中而应,大亨以正"的天道为教理,为华夏民族制定了一部刚健文明之礼教的话,那么,

---

① 《老子》第21、22、39章。
② 《玉函上房辑佚书》辑《归藏》附《诸家论说》引。
③ 《周易·象上传》。
④ 《老子》第6、26、37、55章。
⑤ 《老子》第16、28章。

老子则以《归藏》坤道的虚静、深厚、至柔的道体为教理，为华夏民族建立了另一种人生哲学，那就是追求"致虚极守静笃"的根本存在及"生而不有，为而不恃"①的旷达人生。

中国原始道家，老子之前的伊尹、太公、辛甲、鬻子等人，讲"天下熙熙，一盈一虚"②之道；讲"神明之德，正静其极"③；讲大道的"覆天地，廓四方，斥八极，高而无际，深不可测"④的存在，已带有哲学本体论的性质，并且以此为教理，开始引出为治之道与人生哲学了。但他们并没有像老子这样，把先验道体存在发展为一种虚静、深厚、至柔的道德形而上学体系，并以此为教理，引出整个人生哲学与政治哲学，发展出一种虚无、寂静、美好的精神世界。这在中国精神史上还是第一次。由此也就可理解老子在中国精神史上的地位了。

那么，老子以大道教理教人怎样的一种社会人生呢？或者说让人追求一种怎样的社会人生及精神世界呢？要弄清这一点，就不能不进一步探讨老子"守雌而不争雄"的人生哲学与"无为而治"的政治哲学。

四 "守雌不争雄"的人生哲学

哲学的一个重要任务，就是揭示人生的意义，即人为什么活着，怎样活着？如何揭示人生意义呢？怎么回答"人为什么活着，怎样活着"这一根本的理论问题呢？从浅薄的知识论出发，人是生物有机体，追求物欲、情欲、性欲，追求功利目的，似乎是天然合理的。但这样的回答，就把人置于动物的行列，人的追求、人活着的意义，就与动物没什么区别了。这显然与道德哲学家或精神哲学家的使命不相符。老子讲"人法地，地法天，天法道，道法自然"；讲"道生之，德畜之，莫之命而常自然"⑤等，无疑属于自然本体论学说，然其所说的"自然"，乃是在"自然而然"意义上讲的，指自然法则、自然之道，并非指生物物理世界的存在。因此，

---

① 《老子》第2、16章。
② 《六韬·盈虚第二》。
③ 《六韬·大礼第四》。
④ 《鬻子·大道文王问第八》。
⑤ 《老子》第25、51章。

研究老子人生哲学，不能以停留在自然主义哲学本能论上，而应在道德形而上学高度，考虑人性本体论的存在。

老子虽然没有直接秉承上古关于人有先天道德本性的一些说法，如《诗》、《书》讲"惟皇上帝，降衷于民，若有恒性"①；"民之秉彝，好是懿德"② 等等，但他却从虚静、深厚、至柔的大道本体存在，提出了自己的先天道德本性论。它就是《文子》引老子的话："人生而静，天之性也；感物而动，性之欲也。"③ 汉代儒家把这句话编入《礼记·乐记》，遂成为儒家经典，而不知它出于道家老子也。故明儒胡应麟曾说："若知其出于老氏，宋儒必洗垢索瘢，曲为讥评，但知其出于《经》，则护持交赞。"④ 少室山人之说，在于批评宋儒。但从哲学上看，"人生而静"的说法，与老子"归根曰静"的本体论是一致的，把它视为老子之说，或者说回归老子本义，应是不错的。老子讲"人生而静，感物而动"，不仅将先天后天、形上形下的人性本质界定得极为清楚，也为其人生哲学提供了心性本体论根据，或者说，使老子虚静、深厚、至柔的大道教理，向下落实为人生哲学时，有了深厚的心性本体论基础。

老子正是从"人生而静"，从"归根曰静"的心性本体论出发发展自己的人生哲学的。老子认为，人生来淳朴如婴儿，虚静如处子，是没有宠辱、没有大患及身的，但是，人生感物而动，意识到自我存在，即"吾有身"，于是开始了非理性追求；而人在进行这种追求时，"五色令人目盲，五音令人耳聋，五味令人口爽，驰骋畋猎，令人心发狂，难得之货，令人行妨"，于是有了宠辱祸患，并且在"宠辱皆惊"中丧失理性，丧失自我，丧失自我淳朴如婴儿、虚静如处子的本质。自我所以有此大患，在于自我有了自身，为自身的满足，不顾及理性，智出于外，不能自反，"及吾无身，吾有何患？"圣人绝不以人易天，不能以物欲扰乱真情性，为满足自身浅薄的物欲而丧失淳朴的本质，故其"去彼取此"⑤。

因此，老子人生哲学最为根本的要求，就是归复人的自然本性，老子

---

① 《尚书·汤诰》。
② 《诗经·大雅·烝民》。
③ 《文子·原道》。
④ 《少室山房笔丛》卷5，《丹铅新录一》。
⑤ 《老子》第12、13章。

所说人的自然本性，不是指人的生物本能，而是指人的本然之性。王弼注"道法自然"句说"自然者，无称之言，穷极之辞也"；"道不违自然，乃得其性。法自然者，法圆于自然无所违也"①。可知老子所说的"自然"，不是西方自然主义哲学所说的生物物理的世界存在，而是在自然而然、不违自然本性存在上讲的。老子讲道、讲德、讲人的自然本性，皆是在这个意义上讲的。在老子看来，自然本性不仅是人最为本质的规定性，也是人生圆满无所违的存在；失却了自然本性，不仅失去了自我，也就失去了人生圆满自足存在的意义。晚周时期，不论是民多利器、人多伎巧，还是奇物滋起、法令滋彰，都扭曲了人的自然本性，特别是当人为了豪华奢侈或权力地位而陷入非命争斗时，更是失去了自我本然的存在，失去了圆满无所违的自然本性。因此，在老子看来，人生哲学最为急迫的任务，就是提醒人不要失却自然本性。所讲的"常德不离，复归于婴儿"；"常德乃足，复归于朴"②，就是归复人的这种本性存在。

老子的人生哲学不仅要人回归自然本性，更要人贯通天地性命之理，追求生命的常道法则。老子认为，"道大、天大、地大、人亦大。域中有大，而人居其一焉"，人在天地万物的存在中，本来是非常伟大的！但由于人在天地万物的存在中不自觉，不仅丧失了主体性，变得非常渺小了，而且在人与外部世界的存在中，已经意识不到二者孰重孰轻了。故其提问："名与身孰亲？身与货孰多？得与亡孰病？"由于人的不自觉，常常忽略了一个人生悖论，即"持而盈之，不如其已；揣而锐之，不可长保；金玉满堂，莫之能守；富贵而骄，自遣其咎"；"甚爱必大费，多藏必厚亡"。因此在老子看来，"祸莫大于不知足，咎莫大于欲得"；惟"知足不辱，知止不殆，可以长久"。天地之间，一切皆是"曰大曰远、曰逝曰反"的，皆是要回归到本原之中去的。人的生存活动也是这样，一旦达到登峰造极的高度，总是要向下、向本原处回落的。这是永恒的天道命令，是不可改变的常道法则。人生为外物所诱惑，总是驰骛不息，总是躁动不居，最终是要失去自我、失去存在的根本性的。要解决这个问题，人不仅是返回个体自我的淳朴本性，更要返回到母体，返回到大道本体中去，返回到"归根"、"复命"、"知常"的存在中去。人之生也，惟有归根、复命、知常，

---

① 王弼《老子注》第25章。
② 《老子》第28章。

才算是真正活得明白，才能宽容淡定地对待外部世界的一切，而不陷入虚妄，遭受凶险。老子讲"大成若缺，大盈若冲，大直若屈，大巧若拙"；讲"见小曰明，守柔曰强。用其光，复归其明，无遗身殃，是为袭常"①，就是讲的常道法则为性命之守。

追求常道法则，追求大道本体存在，是老子人生哲学的核心，整个虚静、深厚、幽远的道德精神世界，也是由此开出的。这种哲学所以出现在晚周时期，乃是源于当时自我意识的空前觉醒，而这种觉醒是随着自然知识的增长及神性宗教信仰的崩溃而发生的。它一方面使人为自我存在而肆无忌惮地驰情逐物，另一方面，随着神性宗教信仰的崩溃，道体形而上学尚不能建构起人的信仰信念，人变得心不知所安，性不知所守。因此，如何从哲学本体论上解决人的信仰信念问题，以安性命之情，成了圣人明哲必须解决的问题。老子面对晚周时期纷纷藉藉、不知其几的追求，意识到一种巨大的生存法则，即一切强大的东西，物极必反，都转向它的反面，那就是他所说的"兵强则灭，木强则折"、"坚强者死之徒，柔弱者生之徒"以及"勇于敢则杀，勇于不敢则活"② 等等。在老子看来，天地万物，一切强势的东西，都是不能持久的，包括暴风骤雨也是这样。故曰"飘风不终朝，骤雨不终日"。天地的狂暴尚不能久，而况于人乎？"企者不立，跨者不行，自见者不明，自是者不彰，自伐者无功，自矜者不长"，"物壮则老，是谓不道，不道早已"。一切自以为强大者，都不能长久。因此，老子提出了一种人生哲学：宁守雌而不争雄，即他所讲的"知其雄，守其雌，为天下谿"，"知其白，守其黑，为天下式"。"谿"同"谷"。"为天下谿"者，"知其雄，守其雌"，应成为天下的常道法则；"为天下式"者，"知其白，守其黑"，应成为天下的范式。在老子看来，遵守这种法则与范式，乃是道的所在、德的所在。只有这样去做，只有"知其雄，守其雌"，"知其白，守其黑"，与道同道，与德同德，才能给人生带来快乐！不守常道，失于此，只能自己倒霉，也就没有什么快乐了。这就是老子所讲的"从事于道者，同于道；德者同于德；失者同于失。同于道者，道亦乐得之；同于德者，德亦乐得之；同于失者，失亦乐得之"③ 的道理。

---

① 《老子》第 9、25、44、45、46、52 章。
② 《老子》第 42、73、76 章。
③ 《老子》第 23、24、28、30 章。

老子"宁守雌而不争雄"的哲学，是与儒家刚健不息的哲学不同的，更是与尼采的"权力意志"哲学不同。因为老子的人生哲学，是以"深矣远矣！与物反矣"的大道为教理的。此道与物的经验实在之道是不同的。它不仅"深不可识"，而且是无形无象、极为"微妙玄通"的。因此，以大道为教理的人生哲学，有着极为高远幽深、极为玄奥神妙的道理。它概括起来，主要有以下四个特点。

一曰虚：虚，即虚静，即"致虚极，守静笃"，即"归根"、"复命"，即追求"道"的纯粹法则，而不是空虚、空寂，不是一无所有的虚无。故曰"空虚不毁万物"①。道是"有之以为利，无之以为用"的。在老子那里，虚静，不仅是一种美，一种肃穆，一种幽深的人生境界，更是一种静笃深远的道德境界，一种道体大全世界的永恒存在！人生惟有进入这种境界、这种世界，才能长久，没身不殆。可知，老子守雌而不争雄的哲学，实乃是要人守护大道本体，不离人生之根本，归于淡泊宁静之境。人生所以失落，所以犯错误，所以出现吊诡，所以不立、不行、不明、不彰、无功、不长，走到"赘形"的地步，就是不能像婴儿、处女一样，处于虚静状态，而是躁动不安，过多地炫耀自己、夸饰自己。在老子看来，人生的根本处，乃是"重为轻根，静为躁君"的，是"静胜躁，寒胜热"的。故曰"清静为天下正"。人的一生，"虽有荣观"，莫若"燕处超然"。守住根本，守住谦虚清静的本质，才是人生长久之道②。此即班固所说道家哲学"合于尧之克攘，《易》之嗛嗛"③者也。"克攘"，即《尧典》尧之"允恭克让"也。"嗛嗛"，即谦谦也。《周易》子夏传，《谦》卦释文作"嗛"，嗛，谦也④。由此可以看出，老子哲学不仅教人不要伤本离实，亦有一种谦虚的精神。

二曰柔：柔，即柔顺，即柔和，即不刚不暴，即上善若水之性，即庄子说老子之学的"其动若水，其静若镜，其应若响"⑤的功用，即司马迁

---

① 《庄子·天下篇》。
② 《老子》第11、24、26、28章。
③ 《汉书·艺文志》。
④ 《玉函上房辑佚书》辑《〈周易〉子夏传》卷上。
⑤ 《庄子·天下篇》。

说道家的"与时迁徙,应物变化"①的适应性。人之能柔,方能不折;能"其静若镜,其应若响",才能无所不应;能"与时迁徙,应物变化",才能与时俱进,而不落伍。"反者道之动,弱者道之用";"天下之至柔,驰骋天下之至坚"。水看似很柔弱,但却能绕过一切障碍堵截川流不息,甚至汇成滔滔江河与浩瀚大海,载得动大轮,卷得起巨浪。故曰"上善若水,几于道";故曰"天下莫柔弱于水,而攻坚强者莫之能胜"。老子认为,人生过分强势,是不利于生存的,所说"强梁者,不得其死",即是这个道理。此老子贵于守柔之说也。此说,有说"合于《易》",有说得于其师常枞②。从整个老子哲学体系看,老子贵于守柔之说得于虚静、阴柔的《归藏》易,应该说是没问题的。但不管是"合于《易》",还是得于其师常枞,老子哲学注重人生守柔之理,则是肯定的。在老子看来,一个善于生存的人,他不仅要善于判断选择,而且要时刻保持内心平静,善于掌握时机,那种遇不平事即拍案而起、挺身而斗者,算不得英雄杰俊。此即老子所说"居善地,心善渊,动善时"者也。老子认为,"弱之胜强,柔之胜刚,天下莫不知,莫能行"的行为。人的行为,无非要达到某种目的,取得某种效果,就要使"弱之胜强,柔之胜刚"成为理性自觉,凡事不能硬来,不能以势压人,不能强迫人接受。故曰"善有果而已,不敢以取强"。只有"果而勿矜,果而勿伐,果而勿骄,果而勿强"③者,才能真正达到预定目的,取得好的效果。

三曰无为:无为,即不躁动,不矫情,不强作,不妄为,不矜持,不恃己能,不加强力意志,不凭持着什么胡作非为,一切皆顺乎自然。天地万物,皆是"生而不有,为而不恃,功成而弗居"的。在老子看来,"大

---

① 《史记·太史公自序》。

② 《说苑·敬慎篇》载:常枞有疾,老子往问焉,曰:"先生疾甚矣,无遗教可以语诸弟子者乎?"常枞曰:"子虽不问,吾将语子。过故乡而下车,子知之乎?"老子曰:"非谓其不忘故邪?"曰:"嘻!是已。过乔木而趋,子知之乎?"老子曰:"非谓敬其老邪?"曰:"嘻!是已。"张其口而示老子曰:"吾舌存乎?"老子曰:"存。""吾齿存乎?"老子曰:"亡。"常枞曰:"子知之乎?"老子曰:"舌之存也,岂非以其柔邪?齿之亡也,岂非以其刚邪?"常枞曰:"嘻!是已。天下之事已尽矣,无以复语子矣。"

③ 《老子》第8、30、40、43、76、78章。

道泛兮，万物恃之以生而不辞，衣养万物而不为主"，人为何要主宰什么、统治什么呢？"道"是"常无为而无不为"的，是一切皆自然而然的，人为何要强力去做什么，把自己的权力意志强加于万物呢？不要以为自己是最有学问、最有道德修养的！这种学问或道德，可能是浅薄的知识与主观意志，用之强力施于外物，就干预了自然法则，伤害了万物自然本性。真正有学问、有道德的人，并不这样。他们一切顺乎自然，从不胡乱作为。只有知识浅薄、没有道德的人，才胡乱作为。故老子说："上德不德，是以有德；下德不失德，是以无德。上德无为而无以为；下德无为而有以为。"在老子看来，只有"莫之命而常自然"者，只有悠然自得、顺乎自然而成功者，才谓之"我自然"，亦"希言自然"[①]者。用宋儒的话说，就是"天地不宰而成化，圣人有心而无为"[②]。

四曰不争：不争，即不争斗，不争辩，不好为人先，不居功自恃，不以"生存竞争"为生命法则。老子认为，"天地所以能长且久者，以其不自生，故能长生"。所谓"不自生"，即不自营、不自私、不竞争、不作为。天地正是因为不自营、不自私、不竞争、不作为，所以才能无为而无不为，才能运行不息、"不宰而成化"，永恒长久。圣人以天地法则为法则，故其"为而不恃，功成而不处"。惟此，是故圣人"后其身而身先，外其身而身存"。此即"天之道，利而不害；圣人之道，为而不争"者也。天不争自高，地不争自厚，万物不争，放于自得之场，皆"生而不有，为而不恃，功成而弗居"，生生不息。人为什么要争呢？争就能像天地一样伟大，像万物一样生生不息了吗？老子认为，人的力量不在于争斗，而在于有自知之明，在于能够战胜自己的弱点，成为理性自觉的存在者。故曰"自知者明，自胜者强"。老子认为，"水善利万物而不争"，故才"几于道"；"江海以其善下之，故能为百谷王"；而人"惟夫不争"，才能无忧无虑、自由自在地生存；惟其不争，才"天下莫能与之争"；如果你争，别人处处与你争，那你就什么事也干不成了。老子认为，"信言不美，美言不信；善者不辩，辩者不善；知者不博，博者不知"；"善为士者，不武；善战者，不怒；善胜敌者，不与；善用人者，为之下"。这样的人，

[①] 《老子》第 2、17、23、37、38、51 章。
[②] 《河南程氏粹言》卷 2。

才算有"不争之德",才符合最高的天道法则,即"配天之极"①;那些善于争斗者、夸夸其谈者、信誓旦旦者及以小知小识嚣嚣于天下者,未必是善良之辈!也未必是真正的成功者!这就是老子无为不争的哲学!老子正是以这种哲学,为后人提供了一种与现代生存竞争不同的生存法则。

老子面对着世事纷争搅扰,他的"虚"、"柔"、"无为"、"不争"的人生哲学,是带有很强的自我保护生命意识的。虽然这种意识是以"深矣远矣"的大道教理为基础的,是受"微妙玄通,深不可识"的道体哲学支配的,但过于强调自我保护、自我生命意识的存在,讲"不敢为天下先"、"吾不敢为主而为客,不敢进寸而退尺"等,也会贬低缩小人的生命存在的伟大价值,使人畏首畏尾,而不能使自我于自得之场,过一种自由自在的生活;更不能冥于物而循大变,于无待而常通处,获得人生最大的自由!特别是讲"将欲歙之,必固张之;将欲弱之,必固强之;将欲废之,必固兴之;将欲取之,必固与之";讲"鱼不可脱于渊,国之利器不可以示人"② 等,等于将其宁静、深远、笃厚的人生哲学变为社会群体之间的利害操作了;发展到这个地步,它被后世发展为权谋之术就不足为奇了。这恐怕也是老子始料未及的。

但总的说,老子的整个哲学是深厚博大的。它不仅表现为"微妙玄通,深不可识"的哲学本体论、"深矣远矣"的大道教理及其"虚"、"柔"、"无为"、"不争"的人生哲学,更意识到天下之治,应该政出于民,因而提出了"圣人无心,百姓之心为心"的政治哲学。

五 "以百姓之心为心"的政治哲学

中国唐虞时代就发展出了一套"选于民,荐于天"的神圣的政治民主制度,也以人类空前未有的智慧,创造出了保障国家政治权力正常更替的禅让制度。这些政治制度,虽然是中华民族以极大的智慧创造的,但它只是提供了一个政治原理,一个政治哲学框架,许多细节问题并没有完全解决。例如,第一,它讲"天下者,乃天下人之天下";讲"天子不能以天下与人",虽然明确了国家权力属于"天下为公"的性质,但这种性质,

---

① 《老子》第2、8、33、66、68、78、81章。
② 《老子》第22、36、67、69章。

怎样才能保障不颤变为权力私有的问题，并没有真正解决，夏桀、商纣及周幽、厉王把国家权力攫为私有，走向腐败堕落就是这样；第二，这套制度，讲"天视自我民视，天听自我民听"①；讲"天与之"，"天不言，以行与事示之"，最终是"人与之"②，虽然在"天人不二"、"天心即民心"的意义上，道出了政出于民的本质，但在政治哲学上，神与人的关系、神圣性与民主性的关系，仍然笼罩在神秘主义之下，并不能真正保证政出于民的实现。因此，怎样保障国家权力不颤变为"私有"与保证政出于民的实现，仍然是需要以极大的智慧去解决的两个政治哲学问题。

西周末的文化历史发展，促使许多圣贤明哲不得不思考这类政治哲学问题。如厉王弭谤，监视人民言论自由，凡谤者，告则杀之，致使"国人莫敢言，道路以目"，最后被人民推翻，流放于彘。这在中国古代政治历史上可不是一件小事！这件事不仅说明了人民的政治觉醒，显示了人的政治主体性，也说明"民虑之于心而宣之于口"是具有民主合理性的。召公谏厉王"防民之口，甚于防川，川壅必溃，伤人必多"③，正是对人的政治主体性及民主合理性的承认。芮良夫反对厉王专利，讲"百物之所生也，天地之所载也"，不可专利，不可变为王者私有，否则，激怒人民，就有"不备大难"④；讲"民归于德，德则民戴，否则民仇"⑤，也是对人的政治主体性及民主合理性的承认，而且这种承认把人的生存放到太公所说"天地万物之至情"的高度。承认人的政治主体性及民主合理性，就是承认人民是社会历史的主体，一切政治作为都必须尊重民意，尊重人民的想法，尊重人民的历史地位，因而一切政道与治道，都必须出于人民的需要，即政出于民。

这发展到春秋初期，随国大夫季梁面对楚国的进攻，对其国君说"夫民，神之主也。圣王先成民而后致力于神"⑥；虢国史官史嚚，面对虢公的

---

① 《尚书·泰誓》。
② 《孟子·万章上》。
③ 《国语·郑语》。
④ 《国语·周语上》。
⑤ 《逸周书·芮良夫》。
⑥ 《左传·桓公》6年。

祭神求赏行为，讲"国将兴，听于民；将亡，听于神"；讲"神依人而行"①，不仅承认人的政治主体性，而且在处理人与神的关系上，则把人明确放到了政治历史主体地位。另外，管仲讲牧民，虽然仍讲"顺民之经，在明鬼神"，但讲"政之所行，在顺民心；政之所废，在逆民心"②；及讲"非人情难近"、"非人情难亲"③ 等，在人与神的关系上，也是把人及人情人心放到了政治历史主体地位的。季梁、史嚚、管子的政治哲学，虽然仍承认神的存在，但其讲政道与治道，把人放到政治历史主体地位，承认人心不可违，这在春秋时期应该说是政治哲学的一种理性发展与进步。它的核心问题是政治民主，是政治哲学以何者为本的问题，亦即如何解决政出于民的问题。但这个问题在春秋初期，仍然是笼罩在神秘主义之下的，它在政治哲学上并没有真正解决。

这种思想发展到春秋后期，即发展到晚周的老子，则隐退政治哲学中的神性形而上学存在，把民心看作政治哲学的根本，提出"以百姓心为心"，从而最终解决政出于民的纯粹理论问题。他说：

> 圣人无常心，以百姓心为心。善者，吾善之；不善者，吾亦善之，德善。信者，吾信之；不信者，吾亦信之，德信。圣人在天下歙歙焉，为天下浑其心。百姓皆注其耳目，圣人皆孩之。④

"圣人无常心"，帛书作"圣人常无心"。"圣人无常心，以百姓心为心"，就是有国有天下者，凡政事不要有自己的主观想法与意见，而要无思无为，一切以老百姓的心为心，为政治取向；而且对于老百姓的心、老百姓的想法、老百姓的言论，美好也好，不美好也好；诚实也好，不诚实也好，皆不以自我为中心，以自己的主观意愿做政治判断，而是"善者，吾善之；不善者，吾亦善之。信者，吾信之；不信者，吾亦信之"。惟此，才是自我的"德善"与"德信"，才是政治家美好的道德品质与诚实态度。此即老子政出于民者也。老子的哲学已经将神或"上帝"一类的神性形而上学隐退。因此，老子从来不谈神，不谈神性形而上学存在，只讲过

---

① 《左传》庄公 32 年。

② 《管子·牧民第一》。

③ 《史记·齐太公世家》。

④ 《老子》第 49 章。

一句"道"的存在"象帝之先"①。老子的政治哲学，乃是属于"道法自然"的学问，属于道德形而上学的组成部分。因此，它所显示的乃是一种道德精神。在老子的政治哲学中，政之所出，只有圣心与民心、政治家与人民的关系，没有任何神性形而上学存在，没有那层神秘的关系。政之所出，只要圣人之心"以百姓之心为心"就够啦！

"圣人无常心"，不仅是说圣人或政治家不要有任何主观的想法意见，更是说他们应该有一颗孩子般的淳朴心灵。故曰："圣人皆孩之。"惟圣人或政治家的内心像孩子一般淳朴，无思无为，才能"以百姓之心为心"，不干扰百姓的正常生存与生活，天下也才无事。此老子所以讲"圣人之治，虚其心，为无为，则无不治"者也。也许是当时有国有天下者太多事、太干预自然法则，太扰乱人民生存了，所以老子才诅咒般地说："绝圣弃智，民利百倍；绝仁弃义，民复孝慈。"圣人之治天下，"其政闷闷，其民淳淳；其政察察，其民缺缺"；而若不然，你越是不淳朴，天下就越糟糕！老子认为，国家的政治权力乃天下之大器、神器也，是不可随意胡乱执掌操弄的，否则，就会给天下带来灾难。故曰"天下神器，不可为也"。即使欲取天下而为之，也是不得已的事。除此，随意胡乱执掌操弄国家之大器、神器，必然是"为者败之，执者失之"，而"圣人无为，故无败；无执，故无失"②。

老子的"以百姓之心为心"，并非指现代意义上的政治诉求，而是指老百姓的生存诉求之心而言的，是以百姓平常之心为心说的。老子哲学属于自然本体论，因此，其讲政治的诉求、欲望、目的，皆是立于自然本体论基础上的，而不是要人轻身赴利，弃我殉物，追求外在的东西。因此，其讲"圣人无常心，以百姓之心为心"，就是要圣人、政治家不要过分重视自身的价值，不要以外在的东西攫人心，而要无为以安天下性命之情，将人民放于自得之场，自由自在地过活生存。此即老子讲"贵以身为天下，若可寄天下；爱以身为天下，若可托天下"者也。老子的政治观，特别重视无为而治，重视"以无事取天下"，认为有国有天下者越是多事，就愈是干预自然法则，愈是攫人心，因而天下也就愈是难治。所说"天下多忌讳，而民弥贫；民多利器，国家滋昏；人多伎巧，奇物泫起；法令滋

---

① 《老子》第4章。
② 《老子》第3、19、29、58、64章。

彰，盗贼多有"；及讲"民之饥，以其上食税之多，是以饥；民之难治，以其上之有为，是以难治；民之轻死，以其求生之厚，是以轻死"，就是讲的经国治世者多事所造成的天下之灾难，从而难治。在老子看来，圣人或政治家不仅要有一颗淳朴的心，更不要干预自然法则，扰乱人民的正常生活。故曰："我无为而民自化。我好静而民自正。我无事而民自富。我无欲而民自朴。"①

"以百姓之心为心"，指以"老百姓的生存诉求为心"，"以百姓平常之心为心"，这样讲在理论上应该说是不成问题的，因为它可以保障政出于民的最基本的要求。但若从老子哲学的自然本体论看，此"百姓生存诉求之心"或"百姓平常之心"，实乃是指当时原始的个体农业经济下的百姓生存心态，而且这种心态是处在封闭环境下的。老子讲"小国寡民，使有什伯之器而不用；使民重死而不远徙；虽有舟舆无所乘之；虽有甲兵无所陈之；使民复结绳而用之。甘其食，美其服，安其居，乐其俗。邻国相望，鸡犬之声相闻，民至老死不相往来"②，就是指其"小国寡民"的百姓生存心态；同时，它也是老子的政治理想。这种理想，人们各于自得之场，甘其食，美其服，安其居，乐其俗，优哉游哉地生活！邻国相望，鸡犬之声相闻，民至老死不相往来，互不干扰，互不侵袭，天下太平，人间欢乐静谧！也真够让人向往与陶醉的！但这只是"小国寡民"的自然心态。在天下混乱的晚周，这种"小国寡民"的自然生存心态，实际上已经遭到破坏，特别是发展到晚周战国时，废除井田制，代之以亩税制以后，原始封闭的个体农业经济生存状态已不复存在，代之而起的是以土地兼并为主要形式的生存竞争。因此，老子讲"圣人无常心，以百姓之心为心"，所追求的"小国寡民"的政治理想，是不可能实现的。但老子在当时能够提出"圣人无常心，以百姓之心为心"，保障政出于民的原则，其政治精神仍然是高尚纯粹的！

要以"圣人无常心，百姓之心为心"，保障政出于民，保障纯正美好的政治理想的实现，老子认为有一个前提，那就是不能让竞争的知识、外部世界的小知小识，扰乱天下百姓的耳目心智，否则，百姓之心不能淳朴，"以百姓之心为心"，就变成"俗人昭昭，俗人察察"之心了。那样，

---

① 《老子》第 13、57、75 章。

② 《老子》第 80 章。

天下也就难治了。为了反对知识割裂,解决天下难治的问题,老子在哲学知识论上提出了一个重大理论课题,那就是"为天下浑其心"。老子以此不仅反对当时的知识割裂,反对以物的浅薄知识灌之于百姓耳目,更以此建立起了内圣之学与道德精神世界。

六 "为天下浑其心"的内圣之学

老子说过两段看似非常怪诞的话,那就是"大道废,有仁义;慧智出,有大伪;六亲不和,有孝慈;国家昏乱,有忠臣"和"天下多忌讳,而民弥贫;民多利器,国家滋昏;人多伎巧,奇物泫起;法令滋彰,盗贼多有"①。这两段话,看似很怪诞,但它道出了一个文化悖论,就是文化从"它产生的那一天开始,按其本性来说,就存在着结构和功能上的不合理性,存在着自我相关的矛盾性,存在着价值和意义上的混乱、模糊和不确切性","这种矛盾性和不合理性不是来自外部,而有来自文化内在结构上的自我相关性,来自文化的意义、价值、功能上的二重性和不确定性"②。中国文化发端于伏羲,积蓄于炎黄,大备于唐虞,经过夏、商、周三代的发展,已经具有两千多年的历史,特别是"郁郁乎文哉"的周文化,不仅发展起了天文、历法、农田、冶炼等自然科学技术知识,而且哲学、宗教、礼乐也都得到了极大的发展。

但这些文化发展也存在着结构和功能上的不合理性,存在着价值和意义上的自我相关的矛盾性。例如,天文、历法、农田、冶炼等自然科学技术知识的发展,无疑使人获得了自我意识,获得了为自我相关利益奋斗的自觉,但也造成了"民多利器,国家滋昏;人多伎巧,奇物泫起;法令滋彰,盗贼多有"。哲学、宗教、礼乐文化的发展也是这样。它虽然提高了礼乐文明,但也像钩绳规矩一样削弱人的情性,像绳索胶漆一样侵袭人的道德本性,因此也会造成老子所说的"慧智出,有大伪;六亲不和,有孝慈;国家昏乱,有忠臣"的混乱局面。晏子时,居桓子之丧,"粗衰斩,苴绖、带杖、菅屦,食粥,居倚庐,寝苫枕草",家之老者谓其"非大夫

---

① 《老子》第18、57章。
② 见拙著《文化悖论》第4~5页,山东人民出版社1990年版。

丧父之礼也"①，指此礼之过，不符合人性；郑人铸造刑书，晋大夫叔向写信给子产，表示反对，指出"国将亡，必多制"②，也是这样。凡此，皆说明晚周之际文化的发展已经给社会人生造成了价值悖谬。

　　所以如此，老子认为，就是"大道废"，就是哲学上大道旷荡、浑然一体的存在的丧失，人们只能从社会现实的存在中获得某些感官知识或意识，已不能从形而上学高度领悟宇宙万物的本质，获得天道、地道、人道相互交融的最高知识体系，因此，人们的知识或意识变得支离破碎，用今天的话说，就是把整个知识体系"碎片化"为孤零零的存在。人们在这样的知识或意识支配下，已无能力以天地万物一体的大智慧看待世界，只是停留在浅薄的小知小识上去辨是非，自然也不能在天地间做人，而只是在枝枝节节上讨生活了。在这种知识或意识的支配下，人们不知"道常无名"、"微妙玄通，深不可识"的形而上学存在，自然强调感官经验实在，自见自是，执着于小知小识了；不懂得"执大象天下往，往而不害，安平太"的道理，自然以小知小识的自伐者自矜了；不知"有无相生，难易相成，长短相形，高下相倾，音声相和，前后相随"的道理及"天下皆知美之为美，斯恶矣；皆知善之为善，斯不善已"③的形上纯粹价值判断，自然只是于世俗处争辩是非了。此文化悖论造成人生价值悖谬者也。

　　怎么办？那就是老子讲的"为天下浑其心"，建立内圣之学。这种内圣之学，就是道德形而上学。老子的道德形而上学，不是在宇宙论上说的，而是得之于道、内化于心者。因此，老子的内圣之学，乃是一种内在的道德形而上学，是老子大其心所体悟的纯粹道德法则存在。老子前面所说的"以圣人之治，虚其心，为无为"；"圣人抱一为天下式"；"圣人处无为之事，行不言之教"等，就是指的这种内圣之学。"圣人在天下歙歙焉，为天下浑其心"④，不是让天下之心变得愚昧无知、浑浑噩噩，而是让人领悟道体大全的知识，懂得万物职职、道通为一的道理，把握世界存在的形而上学本质。

---

① 《左传》襄公17年，另见《晏子春秋·内篇杂上·晏子居丧逊答家老仲尼善之第三》。
② 《左传》昭公7年。
③ 《老子》第2、15、24、32章。
④ 《老子》第2、22、35、49章。

这种形而上学的道体领悟,自然是直观的,而不是感官的,是凭着悟性直接把握世界万物的统一性、一致性的存在,而不是对着感官材料获得经验实在的知识,认识简单的因果联系。因此,道体的直觉把握是一种智慧,是凭着直觉透视宇宙万物的本质,而不是对物的知识,不是经验实证某种知识的存在。老子所讲"玄之又玄",达"众妙之门";讲"解其纷,和其光,同其尘,湛兮似或存";讲将"视之不见,听之不闻,抟之不得"的"夷"、"希"、"微"存在"混而为一",于"恍惚"中,迎之"无状之状,无物之象"、"不见其首,不见其后"者;讲"致虚极守静笃,万物并作,吾以观复"① 等等,就是领悟形而上学大道本体存在的直觉方法。一切道体形而上学存在的获得,都是通过直觉领悟、感知、把握的,故其存在,乃是道体纯粹法则于内心世界的呈现。故老子的内圣之学,乃是内在的道德形而上学。

　　建立内圣之学,获得内在的道体形而上学存在,自然要一种很高的智慧。无此智慧,在形下处分辨经验实在或于世俗处争辩善恶、泯灭善恶的最高存在,自然是知有所困、神有所不及的。惟有去掉小知小识,才能明大智;惟泯灭世俗的善恶,才能不矫情于善恶,达到最高的自善! 此即老子所说"善者不辩,辩者不善。知者不博,博者不知"者也。世人不知此,老子才感慨曰:"唯之与阿,相去几何? 善之与恶,相去若何?"道体存在,特别是广漠无际的大道精神存在是没有止境的! 以物的经验实在获得那点可怜巴巴的小知小识而骄傲于人,是非常可笑的。正是因为这样,所以当别人以经验实在获得那点世俗知识而纵于情欲、兴高采烈或如享盛宴、如登春台而放肆情志的时候,老子则淡泊宁静得像个婴孩、愚人一样无动于衷。此即老子所说"俗人昭昭,我独昏昏;俗人察察,我独闷闷。众人皆有以,而我独顽且鄙"者也;亦老子讲"大直若屈,大巧若拙,大辩若讷"者也。老子说"我独异于人"者,在于"贵食母"②。"贵食母",就是贵大道玄德之心也。老子"为天下浑其心"者,乃浑其小知小识之心,以大道玄德之心应物无穷也。

　　老子认为,人的精神世界所以变得低下,社会人生所以变得低俗,以及天下变得如此难治,就是人们的知识或意识只会于形而下处思考经验实

---

① 《老子》第1、4、14、16章。
② 《老子》第20、45、81章。

在，物于物而为之知识；而要想改变知识或意识的支离低下，就要为"天下浑其心"，建立起大制不割的知识世界，即重建大道形而上学的最高知识论。老子讲"不见可欲，使民心不乱"；讲"绝圣弃智"；"绝学无忧"；"知不知，尚矣"；以及讲"挫其锐，解其纷，和其光，同其尘，是谓玄同"等，就是为"天下浑其心"，使之知其不知的最高存在。世人所以有病，就是不知道这个最高存在；"圣人不病"，就在于他能指出这种病的存在，"歙歙焉，为天下浑其心"。故曰"以其病病，是以不病"。这个最高存在，就是万物职职、道通为一者，就是会通大道本体的"惟精惟一"存在。惟此存在，才"曲则全，枉则直，洼则盈，敝则新，少则得，多则惑"，是以"圣人抱一为天下式"；而其"朴散为器，圣人用之则为官长"，其为知识，才有统一性、一致性，才能不支离、不割裂，故曰"大制不割"①。在老子看来，"天得一以清，地得一以宁，神得一以灵，谷得一以盈，万物得一以生，侯王得一以为天下贞"；惟有得此精一的知识，得此道通为一的知识，得此虚明高远、精一纯粹的知识，才能体常知变，经纬天地，应变万物，而不为其所蔽。可知老子的"为天下浑其心"者，并不是要人的内心世界成为一种混沌不清或空寂虚无的存在，而是泯灭小知小识之心，将极虚静的心灵，提升到无形无象的大道本体高度，泯灭一切物我差别，消融一切存在与不存在，排除感官知识的不可靠性，以道体无待的最高真理性，知照天地万物，使人心成为最聪明、最有智慧的存在。此即儒家荀子所说"虚一而静，谓之大清明"② 者也。

　　物于物的知识或从感官材料获得的知识，虽然浅薄支离，然而它毕竟是人获得知识的一个重要途径。这种知识或意识，虽然不完全可靠，但它毕竟是人类知识世界的组成部分。老子"为天下浑其心"，要人放弃这种知识或意识，是根本不可能办到的。但观老子"微妙玄通，深不可识"的哲学及"深矣远矣"的大道教理，其"为天下浑其心"，所追求的不仅是一个大制不割的知识世界，更在于以大道本体"乃公、乃全、乃天、乃道"的永恒存在，建立一个虚静、深厚、幽远的精神世界，以解决世俗知识给人生带来的虚妄荒诞。在老子看来，"天下皆知美之为美"，不知其恶；"皆知善之为善"，不知其"不善已"；以及讲世俗知识而纵于情欲、

---

① 《老子》第3、19、22、28、39、71章。
② 《荀子·解蔽》。

兴高采烈或如享盛宴、登春台而放肆情志等，就是属于世俗知识给人生带来的虚妄荒诞。老子讲"挫其锐，解其纷，和其光，同其尘，是谓玄同"，就是认为，人的心灵，惟有和光同尘，泯灭具体是非，会通于大道，凝神玄鉴，知照天地万物，使物物自然，理理至极，而自我旷然无累，生死之途，荣辱之境，皆外于我心；名也，利也，权力也，地位也，皆无动于心。此即老子所说"使我介然有知，行于大道"，以其玄德，"生而不有，为而不恃，长而不宰"[①]者也。人生能达到这种道德境界，还有什么性命之情不能守、疑惑不为不能定呢！此即老子"为天下浑其心"所建立起来的虚灵不昧、玄同万物之精神世界。

通向这个精神世界的方法，就是远离尘世的喧嚣，不为外物所累，忘却眼前的烦恼与痛苦及种种浅薄世俗的知识和意识，以深沉无妄的灵明内心，"专气致柔"，"致虚极，守静笃"，或者"营魄抱一"，"涤除玄览"，追求"天门开阖"、"明白四达"的存在，追求"乃公、乃全、乃天、乃道"的永恒的道德精神世界，从而获得内心的安静。获得这个道德精神世界，获得这种内心的安静，即是上德，即是"上德若谷"的存在。以此道德，以此最高知识，"修之于身，其德乃真；修之于家，其德乃馀；修之于乡，其德乃长；修之于邦，其德乃丰；修之于天下，其德乃普"，否则，"天无以清，将恐裂；地无以宁，将恐废；神无以灵，将恐歇；谷无以盈，将恐竭；万物无以生，将恐灭；侯王无以贞，将恐蹶"。不要以为这是老子对世人的恐吓。只要看一看现在支离破碎的浅薄知识给人类所带来的洪水、地震、风暴等种种灾难，就不难理解脱离"惟精惟一"的大道知识体系是多么危险了。中国文化的"道德"，并不是西方社会学所讲的外在的强制性规范，而是得之于天，得之于道，得之于道体形而上学者，是包含着"惟精惟一"的存在，包含着"穷神知化"的最高知识的。脱离这种最高知识，脱离大道本体论的知识体系、最高道德体系，一头雾水地胡乱作为、经国治世，是非常危险的！所以不要小看老子之学的理论，它是千百年后世都必须牢牢谨记的！只有浑其心，"致虚极，守静笃"，获得"上德"，获得"乃公、乃全、乃天、乃道"的道德精神世界，"以身观身，以家观家，以乡观乡，以邦观邦，以天下观天下"，物物自然，理理至极，

[①]《老子》第2、51、53、56章。

才能心中大清明，介然有所知，行于大道，"善贷且成"①，然后才能实现天下大治。

七　附：庚桑子、文子的《老子》精神阐释

老子是原始道家的创始人。老子之前，依《汉书·艺文志》所列，道家虽然还有伊尹、太公、辛甲、鬻子等人，但这些人物处于政教合一的上古，哲学思想只是接近道家而已，并非是作为道家学说出现的，并且也没有一套道德哲学本体论为依据。道教出现以后，道家人物上溯得更远，可以拉出一个长长的名单，但其皆不属于精神哲学家的原始道家人物，更不见其道德精神的血脉与传承。老子创道家之学后，"列御寇、杨朱、亢仓、楚庄周，皆其徒也"②，但真正发挥阐释老子的道德形而上学思想并对后世道家哲学精神的发展有影响的，则以庚桑子、文子、庄子的哲学最为著名。庄周，即庄子，发明阐释老学最为系统，魏晋以后，讲原始道家，多以"老庄"并称，因此，本卷书第十三章将专题讲述庄子之学的超越精神。列御寇，即列子，发挥冲虚之道，以养神为主，将附录于第十三章庄子之后。杨朱主要继承了老子的性命哲学，贵在生命存在，因此，也放在本卷第十五章以"杨朱的'为我'存在哲学"另行叙述。庚桑子，即亢仓子，与文子同为老子内圣之学的继承者。为了阐明从晚周到两汉魏晋道家思想的发展脉络及精神传承，这里主要对庚桑子和文子对《老子》精神的传承阐释做一个简要叙述，附录于此。

庚桑子名楚，陈人也。《庄子》说："老聃之役有庚桑楚者，偏得老聃之道，以北居畏垒之山。"③ 曰"役"者，《庄子释文》引司马彪曰："役，学徒弟子也。"庚音亢，庚桑子，《列子》称之为"亢仓子"。"畏垒"，《史记》作"畏累"。庚桑子"北居畏垒之山"，《史记》叙及庄子著作，有"畏累虚亢桑子之属"句，应读为"畏累之虚亢桑子之属"，意即"畏累之虚亢桑子"一类的著作。《史记·索隐》句读为"畏累虚、亢桑子之属"，并谓"畏累"为老子弟子，谓"畏累虚"为《庄子》篇名，误也。

---

① 《老子》第10、16、39、41、51、53、54章。
② ［明］焦竑《庄子翼序》，《澹园集》卷14。
③ 《庄子·庚桑子》。

从《列子》陈大夫讲"吾国亦有圣人",仲尼闻鲁侯说亢仓子"体合于心"之言,"笑而不答",可知庚桑子与孔子为同时。《庄子》说庚桑子"偏得老聃之道",其实,庚桑子所得老子之道者,并非全面继承,主要是继承了老子的内圣之学,即内在的道德形而上学。《庄子》引庚桑子之言曰:"全汝形,抱汝生,无使汝思虑营营。"① 《列子》引亢仓子之言曰,"我能视听不用耳目,不能易耳目之用";"我体合于心,心合于气,气合于神,神合于无。其有介然之有,唯然之音,虽远在八荒之外,近在眉睫之内,来干我者,我必知之";"我七孔四支之所觉,心腹六脏之所知"② 等,就是老子讲的"专气致柔"、"致虚极,守静笃"或"营魄抱一"、"涤除玄览"的内圣之学。这种内圣之学,实乃是凭着直觉感知形而上学存在也。从道德形而上学高度讲,它内心所呈现的,乃是一片道德精神世界。这种内在的道德形而上学,不在于自然物理,而在于物物不物于物,凌空体悟形上之"道"的存在。无此形上道德体验与功夫者,自然不能理解其妙。此司马迁所以说其"空语无事实,虽当世宿学不能自解免"者也。然而,庚桑子却能以此"洸洋自恣以适己"③。庚桑子的内在道德形而上学,属于庄子尚无一派。这一派的内在道德形而上学,不仅讲"万物出乎无有"④,影响了魏晋时期何晏、王弼的玄学精神发展,而且讲"全性之道"及"神全之人"的"精照无外、志凝宇宙"⑤ 等,也影响了隋唐道教的神性形上学说。庚桑子的著作,汉隋史书皆不载,其学散见于诸子。唐玄宗开元二十九年(公元741年)设置崇玄学,提倡形而上学,令生徒习《道德经》等书,庚桑子的学说及著作始才得到重视。天宝元年(公元742年),诏号庚桑子为"洞虚真人",改《庚桑子》为《洞虚真经》,其内在道德形而上学则显于世矣。然"《亢仓子》求之不获。襄阳处士王士元谓:'庄子作《庚桑子》,太史公、列子作《亢仓子》,其实一也。'取诸子文义类者补其亡"⑥。现存《亢仓子》一卷,乃王士元之补亡

---

① 《庄子·庚桑子》。
② 《列子·仲尼》。
③ 《史记·老子韩非子列传》。
④ 《庄子·庚桑子》。
⑤ 《亢仓子·全道篇》。
⑥ 《新唐书·艺文志》载《亢仓子》条注。

者也，内容杂而不纯，其中不得庚桑子的内在道德形而上学之旨者甚多。

文子，亦老子弟子也。《汉书·艺文志》录《文子》九篇，注曰："老子弟子，与孔子并时，而称周平王问，似依托者也。"既曰"与孔子并时"，而又"称周平王问"，孔子后于周平王几百年，与孔子同时的人，如何能与周平王问答？因此，对文子学说及所处时代多有疑问。加之《汉书·古今人物表》将文子列于幽、平之间，更加深了人们对文子其人其学的疑问。有说文子为楚平王时人的，有说文子为齐威王时人的，有说文子为子夏弟子者，更有说文子，姓辛氏，名研，字文子，号曰计然者。凡此种种，虽论证皆各有据，然若真的辨其真伪，很难有定说。但《汉书·艺文志》说文子为"老子弟子，与孔子并时"，大抵是对的，而其"称周平王问，似依托者也"，说明班氏亦疑之也。文子的年代，据李学勤先生考证，认为"楚平王在位年相当鲁昭公十四年（公元前528年）至二十六年（公元前516年），其时孔子二十四岁至三十六岁。文子的年龄当长于孔子十年以上"，楚平王、文子问答都应在此"可能时限之内"①。

关于文子的著作，《汉志》录《文子》九篇；《隋书·艺文志》录《文子》十二卷；至《新唐书·艺文志》，则有默希子注《文子》十二卷，李暹训注《文子》十二卷。从九篇到十二卷，肯定有所增补。但说《文子》为伪书，则证据不足为凭。1973年河北定县汉墓出土的《文子》残简，不仅破除了《文子》为伪书之说，而且证明老子、文子的思想在汉代已经得到盛传与尊崇，王充《论衡》说"老子、文子似天地者也"②就是证明。今本《文子》虽有后人增益，但基本上反映了文子继承了老子的道德形而上学思想。唐朝天宝元年（公元742年），不仅诏号庚桑子为"洞虚真人"，改《庚桑子》为《洞虚真经》，而且亦诏号文子为"通玄真人"，并改《文子》为《通玄真经》，可知文子在隋唐文化精神史上的地位之显要。

文子与庚桑子虽然同为老子弟子，但他们所继承的老子哲学思想及其所发展出来的学说与阐发的精神则是各不相同的。这一点，从唐朝对庚桑子与文子所诏封之尊号及改著作所称之为"经"也可以看出来。尊庚桑子

---

① "试论八角廊简《文子》"，《古文献丛论》第146～154页，上海远东出版社1996年版。

② 《论衡·自然篇》。

号"洞虚真人",改《庚桑子》为《洞虚真经》,乃是因为庚桑子的学说,是凭着虚灵之心,从"七孔四支之所觉,心腹六脏之所知"的直觉,对形上之"道"介然有所知也;而其为精神世界,乃是"体合于心,心合于气,气合于神,神合于无"的存在,是无须"思虑营营"的。而文子则不然。尊文子号"通玄真人",改《文子》为《通玄真经》,全在"通玄"二字,即通"玄之又玄"的存在,通道体形而上学的存在也。凭什么通呢?凭着道德之心,神游乎玄道存在。"夫道者",是"高不可极,深不可测,苞裹天地,禀受无形"的存在;是"陶冶万物,终始无形,寂然不动,大通混冥,深闳广大不可为外,折毫剖芒不可为内,无环堵之宇,而生有无"①的存在;而"圣人内修道术而不外饰仁义,知九窍四肢之宜,而游乎精神之和";"圣人之游也,即动乎至虚,游心乎大无,驰于方外,行于无门,听于无声,视于无形,不拘于世,不系于俗"②,就是讲的凭着道德之心神游乎形上之道的存在。通此者,即是"通玄"者也。

那么,道德之心来源于何处?来源于道。"夫道有无相生也,难易相成也,是以圣人执道,虚静微妙,以成其德",故曰"有道即有德"。此所谓的道德,不是外在的规范,不是感官材料获得的知识,而是圣人执"虚静微妙"之道所获得的虚灵之心与精神世界,是道"藏精于内,栖神于心,静漠恬惔,脱穆胸中,廓然无形,寂然无声"所获得的"精诚"之心。大道无形,"无形者不动,不动者无言也,无言者即静而无声"。大道无形无声,是"视之不见,听之不闻",乃是"微妙"、"至神"的存在。故人得之为道德之心,亦是极其微妙至神的存在。此即文子"心之精者,可以神化,而不可说道"③者也。文子认为,"通于道者,反于清静,究于物者,终于无为。以恬养智,以漠合神,即乎无门,循天者与道游也,随人者与俗交也"。古之真人,正是凭此道德之心,"怀天道,包天心","与天同心,与道同体"的;故其"无所乐,无所苦,无所喜,无所怒,万物玄同,无非无是";故其"用心复性,依神相扶,而得终始,是以其寝不梦,觉而不忧"。此即文子所谓真人"通于灵府,与造化者为人,执

---

① 《文子·道原》。
② 《文子·精诚》。
③ 同上。

玄德于心，而化驰如神"① 者也；亦"大人与天地合德，与日月合明，与鬼神合灵，与四时合信，怀天心，抱地气，执冲含和，不下堂而行四海，变易习俗，民化迁善，若出诸已，能以神化者也"②。在文子的著作中，到处可以看到《庄子》书中真人、至人、圣人的存在；而其精神世界，讲"与造化者为人，执玄德于心，而化驰如神"，穷无穷，极无极，照物不眩，响应无不知，则与庄子立于"寥天一"处、与天地精神相往来几乎无异矣！虽然《庄子》中不见文子，若不读《文子》，则不知中国的文化精神是何以从老子发展为庄子的形而上学并达到如此高之精神世界的！《文子》之前，《黄帝四经》虽有"唯圣人能察无形，能听无[声]"，能"通天地之精"③ 一类的话，但较之《文子》以道德之心神游乎形上之道的论述，则精神上之洒脱，远不如《文子》也。透过这种论述，我们不仅可以看出《文子》阐释《黄帝四经》的地方，亦可以看出老子、文子与庄子道德形而上学的某些传承关系及晚周时期文化精神的发展脉络与微妙变化。

　　正如孟子讲"心之官则思"，将仁义礼智看作是人的"好是彝德"④的先天道德本性，将心性第一次提升到哲学的本体论地位，开创了两千多年的儒家心学发展一样，文子关于以道德之心神游形上之道的论述，特别是将"玄德于心"看作是"化驰如神"的存在，也为两汉道家、魏晋玄学的精神发展提供了形而上学的心性本体论根据。文子关于以道德之心神游形上之道的论述，可能有后来道家增益者，或如柳宗元所说，有"取他书以合之者"⑤，然剥去驳杂的成分，仍可看出它对两汉道家、魏晋玄学的精神发展的影响。过去，关于《文子》与《淮南子》的关系多有争辩。河北定县汉墓《文子》简本出，唐兰先生不仅根据晚周《申子》、《慎子》、《管子》、《鹖冠子》、《韩非子》及《国语·越语》等书皆有引用《文子》，认为《文子》为先秦古籍，而且将《黄帝四经》、《文子》与《淮南子》研究比较，认为"《文子》中有很多内容为《淮南子》所无"，《文子》当在《淮南子》之前，根据《淮南子》将《文子·道原》的话略加

---

① 《文子·道原》。
② 《文子·精诚》。
③ 《黄帝四经·道原》。
④ 《孟子·告子上》。
⑤ 《辩文子》，《柳河东集》卷4。

修改放入《仿真训》及《诠言训》，认为"《淮南子》抄袭《文子》"①。说"抄袭"亦不准确。两汉文化哲学的发展，实乃是《文子》阐释《老子》之言，《淮南子》阐释《文子》之言也。杜道坚说："《文子》，《道德》之疏义。"② 马骕亦说："《文子》，《道德》之义疏也，语必称老子，尊所闻以立言也。"③ 据此，王利器先生更称："《淮南》，《文子》之疏义也。"④ 由《淮南子》为《文子》之疏义，可知文子的哲学精神对两汉道家思想之影响也。

　　文子虽然把"道"看作是"终始无形"、"虚静微妙"，能构成精神世界的形而上学存在，但他并没有将其视为纯粹的内在道德形而上学或不生不化的纯精神性存在，而是看成阴阳化育的最高法则，看成化万物而不化的最高本体存在。所谓"道者一立而万物生"；"天常之道，生物而不有，成化而不宰，万物恃之而生，莫之知德，恃之而死，莫之能怨"⑤；所谓"浑而为一，寂然清澄"的道，"离而为四时，分而为阴阳；刚柔相成，万物乃生"；故曰"道生一，一生二，二生三，三生万物。万物负阴而抱阳，冲气以为和"⑥；以及讲"万物变化，合于一道"⑦；"廓然而虚，清静而无，以千生为一化，以万异为一宗"⑧ 等，就是讲的形上之"道"的最高本体存在。这个形上之"道"，这个大道的最高本体存在，虽然"终始无形"、"虚静微妙"，却是包含着无限的造化生机，包含着人与万物无限的生命精神的！夫道，是漠然无为而无不为的存在，是不能改变的自然法则存在，故其虚无、平易、清静、柔弱、纯粹素朴。人要关爱这种造化生机，要保护这种生命精神，就要像"道"一样清静无为、虚无、平易、清静、柔弱、纯粹素朴，而不干预自然法则。故其引老子的话说："我无为

---

① "马王堆出土老子乙本卷前古佚书的研究"，见《考古学报》1975年第1期。
② ［宋］杜道坚《通玄真经缵义》序。
③ ［清］马骕《绎史》卷83。
④ 王利器撰《文子义疏》序，中华书局2009年版。
⑤ 《文子·道原》。
⑥ 《文子·九守》。
⑦ 《文子·自然》。
⑧ 《文子·守朴》。

而民自化，我无事而民自富，我好静而民自正，我无欲而民自朴。"① 此文子所以强调守虚、守无、守平、守易、守清、守真、守静、守弱、守朴也。这些思想都是符合炎黄《归藏》关注造化生机、保护自我生命之精神的！据《韩非子》记载，齐王曾问于文子"治国如何"，可知文子是曾游于齐国的。当时邹衍、淳于髡、田骈、接子、慎到、环渊等一大批人皆在稷下。这些人的道术思想与老子、文子的思想是比较一致的。文子的学术思想融合了稷下学派的许多学术观点，包括道、儒、墨、名、法的思想，是很自然的，而且文子将老子的思想带到齐国，也影响了稷下学派的学术发展。老子本《归藏》易而著书，文子法《老子》而为言，本来思想就非常恢宏博大，及至与稷下学派邹衍、淳于髡、田骈、接子、慎到、环渊诸人的学术思想相融合，发明黄帝、老子之道，从而也就使黄老学派以稷下学派为中心，在战国后期得以形成了。因此应该说，文子的哲学思想影响了黄老学派的产生和发展。

---

① 《文子·道原》引《老子》第57章。

第十章　孔子儒学契合天道的精神

内容提要：孔子乃是集中国上古文化之大成的原始儒家创始人。他编辑整理上古以来的《诗》、《书》、《礼》、《乐》，并非只是对远古以来沉积散乱的典藏进行了钩沉校雠，更为重要的是"祖述尧舜，宪章文武"，对整个上古文化的历史精神进行了深沉的哲学思考，条例之，贯通之，并在这个过程中完成了自己思想的伟大转变：不仅知无不尽，德无不全，把一部《周易》由筮书发展为一种儒家大道哲学著作，建立起"大哉乾元"的宇宙本体论与"穷神知化"的最高知识论，更以虚灵不昧之心契合大道，在宇宙浩浩大化中，于知觉主宰处获得了形上性命之理，建立起了理性的信仰信念，以仁义礼智之教建构起社会理想，以《春秋》大义为国家民族及整个人类提供了最高的伦理法则与精神支柱。凡此都最终成全了孔子作为一代明哲及万世师表在东方历史上的出现！因此，评价孔子在精神史上的地位，不能只看一部《论语》，而应深入到他所编纂整理过的《诗》、《书》，阐述过的《礼记》，所传《周易》之《系辞》、《彖传》、《象传》、《文言》、《说卦》，看其根本精神何在！《论语》只是不知"性与天道"的后人整理的语录，而《系辞》、《彖传》等才是儒家大道哲学思想与根本精神的阐述！不要把这些经典仅仅看作是文化历史文献，它乃是儒家孔子哲学开纪元之作！精神史上的最高建树！

"天不生仲尼，万古长如夜"①，也许没有比这句话更能说明孔子在中国两千多年文化历史上的地位的了。它说明一个道理，即人类需要开辟历史道路的英雄人物，更需要为伦理道德和人类理性信仰提供哲学支持的思想家，用其光辉的思想灯塔，照亮前进的道路，引领历史的航程；否则，人类不仅要艰难地在黑暗中摸索前进，更会因为迷失方向，误入歧途，深陷历史困境，忍受更多的苦难与不幸！

　　自然，以思想光辉照亮中国历史的道路，以诚明的哲理支撑起华夏民族精神世界的，并非孔子一人。上古以来，伏羲、炎、黄、尧、舜、大禹、成汤、伊尹、文、武、周公诸多圣贤明哲，都曾用自己的睿智思想开辟历史道路。他们不仅于功加于时，德垂后世，以文明的政治实践给后人留下了极为重要的文化历史遗产，而且关于如何"平章百姓，协和万邦"②，如何"知人则哲"③、"政在养民"④诸多为治大理，皆有过深刻的思考，以大道的光辉思想照亮了华夏民族的知觉主宰处，使之在迷茫之际获得了生存的性命之理。但是，谁也不像孔子那样编《诗》、《书》，正《礼》、《乐》，著《春秋》，传《周易》，祖述尧舜，宪章文武，金声玉振，集上古文化之大成，并以形而上学的大道本体论贯通了整个上古文化的历史精神。孔子不仅是集大成的至圣先师，而且以其系统的道体哲学及《春秋》大义，开拓了后世两千多年的道学传统！孔子乃是集中国上古文化之大成的原始儒家创始人。因此，谈孔子，即是谈上古之大道也；谈上古之大道，即是谈孔子也。故高诱注《淮南子》说："儒，孔子道也。"⑤

　　《史记·孔子世家》说："孔子生鲁昌平乡陬邑（今山东曲阜东南）。

---

① 《朱子语类》卷93说："'天不生仲尼，万古长如夜。'唐子西尝于一邮亭梁间见此语。"唐子西，即唐庚（公元1071~1121年），名子西，四川眉州人，北宋绍圣年间进士，著有《唐子西集》。胡仔《苕溪渔隐丛话》前集卷54《宋朝杂记上》亦说："唐子西《语录》云：蜀道馆舍壁间题一联云：'天不生仲尼，万古长如夜。'不知何人诗也。"虽曰不知何人所作，但由此可知"天不生仲尼，万古长如夜"这句话，至少在唐子西之前已经出现；另外，明代杨慎《丹铅余录》、叶盛《水东日记》、胡应麟《少室山房集》等书都曾加以摘录或征引这两句诗，可知其在宋明两代之流行。

② 《尚书·尧典》。

③ 《尚书·皋陶谟》。

④ 《尚书·大禹谟》。

⑤ 《淮南子·淑贞篇》注。

其先宋人也,曰孔防叔。防叔生伯夏,伯夏生叔梁纥。纥与颜氏女野合而生孔子。祷于尼丘得孔子。鲁襄公二十二年而孔子生。""孔子年七十三,以鲁哀公十六年四月己丑卒。"关于孔子的生年,《史记·鲁世家》及《十二诸侯年表》皆说"(鲁襄公)二十二年,孔丘生"。然《谷梁传》、《公羊传》则有襄公二十一年生孔子之说,与《史记》所说相差一年,但不论是《谷梁传》说襄公二十一年"冬十月庚子孔子生",抑或《公羊传》说襄公二十一年"十有一月庚子孔子生",实际上与《史记》所说只差一两个月。因此,研究孔子的学者,考虑到夏商周历法及周岁虚岁记法的不同等诸多原因,多数人认为,这不影响孔子作为伟大思想家的文化历史地位,因此对生卒所差岁月,倾向于不再详考,从《史记》说。至于卒年,《春秋经》及《左传》皆与《史记》无异。因此,孔子生卒年应定为鲁襄公二十二至鲁哀公十六年(公元前551年~公元前479年)。

孔子先世虽为宋国贵族,曾祖父时避难至鲁,又因幼年丧父,故其少"贫且贱"。但孔子非常好学,诚如他自己所说:"十室之邑,必有忠信如丘者焉,不如丘之好学也。"① 孔子曾就学历于郯子②,习琴于师襄③,学乐于苌弘④,

---

① 《论语·公冶长》。
② 《左传》昭公17年说:秋,郯子来朝,公与之宴。昭子问焉,曰:"少皞氏鸟名官,何故也?"郯子曰:"吾祖也,我知之。昔者黄帝氏以云纪,故为云师而云名;炎帝氏以火纪,故为火师而火名;共工氏以水纪,故为水师而水名;大皞氏以龙纪,故为龙师而龙名。我高祖少皞挚之立也,凤鸟适至,故纪于鸟,为鸟师而鸟名……"仲尼闻之,见于郯子而学之,既而告人曰:"吾闻之,'子失官,学在四夷',犹信。"
③ 《史记·孔子世家》说:孔子学鼓琴于师襄子,十日不进。师襄子曰:"可以益矣。"孔子曰:"丘已习其曲矣,未得其数也。"有间,曰:"已习其数,可以益矣。"孔子曰:"丘未得其志也。"有间,曰:"已习其志,可以益矣。"孔子曰:"丘未得其为人也。"有间,有所穆然深思焉,有所怡然高望而远志焉。曰:"丘得其为人,黯然而黑,几然而长,眼如望羊,如王四国,非文王其谁能为此也!"师襄子辟席再拜,曰:"云《文王操》也。"另见《韩诗外传》卷5、《孔子家语·辨乐解》。
④ 《孔丛子·嘉言》说:"夫子适周,见苌弘,言终退。苌弘语文公曰:'吾观孔仲尼有圣人之表'云云。既而夫子闻之曰:'吾岂敢哉,亦好礼乐者也!'"

曾问礼与道于老子①。关于孔子好学及其所事之师,《史记》曾记述说:

> 孔子之所严事:于周则老子;于卫,蘧伯玉;于齐,晏平仲;于楚,老莱子;于郑,子产;于鲁,孟公绰。数称臧文仲、柳下惠、铜鞮伯华、介山子然,孔子皆后之,不并世。②

这些人,老子、子产自不待言。子产乃以文德为国之大命,主张以礼教文德维护政治关系与社会秩序者;老子乃于大道旷荡、浩浩大化、涡轮旋转中,会通玄极,达死生之变,陶铸天下之化者;其他人,据《大戴礼记》说:卫之蘧伯玉,乃"外宽而内直,自设于隐栝之中,直己而不直于人,以善存亡汲汲"者;齐之晏平仲,乃"君择臣而使之,臣择君而事之,有道顺君,无道横命"者;楚之老莱子,乃"德恭而行信,终日雷不在悔尤之内,贫而乐"者;柳下惠,乃"孝恭慈仁,允德圉义,约货亡怨"者。对于铜鞮伯华、介山子,孔子更是赞之说:"国家有道,其言足以兴,国家无道,其默足以容,铜鞮伯华之所行。观于四方,不忘其亲,苟思其亲,不尽其乐,介山子然之行也。"③ 孔子甚至感叹地说:"铜鞮伯华无死,天下有定矣。"④。这些人,自老子及孟公绰以上,皆与孔子同时人,故曰"严事"之;自臧文仲以下,孔子皆后之,不并代,然亦称赞之。可知孔子一生多么谦虚,多么勤奋好学、转益多师了。

孔子一生,虽然勤奋好学,但政治上非常不得意,只是做过委吏(司会计)、乘田(管畜牧)一类的小官吏,约50岁时,才由鲁中宰升任司寇,但不久即辞职。他是个有政治理想的人,曾说"微管仲,吾其被发左衽矣!"⑤ 为了实现自己的政治理想,他周游宋、陈、蔡、齐、曹、郑、蒲诸国,历时14年。游历之初,虽不顺利,尚有自信,说"苟有用我者,

---

① 《史记·孔子世家》载孔子"适周问礼,盖见老子";《庄子·天地篇》载"孔子西藏于周室,往见老聃";《天运篇》载"孔子年五十有一而不闻道,乃南之沛见老聃";《知北游》载孔子问于老聃:"敢问至道?"其他像《田子方》亦载孔子往见老聃,问游心之道等。
② 《史记·仲尼弟子列传》。
③ 以上均见《大戴礼记·卫将军文子》。
④ 《说苑·尊贤》。
⑤ 《论语·宪问》。

期月而已，三年有成"①。但是，孔子在周游列国期间，遭遇到了各种艰难与困苦，经受了各种挫折与打击，忍受了各种耻辱与嘲笑。他不仅曾"再逐于鲁，伐树于宋，削迹于卫，穷于商周，围于陈蔡之间"②，而且在卫国，卫灵公和夫人南子出游，让宦官坐在同一辆车上，竟把作为思想家的孔子安排坐在后面的车子上。当时，这对孔子来说是一种极大的侮辱！孔子适郑时，与弟子相失，郑人讥笑其为"累累若丧家之狗"③，可知当时孔子是多么困苦、潦倒与狼狈了！凡此，都没有使他屈服，都没有使他因为环境压力而放弃自己的理想；恰恰相反，每一次的艰难与困苦，都磨炼了意志；每一次的挫折与打击，都使他体会到世事的困难与艰辛；每一次的羞辱与蒙耻，都成了他提升自我道德精神的内在动力。此即孔子"不愤不启，不悱不发"④者也。但孔子游历各国之后已经认识到，当整个社会历史被各种强大势力所左右而陷入乱世的时候，个人是无力与之抗衡的，也是无法改变社会历史现实存在的。因此，就产生了"笃信好学，守死善道。天下有道则见，无道则隐"⑤的思想。因此，孔子由卫返鲁后，"鲁终不能用孔子，孔子亦不求仕"，在"周室微而礼乐废，《诗》、《书》缺"，人们无法对上古文化历史进行整体反思的情况下，他开始了一生最为艰苦卓绝的伟大事业，即对上古以来的《诗》、《书》、《礼》、《乐》进行编辑整理，并在这个过程中建立起了千古不朽的儒家学说！故郑玄注《礼记》时说："儒行之作，盖孔子自卫初反鲁时也。"⑥

《史记》记述这一艰苦卓绝的伟大事业时说，孔子"追迹三代之礼，序《书传》，上纪唐虞之际，下至秦缪，编次其事。曰：'夏礼吾能言之，杞不足征也。殷礼吾能言之，宋不足征也。足，则吾能征之矣。'观殷夏所损益，曰：'后虽百世可知也，以一文一质。周监二代，郁郁乎文哉。吾从周。'故《书传》、《礼记》自孔氏"。又说"古者诗三千余篇，及至孔子，去其重，取可施于礼义，上采契后稷，中述殷周之盛，至幽厉之

---

① 《史记·孔子世家》。
② 《庄子·山木》。
③ 《史记·孔子世家》。
④ 《论语·述而》。
⑤ 《论语·泰伯》。
⑥ 《礼记·儒行》郑注。

缺，始于衽席，故曰'《关雎》之乱以为《风》始，《鹿鸣》为《小雅》始，《文王》为《大雅》始，《清庙》为《颂》始'。三百五篇孔子皆弦歌之，以求合《韶》、《武》、《雅》、《颂》之音。礼乐自此可得而述，以备王道，成六艺"；特别指出，"孔子晚而喜《易》，序《彖》、《系》、《象》、《说卦》、《文言》。读《易》，韦编三绝。曰：'假我数年，若是，我于《易》则彬彬矣'"；及孔子"因史记作《春秋》，上至隐公，下讫哀公十四年，十二公。据鲁，亲周，故殷，运之三代。约其文辞而指博。贬损之义，后有王者举而开之。春秋之义行，则天下乱臣贼子惧焉"①。

这就是说，孔子编辑整理上古以来的《诗》、《书》、《礼》、《乐》，并非只是对远古以来沉积散乱的典藏进行了钩沉校雠，更为重要的是"祖述尧舜，宪章文武"，对整个上古文化的历史精神进行了深沉的哲学思考，条例之、贯通之，并在这个过程中完成了自己思想的伟大转变。这不仅表现在知无不尽，德无不全，把一部《周易》由筮书发展为一种儒家大道哲学著作，建立起"大哉乾元"的宇宙本体论与"穷神知化"的最高知识论，更以虚灵不昧之心契合大道，在宇宙浩浩大化中，于知觉主宰处获得了形上性命之理，建立起了理性的信仰信念。正是有了这种转变，他才能以仁义礼智之教建构社会理想，为开万世太平，以《春秋》大义为国家民族及整个人类提供了最高伦理法则与精神支柱。至此，过去所有的艰难、困苦、不幸与挫折，都最终成全了孔子作为一代明哲及万世师表在东方历史上的出现！因此，评价孔子在精神史上的地位，不能只看一部《论语》，而应深入到他所编纂整理过的《诗》、《书》，阐述过的《礼记》，特别是他所传《周易》之《系辞》、《彖传》、《象传》、《文言》、《说卦》，看其根本精神何在！《论语》只是不知"性与天道"的后人整理的语录，而《系辞》、《彖传》等，才是儒家大道哲学思想与根本精神之阐述！不能把这些经典仅仅看作是文化历史文献，它更是儒家孔子哲学开纪元之作！精神史上的最高建树！孔子勤奋好学、转益多师，然在哲学本体论上，则是以"祖述尧舜，宪章文武"为主轴进行文化历史哲学创造的！故关于孔子地位的论述，从这里开始。

---

① 《史记·孔子世家》。

一 "祖述尧舜，宪章文武"

大哲学家、大思想家的出现，特别是能够于形而上学处建构人的信仰信念，为人提供性命之理的哲学思想家，不是仅仅能够针砭时弊、发发议论者，或凭着浅薄知识嚣嚣于天下者，而是能够于形而上处有所发现，于本体论上有所建树的人。只有在本体论上立得住，哲学才能立得住；只有在本体论上能够贯通一切、旁通一切，才能建立起博大的哲学思想体系，也才能用来说明整个世界的存在，并为人在宇宙的存在找到位置，找到最高精神家园，找到生命的安顿处与终极皈依处。孔子就是这样伟大的哲学思想家！

哲学本体论上的任何发现与建树，都不是凭空发生的，而是有其文化源头，然后汇合诸多生命之水成为滔滔巨流的。《汉书·艺文志》说儒家顺阴阳，明教化，出于司徒之官。这是从官职承袭上说儒家源头的，并非从哲学本体论上、从道体本原上说的。《中庸》在谈到孔子儒家哲学本体论、说到孔子哲学源头及其成就之大时，说了一段非常通透明晰而又到位的话，即：

> 仲尼，祖述尧舜，宪章文武，上律天时，下袭水土。譬如天地之无不持载，无不覆帱，譬如四时之错行，如日月之代明。万物并育而不相害，道并行而不相悖，小德川流，大德敦化，此天地之所以为大也。①

何谓"祖述尧舜，宪章文武"？怎样"祖述尧舜，宪章文武"呢？孔子这样做，获得了怎样的精神源头与本体论根据？它为原始儒家学说的建立和精神发展，奠定了怎样的哲学基础，并最终成就了儒家博大的思想体系呢？

祖述尧舜，即以尧舜之道为政治之始也。孔子编辑整理《尚书》，讲政治之道，是断自唐虞，以尧舜之道为其大始的。孔子讲哲学本体论，讲"道"的发端与文化精神的肇起，断于伏羲时代。为何编辑整理《尚书》，讲政治哲学，而要"断自唐虞"时代呢？这恐怕不仅是文献足与不足的问

---

① 《中庸》第30章。

题，更是有文化哲学上的考虑。若只是因为文献上的足与不足，他不是说"夏礼吾能言之，殷礼吾能言之，观殷夏所损益，虽百世可知"吗？说"周监二代，郁郁乎文哉"①吗？那他编辑整理《尚书》的政治史，为何不断自夏代，以夏商周三代为《尚书》真实可靠之历史呢？这显然是讲不通的。

孔子编辑整理《尚书》，所以断自唐虞，他自己在《礼记·礼运》中有个解释，那就是唐虞属于三皇之后的五帝时期，而在哲学本体论上是处于三皇五帝的"大道"、"常道"的时期，即《尚书》序所说的"伏羲、神农、黄帝之书，谓之《三坟》，言大道。少昊、颛顼、高辛、唐、虞之书，谓之《五典》，言常道"的时期；同时，它也处于由帝道转向王道的时期。王国维先生"释天"说："天，颠也。""帝者，像花萼全形。"②孔颖达疏《尧典》说："言'帝'者，天之一名，所以名帝。帝者，谛也。言天荡然无心，忘于物我，言公平通远，举事审谛，故谓之帝也。"又说："《礼运》曰'大道之行，天下為公'，即帝也；'大道既隐，各亲其亲'，即王道也。"在孔颖达看来，三皇五帝，乃同道也。所同者何？天道也。大道即天道，常道亦大道、天道也。因此，无论三皇言大道，还是五帝言常道，无过于天者。"天之与帝，义为一也"；"圣德无大于天，三皇优于帝，岂过乎天哉？"因此他认为："五帝有为而同天，三皇无为而同天，立名以为优劣耳。"三皇五帝之道的不同，只是无为、有为而已。在孔颖达看来，唐虞后的三王，内德同于天，外随时运，亦是圣人也，只是"顺帝之则而不尽，故不得为帝"③。

但不管怎样说，唐虞时代乃是一个历史转折的时期，是由"大道之行也，天下为公"的时期，转向了"天下为家，各亲其亲，各子其子"的时期。对于孔子来说，"大道之行也，天下为公"；"选贤与能，讲信修睦，人不独亲其亲，不独子其子"，乃是一个极为美好理想的时代。故他说："大道之行也，与三代之英，丘未之逮也，而有志焉。"可知孔子是多么向往那个时代了！这也是仲尼与于蜡宾，事毕，出游于观之上，"喟然而

---

① 《史记·孔子世家》。
② 《观林堂集》卷6。
③ 《尚书正义》卷2。

叹"① 的原因所在。自然，孔子编辑整理《尚书》，所以断自唐虞，所以"追迹三代之礼，上纪唐虞之际"者，不仅是追迹那个美好理想的时代，更是追迹三代之礼的天道本体真精神也！孔子之祖述尧舜，即远察尧舜为政之天道本质也。因为唐虞时代，尧舜之禅让仍保留着"大道之行也，天下为公"的精神，保留着这种精神的天道本质。

中国文化是本于天的。从这个意义上讲，三皇言大道，五帝言常道，皆无过于天者，它们本质上是一致的。但孔颖达讲"五帝有为而同天，三皇无为而同天"，也道出了大道与常道的一个极为重要的差别，那就是三皇自然无为，一切皆顺乎自然法则，而五帝有为，则增加了人类生存活动，人参与互动其中，因此其为道也，富于人文精神。唐虞时期讲"慎徽五典，五典克从"。五典，即五常之教：父义、母慈、兄友、弟恭、子孝也。帝舜曰："契，百姓不亲，五品不逊。汝作司徒，敬敷五教，在宽。"② 五品，即五教也。"敬敷五教，在宽"，即务在宽，勉励之，以得人心也。凡此，皆是唐虞时期美好的伦理道德精神之发展，人文精神之呈现也。尽管这种精神亦是原于天道法则的，如讲"天叙有典，敕我五典五惇哉！"③，但它毕竟是随着文化的发展，已由人之心性发展起人文精神。

《史记》说："天下明德，皆自虞帝始。"④ 德者，得也。明德，即人明于天道之所得也。天道精神，终究是人的精神，终究是人明于天道之精神也。言"天下明德，皆自虞帝始"者，是说中国文化人文精神的发展，始自唐虞时代也。人文精神之肇始，虽然可以追溯到伏羲、前伏羲时代对天道法则秩序的价值思维肯定与抽象，但大端齐备，从天道本体论到人文精神的全面发展，则当属唐虞时代也。《尧典》所说"稽古帝尧"者，考察古道而行于帝尧者也；又说帝尧"曰放勋，钦、明、文、思安安，允恭克让，光被四表，格于上下"。放勋，尧之名也。钦，敬也。言钦、明、文、思者，帝尧有敬、明、文、思之四德也。帝尧以此四德，外接于物，内诚于心，恭敬谦让，威仪四方，教化天下，故曰"光被四表，格于上下"。《舜典》所讲的帝舜"浚咨文明，温恭允塞"，则是说，帝舜睿智、

---

① 《礼记·礼运》。
② 《尚书·舜典》。
③ 《尚书·皋陶谟》。
④ 《史记·五帝本纪》。

文明、温恭之德，诚实充塞上下也；曰"玄德升闻"者，言其天道的抽象思维之高明也。凡此皆可知唐虞时代人文精神之发展也。《史记》说，孔子"追迹三代之礼，序《书传》"；《汉书·艺文志》亦说："曰之所起远矣，至孔子纂焉，上断于尧，下讫于秦，凡百篇，而为之序，言其作意。"因此，《尧典》所作《书》序，郑玄、马融、王肃皆云孔子所作，唐人陆德明《经典释文序录》亦说："孔子删录，断自唐虞，下讫秦穆，典、谟、训、诰、誓、命之文凡百篇而为之序。"孔子编辑整理《尚书》，所以断自唐虞者，实乃考察古道而行于尧舜，人文精神发展之齐备，自唐虞时期始也；而作《书》序曰帝尧"聪明文思，光宅天下"者，言其圣德聪慧文明，思想的光辉，远著四方也。

孔子不仅"祖述尧舜"，更"宪章文武"，可以说，儒家礼教之法度主要来自文、武、周公之道。"宪章文武"，即以文、武、周公之道为法度也。中国古代礼教虽始于伏羲画八卦，别八节而化成天下，其后黄帝《云门》之歌，唐虞玉帛朝佩之始，以及夏商革命，其损其益，皆可知也，然若就其典章制度的齐备而言，则应属于文武、周公时期。然周朝礼教制度发展到昭王南征之后，彝伦渐坏，礼乐废弛；延至平王东迁洛邑，周室衰微，诸侯渐大，政由方伯，则周朝礼乐制度渐废不存矣。孔子要正定当时的礼乐，挽回当时礼教的颓败哲理，惟有以文、武、周公之道为法度，才能备王道，成六艺，不失其正。而曰"宪章"者，守文、武、周公之道，以为礼教的根本纲纪而不得废也。周公述《曲礼》以节威仪，制《周礼》以经邦国，皆是讲人君立制之本，安民之或缺也。此乃孔子宪章文武之根本也。

孔子"祖述尧舜"也好，"宪章文武"也好，除了追溯礼教的因革损益，更为主要的是寻求礼教之道，寻求礼教所以建立的哲学本体论根据。在孔子看来，夫礼，乃是"先王以承天之道，以治人之情"的，故曰"礼必本于天"[1]。尧、舜之道，文、武、周公之道，皆是本于天的，是承天之道，以治人之情的。帝尧"敬授民时"[2] 者，是天道；帝舜"在璇玑玉衡，以齐七政"[3] 者，是天道；武王讲"天矜于民，民之所欲，天必从

---

[1] 《礼记·礼运》。
[2] 《尚书·尧典》。
[3] 《尚书·舜典》。

之"①；周公讲"能格知天命"②，亦天道也。尧舜时期，惟行天道，才能"上律天时，下袭水土"，才能以天道法则，兼内外，其为道德精神，才能"譬如天地之无不持载，无不覆帱，譬如四时之错行，如日月之代明。万物并育而不相害，道并行而不相悖，小德川流，大德敦化，此天地之所以为大也"。

由上也可知，孔子"祖述尧舜，宪章文武"，不论是远察尧舜之道，还是近以文武周公的礼教为其法度，其道之本于天者，皆不只是在知识论上讲的，而是在天道无形无象的本体论与价值论上讲的。尧舜文武之道，虽是讲的自然运行之道，但并没有停留在自然知识上，而是在无形无象的本体论与价值论上看待天道，看待天道最高精神存在的。尧舜之时讲"惟精惟一"，文武之时讲"维天之命，于穆不已"，就是讲的天道相续之理与最高精神存在。惟此，孔子才说："大哉尧之为君也！巍巍乎！唯天为大，唯尧则之，荡荡乎，民无能名焉。"③ 民之所以无能名于此者，就在于当时一般人尚不能理解天道无形无象的存在。但孔子是能理解的，故以此赞美尧之为君！他不但能理解天道的形而上学存在，而且其讲礼乐，全是以此形而上学存在为本体论根据的。其讲"无声之乐，气志不违；无体之礼，威仪迟迟"；及讲"正明目而视之，不可得而见；倾耳而听之，不可得而闻"的礼乐境界④，就是立于形上天道本体论的高度讲这种境界的。惟此，言偃才发出疑问与感慨，曰"夫子之极言礼也，可得而闻与?"⑤ 这种可闻，正如子贡说"夫子之文章，可得而闻；夫子之言性与天道，不可得而闻"⑥ 一样，都不同程度地包含着对天道无形无象的形而上学存在之不理解。孔子正是在此天道本体论的高度，"祖述尧舜，宪章文武"，建立儒家学说的。而儒学以此为最高本体论，才能建立起"万物并育而不相害，道并行而不相悖"的价值体系，具天德敦化之大用。此孔子"祖述尧舜，宪章文武"之根本所在也。

---

① 《尚书·泰誓上》。
② 《尚书·大诰》。
③ 《论语·泰伯》。
④ 《礼记·闲居》。
⑤ 《礼记·礼运》。
⑥ 《论语·公冶长》。

自然，孔子的儒家学说并非仅仅原于尧、舜、文、武的为政之道，而是接受并继承整个上古文化遗产发展起来的。孔子虽说过"殷已悫，吾从周"，但"孔子善殷"①，也是不容置疑的历史事实。可知孔子说"夏礼吾能言之，殷礼吾能言之，观殷夏所损益，虽百世可知"，为不假也。更为重要的是，孔子的儒家学说所以能够成立，所以能够成为辨阴阳、行教化的教理，不仅在于他洞察继承了尧、舜、文、武的政治之道，接受继承了整个上古文化遗产，更在于他把一部本来属于筮书的《周易》提升为形上大道本体论的哲学，从而进一步为自己的学说提供了本体论根据。

二 《周易》：由筮书到大道哲学

人生最为根本的改变，不是这个知识的获得、那个意见的放弃，而是自我知觉在宇宙浩浩大化中获得主宰，获得最高性命之理，然后以此贯通一切、旁通一切，形成自己系统完备的人生哲学思想。这个性命之理，在哲学上称之为本体论，或曰形而上学存在。这是世界观的改变，人生哲学的改变。它由此将引出对整个宇宙万物一系列不同的看法。孔子一生的根本改变也是这样的。这个改变，就是从孔子所说的"五十以学《易》，可以无大过矣"②开始的。为什么"可以无大过"呢？因为通过学《易》，获得了天道性命之理，获得了最高人生哲理，获得了可以贯通一切、旁通一切的大道本体论，即宇宙万物本原的存在！

孔子何乃只是学《易》耳，应该说是《周易》哲理的发明者与创造者。《史记》言之凿凿，不止一次地记载此事说："孔子晚而喜《易》，序《彖》、《系》、《象》、《说卦》、《文言》。读《易》，韦编三绝。曰：'假我数年，若是，我于易则彬彬矣。'"③ 又说"盖孔子晚而喜《易》。《易》之为术，幽明远矣，非通人达士孰能注意焉！"司马迁甚至无限感慨地回忆父亲的遗言说："先人有言：'自周公卒五百岁而有孔子。孔子卒后至于今五百岁，有能绍明世，正《易传》，继《春秋》，本《诗》、《书》、

---

① 《礼记·檀弓下》。
② 《论语·述而》。
③ 《史记·孔子世家》。

《礼》、《乐》之际?'意在斯乎!意在斯乎!小子何敢让焉。"① 司马迁之后,班固的《汉书》不仅讲孔子"盖晚而好《易》,读之韦编三绝而为之传"②,更进一步把孔子序《易》与伏羲作八卦、文王重《易》爻联系起来,说"孔氏为之《彖》、《象》、《系辞》、《文言》、《序卦》之属十篇。故曰《易》道深矣,人更三圣,世更三古"③。而且《史记》、《汉书》关于孔子所发明创造的《周易》哲理,其学术传递都是有所记载的:

> 孔子传《易》于瞿,瞿传楚人馯臂子弘,弘传江东人矫子庸疵,疵传燕人周子家竖,竖传淳于人光子乘羽,羽传齐人田子庄何,何传东武人王子中同,同传菑川人杨何。何元朔中以治易为汉中大夫。④

> 自鲁商瞿子木受《易》孔子,以授鲁桥庇子庸,子庸授江东馯臂子弓,子弓授燕周丑子家,子家授东武孙虞子乘,子乘授齐田何子装。及秦禁学,《易》为筮卜之书,独不禁,故传授者不绝也。汉兴,田何以齐田徙杜陵,号杜田生,授东武王同子中、雒阳周王逊、丁宽、齐服生,皆著《易》数篇。同授淄川杨何,字叔元,元光中征为太中大夫。⑤

孔子创造性地总结出的《周易》哲理及其学术传递,虽然《史记》、《汉书》的记载略有差别,但在重学统与学术渊源的时代,《周易》作为经学的哲理文字,绝不会被任意篡改的。从汉到隋唐,孔子创造性的《周易》哲理的学术地位,从来没有动摇过。不仅《隋书·经籍志》讲《周易》"周公作《爻辞》,孔子为《彖》、《象》、《系辞》、《文言》、《序卦》、《说卦》、《杂卦》";陆德明《经典释文序录》讲"孔子作《彖辞》、《象辞》、《文言》、《系辞》、《说卦》、《序卦》、《杂卦》,谓之《十翼》",孔颖达《周易正义》更是直接承认"《彖》、《象》等《十翼》之辞,以为孔子所作,先儒更无异论"。然自从宋欧阳修答童子问《易》,讲《系辞》

---

① 《史记·太史公自序》。
② 《汉书·儒林传》。
③ 《汉书·艺文志》。
④ 《史记·仲尼弟子列传》。
⑤ 《汉书·儒林传》。

及《文言》、《说卦》"皆非圣人之作,而众说淆乱,亦非一人之言"① 出,遂在近、现代形成一种推翻孔子创造性的《周易》哲理的学术地位的思潮。特别是在疑古思潮的影响下,"非一人一时"说几乎成为一种共识。欧阳修疑《十翼》非圣人所作,只是说里边有"仰观俯察"、"河出《图》,洛出《书》"的诸多说法及许多"子曰"字样,而现代人则抓住《彖辞》、《文言》、《系辞》中的片言只语与其他诸子文辞相似或相近者,就武断地断定《易传》形成于某个时期,于是有了战国前期、战国早期、战国中前期、战国中后期的诸多说法,其目的就是推翻孔子创造性的《周易》哲理的学术地位。凡此,皆是不知古代文化的传播发展存在着群体参与、互动、感应、效应及远距离作用,不知这种感应、效应及远距离作用所发生的文化互渗律,一见前后相似、相近就妄断者也。至于说"子曰"字样,乃后人传圣学之常例也。这正如朱子说"胡五峰将周子《通书》尽除去篇名,上面各添一个'周子曰'"② 一样,它并不能改变周子作《通书》的事实与本质。《十翼》中冠以"子曰"也是这样,它亦不能改变孔子作《易传》的事实与本质。

程子说:"圣人用意深处,全在《系辞》,《诗》、《书》乃格言。"③ 推翻孔子创造性的《周易》哲理的学术地位,实乃推翻儒家大道哲学的形上本体论也。推翻这种哲学本体论,将其学说只局限于形下礼乐制度或语录体《论语》,就将"大哉圣人之道!洋洋乎发育万物,峻极于天。优优大哉!礼仪三百,威仪三千"的儒学,置于游谈无根的境地;将"尊德性而道问学,致广大而尽精微,极高明而道中庸"④ 的深厚博大的儒学,变成了小知小识的学问或社会经验知识。怎样看待孔子之学,正如子贡所说的:"文武之道未坠于地,在人,贤者识其大者,不贤者识其小者,莫不有文武之道。"⑤ 如果真的推翻孔子创造性《周易》大道哲理,像一些人那样只是局限于《论语》,孔子及其学说就不能为几千年的伦理道德和人的理性信仰提供哲学基础,不能以其光辉的思想灯塔,照亮前进的道路,

---

① 《易童子问》卷3,《居士外集》卷25。
② 《朱子语类》卷67。
③ 《河南程氏遗书》卷2上。
④ 《中庸》第27章。
⑤ 《史记·仲尼弟子列传》。

引领历史的航程了。

然而历史事实毕竟是无情的，它所揭示出的真理是任何人也不能推翻的。这就是马王堆出土的帛书《易传》中的《要》所提供的新的历史资料所说：

> 夫子老而好《易》，居则在席，行则在囊。子赣曰："夫子它日教此弟子曰：'德行亡者，神灵之趋；知谋远者，卜筮之蘩（繁）。'赐以此为然矣。以此言取之，赐缙行之也。夫子何以老而好之乎？"夫子曰："君子言以矩方也。前羊（祥）而至者，弗羊（详）而巧也。察其要者，不诡其福。《尚书》多阙矣，《周易》未失也，且又（有）古之遗言焉。予非安其用也……《易》，我后其祝卜矣，我观其德义耳也。赞而不达于数，则其为之巫；数而不达于德，则其为之史。史巫之筮，乡之而未也，好之而非也。后世之疑丘者，或以《易》乎？吾求其德而已，吾与史巫同涂而殊归者也。君子德行焉求福，祭祀而寡也；仁义焉求吉，故卜筮而希也。祝巫卜筮其后乎？"①

"后世之疑丘者，或以《易》乎？"孔子好像看透了后人似的，预感到后人会认为孔子一定写不出《易传》那样的文字。这里，孔子做出了明确的回答，《易传》是他对《周易》中的天道本体存在，"观其德义"、"求其德"，经过道德的体验与领悟而撰写出来的，是他把一部本来属于筮书的《周易》，一部"德行亡者，神灵之趋；知谋远者，卜筮之蘩（繁）"的《周易》，经过道德的体验与领悟，"广大配天地，变通配四时，阴阳之义配日月，易简之善配至德"②发明、创造、提升成为一部不同于"史巫之筮"的道德形而上学著作。这就是他讲的"《易》，我后其祝卜矣，我观其德义耳也"。在他看来，"赞而不达于数，则其为之巫；数而不达于德，则其为之史"；而"史巫之筮，乡之而未也，好之而非也"。怎么办呢？就是"观其德义"、"求其德"，凡"德行亡者，神灵之趋；知谋远者，卜筮之蘩（繁）"的地方，看出它所包含的人生哲理，赋予它形而上学的伦理道德意义。这样也就使《周易》"与史巫同涂而殊归"了，使《周易》变成了一部"德行焉求福，仁义焉求吉"的人生哲理，一部道德哲学

---

① 见《道家文化研究》第3辑，陈松长、廖名春释文，上海古籍出版社1993年版。
② 《周易·系辞上传》。

著作。惟此,朱子才说:"盖《易》只是个卜筮书,藏于太史太卜,以占吉凶,亦未有许多说话。及孔子始取而敷绎为《十翼》、《彖》、《象》、《系辞》、《文言》、《杂卦》之类,方说出道理来。"① 故《易》得孔子始得讲出许多道理,始为儒家道德哲学也!

事实上也是如此。看现存的《周易》,可以说无处不是高深的人生哲理,无处不是几微幽深的道德体悟。它不仅讲"乾道变化,各正性命。保合大和,乃利贞";"坤厚载物,德合无疆。含弘光大,品物咸亨"②,使乾坤之道变成了人生哲学原理的根本存在,赋予"天行健,君子以自强不息";"地势坤,君子以厚德载物"③ 的人生哲学意义,而且发挥文王《乾》卦辞,把"元亨利贞"四德,阐释为"元者,善之长也;亨者,嘉之会也;利者,义之和也;贞者,事之干也",要求君子体仁、嘉会、利物、贞固,行此四德,获得"元、亨、利、贞"。孔子更以此四德,要求"君子终日乾乾,夕惕若,厉无咎",进德修业,达到"知至至之,知终终之"④ 的极深境界。孔子的时代,不仅存在道德精神危机,也充满着忧患意识。故孔子传《周易》,在六十四卦中,特别拿出《履》、《谦》、《复》、《恒》、《损》、《益》、《困》、《井》、《巽》九卦,反复讲解道德在社会人生的各种情境中不可须臾离开的重要性:

> 《易》之兴也,其于中古乎!作《易》者,其有忧患乎!是故履,德之基也。《谦》,德之柄也。《复》,德之本也。《恒》,德之固也。《损》,德之修也。《益》,德之裕也。《困》,德之辩也。《井》,德之地也。《巽》,德之制也。
>
> 《履》和而至,《谦》尊而光,《复》小而辩于物,《恒》杂而不厌,《损》先难而后易,《益》长裕而不设,《困》穷而通,《井》居其所而迁,《巽》称而隐。《履》以和行,《谦》以制礼,《复》以自知,《恒》以一德,《损》以远害,《益》以兴利,《困》以寡怨,《井》以辩义,《巽》以行权。⑤

---

① 《朱子语类》卷67。
② 《周易·象上传》。
③ 《周易·象上传》。
④ 《周易·文言传》。
⑤ 《周易·系辞下传》。

《履》、《谦》、《复》三卦，出于上经；《恒》、《损》、《益》、《困》、《井》、《巽》六卦，则出于下经。船山先生说："文王、周公之志，于此九卦而见。"① 岂止如此也，孔子单单拿出这九卦，反复地讲"德之基"、"德之柄"、"德之本"、"德之固"等等，虽是体察"文王、周公之志"，但更是发挥"文王、周公之意"，讲道德为整个社会人生之本。特别是君子进德修业，惟上合天道义理，下顺人心民情，修于至德，才能以定大业，如何能不讲"德之基"以自立；讲"德之柄"以应物；讲"德之本"以自生；讲"德之固"以不失！履，礼也。"物畜然后有礼"②。以礼而行，刚而中正，"履帝位而不疚，光明也"③。谦，"大有不可盈"者也。君子"有其德而不居，志存乎谦巽，乐天而不竞，退让而不矜，安履乎谦，终身不易"，自然"有终也"④。复，剥极而复来，阴极则阳生，阳剥极于上而复生于下。故"复则有亨盛之理"，"见天地之心"⑤。君子之道复，其事业必渐渐亨通昌盛，泽于天下。君子进德修业，即使遇到一时的困难与损益之事，只要认识环境，选择正确的道路，惩愤窒欲，迁善改过，日新以进，其德宽裕，自然也就能穷而通，困而达，远害兴利，以成大业；而若健以行和，和而不流，谦巽其德，制礼乐而矫天下之妄，自然也就能居于正大，无忧无虑，不求他术，以达于盛治。凡此皆是孔子立于天道本体论与价值论所作的道德阐释也。孔子传《周易》，可以说无处不是道德领悟，无处不讲人生哲理，无处不是"精义入神，以致用也；利用安身，以崇德也"⑥。其讲"大哉乾元，万物资始，乾道变化，各正性命，保合大和，乃利贞"，"至哉坤元，万物资生"，"坤厚载物，德合无疆，含弘光大，品物咸亨"⑦，天地之间，已不是生物物理世界，不纯粹是自然界，而变成了道德精神世界；天地之道，也不再仅仅只是自然法则，而是变成了万物大始、宇宙本原、生命精神源头的存在，成了性命之理的根本

---

① 《周易内传》卷6上。
② 《周易·序卦传》。
③ 《周易·彖上传》。
④ 《周易程氏传》卷2。
⑤ 《周易程氏传》卷2。
⑥ 《周易·系辞下传》。
⑦ 《周易·彖上传》。

所在！特别是穷理尽性至于命，"以立天之道曰阴与阳，立地之道曰柔与刚，立人之道曰仁与义。兼三才而两之"①，使本来属于筮书的《周易》变成了一部"三极"具备的大道哲学，一部"兼三才而两之"的广大悉备的哲学体系。这正是孔子所传的《周易》与占卜一类的筮书不同的地方。故曰"祭祀而寡也，卜筮而希也"②。这也是孔子讲"人而无恒，不可以作巫医"，君子于《易》，"不占而已矣"③ 的原因所在。

孔子正是追迹三代之礼，序《诗》、《书》，正《礼》、《乐》，晚而喜《易》，序《彖》、《系》、《象》、《说卦》、《文言》，精神上达到了天道至德的高度，其动也刚，其静也柔，具有"望之俨然，即之也温"的神态，所以他才说"述而不作，信而好古，窃比于我老彭"④ 的。孔子谓老子为"合而成体，散而成章，乘云气而养乎阴阳"⑤ 的龙，孔子岂不亦如是乎！

孔子正是把本来属于筮书的《周易》提升为了一部大道哲学著作，无处不讲道德领悟，无处不讲人生哲理，无处不讲"精义入神以致用，利用安身以崇德"的道德精神世界，所以他才于伏羲、文王之后，"人更三圣，世历三古"⑥，成为中国历史上最伟大的道德哲学家，而儒教才能成为人"明明德，止于至善"的大学问。这一切是和儒家大道哲学宇宙本体论的建立分不开的。

三　大化流行的宇宙本体论

我在《大道运行论》一书中曾说："世界上任何大气象的哲学都是立根宇宙本体论和价值论建立深远博大的思想体系的。只有解决了宇宙本体真相和价值本原问题，万物的存在才有依托，人的生命与价值才有所本、有所原。因此，从古代起，希腊罗马哲学家为了寻求宇宙的本质，一再追问神秘的'逻各斯'是什么；印度哲学家为了那个神圣的'梵'天，曾苦

---

① 《周易·说卦传》。
② 马王堆出土《易传》之《要》篇。见第429页注①。
③ 《论语·子路》。
④ 《论语·述而》。
⑤ 《庄子·天运》。
⑥ 《汉书·艺文志》。

苦地思索冥想；同样，中国先哲为了彻悟大道之所在，也曾心游太虚，几度在无有之乡生活求索。不要以为这些哲学家们都是徒劳的，正是他们玄而又玄的思辨和艰苦卓绝的形而上努力，才形成了西方、印度、中国三大文化价值哲学体系，从而使各自人民的生命和精神有所安顿与寄托。"①

哲学要解决宇宙本体真相和价值本原问题，特别是一个国家民族的文化为解决他们的信仰信念所建立的形而上学存在，总是和他们最初对宇宙万物法则的结构秩序的价值思维肯定与价值抽象联系在一起的，他们最初怎样肯定抽象这种法则秩序，也就具有怎样的形上本体论存在。中国文化形上之"道"及其精神存在，发端于伏羲，积蓄于炎黄，大备于唐虞，经夏商周三代而浩荡于天下。虽然总的精神是一脉相承的，但由伏羲《八卦》易演变为夏之《连山》、殷之《归藏》，最后发展为《周易》，在本体论及文化精神方面，还是有所发展变化的。《连山》首艮，艮上艮下，连绵像山；《归藏》首坤，像大地一样包含着无限生机；而《周易》则乾坤并建，以"乾元"、"坤元"为最高本体存在，就是在大道哲学本体论及其精神方面的变化。《连山》发明于炎帝，用于夏；《归藏》发明于黄帝，用于殷商。我于上一章讲老子贯通上古大道真脉，从本体论上说，它主要是指贯通由伏羲《八卦》、夏《连山》发展为《归藏》首坤，以大地为归藏之本的思想，而在文化上所贯通的主要是炎黄以来的文化精神。

孔子编《诗》《书》，定《礼》《乐》，著《春秋》，传《周易》，无疑在文化哲学上是集上古之大成的，但更为重要的是哲学本体论的建设，没有这种本体论建设，其他一切文化哲学的继承都是没根底的。孔子儒学，"以道得民"②，其为教内容，主要在于六艺，即礼、乐、射、御、书、数之教。《礼记》所说的"春秋教以《礼》《乐》，冬夏教以《诗》《书》"③，或世子"春夏学干戈，秋冬学羽籥"；"春诵夏弦"，"秋学礼"，"冬读书"④，就是儒教内容。这些内容，顺阴阳，明教化，虽然亦有教理，但它要成为一种理论，一种学说，一种哲学思想，一种深远博大的思想体系与道德精神存在，就必须有本体论上的根据。这就是孔子发挥《易》之旨，

---

① 《大道运行论》第1页，山东人民出版社1995年版。
② 《周礼·大宰》。
③ 《礼记·王制》。
④ 《礼记·文王世子》。

以《周易》的乾坤并建所发展起来的大道哲学思想体系。孔子讲中国文化哲学的发端,虽然断于伏羲时期,其哲学思想,虽然也吸收了炎黄《连山》《归藏》的文化生命精神,但从根本上说,他的哲学本体论则主要是继承了《周易》乾坤并建的思想而发展起来的。

孔子"祖述尧舜,宪章文武",在编纂《诗》《书》、赞《周易》时,通过上古以来之典藏,发现一个宇宙奥秘,即上天有一个中心,有一个中正不易的"极",它就是《尚书·洪范》所说的"会其有极,归其有极"的"皇极"①的存在,也就是后来老子所说的"道"——"道曰大,大曰逝,逝曰远,远曰反"——的存在。这个"道",在老子那里只是一个独立不改的先天存在,它虽表现为生一、生二、生三、生万物及蓄养万物的本体大用②,并且上升到了无形无象的高度,具有唯一、绝对、永恒的性质,但它是不断运动变化着的存在,一个"周行而不殆,独立而不改"的变体,并不具有"寂然不动"的形而上学本质,而它作为万物本体存在,只是于流行泛布处,讲"大道泛兮"、"衣养万物"③的存在,它与万物生化之间具有怎样的逻辑关系,在老子的哲学中并没有讲清楚。宋儒祝泌讲"皇极者,大道之至,如中庸之至,至德之至也"④。孔子把《尚书·洪范》的"皇极"存在,称为"太极之道"⑤。太极之道,虽然"寂然不动",然及至它"动而生阳,静而生阴,一动一静,互为其根"⑥,则是可以生化出宇宙万物的。这就是说,太极之道不仅是"寂然不动"的最高存在,而且它与宇宙万物生化之间存在着现实的逻辑关系。《易传》所说的"《易》有太极,是生两仪,两仪生四象,四象生八卦",就是这种逻辑关系。太极之道作为最高本体存在,虽然至精至神、寂然不动,但其于造化流行处讲,则并不是空悬的,而是事事物物皆有个极,皆有个极好之处的。故王船山说:"太极者,无有不极也,无有一极也。"⑦

太极之道,至极之道,贞一之理也。因此,太极之道,即大道也;而

---

① 《尚书·洪范》。
② 《老子》第 25、42、51 章。
③ 《老子》25、34 章。
④ 《皇极经世》序。
⑤ 《周易·系辞上传》。
⑥ 《太极图说》。
⑦ 《周易内传》卷 5 下。

言其至德者，本体大用也。孔子《易传》不论是讲"天地缊缊，万物化醇，男女构精，万物化生"①，还是讲"圣人以通天下之志，以定天下之业，以断天下之疑"，无不是立于"太极之道"，立于凝聚万物、生化万物的大道至德，引出本体大用的。孔子正是立于这个"太极之道"，发展为儒家哲学大道至德的宇宙本体论的，即"开物成务，冒天下之道，如斯而已者也"②。

孔子赞《易》，发明《易》道，皆是以《周易》的范畴概念为基础进行的，其讲"太极之道"的本体大用，并没有离开文王、周公所使用的范畴概念或另外使用一套逻辑思维形式。这首先表现在发挥阐明《周易》乾坤并建的哲学本体论思想上。怎么发挥阐明的呢？我们知道，文王《乾》卦辞，讲乾道的本体大用，只是讲"元、亨、利、贞"，《坤》卦辞，讲坤道的本体大用，只是讲"元、亨、利、牝马之贞"，皆没有阐述《乾》《坤》作为天地之道何以成为生化万物的本体大用；即使周公《乾》《坤》两卦的爻辞，也只是根据当时历史的情境与情势阐述所爻之卦的内涵，也没有在哲学本体论上做更多阐述。而孔子通过赞《易》，则极为清楚明晰地阐明了《周易》乾坤并建的哲学本体论思想，即"大哉乾元，万物资始，乃统天"、"至哉坤元，万物资生，乃顺承天"的阐述。在这种阐述中，"大哉乾元"并非只是一般地讲天道的功德大用，而是成了"万物资始"的存在；"至哉坤元"也非只是一般地讲地道的功德大用，而是成了"万物资生"的存在。这种"大哉乾元"、"至哉坤元"的"万物资始"、"万物资生"的大用，乃太极之道见诸两仪之理者也。其讲"乾元"的"云行雨施，品物流形。大明终始，六位时成。乾道变化，各正性命。保合大和，乃利贞"；讲"坤元"的"坤厚载物，德合无疆，含弘光大，品物咸亨"③，则进一步阐述了乾坤之道、两仪之理的本体全体大用也！这种大用，全是在宇宙本体论上阐述的。它在中国哲学史与精神史上乃是第一次，而孔子则是首功！

太极之道，虽不离乎阴阳，但太极并非一物，而是无形至极之理的存在。同样，乾坤在形而下意义上讲，虽然"乾为天，为圆，为君，为父，为玉，为金"，"坤为地，为母，为布，为釜"④ 等，但孔子讲乾坤之道，

---

① 《周易·系辞下传》。
② 《周易·系辞上传》。
③ 《周易·象上传》。
④ 《周易·说卦传》。

讲"大哉乾元"、"至哉坤元"的存在，并不是在此形而下意义上讲的，而是在阴阳交合、运行不息、举其盛大流行而为大道的本体大用上讲的，在其形而上学的纯粹法则上讲的。此孔子赞《易》曰"乾道变化，各正性命。保合大和，乃利贞"、"坤厚载物，德合无疆，含弘光大，品物咸亨！"①者也。乾也，坤也，作为本元或本体存在，已不是为天、为君、为父或为地、为母、为布的具体存在，而是由此抽象提升出来的阴阳之道的纯粹法则。故孔子赞《易》曰："大哉乾乎！刚健中正，纯粹精也，六爻发挥，旁通情也"，"坤至柔而动也刚，至静而德方，后得主而有常，含万物而化光"②。惟"乾元"、"坤元"为阴阳之道的纯粹法则的存在，故乾之为道，才能贯通一切，旁通一切，无往不遂，无物不利，才能以纯阳至刚至健、至正至和之德，贯彻群阴而与之诉合；而坤之为道，才能虽至柔而其动也刚，至静而其动也辟，才能以其至顺纯柔之德，承天行时，德合无疆，含弘光大，生化无违。此太极之道生两仪的纯粹法则，无往不利而为天下大用者也。惟此，朱子才讲："乾坤只是健顺之理，非可指乾坤为天地，亦不可指乾坤为二卦，在天地与卦中皆是此理。"③

《周易》乾坤并建，但在孔子《易传》中，两者并不是并列的关系，而是"大哉乾元，乃统天"、"至哉坤元，乃顺承天"的关系。天地之道，有统御，有顺承，有缊絪流动，才能相亲相合、相感相应、相推相摩、相激相荡，才能流行天地间而无不贯通，有亨通之盛而生化万物。而若只是有统御而无有顺承，无相亲相合、相感相应，亦无相推相摩、相激相荡，或天之道与地之道两者只是孤零零的存在，天不统御，地不相承，就不能成为生化万物的本体存在了。故孔子《易传》说："天尊地卑，乾坤定矣。"有此《乾》《坤》不同的本体定位，才能"刚柔相摩，八卦相荡，鼓之以雷霆，润之以风雨；日月运行，一寒一暑；乾道成男，坤道成女"。此即"乾知大始，坤作成物"④者也。由此可知，孔子赞《易》之乾坤，赞"乾元"所以用"大哉"表示，赞"坤元"所以用"至哉"表示，乃是表示太极生阴阳两仪的纯粹法则存在也。但若从哲学本体论上说，孔子

---

① 《周易·象上传》。
② 《周易·文言传》。
③ 《朱子语类》卷74。
④ 《周易·系辞上传》。

仍是以天道"大哉乾元"的存在为大始，为本元，为原始，为宇宙本体论存在的，而它的最高存在就是太极之道。故王船山说："天之所以为天，以运五气，以行四时，以育万物者，莫非《乾》以为之元也，故曰'乃统天'。"① 虽然《易》以天地为体、阴阳为用，但"乾"为天道，为德性，为健行不息者，为生化大用者，毕竟是统御一切、贯通一切、周流一切者。有此本体大用，才无处不统御，无处不涵摄，无处不贯通，无处不圆融，无处不生机弥漫！大化流行，即大用流行，即"大哉乾元"贯通一切、旁通一切、大化流行、生生不息之大功用也！此《周易》乾坤并建，以"乾"为本体大用，得孔子《赞》易而明也。此乃"圣人能赞天地之化育，天地之功有待于圣人"② 者也，亦孔子之《易》，非文王、周公之《易》者也。

  天有元亨利贞，人有仁义礼智。船山说："在天谓之元，在人谓之仁。天无心，不可谓之仁；人继天，不可谓之元；其实一也。故曰元即仁也，天人之谓也。"又说："曰元即仁者，言《乾》之元也，健行以始之谓也。"③ 故"乾"的本体大用可以用一个"仁"字表示。乾元本体，即仁也，即生意，即仁体，即宇宙万物生化亨通大原，即是"大哉乾元，万物资始"者，即天道本体的"显诸仁，藏诸用"④ 的存在，亦即"天地之大德曰生"⑤ 的存在。因此，"乾"之为本体，不是把宇宙看成是"死寂"的存在，而是把它看成大化流行、生生不息的存在，看成宇宙生命精神的存在。故曰"生生之谓易"⑥。说破《易经》，指陈玄门造化及整个儒家教典，明儒罗汝芳先生在谈到儒家大道真脉与流行不息的真精神时，曾说：

    天地之大德曰生。夫盈天地间只是一个大生，则浑然亦只是一个仁，中间又何纤毫间隔？故孔门宗旨，惟是一个仁字。⑦

  乾元即仁，即天德大用，即天道变化、云行雨施、品物流形、万物资

---

① 《周易内传》卷1上。
② 《朱子语类》卷67。
③ 《周易内传》卷1上。
④ 《周易·系辞上传》。
⑤ 《周易·系辞下传》。
⑥ 《周易·系辞上传》。
⑦ 《明儒学案》卷34，《黄宗羲全集》第8册第36页。

始的创造,即大化流衍、生生不息的宇宙生命精神存在!此乃乾道本体大用的根本要义也。

朱子讲:"大而天地万物,小而起居食息,皆太极阴阳之理也。"① 天地万物虽繁,总要定出几对范畴,制定几条规律,以教天下。故曰"乾以易知,坤以简能;易则易知,简则易从"②。儒家哲学所发明阐述的"大哉乾元"、"至哉坤元"的存在及本体大用,皆不过是孔子通过赞《易》,围绕着太极之道,围绕着天道本体存在所定出的范畴、制定的规律,而其顺阴阳,明教化,包括它由《洪范》九畴、《礼记》祭祀义理所发展起来的文化价值系统,皆不过是立于太极之道、阴阳之理所构成的学说体系。此即《易传》所说"《易》其至矣乎!夫《易》,圣人所以崇德而广业也。知崇礼卑,崇效天,卑法地。天地设位,而《易》行乎其中矣。成性存存,道义之门"者也,亦其所讲"形而上者谓之道,形而下者谓之器。化而裁之谓之变,推而行之谓之通,举而错之天下之民谓之事业"③ 者也。可知儒家不仅以太极之道,以体大化,以尽物理,也是以此道建立仁义礼智之教,建构道德精神世界的。

太极之道要发挥如此大用,并非只是一个自然体系,而是一个广大悉备的价值体系。因此,太极之道不仅是万化之原、宇宙本体论存在,更是一个广大悉备的价值世界,一个"继之者善,成之者性"的最高价值存在。儒家的伦理道德及形上精神世界,全是立于这个价值世界、这个最高价值论基础上的。因此,要弄清孔子在精神史上的地位,必须讲清儒家尽性至命的最高价值论。

四 尽性至命的最高价值论

一种学说,一种哲学思想,能够发展成为国家民族精神,成为人们生命精神的组成部分,并不在于它发现了某种奥秘,而在于它的形而上学能否成为国家民族的生存哲学与性命之理、成为他们的信仰信念及精神世界存在。这不仅是一个宇宙本体论问题,更是一个最高价值论问题。有最高

---

① 《朱子语类》卷6。
② 《周易·系辞上传》。
③ 《周易·系辞上传》。

价值论存在，才能建构国家民族巨大的文化价值体系，才能建立信仰信念，发展精神世界。以孔子为代表的儒家学说也是这样。儒家学说所以能够构成中国文化的主流价值体系，并成为中华民族的生存哲学与性命之理，不只是因为他们发现了"会其有极，归其有极"的"皇极"大中之道，发现了这个宇宙奥秘，更在于他们观天地之变，洞察万化之原，将万物阴阳化育的法则提升为纯粹法则与普遍原理，提升为大道至极的宇宙本体论存在，使之成为中华民族生命的精神源头与最高价值本原，成为人们建立信仰信念及精神世界的第一价值原理。这个价值原理，就是孔子《易传》所说的"观变于阴阳而立卦，发挥于刚柔而生爻，和顺于道德而理于义，穷理尽性以至于命"①的存在，也就是《大学》作为孔氏遗书所讲的"大学之道，明明德，止于至善"②的存在。

穷天下之理，尽万物之性，其万化流行，皆有获得性命之理处，有个造化至极处。人获得生命的存在，获得天道命令的存在也是这样。此即"穷理尽性以至于命"者也。那个性命之理，那个造化至极的存在，即天道，即太极之道，即大道本体也；而人获得生命，获得性命之理或获得天道命令，即"一阴一阳之谓道，继之者善，成之者性"③，亦即"乾道变化，各正其性命"④。朱子说"太极中全是一个善"⑤，太极之道，若就乾元处说，则是本体之仁的存在。因此，太极之道或"《易》之为道"，乃是本体之仁与至善的存在，是最高性命之理与价值法则的存在。惟是本体"仁"的存在，才能"显诸仁，藏诸用"⑥；惟是最高"善"的存在，才能"继之者善，成之者性"。《易传》讲"天行健，君子以自强不息"⑦；讲"君子进德修业，知至至之，知终终之"⑧；以及《大学》讲"明明德，止于至善"等，全是立于大道本体论与价值论基础上，以太极本体之"仁"

---

① 《周易·说卦传》。
② 《大学》第1章。
③ 《周易·系辞上传》。
④ 《周易·象上传》。
⑤ 《朱子语类》卷75。
⑥ 《周易·系辞上传》。
⑦ 《周易·象上传》。
⑧ 《周易·文言传》。

与至善存在为最高价值世界，讲道德修养与文化精神的获得的。太极之道，乃至极之道，贞一之理也。孔子以此道此理建立大道哲学本体论，建立形上最高价值论，实乃为人类生存建立最高性命之理与价值法则也。国家民族有最高性命之理与价值法则的存在，才能为民立极，贞正性命之理，建立诚明信仰，解决精神世界的问题。《易传》讲"神而明之存乎其人；默而成之，不言而信，存乎德行"①；讲"精义入神，以致用也；利用安身，以崇德也"②，就是孔子以太极的最高性命之理与价值法则以教天下，建立诚明信仰信念与精神世界者也。

朱子解《易传》"一阴一阳之谓道，继之者善，成之者性"及"乾道变化，各正其性命"说，"'一阴一阳之谓道'，太极也"；"'继之者善'，'各正其性命'者，为'成之者性'。"③ 这就是说，人的生命乃是天道本体"继之者善，成之者性"者，是宇宙本体论与人性至善论相契合而浑然天成的存在，而人发展为理性自觉，则是"各正其性命"者。孔子在这里不仅将宇宙本体论与人性价值论相互涵摄，相互圆融，彻天彻地，贯彻始终，自内及外，变为浑然一体的存在，而且将人视为尊天道、顺性命之理的自觉存在者。太极之道，天道本体，虽然是纯粹至善的存在，它于流行处说，于人性于气质之处说，虽然包含有阴阳、清浊、善恶，但人若能自觉地为善去恶，"明明德，止于至善"之地，涵养之、扩充之、大化之，岂不是可以造就伟大的人格与高尚的精神气质吗？此乃孔子《易传》以最高性命之理与价值法则，尽天理之极，将人置于达至善境地而为道德精神，以为天下之根本者也，亦《易传》讲"圣人之作《易》，将以顺性命之理"④ 者也。

这个最高性命之理与价值法则的存在，乃是圣人"观变于阴阳而立卦，发挥于刚柔而生爻，和顺于道德而理于义，穷理尽性以至于命"获得的，是圣人受命立极，"广大配天地，变通配四时，阴阳之义配日月，易简之善配至德"提升出来的。故孔子说："《易》其至矣乎！夫《易》，圣人所以崇德而广业也。知崇礼卑，崇效天，卑法地。天地设位，而《易》

---

① 《周易·系辞上传》。
② 《周易·系辞下传》。
③ 《朱子语类》卷74。
④ 《周易·说卦传》。

行乎其中矣。成性存存，道义之门。"因此，天道的最高性命之理与价值法则，乃是"无思也，无为也，寂然不动，感而遂通"的至神存在，是包含着"元亨利贞"四德及天道命令的存在，是圣人"探赜索隐，钩深致远，以定天下之吉凶，成天下之亹亹者"。"圣人以此洗心"者，洗于此也；"退藏于密"者，退藏于此也；"神以知来，知以藏往"者，知于此、藏于此也。因此，一部孔子所传的《周易》，乃儒家为天下所建立的最高价值法典也，而其礼教实施，则是将这部法典践覆天下者也！

世界上古老文明的国家民族大都有一部最高的价值法典，不过关于价值的思维形式是各不一样的，有理性的，也有非理性的。一个国家，一个民族，有无最高的价值法典，有无最高的价值论的思维形式，其生存绵延是非常不一样的。有这样一部价值法典的国家民族，于宇宙浩浩大化中才有知觉主宰处，才能够获得性命之理，建立起精神家园，使灵魂有个精神的安宅，生命有个安顿处。没有这样的价值法典的国家民族，不仅精神没有安宅，生命没有安顿处，整个生命就如脱缰的野马任游而无归处！中华民族正是由孔子所传的《周易》建起了一部最高的价值法典，所以才崇德广业，崇效天，卑法地，随天道运行，无往而不中正，才至精至神统于上，阴阳化育流于下，于大化流行中，"神以知来，知以藏往"，生生不息而不失性命之理！

因为这部价值法典是圣人"穷理尽性以至于命"获得的，是圣人受命立极、由天地大法则提升制定出来的，所以，它作为《易》道，作为最高性命之理与价值法则，"广矣大矣，以言乎远则不御，以言乎迩则静而正，以言乎天地之间则备矣！"① 这样一部"广矣大矣"的价值法典，乃是至精至神、至仁至善的形而上学存在！是彻天彻地、彻古彻今、通乎生死、贯乎有无的宇宙大法则、大原理！既然是宇宙大法则、大原理，君子生于天地间，岂是可以不体天道、不受天命、不遵守天道法则的！君子如此，天地万物又何尝逃脱得此法则呢！试想，天道变化，生育万物，无论洪纤高下，能不各以其类，以正性命乎？天赋为命，物受为性，惟"保合太和"，方"乃利贞"，人生天地间，能不与天道性命之理和谐、保持一种亲和关系乎？惟知此大法则与大原理，知此性命之原，才能先天而天弗违，后天而奉天时，才能知进退存亡而不失其正！《周易》六十四卦，三百八

---

① 《周易·系辞上传》。

十四爻，讲消长无端，万变之数，无非讲阴阳之变，和顺性命之情。其实，一部孔子所传的《周易》，讲的都是人生哲学与性命之理！尽管其中有些卦理爻辞是于天道流行处说的，所讲为具体的社会历史环境、情境与情势中的哲理内涵与价值判断，但它无不是与天道的最高性命之理和价值法则联系在一起的。因此，一部《周易》，六十四卦，三百八十四爻，祈天所祐者，皆是要人遵守天道价值法则，顺乎性命之理！故孔子说："祐者，助也。天之所助者，顺也；人之所助者，信也。"①

孔子说："人能弘道，非道弘人。"② 天道的最高性命之理与价值法则，要成为人的价值法典、自我的价值法典，惟有人、自我成为天道义理的自觉者方可。曰"一阴一阳之谓道，继之者善，成之者性"者，乃天以其纯粹至善显其功能，人以绍其生理而为之性也；无理性自觉，则绍乎天理以为继也，曰"乾道变化，各正性命"者，乃乾之为道，以其刚健之体，元亨利贞之情性成其功效，统于天，施于下，而人以天之刚健中正，自强不息，不失其正也；无理性自觉，则不能刚健中正，以为性命之正也。这一切皆在于诚明于天道变化，以自觉遵守天道的最高性命之理与价值法则为其前提的。故曰"自诚明，谓之性；自明诚，谓之教"；故曰"大哉圣人之道！洋洋乎发育万物，峻极于天。优优大哉！礼仪三百，威仪三千，待其人然后行"③。今天，要使天道的最高性命之理与价值法则成为人的价值法典，成为自我的价值法典，诚明天道成为一种理性自觉，仍然是不可缺少的。

王船山说："今夫言道者而不穷以理，非知道者矣；言道者而困其耳目思虑以穷理于所穷，吾不敢以为知道者也。夫疏理其义而别之，有截然者矣，而未尽其性也；故反而求之于吾心无有也，而未至于命也，故求之于天地无有也，求之于万物无有也。"船山认为，惟有"求之于天地无有也，求之于万物无有"，才能"天地以和顺而为命，万物以和顺而属性。继之者善，和顺故善也；成之者性，和顺斯成矣"④。这就是说，和顺于道德，疏理其义，穷理尽性以至于天命，是离不开天地万物有无之知识的。

---

① 《周易·系辞上传》。
② 《论语·卫灵公》。
③ 《中庸》第21、27章。
④ 《说卦传》，《周易外传》卷7。

但这种知识，并非是物的浅薄知识，并非知觉对着感官材料所获得的知识，而是无深不察、无高不彻的知识，是穷神知化获得的最高知识。和顺于道德和顺于此，尽性穷理尽穷于此者，方能至于命。

五 穷神知化的最高知识论

每个古老文明国家民族的文化，都创造了许多描述外部世界存在的范畴概念，并用以说明其存在的本质。西方从亚里士多德时代起，就创造了实体、数量、性质、关系、时间、空间、内容、形式、本质、现象等范畴概念，现代科学更有能量、质量、样式、范型、类型等范畴概念。中国文化发展到晚周时期，不仅用天道、地道、乾、坤、元、亨、利、贞等范畴概念说明流行于世界的本体大用，更用阴阳、动静、阖辟、晦明、盈虚、消长、进退、往来、向背、逆顺、隐显、存亡等范畴概念，说明宇宙万物存在的变化及其本质。凡此不同的范畴概念，构成了中西文化不同的知识系统。对此，我们是不能说哪些范畴概念正确，哪些范畴概念不正确，更不能说哪些进步，哪些落后。

中国文化没有"原子"的概念，但它在表达最小的终极存在方面所创造的一些范畴概念则是西方没有的。中国不仅在唐虞时期讲"惟精惟一"，老子时更提出了"精"、"夷"、"希"、"微"概念，讲"道"的"恍兮惚兮，其中有物；窈兮冥兮，其中有精"；"视之不见名曰夷，听之不闻名曰希，抟之不得名曰微"① 的存在。这些概念皆是西方文化没有或不使用的。孔子传《周易》，继唐虞时期讲"惟精惟一"，老子讲"精"、"夷"、"希"、"微"，更提出了一个经常使用而西方没有的范畴概念，那就是"几"的概念。例如讲"知至至之，可与言几也"②；"夫《易》，圣人之所以极深而研几也"③；"君子见几而作"④ 等等。何谓"几"？孔子自己解释说："几者，动之微。"⑤ 孔颖达注疏曰："几者，离无入有，是有之

---

① 《老子》第14、21章。
② 《周易·文言传》。
③ 《周易·系辞上传》。
④ 《周易·系辞下传》。
⑤ 同上。

初也。"① 又曰："几者，去无入有，理而未形，不可以名寻，不可以形睹者也。"② "几"，就是"离无入有"，非有非无、亦无亦有的那样一种存在。仅仅是"无"的时候，不能称之为"几"；由"无"变成"有"的时候，也不能称之为"几"。只有"离无入有"的变化刚刚发生，那一刹那的存在，那一动微之初的存在，才称之为"几"。它是"道"的极为精微、极为神妙的存在形式，因其非无非有、非有非无，理而未形，无形无象，故"不可以名寻，不可以形睹"。西方现代物理学有原子、质子、电子、夸克等概念，但它至今没有一个表达最小的终极存在的概念。因为物理学上的那些基本粒子存在还是可以一直往下分的。最小的终极存在是什么？西方物理学家至今没解决，哲学家也没解决，但中国孔子两千多年前用一个"几"的概念，把这种最小的终极存在解决了。

但孔子所关心的并非只是生物物理世界中最小的几微存在，而是"道"的存在及其化物之妙。如果说老子对此的关心是"无"处"以观其妙"，"有"处"以观其徼"，"玄之又玄"的"众妙之门"③，那么，孔子所关心的则是"道"生化万物的至神至妙存在。故他一再地描述这种存在说，"阴阳不测之谓神"；"知几其神乎！"④ "神也者，妙万物而为言者也"⑤ 等等。孔子这里所讲的神妙，并非是指"道"的神性存在，而是指它生化创造万物的神妙大用，即宋人张载称之为"神化"者。张子所谓的"神，天德，化，天道"；"神化者，天之良能"⑥，就是讲的天道本体的神化美妙大用。

天道本体的神化大用，即造化，即创造，即生生不息，即宇宙大化流行的生命精神。这种神化大用，即道之动静、阖辟、屈伸、往来，即道之阴阳不测，即天地缊缊无间的存在，即道体流行于天地间而为造化之用。其显而有形者谓之象，无形而几微者谓之神。故曰"知变化之道者，其知

---

① 《周易正义》卷7。
② 《周易正义》卷8。
③ 《老子》第1章。
④ 《周易·系辞下传》。
⑤ 《周易·说卦传》。
⑥ 《正蒙·神化篇》。

神之所为乎?"① 在孔子看来，知变化之道，则知神之所为。整个宇宙万物，不管多么奥妙，多么神奇，多么奇奇怪怪，多么变化不测，只要有"一阴一阳之谓道"的存在，都可以创造出来！整个宇宙大化流行、生生不息、创造不已，都是以"道"为原始动力而鼓动浩荡的！故道为"鼓天下之动"②者。因此，要知宇宙万物所以生化，所以创造，就要知变化之道，知天道神化大用，"过此以往，未之或知也"。惟有知变化之道及神化大用，才是最神奇、最微妙的知识，才是最高最为盛大的知识。故曰："穷神知化，德之盛也。"③ 德者，得也；所得知识，达于"穷神知化"，即得于神化之理，穷于大化之原者也。是故，达于"穷神知化"不仅是盛大的知识，亦是知其至精、至变、至神的存在。它属于哲学最高知识论的存在。

惟其是至精的知识，才能知事物远近幽深的存在及未来的发展变化；惟其是至变的知识，获此知识，三五以变，错综其数，通其变，才能成天下之文；极其数，才能定天下之象，就像中医按照阴阳、五行的原理，根据病情变化可以开出无数处方一样；惟其是至神的知识，太极之道，虽然"寂然不动"，然而感通它，则知天下之故。孔子论《易》，曾说"有圣人之道四焉"，而他在谈到"易"道的至精、至变、至神的存在及圣人为何要"极深而研几"时曾说：

> 是以君子将有为也，将有行也，问焉而以言，其受命也如响，无有远近幽深，遂知来物。非天下之至精，其孰能与于此。
>
> 参伍以变，错综其数。通其变，遂成天下之文；极其数，遂定天下之象。非天下之至变，其孰能与于此。
>
> 《易》无思也，无为也，寂然不动，感而遂通天下之故。非天下之至神，其孰能与于此。
>
> 夫《易》，圣人之所以极深而研几也。唯深也，故能通天下之志；唯几也，故能成天下之务；唯神也，故不疾而速，不行而至。④

---

① 《周易·系辞上传》。
② 同上。
③ 《周易·系辞下传》。
④ 《周易·系辞上传》。

在孔子看来，只有"极深而研几"，达于至精、至变、至神的存在，才算获得"穷神知化"的最高知识，才能神明一切，知天下之变，通天下之志，才能周知万物，"范围天地之化而不过，曲成万物而不遗"，开物成务，冒天下之道。研《易》之道，若不知几，不能达至精、至变、至神的存在，毛毛草草或浮皮潦草，只是些浅薄知识，是不能达其大用的！朱子说："所以极深者，至精也；所以研几者，至变也。"①"极深而研几"，不仅可从中知孔子讲《易》道，析物之精细，研理之几微，亦可见其"穷神知化"的最为幽深精微之境界也。

中国文化哲学在本体论与宇宙论上是统一的，是毫不间断的。伊川讲"人之心即天地之心，一物之理即万物之理"②；朱子讲"事事物物皆有个极"；讲"人人有一太极，物物有一太极"；讲太极便是"天人物万善至好底表德"③，就是讲的这种统一，讲宇宙万物包括人之心性，皆是一个仁体，一个浑然太极的存在。中国文化哲学的太极之道的存在并不是说它为混沌一物，不是空悬在彼岸世界的，而是无物不有个太极，无物不有个至好处的存在。因此，"极深而研几"，亦无处不有"道"的至精、至变、至神的存在，无处不可达于"穷神知化"的至知盛知也。西方近代以来的自然主义、经验实在论哲学家，特别是当代分析哲学家或科学哲学家，皆以清除形而上学的庞大价值体系为己任，皆以清除各种价值判断和意义的存在为己任。在他们看来，讲科学知识，不能带价值判断，因为它是物的知识，纯粹的科学知识；而讲价值判断，讲信仰信念，不属于科学知识，而是属于形而上学，属于宗教哲学问题。因此，在西方文化中，不仅心与物、肉与灵、物质世界与精神世界是彼此割裂的，而且整个哲学知识论与形而上学、与价值论也是割裂的，把整个知识体系变成了孤零零的片段。中国文化哲学则不是这样，它是一个知识论、价值论与最高形而上学存在相统一的广大悉备的知识体系，讲无极而太极，讲阴阳之道，讲乾坤之理，"极深而研几"，无不体尽万物，致广大而尽精微，极高明而道中庸，达于至精至变至神的存在，达于"穷神知化"的幽深精微之境界。

孔子作为哲学家，"极深而研几"，并非像西方近现代科学家那样只是

---

① 朱熹《原本周易本义》卷7。
② 《河南程氏遗书》卷2上。
③ 《朱子语类》卷94。

关心生物物理世界的存在，而是关心"道"的存在变化及其人生哲学的意义问题。因此，他关于"几"的概念，不仅用来说明事物的变化、物理的变化，更用来说明人心的动静。在孔子那里，人一念之动，几微之变，即是"几"的存在。从天理良知上说，从"一阴一阳之谓道，继之者善，成之者性"上说，人心是纯粹至善的，但心性作为气质的存在，人又是阴阳之会、鬼神之交、五行之秀者。因此，人一念之动，几微之变，内心则有阴有阳、有善有恶的。思虑未起，鬼神不知；一念之动，良知在我。一念之动，可以使人成为善人，也可以成为罪犯，更何况人生是充满种种欲望、意念、情伪的，及至相摩相倾、相激相荡，则"爱恶相攻而吉凶生，远近相取而悔吝生，情伪相感而利害生"矣。因此，人心一念之动，几微之变，包含着吉凶祸福。正是因为几微之动即有善恶，吉凶祸福，皆起于心，起于心之是否贞正，故孔子讲"几者，动之微，吉之先见者也"；孔子讲"君子上交不谄，下交不渎"，要人"知几"，其意亦不在于此乎？念之初几，虽未尝不知"几"也，但不能存养致远，炯然不昧，始终痛痒自觉，亦不可为之真知"几"者也。此也是孔子批评"颜氏之子，有不善未尝不知，知之未尝复行"，不符合"庶几"之德者也。《周易》的《复》卦，初九一阳起于五阴之下，乃至静之中而"几"之动兴也。知此存养之，言行无不刚健大中至正，则知《易》庶几之理矣。故曰："不远复，无祗悔，元吉。"人的一生，一念之动，枢机之发，不可不知庶几之理以修身也。故孔子说："言行，君子之枢机。枢机之发，荣辱之主也。言行，君子之所以动天地也，可不慎乎！"① 是故，一念至善，即是做圣之始，是善是恶，是神是鬼，是君子还是小人，全系于几微之动。一个"几"字，即是道破天机的奥妙处，亦惊醒人的知觉处！此孔子以一念之动，提醒人心，唤醒人的灵魂，启迪人的灵明之心，教化人心，使其为善而不为恶，把人心人性转化为文明力量者也。

由此可以看出，以"几"说心，亦并非只是于形下处说事物，而是于形上意义说心的至精至神存在。因为孔子讲"极深而研几"，讲"唯深也，唯几也，唯神也"，是一气说下来的，皆是所以要"极深而研几"的存在，中间并没有割裂。讲"唯深也，故能通天下之志"，与讲"唯几也，故能成天下之务"，虽分开讲，然不能"通天下之志"，何以能"成天下之

---

① 以上均见《周易·系辞下传》。

务"？因此，不能说"唯深"是在心上说，"唯几"是在事上说。这样说，也就把中国文化哲学的肉与灵、物质世界与精神世界、知识论与价值论割裂开来了。惟有理解"几"是说事，亦是说心，皆是孔子讲"极深而研几"的存在，心物合一，浑然一体，至精至神，才具形而上学意义，而"极深而研几"所识，才是"穷神知化"的最高知识。惟此，才能"精义入神"，才能洞察事物的精微之处，明于至善之理，进入道德精神世界，达到"利用安身，以崇德"的崇高目的！孔子传《易》，首先讲"精义入神，以致用也；利用安身，以崇德也"，然后紧接着讲"穷神知化，德之盛也"①，其义也不在于此乎？

孔子不论是建立大道至德的宇宙本体论，还是致力于尽性至命的最高价值论、穷神知化的最高知识论，虽亦在周知万物，"范围天地之化而不过，曲成万物而不遗"，开物成务，道济天下之大用，但最终还是为了追求终极存在，明于至善之理，达于"精义入神"的境界，解决人的性命之理与信仰信念一类的精神世界的问题。这就是孔子以神道设教所进行的终极的价值追求。

六　以神道设教与终极关怀

对儒道两家思想的评价，研究中国文化哲学的人一般认为，以孔子为代表的儒家是入世的，而以老庄为代表的道家是出世的。这种评价背后隐藏着一种哲学本体论的思考，即道家哲学属于超越性的，所思考的存在是形而上学的真理性，而儒家哲学是经验实在性的，所思考的存在是现实社会的真理性。道家思想是超越性的，思考形而上学的真理性，这应该说是没有问题的。但是，把孔子的儒家哲学思想仅仅限于经验实在，说他思考的只是现实社会的真理性，也就把"穷理尽性至于命"的孔子哲学思想，降格为只会应付社会人生的世俗儒家了。即使研究者仍把孔子称为"伟大的思想家、教育家"等，只要研究不涉及原始儒家的形而上学、先验论、本体论存在问题，而孔子的思想就最终逃不出"世俗儒家"的地位，不仅《论语》不能与《奥义书》、《吠陀》等经典相媲美，而且他的成就也不能与柏拉图、亚里士多德等解决形上最高存在与人性根本问题的伟大哲学思

---

① 《周易·系辞下传》。

想家并驾齐驱！这显然是不公平的！也是不理解孔子儒家伟大的文化哲学思想所造成的极大误会！

如果研究孔子只是局限于《论语》，抛弃他所作《系辞》、《象传》、《文言》等所表现的大道哲学思想，那只能把他的地位降格为只会应付社会人生的世俗儒家，因为在《论语》中几乎看不到任何形而上学、先验论、本体论思想及终极追求。它只是一些关于社会人生经验的语录或格言，尽管讲得很精辟，也很到位，但多与形而上学、先验论、本体论思想、终极追求无涉，即使讲"唯天为大，唯尧则之"，也是"荡荡乎，民无能名焉"①。孔子平时也可能讲过形而上学、先验论、本体论与人性论一类的根本问题，恐怕当时也未被人理解，故子贡说："夫子之文章，可得而闻也；夫子之言性与天道，不可得而闻也。"② 由此可知，抛开孔子所作《系辞》、《象传》、《文言》的大道哲学思想，只是局限于《论语》研究孔子的哲学思想与历史地位，是多么不到位了。

其实，只要我们深入到孔子序《诗》、《书》、传《周易》及《礼记》所述，就不难发现，他继尧、舜、大禹、成汤、文、武、周公、老子之后，怎样全面系统地解决了形而上学、先验论、本体论与人性论的根本问题。如果说古代希腊时期哲学家的出现还只是从本能上"朦胧地意识到自己，渴求解放与拯救"，对上帝本身的存在，只是"以模糊而易误解的、具体的理论思辨形式，表达了精神凌空翱翔的体验"③，那么，孔子则是以非常自觉、非常理性的思辨形式表达了天道的形而上学存在及人应该怎样"继善成性"的问题，并在中国历史上通过道德修养与礼义之教一次次掀起了开化教民的精神运动！而传《周易》所作的《系辞》、《象传》、《象传》、《文言》、《说卦》，就是他关于形而上学、先验论、本体论与人性论的最为重要也最为光辉的哲学著作。孔子正是通过这些著作解决宇宙万物的终极存在及人的精神世界的信仰信念问题的。

孔子不论是讲"大哉乾元"、"至哉坤元"，还是讲"穷理尽性至于命"，其实都是追求"道"的形上最高存在，特别是讲"穷神知化"的存在，讲"极深而研几"，达于至精至神的境界，其形而上学的追求达到了

---

① 《论语·泰伯》。

② 《论语·公冶长》。

③ ［德］卡尔·雅斯贝斯著《历史的起源与目标》第10页，华夏出版社1989年版。

"精义入神"的程度。我们读《论语》知道,孔子在形下世俗领域是"不语怪力乱神"① 之事的,而且明确地表示:"务民之义,敬鬼神而远之,可谓知矣。"② 季路问事鬼神,孔子更明确地告诉他说:"未能事人,焉能事鬼?"而问死,则说:"未知生,焉知死?"③ 可知孔子是多么鄙视形下世俗鬼神之事了。但在哲学领域,在大道哲学的形上领域,讲太极之道,讲"大哉乾元"、"至哉坤元"的存在,讲道体形而上学的存在,则不仅讲神,而且讲至精至神,讲道的"阴阳不测之谓神",讲神的"妙万物"而存在等等。非孔子之爱讲"神"也,而是在形上领域,在道体的神妙存在上,不言"神",不言神的美妙存在,不言神化的"几微幽深"存在及其"不疾而速,不行而至",不足以表达"道"的至神至妙之存在也!孔子讲"精义入神,以致用也",讲"神而明之存乎其人,默而成之,不言而信,存乎德行",就是以此至精至神之道立教,诚明天下,以建立信仰信念者也。

一个国家、一个民族的文化,成熟不成熟,是否具有普遍价值,不在于它形而下的器物存在是否精美,政治谋略是否高明,而在于它的形而上学存在是否具有普遍价值与高尚的人文关怀。有此,才能以道体之光照亮人生的道路,而国家民族才有高远的价值追求,建立起恒久不息的道德精神世界。此子思讲"天命之谓性,率性之谓道,修道之谓教"④,亦传孔子以神道立教之义者也。儒家文化几千年来所以能召唤华夏民族"进德修业,知至至之,知终终之";所以能鼓舞他们"明明德,止于至善",就在于孔子"极深而研几",以天道至精至神的存在立教,以其形上的普遍价值与终极人文关怀教化天下。惟此,才能使人存不测之神,尽《易》之理,穷神知化,以为大德,才能推而行之,鼓动天下,以为道德精神之大用。此孔子"形而上者谓之道,形而下者谓之器,化而裁之谓之变,推而行之谓之通,举而错之天下之民谓之事业"⑤ 者也,亦乃中国文化的最高本质与根本精神也!

不管孔子立教的形上之"道"怎样阴阳不测,怎样至精至神,它都不

---

① 《论语·述而》。
② 《论语·雍也》。
③ 《论语·先进》。
④ 《中庸》第1章。
⑤ 《周易·系辞上传》。

是置一偶像崇拜，作一价值设定，而是为形上存在、为最高性命之理的！道家讲"无极"，儒家讲"太极"。无极者，无所不及也；太极者，天道至极之理也。它在形而上学意义上讲，皆是"神无方而《易》无体"① 的存在。若用王船山的话说，它何必可"执一必然序，斶括大化于区区之格局"② 呢？因此，不管孔子立教的形上之"道"怎样阴阳不测，怎样至精至神，它仍然是天地之道、乾坤之理，仍然是一阴一阳之道的法则，而不是主观设定，不是西方宗教中"至上神"或上帝那样的一种价值假设存在。离开天地之道、乾坤之理，离开阴阳之道的法则，则"乾坤毁，则无以见《易》。《易》不可见，则乾坤或几乎息矣"③。其实，孔子以道立教者，乃是真实无妄、实有是理的存在教化天下也，它就像程子所说的那样，是"亭亭当当，直上直下"，存在于天地间的④。惟天道是真实无妄之理，是"亭亭当当，直上直下"存在于天地间的，故孔子才说"观天之神道而四时不忒，圣人以神道立教而天下服矣"⑤，此亦周子《通书》讲"大哉乾元，万物资始，诚之源也"⑥。建立信仰信念，要人至诚不息，岂是置一偶像崇拜、搞一价值设定而不流于虚幻的？此孔子所以讲"诚者，天之道也；诚之者，人之道也"⑦，亦是其"观乎天文以察时变，观乎人文以化成天下"⑧ 者也。

孔子所立之教的性质如何？有人认为儒家是教，是宗教。儒家思想是不是宗教，现在大家的看法不尽一致。孔子以神道立教，以道体至精至神、真实无妄的存在解决人的信仰信念问题，无疑带有宗教的性质，并且具有凝聚人心、团结国民的宗教作用。但孔子用以立教的神道，不管怎样阴阳不测，怎样至精至神，它仍然是天道至极的存在，而不是彼岸世界的超绝性存在。它虽然反对物的浅薄知识，但绝不反对"穷神知化"的最高

---

① 《周易·系辞上传》。
② 《说卦传》，《周易外传》卷7。
③ 《周易·系辞上传》。
④ 《河南程氏遗书》卷11。
⑤ 《周易·彖上传》。
⑥ 《通书·诚上第一》。
⑦ 《中庸》第20章引。
⑧ 《周易·彖上传》。

知识；它弥漫贯通宇宙，天地人生浑然一体，但却是人可以"参赞天地化育"的存在，而不只是人信奉崇拜的对象。孔子所序的《诗》、《书》中，虽仍保留着"皇矣上帝"①、"皇天上帝"② 的存在，但汉唐儒家注此皆曰：皇，大也；帝，天也。这种解释与西方宗教所信奉的神或上帝的存在还是不一样的。《礼记》虽有帝王死后，"措之庙，立之主，曰帝"③ 者，但那也只是祖宗祭祀，而非西方宗教的上帝。孔子以神道立教，不带任何神秘性质，也不具任何形下世俗的形式，完全是以天道至精至神的存在，教人"进德修业，知至至之，知终终之"、"明明德，止于至善"的。因此，孔子所立之教，是礼教而不是宗教，是创造性地从最高本体论上恢复周公所建的礼教，而不是自立新教。它虽然不是宗教，然诚如梁漱溟先生所说的："论其功用，胜过宗教。"④

孔子的终极人文关怀是通过感通天道至德的存在显示出来的。那么，孔子是如何教人感通天道本体，感通其形上至神的存在，"知至至之，知终终之"，"明明德，止于至善"，获得最高道德精神，建立起精神家园，使人与其精神存在得到终极关怀的呢？要明白这一点，就不能不叙述孔子以仁义之心契合天道至德的思想了。

七 以仁义之心契合天道至德

如何感通天道本体以及怎样看待天道本体的存在，不仅关乎道体形而上学如何发展，也涉及大道哲学本体论建立的方法论问题。弄清了这个问题，才可以看出孔子儒家哲学在精神史上的地位。但这个问题不仅涉及天道法则秩序与人之心性发展的问题，更涉及天心道心与人心人性、形上形上、先天后天、主观客观等许多哲学范畴的发展问题，而且它经历了上古乃至远古的整个文化历史时期。这里只要作个简要的叙述，就可以看出孔子儒学以仁义之心契合天道至德的思想在精神史上具有怎样划时代的意义。

---

① 《诗经·大雅·皇矣》。
② 《尚书·召诰》。
③ 《礼记·曲礼下》。
④ 《理性与宗教之相违》，《梁漱溟全集》卷6第386~387页，山东人民出版社1989年版。

讲伏羲作《八卦》，"通神明之德"①，是孔子传《易》的说法。《八卦》只有符号，没有文字，伏羲究竟怎样明神，怎样通其德，达其天地化理，尚不得而知。但伏羲作《八卦》则是事实，它不仅说明伏羲时代已经意识到天道法则秩序的人生意义，而且《八卦》作为价值法则，已经从茫茫宇宙的法则秩序中抽象出来。真正能明天道的至精至神存在的，只有《诗》、《书》可查。唐虞时期，对天道本体的领悟已达到"惟精惟一"的高度，可知当时人的纯粹理性直觉已经发展起来。但其是如何感通其"精一"存在的，也尚不知。《尚书》说：帝尧"克明俊德"②。克，能也。俊，《大学》作峻。峻，大也。它的意思也只是说，尧明天之大德而为其德行。它就是孔子所说的"唯天为大，唯尧则之"。《尚书》所说的帝舜"濬哲文明，温恭允塞，玄德升闻，乃命以位"③，也是这个意思，即明天之大德而意识到自己的天命。不过这里用了"玄德升闻"四个字，使天道本体的存在更具有了形而上的性质。其讲"人心惟危，道心惟微，惟精惟一，允执厥中"④，虽然提出了与人心不同的"道心"概念，但这个"道心"究竟是怎么样的，汉唐儒家只是以"精一"之心解释，它是否源于天，是否为"继善成性"的存在，尚不得而知。皋陶所讲的"九德"也是这样，它只是就人的行为讲的，并未讲得于天。他讲"天叙有典"、"天秩有礼"，无疑已从天道法则秩序中领悟到了人伦道德与礼教法则的存在，而且"天"的存在具有了形上本体论意义，但讲"典"与"礼"的存在，还是笼罩在"天叙"、"天命"的神性形而上学里。

殷商时期讲"顾諟天之明命"⑤，讲"咸有一德，克享天心，受天明命"⑥ 等，基本上还是沿着唐虞时代"明德"、"受命"之说发展的，而且讲"惟皇上帝，降衷于下民，若有恒性"⑦，还是将社会人生笼罩在神性

---

① 《周易·系辞下传》。
② 《尚书·尧典》。
③ 《尚书·舜典》。
④ 《尚书·大禹谟》。
⑤ 《尚书·太甲上》。
⑥ 《尚书·咸有一德》。
⑦ 《尚书·汤诰》。

形而上学体系之下的。伊尹虽讲"新服厥命"、"新厥德"①等，但对人是如何"新厥命"、"新厥德"，获得新的道德精神，尚看不出心体大用。

西周时期，虽然仍讲"昊天有成命，二后受之"②，承受唐虞夏商的"明德"、"受命"之说，但发展到这个时期，则心性本体论已经发展起来，它就是《诗经》承认"天生烝民"，有"好是懿德"③的先天道德本性，及讲"维天之命，于穆不已，于乎不显"，文王以其"德之纯"，即纯粹道德，接受那"于穆不已"的天道命令④。这种先天道德本性的承认与纯粹道德意识的出现，不仅具有心性本体论意义，而且也推动了精神史的发展。但其讲"不敬厥德，乃早坠厥命"，或讲"王其德之用，祈天永命"⑤等，还是没有超越神性形而上学存在。

即使发展到老子时期隐退了上帝，认为"道"在上帝之先，讲"人法地，地法天，天法道，道法自然"，但对"孔德之容，惟道是从"及"道生之，德畜之，生而不有，为而不恃，长而不宰"的"玄德"⑥，是由怎样的道德心性发展起来的，也没有给予哲学上足够的说明。

而发展到孔子儒学，就大不一样了。孔子继承了《诗》、《书》中的道德体系与《周易》"元亨利贞"的最高价值论，一方面讲天道"元亨利贞"的本体大用为仁体，为纯粹至善的存在；另一方面，承认人有"继之者善，成之者性"的先天道德本性与"好是懿德"的美好追求，这样，就把《周易》浩浩大化的宇宙本体论与《诗经》"好是懿德"的人性崇高论彼此融合，创造出了方东美先生所说的"天人合德论"⑦的形而上学体系。它实际上乃是由神性形而上学体系发展成了道德形而上学体系。这个体系，以"大哉乾元"的天道本体贯通一切、旁通一切，弥天地人的"三极"之道，乃是一个"兼三材而两之"的完美价值体系。在这个体系中，

---

① 《尚书·咸有一德》。
② 《诗经·大雅·昊天有成命》。
③ 《诗经·大雅·烝民》。
④ 《诗经·大雅·维天之命》。
⑤ 《尚书·召诰》。
⑥ 《老子》第21、25、51章。
⑦ 方东美著：《中国哲学之精神及其发展》，见黄克剑等主编当代新儒学八大家集《方东美集》第219页，群言出版社1993年版。

天或宇宙不再是一个纯粹的自然界，一个生物物理世界，而是一个浩浩大化、生意盎然、充满生命精神与创造精神的神圣至善的世界；而人的存在，也不再只是一个生物有机体，一个充满情欲物欲的存在者，而是一个植根于宇宙本体大原的美好生命，一个"继善成性"的存在者与"好是懿德"的追求者，一个德性生命的精神开拓者和知天知命的进德修业者。这样，它就将物质与精神贯注成了一个生命精神体，使天与人、肉与灵、道与德的存在浑然一体、浩然长流，使人的生存绵延成为一个永恒不息的宇宙生命的精神长河。

在这个道德形而上学世界里，不仅天道以其"大哉乾元"的价值源头化育出了人的精诚、刚健、中正、美好的生命存在，开出了庄严神圣的道德精神世界，而且人成了主体性的德性生命，通过进德修业，"知至至之，知终终之"，"明明德，止于至善"，一步步创造提升自己的生命价值与精神世界，使其成为刚健、光辉、笃实的存在者。这样，人也就由"祈天永命"的存在者，转变为价值领域与精神世界的开拓者。此即《易传》所说开物成务、通志定业者也。这样，王者之业就由历史上"不敬厥德，乃早坠厥命"或"昊天有成命，二后受之"的被动存在者，转变为自主性地进德修业的历史开辟与德业创造者，成为知天知命、能把握天运人纪的历史主体性存在了。这就诚如牟宗三先生所说："孔子之使命即本在'疾敬德'、'祈天永命'之政规转而为'践仁以知天'之道范以导夫政节乎君而重开文运与史运者也。"基于此，他认为孔子的儒家道体哲学，"虽承于三代而与三代别"，"实是本统之重建"①。

道德本性只是人的本质的规定性，并非是意识到的心性存在。人只有"继善成性"，获得道德意识自觉，才是德性生命。即使孔子讲"天生德于予"②，亦即皇天上帝"降衷"之意，指道德的本性存在，非指道德意识也。因此，人在成为德性生命之前，还谈不上"践仁"，谈不上道德实践问题。它首先是与天道至德契合，"明明德，止于至善"，然后才能践仁以知天，进行道德实践，开辟历史，创造德业。孔子的高明，不仅在于将天命与心性上升到了形上本体论高度，更在于他立于"天人合德论"，即道德形而上学，将天道的仁体、纯粹至善存在与人"继之者善，成之者性"

---

① 牟宗三著：《心体与性体》第1册第222页，台北中正书局1969年版。
② 《论语·述而》。

的道德本性及"好是懿德"的追求结合起来，弥漫贯通天命与心性，极高明地解决了二者的关系，从而为人性的提升与道德使命的获得提供了形上本体论根据。这种关系的解决，就是孔子以仁义道德的本然心性进德修业，敞开胸怀，拥抱宇宙，从乾坤开合、天施地承、阴阳大化、生生不息中，领悟天地生生之大德，从天道的"刚中而应，大亨以正"、"乾道变化，万物各正性命"中，领悟人生之大宜及应遵守的理性法则，从至极之道的无思无为，"寂然不动，感而遂通"的至神存在中，领悟人生抱一而终、无变不应者。这个天地生生之大德，即是仁，即是宇宙生命精神；宜，即义，即人生应遵守的理性法则，也就是无妄之道、性命之理；而抱一而终、无变不应者，也就是最高的真理性。拥抱宇宙，就是与之契合，就是将自我的生命融入宇宙大化流行的生命精神，就是将天地之心变为我心，将天地之性变为我性，将天地之德变为我德，将天地之道变为我生的真理性；与天契合，就像天一样悠久高明，兼覆一切，光照一切；与地契合，就像地一样深厚博大，坤厚载物，德合无疆；与日月契合，就像日月一样光明，往来相推，悬照于天地间；与上帝鬼神契合，就像上帝鬼神一样变化或寂然不动而辨其吉凶。此即孔子讲"与天地合其德，与日月合其明，与四时合其序，与鬼神合其吉凶"① 者也，亦是人进德修业，"知至至之，知终终之"，"明明德，止于至善"，获得最高道德精神，建立精神家园，使人及其精神存在得到终极关怀者也。这是"修身以道，修道以仁"② 的过程，也是将自我生命提升到天地之大德或宇宙生命精神的高度以诚之的过程，或者说是将自我内心之仁或潜在的道德本性，自觉提升为刚健、文明、温和、庄严的道德生命，所达到的神圣诚明的境界。达此境界，自我的存在则即仁、即义、即性、即天、即诚明不息矣。此孔子对精神发展之理论贡献也。

这种天道至德的契合，不仅表现在进德修业的个人思维，它在礼教祭祀的集体意识中亦是存在的。古代郊祭之礼、以祖配天之义就是这样。"郊所以明天道也"。然郊祭以祖配天，则是包含着终极追求的。因为郊祭以祖配天，即是"所以配上帝也"，"万物本乎天，人本乎祖"，故"郊之祭也，大报本反始也"③。"报本反始"，即是追求终极存在，追求祖先神

---

① 《周易·文言传》。
② 《礼记·中庸》。
③ 《礼记·郊特牲》。

与上帝同在。它也就是《诗经》所说的"思文后稷，克配彼天。立我烝民，莫非尔极"①；"文王在上，于昭于天。文王陟降，在帝左右"②。上帝即天也。祖先神与上帝同在，即祖先神本乎上天也。祖先神以天为本始，以为尔极，并且"昭事上帝，聿怀多福"③，此乃对祖先神存在之终极关怀也，亦孔子序《诗》、《书》，追迹三代之礼，在礼教祭祀中契合天道至德者也。这种契合，在诗以兴乐，乐配诗唱，"钟鼓喤喤，磬管将将"④、"箫管备举，喤喤厥声"⑤的庄严肃穆的祭祀礼乐活动中，人们更会忘却自我、忘却周围的一切存在，将整个身心契合于祖先神与上帝同在，从而将精神世界在集体意识中提升到一种洁净肃穆、庄严神圣、幽深高远的境界。此即孔子所说"祭如在，祭神如神在"⑥或"鬼神之为德，洋洋乎如在其上，如在其左右"⑦者也。契合祖先神与上帝同在，并祈求福祉，即是祭祀的终极关怀与人文精神所在也。此亦是契合天道至德的最高存在也。

这种于形上终极存在处契合天道至德，在孔子的儒家哲学中，既是察于天道，通乎神明，洞察大原，体悟天命的精神活动，亦是圣人以神道设教化成天下、建立至诚不息的德业者。它的整个活动，就是将天道本体大仁往下落实贯通，建立一个仁爱的社会。这就是孔子追求的"天下归仁"的社会理想。

八 "天下归仁"的社会理想

孔子半生奔波，半生劳碌，衔天命而自负，究竟为了什么？其实，最能表达他的社会理想的就是"文革"中被批判的那句话："克己复礼为仁。一日克己复礼，天下归仁焉。"⑧所谓"天下归仁焉"，就是天下归于一种

---

① 《诗经·大雅·思文》。
② 《诗经·大雅·文王》。
③ 《诗经·大雅·大明》。
④ 《诗经·周颂·执竞》。
⑤ 《诗经·周颂·有瞽》。
⑥ 《论语·八佾》。
⑦ 《礼记·中庸》。
⑧ 《论语·颜渊》。

仁爱的社会。那么，这是一种什么样的社会呢？它为什么要"克己复礼"呢？它仅仅是一种乌托邦幻想呢，还是立于哲学本体论和人性论之上的理想社会呢？

孔子所讲的"天下归仁"的社会，是以天地之道的本体大仁为哲学根基的。天地之道的本义就是大生与广生，就是"夫乾，其静也专，其动也直，是以大生焉；夫坤，其静也翕，其动也辟，是以广生焉"①的存在。故孔子把乾坤之道，从哲学最高本体论上定义为"大哉乾元，万物资始"、"大哉坤元，万物资生"的存在。大生广生，生生不息，即是仁，即是大化流行的本体存在。它在宇宙本体论上，就是"一阴一阳之谓道"的存在，就是太极之道的最高价值法则。既然天道的本质是仁，是生生不息，那么，人类社会为什么不应该生生不息、表现为仁的本质呢？孔子讲"天下归仁"，就是将天道本体的"仁"向下贯通落实，使整个人类社会建立在"仁"的哲学基础上。只有以此哲学为基础，才符合人类求生存的本质，适宜人心人性的本质，适合人类社会的本质。故孔子赞《易》说："立人之道，曰仁与义。"② 从这里可以看出，孔子讲"天下归仁"，并不仅仅是归于"仁"的伦理观念，而是归于天道"仁"的最高本质，并以此为整个人类生生不息的追求提供了哲学合理性，也为圣人修德进业，开物成务，冒天下之道，提供了哲学本体论根据。

同样，孔子所讲的"天下归仁"的社会，也是以人的性善论为基础的。因为人为天生，是"继善成性"的存在，有天的本质，具有"好是懿德"的先天道德本性。有此本质与本性，人就可以"修身以道，修道以仁"，成为德性的存在者、仁的存在者、爱心的存在者。因此，"立人之道，曰仁与义"，最适合人的道德本质与本性，"天下归仁焉"，最符合人的道德理想与精神追求。孔子传《易》讲"立人之道，曰仁与义"，提出"天下归仁"，乃是其从道德形而上学及性善论出发，为人类生存所提供的理性王国存在。儒家讲"大学之道，在明明德，在亲民，在止于至善"；讲"意诚心正"、修身、齐家、治国、平天下；以及讲"自天子以至于庶人，一是皆以修身为本"③，都是立于性善论的基础上，建立"仁"的理

---

① 《周易·系辞上传》。
② 《周易·说卦传》。
③ 《礼记·大学》。

性王国。没有这种性善论，或者说离开了性善论，若以性恶论为基础，不论提出怎样博爱、自由、平等的社会理想，都是不可能实现的，因为通向理想的历史道路是不能允许恶魔出没霸占的。由此可见，孔子提出"天下归仁"、以人的性善论为基础之合理性所在也。

那为什么还要"克己复礼"呢？因为人虽有"继善成性"的本质及"好是懿德"的本性，但这只是在天道纯粹至善之理上讲的，若此纯粹至善之理不与气相结合，与气之质相结合，还不能成为人的生命，而它一旦与气之质相结合，作为人的气质心性存在，从诞生那天开始，它也就包含着阴阳、动静、清浊，包含着善恶。惟此，孔子才讲人"性相近，习相远"①，而其传《易》才讲"设卦以尽情伪"②。这就是说，作为气质之性的人，是存在着善恶、存在着种种非理性的。礼教者，经天地之大经，立人道之大本者也。"道德仁义，非礼不成；教训正俗，非礼不备；纷争辨讼，非礼不决；君臣上下，父子兄弟，非礼不定；宦学事师，非礼不亲"③。故"礼者，理也"④。《书》曰"天叙有典，天秩有礼"，《易》曰"显诸仁，藏诸用"。整个礼教经纬，用王船山的话说，乃是"缘仁制礼，则仁体也，礼用也；仁以行礼，则礼体也，仁用也"⑤。孔子传《易》讲："君子体仁，足以长人。"⑥ 体仁，就是以仁为体，以仁为根本法则、根本义理。能体得仁，则无一物不在所爱之中，故足以长人。"人情者，圣人之田也。修礼以耕之，陈义以种之，讲学以耨之，本仁以聚之，播乐以安之"，若"治国不以礼，犹无耜而耕也；为礼不本于义，犹耕而弗种也；为义而不讲之以学，犹种而弗耨也；讲之于学而不合之以仁，犹耨而弗获也"⑦。因此，在孔子看来，人只有通过礼义之教，通过仁义礼智的教化，克服自身的非理性，才能成为仁的存在者、爱心的存在者；而人与人的关

---

① 《论语·阳货》。
② 《周易·系辞上传》。
③ 《礼记·曲礼》。
④ 《礼记·经解》。
⑤ 《〈礼记〉章句序》。
⑥ 《周易·文言传》。
⑦ 《礼记·礼运》。

系、整个社会关系,才能建立在"仁"的基础上。孔子讲"里仁为美"①;讲"夫仁者,己欲立而立人;己欲达而达人"②;"己所不欲,勿施于人"③;以及讲"修身以道,修道以仁";"修己以安人,修己以安百姓"④等,全是为建立"天下归仁"的社会,使人与人的关系、社会关系建立在"仁"的基础上,仁义礼智的基础上。"教民相爱,上下用情,礼之至也"⑤。孔子讲"立人之道,曰仁与义",讲"克己复礼,天下归仁",就是通过礼教克服非理性,使整个社会关系建立在"仁"的基础上,归于仁的存在。用今天的一句歌词讲,就是"人人献出一份爱,天下就会变得无限美好!"

　　自然,要"天下归仁",要建立一个仁义礼智的社会,一个有爱心的社会,不光是要通过修身涵养扩充人的道德本性,通过礼教改变提升人的气质之性,它还涉及伦理、道德、礼仪、制度、政治、尊贤、亲民等的建设与实施。孔子讲"大学之道,在明明德,在亲民,在止于至善";讲"文武之政,布在方策";讲"凡为天下国家有九经,曰:修身也,尊贤也,亲亲也,敬大臣也,体群臣也,子庶民也,来百工也,柔远人也,怀诸侯也"等,就是"天下归仁",建立一个仁义礼智社会的举措。经者,常也。"九经",就是九种经常性的政策与举措。其中,修身、尊贤、亲亲、子庶民这四者为最重要。修身则道立。惟"修身以道,修道以仁",才能"修己以安人,修己以安百姓"。人有先天道德本性,故曰"仁者,人也,亲亲为大"。人活着追求存在的意义,追求最大的适宜性,故曰"义者,宜也,尊贤为大"。"亲亲之杀,尊贤之等",乃是"礼所生也"⑥,故其重要也。"子庶民",就是"亲民",就是有国有天下者要以人为本。凡此,包括敬大臣、体群臣、柔远人、怀诸侯等,皆是为了使人与人的关系、社会关系建立在"仁"的基础上,仁义礼智的基础上,这是建立"天下归仁"的社会必不可少的。

　　在孔子那里,凡此皆是圣人以一体之仁,通天下之志,定天下之业的

---

① 《论语·里仁》。
② 《论语·雍也》。
③ 《论语·颜渊》。
④ 《论语·宪问》。
⑤ 《礼记·祭义》。
⑥ 以上均见《礼记·中庸》。

伟大事业。天以生为道，以仁为本，而人能继得此理者，就是善；成得此性者，就是仁。因此，以孔子传《易》之理，圣人以仁为本，化成天下，就是"显诸仁"；化育之功，百姓日用而不知，就是"藏诸用"。圣人以一体之仁，通天下之志，定天下之业，化成天下，应该怀一颗仁心。惟有具备此心，才能像天地一样兼覆兼载，万物并育而不相害，道并行而不相悖，小德川流，大德敦化，才能使天下充满生机，充满希望，才能使万物大生广生、欣欣向荣，才能使人民安居乐业、休养生息、繁衍不已。这就是仁的思想，就是仁爱天下的思想。以此体恤百姓，仁爱万物，使其生生不息，就是"天下归仁"。如果戕天役物，背天地之理，伤万物之情，使百姓不能生，万物不能长，没落衰亡，生气丧尽，那就是不仁，就违背了"天下归仁"的原则。

　　建立这样一个社会，实现"天下归仁"的理想，自然是不容易的。因为这是一种"求仁而得仁"的追求，只有"我欲仁"，方能"斯仁至矣"①。因此，要建立一种"天下归仁"的社会，人人有份爱心的社会，只有社会上多数人具有"我欲仁"的高度的理性自觉才行。孔子不是空想主义者，知道这是很不容易实现的。虽然礼乐治心，可以"易直子谅之心油然生"，然离开礼乐，"心中斯须不和不乐，而鄙诈之心入之"。因此，"礼乐不可斯须去身"②。但他从尧舜之治、周朝礼乐之治，从周公、召公的礼教实践中，还是看到了实现"天下归仁"的希望。故孔子言必讲尧舜之道，"在齐闻韶，三月不知肉味"③；故讲"郁郁乎文哉！吾从周"；虽谓《韶》"尽美矣，又尽善也"，谓《武》"尽美矣，未尽善也"④，但他对周朝盛大的礼乐文化之美还是很欣赏的！岂是欣赏礼乐之美，而是赞赏其礼教之治也！东周已乱，无君臣上下，故孔子曰："如有用我者，吾其为东周乎？"言不为东周也。

　　孔子处于晚周乱世，处于一个物欲汹汹、功利之求嚣嚣于天下的时期，要想建立一个"天下归仁"的社会，是根本不可能的；汉唐之后，只是以智力把持天下，谈功利，计较利害，建立一个"天下归仁"的社会，

---

① 《论语·述而》。
② 《礼记·祭义》。
③ 《论语·述而》。
④ 《论语·八佾》。

更是不容易！但孔子"天下归仁"的理想，却像光辉的思想灯塔一样，照亮了中华民族前进的道路，引领了两千多年历史的航程，不管有国者有天下者怎样以私意把持权力，历代总有士人以孔子的学说为民而争生死者，因而总能在历史天空中开出一片亲民爱人的天地。此即当时见孔子者所说"天下之无道也久矣，天将以夫子为木铎"① 者也。后世说"天不生仲尼，万古长如夜"，岂虚言哉！

孟子说："出于其类，拔乎其萃，自生民以来，未有盛于孔子也。"② 孔子所以为木铎，为政教警众者，不仅在于他提出了"天下归仁"的理想，更在于他为人类社会制定了人伦大理，提出了做人的大法则、大哲理。这就是《春秋》的天地大义与彝伦大法。

九　《春秋》大义与彝伦大法

明末憨山大师曾说："不知《春秋》，不能涉世；不知老庄，不能忘世；不参禅，不能出世。"③ 由此可知《春秋》对社会人生之重要，亦可见其以怎样不可或缺的社会法则于后世矣。

关于孔子为何作《春秋》，怎样作《春秋》，及其大用与学术地位，孟子曾解释说：

> 王者之迹熄而《诗》亡；《诗》亡，然后《春秋》作。晋之《乘》，楚之《梼杌》，鲁之《春秋》，一也。其事则齐桓、晋文，其文则史。孔子曰："其义则丘窃取之矣。"……予未得为孔子徒也，予私淑诸人也。④

> 世衰道微，邪说暴行有作，臣弑其君者有之，子弑其父者有之。孔子惧，作《春秋》，《春秋》，天子之事也。是故，孔子曰："知我者其惟《春秋》乎！罪我者其惟《春秋》乎！……昔者禹抑洪水，而天下平；周公兼夷狄，驱猛兽，而百姓宁；孔子成《春秋》，而乱臣贼子惧。⑤

---

① 《论语·八佾》。
② 《孟子·公孙丑上》。
③ "观老庄影响论"，《憨山老人梦游集》下第333页，北京图书馆出版社2005年版。
④ 《孟子·离娄下》。
⑤ 《孟子·滕文公下》。

这就是说，鲁国《春秋》与晋之《乘》、楚之《梼杌》是一样的，都是当时的国别史。其事则齐桓、晋文之类，其文则是各国史官所记。孔子作《春秋》，就是依鲁《春秋》所载当时之事，笔之、削之，以断其义，定天下之邪正，而垂戒之也；其曰"其义则丘窃取之"者，孔子自谦之辞也。所以作《春秋》，乃是因为当时"世衰道微，邪说暴行有作；臣弑其君者有之，子弑其父者有之"。孔子面对这种乱局，治学述道，深知"欲载之空言，不如见之于行事之深切著明也"①，故作《春秋》。然作《春秋》，命德讨贼，乃天子之事也。而孔子为之，恐其后人不知，故曰："知我者其惟《春秋》乎！罪我者其惟《春秋》乎！"在孟子看来，孔子作《春秋》，其功劳就像当年"禹抑洪水而天下平；周公兼夷狄，驱猛兽，而百姓宁"一样，故曰"孔子成《春秋》，而乱臣贼子惧"。孟子虽"未得为孔子徒"，然其"受业子思之门人"②，故曰"私淑诸人"，其讲孔子作《春秋》之事，应该是可靠的。

《史记》所载孔子作《春秋》，颇有使命感。故说：

> 鲁哀公十四年春，狩大野（即今巨野）。叔孙氏车子鉏商获兽，以为不祥。仲尼视之，曰："麟也。"取之。曰："河不出图，雒不出书，吾已矣夫！"
>
> 颜渊死，孔子曰："天丧予！"
>
> 及西狩见麟，曰："吾道穷矣！"喟然叹曰："莫知我夫！"
>
> 子贡曰："何为莫知子？"
>
> 子曰："不怨天，不尤人，下学而上达，知我者其天乎！"
>
> "不降其志，不辱其身，伯夷、叔齐乎！"
>
> 谓"柳下惠、少连降志辱身"。
>
> 谓"虞仲、夷逸隐居放言，行中清，废中权"。
>
> "我则异于是，无可无不可。"
>
> 子曰："弗乎弗乎，君子病没世而名不称焉。吾道不行矣，吾何以自见于后世哉？"乃因史记作《春秋》，上至隐公，下讫哀公十四年，十二公。据鲁，亲周，故殷，运之三代，约其文辞而指博。③

---

① 《史记·太史公自序》。
② 《史记·孟子列传》。
③ 《史记·孔子世家》。

将"西狩获麟"与颜渊之死联系起来,与孔子曰"吾道穷矣"联系起来,无疑有神圣化的成分。这与汉代神秘主义盛行有关。《史记·集解》何休曰:"麟者,太平之兽,圣人之类也。时得而死,此天亦告夫子将殁之证,故云尔。"《公羊传》曰:"麟者,仁兽也,有王者则至,无王者则不至。"① 这是受神秘主义盛行的影响所作的神圣解释。但从孔子所说的不学"不降其志,不辱其身"的伯夷、叔齐,不做"降志辱身"的柳下惠、少连,也不想如虞仲、夷逸,"隐居放言",自我废弃,以免罗患,而是"不怨天,不尤人,下学而上达",以"吾道不行",无以"见于后世"的使命感与责任心,依鲁史所记,作《春秋》而进行了历史担当,记上至隐公元年,下讫哀公十四年,十二公,历时二百四十二年的文化历史。这就是"据鲁,亲周,故殷,运之三代,约其文辞而指博"的《春秋》之作。而孔子讲"河不出图,雒不出书,吾已矣夫",讲"天丧予",皆是其使命感与责任心之急迫者也。《公羊传》题疏引闵因《公羊叙》说:"昔孔子受端门之命,制《春秋》之义,使子夏等十四人求周史记,得百二十国宝书,九月经立。"② 依此说,孔子作《春秋》,虽以鲁史为时间主线,而其历史事件相应穿插,可能参考了周史记及其他各国史书的记载。

孔子作《春秋》虽有被神圣化的成分,但其作《春秋》的事实是没问题的。但从唐人刘知几"惑经"开始,对《春秋》提出"未谕者十二"、"虚美者五"③ 的责难,后世遂怀疑孔子作《春秋》之事。有说《春秋》文风、体例前后不一者;有说"王年"、"王月"为当时纪事惯例,非孔子笔法者;亦有说《春秋》为"鲁史之旧文",不存在孔子"笔"、"削"之事者等等。凡此,皆私窥圣人之义者也,不足为信。近年更有人提出孔子所作的《春秋》不是《春秋经》,而是《左传》之蓝本。其主要根据认为,司马迁、刘向、刘歆等皆称"春秋之中弑君三十六,亡国五十二",而今《春秋经》,只有弑君二十六,亡国三十五,《公羊传》也只是弑君三十一,亡国四十一,唯独《左传》恰合"弑君三十六,亡国五十二"之数。④ 以此怀疑孔子所作的《春秋》为《左传》之蓝本,非《春秋经》。

---

① 《公羊传》哀公 14 年。
② 《公羊传》隐公元年。
③ 《史通·惑经》。
④ 《〈春秋〉考论》,江苏古籍出版社 2002 年版。

此实乃不知司马迁、刘向、刘歆等所说的"春秋之中弑君三十六，亡国五十二"是说春秋时期也，并非说的是《春秋经》也。"孔子将修《春秋》，与左丘明乘，入周，观书于周史，归而修《春秋》之经，丘明为之传"①。由此可知左丘明对孔子作《春秋》之明于周史也，故其传与历史事实相符；《公羊传》在《春秋》三传中属政治哲学，所述弑君三十一，亡国四十一，只是思考与政治哲学相关者，而不是传其历史事实本身。若以孔子所作的《春秋》为《左传》之蓝本，而非《春秋经》，那么，《谷梁》、《公羊》两传又据何而作？显然无法解释。孔子曾说："巧言、令色、足恭，左丘明耻之，丘亦耻之。匿怨而友其人，左丘明耻之，丘亦耻之。"②可知左丘明与孔子的思想是多么一致了，《左传》与《论语》思想观点接近，互为表里，是可以理解的，但不能因此判断孔子所作《春秋》之为《左传》蓝本。

程子说"先识得个义理，方可看《春秋》"；说"《春秋》，《传》为案，《经》为断"；"学《春秋》一句是一事，是非便见于此，亦穷理之要"。读圣人书，须知圣人之心，方见得圣人书中之义理。孔子所谓"下学而上达"者，即形上之义理也。程子所谓"由经穷理"者，穷《春秋》的形上之义理也。程子更建议"先读《论语》、《孟子》，更读一经，然后看《春秋》"③。可知读《春秋》，理解其义理，自我义理的修养是多么重要了。离开圣人义理，读《春秋》，解其意，则会误入歧途而不可归。

所谓《春秋》大义者，即其所蕴含的形上义理也。此理者，乃朱子所说"定天下之邪正，为百王之法"④者也。它法于天，为天下之正理，百世不易之大法也。诚如太史公所说："夫《春秋》，上明三王之道，下辨人事之纪，别嫌疑，明是非，定犹豫，善善恶恶，贤贤贱不肖，存亡国，继绝世，补敝起废，王道之大者也。""故有国者不可以不知《春秋》，前有谗而弗见，后有贼而不知；为人臣者不可以不知《春秋》，守经事而不知其宜，遭变事而不知其权；为人君父而不通于《春秋》之义者，必蒙首恶之名；为人臣子而不通于《春秋》之义者，必陷篡弑之诛，死罪之名。其

---

① ［唐］孔颖达《春秋左传正义》卷1《严氏春秋》引《观周篇》。
② 《论语·公冶长》。
③ 以上均见《河南程氏遗书》卷15。
④ 《四书集注》《孟子注》卷4。

实皆以为善，为之不知其义，被之空言而不敢辞。夫不通礼义之旨，至于君不君，臣不臣，父不父，子不子。夫君不君则犯，臣不臣则诛，父不父则无道，子不子则不孝。此四行者，天下之大过也。以天下之大过予之，则受而弗敢辞。故《春秋》者，礼义之大宗也。"① 曰《春秋》大义者，天地之大义，伦理之大法者也。

因为孔子深知"欲载之空言，不如见之于行事之深切著明也"，所以《春秋》的价值判断及其所包含的天地之大义与伦理大法，皆不是通过大段议论说出来的，而是所述史实及其细节自然流露出来的。如赵穿弑君之事，《春秋》不书写赵穿，而写赵盾弑其君，即《春秋》大义也。赵穿弑君之事，谁人不知？仲尼曰："惜哉！越境乃免。"赵盾出境而返，又不讨贼，故其罪难免也；若出境遂不返，当然赵盾就没责任了，可免也。这就是从天地大义说的，而不是今天所谓从犯罪事实说的。再如晋侯率诸侯朝王于河阳践土，《春秋》不写诸侯召王，而书"天王狩于河阳"，亦坚持天地大义与王道伦理者也。其他如赵简子不请晋君，逮捕邯郸大夫赵午而保晋阳，《春秋》曰"赵鞅以晋阳叛"等等，虽然"微而显，志而晦"，但皆是"婉而成章，尽而不污，惩恶而劝善"，包含着孔子立于天地大义及伦理大法所作的价值判断，"非圣人，谁能修之？"② 此"孔子成《春秋》，而乱臣贼子惧"者也，亦乃千古圣贤一致称誉之美妙著作也。它绝不像某些人所讥之那样，为没有义理弥漫贯通的"断烂朝报"③。

司马迁曾称孔子《春秋》为"制义法，王道备，人事浃"④式的著作。这就是说，孔子《春秋》乃是制定天下大法、备王道义理、求得社会人生永远和谐的著作，而且孔子是从"天叙有典，天秩有礼"出发，立于永恒的天地法则与彝伦大理，做出种种惩恶劝善的价值判断的。因此，它

---

① 《史记·太史公自序》。

② 《左传》成公 14 年。

③ "断烂朝报"这句话，原出于北宋周麟之为其父《讲春秋序》所作的跋，后来刊刻孙觉所作《春秋经解》时，附之为其跋。此跋由孙觉《春秋经解》写出后，王安石"自知不能出其右，遂诋圣经而废之"云云。后人对于王安石是否说过"断烂朝报"这句话以及是否有废《春秋》经之意，则有不同看法。"五四"以后，疑古学派则据此成为攻击、嘲笑乃至怀疑、推翻儒家经典之口实矣。

④ 《史记·十二诸侯年表》。

不像郑樵所说的那样，是"以《春秋》为褒贬者，乱春秋者"①，恰恰相反，它对人类社会具有永恒的价值意义。故曰：拨乱世反诸正，莫若《春秋》大义！今天，虽中国日益强盛，然而整个国家民族尚未统一，世界亦如春秋战国之乱世。解决今日中国及世界之问题，《春秋》大义及其所提供的永恒天地法则与彝伦大理，仍然有其现实意义。特别是解决整个世界乱局，靠基督教的信仰是无法拯救的，只有用《春秋》大义，用《春秋》立于永恒的天地法则所建立起来的彝伦大理。从这个意义上说，《春秋》精神乃天地精神、永恒的伦理道德精神也。

孔子一生，从不以利害义，即是命之理微，仁之大道，亦甚少言之，然其四处求教，一生博学，追求天道义理及其伦理道德精神，则是上古前所未有的。故其达巷党人说："大哉孔子！博学而无所成名。"② 孔子一生对天道义理及伦理道德的精神追求，贯通于作《春秋》，序《诗》、《书》，传《周易》，追迹三代之礼中。自孔子之死也，"儒分为八，墨离为三"，儒家有子张之儒，有子思之儒，有颜氏之儒，有孟氏之儒，有漆雕氏之儒，有仲良氏之儒，有孙氏之儒，有乐正氏之儒。③ 儒家学说的这种分化发展，可参看司马迁《史记·仲尼弟子列传》。孔子儒学涉及整个天道性命之理与礼乐教化，而若就其孝道伦理道德精神的发展而言，则为曾子所继承发挥。为了理解这一精神史的发展，现附录"曾子的伦理学精神"于下。

十　附：曾子为学的伦理精神

《史记》说："曾参，南武成人，字子舆，少孔子四十七岁。孔子以为能通孝道，故授之业，作《孝经》，死于鲁。"④ 《史记》正义引《地理志》说："南武成在兖州。"《史记》说孔子生于鲁襄公二十二年，即公元前551年。曾子少孔子四十七岁，故其应生于鲁定公六年，即公元前504年。若以《谷梁传》、《公羊传》说襄公二十一年孔子生，曾子则应生于公元前505年。孟子说"曾子居武城，有越寇"；"昔沈犹有负刍之祸，从

---

① 朱彝尊《经义考》卷168引。
② 《论语·子罕》。
③ 《韩非子·显学》。
④ 《史记·仲尼弟子列传》。

先生者七十人"①。鲁"有越寇",应指鲁哀公二十七年(即公元前468年)引越人攻三桓。此时曾子已三十六七岁矣,"从先生者七十人",可能主要是他的弟子。卒于何年,不详。

曾子是孔门弟子中留下著作较多的。《汉书·艺文志》录《曾子》十八篇,今已不存。《隋书·经籍志》录《曾子》二卷,目录一卷。《旧唐书·经籍志》录《曾子》二卷。《新唐书·经籍志》录《曾子》二卷。现存著作《大戴礼记》载有《曾子立事》、《曾子本事》、《曾子立孝》、《曾子大孝》、《曾子事父母》、《曾子制言》(上中下)、《曾子天圆》、《曾子疾病》及《礼记》的《大学》等。今天能见到的著作,还有宋人汪踔所编《曾子全书》,它是《孝经》、《礼记》、《大戴礼记》、《论语》、《孟子》、《荀子》、《孔子家语》、《孔丛子》、《韩诗外传》、《说苑》等古籍有关曾子的文献收录。

曾子的著作还牵涉到《孝经》一书。以《史记·仲尼弟子列传》所说,似为曾子所作,汪踔编《曾子全书》,也是将《孝经》编入其中的。然汉唐以来的儒家则认为,把《孝经》视为曾子所作,指归未妥。《汉书·艺文志》说:"《孝经》者,孔子为曾子陈孝道也。"这分明是说《孝经》为孔子之说。东汉经学家何休《春秋公羊注疏》序引孔子的话说"吾志在《春秋》,行在《孝经》",并认为二书之学,皆"圣人之极致,治世之要务"②。它实际上承认《春秋》、《孝经》为孔子所作也。《旧唐·经籍志》亦说:"夫孝者,天之经,地之义,人之行,实生灵之至德,王者之要道。孔子既叙《六经》,题目不同,指意差别,恐斯道离散,故作《孝经》以总会之,明其之流。"它显然是说《孝经》为孔子所作。《孝经》有今古文。《旧唐·经籍志》录《古文孝经》一卷说"孔子说,曾参受"。北宋邢昺作《孝经注疏》序,开篇便直说:"夫《孝经》者,孔子所述作也。"他认为,《孝经》是孔子"假立曾子为请益问答之人,以广明孝道"③的,非曾子所作。现存的《孝经》,曾子实际上也只是处于提问者地位,只寥寥数句,其他大段论述都是孔子说的话。以此看,若说《孝经》为曾子所作,则与实际内容不符。因此,《孝经》只能视为曾子记述孔子

---

① 《孟子·离娄下》。
② [汉]何休《春秋公羊注疏》序。
③ [宋]邢昺《孝经注疏序》。

之言者，而非其著作者。用今天的著作权法看，曾子是编者，而非著作者。

但这并不影响曾子为学继承了传播儒家伦理道德精神的地位，这种精神，首先是立于天道形上本体论的基础上的，是发挥"天叙有典，天秩有礼"而来的。孔子讲"夫孝，天之经也，地之义也，民之行也。天地之经，而民是则之。则天之明，因地之利，以顺天下，是以其教不肃而成，其政不严而治，先王见教之可以化民也"①；与曾子讲"夫孝者，天下之大经也。夫孝，置之而塞于天地，衡之而衡于四海，施诸后世而无朝夕，推而放诸东海而准，推而放诸西海而准，推而放诸南海而准，推而放诸北海而准"②；讲天道阳施阴化的至精至神存在为"品物之本，礼乐之祖，善否治乱之所由兴也"③，就是讲本于天地之道的孝道及伦理道德精神的。天道伦理，即大道伦理也。经者，常也。"天叙有典"，即天道法则秩序，宇宙法则秩序，有五常之道也。而其利物，则为义也。故曰义者，宜也。孝为百行之首，是人伦道德之最为根本者。故曰"夫孝，德之本也，教之所由生也"④。本于天之道，才能成为普遍法则，才能塞于天地，衡于四海，施诸后世而有永恒有效的伦理价值存在。

曾子为学，讲天道伦理、大道伦理及其精神存在，不仅立于天道本体论的基础上，还将其落实为社会道德实践。《春秋》大义，赏善惩恶，见善见恶，全是帝王家及权贵们的事。孔子虽志在《春秋》，而其义不能行也，《孝经》则讲尊祖、爱亲、劝子事父、劝臣事君的事，行在社会人生，于形而下处，见乎伦理道德实践。此孔子所以重视《孝经》，讲"吾志在《春秋》，行在《孝经》"者也。曾子讲"孝有三：大孝尊亲，其次不辱，其下能养"⑤以及讲"夫礼，大之由也，不与小之自也"⑥，亦是于人伦道德实践上讲孝道实行之重要。孔子向弟子们讲天道至精至神的存在，固然高矣尚矣，然不能见诸社会实践，亦不能达治世至务。因此，孔子于《六

---

① 《孝经·三才章第七》。
② 《大戴礼记·曾子大孝》。
③ 《大戴礼记·曾子天圆》。
④ 《孝经·开宗明义》。
⑤ 《大戴礼记·曾子大孝》。
⑥ 《大戴礼记·曾子事父母》。

经》之外，单独向通孝道、知礼义的曾子讲孝道，使形上之道向下落实为庶德，落实为社会人生的伦理道德实践也。曾子也不愧孔子之教，讲立孝，曰"君子立孝，其忠之用，礼之贵"；曰"君子一孝一弟，可谓知终矣"①；讲事父母，曰"孝子无私乐，父母所忧忧之，父母所乐乐之"②；讲立事，曰"去私欲，从事于义"；曰"君子博学而孱守之，微言而笃行之，行必先人，言必后人，君子终身守此悒悒"；曰"君子见利思辱，见恶思诟，嗜欲思耻，忿怒思患，君子终身守此战战"③；而讲制言立行，曰"夫礼，贵者敬焉，老者孝焉，幼者慈焉，少者友焉，贱者惠焉"④；曰"君子进则能益上之誉，而损下之忧；不得志，不安贵位，不博厚禄，负耜而行道，冻饿而守仁：则君子之义也"⑤；曰"凡行不义，则吾不事；不仁，则吾不长。奉相仁义，则吾与之聚群向尔"⑥ 等等，可以说皆是落实儒家的大道伦理学者。曾子的讲法，虽然未必尽合今天时宜，然其根据孔子的伦理学思想，所制定的伦理道德规范，应该说对后世不仅有经世之用，而且在中国文化历史上，对促进道德建设及伦理精神发展方面，它也是起了积极作用的。

说孔子"吾志在《春秋》，行在《孝经》"，帝王家的善恶行为管不了，转而重视社会伦理道德的实践，并不是说他不希望自己的伦理学说见诸政治实践。不是的。孔子讲"先王有至德要道，以顺天下，民用和睦，上下无怨"⑦；讲"爱亲者，不敢恶于人；敬亲者，不敢慢于人。爱敬尽于事亲，而德教加于百姓，刑于四海，盖天子之孝也"⑧；讲"在上不骄，高而不危；制节谨度，满而不溢，富贵不离其身，然后能保其社稷，而和其民人，盖诸侯之孝也"⑨；以及讲"非法不言，非道不行；口无择言，

---

① 《大戴礼记·曾子立孝》。
② 《大戴礼记·曾子事父母》。
③ 《大戴礼记·曾子立事》。
④ 《大戴礼记·曾子制言上》。
⑤ 《大戴礼记·曾子制言中》。
⑥ 《大戴礼记·曾子制言下》。
⑦ 《孝经·开宗明义》。
⑧ 《孝经·天子》。
⑨ 《孝经·诸侯》。

身无择行；言满天下无口过，行满天下无怨恶。三者备矣，然后能守其宗庙，盖卿大夫之孝也"①，就是为帝王家及权贵们所制定的伦理道德规范。曾子述孔子之言，讲"大学之道，在明明德，在亲民，在止于至善"；讲"自天子以至于庶人，一是皆以修身为本"②，亦是为包括天子在内的所有权贵讲伦理道德的明德、亲民、止于至善之重要也。事实上，中国古代许多的帝王权贵皆是极为重视伦理道德的。帝舜之孝父是有名的，虽然"舜父瞽叟顽，母嚚，弟象傲，皆欲杀舜。舜顺适不失子道，兄弟孝慈"；加强礼义伦理道德建设，使"伯夷主礼，上下咸让；契主司徒，百姓亲和"；举八元，使"布五教于四方，父义，母慈，兄友，弟恭，子孝，内平外成"。故《史记》说："天下明德皆自虞帝始。"③ 唐虞三代之后，明王以孝治天下者，亦不在少数。汉代诸帝谥号前皆冠以"孝"字，如孝惠、孝文、孝景、孝武等，即示以孝治天下也。唐玄宗注《孝经》，于开元十年颁布于天下及国子监，此亦可见其对孝道之重视也。

不论是立于天道本体，还是见诸道德实践，在儒家孔子、曾子那里，伦理都不是外在的强制性规范，而是对天道法则、对宇宙生命精神的领悟与觉醒，而不是自己给自己制造枷锁。孔子讲"天地之性，人为贵"；"父子之道，天性也"④；讲"明王事父孝，故事天明；事母孝，故事地察；长幼顺，故上下治；天地明察，神明彰矣"⑤；曾子讲"吾日三省吾身：为人谋而不忠乎？与朋友交而不信乎？传不习乎？"⑥；讲"士不可以不弘毅，任重而道远。仁以为己任，不亦重乎？死而后已，不亦远乎？"⑦；以及讲"仁者乐道，智者利道，愚者从，弱者畏"⑧ 等，都是立于对天道法则、对宇宙生命精神的领悟与觉醒而讲伦理道德的。这种领悟与觉醒，不仅使伦理道德获得了内在主体性，也使伦理道德意识成为理性自觉。它最

---

① 《孝经·卿大夫章》。
② 《礼记·大学》。
③ 《史记·五帝本纪》。
④ 《孝经·圣治》。
⑤ 《孝经·感应》。
⑥ 《论语·学而》。
⑦ 《论语·泰伯》。
⑧ 《大戴礼记·曾子立事》。

为突出的表现,就是将伦理道德归于天道自然与中正合理。曾子讲孝道"父母有行,若中道则从,若不中道则谏"①,就是这样。它不是教人盲从或愚忠、愚孝,而是理性自觉地持以中道,使孝的伦理道德符合自然之道,符合天地自然法则。曾子对天道法则、对宇宙生命精神的领悟与觉醒及其内在主体性的获得,无疑加强了儒学的心性本体论。它不仅开出子思、孟子一派的心学,亦影响到宋明理学心性本体论的发展,从而使中国文化精神的发展获得了更加理性自觉的主体性。

曾参的父亲是曾点,即曾晳亦师从孔子。有一次春游,孔子让冉有、子路、公西华、曾点各言其志,冉有、子路、公西华皆志在仕途,独曾点以"暮春者,春服既成,冠者五六人,童子六七人,浴乎沂,风乎舞雩,咏而归"为志向,孔子赞之曰:"吾与点也。"②曾子在多大程度上受父亲影响虽不好说,但从这里也可以看出,曾子将伦理道德归于天道自然与中正合理,与曾点讲人生选择倾向于自然之道与生命情性则是一脉相承的,皆是性分上的事。这种生命哲学倾向也开出了一个学派。它初见于曾点、颜子、漆雕,经曾子、子思、孟子,一直影响到宋明理学时代文化精神的发展。从周叔茂"窗前草不除",到程明道"吟风弄月以归",全是活活泼泼的,勿忘勿助之间,自见中正之道与生命精神。

最后还有一点要说的是,曾子以孔子伦理为学,是诚之于心,身体力行的,绝非只是装点门面、矫情伪饰。《礼记》记载说:曾子病了,童子忽然说:"这个华美雕漆的大床,不是规定大夫用的吗?"这床虽是季孙所赐,但按照当时礼仪的规定,曾子的地位尚不能用这样华美雕漆的大床。曾子尚在病中,弟子们都不同意他换床。曾子说:"你们爱我,不如童子啊。君子之爱人也以德,细人之爱人也以姑息。吾何求哉?吾得正而毙焉,斯已矣。"于是弟子们"举扶而易之,反席未安而没"③。从这个虽病而犹勤于礼的故事,不难看出曾子是怎样严格履行礼教道德实践的,尽管此事有些拘泥于等级制度,但曾子此行,诚如程子明道所说:"曾子易箦之意,心是理,理是心,声为律,身为度也。"④

---

① 《大戴礼记·曾子事父母》。
② 《论语·先进》。
③ 《礼记·檀弓上》。
④ 《河南程氏遗书》卷13。

第十一章　墨子学说的尚同精神

内容提要：晚周时期，墨子学说与孔子儒学同为显学。但墨子为学，要晚于孔子，处于儒学分化时期。故墨子虽最初学于儒家，此时亦反思儒家学说，特别是儒家以周礼治天下的学说。反思的结果，就是认为礼教太靡费了，因而"背周道而用夏政"，引出墨家一系列文化哲学思想。但墨子之学总的精神，还是建立在天道本体论的基础上，以道体形而上学为哲学根据的：其讲"总天下之义尚同于天"，重建神性形而上学，提出"兼爱"的价值观与贤人政治理想，主张非攻与和平正义，皆是立于天道本体论，立于道体形而上学的。

晚周时期，墨子学说与孔子学说同为显学，但墨子为学要晚于孔子。墨子，姓墨，名翟，鲁国人。《史记》说："墨翟或曰并孔子时，或曰在其后。"①《史记·索隐》引刘向《别录》说："今按《墨子书》有文子。文子即子夏之弟子，问于墨子。"因此，判定"墨子在七十子之后"。其他，《汉书·艺文志》亦云"墨子在孔子后"；《后汉书·张衡传》注引《张衡集·论图纬虚妄疏》更云"公输班与墨翟并当子思时，出仲尼后"。孙诒让根据现存的《墨子》五十三篇记载考证，认为"墨子之后孔子盖信。审核前后，约略计之，墨子当与子思并时，而生年尚在其后。当生于周定王之初年，而卒于安王之季，盖八九十岁"②。梁启超据墨子所处的人际关系，认为墨子生于周定王初年（公元前468年~公元前459年），约当孔子死后十余年，卒于周安王中叶（十二年至二十年之间，公元前390年~

---

① 《史记·孟轲荀卿列传》。
② 《墨子闲诂》附《墨子年表》，见《诸子集成》第4册。

公元前382年），约当孟子生前十余年（孟子生于公元前372年）①；钱穆根据墨子与公输般的关系等，考订墨子生卒年代约为公元前479年～公元前394年②；而侯外庐等考订墨子生卒年代为周敬王三十年和周威烈王二十三年，即公元前490年～公元前430年③。从这些年代考证来看，墨子生卒年仍不可详考，大致生活在孔子死后的子思时代。若从孙诒让之说，墨子生卒年当为公元前468年～公元前387年④。

墨子的著作，《汉书·艺文志》录71篇，现存53篇，另有8篇仅存篇名而无内容。这些著作，反映了墨子的文化理想及精神世界的，主要有《尚贤》、《尚同》、《兼爱》、《非攻》、《节用》、《节葬》、《天志》、《明鬼》、《非乐》、《非命》等篇。这些篇章，皆分上、中、下篇，内容大体相同。俞樾疑其"相里、相夫、邓陵三家相传之本不同，后人合以成书，故一篇而有三"⑤。《经》上下、《经说》上下及《大取》、《小取》6篇，称《墨经》，又名《墨辩》。这6篇著作，孙诒让、胡适、侯外庐等认为它为墨子后学作品，梁启超、高亨等认为《经》上下为墨子自著，而《经说》上下及《大取》、《小取》为后期墨家所著。其实，称墨子著作曰"经"者，乃墨子弟子对其著作之尊称。它不可能是墨子的后期著作，反倒可能是墨子授徒之前的潜心所作。这6篇乃墨家哲学著作，虽然它主要属于墨子之学的逻辑学和知识论，但也涉及形上思维与文化精神的发展问题。《耕柱》至《公输》5篇记墨子言行，不仅涉及墨子的政治主张，亦可见墨子之学精神者。其他《备城门》至《杂守》11篇，为后期墨家著作，主要讲究防御战术与守城工具；《亲士》至《三辩》7篇年代较晚，多与精神发展无关。《墨子》晋时鲁胜所注，早佚。宋代乐台所注《墨子》，仅有《亲士》至《尚同》13篇，已佚。现存注本有清毕沅校注《墨子》、孙诒让《墨子闲诂》，另有梁启超的《墨经校释》、谭戒甫的《墨辩发微》、高亨的《墨经校释》。本章撰写墨子学说的尚同精神，取材主要依据孙诒让《墨子闲诂》。

---

① "墨子年代考"，《古史辨》第4册。
② "墨子的生卒年代"，《古史辨》第4册。
③ 《中国思想通史》第1卷第192页，人民出版社。
④ 《墨子闲诂》附《墨子年表》。
⑤ 《墨子闲诂·俞樾序》。

墨子虽曾为宋大夫,但生于鲁,身为鲁人,处鲁泗乡,其为学术,自然受孔子儒学的影响。这也是后人儒墨并称的原因所在。但墨子为学时,已是孔子死后,处于儒学分化乃至分裂的时期。《史记》说:"自孔子卒后,七十子之徒散游诸侯,大者为师傅卿相,小者友教士大夫,或隐而不见。故子路居卫,子张居陈,澹台子羽居楚,子夏居西河,子贡终于齐。如田子方、段干木、吴起、禽滑厘之属,皆受业于子夏之伦,为王者师。"① 这必然使墨子反思孔子儒学的长短优劣,思考哪些适用、哪些不适用,特别是以礼治天下。孔子诸弟子中,子夏是比较理解孔子之学的。《史记》记述了孔子与子夏、子贡的一段问答,从中可以看出,孔子虽重视礼仪教化,然更重视人的生命,而这恰被子夏所理解。

> 卜商,字子夏,少孔子四十四岁。
> 子夏问:"'巧笑倩兮,美目盼兮,素以为绚兮',何谓也?"
> 子曰:"绘事后素。"
> 曰:"礼后乎?"
> 孔子曰:"商始可与言诗已矣。"
> 子贡问:"师与商孰贤?"
> 子曰:"师也过,商也不及。"
> "然则师愈与?"
> 曰:"过犹不及。"②

"巧笑倩兮,美目盼兮,素以为绚兮"之诗出于《诗经·卫风·硕人》,言美女倩盼之美质也。在孔子看来,倩盼之美就像绘画一样,先绘画然后布色素于其间,才能显出情调风韵。可见孔子并不否定人的情愫美质与生命精神。子夏问礼教是否也是这样?孔子说:"能明白我意,可以与之言诗矣。"子贡多嘴,问老师与子夏,谁是贤者?孔子说了句非常非常谦虚中肯的话:"师也过,商也不及。"子贡再追问:"老师是否更甚呢?"孔子以"过犹不及"回答之,意即皆不得中道也。这就是说,孔子承认,在提倡以周礼治天下方面,亦存在着非中道的情况。这种情况,发

---

① 《史记·儒林列传》。
② 《史记·仲尼弟子列传》。

展为功令,"至于广厉学官之路",连太史公也不能不"废书而感叹也"。①

墨子反思孔子儒学,亦必反思其以周礼治天下也。反思的结果,就是墨子"背周礼而用夏政",带动了他整个学路的新发展。故伊川道出了个中奥妙说:"杨子似出于子张,墨子似出于子夏,其中更有过不及,岂是师、商不学于圣人之门?"② 虽然其中有过不及,但并不影响其学于圣人之门。本章叙述墨子的学术思路及其精神发展,就从这里开始。

一 "背周道而用夏政"

周室衰而《关雎》作,幽厉微而礼乐坏,诸侯恣行,政出强国。孔子感王路废而邪道兴,于是论次《诗》、《书》,修起礼乐,以至于适齐闻《韶》乐,三月不知肉味。自卫返鲁,而后乐正,《雅》、《颂》各得其所。然世道混浊而不能用,仲尼遍历诸国而无所遇,即使说"苟有用我者,期月而已",亦无理睬者,以至于西狩获麟,悲叹说"吾道穷矣"。虽以鲁史而作《春秋》,以为王者法,然而临面着天下纷争,以礼乐治天下之理想终不得实现。墨子虽最初学于儒家,此时也不得不改变思路,非儒学而自立。它表现在政道与治道的选择上,就是"背周道而用夏政"。这种选择,自然寻求新的法则、新的哲理,不仅引出墨家一系列文化哲学思想的变化,同时也带来了墨家独特的文化精神发展。《淮南子》曾对墨子这段学术历程的改变作过如下的叙述:

> 墨子学儒者之业,受孔子之术,以为其礼烦扰而不说,厚葬靡财而贫民,服伤生而害事,故背周道而用夏政。禹之时,天下大水,禹身执虆垂,以为民先,剔河而道九岐,凿江而通九路,辟五湖而定东海,当此之时,烧不暇撌,濡不给扢,死陵者葬陵,死泽者葬泽,故节财薄葬、闲服生焉。③

墨子所以受儒学之术而弃之,就是因为孔子所推行的那套主张,即用周朝礼教治国,"烦扰而不说,厚葬靡财而贫民,服伤生而害事",因此,

---

① 《史记·儒林列传》。
② 《河南程氏遗书》卷15。
③ 《淮南子·要略训》。

他乃"背周道而用夏政",意即弃文、武、周公之道,而法夏宗禹,崇尚禹道。抛弃文、武、周公之道,崇尚禹道,就是抛弃儒者之业、孔子之术,从此提倡新的学说,并招徒讲学,游走四方,开创墨学的新局面。墨子的学说,并非完全始于禹道、同于禹道,这一点,从其总爱讲尧、舜、禹、汤、文、武三代之圣王之道,也可看出来,但从《公孟》、《非儒》诸篇,则可以看出墨学之始存在着与儒家的切割相关。因此,从"背周道而用夏政",是可以看出墨子之学与儒家的切割关系之迹的。

学术的通病,总是言己之是,说人之非。墨子当初,既学儒者之业,受孔子之术,觉得不好,弃之也就算了,然而墨子也不能避免学术通病,亦改而攻击儒术,言孔子之非。儒家讲"礼者,理也",乃是为了去掉人的非理性,归天下于理性;讲"仁者,人也,亲亲为大。义者,宜也,尊贤为大"①,乃是为了建立一个亲情的社会、贤者的社会,一个有亲疏尊卑的社会。而墨子则攻击儒家礼教说:"儒之道足以丧天下者,四政焉:儒以天为不明,以鬼为不神,天、鬼不说,此足以丧天下;又厚葬久丧,重为棺椁,多为衣衾,送死若徙,三年哭泣,扶后起,杖后行,耳无闻,目无见,此足以丧天下;又弦歌鼓舞,习为声乐,此足以丧天下;又以命为有,贫富寿夭、治乱安危有极矣,不可损益也,为上者行之,必不听治矣,为下者行之,必不从事矣。此足以丧天下。"② 更从丧礼上,攻击儒家的"亲亲有术"为"繁饰礼乐以淫人,久丧伪哀以谩亲";借晏子所谓的"贤人者,入人之国,必务合其君臣之亲,而弭其上下之怨",从攻击儒家君子的"君子若钟,击之则鸣,弗击不鸣",为"深虑同谋以奉贼,劳思尽知以行邪,非贤人之行也"。礼者,理之至诚至深也,乃人性教化之不可少者;乐者,乐也,亦人情之不可少,具净化人心之大用者也。墨子本来知道"乐者,儒者为之",也只是"过也"③,但为了建立自己的学说,不惜借用晏子的话,攻击儒家的整个礼教为"盛容修饰以蛊世,弦歌鼓舞以聚徒,繁登降之礼以示仪,务趋翔之节以观众,博学不可使议世,劳思不可以补民,繁饰邪术以营世君,盛为声乐以淫遇民,其道不可以期世,

---

① 《礼记·中庸》。
② 《墨子·公孟》。
③ 《荀子·乐论》。

其学不可以导众"① 等等。所有这些非儒言论，除了亲疏尊卑的伦理道德，其他主要集中在礼教的靡费上，因为它不符合墨子固本节用的思想。用他的话说，就是"厚措敛乎万民，以为大钟鸣鼓、琴瑟竽笙之声，以求兴天下之利、除天下之害，而无补也"②。

墨子攻击儒家礼教的靡费，实乃谓周朝礼教之不可用，欲寻求新的政道与治道，而欲寻求新的政道与治道，必寻求新的政治原则。这个新的政治原则，就是兴天下之利、除天下之害的仁与义。仁与义的观念，本来是儒家学说的根本范畴，墨子以此为政治哲学的新原则，可见其并没有完全脱离儒家的学术思想，尽管墨子赋予了它新的内涵。儒家的仁义观念是源于乾道的"大哉乾元，万物资始"，从天道、宇宙大化流行、生生不息的精神，"得之谓德，宜之谓义"获得的，属于道德形而上学问题；而墨子的仁义新原则则是"以天之志为法"③，是"义自天出"，从天之意，"察仁义之本"④ 获得的，即从天或上帝的神性形而上学存在获得的，它属于神学本体论问题。因此，墨子的政治哲学实乃是政治神学也。墨子的整个学说，包括他以"天志"或"尚同于天"的法则所建立起来的神学体系及尚贤、兼爱、非攻的诸多观念，皆是建立在神学形而上学的基础上的。

墨子建立仁与义的新原则，乃是寻求新的政道与治道的。墨子虽然也讲尧、舜、禹、汤、文、武三代圣王之道，但在他看来，从礼乐制度上看，"周成王之治天下也，不若武王；武王之治天下也，不若成汤；成汤之治天下也，不若尧舜"。为什么呢？因为礼乐制度愈发展愈烦琐，愈不符合兴天下之利、除天下之害的仁义原则，愈于天下之治无补，故曰"其乐逾繁者，其治逾寡"⑤。墨子认为，"禹东教乎九夷，道死，葬会稽之山，衣衾三领，桐棺三寸"，最符合仁与义的原则，因此，主张以独生不歌，死不服，桐棺三寸而无椁，作为一种葬礼模式，"制为葬埋之法"。而在他看来，谋以厚葬久丧，乃为"非仁义、非孝子之事也"；而"以厚葬

---

① 《墨子·非儒下》。
② 《墨子·非乐上》。
③ 《墨子·天志下》。
④ 《墨子·天志中》。
⑤ 《墨子·三辩》。

久丧者为政",则"国家必贫,人民必寡,刑政必乱"①。墨子认为,三代圣王既没,天下失义,后世之君子,以厚葬久丧而为仁义也,为孝子之事也,皆是不符合强本节用之说,不符合兴天下之利、除天下之害的新原则的。自然,愈发展愈烦琐的礼乐制度也不例外。

虽然"仁"与"义"的观念是孔子的原始儒家提出来的,而它在墨子的政治学说中,则成了兴天下之利、除天下之害的最新原则,成了衡量一切政道与治道的价值准则。他谈尚贤尚同,谈兼爱非攻,谈天志明鬼,谈节用、节葬以及非乐非儒,无不用这个新原则贯通一切、衡量一切。在墨子看来,夏之政、禹之道是最为符合仁与义的新原则的。如尚贤"若昔者禹、稷、皋陶是也",并引《吕刑》曰"德威维威,德明维明,乃名三后,恤功于民:伯夷降典,哲民维刑;禹平水土,主名山川;稷隆播种,农殖嘉谷。三后成功,维假于民"②;讲兼爱,"古者禹治天下,西为西河渔窦,以泄渠、孙、皇之水;北为防、原、派,注后之邸、嘑池之窦,洒为底柱,凿为龙门,以利燕代胡貉与西河之民;东方漏之陆,防孟诸之泽,洒为九浍,以楗东土之水,以利冀州之民;南为江、汉、淮、汝,东流之,注五湖之处,以利荆、楚、干、越与南夷之民。此言禹之事,吾今行兼矣"③;"禹之征有苗也,非以求以重富贵,干福禄,乐耳目也。以求兴天下之利,除天下之害,即此禹兼也","墨子之所谓兼者,于禹求焉"④ 等等。

墨子用夏之政,尊禹之道,虽然涉及尚贤、兼爱的诸多问题,但见诸礼教者,也只是独生不歌、死不服、桐棺三寸的葬礼模式,即墨子"制为葬埋之法"者。墨子不论是讲《尚贤》、《兼爱》、《非攻》,还是讲《天志》、《明鬼》、《节用》、《节葬》等,其为圣人之道,皆是尧、舜、禹、汤、文、武三代之圣相提并论的,未尝专就禹之道而言之者,即使讲礼教,也没有用夏非周之意。因此,是不能完全以"背周道而用夏政"之说来衡量墨学与儒学之别的。因此,清代学者汪中先生认为,"背周道而用夏政"之说,乃是"墨离而为三,取舍相反,倍谲不同,自谓别墨,然后

---

① 《墨子·节葬下》。
② 《墨子·尚贤中》。
③ 《墨子·兼爱中》。
④ 《墨子·兼爱下》。

托于禹，以尊其术"①。但墨子脱离儒家，与儒学相切割，则是事实。这种切割在学术上也带来一些问题。

墨子脱离儒家，急急忙忙地推出这些兴利除害的政治学说，虽然目的在于挽救世之颓势，实现天下大治，然其学说，既没有看到社会发展与文化历史的进步，亦是缺乏人性论基础的。因此，墨子兴利除弊的政治学说，不仅当时后世皆是很难做到的，而且有画地为牢、绳墨自矫的性质。对墨学的这些弊端，庄子曾有过一个很庄重、深刻的批评：

> 不侈于后世，不靡于万物，不晖于数度，以绳墨自矫，而备世之急，古之道术有在于是者，墨翟、禽滑厘闻风而说之，为之大过，已之大循。作为《非乐》，命之曰《节用》；生不歌，死无服。墨子汜爱兼利而非斗，其道不怒；又好学而博，不异，不与先王同，毁古之礼乐。
>
> 黄帝有《咸池》，尧有《大章》，舜有《大韶》，汤有《大濩》，文王有《辟雍》之乐，武王、周公作《武》。古之丧礼，贵贱有仪，上下有等，天子棺椁七重，诸侯五重，士再重。今墨子独生不歌，死不服，桐棺三寸而无椁，以为法式。以此教人，恐不爱人；以此自行，固不爱己。未败墨子道，虽然，歌而非歌，哭而非哭，乐而非乐，是果类乎？其生也勤，其死也薄，其道大觳；使人忧，使人悲，其行难为也，恐其不可以为圣人之道，反天下之心，天下不堪。墨子虽独能任，奈天下何！离于天下，其去王也远矣。
>
> 墨子称道曰："昔者禹之湮洪水，决江河而通四夷九州也，名川三百，支川三千，小者无数。禹亲自操橐耜而九杂天下之川；腓无胈，胫无毛，沐甚雨，栉疾风，置万国。禹大圣也，而形劳天下也如此。"使后世之墨者，多以裘褐为衣，以跂蹻为服，日夜不休，以自苦为极，曰："不能如此，非禹之道也，不足谓墨。"②

废除烦琐靡费的礼乐，虽然是对的，但看不到社会发展与文化历史的进步，将所有礼乐文化的发展全部废除，则没有看到礼乐文化对人的教化

---

① 汪中"墨子后序"，见《墨子闲诂》附录卷1。
② 《庄子·天下篇》。

作用也。此即荀子批评墨子"蔽于用而不知文"①者也。可以说墨子之"背周道",非仅仅背其礼乐靡费之用,亦失礼乐教化之大用也。生而歌,死而哀,乃人伦之常情也,亦人性之本质也。墨子独教人生不歌,死不服,桐棺三寸,足以掩朽骸即可,则不仅缺乏爱人之心,亦毁人伦之常,违背人性之本质也;若以此为政道与治道,则夺人情而行之也。故庄子曰"反天下之心,天下不堪"。不论多么好的政治学说,规定怎样的法度或模式,只要违背了人性的本质,都是行不通的。大禹平水土,治天下,亦为使天下人民获得丰厚的物产,过上好日子,而墨子让人"其生也勤,其死也薄",桐棺三寸而葬,真若如此背人情而行之,则不尽其道大觳无润,亦非真是夏之政、禹之道矣。

那么,是不是说墨子的政治哲学完全漠视人性的本质或者如庄子所说是"反天下之心"的呢?恐怕也不能这样看。墨子曾讲过下面一段话,从中也是不难看出他对人性本质之认识的:

> 凡回于天地之间,包于四海之内,天壤之情,阴阳之和,莫不有也,虽至圣不能更也。何以知其然?圣人有传:天地也,则曰上下;四时也,则曰阴阳;人情也,则曰男女;禽兽也,则曰牡牝、雄雌也。真天壤之情,虽有先王不能更也。②

可见墨子也是承认人有至圣不能更改之本性的。墨子主张废除烦琐靡费的礼乐,教人以生不歌,死不服,桐棺三寸而葬,只是太苛刻了点儿,太僵化了点儿,是很难做到的。庄子出于自然本性说,反对一切屈折礼乐,呴俞仁义,失其常然,故其所以批评墨子之学"反天下之心"也。但墨子废除烦琐靡费的礼乐,提倡强本节用之说,还是有仁爱精神的,而且这种精神直到今天仍然是有其价值的。特别是墨子尚简之说,不仅在于批评时君世主为维建宫室,"必厚作敛于百姓,暴夺民衣食之财,以为宫室台榭曲直之望、青黄刻镂之饰",左右皆效法之,造成"以其财不足以待凶饥,赈孤寡,国贫而民难治"③,更是带有防止政治腐败与人性堕落的性质,其惊世骇俗大用仍然是值得重视的。

---

① 《荀子·解蔽》。
② 《墨子·辞过》。
③ 《墨子·辞过》。

墨子不仅借助儒家的"仁"与"义"概念，赋予它以新的内涵而为政治哲学的新原则，更为自己的学说提出了形而上学的最高法则，那就是"总天下之义，以尚同于天"。这个最高法则，乃是由天或上帝的最高存在引申出来的。它不仅涉及墨子学说的本体论问题，也涉及神性形而上学存在，特别是墨子以此创建神学系统，归复鬼神的宗教信仰，更是与神性形而上学、与宗教精神相关。因此，要理解墨学在精神史上的地位，弄清墨子"总天下之义，以尚同于天"的最高法则以及他是怎样以神性的形而上学存在创建神学系统是非常重要的。

二　总天下之义尚同于天

墨子认为，欲使国家之富，人民之众，行政之治，必须尚贤，实行贤人政治。故曰："尚欲祖述尧、舜、禹、汤之道，将不可以不尚贤。夫尚贤者，政之本也。"① 这里，所谓"政之本"，乃是在政治主体性上讲的，在贤人政治上讲的，尚不是讲的哲学本体论存在，不是最高形而上学存在。

那么，尧、舜、禹、汤之道何来呢？贤人之所以为贤人，他们博大深厚的道德品质及精神世界是怎么来的呢？所谓仁与义，何者为大仁、何者为大义呢？它以何者为根本存在、为本体大原呢？这才是墨子政治哲学的本体论问题，才是墨子为学的形而上学根据及其根本精神所在。墨子讲《法仪》、《尚同》、《尚贤》、《兼爱》以及《非攻》等等，皆出于此也，皆以此为最高本体论也，而墨学的根本精神，也全在于此也。

墨子认为，"法不仁不可以为法"。然而什么是大仁的存在呢？何者为广大无私而可以为法者呢？墨子认为，有三者不可以为法：一是法其父母不可为法，因为天下之父母众，偏私者多，而仁者寡，法父母为法，其法则不仁也；二是法其所学不可为法，因为天下之为学者众，然从其所学为法，亦有很大的局限性，若皆法其学为法，此法不仁也；三是法其君不可为法，因为天下之为君者众，而仁爱天下者寡，若皆法其君，此法不仁也。法其父母、所学及君皆不可为法，那么究竟应该以何为法呢？墨子说："莫若法天。"为什么呢？因为"天之行广而无私，其施厚而不德，其

---

① 《墨子·尚贤上》。

明久而不衰，故圣王法之"①。

在墨子的学说中，天乃是一个有法则秩序的存在，一个大公无私、有仁有义的存在，一个欲人相爱相利而不欲人相恶相贼的存在，一个"欲其生而恶其死，欲其富而恶其贫，欲其治而恶其乱"的存在。"此我所以知天欲义而恶不义也"。墨子认为，"天下有义则生，无义则死；有义则富，无义则贫；有义则治，无义则乱"。义者何？"义者，政也"。天的本质，乃是欲人义而恶不义的存在。故为政治天下者，应该"率天下之百姓，以从事于义"②，即按照天道法则秩序治理天下，使其兼而爱之、兼而利之，获得富有、幸福与人生意义，避免陷入祸祟之中。

以天为法，动作有为，要度于天，要以天道法则为法则。因此，墨子提出了一个政治哲学的最高法则，即"总天下之义，以尚同于天"③。天之所欲则为之，天所不欲则止；天欲人相爱相利，而不欲人相恶相贼，人就应该相爱相利，而不相恶相贼。因此，"总天下之义，以尚同于天"的最高法则，就是"天下之欲同一天下之义"，亦即用天道法则统一天下之义也。"察天下之所以治者，何也。天子唯能一同天下之义，是以天下以治也"④。天下得善人之赏必治者，何也？"唯以尚同一义为政故也"⑤。

在墨子看来，"天下无小大国，皆天之邑也。人无幼长贵贱，皆天之臣也"⑥。将世上无论国之大小，皆视为"天之邑"；将世人无论幼长贵贱，皆视为上天之臣民，这颇似西方近代的政治理想追求把基督教的美好天国搬到尘世上来，依照天国理想建立人世间的美好国度！而这在墨子的政治哲学中，不仅显示了"总天下之义，以尚同于天"的最高法则，也透露出了墨子的政治理想追求。

墨子认为，民生之始，未有行政之时，天下是"一人则一义，二人则二义，十人则十义"的，而且是"人是其义，以非人之义，交相非"的。因此，是"父子、兄弟作怨恶，离散不能相和合。天下之百姓，皆以水

---

① 《墨子·法仪》。
② 《墨子·天志上》。
③ 《墨子·尚同下》。
④ 《墨子·尚同上》。
⑤ 《墨子·尚同下》。
⑥ 《墨子·法仪》。

火、毒药相亏害"。此天下所以乱,若禽兽然也。那么,"察天下之所以治者,何也。天子唯能一同天下之义,是以天下以治也"①。是故选择天下贤良、圣知、辩慧之人,使事一同天下之义也。墨子认为,"古者圣人之所以济事成功、垂名于后世者,无他故异物焉","唯能以尚同为政者也"。今天下之王公大人士君子,若"欲富其国家,众其人民,治其刑政,定其社稷","当若尚同之不可不察,此之本也"②。以尚同为本,就是以天道法则为其政治哲学的本体论存在。这种最高本体论的建立,不仅可见墨学的政治精神,亦可见其法学精神也。

墨子认为,昔者三代圣王尧、舜、禹、汤、文、武之治天下,皆取法于天也。他们所以为政乎天下,能成圣治,就在于法于天道,获得了巨大的道德感和精神世界,并以此"谨其言,慎其行,精其思虑,索天下之隐事遗利,以上事天,则天乡其德;下施之万民,万民被其利,终身无已。故先王之言曰:'此道也,大用之,天下则不窕;小用之,则不困;修用之,则万民被其利,终身无已。'《周颂》道之曰:'圣人之德,若天之高,若地之普。其有昭于天下也,若地之固,若山之承,不坼不崩。若日之光,若月之明,与天地同常。'则此言圣人之德章明博大,埴固以修久也。故圣人之德,盖总乎天地者也"③。这个"若天之高,若地之普"、"若地之固,若山之承,不坼不崩;若日之光,若月之明,与天地同常"的博大深厚的存在,就是圣人章明博大的道德,就是他们法于天所获得的道德精神世界!这个道德精神世界的出现,全是圣贤明哲立于"天之行广而无私,其施厚而不德,其明久而不衰"的存在,立于天道的形而上学,法之明之,体悟广大无私、施厚不德、久明不衰的天道本体存在获得的。故曰"圣人之德,若天之高,若地之普";故曰"故圣人之德,盖总乎天地者也"。研究墨子,明白这种形而上学存在,理解其道德精神的获得,才是最为重要的。惟此,才能看出墨学在精神史上的地位。

墨子所引《周颂》之诗,不见于《毛诗》或逸诗也,但《墨子》中引诗为证说明自己的论点或表达自己的思想,则见于多处,而且是多具形上精神境界的。如《天志中》、《天志下》引《大雅·皇矣》曰:"帝谓文

---

① 《墨子·尚同上》。
② 《墨子·尚同中》。
③ 《墨子·尚同下》。

王，予怀明德，不大声以色，不长夏以革，不识不知，顺帝之则。"《兼爱下》引《诗》曰："王道荡荡，不偏不党，王道平平，不党不偏。其直若矢，其易若底。君子之所履，小人之所视。"前四句出自《尚书·洪范》"无偏无党，王道荡荡；无党无偏，王道平平"，后四句出自《诗经·小雅·大东》，《毛诗》作"周道如砥，其直如矢。君子所履，小人所视"；《明鬼下》引《大雅》曰"文王在上，于昭于天。周虽旧邦，其命维新。有周不显，帝命不时。文王陟降，在帝左右。穆穆文王，令闻不已"，出自《诗经·大雅·文王》。"穆穆文王"句，《毛诗》作"亹亹文王"，其他像《尚同中》引《周颂》"载来见彼王，聿求厥章"，出自《周颂·载见》，《毛诗》描述为"载见辟王，曰求厥章。龙旂阳阳，和铃央央。修革有鸧，休有烈光。率见昭考，以孝以享"，所讲乃诸侯于武王庙见成王，求其章法，而车服、礼仪、文章、制度之井然也。凡此所引，虽然有"三家诗"版本的不同及名称、章次、语句、字词的差别，但其内容，皆是可见形而上学存在及道德精神的。它多出自周代的《诗》、《书》，此亦可见墨子并非"背周道"也。墨子总是三代圣王尧、舜、禹、汤、文、武之治连续讲，可见其为学乃是继承了包括周文化在内的整个上古文化精神的。

但这种继承的侧重点是不同的，有理性亦有非理性。墨子于上古文化所继承的主要是神性形而上学，而其见诸精神世界的则主要是宗教精神。因此，要弄清墨子之学在精神史上的地位，就不能不讲述墨子怎样重建神性形而上学、阐述崇尚鬼神的新宗教观了。

三　重建神性形而上学

墨子所处的晚周，乃是天下失义，诸侯力正，君臣上下不惠不忠，父子弟兄不慈不孝弟的时代。"受天明命"的合法性受到了怀疑，庄严神圣的世界已不复存在，形而上的东西愈来愈少，形而下的世俗追求愈来愈强烈，情欲冲出理智的闸门，像魔鬼冲出了铁笼。人们愈来愈丧失信仰与信念，不安于自己的道德本分与职业操守，"正长之不强于听治，贱人之不强于从事，民之为淫暴，寇乱盗贼以兵刃、毒药、水火，退无罪人乎道路率径，夺人车马、衣裘以自利者，并作由此始，是以天下乱"。"此其故何以然也？"墨子于此提出了问题。他的回答是："皆以疑惑鬼神之有与无之别，不明乎鬼神之能赏贤而罚暴也。"① 因此，在墨子看来，重建神性形而上学，归复鬼神宗教信仰，相信鬼神之能赏贤而罚暴，乃可治夫天下之乱。

所以，墨子继承尧、舜、禹、汤、文、武三代圣王之道者，并非纯粹的形上之"道"或形而上学大道本体，而是天道的神性形而上学存在；所继承的上古文化精神者，也并非纯正的道体精神，而是其宗教精神。自然，墨子讲神性形而上学，讲三代圣王尧、舜、禹、汤、文、武之圣治时，并非孤立断绝地讲神性形而上学及鬼神信仰，但他认为，三代圣王尧、舜、禹、汤、文、武时期所以成为圣治，绝对是离不开神性形上存在及鬼神信仰的，因而认为，神性形而上学存在及信仰乃是圣治不可或缺的精神世界存在。因此，墨子不仅讲天志、明鬼，讲神性形而上学及鬼神信仰，即使讲法仪、尚同、尚贤、兼爱等问题，也没有忘记圣治与神性形而上学及鬼神信仰的关系。如讲：

> 昔之圣王禹、汤、文、武，兼爱天下之百姓，率以尊天事鬼，其利人多，故天福之，使立为天子，天下诸侯，皆宾事之。②
>
> 昔者三代圣王尧、舜、禹、汤、文、武者，所以得其赏，何也？曰：其为政乎天下也，兼而爱之，从而利之，又率天下之万民，以尚尊天事鬼、爱利万民。③
>
> 故古者圣王，明天鬼之所欲，而避天鬼之所憎，以求兴天下之利，除天下之害：是以率天下之万民，斋戒沐浴，洁为酒醴粢盛，以祭祀天鬼，事其鬼神也。④
>
> 昔也三代之圣王尧、舜、禹、汤、文、武之兼爱之天下也，从而利之，移其百姓之意焉，率以敬上帝、山川、鬼神。天以为从其所爱而爱之，从其所利而利之，于是加其赏焉，使之处上位，立为天子以法也，名之曰圣人。⑤

---

① 《墨子·明鬼上》。
② 《墨子·法仪》。
③ 《墨子·尚贤中》。
④ 《墨子·尚同中》。
⑤ 《墨子·天志下》。

所谓神性形而上学，即上帝或神一类的形而上学存在。它既是庄严神圣的存在，又充满莫测的神秘性。中国上古乃至远古，无疑存在着上帝或神一类的形上神性崇拜与宗教信仰。这种崇拜与信仰，远不止虞、夏、商、周三代，在远古亦是存在的。《史记》所说的"昔无怀氏封泰山，禅云云；虙羲封泰山，禅云云；神农封泰山，禅云云"①，就说明崇拜与信仰的存在。唐虞时期，帝舜"璇玑玉衡，以齐七政。遂类于上帝，禋于六宗，望山川，遍群神"②，亦是其神性崇拜与信仰。夏道虽遵命，事鬼神而远之，但也是存在着神性崇拜与宗教信仰的。大禹治水时"薄衣服，致孝于鬼神"③，其后"封泰山，禅会稽，受命然后封禅"④，就是如此。"殷人尊神，民以事神，先鬼而后礼"⑤，更以神性存在为宗教信仰的。周朝则理性得多。他们高礼尚施，事鬼敬神而远之，即是祭祀，郊祭也是"明天道也"，然而这种祭祀，仍然是以祖配上帝的⑥。

不论是中国古代先民，还是圣贤明哲，在上古乃至远古时期，文化初级阶段甚至高级阶段，外部世界还笼罩于神秘莫测的情况下，他们的信仰信念都是不可能完全脱离神秘主义、脱离神性形而上学存在的。但中国文化毕竟是早熟的。当世界其他地区的人类尚处于蒙昧野蛮时期时，中国文化哲学关于天道的思维于公元前4300年的唐虞时期已经达到了"惟精惟一"的高度。虽然虞、夏、商、周三代仍相信上帝与神的存在，但人的存在、天道思维以及"得之谓德，宜之谓义"的思维已经发展成为道德理性；发展到殷周之际，虽然《诗》、《书》中仍然保留着"皇矣上帝"⑦、"皇天上帝"⑧，但那也只是上天皓旰光明的存在。及至发展到晚周，老子讲道的存在，"吾不知谁之子，象帝之先"⑨；庄子讲"夫道，自根自本，

---

① 《史记·封禅书》。
② 《尚书·舜典》。
③ 《史记·夏本纪》。
④ 《史记·封禅书》。
⑤ 《礼记·表记》。
⑥ 《礼记·郊特性》。
⑦ 《诗经·大雅·皇矣》。
⑧ 《尚书·召诰》。
⑨ 《老子》第4章。

未有天地，自古以固存"①，除了民间仍保留着神性形而上学及鬼神信仰外，中国主流文化哲学则已隐退了上帝，以道德形而上学取代了神性形而上学，用礼乐教化或纯正的道德修养获得天道性命之理取代了宗教性的信仰。中国文化的这种早熟与存在，诚如梁漱溟先生说的，虽不是宗教，然"论其功用，胜过宗教"②。

但道德形而上学取代了神性形而上学，在当时也只是在少数圣贤明哲那里能够理解，对于大多数人或庶民百姓来说，用孔子的话讲，也"荡荡乎，民无能名焉"③。正是因为大多数人或一般的庶民百姓尚不能理解道德形而上学存在，并进行纯正的道德修养以获得天道性命之理，所以随着周朝礼乐的崩溃及宗教祭祀的废除，进入晚周，人们愈来愈丧失信仰，缺乏精神支柱，因此，社会政治走向了腐败堕落。当一个社会没有了宗教信仰又丧失道德底线，到处是物欲情欲泛滥的时候，它是很难维持下去的。墨子此时重建神性形而上学，试图归复上帝鬼神的宗教信仰，就是可以理解的了。

所谓重建神性形而上学，就是重新建立上帝或神一类的形而上学存在。墨子学说中，这种重建不是简单地恢复虞、夏、商、周三代上帝或神的存在，而是重新赋予它神格的本质与地位，使其具有赐人祸福的神圣大用与神秘性质。中国上古文化哲学中的"皇矣上帝"或"皇天上帝"，只是天或天道的存在，帝者，天也，曰皇，大也，皓旰光明也。它与西方宗教所信奉的人格神上帝的存在是非常不同的。即使《礼记》讲以祖配天，郊祭天帝，那也只是祖宗神与祖先所出神同在，即《诗经》所说的"文王在上，于昭于天"或"文王陟降，在帝左右"④，它也不是指万能的上帝。正如中国文化讲"上帝"为天或天道存在一样，至于鬼神的存在，也是在道或气的阴阳莫测上讲的，而人之生死，也是阳气升于天、阴气归于地也，而其鬼神的存在，用孔子的话说，乃是"气也者，神之盛也；魄也者，鬼之盛也"⑤，皆是人格神的存在。即使讲"祭神如神在"⑥或祭祀

---

① 《庄子·大宗师》。
② 《理性与宗教之相违》，《梁漱溟全集》卷6第386~387页。
③ 《论语·泰伯》。
④ 《诗经·大雅·文王》。
⑤ 《礼记·祭义》。
⑥ 《论语·八佾》。

时,"鬼神之为德,洋洋乎如在其上,如在其左右"①,也是讲天地之功用、二气之良能,非全知全能的上帝或神的至尊至高的存在。

墨子重建神性形而上学,就是将隐退的上帝鬼神重新复活,对其重新理解,不仅赋予其有意志、能爱恶的种种人格神品质,具有仁义、兼爱的伟大德行,而且使之具有可赐祸福、灭灾害的伟大功能。如说:

> 天何欲何恶者也?天必欲人之相爱相利,而不欲人之相恶相贼也。②

> 天欲其生而恶其死,欲其富而恶其贫,欲其治而恶其乱。

> 顺天意者,兼相爱,交相利,必得赏;反天意者,别相恶,交相贼,必得罚。③

> 杀无辜者,天予不祥。杀无辜者谁也?曰人也。予之不祥者谁也?曰天也。若天不爱民之厚,夫胡说人杀无辜而天予之不祥哉。此吾所以知天之爱民之厚也。

> 爱人利人,顺天之意,得天之赏者,有矣;憎人贼人,反天之意,得天之罚者,亦有矣。④

> 是故子墨子言曰:戒之慎之,必为天之所欲,而去天之所恶。曰天之所欲者何也?所恶者何也?天欲义而恶其不义者也。⑤

这就是墨子的神性形而上学与上古、远古不同的地方。上古、远古文化中,不论天或皇皇上帝多么庄严神圣,多么具有神秘主义色彩,它也只是天道法则的存在,最多是祖先所出神者,并没有那么多人格神的品质与伟大德性,即使言其补天、移山、填海,也是其神话般存在,而不是有意志、能爱恶的人格神品质,具有仁义、兼爱的伟大的道德品格,不具可赐祸福、灭灾害的伟大功能。而在墨子恢复重建的神性形而上学中,经过重新理解的天、天神或上帝,不仅灵性、神圣、有仁有义,而且是有意志、能够主宰一切的最高存在。天的意志、上帝的意志就是法律,就是惩恶赏

---

① 《礼记·中庸》。
② 《墨子·法仪》。
③ 《墨子·天志上》。
④ 《墨子·天志上》。
⑤ 《墨子·天志上》。

善。《诗》曰"帝谓文王，予怀明德，毋大声以色，毋长夏以革，不识不知，顺帝之则"，就是"诰文王之以天志为法，顺帝之则"①的。在墨子看来，"观其行，顺天之意，谓之善意行；反天之意，谓之不善意行。观其言谈，顺天之意，谓之善言谈；反天之意，谓之不善言谈。观其刑政，顺天之意，谓之善刑政；反天之意，谓之不善刑政"②。一切皆是以天的意志为意志、天的法则为法则的。天即上帝，即天神存在，即最高法律与意志主宰者。这样，天的法则变成了上帝的法则，而天道的真实无妄之理，也就变成上帝的意志与真理性存在。可以看出，墨子将隐退了的上帝鬼神请出来，将其复活，重建神性形而上学，实际上乃是创建了一种新的神学体系，目的在于重申天或上帝信仰的本质与功能，建立新的宗教，以宗教精神拯救人性的堕落，治理天下大乱。在礼乐崩溃、政治腐败、人性堕落的情况下，墨子为天下太平计，重建神性形而上学，提倡宗教精神，应该说在当时是有积极意义的。

从墨子的新神学看，尧、舜、禹、汤、文、武三代圣王之治，不仅在于他们能尚贤、兼爱天下，更在于他们有一种"以天志为法，顺帝之则"的宗教精神。前面所引墨子所说的"昔之圣王禹、汤、文、武，兼爱天下之百姓，率以尊天事鬼"，或"昔者三代圣王尧、舜、禹、汤、文、武者，其为政乎天下也，兼而爱之，从而利之，又率天下之万民，以尚尊天事鬼、爱利万民"，就属于这种精神。不仅尧、舜、禹、汤、文、武三代圣王，上古乃至远古所有的圣贤明哲，应该说都是具有宗教精神的，而且是非常至诚的。前面所说的帝舜"类于上帝，禋于六宗"，或《礼记》所说的"天子将出，类于上帝"③，就是其宗教精神的表现。类者，事也，宜也，造也。"类于上帝"，皆言祭祀上帝也。凡为政治大事，皆祭祀上帝，无宗教精神何至于此？但中国文化毕竟是早熟的。讲天道"惟精惟一"的存在，讲"皇极"大中之道"归其有极，会其有极"，讲"文王之德纯"及"维天之命，于穆不已"④或"上天之载，无声无臭"⑤等，其为天道

---

① 《墨子·天志下》。
② 《墨子·天志中》。
③ 《礼记·王制》。
④ 《诗经·周颂·维天之命》。
⑤ 《诗经·大雅·文王》。

本体，已经是至精至纯的形而上学存在了。墨子重建神性形而上学，恢复宗教信仰，以上帝的神性存在代替纯粹形上之"道"，以新神学代替纯正的道德形而上学，以宗教精神取代"于穆不已"的道德精神世界，难免有文化失正之嫌。

但宗教信仰是一个复杂的问题。虽然中国自古皆以神道设教，但在中国精神史上以神性形而上学为本体论建立神学，墨子则是第一个神学家。尚鬼神在整个墨子学说中占据着非常重要的位置。要弄清墨子的宗教观，就要弄清其所建立的神学体系，弄清鬼神信仰在墨子神学结构中所处的位置，然后才能知道哪些信仰是富于宗教精神的，哪些信仰流于形而下，是不富于宗教精神的。弄清了这些问题，最后才能知道墨子神学的意义及在精神史上的地位。

四　神学体系与宗教信仰

墨子神学的信仰对象，虽然是笼统地包括上帝、鬼神在内的，如讲"昔三代圣王，尧、舜、禹、汤、文、武，欲以天之为政于天子，明说天下百姓，莫不犓牛羊豢其牛羊犬彘，絜为粢盛酒醴，以祭祀上帝、山川、鬼神，而求祈福于天"①，但这种宗教信仰对象，在墨子神学中并非是一个囫囵整体，而是有高低上下层次之分的。它的最高层存在是天或上帝的存在，中下层是山川神祇、万物灵性的存在，也包括祖先神与人鬼，泛称为鬼神。墨子所说的"察山川鬼神"、"有天鬼，亦有山水鬼神者"以及"虞、夏、商、周三代之圣王，其始建国营都日，必择国之正坛，置以为宗庙，必择木之修茂者，立以为菆位，必择国之父兄慈孝贞良者，以为祝宗"②，所祭祀的列祖列宗之神，皆属于鬼神的范畴。

在墨子的神学体系中，天或上帝处于中心地位。它是有意志、有仁有义、有兼爱精神的最高存在，其惩恶赏善，被称为天意。墨子认为，"天下之所以乱者，其说将何哉？则是天下士君子，皆明于小而不明于大。何以知其明于小不明于大也？以其不明于天之意也"；人惟有"戒之慎之，必为天之所欲，而去天之所恶"，才符合天意。那么，"天之所欲者何也？

---

① 《墨子·天志上》。
② 均见《墨子·明鬼下》。

所恶者何也？天欲义而恶其不义者也。何以知其然也。曰：义者，正也"①。因此，在墨子的神学体系中，天或上帝乃是真理、正义、仁爱的存在，是"欲义而恶其不义"者，是正天下之不正、去天下之邪恶者。因此天或上帝的存在，乃是人的行为善恶及其价值判断的最高准则。

在墨子的神学体系中，所讲的山川神祇、万物灵性包括人鬼存在有泛神论的味道。这些鬼神的存在，虽然不像天神或上帝那样至高无上，但其赏善罚恶也是不可不察的。因为鬼神的存在是极为灵明的。"鬼神之明，不可为幽间广泽、山林深谷，鬼神之明必知之。鬼神之罚，不可为富贵众强、勇力强武、坚甲利兵，鬼神之罚必胜之"②。决不可贵为天子，富有天下，上诟侮鬼神，殃傲万民，更不可凭着"富贵众强、勇力强武、坚甲利兵"，为恶多端而逃避鬼神的惩罚。

墨子神学的结构体系，虽然有至上神上帝与中下层山川、鬼神存在功用的不同，但不论是上帝，还是山川、鬼神，皆是不可诟侮的。特别是天或上帝的存在，是厚爱人民、具有兼覆兼载之大德的。"天之爱百姓也，不尽物而止矣。今天下之国，粒食之民，杀一不辜者，必有一不祥"；"故昔也三代之圣王尧、舜、禹、汤、文、武之兼爱之天下也，从而利之，移其百姓之意，焉率以敬上帝、山川、鬼神"③。因此，在他看来，尊天帝，事鬼神，爱护人民，施之国家，施之万民，乃是所以治国家、利万民之道；而实施此道者，是具有天德精神的。因此他说：

> 其事上尊天，中事鬼神，下爱人，故天意曰："此之我所爱，兼而爱之。我所利，兼而利之。爱人者此为博焉，利人者此为厚焉。"④
> 观其事，上利乎天，中利乎鬼，下利乎人。三利无所不利，是谓天德。聚敛天下之美名而加之焉，曰此仁也，义也。爱人利人，顺天之意，得天之赏者也。
> 观其事，上不利乎天，中不利乎鬼，下不利乎人，三不利无所利，是谓天贼。聚敛天下之丑名而加之焉，曰此非仁也，非义也。憎

---

① 《墨子·天志下》。
② 《墨子·明鬼下》。
③ 《墨子·天志下》。
④ 《墨子·天志上》。

人贼人，反天之意，得天之罚者也。①

凡言凡动，利于天鬼百姓者为之；凡言凡动，害于天鬼百姓者舍之；凡言凡动，合于三代圣王尧、舜、禹、汤、文、武者为之；凡言凡动，合于三代暴王桀、纣、幽、厉者舍之。②

凡此，皆是墨子从神学出发，给天下为政者所提出的神圣政治原则。为政以德，就是"上利乎天，中利乎鬼，下利乎人"，具有天德者，而不是相反，以三不利之为政，成为天贼。具有天德，即具有天道精神；成为天贼，就是不仁不义的存在。有天德者，聚敛天下之美名，爱人利人，顺天之意，得天之赏，而有天下；而成为天贼，不仁不义，憎人贼人，反天之意，则必得天之罚，而失天下。因为墨子认为，天是可以根据善恶判断，"从其所爱而爱之，从其所利而利之"，也是"不从其所爱而恶之，不从其所利而贼之"③做出赏罚的。在墨子看来，昔也三代之圣王尧、舜、禹、汤、文、武之兼爱之天下，从而利之，移其百姓之意焉，率以敬上帝、山川、鬼神。天从其所爱而爱之，从其所利而利之，加其赏焉，使之处上位，立为天子以法，名之曰圣人；而三代之暴王桀、纣、幽、厉之兼恶天下也，从而贼之，移其百姓之意焉，率以诟侮上帝、山川、鬼神。天不从其所爱而恶之，不从其所利而贼之，于是加其罚焉，使之父子离散，国家灭亡，抎失社稷，忧以及其身，以至于天下之庶民属而毁之，名之曰失王，就是上天赏善罚暴之证。

墨子讲"故于富且贵者，当天意而不可不顺。顺天意者，兼相爱，交相利，必得赏。反天意者，别相恶，交相贼，必得罚"④，实际上是把天道的客观法则及其真实无妄之理神圣化了，赋予了它至上神的特征，而其兼爱互利之德，不过是天地兼覆兼载功用的神学化；山川、鬼神说，则不过是把天地万物广泛的因果关系及其阴阳莫测的存在神秘化了，赋予了它各种神明之性及惩恶赏善功用。天意的惩罚、上帝的意志，墨子的这类神学之说，虽然充满了神秘主义，然它实是说天道客观法则不可违背也。世界上的事情，凡因必有果，没有因果的事情，几乎是不存在的。宇宙万物的

---

① 《墨子·天志中》。
② 《墨子·天志中》。
③ 《墨子·天志下》。
④ 《墨子·天志上》。

大化流转，虽然存在着广泛的因果论，虽然也有一时的因果忽略不计的时候，然事事为善，处处做好事，或总是造孽，总是做坏事，积累下来，成为一种趋势，总要有个或善或恶之果的。从这个意义上讲，昔者三代圣王尧、舜、禹、汤、文、武兼爱之天下，得天之赏；而三代之暴王桀、纣、幽、厉之兼恶天下，受天之罚，亦实乃为善为恶所积累之结果也。墨子以其宗教神学之信仰为治世之道，虽然有点简单化，但他的神学在政治腐败、人性堕落的晚周，还是不乏道德精神及警世之用的。

墨子神学的道德精神，即所谓的"天德"，乃是建立在对天意敬畏基础上的，是由对天或上帝的宗教信仰获得的，而不是对天道或道体形而上学存在的体验与领悟获得的。因此，它乃是一种宗教精神，而非纯粹的道德精神。而在山川、鬼神说中，特别是人鬼说中，为了证明鬼神的存在有无，常常表现为一种神学的经验实证，如说周宣王屈杀杜伯，杜伯死后，乘白马素车而来，执朱弓，挟朱矢，追杀周宣王；燕简公屈杀庄子仪，庄子仪死后，荷朱杖而来，击燕简公而死①等等。这种实证，不仅使鬼神流入形而下的存在，使墨子神学丧失了宗教精神，而且为说明鬼的存在，反复以申福善祸暴之义，这样的神学实证就与后来佛教的果报之说没什么不同了。

墨子神学的经验实证，乃是出于鬼神信仰的社会需要，而不是以形而上学的终极存在建立最高的宗教信仰。当墨子劝人"不可为富贵众强、勇力强武、坚甲利兵"躲避"鬼神之罚"或讲"鬼神之罚必胜之"②时，他的神学并没有清除神秘主义，并没有从哲理上或形而上学存在上给人以信仰的巨大力量，而是试图以神秘主义建立对鬼神的敬畏感，建立世俗的鬼神信仰，挽救晚周末世的政治危机；或者说，希望通过神秘主义唤起新外王们对天或上帝的"畏"，使其按照天或上帝的意志，兼而爱之，兼而利之，转换为天或上帝的"爱"，从信仰上唤起新的宗教伦理精神，以挽救当时政治的失利。由于墨子的宗教神学不能从哲理上或形而上学的存在上给人以信仰的巨大力量，这种由"畏"向"爱"的转换，即敬畏感转换为兼爱心，转换为新的宗教伦理精神的努力，就显得缺乏深厚的哲学基础了。

---

① 《墨子·明鬼下》。
② 《墨子·明鬼下》。

墨子虽然认识到"神明之事,不可以智巧为也,不可以功力致也"①,然其讲鬼神存在,只是停留于形下经验的实证上,给予鬼神存在以知识论说明,反而缺乏信仰的力量。这一点与孔子以神道设教相比,反而是一种精神上的失落。因为孔子以神道设教,是在天道形而上学的存在,在太极之道至精至神的存在上讲的,即使于天道流行处讲神的存在,也是以"阴阳不测之谓神"②、"神也者,妙万物而言"③ 之的,而非世俗的实体性鬼神。《汉书》说:"墨家者流,盖出于清庙之受,宗祀严父,是以右鬼。"④ 有此背景,墨子的神学常常是在世俗意义上讲鬼神存在也就可以理解了;即使引《诗经》讲"文王陟降,在帝左右"⑤,讲鬼神存在,也是实体性的,而非精神性的。这也就使墨子神学在信仰上缺少了天道形而上学的精神力量。

晚周时期,虽然政治腐败、人性堕落,社会上仍有世俗鬼神信仰的需要,但中国文化哲学发展到这个时期,毕竟已经成熟了。在原始儒家、道家两大主流文化中已经隐退上帝,代之以形而上学的大道本体存在,就是文化成熟的表现。文化成熟乃是一种理性的力量。由此力量,再想退回到神秘主义,退回到鬼神的宗教信仰,对于文化上层的知识界来说,毕竟不现实了。其后,虽然两千多年散碎的宗教信仰不绝于民间,然要恢复上古乃至远古的宗教信仰,亦是不可能的事了。这就像梁漱溟先生说的,"好比太阳底下不用灯;——其后中国虽礼崩乐亡而总不翻回去请出一个宗教来。有灯亦不亮"⑥。这就是墨子神学不能发展为被后世圣王者所用的原因所在,虽然他的学说后来被道教所利用,然终不能像儒家思想那样不断地塑造中华民族的文化生命,成为占主导地位的文化精神。

但墨子毕竟以自己的神学建立起了宗教信仰。这个学说所以能够成立,不光是建立起了独立的神系,更在于它由此引出新的思想、新的观念,引出新的宗教伦理与道德精神。墨子学说中,兼爱的社会观念与非攻

---

① 《墨子佚文》,见《墨子闲诂》附录卷1。
② 《周易·系辞上传》。
③ 《周易·说卦传》。
④ 《汉书·艺文志》。
⑤ 《墨子·明鬼下》。
⑥ 《理性与宗教之相违》,《梁漱溟全集》卷6第385页。

的和平精神，就是从天或上帝的神性形而上学的最高存在引申出了新的伦理道德精神。这种观念与精神怎样由神性形而上学引出，是研究撰写精神史应该关注与叙述的。

五　兼爱的普遍社会观念

墨子不仅通过自己的神学不断地窥测天意、讲述天意，而且为了人的拯救，为了使天下政道与治道能回归上天所规定的正道，引出了新外王必须遵守的伦理法则与道德观念，其中"兼爱"的观念，就是新外王必须遵守的伦理法则与道德观念。

墨子认为，"圣人以治天下为事者，必知乱之所自起焉，能治之。不知乱之所自起，则不能治"。这就像医生给人看病，必知疾之所自起，然后能攻之；不知疾之所自起，则不能攻也。治天下之乱者，也是这样。不知天下乱之所自起，则不能治也。那么，当察天下之乱自何起呢？墨子认为，皆"起不相爱"。天下一切的乱，皆起于人的自爱而不爱他人，起于人人陷入了自私自利的打算之中，而不知爱他人、利他人，不懂得不爱他人终不能自爱、不利他人终不能自利的道理。"子自爱，不爱父，故亏父而自利；弟自爱，不爱兄，故亏兄而自利；臣自爱，不爱君，故亏君而自利，此所谓乱也"；"父之不慈子，兄之不慈弟，君之不慈臣，此亦天下之所谓乱也"。为何父自爱，不爱子，亏子而自利；兄自爱也，不爱弟，亏弟而自利；君自爱也，不爱臣，亏臣而自利呢？"皆起不相爱"，以至于大夫之相乱家、诸侯之相攻国，"皆起不相爱"①。

因此，墨子认为，天下要想得以治理，要想使天下政道与治道回归正道，就得克服人性的自私，不仅自爱，更要懂得爱他人，具有大公无私的兼爱思想。如何做到这一点呢？就是听从上天的召唤，实行兼爱的伦理道德。在墨子看来，天是欲人"兼而爱之、兼而利之"的，"欲人之相爱相利，而不欲人之相恶相贼"②的。人只要顺从天意，像天一样博大无私，就能获得兼爱的高贵思想与品质。故曰："顺天之意何若？曰兼爱天下之

---

① 《墨子·兼爱上》。
② 《墨子·法仪》。

人。"① 墨子认为,顺天之意,按照上天的旨意、上帝的意志,治理国家,兼爱天下之人,是一切圣王应遵从的政治法则,也是其应该坚持的伦理道德观念。墨子的政治哲学实乃政治神学也。墨子从其政治神学出发,认为古之圣王,皆是有兼爱精神的,皆是欲于天下兼相爱、交相利、行兼爱之政的:

> 禹之征有苗也,非以求以重富贵,干福禄,乐耳目也,以求兴天下之利,除天下之害,即此禹兼也。
>
> 汤贵为天子,富有天下,然且不惮以身为牺牲,以祠说于上帝鬼神,即此汤兼也。
>
> 古者文、武为正,均分赏贤罚暴,勿有亲戚弟兄之所阿,即此文、武兼也。②

特别是文王,墨子引《泰誓》曰"文王若日若月,乍照光于四方,于西土",说"即此言文王之兼爱天下之博大也,譬之日月兼照天下之无有私也,即此文王兼也"③,把文王无私之兼爱精神,提升到了若天之兼覆、日月之兼照的高度。

墨子从政治神学出发,把当时的为治之道,划分为"顺天之意"与"反天之意"两种,从而引出了两者不同的政治行为与伦理道德观念:

> 顺天之意者,兼也。反天之意者,别也。兼之为道也,义正。别之为道也,力正。义正者何若?曰大不攻小也,强不侮弱也,众不贼寡也,诈不欺愚也,贵不傲贱也,富不骄贫也,壮不夺老也。故凡从事此者,圣知也,仁义也,忠惠也,慈孝也。力正者何若?曰大则攻小也,强则侮弱也,众则贼寡也,诈则欺愚也,贵则傲贱也,富则骄贫也,壮则夺老也。故凡从事此者,寇乱也,盗贼也,不仁不义,不忠不惠,不慈不孝。④

顺天意为"兼",反天意为"别"。"兼"就是兼爱,就是原于天,原

---

① 《墨子·天志下》。
② 《墨子·兼爱下》。
③ 《墨子·兼爱下》。墨子这里所引为《泰誓》大意,《尚书·泰誓下》原文为:"惟我文考,若日月之照临,光于四方,显于西土。"
④ 《墨子·天志下》。

于上天的大德,就像天之兼覆、日月兼照之德一样。"别"即别门邪道,即反天意的邪恶观念。这就是墨子关于兼爱与非兼爱的区别。因为兼爱是原于天,原于天意,原于若天之兼覆、日月兼照之大德的,因此,兼爱乃是正义的力量,属于普遍的价值观念,是贯通仁与不仁、义与不义、忠与不忠、惠与不惠的核心观念,是区别圣人与贼寇的标志性理念,因而是有普遍价值的。

兼爱既出于天意,出于天或上帝的意志,就是不可违背的,违背了,是要受到惩罚的。在墨子看来,只有顺天意,只有按照上帝的意志实行兼爱,才能消除邪恶,实现社会的公正与公平,才能把天下治理好,得到上天之赏。昔者三代圣王尧、舜、禹、汤、文、武,所以得天之赏者何也?曰"其为政乎天下,兼而爱之,从而利之"①。惟实行兼爱,天下才能得到治理,才能得到上天之赏。这就是墨子的政治神学所提出的治世伦理,即坚持兼爱的普遍社会观念。

人间实现公正,社会实现正义,就要用顺天意的兼爱,代替反天意的邪恶观念,用"大不攻小,强不侮弱,众不贼寡,诈不欺愚,贵不傲贱,富不骄贫,壮不夺老",代替"大则攻小,强则侮弱,众则贼寡,诈则欺愚,贵则傲贱,富则骄贫,壮则夺老"的社会现象。墨子认为,人是有爱恶之心的,人与人之间,"爱人者,人必从而爱之;利人者,人必从而利之";反之,"恶人者,人必从而恶之;害人者,人必从而害之"②。墨子的兼爱主张,实乃欲使整个社会关系建立在兼爱的基础上。这和孔子讲"泛爱众,而亲仁"③,欲使整个社会关系建立在"仁"的基础上的基本想法是一致的。自然,孔子与墨子的讲法也有不同的地方。孔子讲"泛爱众",是相对的、自然差等的,虽然都是爱,都是亲仁,但爱自己的父母要胜过爱别人的父母,爱自己的儿女胜过爱别人的儿女;而墨子讲兼爱,则是绝对的、没有差等的。正是因为这样,孟子才批评"杨氏为我,是无君也。墨氏兼爱,是无父也"④。

一个社会,只有相对的东西,没有绝对的东西,也是非常危险的。伦

---

① 《墨子·尚贤中》。
② 《墨子·兼爱中》。
③ 《论语·学而》。
④ 《孟子·滕文公下》。

理道德也是如此。因为只有相对的东西，没有绝对的东西，它会将一切价值判断置于因是因非、因非因是之中，置于无是无非、无非无是的价值混乱之中。孔子源于乾道的"大哉乾元，万物资始"，源于天道、宇宙大化流衍、生生不息的精神，获得"仁"的观念，墨子源于天意，源于上帝的意志，获得兼爱的观念，并欲将整个社会关系建立在"仁"或"兼爱"的基础上，皆是欲为人类社会提供永恒的伦理法则与普遍的价值观念。伊川说："郊祀配天，祖祀配上帝，天与帝一也。"[1] 其实，天即道也，即理也，即"一阴一阳之谓道"的法则也。西方哲学家、宗教神学家与科学家可以弄出许多的理论范畴概念，而在中国文化看来，天地之间，宇宙之内，只要有一阴一阳之道，不管多么神奇美妙的东西都可以造化出来。它杂然赋形，即是万物；变化莫测，或者妙万物而言之，即是神；隐而不见，又是真实无妄之理的存在，即是形上之道，即是道的纯粹法则；其寂然不动，即是至精至神的存在；而其昊昊皇皇、皓肝光明的存在，即是上帝，其实一也。它说来说去，还是天道法则，还是那个一阴一阳之谓道的存在。不论是孔子从乾元本体获得"仁"的观念，还是墨子从天意获得"兼爱"的伦理，其欲为人类社会提供永恒的伦理法则与普遍的价值观念，皆是源于唐虞时期"天叙有典"、"天秩有礼"的原典文化哲学精神，而墨子这样做，不过是试图继承恢复唐虞时期"类于上帝，禋于六宗，望于山川，遍于群神"[2] 的宗教信仰而已。

晚周时期不仅是一个弑父弑君、伦理道德极为混乱的时代，也是一种受各种政治利益集团强权支配的社会。当时的政治战乱与利益纷争，不仅打破了周朝的一统江山，搅乱了社会秩序，使天下成为四分五裂的局面，也破坏了西周以来"于穆不已"的道德精神世界，割裂了维系人间伦理关系的伦理道德。因此，文化历史的重建不仅需要社会公平与正义，更需要永恒的伦理法则与普遍的价值观念。兼爱，就是博爱，就是"泛爱众"，就是仁，就是爱心，就是"克己复礼，天下归仁焉"，就是"人人献出一份爱，天下就会变得非常美好！"从这个意义上说，不论是孔子从天道论出发，体悟乾道的"大哉乾元，万物资始"的存在，从天道、宇宙大化流衍、生生不息的存在出发，获得"仁"的观念，还是墨子从神学本体论出

---

[1] 《河南程氏遗书》卷15。
[2] 《尚书·舜典》。

发,体悟天意或上帝的意志,获得"兼爱"的观念,他们作为一代明哲或神学家,皆是从哲学形而上学的最高存在引出伦理道德与法则秩序,欲为当时混乱的社会提供永恒的伦理法则与普遍的价值观念,解决社会的不公、非正义及整个社会伦理道德败坏的。孔子、墨子的这种永恒的人生伦理道德追求实是有一种极强的价值关心的。

晚周时期不仅是一个伦理道德混乱、社会存在不公的时代,而且是一个强权争霸、战争杀戮不断的时代。这个时代不仅需要永恒的伦理法则与普遍的价值观念,更需要公平、正义与和平。这就是墨子从天意的兼爱出发所引出的非攻与和平正义精神。

六 非攻与和平正义精神

晚周时期所以杀戮不断,除了权力之争、利益之争外,乃因天下无兼爱之心,无真理、正义存在也。此孟子所以说"春秋无义战"[1]者也。因此,呼唤和平,呼唤真理与正义,乃是整个时代的呼声。而墨子讲"万事莫贵于义"[2],把真理、正义、和平放到极为重要的位置也就可以理解了。

墨子认为,仁人之治天下,必兴天下之利,除天下之害。那么,何为天下之利,何为天下之害呢?墨子说:"今若国之与国之相攻,家之与家之相篡,人之与人之相贼,君臣不惠忠,父子不慈孝,兄弟不和调,此则天下之害也。"如此天下之害,是怎么产生的呢?墨子又回到了原来的命题,即天下"以不相爱生邪"。因为不相爱,没有兼爱精神,"今诸侯独知爱其国,不爱人之国,是以不惮举其国,以攻人之国;今家主独知爱其家,而不爱人之家,是以不惮举其家,以篡人之家;今人独知爱其身,不爱人之身,是以不惮举其身,以贼人之身。是故诸侯不相爱,则必野战;家主不相爱,则必相篡;人与人不相爱,则必相贼。天下之人皆不相爱,强必执弱,富必侮贫,贵必傲贱,诈必欺愚"。因此在墨子看来,天下一切祸篡怨恨之起,一切攻城野战,一切杀戮祸端之发生,皆是"以不相爱生也"[3]。如此,天下也就丧失了和平,丧失了正义,也就为害而不为利

---

[1]《孟子·尽心下》。

[2]《墨子·贵义》。

[3]《墨子·兼爱中》。

了。试看"今王公大人欲王天下、正诸侯,夫无德义,将何以哉?"乃挟震威强,倾民以生死也。人民乃是极为欲其生而憎其死的,而今是"所欲不得,而所憎屡至"。墨子说:"自古及今,未尝能有以此王天下、正诸侯者也。"① 这实在是对当时王公大人欲王天下、正诸侯而不讲仁爱、正义的极为愤慨的谴责!

特别是王公大人欲王天下、正诸侯,不讲仁爱、不讲正义所进行的战争杀戮,造成"百姓饥寒冻馁而死者,不可胜数";"劫往而靡弊腑冷不反者,不可胜数";"碎折靡弊而不反者,不可胜数";"往死亡而不反者,不可胜数";"途道之修远,粮食辍绝而不继,百姓死者,不可胜数";"居处之不安,食饭之不时,饥饱之不节,百姓之道疾病而死者,不可胜数";以及"丧师多不可胜数,丧师尽不可胜计,鬼神之丧其主后,亦不可胜数"等等,如此的"国家发政,夺民之用,废民之利",究竟是为了什么呢?墨子认为就是为了"我贪伐胜之名,及得之利,故为之"②。

更让墨子愤慨的是,王公大人欲王天下、正诸侯所进行的战争杀戮,造成天下如此的危害,当今君子竟不讲仁爱,不辨正义与是非。入人园圃,窃其桃李者,众闻则非之,认为为政者应该罚他,因为他以亏人自利也。至攘人犬豕鸡豚者;入人栏厩,取人马牛者;杀无辜人也,扡其衣裘、取戈剑者,"当此天下之君子,皆知而非之,谓之不义";而"今至大为攻国,则弗知非,从而誉之,谓之义。此可谓知义与不义之别乎?"杀一人,谓之不义,必有一死罪矣;杀十人,十重不义,必有十死罪矣;杀百人,百重不义,必有百死罪矣。"当此天下之君子,皆知而非之,谓之不义。今至大为不义攻国,则弗知而非,从而誉之,谓之义。此可谓知义与不义之辩乎?"由此可知"天下之君子,辩义与不义之乱也"③。

墨子认为,"今攻三里之城、七里之郭,攻杀人多必数于万,寡必数于千。今万乘之国,虚数于千,不胜而入,广衍数于万,不胜而辟,然则土地者所有余,王民者所不足也。今尽王民之死,严下上之患,以争虚城,则是弃所不足而重所有余也。为政若此,非国之务者也"④。怎么办?

---

① 《墨子·尚贤中》。
② 《墨子·非攻中》。
③ 《墨子·非攻上》。
④ 《墨子·非攻中》。

墨子认为，"古之知者之为天下度也，必顺虑其义而后为之行"。天下王公大人士君子，若欲求兴天下之利，除天下之害，"欲中圣王之道，下欲中国家百姓之利，故当若非攻之为说"①，即为天下之义，废除频繁的攻伐战争。

与那些以功利之学、富强之说、倾诈之谋、攻伐之计劝说世主谋求功利目的而争斗劫夺的学者相比，墨子是一位和平主义者。他不仅呼唤真理、正义与和平，而且为废除战争不断地奔走呼号！公输盘为楚国造云梯之械，云梯成，将以攻宋。子墨子闻之，起于齐，行十日十夜而至于郢，见公输盘而劝之说："吾从北方闻子为梯，将以攻宋。宋何罪之有？荆国有余于地，而不足于民，杀所不足而争所有余，不可谓智；宋无罪而攻之，不可谓仁；知而不争，不可谓忠；争而不得，不可谓强；义不杀少而杀众，不可谓知类。"墨子不仅用楚盛与宋弱的道理说服公输盘与楚王，而且墨子还解带为城，以牒为械，公输盘九设攻城之机变，墨子九距之，使其终不能胜，最后楚王只好放弃攻宋的打算②。此乃墨子为消弭战争、争取和平所作之努力也。此亦可体现墨子为和平正义精神者也。

墨子主张非攻，消弭战争，天下和平，是以兼爱的永恒的伦理法则与普世的价值观念为理论支柱的。墨子本原兼之所生，天下之大利者，即在此也。在墨子看来，"若使人下兼相爱，国与国不相攻，家与家不相乱，盗贼无有，君臣父子皆能孝慈，若此则天下治。故天下兼相爱则治，交相恶则乱"③；若"国都不相攻伐，人家不相乱贼，此天下之害与？天下之利与？即必曰天下之利也"④。此墨子所以反复劝天下人不可不相爱者也。

但要实现兼相爱，交相利，消弭战争，求得天下大治与和平，还必须贤人治天下；没有贤人之治，单纯地追求功利目的，陷入别相恶、交相贼的非王道政治，则天下之政道与治道乱矣毁矣，不可为务矣。这就是墨子的贤人之治的政治理想。墨子的整个学说，是以尚同为法，天志为神学本体论，兼相爱、交相利为学术主旨，尚贤为政治理想的。此墨子"以仁人之治天下，必兴天下之利，除去天下之害"说天下者也。因此，墨子不论

---

① 《墨子·非攻下》。
② 《墨子·公输》。
③ 《墨子·兼爱上》。
④ 《墨子·兼爱下》。

是讲法仪、尚同、天志、明鬼，还是讲兼爱、非攻、非乐、节葬等，皆是以贤人之治为核心的。这是他的政治理想，也是其学说的主体性所在。不懂得墨子的贤人之治的政治理想，则不通墨学也。因此，在结束本章之前，简要地叙述其贤人之治的政治理想，对理解墨学是极为必要的。

七 贤人之治的政治理想

我在《盛衰论》一书中曾说："一个朝代的兴盛时期，大抵是刚健中正的力量占据主导地位的时候。及至这种力量遭排斥或被打压下去，阴柔邪妄的力量占据控制地位的时候，其朝代也就要走向衰亡了。例如：禹夏之兴，则得皋陶、益、稷之助。及至太康失政，经后羿、寒浞之侮，弃良臣而不用，则夏室不竞矣。降及孔甲乖戾，夏桀败德，囚汤于夏台，则夏败于鸣条而亡矣。成汤得伊尹而兴商。及至纣王醢九侯，脯鄂侯，囚西伯，则商危矣。待其杀比干，囚箕子，微子去，而用善谀好利小人费仲为政，殷人不亲，则兵败牧野，身死鹿台矣。周之文、武，得周公、太公、毕公诸贤而兴。及至厉王不听大夫芮良夫之谏，而用好利不知大难的荣公，幽王不听太史伯阳之劝，而用善谀好利佞巧之小人虢石父，则周朝衰矣。"因此，欲想国治天下平，就要"聚集大批当国守正之臣"①。在墨子那里，这就是尚贤的政治观、贤人之治的政治理想。

不过，墨子的贤人之治的政治理想并不仅仅是当国守正，而是包括法仪、尚同、天志、兼爱、非攻及明鬼神的宗教信仰等在内的。墨子讲"昔之圣王禹、汤、文、武，兼爱天下之百姓，率以尊天事鬼，其利人多，故天福之，使立为天子，天下诸侯皆宾事之"②；及讲"昔也三代之圣王尧、舜、禹、汤、文、武之兼爱之天下也，从而利之，移其百姓之意焉，率以敬上帝、山川、鬼神。天以为从其所爱而爱之，从其所利而利之，于是加其赏焉，使之处上位，立为天子以法也，名之曰圣人"③，就是讲的上述贤人的政治理想。它是包括尚同、天志、兼爱及鬼神宗教信仰在内的。这就是说，虽然墨子的贤人政治理想内容很多，但核心还是以顺天意、兼爱天

---

① 《盛衰论》第 208~209 页，华夏出版社 2012 年版。
② 《墨子·法仪》。
③ 《墨子·天志下》。

下、兴天下之利、除天下之害而说于天下的。它是以解决信仰、解决精神世界的需要为其根本前提而展开诉求的。因为天是"欲其生而恶其死，欲其富而恶其贫"，所以墨子的贤人政治理想总是把富民作为首要任务。故说："富且贵者，当天意而不可不顺。顺天意者，兼相爱，交相利，必得赏。谁顺天意而得赏者？昔三代圣王禹、汤、文、武，顺天意而得赏也。"① 不仅天欲其生而恶其死，欲其富而恶其贫，而且"天下之士君子，皆欲富贵而恶贫贱"②。因此可以说，追求富贵，摆脱贫穷，既是人的本性，也是当时的天下趋势。这是任何为政者不得不考虑的。故墨子讲："今天下之士君子，忠实欲天下之富而恶其贫，欲天下之治而恶其乱，当兼相爱、交相利，此圣王之法，天下之治道也，不可不务为也。"③

正是从这种政治理想出发，墨子非常细致生动地描述了贤人治国、长官治邑的理想情景：

> 贤者之治国也，蚤朝晏退，听狱治政，是以国家治而刑法正。贤者之长官也，夜寝夙兴，收敛关市、山林、泽梁之利，以实官府，是以官府实而财不散。贤者之治邑也，蚤出莫[案：即暮也]入，耕稼、树艺、聚菽粟，是以菽粟多而民足乎食。故国家治则刑法正，官府实则万民富，上有以絜为酒醴粢盛，以祭祀天鬼；外有以为皮币与四邻诸侯交接，内有以食饥息劳将养其万民，外有以怀天下之贤人。是故，上者天鬼富之，外者诸侯与之，内者万民亲之，贤人归之。④

自然，要实现这样的政治理想是不容易的。要实现贤人政治，就要有人才，有贤人高士。故《墨子》第一篇就是讲《亲士》。在墨子看来，贤人高士对于国家政治是非常重要的："入国而不存其士，则亡国矣；见贤而不急，则缓其君矣。非贤无急，非士无与虑国。缓贤忘士，而能以其国存者，未曾有也。"故曰"归国宝，不若献贤而进士"⑤。而当时存在的一个重要问题，就是王公大人认识不到贤人高士对国家治理的重要。墨子曾

---

① 《墨子·天志上》。
② 《墨子·尚贤下》。
③ 《墨子·兼爱中》。
④ 《墨子·尚贤中》。
⑤ 《墨子·亲士》。

打了个比方说：今王公大人有一牛羊不能杀，必请良宰；有一衣裳不能制，必请良工；有一张弓不能开，则必请良匠。为什么呢？因为"恐其败财也"。逮至国家之治理，王公大人则不然，失尚贤而不使其能。因此墨子认为，"王公大人之亲其国家也，不若亲其一危弓、罢马、衣裳、牛羊之财"。所以如此，乃是因为"天下之士君子，皆明于小，而不明于大也"①。一衣裳不能制也，必藉良工；有一牛羊不能杀也，必藉良宰；逮至其国家之乱，社稷之危，则不知尚贤使能以治之，故"国家之乱，既可得而知已"②。

如何才能实现贤人之治的政治理想呢？墨子认为，首先是王公大人要有对贤人之治的重要性的认识。墨子说："虽有贤君，不爱无功之臣；虽有慈父，不爱无益之子。"为什么呢？因为他们"不胜其任而处其位，非此位之人也"。治国平天下，不能只用亲信奴才，只用无用之臣、不肖之子，用这些人，不胜其爵而处其禄，亦是不能担当的。人才虽然难寻，贤人高士虽然难求，特别是那些与自己不同政见的贤人高士更是难求。然在墨子看来，"良弓难张，然可以及高入深；良马难乘，然可以任重致远；良才难令，然可以致君见尊。江河不恶小谷之满已也，故能大；圣人者，事无辞也，物无违也，故能为天下器。江河之水，非一源之水也。千镒之裘，非一狐之白也"，哪里只是"同方取、不取同而已者"呢？这样做，乃"非兼王之道也"。墨子劝王公大人说："天地不昭昭，大水不潦潦，大火不燎燎，王德不尧尧者乃千人之长也。其直如矢，其平如砥，不足以覆万物。溪陕者速涸，逝浅者速竭，墝埆者其地不育。王者淳泽，不出宫中，则不能流国矣。"凡此皆非王德圣人之所为也。国家无贤人高士则亡，国君不急求天下贤人高士则危。晋文公出走而正天下，齐桓公去国而霸诸侯，越王勾践遇吴王之耻能胜，皆是因为他们是"尚摄中国之贤"③的君主。为求得国之天下平，惟有国有天下者认识到贤人之治的重要性，求贤尚贤才可。

为使各国君主能求贤尚贤，实现贤人之治的政治理想，墨子还提出了"三本"的具体政策与办法。所谓"三本"，即"爵位不高则民不敬也，

---

① 《墨子·尚贤下》。
② 《墨子·尚贤中》。
③ 《墨子·亲士》。

蓄禄不厚则民不信也，政令不断则民不畏也"。它也就是古圣王的"高予之爵，重予之禄，任之以事，断予之令"。墨子认为，这样做，"岂为其臣赐哉！欲其事之成也"。可知，墨子的"三本"之策已经超出了高薪养廉的范畴，而将国家政治贤人提升到了"执善承嗣辅佐"①的重要地位。

墨子认为，圣王能否得到明哲，国君能否得到贤人，不仅是个认识问题、政策问题，也有个彼此相处为何种关系的问题。因此，他提出了一个"染"字。染，即关系，即相互间的联系、参与、互动，即彼此间的情感、认知与相互了解。染有好有坏、有当与不当，就像染丝有苍黄的不同颜色一样。"染于苍则苍，染于黄则黄，所入者变，其色亦变，故染不可不慎也。"墨子认为，舜染于许由、伯阳，禹染于皋陶、伯益，汤染于伊尹、仲虺，武王染于太公、周公，"此四王者所染当，故王天下，立为天子，功名蔽天地"；而夏桀染于干辛，殷纣染于崇侯，厉王染于厉公长父、荣夷终，幽王染于傅公夷、蔡公谷，"此四王者所染不当，故国残身死，为天下僇"。由上可知，墨子所提的染之当与不当者，乃是为了解决圣王与明哲、国君与贤人之间的正确、恰当的关系也。当者，缘分、知遇、礼遇、相互感知也，有此关系，则有仁爱之心、天地大义，功成不居，明成不辱，成就一番事业。不当者，则臭味相投、狼狈为奸，一起走向腐败坠落，亡国亡天下。即使士人君子，染之不当不慎，也会"家日损，身日危，名日辱，处官失其理矣。《诗》曰'必择所堪，必谨所堪'者，此之谓也"②。此亦墨子追求贤人政治理想、以尚贤精神教于后世者也。

晚周时期，墨子的学说与儒家学说同为显学，弟子也曾满天下。然与儒学切割，所论终与儒家的先圣之术、六艺之论不同，而其法仪、尚同、天志之诸论，虽然有些地方流入了不高明的宗教神学，然讲法天，讲"总天下之义尚同于天"，还是有天道形而上学精神的；而讲兼爱，尽管孟子攻之，杨子非之，然它毕竟为人伦关系的建设提供了一种永恒法则与普世价值观念；尚贤、尚简为天下公患之所虑者，虽有心忧过急处，然其言谆谆，其心昭昭，仍不失为利天下之论也。庄子虽说其所论"将使后世之墨者，必自苦以腓无胈、胫无毛，相进而已矣"，然毕竟承认"墨子真天下

---

① 《墨子·尚贤中》。
② 《墨子·所染》。

之好也,将求之不得也,虽枯槁不舍也,才士也夫"①;而荀子攻其"持之有故,其言之成理,足以欺惑愚众"②,过矣。墨子死后,虽有"相里勤之弟子,五侯之徒,南方之墨者苦获、己齿、邓陵子之属,俱诵《墨经》",然"倍谲不同,相谓别墨"矣;及至发展为名家,虽有巨子以为圣人者,墨学之是非亦不能辨矣③。

---

① 《庄子·天下》。
② 《荀子·非十二子》。
③ 《庄子·天下》。

第十二章　孟子知性知天的心学

内容提要：孟子是孔子之后儒家最有影响的思想家，他在精神发展史上的地位，是其以本心良知所建立的知性知天的心学。孟子提出"心之官则思"，比笛卡尔提出的"我思故我在"早了1700年。孟子以本心良知所建立起来的先天心性本体论，不仅为人类知识的获得提供了第一原理，也排除了所有感知体验、世俗情感与世俗生活的干扰，使精神世界的信念、理念、意义的存在获得了有效性。因此，孟子不仅是与孔子并提的儒学代表人物，而且通过本心良知的本体论，开辟了宋明最为独特、卓著的心学时代，推动了文化精神的发展，使宋明心学成为一个光辉、灿烂、耀眼的哲学高峰。因此，孟子知性知天的心学在精神史上具有心性本体论的奠基地位！

胡塞尔1929年在巴黎演说，曾讲过这样的话，"没有一个哲学家像法国大思想家勒内·笛卡尔那样对现象学的意义产生过如此有决定性的影响。可以直截了当地说，笛卡尔沉思的研究已经促成了现象学的新发展，并赋予它以现有的形式。人们几乎可以把现象学称为二十世纪的新笛卡尔主义"；又说，笛卡尔的沉思"在一个完全独一无二的意义上开辟了哲学的新纪元"，而且正是通过返回到我思的实现，"笛卡尔开创了一种全新的哲学"①。

孟子的地位也是这样。他不只是孔子之后儒家最有影响的思想家，成

---

① 《先验现象学引论》（巴黎讲演，1929年），译者注此文译自《胡塞尔全集》第1卷，《笛卡尔的沉思和巴黎讲演》，张宪译，见《胡塞尔全集》下，第861、865页，上海三联书店1997年版。

了"孔孟"并提的儒学代表人物,而且通过"本心"与"良知"的存在,开辟了宋明最为独特、卓著的心学时代,推动文化精神向前发展,使之成为一个新的光辉、灿烂、耀眼的哲学高峰。更值得注意的是,孟子于公元前 328 年与告子辩论,提出"心之官则思"①,比笛卡尔于 1641 年发表的《形而上学的沉思》(Meditationes de Prima Philosophia)② 中提出"我思故我在"早了 1700 年。

要知道孟子的"良知"与"本心"之大用及其在精神发展史上的地位,就不能不研究从子思到孟子是怎样提出先验心性本体论,从而知性知天、涵养扩充,提升为深厚、博大、悠远的精神世界的。这在中国文化哲学史上是个巨大的转变。它不仅使中国文化哲学的发展找到了植根处,真正变成了深厚的哲学,而且在更加深厚的层次上开创了中国文化哲学发展的新时代,促进了文化精神更加深厚、博大、高明、悠远的发展。

那么,子思、孟子何许人也?他们在晚周时期处于何种文化情势下呢?或者说他们在孔子死后儒家哲学面临着怎样的分裂局势,从而必须做出新的选择,寻找文化哲学与精神世界的可靠出发点呢?这就是从子思到孟子先天之学的发展。

一 从子思到孟子的先天之学

子思为晚周鲁国人,姓孔,名伋,孔子嫡孙。《史记》说:"孔子生鲤,字伯鱼。伯鱼年五十,先孔子死。伯鱼生伋,字子思,年六十二,尝困于宋。子思作《中庸》。"③ 子思生卒年不可确考。《史记》所说的子思"年六十二,尝困于宋,子思作《中庸》",说的是子思作《中庸》的年龄,非享年。子思的父亲孔鲤生于周景王十三年,即公元前 532 年,年 50 岁,应死于公元前 482 年。"伯鱼年五十,先孔子死"。孔子死于鲁哀公十六年,即公元前 479 年。孔子在儿子孔鲤死后又活了三年。子思即使是孔鲤晚年出生,此时虽小也四五岁了。《汉书·艺文志》说子思"为鲁缪公

---

① 《孟子·告子上》。
② 《形而上学的沉思》是笛卡儿的一本哲学论文选集,1641 年是以拉丁语出版的,它的中译本为《第一哲学沉思集》。
③ 《史记·孔子世家》。

师"。鲁穆公元年，即公元前407年，此时距离孔鲤去世已68年。子思为鲁穆公师，肯定并非一年。这样算下来，子思享年七八十岁应该是没问题的。

关于子思的著作，《汉书·艺文志》于儒家载《子思》二十三篇；又于礼类载《中庸说》二篇；而《孔丛子·居卫》则说子思"撰《中庸》之书四十九篇"；唐人李翱《复性书》则说子思"述《中庸》四十七篇"。实际上，子思"困于宋"时所作的《中庸》即是《中庸说》。《汉书·艺文志》所载"《子思》二十三篇"，乃《子思子》之书。日本学者武内义雄认为，《汉书·艺文志》所记《子思子》二十三篇，每篇分上下两篇，另加一篇序录，即成《中庸》四十七篇①。此《中庸》四十七篇，加《中庸说》二篇，即《孔丛子·居卫》所说"《中庸》四十九篇"之数。不过，《汉书·艺文志》所记的《子思子》二十三篇或《孔丛子·居卫》所说的"《中庸》之书四十九篇"今已不存。今本《中庸》只有三十二章，作为儒家"四书"之一，是经过宋代儒家加工修改过的。据梁涛先生考证，今本《中庸》包括两篇，第二章至第二十章"子曰"的部分即是原始的《中庸》，而第一章及第二十章以下议论体部分，应为子思的另一篇著作《诚明》，两篇分别是子思早期和晚期的作品②。今本《中庸》的上半部分，或为子思"困于宋"所作也。《礼记》现存有《中庸》、《表记》、《坊记》、《缁衣》四篇，皆是子思所作也。1973年马王堆出土的帛书及1993年荆门郭店楚简出土的《鲁穆公问子思》、《五行》、《成之闻之》、《尊德义》、《性自命出》、《六德》等篇，多认为亦属于子思学派的作品。

孟子，名轲。《史记》说："孟轲，邹人也，受业子思之门人。"③ 孟子生年，司马迁《史记》、赵岐《孟子章句》等汉代著作均无记载。至元代，张颏作《孟母墓碑记》引《孟氏谱》，则说孟子生于周定王三十七年己酉四月二日，卒于周赧王二十六年壬申正月十五日，享年84岁。时日甚详，言之凿凿，但所说的定王，不知所指，按理说应是周贞定王姬介，但其在位只二十八年，没有三十七年之数，故人们疑之。中国的家谱是有

---

① ［日］武内义雄《子思子考》，载江侠庵编译《先秦经籍考》第121~123页，商务印书馆1931年版。
② 梁涛"郭店楚简与《中庸》公案"，见《台大历史学报》，2000年，第25卷。
③ 《史记·孟子荀卿列传》。

一定可靠性的，故其所说的孟子卒于周赧王二十六年，则没人怀疑。若据此向上推 84 年，则是周烈王四年。这样，孟子的生卒年应是周烈王四年至周赧王二十六年，即公元前 372 年 ~ 公元前 289 年。

现存《孟子》一书乃孟子晚年与弟子所编著，共七篇，分别为《梁惠王》上下、《公孙丑》上下、《滕文公》上下、《离娄》上下、《万章》上下、《告子》上下、《尽心》上下，共十四卷。东汉赵岐有《孟子注》；宋朱熹著有《孟子集注》，与所注的《论语》、《大学》、《中庸》合为《四书章句集注》；清焦循有《孟子正义》。

孟子乃子思的私淑弟子。连孟子也承认："予未得为孔子徒也，予私淑诸人也。"① 可知《史记》所说的孟子"受业于子思之门人"是属实的。其他像《风俗通义》所说的"孟子受业于子思"②；赵岐《孟子题辞》所说的孟子"师孔子之孙子思，治儒术之道，通五经，尤长于《诗》、《书》"等，皆是说孟子与子思之间有学术关系。从这个学术渊源可知，孟子的哲学思想是受子思影响的。人们把由孔子、子思、子思门人到孟子的学术思想发展称为思孟学派。

《史记》说："当是之时，秦用商君，富国强兵；楚、魏用吴起，战胜弱敌；齐威王、宣王用孙子、田忌之徒，而诸侯东面朝齐。天下方务于合纵连衡，以攻伐为贤，而孟轲乃述唐、虞、三代之德，是以所如者不合。退而与万章之徒序诗书，述仲尼之意，作孟子七篇。"③ 司马迁所说的孟子之"是以所如者不合"者，就是与当时的"务于合纵连衡，以攻伐为贤"的功利之学不合也；而所说的"述仲尼之意"，即继承孔子的天道性命之理而为学也。它于哲学本体论上，就是继承了孔子、子思的先天之学思想，即所谓内圣之学也。

那么，孟子为什么不合于功利之学呢？为什么哲学上追随孔子、子思向内转，转向内心，追求新的哲学本体论呢？晚周时期，不仅是功利之学嚣嚣于天下，而且非功利学派在经历了神圣天命观的危机之后，哲学上也是存在问题的，那就是隐退上帝之后，有将外部世界变为纯粹客观的物理

---

① 《孟子·离娄下》。

② 《风俗通义·穷通》。

③ 《史记·孟子荀卿列传》。

事实的倾向。老庄哲学讲道的存在，"吾不知谁之子，象帝之先"①，或讲"夫道，自根自本，未有天地，自古以固存"②，就属于这种哲学倾向。墨子重建神性形而上学，恢复鬼神的宗教信仰，试图给外部纯粹的物理事实的世界重新蒙上神秘的色彩，但在哲学本体论上并不成功。追求功利之学不成，将外部世界变为纯粹客观的物理事实不行，重建神性形而上学，归复宗教信仰也不行。这样，哲学就面临着一个新的选择，即追求一个获得知识与真理的更加绝对可靠的出发点。这个新的可靠的出发点，就是人先天的心性存在。它在孔子那里，是"一阴一阳之谓道，继之者善，成之者性"③；在子思那里，即是"天命之谓性"④；而在孟子那里，即是人的"本心"、"良心"⑤的存在。

孔子的原始儒学，用孟子的话说，乃是"集大成"式的，是"金声而玉振"、"始条理，终条理"的学问，是关于尧、舜、禹、汤、文、武、周公三代之圣的大学问。条理，即疏理脉络。"始条理，终条理"，即三代之圣的文化与哲理、政道与治道皆条理分明，脉络贯通，德无不备，智无不全也。故曰："始条理者，智之事也。终条理者，圣之事也。"⑥ 可以说，孔子集上古之大成的儒学，在哲理上是内圣外王无所不备、无所不全。他既讲圣人大道哲学，又讲圣人之治的典章制度与礼乐教化；既讲"惟精惟一"的纯粹道体及"太极"之道的至精至神存在，也讲"三代明王皆事天地之神明，无非卜筮之用"⑦。在哲学本体论上，既讲天道的元亨利贞无妄之理，也讲道德修养及人心的"操则存，舍则亡"⑧的存在。然而在孔子死后，儒家学派分裂为崇尚外王与主张内圣的不同学派。其实，孔子讲"内省不疚"⑨，讲的就是内圣之学。但他只是讲的道德修养，并非是知识

---

① 《老子》第 4 章。
② 《庄子·大宗师》。
③ 《周易·系辞上传》。
④ 《中庸》第 1 章。
⑤ 《孟子·告子上》。
⑥ 《孟子·告子下》。
⑦ 《礼记·表记》。
⑧ 《孟子·告子上》引。
⑨ 《论语·颜渊》。

与真理的追求。及至曾子讲"吾日三省吾身"①，则是继承孔子的内圣之学，开始走向内省，转向内心世界追求知识与真理的存在了。

这发展到子思、孟子时期，就是心性的先天之学的发展。其实，孔子讲"天生德于予"②，讲"性相近也，习相远也"③，就已经承认人具有先天道德本性了。但这种承认仍然是偏重道德修养和文化教化上说的，而非在先验本体论上讲的。这发展到子思讲"天命之谓性"，特别是孟子讲不可斧斤砍伐的本心及不可放任失却的良知之心，则把心性的先天之学发展到极致矣。孟子认为，人是有先天存在与后天存在的。他说：

> 有天爵者，有人爵者。仁义忠信，乐善不倦，此天爵也；公卿大夫，此人爵也。古之人修其天爵，而人爵从之。今之人修其天爵，以要人爵；既得人爵，而弃其天爵，则惑之甚者也，终亦必亡而已矣。④
> 夫仁，天之尊爵也，人之安宅也。⑤

天爵，即先天存在；人爵，即人的后天所得。孟子认为，"仁义忠信，乐善不倦"，即是天爵，即是人的先天道德本性。这种本性是人所固有的，非外在给予人的。故孟子讲："恻隐之心，人皆有之；羞恶之心，人皆有之；恭敬之心，人皆有之；是非之心，人皆有之。仁义礼智，非由外铄我也，我固有之也，弗思耳矣。故曰，'求则得之，舍则失之'。"⑥ 在孟子看来，仁义礼智的先天道德本性乃是人的本质规定性，是"人之所以异于禽兽者几希"的差别。尽管这种差别非常少，是"几希"的存在，然它却是人与动物不同的根本存在。孟子不仅承认"仁义礼智"的道德本性是人先天"固有"的存在，而且认为这种本性是"求则得之，舍则失之"的，由于人的"弗思"而求之，善恶存在是相去甚远的。本心与良知于清明之际，好恶与人的本质相近；若是本心为物欲所蔽或良知放任丧失了，它也就不能为美好的存在了。故曰"夫仁，天之尊爵也，人之安宅也"；故曰

---

① 《论语·学而》。
② 《论语·述而》。
③ 《论语·阳货》。
④ 《孟子·告子上》。
⑤ 《孟子·公孙丑上》。
⑥ 同上注。

"人之所以异于禽兽者几希,庶民去之,君子存之"①。这也是孟子所以要人"修其天爵"的原因所在。若"弃其天爵",不仅是"惑之甚者",而且"终亦必亡而已矣"。

先天道德本性即仁义礼智之心,即本心,即善心,即良知之心,即良心。这种本心或本性,这种仁义礼智之心或良知之心乃是能思的"心之官",是"思则得之,不思则不得也"的存在。"此天之所与我者。先立乎其大者,则其小者不能夺也"。人只有非常自觉,意识到这种先天本质、本性、良知、本心的存在,凭此追求知识,追求道德学问,涵养扩充道德精神世界,才能成为大人,成为圣人,成为知识者,成为人的最高本质存在。故曰:"仁,人心也;义,人路也。舍其路而弗由,放其心而不知求,哀哉!人有鸡犬放,则知求之;有放心而不知求。学问之道无他,求其放心而已矣。"② 这样,孟子的先天之学不仅承认人有仁义礼智的先天道德本性,而且把它置于追求知识与真理、涵养道德与扩充精神世界最为可靠的先验绝对存在。这样,由子思到孟子发展出来的先天之学,不仅使道德精神的涵养扩充获得了先验主体性,而且也使哲学获得了追求知识、发展道德精神世界的先天本体论存在。

所以孟子之学乃心学也,以本心或良心为核心的先天本体论之学也。孟子把本心与良知存在作为先天本体论表述出来,在中国哲学史上还是第一次。西方经验论哲学发达,强调经验对于知识获得的重要性,对于人之非经验的先天知性悟性的存在不称先天本体论,而称为先验本体论。中国没有西方的经验论哲学,也不太强调经验对知识获得的重要,但对于先天知性悟性的存在还是重视的。故不把研究先天知性悟性的学问称为先验论哲学,而称为先天之学;同样,也不将先天知性悟性为本体地位的学说称为先验本体论,而称为先天本体论。故我这里不称孟子先天之学的本体论为先验本体论,而仍称为先天本体论。

那么,这种先天本体论存在在追求知识、发展道德精神世界的活动中真的那么可靠吗?它能寻求知识的本原行动吗?它能够找出人类知识的第一原理或绝对、无条件的本原存在吗?它在中国精神史上是开拓了道德精神世界,还是使哲学思维陷入了主观唯心主义呢?要知道这一点,就要弄

---

① 《孟子·离娄下》。
② 均见《孟子·告子上》。

清楚孟子以本心与良知为核心的先天本体论的性质，它与西方哲学的先验本体论存在有何不同。

二 本心良知的先天本体论

什么是孟子的先天本体论呢？或者说孟子以本心、良心为核心的先天本体论具有什么性质的大用呢？在孟子那里，本心就是排除宫室之美、妻妾之奉的诱惑的本然之心；在他看来，若心为宫室之美、妻妾之奉的诱惑，为外物所蔽，"所识穷乏"，即所知陷于穷困，"此之谓失其本心"。而孟子所说的良心，就是没有受到斧斤砍伐伤害、没有放任失却的仁义之心。人"岂无仁义之心哉？其所以放其良心者，亦犹斧斤之于木也，旦旦而伐之，可以为美乎？梏之反复，则其违禽兽不远矣"①。

孟子的先天本体论，就是以人的本然之心、仁义之心、以没有砍伐伤害的美好善良之心为根本存在。孟子认为，追求人伦，追求美德，追求理想，追求美好事物，是人的本性，是人生而固有的先天道德本性。故其引《诗》及孔子之言说："《诗》曰：'天生蒸民，有物有则。民之秉彝，好是懿德。'孔子曰：'为此诗者，其知道乎！故有物必则；民之秉彝也，好是懿德。'"② 人不仅有这种美好、善良的心与道德本心本性，而且这种心性是一生下来就具有的。"惟皇上帝，降衷于民，若有恒性"③。衷，善也。西方文化讲上帝造人，人经不住诱惑，偷吃了智慧果，故人生下来就是恶的，就是有罪的。中国文化则不然，上帝"降衷于民"，人生下来就是善良的，具有美好之心与善良的道德本性。孟子讲"仁义礼智，非由外铄我也，我固有之也"，引《诗》讲"民之秉彝也，好是懿德"，就是承认人有此美好之心与道德本性的存在。孟子讲先天本体论，不仅是承认人有此善良、美好之心与先天道德本性，而且是把它作为知识论的第一原理，作为人追求知识、好是懿德的根本出发点，作为获得知识无条件的绝对可靠的本原而说的。

孟子的这种先天本体论究竟有何大用呢？它在中国精神史上处于什么

---

① 《孟子·告子上》。
② 《孟子·告子上》。
③ 《尚书·汤诰》。

地位呢？我在《论文化复兴》一书中，关于灵明之心的存在大用，曾说过下面一段话：

> 人与宇宙万物原是茫茫荡荡、浑然一体的存在。只是人有了灵明知觉，知照天地，觉察万理，方才分辨出人与自然界及万物的存在，始才建立起一种关系，一种联系，一种存在方式，一种生活意义。可以说，天地间不论是成圣成哲的伟大事业，还是百姓的人伦日用，一切通变化裁，备物致用，一切生生不息，万感万应，皆源于人的天渊灵根，根于人内心一点灵明。没有这天渊灵根，这一点灵明，人与外部世界仍是浑然一片的存在。在人与外部世界浑然一体的存在中，正是有了人的这种天渊灵根，这一点灵明之心，始才照亮了天地万物，使浑浑沌沌的宇宙有了名色，迷迷茫茫的人间有了光景，并且心心相照，了然一片，毫无遮隔，遂成一个光明世界。此天渊灵根，此内心一点灵明，乃天之赋予人者也。天地以此知照，万理以此觉察，故其谓心性本体。可以说，精神世界的创造与价值观的获得，全在于人有此灵明的心性本体。①

此段话所讲即心性本体论也。灵明之心、心性本体，不仅文化创造、知识获得的本原性存在，而且一切范畴概念，一切理论方法，一切原理、定理、定律，一切理念与观念以及由此建立起来的法则秩序、信仰信念、主义与世界观，种种生活世界与精神世界等，皆是以人的灵明之心，由人的灵明的心性本体创造出来的。在这种创造中，一切事实之归纳，一切理论之设定，一切经验之实证，一切逻辑之运演，皆是离不开人的灵明之心，离不开人心的本然存在及其价值思维与判断的，故它表现为人的先天主体性。自然，这种先天主体性、这种心性本体论的存在，在西方哲学中的说法是不尽相同的，不论是哲学体系的建立，还是知识的获得，源于怎样的心性本体，说法皆是有差别的。这是叙述孟子本心良知的本体论应该注意的。

西方哲学从法国笛卡尔到德国古典哲学家康德、黑格尔、谢林、费希特，整个知识的获得包括哲学体系的建立，皆是建立在"自我"基础上的，是以"自我意识"为知识论的出发点的。正是因为这样，胡塞尔才那

---

① 《论文化复兴》第88页，社科文献出版社2013年版。

样看重笛卡尔"我思故我在"的哲学意义。事实上，在笛卡尔那里，沉思也是作为第一哲学原理出现的。回到我思，不仅将导致哲学回到它的主体本身，同时也可使哲学返回到纯粹的自我思维活动，使世界获得确定性，使之置于绝对可靠的基础之上。胡塞尔试图回到笛卡尔的沉思，开辟哲学的新时代，挽救欧洲人的危机与哲学精神的危机。为了避开贝克莱以来各种感觉经验论哲学给世界存在带来的不确定性，胡塞尔改造了笛卡尔的沉思，将沉思着的自我，通过现象学的悬搁，使之变成纯粹的我思活动，先验绝对的自我意识。这种从自我内在性向自我超越性的转变，似乎也就完成了对旧的笛卡尔沉思的改造，使哲学成为真正的科学。这就是胡塞尔绕了一大圈讲"我思故我在"所要说明的问题。

而这在中国孟子那里则变得完全不同了。孟子虽然承认心是能思之官，承认心有孔子所说的"操存舍亡"的性质，但他的先天本体论并不只是回归到这里，回归到"思则得之，不思则不得也"的存在，而是直指本心良心。因为在孟子看来，若只是回归到心之官的存在，不仅有蔽于物的危险，而且受物欲诱惑及好恶、情感、情绪的干扰，所获得的知识未必是可靠的。而直指本心与良知所获得的知识则是绝对最可靠的。因为本心良心即善心，即仁义礼智之心，获得知识是排除狭隘的经验与种种情绪的干扰，经过本心良心的价值思维判断的。经过本心良心的判断所获得的知识或意识乃是良知，是自我思维活动所获得的纯粹知识或意识。它自然是可靠的。此即孟子的本心良知本体论也。这就是孟子的先天本体论所给出的知识论第一原理，它是不同于胡塞尔以悬搁而建立的现象学先验本体论的。

从本质上说，孟子的先天本体论不是回到笛卡尔的沉思，回到笛卡尔的"我思"，回到西方哲学所赖以建立的基础："自我"的存在乃是回到形而上学的天道义理存在。因为孟子所说的本心与良心乃是义理的存在，是天下同然之心的存在。"心之所同然者何也？谓理也，义也。圣人先得我心之所同然耳。故理义之悦我心，犹刍豢之悦我口"①。本心良知就是义理之心，就是天下同然之心的存在；人之追求同然之心，喜欢义理之心，就像"刍豢之悦我口"一样，它是符合人的先天道德本性的。天下皆有同然之心、义理之心。故同然之心、义理之心就是天下所有的自我思维活动

---

① 《孟子·告子上》。

所获得的纯粹知识或意识，就是所有人建立在良知判断基础上所发展出来的纯粹道德知识或意识。这种知识与意识的获得，这种纯粹道德意识与知识的发展，虽然离不开自我意识，离不开思维着的自我存在，但就整个哲学本体论及知识、意识、精神的发展而言，则不是以"自我"为基础，不是建立在"自我意识"的存在上的，而是以天下同然之心、义理之心为其根本存在，为绝对、无条件的本原存在的。同然之心，即义理之心，即本心良知的存在，即无数纯粹自我的义理思维活动。因此用不着绕来绕去，用不着进行现象学悬搁，它本身就是纯粹义理，就是纯粹意识或纯粹精神的存在。因此，孟子本心良知的先天本体论不仅给出了知识获得的第一原理，同时也从同然之心出发，给出了知识、意识、精神发生的普遍性本原存在。

孟子先天心性本体与天道本体论是统一的、一致的，这种统一、一致，是在即性即天、即天即性上讲的。此孟子讲"尽其心者，知其性也。知其性，则知天矣"者也。在孟子的先天之学中，心不是生物物理的血肉存在，而是义理之心；性不只是食色之性，而是天命之性。故心与性皆是继天成性，是天之所赋予人者，是不可移、不可改变的本质存在。故说："君子所性，虽大行不加焉，虽穷居不损焉，分定故也。君子所性，仁、义、礼、智根于心，其生色也睟然，见于面，盎于背，施于四体，四体不言而喻。"此即孟子所说的本心良心者也。孟子虽然亦讲"形色，天性也"，然此言人得天地正气而生，得天道义理而充其形也。对此，一般人有之而不知，知之者又未尽，故曰"惟圣人然后可以践形"。心即是天道义理，乃天心也；性即天命之性，乃天性也。皇天上帝，降衷于民，即赋予了人一颗善心、义理之心；而其有恒性，即是大行不加、穷居不损的道德本性。尽其心者，则知其性也；知其性，则知天矣。仁者浑然与万物同体，天地万物之理，皆在我心中，何物逃得了我心？何物不是我之心性？这个心性义理的存在，乃是"不学而能"的良能，"不虑而知"的良知存在，就像孩童"无不知爱其亲，及其长也，无不知敬其兄"[1]一样。它是用不着笛卡尔"我思"之体会，也用不着胡塞尔进行悬搁的，只要尽心尽性，则知天矣；尽心尽性知天，则知义理矣。这就是孟子的先天本体论所给出的心性义理的本原存在。

---

[1] 以上均见《孟子·尽心上》。

由上可知，孟子以人的先天道德本心本性为核心的心性本体，乃是德体也，义理之体也，良知之体也。可以说，这个先天本体论是最彻底、最本原、最绝对无条件的知识本原之说。它提供了所有知识的获得原理，给出了知识、意识乃至义理、精神的最终源头，排除了所有经验论的感知体验、世俗情感与生活的干扰，直指本心良知，使整个世界存在的信念、理念、意义及有效性都变得唾手可得。

那么，孟子的心体、性体、德体、义体、良知之体的存在是不是不需要浇灌、不需要涵养扩充呢？也不是。本心良知的心性本体，所谓"不学而能，不虑而知"，只是人本性本能的存在，而并非理性自觉的思维性，要其变成理性自觉，还是"思则得之，不思则不得也"。心性于清明之际，好恶与人的本质是相近的；若是本心遭砍之伐之，良心放任失却了，或丧失道德本心本性，那样，人也就不能成为自己本质的存在，不能涵养扩充、发展道德精神世界了。因此，本心良知的存在不仅需要保护，"求放心"、不"失其本心"，而且需要涵养扩充、提升大化的。惟此，才能建立起神圣高明的道德精神世界。

三　心性涵养扩充与精神大化

孟子认为，人的仁义礼智知之性，"好是懿德"的先天道德本性，乃是本然的存在；而恻隐之心、羞恶之心、辞让之心、是非之心的发生，只是本性的发端，即"恻隐之心，仁之端也；羞恶之心，义之端也；辞让之心，礼之端也；是非之心，智之端也"。人无此恻隐之心、羞恶之心、辞让之心、是非之心是不行的；有此四端之心而不能发挥它的功用，使之变为理性自觉的存在，当恻隐而不能恻隐之，当羞恶而不能羞恶之，当辞让而不能辞让之，当是非而不能是非之，那也就是偷偷摸摸的小私有者心理了，故孟子称之为"自贼者"。在他看来，人不仅应保护自我的道德良知本性，更应该于"四端"之心涵养扩充。这种涵养扩充就像"火之始然，泉之始达"。人人都应该有这份自觉，涵养扩充四端之心。这对有国有天下者尤为重要："苟能充之，足以保四海；苟不充之，不足以事父母。"①

四端之心如何涵养扩充呢？孟子曾说"我善养吾浩然之气"。怎么个

---

① 《孟子·公孙丑上》。

养法呢？他曾介绍自己养浩然之气的方法说：

> 其为气也，至大至刚，以直养而无害，则塞于天地之间。其为气也，配义与道；无是，馁也。是集义所生者，非义袭而取之也。行有不慊于心，则馁矣。我故曰"告子未尝知义，以其外之也"。必有事焉而勿正。心勿忘，勿助长也。①

浩然之气者，扩充涵养盛大流行之气也。此气也，乃志气也，道义之气也。故曰"以直养而无害"也。扩充涵养此气，"至大至刚，塞于天地之间，配义与道"，乃天地正气也。人得天地正气以生，浩然于心，至大至刚，充塞无间，则不可不屈不服矣！无养此气，心无道义，气馁；养得此气，道义在我，浩然立于天地间，则何来气馁！

充塞涵养浩然之气乃是心之集义，集天地大义于我心也，即将道与义充于内心者，而非掩袭于外得之。集义即配义与道，即集天下义理，即使天地万物之理积聚内心，成为浩然正义之心者也。集义于心，大义在我，禀之凛然，行事无愧于心，故不气馁；而若集义不足，行不合于义，则气馁矣。这就是孟子所说告子"未尝知义"者也。

养浩然之气并非练气功，集义于心乃是在事上体现的。心之存在是否合乎道义，皆体现在所遇之事中。故曰"必有事焉而勿正"。正，即正心也。近人讲"必有事焉而勿正"，断句与后面"心勿忘，勿助长也"连读，解"正"为"预期也"。这样断句讲解，虽然与下文连接亦通，但从整体上看，此句乃是接"行有不慊于心，则馁矣"及孟子"告子未尝知义"而说的，因此，还是解"正"为正心为妥。东汉赵岐《孟子注》解"必有事焉而勿正"，而为"言人行仁义之事，必有其福于其中而勿正"②，就是在"正心"的意义上解"勿正"的。

充塞涵养浩然之气集义于心，乃欲使事事皆合于义也。这自然不能拔苗助长、强制为之，而要勿忘勿助，顺乎自然，积善累功，方能奏效。惟此，才能养而无伤。强制其心，则不但不能集天地大义而成浩然之气，反而会使心受到伤害。浩然之气集义于心，理性自觉既不能忘，也不能助，心之于勿忘勿助之间最妙！这种积善累功乃是"君子深造之以道，欲其自

---

① 《孟子·公孙丑上》。
② ［东汉］赵岐《孟子注》卷3。

得之",是强制不得的。"自得之,则居之安;居之安,则资之深;资之深,则取之左右逢其原"①。

涵养扩充本心良知,不仅是充塞涵养浩然之气,而且是人性的扩充与再造。孟子所讲的知性知天,实乃肯定人的心性即天,即天道法则的存在。"存其心,养其性,以事天",就是以心性为本体贯通天地,理性自觉地接纳涵养天道义理。能涵养充塞于此,心性浩然沛然,无不是义理,无不是同然之心,则做人无不仁,处事无不义,其用无穷;特别是当人处于不能忍而达于忍,心中充满无法忍受之实而忍受之,而无穿凿害人之心,涵养扩充仁义之心,才能扩充造化人性,把内心提升到纯粹仁义礼智的精神境界。此即孟子所说:"人皆有所不忍,达之于其所忍,仁也;人皆有所不为,达之于其所为,义也。人能充无欲害人之心,而仁不可胜用也;人能充无穿逾之心,而义不可胜用也;人能充无受尔汝之实,无所往而不为义也。"②

以天道义理充塞涵养良知本心,乃在于使之明乎善,以诚明之。此即孟子所说的"诚者,天之道也;思诚者,人之道也"③。诚之,思诚,就是明乎真诚至善的存在。"诚身有道,不明乎善,不诚乎身矣"④。以涵养天地之道,以诚明其心,待涵养充塞到"万物皆备于我,反身而诚",则"乐莫大焉",若"强恕而行,求仁莫近焉"。现代人把眼睛看作人之灵魂的窗户。孟子远在2300多年前就指出,人存养心性所发展出来的气质与内在善恶,是可以通过眼睛看出来的,"存乎人者,莫良于眸子。眸子不能掩其恶。胸中正,则眸子了焉,胸中不正,则眸子眊焉";"听其言也,观其眸人",人之善恶邪正,则不容伪,故曰"人焉廋哉!"⑤ 只有胸中充满正气,眸子才明亮,炯炯有神。而涵养充塞到"仁义礼智根于心,生色也睟然,见于面,盎于背",则"施于四体,四体不言而喻"⑥,美德可见矣。

---

① 《孟子·离娄下》。
② 《孟子·尽心上》。
③ 《孟子·离娄上》。
④ 《中庸》第20章,《孟子·离娄上》。
⑤ 《孟子·离娄上》。
⑥ 《孟子·尽心上》。

要涵养扩充仁义之心，再造人性，明乎至善，提升精神，使内心成为诚明的世界，何为食色之性，何为天命之性，二者的关系如何，是不可不辨的。孟子认为，食色之性与天命之性是有重复处的，天道义理于何处涵养扩充关乎精神的光辉、大化与神圣，是应该分辨的。他说：

> 口之于味也，目之于色也，耳之于声也，鼻之于臭也，四肢之于安佚也，性也，有命焉，君子不谓性也。仁之于父子也，义之于君臣也，礼之于宾主也，知之于贤者也，圣人之于天道也，命也，有性焉，君子不谓命也。①

孟子这里所说的"性也"，即指食色之性；而其所说的"命也"，即指天命之性，非指支配人的命运的神秘的天命存在也。孟子认为，"口之于味也，目之于色也，耳之于声也，鼻之于臭也，四肢之于安佚也"，属于食色之性。它虽也是天性，有天之所命所赋者，然"君子不谓性也"。为什么呢？因为它属于"天下之言性也，故而已矣"。所谓"故"者，即形之于外的欲望追求，而非无形的性命之理。故曰"故者以利为本"。它虽为性，为本然存在，然人若持此性，必不喜欢仁义礼智的道德本性，而穿凿其间也，即"所恶于智者，为其凿也"②。孟子的食色之性与天命之性之分的理论影响深远，宋代张载把人性划分为"气质之性"与"天地之性"以及讲德性之知与见闻之知即源于孟子也。

同样，"仁之于父子也，义之于君臣也，礼之于宾主也，知之于贤者也"乃是"圣人之于天道"，"继之者善，成之者性"者，是属于"天命之谓性"的存在。圣人于此，与天道性命之理无不吻合，其为理性自觉更是纯纯不已。圣人虽然也有食色之性，有生存的各种欲望与需求，但其禀天命之性而不移，绝不会因物欲需求，因有此食色之性而改变。故曰"君子不谓命也"。

由上可以看出，孟子虽然以天命之性为根本，为其性命之理的存在，但还是承认人有食色之性，有各种欲望与追求。孟子所说的"天下之士悦之，人之所欲也"；"好色，人之所欲"；"富，人之所欲"；"贵，人之所欲"，就是对人的食色之性及各种欲望和追求的承认。但孟子认为，这些

---

① 《孟子·尽心下》。
② 《孟子·离娄下》。

欲望的满足皆是不足以解忧的，即使富有天下，贵为天子，极天下之欲，也是不足以解除内心之忧虑的，而可以解忧的"惟顺于父母"①。这就是说，孟子虽然承认人有食色之性，有希人悦之、好色、富贵的追求，但最能满足人的天性要求、解除其忧虑的还是人伦亲情、父母之爱，即仁的存在、义理的存在。这才是天下之善、普遍的价值法则，是人之可欲者；而天下之恶，必是人之所不欲者。而若能将天下之善，修之于身，诚善于己，则可谓诚信之善人矣。此即孟子所讲"可欲之谓善，有诸己之谓信"②者也。孟子认为，"君子所以异于人者，以其存心也。君子以仁存心，以礼存心。仁者爱人，有礼者敬人。爱人者，人恒爱之；敬人者，人恒敬之"③。人的一生，只有以仁存心，以礼存心，爱人敬人，在欲望追求上理性自觉，才能"无为其所不为，无欲其所不欲"④，精神达到极高的境界，达到"可欲之谓善，有诸己之谓信，充实之谓美，充实而有光辉之谓大，大而化之之谓圣，圣而不可知之之谓神"⑤的境界。

　　本心作为"心之官"的存在，作为良知的存在，作为灵明知觉与感觉的存在，不仅有知觉、感知、体验、理解、领悟、集义、反思、抽象思维、概念化等先天的知性能力，更有理解、领悟、反思、推理、联想、想象一类的不为物蔽、不为形役的悟性能力与超越能力。故孟子说："天之高也，星辰之远也，苟求其故，千岁之日至，可坐而致也。"⑥惟心有此悟性能力与超越能力，它充塞涵养天道义理，才能提升精神世界，使之大化流行、充塞天地间，成为真、善、美的存在，成为充实、光辉、神圣的存在。以此精神生存于天地间，"所过者化，所存者神，上下与天地同流"⑦者也。

　　涵养本心良知，不仅是人性的扩充与再造，亦是人格的提升与缔造。在孟子那里，自我本心涵养之、充实之、扩充之、大化之、神圣之，使之

---

① 《孟子·万章上》。
② 《孟子·尽心上》。
③ 《孟子·离娄下》。
④ 《孟子·尽心上》。
⑤ 《孟子·尽心下》。
⑥ 《孟子·离娄下》。
⑦ 《孟子·尽心上》。

成为充实、光辉、神圣的存在，乃是其人格理想的最高境界，亦是其道德修养与精神追求。

四 道德修养与人格精神追求

司马迁曾说："天下熙熙，皆为利来；天下攘攘，皆为利往。"① 而早于太史公的孟子，对于社会人生的判断却没有这么绝对化。他从为善或为利出发，按社会人生追求分为两种人，曰："鸡鸣而起，孳孳为善者，舜之徒也；鸡鸣而起，孳孳为利者，跖之徒也。欲知舜与跖之分，无他，利与善之间也。"在孟子看来，舜之视天下若草芥，唯以人伦为大，孝顺父母可以解忧，故其"弃天下犹弃敝屣"。孟子遇齐王之子，见其身宽体胖，神气活现，住着宽大豪宅，喟然而叹道，他不也是人之子么！一个王室子弟，宫室、车马、衣服就这么与人不同，那么，居天下之广居者该如何呢？正是在这种情境下，孟子才说："形色，天性也，惟圣人可以践形！"② 由上可以看出，孟子是多么鄙视利益权贵之徒而崇尚道德修养与自我人格精神了！

孟子认为："所以考其善不善者，岂有他哉？于己取之而已矣。"究竟是取于善，还是取于恶，则是其善与不善的根本所在。人之生也，虽然"体有贵贱，有小大"，但应"无以小害大，无以贱害贵"。平旦之气、人性的本质与好恶是没有太大差别的。但人的一生，善与恶、气质如何、精神境界之大小，则全靠心性的涵养与扩充，"苟得其养，无物不长；苟失其养，无物不消"；对于人的心性涵养来说，"养其小者为小人，养其大者为大人"；"先立乎其大者，则其小者不能夺也。此为大人而已矣"③；养到"居天下之广居，立天下之正位，行天下之大道；得志，与民由之；不得志，独行其道。富贵不能淫，贫贱不能移，威武不能屈，此之谓大丈夫"④；养到"可欲之谓善，有诸己之谓信，充实之谓美，充实而有光辉之谓大，大而化之之谓圣，圣而不可知之之谓神"，则为圣人矣。此孟子

---

① 《史记·货殖列传》。
② 以上均见《孟子·尽心上》。
③ 《孟子·告子上》。
④ 《孟子·滕文公下》。

道德修养与人格精神之追求也。

人能富贵不淫、贫贱不移、威武不屈,精神世界能够达到充实、光辉、神圣的境界,最终是人性的涵养与扩充,是人的天性、意志涵养扩充到不可夺、不可移的地步所致。这种人格精神,不论是禀其天性,还是涵养修复天性,其行为最终都必须符合天道义理才行。故孟子谈到尧舜之性与三代之君汤武不同时说:"尧舜,性者也;汤武,反之也。"这里所说的"性",天性也。尧舜之性,全得于天,不加修饰,无所污染,圣之至也。汤武之性,则与尧舜之天性相反,乃是涵养修复而为至圣之性的。正因为尧舜之德立于天性,故其"动容周旋中礼者,盛德之至也;哭死而哀,非为生者也;经德不回,非以干禄也;言语必信,非以正行也",全是与天为一,自然而然,非有意而为之。汤武之德,虽非出于天性,然其法于天之当然之理而行之,吉凶祸福,在所不计,虽未至于自然而然,但法由此立,命由此出,行法以奉天命,人格精神亦圣人之性,君子之行也。故曰:"君子行法,以俟命而已矣。"①

孟子最反对自暴自弃。他说:"自暴者,不可与有言也;自弃者,不可与有为也。"何谓自暴自弃呢?曰"言非礼义,谓之自暴也;吾身不能居仁由义,谓之自弃也"。在他看来,"仁,人之安宅也;义,人之正路也。旷安宅而弗居,舍正路而不由,哀哉!"②孟子认为,一个人不管境遇如何,处何种艰难困苦的生活环境,都应该"穷不失义,达不离道"。只要"尊德乐义",则可以不慕乎人爵之誉、羡乎豪华游玩之乐,过一种怡然自得的快乐生活。因而他称赞古人"得志泽加于民,不得志修身见于世;穷则独善其身,达则兼善天下"的精神。有国有天下者,若"穷不失义,达不离道",则不仅不失己,亦"民不失望焉"。一般人总认为有个好皇帝即可以使国家兴盛,而不知有"穷不失义,达不离道"的人才同样可以感动奋发有为而兴邦治国也。此即孟子所说"若夫豪杰之士,虽无文王犹兴"③者也。

人们通常以"国家天下"讲述整个社会人生的存在。孟子认为,"天

---

① 《孟子·尽心下》。

② 《孟子·离娄上》。

③ 《孟子·尽心上》。

下之本在国，国之本在家，家之本在身"①，人的存在、人的道德修养及人以何种本质存在于社会才是天下之根本。因此，孟子不仅极为重视人的道德修养，也极为重视人以何种思想、何种人格、何种精神存在于社会。孟子认为，"有事君人者，事是君则为容悦者也；有安社稷臣者，以安社稷为悦者也；有天民者，达可行于天下而后行之者也；有大人者，正己而物正者也"②。而人的一生，"生斯世也，为斯世也，善斯可矣"，而若"阉然媚于世也者"，则"是乡原也"。这类人，"非之无举也，刺之无刺也，同乎流俗，合乎污世，居之似忠信，行之似廉洁，众皆悦之，自以为是，而不可与入尧舜之道，故曰'德之贼'也"③。孟子不仅像孔子一样看不起乡原之流，骂其为"民之贼"、"德之贼"，更把"为机变之巧者"视之为"无耻"④。可知孟子多么鄙视无德之人，重视道德修养与自我人格精神的追求了。

孟子说，一个美女如果肮脏邋遢不洁，"则人皆掩鼻而过之"；而一个恶臭的人，如果能"齐戒斋浴"，洗却污浊而自新，"则可以祀上帝"⑤。人为什么不加强道德修养与提升自我人格呢？这就是孟子通过上面的故事所提出的问题。孟子对于孔子的道德修养与人格精神是非常仰慕的！他是这样赞美孔子之道及其道德修养与人格精神的：

> 孔子登东山而小鲁，登泰山而小天下，故观于海者难为水，游于圣人之门者难为言。观水有术，必观其澜。日月有明，容光必照焉。流水之为物也，不盈科不行；君子之志于道也，不成章不达。⑥

人处于卑微的世俗环境是不能领悟博大的精神世界的，走狭窄之羊肠小道是无法体会行荡荡之大道的。此即"孔子登东山而小鲁，登泰山而小天下"者也。人之生也，惟有处其高，方知有更高的存在；惟有处其大，方知小者不足观。面对着浩瀚的大海，流水才知道自己算不了什么；而自

---

① 《孟子·离娄上》。
② 《孟子·尽心上》。
③ 《孟子·尽心下》。
④ 《孟子·尽心上》。
⑤ 《孟子·离娄下》。
⑥ 《孟子·尽心上》。

我游于圣人之门,才知道自己没有发言权。故人生的追求,惟有处大道而求其原,才能领悟广大、高明、深厚、悠远的道德精神境界。这就像观水之波澜而知其源,观日月之光而知光明之体一样。君子之志于道,追求自我道德境界与人格精神,就应该像流水不息一样,惟所积深厚,无不弥漫贯通,才能达于圣人的境界。公孙丑对孟子所提的种种道德修养,认为"高矣,美矣,宜若登天然,似不可及也",而问"何不使彼为可几及而日孳孳"呢?孟子说:"大匠不为拙工改废绳墨,羿不为拙射变其彀率。",君子的形上道德修养,其美妙是不能以难易说明的,一旦进入精神状态,则"引而不发,跃如也",学者以此自勉,"能者从之"①,还是能达到的。

关于如何加强道德修养、提升人的精神境界,孟子提出过许多方法,如"君子深造之以道",领悟"自得"②的方法;"使先知觉后知,使先觉觉后觉"③的方法;"求放心"、"不失本心"的方法;"先立乎其大者,则其小者不能夺"④的方法;以及"尽其心,知其性,知性知天"⑤的方法等。但孟子认为,加强道德修养、提升精神境界的最为重要的方法,是寡欲,是减少自己各种物欲情欲的追求,以养其心,培养自我的道德良知与美好的精神世界。这就是他说的:"养心莫善于寡欲。"⑥人能寡欲,良知不存者,寡矣;人若多欲,良知能存焉者,寡矣。人生所以失却本心,所以丧失良知,所以每天昏昏然,不知还有美好的精神世界存在,就是欲望太多!人的内心不仅受物欲遮蔽、情欲驱使,若洪水泛滥,难以收拾,而且整个人生陷入种种功利之求,汲汲于天下不能自拔。人惟清心寡欲,明道立德,以义理之心辨别是非,以坚强意志统御气质与情感,才能在色情物欲、千金重利、卿相尊位的诱惑面前,做到孟子说的"不动心"⑦。

但这样做不是屈己自辱,不是剥削自己的真情性,而是以本心良知正己正人。孟子说:"吾未闻枉己而正人者也,况辱己以正天下者乎?圣人

---

① 《孟子·尽心上》。
② 《孟子·离娄下》。
③ 《孟子·万章上》。
④ 《孟子·告子上》。
⑤ 《孟子·尽心上》。
⑥ 《孟子·尽心上》。
⑦ 《孟子·公孙丑上》。

之行不同也，或远或近，或去或不去，归洁其身而已矣。"① 圣人做事，不论是隐退，还是出仕，"或去或不去"，皆以保持自己的本心天性为根本。单靠屈己自辱，靠削弱自己的性情不能正人正天下，也不能保持自我人格与道德精神世界。

　　孟子的道德修养与人格精神提升人，不是像禅宗佛教那样空谈心性，而是"必有事焉而勿正"，通过道德实践，通过社会人生的磨炼而获得的。孟子所讲的"天将降大任于斯人也，必先苦其心志，劳其筋骨，饿其体肤，空乏其身，行拂乱其所为，所以动心忍性，曾益其所不能"，就是讲的道德实践与心性磨炼。人的一生如果没有一定的社会经历与磨炼，没有经过成功与失败、痛苦与欢乐、幸福与不幸，没有吃过大苦、耐过大劳，没有饿过肚子、尝过辛酸，没有经过世态炎凉、人情冷暖，没有受过凌辱、遭过白眼，没有受过迫害与抗争甚至铁与火、真与假、善与恶、美与丑、生与死的搏斗，是很难真正体验领悟到何为社会人生、何为人生意义的；一个没有经过社会历史上的誉与毁、盛与衰、存在与不存在的人，一个没有经过社会历史生活此亦一是非、彼亦一是非、十年河西、十年河东、迁徙流转、变动不居的人，是很难体验领悟到去一时之誉、去一时之毁、去一时之是、去一时之非、去一时之盛、去一时之衰的社会历史纯粹的真理性或永恒普遍的法则的。人的一生的确是不容易的！特别是世态的炎凉、人情的冷暖、凌辱、冤枉、委屈、白眼、鄙视、疏远以及真与假、善与恶、美与丑、生与死的搏斗，常常把人逼到绝路上，使人万念俱灰。然而正是经过生命的冲突，人、自我才会发现宇宙普遍的生命法则及社会历史纯粹真理的存在，才会发现天道义理的存在及自我的社会历史使命，才会远离具体的是是非非及眼前的利害冲突，去为永恒的真理和正义而刚健不息、奋发有为，才会变得愈来愈成熟、愈来愈深沉、愈来愈具有生命的内涵与价值，获得纯真的道德精神世界。人经过如此的道德实践与心性磨炼，有过然后能改，困于心，横于虑，而后能奋发而为；烛于世变之几微，验于人情世故老辣，而后才能通晓社会人生之真谛，知晓"生于忧患而死于安乐"② 的道理！

　　孟子乃是以"尽心知性知天"之学，追求"所过者化，所存者神，上

---

① 《孟子·万章上》。
② 《孟子·告子下》。

下与天地同流"的一生,处世廓然、昭然、坦然、广居、正位、大道、安宅而走正路的一生,"立乎其大,小者不能夺"的一生。他不仅以此进行道德修养与人格提升,也以此正人心、息邪说、承圣继学而进行历史担当。

五 正人心息邪说的承圣担当

晚周特别是战国时期,诸子百家持己之见,相互驰说,其中虽不乏真知灼见,但为说明自己学说的绝对真理性,以讨君上之好,往往走偏锋,持极端,从而使其学说流入偏激与非理性,并以此攻击批评别人。于是墨子有《非儒》之说,荀子有《非十二子》之见,庄子更以《天下篇》说诸子。这些批评意见,无疑促进了当时的学术发展,但多非正人心、息邪说、承圣继学的历史担当,至少缺乏这种理性自觉。

孟子则不是这样。他从儒家正学出发,几乎拿出了全部精力为圣王之道辩护。孟子见梁惠王,王曰:"不远千里而来,亦将有以利吾国乎?"孟子对曰:"何必曰利?仁义而已矣。"齐宣王问:"齐桓、晋文之事可得闻乎?"孟子对曰:"仲尼之徒无道桓文之事者。"① 齐宣王问:"汤放桀,武王伐纣,有诸?臣弑其君,可乎?"孟子对曰:"贼仁者谓之贼,贼义者谓之残。残贼之人谓之一夫。闻诛一夫纣矣,未闻弑君也。"② 为汤征葛伯辩,为非富天下也,为匹夫匹妇之无辜也③;为舜之不告而娶辩,人之大伦也④;滕文公为世子,将之楚,过宋而见孟子,孟子道性善,言必称尧

---

① 《孟子·梁惠王上》。
② 《孟子·梁惠王下》。
③ 《孟子·滕文公下》说:汤居亳,与葛为邻,葛伯放而不祀。汤使人问之曰:"何为不祀?"曰:"无以供牺牲也。"汤使遗之牛羊。葛伯食之,又不以祀。汤又使人问之曰:"何为不祀?"曰:"无以供粢盛也。"汤使亳众往为之耕,老弱馈食。葛伯率其民,要其有酒食黍稻者夺之,不授者杀之。有童子以黍肉饷,杀而夺之。《书》曰,"葛伯仇饷",此之谓也。为其杀是童子而征之,四海之内皆曰:"非富天下也,为匹夫匹妇复仇也。"
④ 《孟子·万章上》说:万章问曰:"《诗》云:'娶妻如之何?必告父母。'信斯言也,宜莫如舜。舜之不告而娶,何也?"孟子曰:"告则不得娶。男女居室,人之大伦也。如告,则废人之大伦,以怼父母,是以不告也。"

舜①；以及称"舜明于庶物，察于人伦"；"禹恶旨酒而好善言；汤执中，立贤无方；文王视民如伤；武王不泄迩，不忘远；周公思兼三王，以施四事；其有不合者，仰而思之，夜以继日；幸而得之，坐以待旦"②等等，皆是立于儒家正学为圣王之道所辩者。当时，上古史的存在不仅愈来愈远去、愈来愈模糊，而且常常被扭曲。孟子此种称辩，不仅在于澄清上古史，更是出于一种历史担当的文化自觉。正是有这种文化自觉，所以孟子面对着圣王不作、诸侯放恣、处士横议的晚周乱局，就不能不从儒家正学出发，对各种走偏锋、持极端、偏激与非理性的学说进行争辩。孟子自己也说："予岂好辩哉？予不得已也。"③

自然，争辩是有方法、有原则的，并非一味地为争辩而争辩。孟子所提出的"知言"，就属于争辩的方法与准则：

> 何谓知言？曰：诐辞知其所蔽，淫辞知其所陷，邪辞知其所离，遁辞知其所穷。生于其心，害于其政；发于其政，害于其事。圣人复起，必从吾言矣。④

诐辞，即片面隐蔽之辞；淫辞，即过分夸饰之辞；邪辞，即非正道的邪僻之辞；遁辞，即躲闪逃避之辞。郭绍虞先生对此四句"知言"的解释是："对于片面的言辞看出它思想上掩蔽所在，对于过分的言辞看出它思想上沉溺所在，对于不合正道的言辞看出它思想上叛离所在，对于躲躲闪闪的言辞看出它思想上理屈所在。"⑤ 言辞者，心声也。言辞隐蔽、夸饰、邪僻与躲闪，四者相因，不仅造成言辞之病，实乃心之失也。人之于学也，惟心不通乎大道，明乎正理，于枝枝节节上因是因非、因非因是，才会陷于心失而不知；至于说出于功利之求，迷于一己之私，或独弦哀歌卖声名于天下，那不仅是心失，而是陷入虚妄邪僻矣。其心已失，以此隐蔽、夸饰、邪僻与躲闪逃避之辞说于时君世主，则必害其政矣；时君世主以此发布政教之令，则必危害整个社会人生事业。所以孟子说："圣人复

---

① 《孟子·滕文公上》。
② 《孟子·离娄下》。
③ 《孟子·滕文公下》。
④ 《孟子·公孙丑上》。
⑤ 郭绍虞主编《中国历代文论选》上册第12页，中华书局1962年版。

起，必从吾言矣。"可知孟子所提出的"知言"的方法与原则是多么重要了。

孟子提出"知言"的方法与原则，并非仅是为了学术批评和争辩，一个更为重要的任务或使命，就是以此正人心，息邪说，距诐行，放淫辞，继承圣人之志，进行文化历史担当。孟子之时，虽曰百家蜂起，但当时最为风行的是杨朱与墨子之学。杨朱以"为我"说天下，墨子以"兼爱"为社会人生提供通则。当时"杨朱、墨翟之言盈天下。天下之言不归杨，则归墨"①，可知其学说之盛行也。不仅盛行，而且是无法逃避的，"逃墨必归于杨，逃杨必归于儒。今之与杨、墨辩者，如追放豚"，刚入栏圈，捆住足又跑了，不得不追究既往之失②。因此，孟子批评与争锋的对象，不是如庄子以《天下篇》综述百家之言，或像荀子那样"非十二子"，而是集中火力攻击杨墨之说。孟子认为，"杨子取为我，拔一毛而利天下，不为也。墨子兼爱，摩顶放踵利天下，为之"，不论为还是不为，都是偏颇的"贼道"，是"举一而废百"③者，而非圣贤明哲的仁义中正之道。故在孟子看来，"杨氏为我，是无君也；墨氏兼爱，是无父也。无父无君，是禽兽也。杨墨之道不息，孔子之道不著，是邪说诬民，充塞仁义也。仁义充塞，则率兽食人，人将相食"，人类社会就要沦为禽兽世界了。这还了得！于是孟子惧，卫先圣之道，距杨墨，放淫辞，使其邪说者不得作，像大禹抑洪水、周公驱猛兽、孔子著《春秋》使乱臣贼子惧那样，批判起了杨墨之学。他说：

> 昔者禹抑洪水而天下平，周公兼夷狄，驱猛兽而百姓宁，孔子成《春秋》而乱臣贼子惧。《诗》云："戎狄是膺，荆舒是惩，则莫我敢承。"无父无君，是周公所膺也。我亦欲正人心，息邪说，距诐行，放淫辞，以承三圣者；岂好辩哉？予不得已也。能言距杨墨者，圣人之徒也。④

杨朱"为我"，肯定人的存在高于一切，墨子以"兼爱"为社会人生

---

① 《孟子·滕文公下》。
② 《孟子·尽心下》。
③ 《孟子·尽心上》。
④ 均见《孟子·滕文公下》。

提供永恒的伦理法则，应该说还是充满人本精神，作为社会人生哲学还是具有一定合理性的。孟子为何如此激烈地批判杨墨呢？观其锋芒所向，所持理论观点，主要有两点：第一是杨墨之学违背了儒家的彝伦大法。这是儒家之学的根本。孟子认为，三代设庠序、学校之教，乃在于明人伦也。天下彝伦攸叙，方可实现大治，故"有王者起，必来取法，是为王者师也"。人之异于动物的生存，是有其道、有其理的，这个道、这个理，就是人伦道德，就是彝伦大法。人若只是"饱食、暖衣、逸居而无教，则近于禽兽"。故"圣人有忧之，使契为司徒，教以人伦，父子有亲，君臣有义，夫妇有别，长幼有叙，朋友有信"。此亦文王"周虽旧邦，其命维新"者也。但这个人伦道德、这个彝伦大法，在儒家那里是有差等的，是立于亲情基础上的。人爱己之父母甚于爱别人之父母，乃自然之理，天然之序也。若由此推出"爱无差等，施由亲始"，则是视父母若路人也。此孟子所以反对墨子，言其"兼爱，是无父也"；杨子"为我"，则置君亲于我之下也，故说其"是无君也"。孟子认为，"夫物之不齐，物之情也；或相倍蓰，或相什百，或相千万。子比而同之，是乱天下也"。无父无君，何来天下彝伦攸叙？故其批杨墨之说"是禽兽也"①。

第二是杨墨的"为我"、"兼爱"之说，违背了儒家治国平天下在正人心的根本。孟子认为，天下之根本，莫过于人心；治国平天下，全在唤醒人心、教化人心、贞正人心，而不是杨墨的以"为我"、"兼爱"说天下。人心正，天下定！特别是有国有天下者，以仁存心，以礼存心，爱人以仁，敬人以礼，是非常重要的。"君仁莫不仁，君义莫不义，君正莫不正。一正君而国定矣"。若其兴甲兵，危士臣，构怨于诸侯，则失人心矣；若其为治不仁，不能教化天下，以淫辞邪说而纵天下之欲，以至于人心邪妄，物欲汹汹，"不仁而在高位，播其恶于众，上无道揆，下无法守，朝不信道，工不信度，君子犯义，小人犯刑，国之所存者幸也"②。孟子认为，天下处圣王不作、诸侯放恣、士横议之际，杨墨不讲教化人心、贞正人心的根本之治，宣扬"为我"、"兼爱"之说，乃是"邪说诬民，充塞仁义"者也。故其卫先圣之道，距杨墨，放淫辞，使其邪说者不得而作。

孟子虽未得亲受业于孔子之门，私塾诸人，还是自以为得舜、禹、周

---

① 均见《孟子·滕文公上》。
② 均见《孟子·离娄上》。

公、孔子之道的。对孔子死后学说的传承,他曾作过如下的描述:

> 昔者孔子没,三年之外,门人治任,将归,入揖于子贡,相向而哭,皆失声,然后归。子贡反,筑室于场,独居三年,然后归。他日,子夏、子张、子游以有若似圣人,欲以所事孔子事之,强曾子。曾子曰:"不可;江汉以濯之,秋阳以暴之,皜皜乎不可尚已。"今也南蛮鴃舌之人,非先王之道,子倍子之师而学之,亦异于曾子矣。吾闻出于幽谷迁于乔木者,未闻下乔木而入于幽谷者。《鲁颂》曰:"戎狄是膺,荆舒是惩。"周公方且膺之,子是之学,亦为不善变矣。①

孟子不仅对孔子之学的传承非常清楚,而且是以曾子内圣之学及伦理道德精神为儒门正学的。他对许行以南蛮之声,异于曾子,无德迁于高位,以《诗》"伐木丁丁,鸟鸣嘤嘤,出自幽谷,迁于乔木"② 表示不满。可见孟子批杨、墨,不仅在于正人心、息邪说的承圣担当,亦有以儒门传人捍卫儒家正学的性质。此乃孟子广居正位,以理性自觉进行历史担当者也。宋代张载"为天地立心,为生民立命,为往圣继绝学,为万世开太平",即孟子堂堂正正的历史担当之继承者也。但这种担当也会发生偏颇,发展为门户之见。

孟子不仅是正人心、息邪说的承圣担当者,而且政治上是非常自负的。他曾说:"五百年必有王者兴,其间必有名世者。夫天未欲平治天下也,如欲平治天下,当今之世,舍我其谁也?"③ 孟子对于时机、道之行与不行虽不能把握,但对如何平治天下,还是有自己的政治见解的,而且这种见解是绝不会因道之行与不行而怨天尤人的。这就是他的仁政理想与民本精神。

七 仁政理想与民本精神

正如孔子讲政治,首先讲"为政以德"④;讲"克己复礼为仁"⑤;讲

---

① 《孟子·滕文公上》。
② 《诗经·小雅·伐木》。
③ 《孟子·公孙丑下》。
④ 《论语·为政》。
⑤ 《论语·颜渊》。

"不仁者不可以久处约，不可以长处乐"①等等一样，孟子见梁惠王，言治国平天下，也首先是讲"仁义而已矣"。在孟子看来，当国王的，言之则说"何以利吾国？"当大夫的，言之则说"何以利吾家？"一般士庶人，言之则说"何以利吾身？"这样，人人皆讲利，出口皆把利放在第一位，也就把整个社会关系、人与人的关系置于利害关系之中了，"上下交征利而国危矣"。因此孟子说："为人臣者怀利以事其君，为人子者怀利以事其父，为人弟者怀利以事其兄，是君臣、父子、兄弟终去仁义，怀利以相接，然而不亡者，未之有也。"② 孟子认为："万乘之国，弑其君者，必千乘之家；千乘之国，弑其君者，必百乘之家。万取千焉，千取百焉，不为不多矣。"这皆是"后义而先利，不夺不餍"造成的结果。天下"未有仁而遗其亲者，未有义而后其君者"。故王治国，"仁义而已矣，何必曰利？"③

孟子认为，"尧舜之道，不以仁政，不能平治天下"；"三代之得天下也以仁，其失天下也以不仁。国之所以废兴存亡者亦然。天子不仁，不保四海；诸侯不仁，不保社稷；卿大夫不仁，不保宗庙；士庶人不仁，不保四体"；今上虽有"有仁心仁闻"，而"民不被其泽"，原因何在？根本原因在于"不行先王之道也"④。可以看出，孟子之政治理想，乃是以仁政治天下也。

以仁政治天下，首先是有国有天下者要有一颗仁爱之心，仁爱天下人民。孟子认为，"仁人无敌于天下"，"国君好仁，天下无敌焉"⑤。为什么呢？因为国家的存在，天下的存在，终究是人的存在，人心的存在，而人心所向，民心所向，最终决定着国家的存亡，天下的盛衰。惟有治国平天下者有一颗仁爱之心，仁爱天下人民，才能得民心，得天下之心，才能得国得天下。国家权力尚可以凭着势力得到，而要得天下，没有爱心，不能仁爱天下，得天下之心，要获得天下是根本不可能的。故孟子说："不仁

---

① 《论语·里仁》。
② 《孟子·告子下》。
③ 《孟子·梁惠王上》。
④ 《孟子·离娄下》。
⑤ 《孟子·尽心下》。

而得国者，有之矣；不仁而得天下者，未之有也。"① 又说："桀纣之失天下也，失其民也；失其民者，失其心也。得天下有道：得其民，斯得天下矣；得其民有道：得其心，斯得民矣；得其心有道：所欲与之聚之，所恶勿施尔也。民之归仁也，犹水之就下、兽之走圹也。"②

孟子认为，要有仁爱之心，想仁爱天下，得民心，有国有天下者及一切治国平天下者，就要勇敢地正视自己的错误与过失，因此提出了"格君心之非"的问题。但做到这一点是非常不容易的。惟有大人，惟有心胸广大的人，才可以做到；而心胸小的人，小肚鸡肠的人，是很难做到的。故孟子说："唯大人为能格君心之非。"但能不能勇敢地正视自己的错误与过失，能不能自觉地"格心之非"，是关系着能不能获得爱心，能不能实行仁政的大问题。因为"君仁，莫不仁；君义，莫不义；君正，莫不正"，惟正得君心，才能"一正君而国定矣"③。君心不正，如何能正天下，如何能以仁爱之心爱天下？不能以正心正天下，不能以仁心爱天下，如何对待天下呢？这可是关系着天下之心，关系着国家存亡、天下盛衰之走向的。故孟子告齐宣王说："君之视臣如手足，则臣视君如腹心；君之视臣如犬马，则臣视君如国人；君之视臣如土芥，则臣视君如寇仇。"又说："无罪而杀士，则大夫可以去；无罪而戮民，则士可以徙。"④ 大夫是国家的基石，走了；士、知识分子是国家道义的支撑者，离国家而去，人心、民心丧失如此，将何以有国？何以有天下？这是非常危险的社会现象！不知其危，反以为安；不知将亡，反以为兴盛。如此失却人心，为政错乱颠倒，则不可以告以忠言矣！故孟子说："不仁者可与言哉？安其危而利其灾，乐其所以亡者。不仁而可与言，则何亡国败家之有？夫人必自侮，然后人侮之；家必自毁，而后人毁之；国必自伐，而后人伐之"，并引《太甲》说："天作孽，犹可违；自作孽，不可活。"怎么解决这种危局呢？孟子提出的办法是："爱人不亲，反其仁；治人不治，反其智；礼人不答，反其敬行。有不得者，皆反求诸己，其身正而天下归之。"返回到仁义礼智，凡有不得者，反省自己，反求诸己。其身正，天下自然归之。此即

---

① 《孟子·尽心下》。

② 《孟子·离娄上》。

③ 同上。

④ 《孟子·离娄下》。

《诗》所说"永言配命,自求多福"① 者也。

以仁政之治天下,光有仁爱之心还不行,必须实行贤人政治。所谓贤人政治,就是有国有天下者,为实行仁义之政,"贵德而尊士,贤者在位,能者在职"。以德行仁政治理国家,以德服人,故"惟仁者宜在高位。不仁而在高位,是播其恶于众也"②。不仁在高位,播其恶于众,也就难以为治了。但真正得到仁者,得到贤人之治,则是不容易的。孟子说:"分人以财谓之惠,教人以善谓之忠,为天下得人者谓之仁。是故以天下与人易,为天下得人难。"③ 分人以财,小恩小惠,或教人以忠诚,虽然有限,不能持久,是比较容易做到的。但如果为天下得贤人,得皋陶、伯夷、伊尹一类的贤德之人就比较难了。因为这些人乃"百世之师也"④,自古皆是以君臣同道而为的,是"非其君不事,非其民不使","可以仕则仕,可以止则止"的。然这些人的存在乃是把握天下盛衰治乱者,是"治则进,乱则退"者,是使盛衰"可以久则久,可以速则速"者。有国有天下者,在历史关键时刻,是"仁则荣,不仁则辱"的。贤德之人行政是决不会做出不仁不义之事的。因为他们"行一不义,杀一不辜,而得天下,皆不为也"⑤。

正是因为贤人政治不是以力假借仁义而实行霸道,而是以德行仁政,以德服人。所以当孟子的弟子公孙丑问,老师若当权于齐,管仲、晏子之功,可以复兴乎?孟子回答,你是齐人,只知管仲、晏子之事。你问问曾西(曾子之孙)愿意为管仲之事吗?管仲、曾西之所不为,而你以为我愿为之吗?公孙丑又问,管仲以其君霸,晏子以其君显,管仲、晏子犹不足为与?老师怎么会去做呢!由此可知,孟子是多么看不起以势力假于仁义的功利之求与霸业之术了。在他看来,天下需要的是文王之德,而不是霸业之术;是贤人之治,而不是势力之乘。晚周,特别是战国时期,"王者之不作,未有疏于此时者也;民之憔悴于虐政,未有甚于此时者也。饥者易为食,渴者易为饮。孔子曰:'德之流行,速于置邮而传命。'"因此他

---

① 《孟子·离娄上》。
② 同上。
③ 《孟子·滕文公上》。
④ 《孟子·尽心下》。
⑤ 《孟子·公孙丑上》。

认为,"当今之时,万乘之国行仁政,民之悦之,犹解倒悬也";若能实行贤人仁德政治,则"事半古之人,功必倍之,惟此时为然"①。

以德行仁政,要仁爱人民,就要为民制产,以便发展经济,使人民的生存得到保障。孟子认为:"民之为道也,有恒产者有恒心,无恒产者无恒心。苟无恒心,放辟邪侈,无不为己。及陷乎罪,然后从而刑之,是罔民也。焉有仁人在位罔民而可为也?"②因此,孟子提出了为民制产的问题。他认为:"制民之产,必使仰足以事父母,俯足以畜妻子,乐岁终身饱,凶年免于死亡;然后驱而之善,故民之从之也轻。"轻,易也。民有恒产而有恒心,从善就容易了。而"今之制民之产,仰不足以事父母,俯不足以畜妻子;乐岁终身苦,凶年不免于死亡。此惟救死而恐不赡,奚暇治礼义哉?"③因此他说:"夫仁政,必自经界始。"经界始,就是为民制产,治地分田,画出沟涂封植的界限。在孟子看来,"经界不正,井地不均,谷禄不平,是故暴君污吏必慢其经界"。而"经界既正",无豪强兼并,贪暴多取,则"分田制禄可坐而定"④,天下自然安康。

以德治天下,行仁义之政,不仅要为民制产,更要把财富积累拿出来用于天下,用于老百姓,解决民生问题。孟子对此用了一个词叫"推恩"。财富本来是人民创造的,取之于民就该用之于民。如果把持经济,聚敛财富,只是用来维护特权、腐败坠落,那是非常危险的!故孟子说:"推恩足以保四海,不推恩无以保妻子。古之人所以大过人者,无他焉,善推其所为而已矣。"而"今恩足以及禽兽,而功不至于百姓者,独何与?"难道"抑王兴甲兵,危士臣,构怨于诸侯,然后快于心与?"孟子说,如果只是为满足自己的"大欲"而不断追求,那是非常危险的:"以若所为,求若所欲,尽心力而为之,后必有灾。"只有发政施仁,推恩于四海,使人获得幸福感与适宜性,"使天下仕者皆欲立于王之朝,耕者皆欲耕于王之野,商贾皆欲藏于王之市,行旅皆欲出于王之途,天下之欲疾其君者皆欲赴愬于王。其若是,孰能御之?"而若能"老吾老,以及人之老;幼吾幼,以

---

① 《孟子·公孙丑上》。
② 《孟子·滕文公上》。
③ 《孟子·梁惠王上》。
④ 《孟子·滕文公上》。

及人之幼，天下可运于掌"①。

礼教是儒家的核心思想。因此，在孟子的仁政理想中，天下如何以礼教、以仁义礼智之教化成天下是很重要的。孟子说："仁言不如仁声之入人深也，善政不如善教之得民也。善政，民畏之；善教，民爱之。善政得民财，善教得民心。"② 善政，得民财，尚不足以长治久安；惟善教，得民心，才是长治久安之策。因此，三代皆设庠序、学校之教，"以明人伦"，使"民亲于下"；"圣人有忧之，使契为司徒，教以人伦，父子有亲，君臣有义，夫妇有别，长幼有叙，朋友有信"③。孟子认为，治国平天下，不行人伦教化，不抓这个根本，只是抓民财以为善政，是非常愚蠢荒谬的！他说："今之事君者曰：'我能为君辟土地，充府库。'今之所谓良臣，古之所谓民贼也。君不乡道，不志于仁，而求富之，是富桀也。'我能为君约与国，战必克。'今之所谓良臣，古之所谓民贼也。君不乡道，不志于仁，而求为之强战，是辅桀也。"不改变这种做法，"虽与之天下，不能一朝居也"④。正是从这一点出发，从单纯抓财政税收而不抓教化出发，他说："五霸者，三王之罪人也；今之诸侯，五霸之罪人也；今之大夫，今之诸侯之罪人也。"为什么呢？因为"不教民而用之，谓之殃民。殃民者，不容于尧舜之世"。用民首先要教民，只有教民以礼义，"为人臣者怀仁义以事其君，为人子者怀仁义以事其父，为人弟者怀仁义以事其兄，是君臣、父子、兄弟去利，怀仁义以相接也，然而不王者，未之有也"⑤。在孟子看来，治国平天下就这么简单："亲亲，仁也；敬长，义也；无他，达之天下也。"⑥ 孔子曾说："仁者，人也，亲亲为大。"⑦ 孟子则说"人人亲其亲，长其长，而天下平"⑧。治国平天下，只要按照人"仁"的先天道德本性教化，使人人亲其亲，长其长，天下也就太平了。

---

① 《孟子·梁惠王上》。
② 《孟子·尽心下》。
③ 《孟子·滕文公上》。
④ 《孟子·告子下》。
⑤ 《孟子·告子下》。
⑥ 《孟子·尽心上》。
⑦ 《中庸》第20章引。
⑧ 《孟子·离娄上》。

综上所述不难看出，孟子的仁政理想乃是以仁爱天下为其根本要义的，在此要义指导下，实行贤人政治，为民制产，与此同时，实行礼义教化，使天下"人人亲其亲，长其长"，建立起一个国治天下平的世界。孟子是这样具体描述他的政治理想社会的：

> 不违农时，谷不可胜食也；数罟不入洿池，鱼鳖不可胜食也；斧斤以时入山林，材木不可胜用也。谷与鱼鳖不可胜食，林木不可胜用，是使民养生丧死无憾也。养生丧死无憾，王道之始也。"五亩之宅，树之以桑，五十者可以衣帛矣。鸡豚狗彘之畜，无失其时，七十者可以食肉矣。百亩之田，勿夺其时，数口之家可以无饥矣。谨庠序之教，申之以孝悌之义，斑白者不负戴于道路矣。七十者衣帛食肉，黎民不饥不寒，然而不王者，未之有也。"①

这个政治理想乃是一种美好的礼俗社会写照。它虽然是建立在农业经济基础上的，但在政治哲学上却完全是以民为本构建起来的。孟子认为，国家的存在、天下的存在，乃是以人的存在、庶民的存在为其根本的。没有人的存在，没有庶民的存在，国家社稷的存在、王者的存在，皆是空的、无法成立与存在的。故孟子不仅提出了"保民而王"②的政治纲领，而且破万古之大讳，道出了"民为贵，社稷次之，君为轻"③的政治真谛！从而使他的政治哲学具有一种强烈的民本精神。

"保民而王"，不仅要为民制产，保障人民的基本生存权，更要爱护人民，勿夺民时，使得耕耨以养其父母，更要爱护人民，"施仁政于民，省刑罚，薄税敛，深耕易耨"④。孟子认为，不保护人民，"君不行仁政而富之，皆弃于孔子者也"；至于说视天下如草芥，发起征战，"争地以战，杀人盈野；争城以战，杀人盈城，此所谓率土地而食人肉"的行为，更是"罪不容于死"⑤。孟子认为，君子于天下也，应该"亲亲而仁民，仁民而

---

① 《孟子·梁惠王上》。
② 《孟子·梁惠王上》。
③ 《孟子·尽心下》。
④ 《孟子·梁惠王上》。
⑤ 《孟子·离娄上》。

爱物"①;"仁者以其所爱及其所不爱",只有不仁者,才"以其所不爱及其所爱",如梁惠王以土地之故,糜烂其民而征战,大败,复"驱其所爱子弟以殉之",就是"以其所不爱及其所爱"②的行为。孟子的这些说法处"春秋无义战"的时期,其为"保民而王",不仅是为保障人民的生存劝诫诸国王侯,亦是反对战争杀戮,为天下苍生呼吁和平!

中国古代,社为土神,稷为谷神。社稷,即建国立坛以祭祀者也。国以民为本,社稷亦为民而立,而国君之存亡,系于民之存亡、社稷之存亡也。故曰"民为贵,社稷次之,君为轻"也。孟子此说不仅把人民的存在置于君权之上,也置于神权之上,把庶民百姓的存在真正置于社会历史的主体地位。正是因为庶民百姓的存在获得如此的社会历史主体地位,孟子才把庶民的存在,把人心向背、民心所归,置于天子、诸侯、社稷的得失存亡的首位,即"得乎丘民而为天子,得乎天子为诸侯,得乎诸侯为大夫。诸侯危社稷,则变置"③。丘民,即庶民,即田野之民,即最微贱的下层人民。上古虽有讲"民为邦本",讲"民可近,不可下"④等,但像孟子这样把微贱的下层人民置于如此高的历史地位还是第一次。由此可知孟子的政治哲学的民本精神是多么崇高了。

孟子是中国两千多年心学的奠基者,也是民本思想的倡导者。他不仅以心性贯通天地,涵养扩充,发展了极高的道德精神世界,以本心良知之说催生了宋明心学的发展,也以"民为贵,君为轻"的民本思想影响了唐宋以后的政治哲学。孟子一生以知性知天支撑起了自己的整个哲学,以先天道德本性的涵养扩充建立起了极高的精神世界,但对人好色、富贵的种种欲望与追求,特别是这种欲望追求变成人性之恶的时候,该如何从礼教上加以抑制,则没有给予更多的关注。而这个问题的解决,留给了另一位思想家——荀子。

---

① 《孟子·尽心上》。
② 《孟子·尽心下》。
③ 《孟子·尽心下》。
④ 《尚书·咸有一德》。

第十三章　庄子学说的超越精神

内容提要：庄子乃是"掀翻窠窟而为学"的精神哲学家。"其学无所不窥"，"其言洸洋自恣以适己"。庄子认为，宇宙万殊，"恢恑憰怪，道通为一"；人之生也，只有提神太虚，站在"寥天一"的高处，透视整个宇宙生命，将上下四方、古往今来、宇宙万物生化流转的法则及具体的时空存在，去此去彼，去芜去杂，"参万岁而一纯，万物尽然而以是相蕴"，才能知照天地万物的真理性存在，获得人生的最大自由。因此，庄子之学，不仅于大道旷荡、浩浩大化、涡轮旋转之中，会通玄极，灵通智照，明万物之性，达死生之变，陶铸天下之化，而且提神太虚，飘然高举，于"寥天一"处，忘物、忘我，忘却一切世俗存在，外天地，遗万物，"与造物者为人，而游乎天地之一气"，而虚灵不昧之心，不为视听所夺，不为形名所役，旷然无累，冥于大道，同于大通，与天地精神相往来！追求物物而不物于物的最高存在，追求逍遥、自适与至乐的精神世界及众生平等之价值观念。庄子乃中国旷古以来第一位大道纯粹的精神哲学家！在精神史上有着独特的创造性地位。

中国自上古以来，虽有伊尹、周公之至圣，老子之"博大真人"，然真正能够于大道旷荡、浩浩大化、涡轮旋转之中，会通玄极，灵通智照，明万物之性，达死生之变，陶铸天下之化，而又能提神太虚，飘然高举，立于"寥天一"处，与天地精神相往来者，则独有庄子一人。旷古以来，庄子可谓中国第一位大道纯粹的精神哲学家！庄子之书，纵然有郭子玄、成玄英之识者，然争议也是不少的。康节谓"庄子雄辩，数千年一人而已"①，

---

① 《皇极经世·观物外篇上》。

而伊川则声讨说："庄子,叛圣人者也。"① 明末焦竑也说过一句话,评价庄子的地位是颇为公允的,那就是："老子有庄,如孔子有孟。"② 在中国哲学精神史上,如果说唐宋以后皆以"孔孟"并称的话,那么,魏晋时期则已"老庄"并称了。随着哲学、宗教的发展,老庄的影响愈来愈深。明末憨山大师对老庄的影响曾评价说,中国圣人,"上下千古负超世之见者,去老,惟庄一人而已。载道之言,广大自在,除佛经,即诸子百氏,究天人之学者,惟《庄》一书"③。对庄子的评价差异如此之大,如何知人论世,正确评价庄子在中国精神史上的地位,是一个不容忽视的问题。要做这种评价,惟有认真研究庄子著作,通过宏绰怪诞的语言,领悟书中那玄妙高雅的至道精神方可。

《史记》说："庄子者,蒙人也,名周。周尝为蒙漆园吏,与梁惠王、齐宣王同时。"④ 《史记·索隐》引刘向《别录》说:庄周"宋之蒙人也"。《汉书·艺文志》及《淮南子·修务训》高诱注,皆云庄周"宋蒙县人"。西汉时,宋为梁国封地,故《史记·索隐》引《地理志》说:"蒙县属梁国。"《隋书·经籍志》说"《庄子》二十卷",注曰:"梁漆园吏庄周撰。"唐人陆德明《释文叙录》亦说庄子"梁国蒙县人"。故庄子之为人,于两汉隋唐,或称宋,或称梁。宋代又称庄子为楚人。如朱子就说"庄子自是楚人",并说:"大抵楚地便多有此样差异底人物学问。"⑤ 蒙县原属于宋。马叙伦先生说:"宋亡后,魏、楚与齐争宋地,或蒙入于楚,楚置为蒙县、汉则属于梁国欤?"⑥ 此说法,大抵是对的。

庄子生卒年,《史记》只是说"与梁惠王、齐宣王同时",或说"楚威王闻庄周贤,使厚币迎之,许以为相",其他并无更详细的记载。20世纪30年代,郎擎霄先生作《庄子学案》,据梁惠王、齐宣王、楚威王立卒年及见庄子活动时间,推断庄子生于周安王十二年至周烈王六年之间(公元前390~公元前370年),卒于周慎靓王四年至赧王二十五年之间(公

---

① 《河南程氏遗书》卷25,《二程集》第320页。
② 《庄子翼序》,《澹园集》卷14。
③ 《观老庄影响论》,《憨山老人梦游集》下第332页,北京图书馆出版社2005年版。
④ 《史记·老子韩非子列传》。
⑤ 《朱子语类》卷125。
⑥ 《庄子义证·庄子宋人考》,上海书店1996年版。

元前317～公元前290年)①。马叙伦先生作了更详细的考证，具体推定庄子生于周烈王七年（公元前369年），卒于周赧王二十九年（公元前286年)②。

庄子的著作，《汉书·艺文志》载《庄子》五十二篇。今本《庄子》三十三篇，是晋时郭象注其书时，因"一曲之才，妄窜奇说，凡诸巧杂，十分有三"③而删定的。这三十三篇，一般认为内七篇为庄子所作，不成问题，而"外篇"十五、杂篇十一，则多怀疑非庄子之作。这只是一般的说法，太笼统。《史记》说，庄子名周，"其学无所不窥，然其要归于老子之言"④。《庄子》一书，主要是阐述老子哲学思想的。因此，该书"内篇"外，其"外篇"之《秋水》、《至乐》、《达生》、《山木》、《田子方》、《知北游》诸篇也皆是阐述老子哲学思想的，或者说，皆是引申阐释"内篇"主旨的，如《秋水》、《马蹄》、《山木》引申阐释《逍遥游》之旨；《徐无鬼》、《则阳》、《外物》引申阐释《齐物论》之旨；《刻意》、《缮性》、《至乐》、《达生》、《让王》引申阐释《养生主》之旨等。因此，应该说"外篇"乃是属于庄子及其学派的著作。

另外，韩愈曾说"子夏之学，其后有田子方。田子方流而为庄周"⑤，章太炎也有"庄生传颜氏之儒"⑥一说。从这里也可以看出庄子与儒家的关系。庄子是晚周战国中期人，大抵与孟子同时。正如原始道家的老子不反对儒家一样，此时的道家庄子与儒家亦无门户之见。因此，《庄子》"外篇"中除了激烈攻击儒家仁义礼乐之教的《骈拇》、《马蹄》、《胠箧》、《在宥》几篇外，其他像《天地》、《天道》、《天运》诸篇，也应该说是受儒家影响的庄子派著作。"杂篇"中的《天下》、《寓言》两篇，依王船山的意见，属"全书之序例"⑦，应为庄子所作。又言"杂篇"唯《庚桑楚》、《徐无鬼》、《寓言》、《天下》四篇为条贯之言；《则阳》、《外物》、

---

① 《庄子学案》第4页，天津古籍书店1990年版。
② 《庄子义证·庄子年表》。
③ ［唐］陆德明《经典释文·序录》引郭象语。
④ 《史记·老庄申韩列传》。
⑤ 《送王秀才序》，《韩昌黎全集》卷20。
⑥ 章太炎《菿汉昌言》卷1。
⑦ 《庄子解序》卷37，《船山全书》第13册第417页。

《列御寇》三篇,皆杂引博喻,理则可通而文义不相属,故谓之杂。要其于内篇之旨,皆有所合,非《骈拇》诸篇之比也"①。由此可知"杂篇"之《庚桑楚》、《徐无鬼》、《则阳》、《外物》、《列御寇》,虽杂也是合"内篇"之旨的,与《骈拇》诸篇还是不同的。这些篇章可能是庄子之学生记录或追述庄子言行的著作。真正不属于庄子及其学派著作的,除"外篇"的《骈拇》诸篇,还有《刻意》、《缮性》两篇,是迎合"庄子之指","不得志于时者之所假托"②;而《杂篇》中的《盗跖》、《渔父》、《让王》、《说剑》四篇,苏轼早已疑之③,实属战国末期杂家或隐逸之家所作。由上可以看出,现存的《庄子》经过郭象去伪存真的删除,虽然仍有假托窜入者,但其主要篇章,仍然是以庄子为代表的道家著作。因此,以其研究庄子的哲学思想及道德精神,应该是不成问题的。

《史记》说庄子"其学无所不窥,然其要本归于老子之言";又说"其言洸洋自恣以适己,故自王公大人不能器之"④。庄子之学,虽"其要本归于老子之言",然在崇尚黄老的时代,"其言洸洋自恣以适己",为什么王公大人"不能器之"、不给予重视或支持呢?这或许是庄子之学超越了世俗所能接受的程度;或许是打破了现实世界的法则秩序,变成了不为世俗所理解的另一世界的精神追求吧。要理解这一点,只有研究了庄子掀翻窠窟而为学的道德精神世界,才能最终弄清楚。

一 一个掀翻"窠窟"的精神哲学家

朱子说:"老子则犹自守个规模子去做,到得庄子出来,将他那窠窟尽底掀番了,故他自为一家。老子极劳攘,庄子较平易。"⑤ 庄子为学,虽然"本归于老子之言",但却不守老学的框架结构,也打破了老子以来原始道家包括儒家哲学、社会学的形下视野,将其理论提升到了超绝形而上学、宇宙本体论或哲学人类学的高度。如果说庄子将老子视为一

---

① 《庄子解》卷 25,《船山全书》第 13 册第 390 页。
② 《庄子解》卷 16,《船山全书》第 13 册第 264 页。
③ 《庄子祠堂记》,《苏东坡全集》卷 32。
④ 《史记·老子韩非子列传》。
⑤ 《朱子语类》卷 63。

个"合而成体,散而成章,乘云气而养乎阴阳"的"龙"①,那么,他自己则是那"水击三千里,抟扶摇而上者九万里","徙于南冥"的"鹏"。庄子著作中的"龙"与"鹏",无疑皆是文化象征、哲学喻义的存在。那"抟扶摇而上九万里,绝云气,负青天"而往下看的"鹏","天之苍苍,其正色邪?其远而无所至极邪?其视下也,亦若是则已矣"②,实际上乃是庄子建言大道,明至人之心,入于"寥天一"的高处,"造适不及笑,献笑不及排,安排去化"③,透视整个宇宙生命的生化流转、生灭变化。

提神太虚,站在"寥天一"的高处,透视整个宇宙生命,将上下四方、古往今来的宇宙万物生化流转的法则秩序,及其在具体时间、空间的存在,去此去彼,去芜去杂,"参万岁而一纯,万物尽然而以是相蕴"④,知照天地万物的真理性存在,岂不是与造化者为徒乎?"生也死之徒,死也生之始,孰知其纪!人之生,气之聚也;聚则为生,散则为死。若死生为徒,吾又何患!"⑤ 即庄子所说"与造物者为人,而游乎天地之一气"者也。站在这个高度,宇宙包罗万象的存在,好也,坏也,时也,不时也,特殊也,不特殊也,皆统一、同一了;天也,地也,乾也,坤也,玄也,禅也,教也,律也,也全是一回事,"其好之也一,其弗好之也一。其一也一,其不一也一"⑥,皆统一、同一了。从这个高度看宇宙万物的生化流转、生灭变化,皆不过是一刹那间的事儿,皆不过是"天地一指也,万物一马也"⑦ 的存在。在庄子看来,能够站在这个高度,看到宇宙万物生化流转的统一性、同一性并与之合一的生存者,则为"与天为徒";不能站在这个高度,看到宇宙万物生化流转的统一性、同一性,不能与之合一的生存者,则是"与人为徒"⑧。方东美先生曾把儒家孔子及其弟子看

---

① 《庄子·天运》。
② 《庄子·逍遥游》。
③ 《庄子·大宗师》。
④ 《庄子·齐物论》。
⑤ 《庄子·知北游》。
⑥ 《庄子·大宗师》。
⑦ 《庄子·齐物论》。
⑧ 《庄子·大宗师》。

作"时际人",而把道家老庄看成"太空人",谓其思想为"超越哲学"①,可知庄子的哲学思想及精神世界之高明超绝也。超越哲学,对于庄子来说,就是超绝形而上学,就是消弭一切相对差别的大化流衍的宇宙观和旷达人生观。这种宇宙观与人生观,是以中国文化生化流衍、浩浩不息的宇宙原理为基础,或者说是建立在大道旷荡、生化万物的哲学本体论基础上的。庄子之掀翻"窠窟",就是以超绝形而上学消弭一切相对差别,将其提升为一种超绝的宇宙原理,一种一体圆融的价值世界与精神世界。

庄子正是看透了整个宇宙万物生化流转皆不过是瞬息间的事儿,才不固执于短暂的存在与不存在,不执着于眼前的价值与非价值,更不会过分在意人生的荣辱誉毁。因为整个宇宙万物皆处于不封闭的开放状态,皆处于无时不成、无时不毁的状态,处于"方生方死,方死方生"的生灭之中,处于"是不是,然不然","方可方不可,方不可方可;因是因非,因非因是"的存在中;处于"彼亦一是非,此亦一是非"的世俗价值判断之中。面对着如此的生化流转,如此因是因非、因非因是的存在,穷其原而达观之,怎么办?庄子给出的做人之道,就是提高自己的觉悟,将精神世界层层地向上提升跻进,看透这种生化流转的最高统一性、同一性,然后"与天为徒",做"宇宙人",或像圣人那样"照之于天",看破人世间的是是非非、生灭成毁,看破生死荣辱与利害冲突。这叫大明白,叫"圣人和之以是非而休乎天钧",叫真人"天与人不相胜也",即不与天比高低,叫执"不言之辩,不道之道"。在庄子看来,惟有此大明白,有此超越态度,才能知而不知,辩而不辩,才能从因是因非、因非因是的相对存在中解脱出来,会其玄极,以应无方,取得人生最大的自适。

庄子正是"与天为徒",做"宇宙人",或像圣人那样"照之于天",看待人世间的是是非非,看待生死荣辱与利害冲突,有此大明白,所以才能做一个高尚的人而不落于世俗。惟此,楚威王闻庄周贤,使厚币迎之,许以为相,庄子才能"千金,重利,卿相,尊位",丝毫不为之所动,甚至愿意"游戏污渎之中自快,无为有国者所羁"②。庄子"终身不仕",以快其志,虽然看到政治斗争如"郊祭之牺牛","养食之数岁,衣以文绣,

---

① 《中国哲学之精神及其发展》(上),见刘梦溪主编"中国现代学术经典"《方东美卷》第10页,河北教育出版社1996年版。
② 《史记·老子韩非列传》。

以入大庙"的残酷性,但其所以"终身不仕",以快其志,也是和他"不就利,不违害,不喜求,不缘道;无谓有谓,有谓无谓,而游乎尘垢之外"的超然态度有关。人的一生,"死生无变于己",何"况利害之端乎!"①

庄子不仅"与天为徒",做"宇宙人","照之于天",看待人世间的是是非非,看待生死荣辱与利害冲突,而且是以"外物"、"外生死"的超然态度,看待社会人生的。庄子妻死,惠子去吊唁,庄子则"方箕踞鼓盆而歌",就是属于这种态度。在惠子看来,"与人居,长子老身,死不哭亦足矣",今不但不哭,反而"鼓盆而歌",岂不太过分了吗?庄子则不这么认为。他说:"其始死也,我独何能无慨然!"然"察其始","本无生";"非徒无生",也"本无形";"非徒无形",也"本无气"。人的生死,不过是"杂乎芒芴之间,变而有气,气变而有形,形变而有生,今又变而之死",就如"相与为春秋冬夏四时行"一样。人死已经"偃然寝于巨室,而我嗷嗷然随而哭之",乃是"不通乎命",不知生命大化流转的法则,"故止也"②。这真是掀翻"窠窟",打破一切世俗偏见,"与天为徒",站在"宇宙人"的超然态度,外天地,遗万物,看待生死问题。

庄子不仅以生命流转的大法则看待妻子的死、别人的死,更是在一种大化流衍、一化了然的价值尺度上,对待自己生死的。庄子将死,弟子欲厚葬之。庄子说:"吾以天地为棺椁,以日月为连璧,星辰为珠玑,万物为赍送。吾葬具岂不备邪?何以加此!"弟子说:"吾恐乌鸢之食夫子也。"庄子说:"在上为乌鸢食,在下为蝼蚁食,夺彼与此,何其偏也!"③这真是一种"圣人之生也天行,其死也物化"④的旷达的人生态度。一生之内,生死夭寿,混同万物,不以为介怀,已是将生命玄同万物,与造化者为一体而存在了。此即庄子所谓"藏天下于天下而不得所遁,是恒物之大情也"⑤。站在这个高度,生死观与价值尺度,自然就变成了"方生方死,方死方生;方可方不可,方不可方可"的相对存在了。故"圣人不由,而

---

① 《庄子·齐物论》。
② 《庄子·至乐》。
③ 《庄子·列御寇》。
④ 《庄子·刻意》。
⑤ 《庄子·大宗师》。

照之于天"① 也。"自其异者视之，肝胆楚越也；自其同者视之，万物皆一也"②；而若以"恒物之大情"观之，乃是生也无穷、死也无穷的存在。与造物者为人，无内无外，无生无死，万物万化，无不存在，"以天地为大炉，以造化为大冶，恶乎往而不可哉!"此即"万物之所系，而一化之所待"③ 者也。

妻死不哭，反而"鼓盆而歌"；己死不葬，愿为乌鸢蝼蚁食。这种浩然大观，就牵涉到一个哲学的根本问题，一个哲学价值论问题，即怎样看待人生意义，怎样判断人的生命存在？而且这个问题还牵涉到庄子掀翻"窠窟"所建立起来的哲学价值体系与精神性存在是否有价值、有意义的问题。叙述庄子在精神史上的地位，这是不得不解决的问题。惠子作为庄子的朋友，就曾极为严肃地向他提出了这个问题：

> 惠子谓庄子曰："人故无情乎？"
>
> 庄子曰："然。"
>
> 惠子曰："人而无情，何以谓之人？"
>
> 庄子曰："道与之貌，天与之形，恶得不谓之人？"
>
> 惠子曰："既谓之人，恶得无情？"
>
> 庄子曰："是非吾所谓情也。吾所谓无情者，言人之不以好恶内伤其身，常因自然而不益生也。"
>
> 惠子曰："不益生，何以有其身？"
>
> 庄子曰："道与之貌，天与之形，无以好恶伤其身。今子外乎子之神，劳乎子之精，倚树而吟，据槁梧而瞑。天选之形，子以坚白鸣！"④

在庄子的哲学中，宇宙不是一种机械性的物理存在，也不是一个生物物理系统，而是一个自然浃化、曲成万物而不遗的价值系统，一个虽然万物相对而实质广大悉备、一体圆融的精神系统。因此，庄子要求以"道与之貌，天与之形"的广大价值系统看待人生的存在、价值与意义，而不是

---

① 《庄子·齐物论》。

② 《庄子·德充符》。

③ 《庄子·大宗师》。

④ 《庄子·德充符》。

以生存利益与世俗的感情看待这一切。好恶之情，非有益于生也；精神不休于内，不追求精神生命的至极价值，则是劳累于生死也。因此庄子认为，惟以"道与之貌，天与之形"的广大的价值系统看待人的存在及其意义，才不会以好恶伤其身，伤害人的生命与精神存在；而若精神不休于内，不追求精神生命的最高价值，"倚树而吟，据槁梧而瞑"，自以为精神隐逸高致，实则流于世俗之情，使身心陷于劳苦矣。

这就是庄子掀翻"窠窟"所建立起来的形上价值体系与精神性存在。此乃其穷尽宇宙万法所获得的纯粹价值系统，是其知照万境、会通玄极的存在所获得的最高精神。人的生存在这个系统与精神存在中，鄙弃荣华，无情于利禄，不惊于宠辱，入于忘形骸，绝世故，万虑尽净，心无形累，知其命而遗其形的境界。故其能够游于道德之乡，放任至道之境，知与变化俱，无往而不冥于一，心与死生顺，无时不生不化，获得精神生命的永恒存在。

庄子的整个哲学及生命存在，都在追求这种生命精神，追求这种生命精神的最高存在！但精神的存在，特别是纯粹价值系统与最高精神的存在，是靠哲学支撑的，靠哲学本体论支撑的，而不是仅靠掀翻"窠窟"所能奏效的。要讲清这个问题，弄清庄子哲学"恑憰怪，道通为一"的本体论是非常必要的。

二 "恑憰怪，道通为一"

庄子虽然掀翻"窠窟"，凌空而起，扫清哲学上的种种疑难与困惑，并"以谬悠之说，荒唐之言，无端崖之辞，时恣纵而不傥"，建构起了自己"宏大而辟，深闳而肆"的哲学本体论，建立起了"上与造物者游，而下与外死生、无终始者为友"[①]的精神世界。不管庄子的哲学怎样瑰玮弘壮、奇特深远、妙理玄虚、应机变化无穷，但是在哲学本体论上，还是继承了老子"以本为精，以物为粗，建之以常无有，主之以太一，以空虚不毁万物为实"[②]的根本精神，继承了老子"玄之又玄"的"重玄之道"及

---

① 《庄子·天下篇》。

② 同上。

道体"寂兮寥兮,独立不改,周行而不殆"①之说。

庄子虽然认为形上之"道"是寂寥无形、变化无常、囊括宇宙、包罗万物的存在,但它并非是一味的空寂,一味的虚无,而是老子说的"空虚不毁万物为实"的存在。这不仅使中国的大道哲学与一切死寂虚无的哲学划清了疆界,也使大道真正成了生化宇宙万物的本体存在。老子曾以道体"寂兮寥兮,独立不改,周行而不殆";"大道泛兮,其可左右!万物恃之以生而不辞,衣养万物而不为主,万物归焉而不为主",说明道体"以其终不自为大,故能成其大"的存在。而庄子则把大道本体贯通到了宇宙万物的存在。这就是他所说的:

> 可乎可,不可乎不可。道行之而成,物谓之而然。恶乎然?然于然。恶乎不然?不然于不然。物固有所然,物固有所可。无物不然,无物不可。故为是举莛与楹,厉与西施,恢恑憰怪,道通为一,其分也,成也;其成也,毁也。凡物无成与毁,复通为一。唯达者知通为一,为是不用而寓诸庸。庸也者,用也;用也者,通也;通也者,得也;适得而几矣。因是已,已而不知其然,谓之道。②

无论"可乎可,不可乎不可",皆是"道行之而成,物谓之而然";无论是"然于然,不然于不然","物固有所然,物固有所可",均有其"无物不然,无物不可"的存在。这种存在,就是无论"举莛与楹,厉与西施",皆"恢恑憰怪,道通为一":不论是"其分也,成也;其成也,毁也",凡物"无成与毁,复通为一"。这就是说,宇宙万物,不论是美的还是丑的,不论是多么奇奇怪怪、多么不可思议的事物,大道旷荡,皆可造化出来;不论是成也毁也,一切生灭成毁,皆是通于道的。惟有懂得"道通为一"的道理,方懂得大道旷荡,亭毒含灵,周流宇宙,贯通万物,无物不成的大用,方能通造化之几,神明其一,不称为二,也方能不因非因是、因是因非,在知识论上犯"朝之为三,暮之为四"的错误。能够凝神玄鉴,领悟形上之"道"神妙为一的存在,因循万物,有感有应,不知其所感所应,才算是获得了自然之道。

庄子讲"恢恑憰怪,道通为一",虽然继承了老子讲"道生一,一生

---

① 《老子》第1、25、34章。
② 《庄子·齐物论》。

二，二生三，三生万物"、"圣人抱一为天下式"① 的大道本体论思想，但其与儒家孔子讲的"吾道一以贯之"② 还是不同的。儒家虽然在哲学上承认时间由一个始点无限奔向远方，如子在川上曰，"逝者如斯夫！不舍昼夜"③，但其在解释万物造化的时空上，则是认为有大始的，那就是"大哉乾元"、"至哉坤元"的存在。此正佛教大师蕅益解读《中庸》时所说"'与天地参'，便是儒门狭小之处"④ 者也。而庄子哲学则打破了这种畛域限制。庄子认为，"古之人，其知有所至矣。有以为未始有物者，至矣尽矣，不可以加矣"，但实际上，万物造化，过去未来皆是在无限的时空绵延不绝的，是没有畛域、不受时空限制的，"恢恑憰怪，道通为一"，乃是一个无始无终的自然历程。故他说：

> 类与不类，相与为类，则与彼无以异矣。虽然，请尝言之。有始也者，有未始有始也者，有未始有夫未始有始也者。有有也者，有无也者，有未始有无也者，有未始有夫未始有无也者。俄而有无矣，而未知有无之果孰有孰无也。今我则已有谓矣，而未知吾所谓之其果有谓乎，其果无谓乎？天下莫大于秋毫之末，而大山为小；莫寿于殇子，而彭祖为夭。天地与我并生，而万物与我为一。既已为一矣，且得有言乎？既已谓之一矣，且得无言乎？⑤

这种没有畛域及无限时空绵延不绝，就是老子所说的"复归于无极"⑥ 的范畴概念。关于这个范畴概念，庄子更借广成子的话具体解释说：

> 广成子曰："来！余语女。彼其物无穷，而人皆以为有终；彼其物无测，而人皆以为有极。得吾道者，上为皇而下为王；失吾道者，上见光而下为土。今夫百昌皆生于土而反于土，故余将去女，入无穷之门，以游无极之野。吾与日月参光，吾与天地为常。当我，缗乎！

---

① 《老子》第22、42章。
② 《论语·里仁》。
③ 《论语·子罕》。
④ 《四书蕅益解·中庸直指》，《灵峰宗论》第774页，北京图书馆出版社2005年版。
⑤ 《庄子·齐物论》。
⑥ 《老子》第28章。

远我，昏乎！人其尽死，而我独存乎！"①

无极，就是"乘天地之正，而御六气之辩，以游无穷"②的存在。本来是"万化而未始有极"，其为乐哪里可胜计邪！故圣人游于变化之途，放于日新之野，万物万化，与之俱化，未始非我，无往不存。体变化，齐生死，"万物之所系，而一化之所待"。人只是在土地上生存，"生于土而反于土"，而不能"入无穷之门，以游无极之野"，所以才以为有极。实际上，万化是无始无极、无穷无际的。子桑户、孟子反、子琴张相与友，正是能"入无穷之门，以游无极之野"，精神能达于万化无极的境界，才曰："孰能相与于无相与，相为于无相为？孰能登天游雾，挠挑无极，相忘以生，无所终穷？"相视而笑，莫逆于心，遂相与为友③。

这个领域所以无限广袤，是因为"道"是"未始有封"④的，是"在太极之先而不为高，在六极之下而不为深，先天地生而不为久，长于上古而不为老"⑤者，是"于大不终，于小不遗"者，"故万物备，广广乎其无不容也，渊乎其不可测也"⑥。在这样一个无限广袤的领域，"朝菌不知晦朔，蟪蛄不知春秋。楚之南有冥灵者，以五百岁为春，五百岁为秋；上古有大椿者，以八千岁为春，八千岁为秋"⑦，任何世俗的知识与价值尺度都是渺小、可悲的，不足以安性命之情；在"事之变，命之行；日夜相代乎前，而知不能规乎其始者"的领域，任何"死生存亡，穷达贫富，贤与不肖毁誉，饥渴寒暑"的价值判断，都"不足以滑和，不可入于灵府"，都非顺时而化，接至道而心气和平的"才全"⑧之德；在"道未始有封，言未始有常"的领域，六合内外，皆众生之表象，重玄之道之乡；于此群物纷纷，有理存焉，万事参差，各随其宜，皆妙理希夷，岂是可以妄说的？任何执着于形名的存在，坚持"有左，有右，有伦，有义，有分，有

---

① 《庄子·在宥》。
② 《庄子·逍遥游》。
③ 《庄子·大宗师》。
④ 《庄子·齐物论》。
⑤ 《庄子·大宗师》。
⑥ 《庄子·天道》。
⑦ 《庄子·逍遥游》。
⑧ 《庄子·德充符》。

辩，有竞，有争"，分出畛域，都是物性昏愚，彼我强以执封，而不能知照群生、转运无穷的狭隘的知识论视野。此所以"六合之外，圣人存而不论；六合之内，圣人论而不议"① 者也。

　　无极者，无所不极也。陆九渊出于门户之见，认为"无极"属老氏"学之不正，见理不明"② 者，有虚无好高之弊，而诋毁之。朱子以"无方无形"说明道体的"无极"的存在，谓其"在无物之前而未尝不立于有物之后"，"在阴阳之外而未尝不行乎阴阳之中"，"统贯全体无乎不在"，又"无声无臭影响可言"③，则较之陆子更能体认道体流行的无所不在、无所不存。"无极"不是空寂虚无的存在，不是空无一物，而是周子所说的"无极之真"④ 的存在。故朱子说："无极是无之至，至无之中乃至有存焉。"⑤ 并说："不言无极，则太极同于一物，而不足为万化之根本；不言太极，则无极沦于空寂，而不能为万化之根本。"⑥ 凡此，不仅理解了老子的"无极"范畴概念的真切含义，也无意间肯定了庄子的"恢恑憰怪，道通为一"作为宇宙本体论的存在。而且这种存在是在无始无终、无穷无际意义上说的，是没有畛域的无限自然历程上说的。它比现在西方文化哲学与现代自然科学在几何空间意义上谈论宇宙存在，不仅在时空上广袤得多，而且在哲学本体论与知识论上，也远远超过了西方"地球人"的思维方式。

　　这个未始有封、无限广袤的领域，既不是空寂虚无的存在，也不是只是生化成毁的生物物理事实，而是一个真实无妄、有情有信的世界，一个神明至精、大化自成的世界，一个庄严神圣、大美崇高的世界。这一方面是因为形而上学的大道作为神妙不测之用的价值本原，就是"有情有信"⑦ 者，就是一种"有大美而不言，有明法而不议，有成理而不说"，

---

① 《庄子·齐物论》。
② 《与朱元晦》，《陆九渊集》卷2。
③ 《答陆子静》，《朱文公文集》卷36。
④ 《太极图说》。
⑤ 《朱子语类》卷94。
⑥ 《答陆子美》，《朱文公文集》卷36。
⑦ 《庄子·大宗师》。

"惛然若亡而存，油然不形而神，万物畜而不知"① 的存在；另一方面，也是因为庄子具有一种"纯粹而不杂，静一而不变，惔而无为，动而以天行"的灵明心性及"纯素之道，唯神是守；守而勿失，与神为一"的"养神之道"。惟此，才能体天地之道，应万物之数以为精神，使之"精神四达并流，无所不极，上际于天，下蟠于地"②。故方东美先生说，庄子"以其诗人之慧眼，发为形上学睿见，巧运神思，将那窒息碍人之数理空间点化之，成为画家之艺术空间，作为精神纵横驰骋，灵性自由翱翔之空灵意境领域，再将道之妙用化成妙道之行，倾注其中，使一己之灵魂昂首云天、飘然高举，至于寥天一高处，以契合真宰"③。有此纯素之道，才能其神不亏；守而不失，与神为一，才能立于寥天一高处，与天地精神相往来。

三 寥天一处与天地精神往来

道德精神世界的追求，乃是人生最高境界。这种境界所以能够追求并获得，应该说是随着国家民族文化道德形而上学的发展而出现的。晚周时期，一大批灵性睿智的道家人物，随着道德形而上学的发展，达于至道，会其玄极，虚己逗机，发展起了虚廓绝妙的道德精神世界，而且是心游四海之外、驰万物而不穷的。但谁也不像庄子那样，以超绝的形而上学，无心而为，随感而应，与化为体，至道高蹈，以其宏深玄妙微旨，建立起一套高超宏大的精神生活方式，而又放旷流眄，鄙视人间种种俗见与偏执，猖狂妄行，"含哺而熙乎澹泊，腹而游乎混芒"④。庄子是这样描述自己"闻其风而悦之"的道术及精神追求的：

> 芴漠无形，变化无常，死与生与，天地并与，神明往与！芒乎何之，忽乎何适，万物毕罗，莫足以归，古之道术有在于是者。庄周闻其风而悦之，以谬悠之说，荒唐之言，无端崖之辞，时恣纵而不傥，

---

① 《庄子·知北游》。
② 《庄子·刻意》。
③ 《中国哲学之精神及其发展》（上），见刘梦溪主编"中国现代学术经典"《方东美卷》第130页。
④ 郭象《庄子序》。

不以觭见之也。以天下为沉浊，不可与庄语，以卮言为曼衍，以重言为真，以寓言为广。独与天地精神往来而不敖倪于万物，不谴是非，以与世俗处。其书虽瑰玮而连犿无伤也。其辞虽参差而諔诡可观。彼其充实不可以已，上与造物者游，而下与外死生、无终始者为友。其于本也，弘大而辟，深闳而肆。①

我前面曾说，庄子就是那"水击三千里，抟扶摇而上者九万里"自喻的"鹏"。那自然是在文化象征或哲学喻义上讲的。这里，我们可以在同样的意义上说，大鹏的"水击三千里，抟扶摇而上者九万里"就是庄子的精神遨游；而其"乘天地之正，而御六气之辩，以游无穷"②，就是"入于寥天一"③ 的高处，"独与天地精神往来"④。

自然，这并不是任何人都能做到的。不要说内心卑鄙猥琐者不行，即使一般精神不高尚的人，要想立于"寥天一"的高处，独与天地精神相往来，也是不可能的。人只有遗世独立，提神太虚，飘然远举，在精神上外天地，遗万物，"与造物者为人，而游乎天地之一气"，就像那大鹏"绝云气，负苍天"翱翔太虚一样，才能达此精神境界。所谓"夫至人者，上窥青天，下潜黄泉，挥斥八极，神气不变"⑤，就是这样一种精神境界。

要使精神境界提升到"寥天一"的高处，提升为太虚的存在，自然不能于世俗处做人，只有放弃自我人生的世俗存在，特别是放弃充满卑俗、自私、功利的自我心理，才有可能于精神上培其风，御其气，背负青天，与造物者游于无穷。这就是庄子所说的"吾丧我"⑥。"吾丧我"，就是丧失自私自我、功利自我、物欲自我、情欲自我，就是使充满物欲、情欲、功利目的的自我，变为精神自我、高尚自我，变为无私无欲、廓然大公的圣人、神人、至人的存在。庄子讲"圣人不从事于务，不就利，不违害，不喜求，不缘道；无谓有谓，有谓无谓，而游乎尘垢之外"；讲至人"乘

---

① 《庄子·天下篇》。
② 《庄子·逍遥游》。
③ 《庄子·大宗师》。
④ 《庄子·天下篇》。
⑤ 《庄子·田子方》。
⑥ 《庄子·齐物论》。

云气，骑日月，而游乎四海之外。死生无变于己，而况利害之端"①；"彼至人者，归精神乎无始而甘冥乎无何有之乡"②；"夫至人者，上窥青天，下潜黄泉，挥斥八极，神气不变"③；讲神人"上神乘光，与形灭亡，致命尽情，天地乐而万物销亡"④；以及广成子的"入无穷之门，以游无极之野。吾与日月参光，吾与天地为常"⑤ 等，讲的就是精神自我高尚纯粹者。在庄子看来，人只有"吾丧我"，成为圣人、神人、至人的存在，没有了物欲、情欲、功利一类的目的，无私无欲，"死生无变于己"，才能超越世俗的利害冲突，"归精神乎无始而甘冥乎无何有之乡"，才能使精神入无穷之门，以游无极之野，与日月参光，与天地为常，也才能立于"寥天一"的高处，与天地精神相往来。世俗之人、功利之徒及一切充满物欲、情欲者，心灵驰躁，沉滞于是非利害之境，是不可能达到这种精神境界的。

"吾丧我"，就是忘却自我及外部世界的存在。故亦称之为"忘物忘我"。忘物、忘我，冥于形上之"道"的存在，就是庄子所说的"堕肢体，黜聪明，离形去智，同于大通"的"坐忘"⑥。在庄子看来，人只有忘却自我及外部世界的存在，灵明心，神明觉，不为耳目视听之官所夺，才能与造物者为人，与天地精神相往来。庄子所说的"忘年忘义，振于无竟，故寓诸无竟"⑦；"假于异物，托于同体；忘其肝胆，遗其耳目；反复终始，不知端倪；茫然彷徨乎尘垢之外，逍遥乎无为之业"；以及讲"鱼相忘乎江湖，人相忘乎道术"；"相呴以湿，相濡以沫，不如相忘于江湖。与其誉尧而非桀也，不如两忘而化其道"⑧；"忘乎物，忘乎天，其名为忘己。忘己之人，是之谓入于天"⑨ 等，指的就是忘物、忘我与天地精神相

---

① 《庄子·齐物论》。
② 《庄子·列御寇》。
③ 《庄子·田子方》。
④ 《庄子·天地》。
⑤ 《庄子·在宥》。
⑥ 《庄子·大宗师》。
⑦ 《庄子·齐物论》。
⑧ 《庄子·大宗师》。
⑨ 《庄子·天地》。

往来的境界。进入纯粹形而上学的精神境界，不仅忘物、忘我，忘其所忘，忘记自我及外部世界的存在，而且能够忘其所不能忘，连"忘"本身也忘掉，才能真正与造物者相通，进入与天地精神相往来的状态。此即庄子所说"德有所长而形有所忘，人不忘其所忘而忘其所不忘，此谓诚忘"① 者也。与天地精神相往来，乃是体天地、冥变化、感通造化的无往不可的弘普精神，岂有存私欲、情系亲疏哉！只有忘物、忘我，忘却自我心智，让性灵心，神明觉，游于万物之外与天为一，不为视听所夺，不为形名所役，才能旷然无累，与变化为体而无所不通，才能冥于大道，同于大通，与天地精神相往来！此乃"登天游雾，挠挑无极；相忘以生，无所终穷"者也。会心于此种境界，莫逆于心，才是人生最高的精神境界。此乃子桑户、孟子反、子琴张三人相与友、"相视而笑"② 者也。

但要人丧失自我，或忘物、忘我，使之成为圣人、神人、至人那样的存在，也是不容易的。只有精神上与道相通，真君妙道存乎其中，成为生命真宰，成为自我内心的精神支柱，才能终身不役，颓然无累，应物无穷，心与物冥，游于天地之间。此即庄子"有真君存焉"③ 者也。获此"真君"，"一受其成形，不忘以待尽"，则无劳揩，率性而为，不丧其真，不忘其本而守之，即使誉毁之间，亦能自安其乐！庄子所说的忘物、忘我，游于天地间的圣人、神人、至人之内心世界，大抵是有真君妙道之主宰的。如说：

> 审乎无假而不与物迁，命物之化而守其宗也。④

> 圣人外天下，外物，外生，而后能朝彻，而后能见独；无古今，入于不死不生，无不将也，无不迎也；无不毁也，无不成也。其名为撄宁。⑤

> 夫至人有世，审乎无假而不与利迁，极物之真，能守其本，故外天地，遗万物，而神未尝有所困也。⑥

---

① 《庄子·德充符》。
② 《庄子·大宗师》。
③ 《庄子·齐物论》。
④ 《庄子·德充符》。
⑤ 《庄子·大宗师》。
⑥ 《庄子·天道》。

予方将与造物者，以出六极之外，而游无何有之乡，以处圹埌之野……至人之用心若镜，不将不迎，应而不藏，故能胜物而不伤。①

这里，"命物之化而守其宗"；"极物之真，能守其本"；以及"朝彻"、"见独"、"撄宁"、"独有"等，皆是圣人、神人、至人所怀的大道真君之主宰也。惟其能怀此大道真君主宰，才能朝彻、见独、独有，才能动而常寂，万物扰动，虽撄而宁。心有主宰，会通至道，才能宁静；心能宁静，才能朝彻见独，才能"极物之真，能守其本"，才能天下乱而心不乱，撄宁中养出精神境界。无此内心主宰，如何能审乎无假，与道相应，不与物变迁流转？不能极物之真，而守其形而上学的纯粹根本存在，如何能外天地，遗万物，使精神未尝有所困，能游于道德之乡，放任至道之境，荡然无不当，旷然无不适？这里所讲的"出六极之外，而游无何有之乡"；"外天地，遗万物，而神未尝有所困"，即庄子以道为主宰，精神世界与道相通，会其玄极，与天地精神相往来者也。会通至极之道为宗守，"举世而誉之而不加劝，举世而非之而不加沮"，超越世俗的价值判断，自然不"定乎内外之分，辩乎荣辱之境"②，而达到与天地精神相往来之境。

庄子以道为主宰，精神世界与道相通，与天地精神相往来，实际上乃是凭着纯粹理性直觉领悟天道本体的存在所达到的形上道德精神境界。这种理性，不是知识理性或科学理性，不是目的合理性或工具合理性，不是僵死的观念或逻辑思辨形式，而是人对天道性命之理的思维的价值合理性与情感合理性，或者说是关于本体的纯粹理性思维形式或纯粹意识。这种纯粹理性直觉，不是非理性的直观，不是脱离文化实践的先天知性，更不是完全的无意识或心理本能，而是天道性命之理沉淀于经验直觉的纯粹思维形式与知性形式，它是源于经验的，又是超越经验的；是超越经验的，又是存在于经验直觉之中的；是对本体的领悟与体认，又是无思无虑、与利害无涉的思维。庄子讲"至道之精，窈窈冥冥；至道之极，昏昏默默。无视无听，抱神以静。目无所见，耳无所闻，心无所知，遂于大明之上矣，至彼至阳之原也；入于窈冥之门矣，至彼至阴之原也"③；以及讲

---

① 《庄子·应帝王》。
② 《庄子·逍遥游》。
③ 《庄子·在宥》。

"知天乐者,无天怨,无人非,无物累,无鬼责。故曰:'其动也天,其静也地。以虚静推于天地,通于万物'"① 等等,实际上乃是忘却生死,斩断一切利害冲突,忘物、忘我、忘忘,以一种纯粹理性直觉,会通玄极至道的存在,与之合一、冥一的精神境界,是一种与利害无涉的纯粹的道德精神思维。此即庄子与天地精神相往来者也。

庄子于"寥天一"处与天地精神相往来,追求"无天怨、无人非、无物累、无鬼责"的境界,实乃是追求一种绝对精神的存在,一种人生最大的快乐与逍遥自在,一种无待的自由与心灵的自适。这种追求为后来道家的忘世人生天地提供了哲学基础,同时也为其虚静无为建构起了一种自由恬适的精神世界。

四　逍遥·自适与至乐存在

现在人们经常借用西方文化的"自由"、"快感"、"幸福感"、"幸福指数"一类的概念谈论社会生活与精神生活的感受。然而,这类概念并不能完全表达中国文化关于社会生活与精神生活的感受及人生追求。中国文化表达这类感受与追求的是身心的"逍遥"、"自在"、"至乐"与心灵"自适"一类的概念,而且它们并不仅仅是在社会学、心理学上讲,而是有着哲学最高的本体论根据的。西方文化的"自由"、"快感"、"幸福感"、"幸福指数"一类的概念,即使用之表达某些社会生活与精神生活的感受及人生追求,也充满机械感、本能意识,未有中国文化的身心"逍遥"、"自在"、"至乐"与心灵"自适"一类的概念表达内在的精神感受与形上追求那样尽意、那样形神毕肖,在庄子的精神哲学中更是如此。

庄子关于逍遥的追求就是这样。何谓逍遥?章太炎先生说:"'逍遥'者,自由之义;齐物者,平等之旨。然有所待而逍遥,非真逍遥也。无待,今所谓'绝对'。惟绝对乃得真自由。"② 这就是说,中国文化的逍遥或庄子所追求的逍遥,虽有"自由之义",但它并不是西方文化所说的自由主义的自由或无政府主义的自由,不是依赖因果联系的有待之自由,而是绝对精神的自由,不依赖因果关系的无待之自由。

---

① 《庄子·天道》。
② 《章太炎国学讲义》第176页,海潮出版社2007年版。

天地间任何事物的自由，都是相对的、有待的，处于因果关系上的，如鱼儿待水而自由，鸟儿待空气而自由。人则是不同的。人的自由，人心的自由，灵魂的自由，精神世界的自由，是无待的，不依赖因果联系的。因为心的自由追求，精神的自由追求，在庄子看来，乃是"立于宇宙之中，逍遥于天地之间而心意自得"①，是"乘天地之正，而御六气之辩，以游无穷"的活动或"圣人和之以是非而休乎天钧"的那样一种存在。精神达此高度，"吾有待而然者邪？吾所待又有待而然者邪？"② 人心、灵魂与精神的存在，用陆机的话说，是"收视反听，耽思旁讯"，"精骛八极，心游万仞"；"感应之会，通塞之纪，来不可遏，去不可止"③ 的，其自由的追求，何其能有所待也？它的整个思维活动，乃是一种"至理内充，时无不适；止怀应物，何往不通"的存在，一种"理无幽隐，消然而当，形无巨细，遥然而通"④ 的精神境界。因此，其为自由或逍遥，乃是一种自我放任于自得之场，身心无不感通、无不恬适而又无限自由自在的感受，是"入于寥天一"高处，"独与天地精神往来"的那样一种自由，是"审乎无假，而不与物迁；极物之真，能守其本。外天地，遗万物，而未常有所困"的自由，或者说是弃小知、绝形役、"归精神乎无始，而甘冥乎无何有之乡"、旷然无累的自由。由此可知，庄子所追求的逍遥或无待的自由，并不是野马似的无羁奔跑或放荡不羁、无所适从、无所遵循的存在，而是一个具有本体论意义的范畴概念，是立于"道"的形上本体论基础上讲的，是自我获得形上之"道"的那种无待而常通的自由，是精神世界"极物之真，能守其本"然后逍遥于"外天地，遗万物，而未常有所困"的无限自由自在的境界，或者像向秀、郭象所说的那样，是"与物冥而循大变，能无待而常通"⑤ 那样的无限自由。

　　在西方基督教文化中，天堂与地狱、彼岸世界与此岸世界、神圣世界与世俗世界，皆是相互对立、相互隔限的。而中国文化，自我与宇宙、天

---

① 《庄子·让王篇》。
② 《庄子·齐物论》。
③ 〔晋〕陆机《文赋》，《文选》卷17。
④ 〔唐〕陆德明《经典释文》释湛然《止观辅行传》弘决所引王瞀语，见《庄子集释》卷1上。
⑤ 刘义庆《世说新语》文学类，刘孝标注引向子期、郭子玄《逍遥义》。

道与人道、天心与人心、形下世界与形上世界,则是无隔限、可以互通的。惟此,《易》之为道,才能"变动不居,周流六虚"①。老子讲先天地而生的道,才是"独立而不改,周行而不殆"② 的存在。正因为形上形下无有隔限,庄子讲逍遥,讲无待的自由追求,才能"入于寥天一"高处,"独与天地精神往来",才能"外天地,遗万物,而未常有所困","归精神乎无始,而甘冥乎无何有之乡"。若形上形下有隔限,不能互通,人的心灵与精神世界只能停留于此岸的世俗世界,而不能达到彼岸的神圣世界,自然也就不能获得这种逍遥、这种无限自由的境界了。

"物各有性,性各有极"③。世界万物,虽然小大各殊,但其存在,无不是尽最大灵性,放任于自得之场,各任其性,各称其能,各当其分的。它们内在的生存需要及其最大灵性,全部是由放任自得之场所获得的。万物依其本性,各有各的逍遥自在:鱼儿有鱼儿的逍遥自在,鸟儿有鸟儿的逍遥自在,大鹏有大鹏的逍遥自在,燕雀有燕雀的逍遥自在。从这个意义上说,万物小大虽差,各任其性,苟当其分,以最大灵性,放任于自得之场,以求得自己内在的生存需要与精神需要,自然也各有各的逍遥与自在自由。万物如此,世界各族也是如此。外部世界所构成的视力场、思维场与放任自得的道德场,存在各种差异,因此发展出各自不同的道德精神世界,也是可以理解的。

但庄子所追求的逍遥或无待自由,并不是小私有者的心理,不是小私有者"饥者一饱,渴者一饮"的满足,或者像小鸟嘲笑大鹏所说的那样:"我穿梭飞翔于蓬蒿之间,多么快乐啊!你飞九万里那么高,那么费劲儿,有什么好啊?"而是"无待圣人,虚怀体道,乘两仪之正理,顺万物之自然,御六气以逍遥,混群灵以变化"④ 的高尚博大的道德精神情怀。正是因为这样,所以人们对郭象解《逍遥游》所说的"夫小大虽殊,而放于自得之场,则物任其性,事称其能,各当其分,逍遥一也"⑤,是否真正理解领悟了庄子的本义,是持怀疑态度的;而对支道林于白马寺中,卓然标新

---

① 《周易·系辞下传》。
② 《老子》第25章。
③ 郭象《庄子注·逍遥游第一》。
④ 成玄英《庄子·逍遥游疏》。
⑤ 郭象《庄子·逍遥游注》。

理而立异义于众贤之外的《逍遥论》，则更表示了几分赞许与敬意！支氏《逍遥论》说：

> 夫逍遥者，明至人之心也。庄生建言大道，而寄指鹏鷃。鹏以营生之路旷，故失适于体外；鷃以在近而笑远，有矜伐于内心。至人乘天地而高兴，游无穷于放浪。物物而不物于物，故遥然而不我待；玄感不为，不疾而速，则遥然靡所不适。此所以为逍遥也。若夫有欲当其所足，足于所足，快然有似天真，犹饥者一饱，渴者一盈，岂忘烝尝于糗粮，绝觞爵于醪醴哉！苟非至足，岂所以逍遥乎！①

支道林以"物物而不物于物，故逍然而不我待"，解释"至人之心"，以"玄感不为，不疾而速，遥然靡所不适"，解释逍遥之境与无待自由，自然是高明的，尽管它充满了佛教虚灵的知觉形气，但讲"至人乘天地而高兴，游无穷于放浪"，而不以"饥者一饱，渴者一盈"为满足，还是道出了庄子逍遥与无待自由的"至足"以及"遥然靡所不适"感的。此真理解庄子"建言大道，而寄指鹏鷃"者也。

这种逍遥与无待自由，在庄子那里不仅是一种驰骋于天地间、徜徉在道体之上的最高精神境界，也是一种"吾丧我"之后，与道偕行所获得的无比逍遥、自在、自适的心境。所谓"圣人之生也天行，其死也物化；静而与阴同德，动而与阳同波；不为福先，不为祸始；感而后应，迫而后动"；所谓"去知与故，循天之理。故无天灾，无物累，无人非，无鬼责。不思虑，不豫谋。其寝不梦，其觉无忧。其神纯粹，其魂不罢。虚无恬淡，乃合天德"②，就是其与道偕行所获得的无比逍遥、自在、自适的心境。进入这种境界，不仅浅薄的知识被完全抛却，而且从根本上消除了主客观的界限。这就是庄子梦蝴蝶的境界：

> 昔者庄周梦为蝴蝶，栩栩然蝴蝶也，自喻适志与！不知周也。俄然觉，则蘧蘧然周也。不知周之梦为蝴蝶与，蝴蝶之梦为周与？周与蝴蝶，则必有分矣。此之谓物化。③

物化，即新新变化，物物迁流之谓也。这种物化，乃是大化流行、相

---

① 见刘义庆《世说新语》文学类，刘孝标注引支道林《逍遥论》。
② 《庄子·刻意》。
③ 《庄子·齐物论》。

续不断、毫不停顿，俄而庄周梦为蝴蝶，俄而蝴蝶之梦为庄周，前后不知、彼此相忘、瞬息即变的存在。因此，人在这种生化流转中，应该无劳于生死，不为生死、存在不存在所累。人的一生，处于种种社会关系与外物存在中，因其彼此依赖，一有作为，不是套人就是被套住，因而被弄得非常不自由，更不要说精神上逍遥、自在与自适了。因此，在庄子看来，人之生也，惟有生死无纤介于胸，脱然无累，与道偕行，与化为一，不被任何外在世俗的事物套住，才能获得人生无比的逍遥、自在与自适；而若矫情伪行，执着于名物，劳累于生死，于域限内分别执着，被外物所驱使或被套住，也就是"役人之役，适人之适，而不自适其适"① 了。我过去曾说过，做过一个梦，想飞起来。最初，怎么也飞不起来。后来，好像宇宙间有种声音提示我说："只要你放下一切私心杂念、一切包袱，也就可以飞起来了！"我按照这种提示，放下了一切拖累于我的想法、念头、心理障碍、包袱，于是飘飘然真的飞起来了，而且飞得那样轻松，那样自然，就像壁画中的飞天人物一样。这虽然是一个梦，但醒来它告诉我，人生真想飞起来，不论是在事业上还是在精神上，就必须放下一切私心、一切包袱，不为其所累。②

在庄子那里，驰骋于天地间，徜徉于大道，所获得的无比逍遥、自在与自适，不仅被视为最高的精神境界，也是人生最大的快乐，即他所谓的"至乐"。"天下有至乐无有哉？有可以活身者无有哉？"庄子这样问。如果有至乐，有这种活身法，那么，它应该是什么样的？根据是什么呢？如何寻找这种最大的快乐并与之相处呢？又如何判断快乐、不快乐？这就是庄子谈及至乐一开始就提出的一大堆问题。在庄子看来，追求、享受"富贵、寿善、身安、厚味、美服、好色、音声"，都是世俗的所谓快乐，是根本算不上至乐的。获得富贵、寿善、身安、厚味、美服、好色、音声，"耆欲深者，其天机浅"③。它不仅不益于人生，损于人的自然本性，而且不能建立起精神世界。离开精神世界，不能获得逍遥、自在与自适的自我存在，世俗不以为苦，反而陷入忧愁惧虑，追求世俗的富贵、寿善、身安、厚味、美服、好色一类的生存方式，实在是很愚蠢的！这样做，庄子

---

① 《庄子·大宗师》。
② 《绵延论》第333页，陕西人民出版社2003年版。
③ 《庄子·大宗师》。

不仅以为非为至乐，而且认为陷入声色物欲的追求，连个好的活身法都不是。故他说：

> 夫富者，苦身疾作，多积财而不得尽用，其为形也亦外矣。夫贵者，夜以继日，思虑善否，其为形也亦疏矣。人之生也，与忧俱生，寿者惽惽，久忧不死，何苦也！其为形也亦远矣……今俗之所为与其所乐，吾又未知乐之果乐邪，果不乐邪？吾观夫俗之所乐，举群趣者，誙誙然如将不得已，而皆曰乐者，吾未之乐也，亦未之不乐也。果有乐无有哉？吾以无为诚乐矣，又俗之所大苦也。故曰："至乐无乐，至誉无誉。"①

那么，什么是庄子所说的至乐呢？就是他所说的"无为诚乐"、"至乐无乐，至誉无誉"。这种至乐是什么样子呢？郭象注"无为诚乐"曰："夫无为之乐，无忧而已。"② 成玄英疏"至乐无乐，至誉无誉"曰："若以庄生言之，用虚淡无为为至实之乐。"③ 庄子认为，从宇宙万物大化流行、相续不断、毫不停顿的生化来看，"万物职职，皆从无为殖"，皆是自生耳，非为种植也。此乃"天无为以之清，地无为以之宁，故两无为相合，万物皆化"也。因此，在他看来，自然无为乃是天地万物的最高法则，亦乃是是非非的最高的价值判断标准。故曰"无为可以定是非"④。一旦介入人的作为、人的价值判断，因是因非，因非因是，就陷入"彼亦一是非，此亦一是非了"，无法定是非了。故"圣人不由，而照之于天"⑤，以天道无为为最高标准。此亦即老子"圣人无为"、"道常无为而无不为"、"知无为之有益"⑥ 的思想。

但庄子并不仅仅是接受了老子无为的思想，而是以此为大本大宗，把它发展成了一种最高的价值准则，一种人生最为自适快乐的存在状态，即以虚淡无为、是非双泯、生死两忘为人生之至乐。庄子讲南郭子綦隐机而

---

① 《庄子·至乐》。
② 郭象《庄子注·至乐第十八》。
③ 成玄英《庄子·至乐疏》。
④ 《庄子·至乐》。
⑤ 《庄子·齐物论》。
⑥ 《老子》第29、37、43章。

坐，仰天而嘘，隐机而闻天籁之声，"夫吹万不同，而使其自已"①，是此境界；讲知天乐，"静而与阴同德，动而与阳同波"，亦是此种境界。在庄子看来，大块造化，弘普无私，人的一生，不过是匆匆之过客，偶尔为人，忽又返化，何者属于你的存在，何者不属于你的存在？这是很难说定的。人之生也，不过"大块载我以形，劳我以生，佚我以老，息我以死"② 而已。因此他认为，人之生也，面对着盈虚聚散，生死穷通，惟有虚己应物，忘天地，遗万物，一切顺乎自然，与化为一，旷然无累而无不适，才能避免陷入人生的尴尬，陷入生不能生、死不能死的撄宁境地；惟有智慧宽大，率性虚淡，冥心会道，泯灭形名，在微妙玄通中是非双泯、生死两忘，无天怨，无人非，无物累，无鬼责，以虚静推于天地，通于万物，才能取得人生无适无不不适的最大快乐，即虚淡无为无忧的至乐；而若因非因是，因是因非，然于然，不然于不然，心耽滞于眼前之境，情困于流荡之变，执而不化，往而不返，则使人陷入不善生、不善死之地矣。虚淡无为无忧，身心旷然无累，自然自在，至适忘适，至善忘善，乃是人生至乐的最佳境界。这就是庄子所说的"至人无己，神人无功，圣人无名"③ 之境。庄子不仅把它看作是人生最大的快乐，而且视为人的一种最好的存在状态；而且这种状态是齐生死而存在的。这就是庄子所写的骷髅不愿使司命复其形以生的寓言④所包含的深刻寓意。旧说庄子此说乐生恶死，谬也。自然，现代人亦有说庄子人生观消极者。但庄子以道体的虚淡无为为大宗大本，从哲学本体论上为人找到了一种精神存在方式，较之现

---

① 《庄子·齐物论》。
② 《庄子·大宗师》。
③ 《庄子·逍遥游》。
④ 《庄子·至乐篇》说：庄子之楚，见空骷髅，髐然有形，撽以马捶，因而问之，曰："夫子贪生失理，而为此乎？将子有亡国之事，斧钺之诛，而为此乎？将子有不善之行，愧遗父母妻子之鬼，而为此乎？将子有冻馁之患，而为此乎？将子之春秋故及此乎？"于是语卒，援骷髅，枕而卧。夜半，骷髅见梦曰："子之谈者似辩士。视子所言，皆生人之累也，死则无此矣。子欲闻死之说乎？"庄子曰："然。"骷髅曰："死，无君于上，无臣于下；亦无四时之事，从然以天地为春秋，虽南面王乐，不能过也。"庄子不信，曰："吾使司命复生子形，为子骨肉肌肤，反子父母、妻子、闾里、知识，子欲之乎？"骷髅深矉蹙頞曰："吾安能弃南面王乐而复为人间之劳乎！"

代人游谈无根的胡乱指点人生，还是非常高明的。

人生哲学，人的性命之理与形上知觉存在，虽然是以道体存在为大宗大本的，但不论人是智是愚，是思虑豫谋，还是恬淡虚无，凡穷理尽情致命，及至德内充、忘怀应物、驾驭群品，最终是离不开人的灵明之心离不开虚灵不昧之心性本体存在的；特别是精神世界的发生、提升与存在更是如此。因此，叙述庄子在精神史上的地位，研究了解其天府、灵台是怎样一种心性本体存在及其在纯化、提升、放飞精神世界的大用，就显得尤为必要了。

五　灵台·心斋与精神世界

中国自上古圣贤明哲继天立极，关于天道本体的"惟精惟一"的思考至矣尽矣。尧之所受舜者，舜之所受禹者，以及三代相传者，皆虚灵之心的知觉道体之纯粹也。它构成道统的根本精神，也构成了华夏诸族的性命之理。发展到晚周时期，尽管百家兴起，有点"杂"，有点"偏颇"，多"得一察焉以自好"，然其陶铸古今而为学，终是百虑而一致，殊途而同归，在文化哲学上仍然坚持着上古道统，以灵明心性思考形上天道本体的存在。管子讲"心者，智之舍也。人皆欲智，唯圣人得虚道"[①]；孔子讲"天下之人，齐明盛服，以承祭祀，以心思考"；"洋洋乎如在其上，如在其左右"的存在，思考"视之而弗见，听之而弗闻，体物而不可遗"[②] 的鬼神之德；孟子讲"耳目之官不思"；"心之官则思"[③]；以及讲尽心、知性、知天[④]，皆是讲的心性本体存在及其大用也。这在老子那里，就是"致极虚，守静笃。万物并作，吾以观复"；"介然有知，行于大道"[⑤] 的存在。它发展到庄子的精神哲学，更是独具慧心悟道，发明"灵台"、"灵府"、"心斋"诸多范畴概念，阐明精神的创造与存在。

灵台，即灵明之心，即虚灵不昧之心体。庄子是在宇宙论的高度讲心

---

① 《管子·心术上第三十七》。
② 《中庸》第16章。
③ 《孟子·告子上》。
④ 《孟子·尽心上》。
⑤ 《老子》第16、53章。

性灵明的本体存在的。庄子所说的"宇泰定者，发乎天光。发乎天光者，人见其人，物见其物。人有脩者，乃今有恒。有恒者，人舍之"，就是在宇宙论高度，讲心性本体对天道恒有存在的接纳。宇泰定者，即道也；舍之，即人、自我以其灵明之心，昭明其天光，应机而接纳之也。"宇泰定者，发乎天光"，亦即《诗经》所说的"皇矣上帝"[1]、"昊天上帝"[2] 或《尚书》所说的"近天子之光"的"皇极"存在也。曰"皇矣"、曰"近天子之光"或"发乎天光"者，乃谓天道皥旰光明之存在也。因其是"泰定"者，是"会其有极，归其有极"的存在，故曰"有恒"也。在庄子看来，"学者，学其所不能学也；行者，行其所不能行也；辩者，辩其所不能辩也；知止乎其所不能知，至矣"。若不能达到这个形而上学的最高存在，则"天钧败之"。天钧，即《齐物论》所说"圣人和之以是非而休乎"者也。它实际上乃是圣人虚怀达道、和是非于纯一的存在之心也。庄子就是在人心接纳"宇泰定者"之存在上讲灵台、讲心之虚灵不昧的存在的：

> 备物以将形，藏不虞以生心，敬中以达彼，若是而万恶至者，皆天也，而非人也，不足以滑成，不可内于灵台。灵台者有持，而不知其所持，而不可持者也。[3]

郭象注曰："灵台者，心也。"但此心虽"备物以将形"，属于自生之心，但它不是在血肉之心、在生物有机体上讲的，而是穷通天理、接纳"宇泰定者"之心。故曰"敬中以达彼"；故曰"灵台者有持"。穷通天理，接纳"宇泰定者"，内化于心，成为灵明虚静的存在而不觉，故曰"有持，而不知其所持，而不可持者也"。有此心，有此灵台的存在，才万恶不能入于内。此皆天心也，非生物有机体之人心也。惟诚乎此心，幽明无愧，方能独行。庄子本是自然本体论者，讲自然无为，反对外物入于心的，然其哲学，不论是讲心还是讲道，皆以天道自然为本体存在。故这里讲灵台，将先天自生之心与穷通天理之心、天心与道心完全统一起来，统一于天道自然本体的存在上。故曰：灵台者，天道义理之心也。其虚灵不

---

[1] 《诗经·大雅·皇矣》。
[2] 《诗经·大雅·云汉》。
[3] 《庄子·庚桑楚》。

昧，接纳"发乎天光"的道体存在，即光明炯炯之精神世界。

在庄子那里，天之道与人之道是不一样的，形下的社会人生事物与形上的精神世界存在也是不一样的。"无为而尊者，天道也；有为而累者，人道也"。人悟得天道，得之谓德，最高纯粹者，即是道德精神。故曰："中而不可不高者，德也；一而不可不易者，道也；神而不可不为者，天也。不明于天者，不纯于德；不通于道者，无自而可；不明于道者，悲夫！"① 因此，在庄子看来，"死生存亡，穷达贫富，贤与不肖，毁誉，饥渴寒暑，是事之变"，皆是人之道，生命的运动；而其变化，是不能测度、不能乱于形上中和之道的。因此，这些社会人生事物，是"不可入于灵府"② 的。灵府，即心也。郭象注曰："灵府者，精神之宅也。"讲"不可入于灵府"，即不可进入精神之宅也。这就是说，死生穷达，命行事变，代谢迁流，不是属于精神世界的存在；只有接至道而喜悦，和性不滑者，才可入于心，进入精神世界。

人的心性，不仅是穷通天理的灵台、精神之宅的灵府，更是一个精神创造的渊源，一个创造性的本体存在。庄子所讲的"虚室生白"就是这样一个精神创造的渊源与本体存在。虚室即虚灵不昧的心室，即能够"坐驰"，即能够"徇耳目内通而外于心知，鬼神将来舍"的存在，亦即集"吉祥止止"、至虚至静的存在。惟此，才能智照真源，会其玄极本体的存在；若其不能至虚至静，会其玄极本体，又如何能应坐而驰骛不息呢？庄子将这样一个心室称之为"心斋"。何谓心斋？"唯道集虚，虚者，心斋也"③。集虚，即集"道"的寂寞虚无存在，即抽象思维天道义理的存在而集其义。这种抽象思维，自然要精神安静，淡泊忘怀，专心致志，"无听之以耳而听之以心"，"听止于耳，心止于符"，不缘于境物，拘于象数，凝思玄鉴，会通玄极至道，徇耳目内通而外于心知，虚室纯白独生，吉祥善福，皆凝静于心，内心则是一片洁净美好的精神世界矣！此明儒董沄所说"执天之机，明于天下之故者也"④。荀子曾批评"庄子蔽于天而不知

---

① 《庄子·在宥》。
② 《庄子·德充符》。
③ 《庄子·人间世》。
④ 《从吾道人语录》，《徐爱 钱德洪 董沄集》第146页，江苏凤凰出版集团2006年版。

人"①。其实，在形而上的意义上讲，庄子对人心性本质之了解，要远比荀子形下的人性论高明得多！

穷通天理的灵台、虚灵不昧的心斋，所以能够"唯道集虚"，将寂寞虚无的形上之"道"变为精神的存在，除其具有"虚室生白"的创造性思维外，它还能够领悟天道法则无形无象的存在。庄子认为，"天地有大美而不言，四时有明法而不议，万物有成理而不说"，其为形上之"道"或天道本体，乃是一个不言、不议、不说的形而上学存在，圣人要集此道大美、明法、成理的存在，并将各种神圣美好的意义创造为精神世界，惟有"原天地之美而达万物之理"，领悟其"惛然若亡而存，油然不形而神，万物畜而不知"的存在方可。故曰"至人无为，大圣不作"②；故曰"夫得是，至美至乐也，得至美而游乎至乐，谓之至人"③。庄子在许多地方谈及人虚灵之心的知性悟性能力。有一段记述广成子回答黄帝何以"达于至道"而治身长久的提问，说得极为淋漓尽致：

> 至道之精，窈窈冥冥；至道之极，昏昏默默。无视无听，抱神以静，形将自正。心静必清，无劳女形，无摇女精，乃可以长生。目无所见，耳无所闻，心无所知，女神将守形，形乃长生。慎女内，闭女外，多知为败。我为女遂于大明之上矣，至彼至阳之原也；为女入于窈冥之门矣，至彼至阴之原也。天地有官，阴阳有藏，慎守女身，物将自壮。我守其一以处其和，故我修身千二百岁矣，吾形未常衰。④

这里虽然是将对形上之"道"的领悟与治身养生联系在一起说的，但在庄子看来，治身养生也离不开对"道"的领悟，离不开建立精神世界。惟无视无听，抱神以静，领悟至道窈窈冥冥的存在，"于大明之上，至彼至阳之原；入于窈冥之门，至彼至阴之原"，将其精神内化于心，"慎守女身，守其一以处其和"，才能身修自壮，形之不衰。其他像对"道无终始，物有死生，不恃其成；一虚一满，不位乎其形"⑤的理解

---

① 《荀子·解蔽》。
② 《庄子·知北游》。
③ 《庄子·田子方》。
④ 《庄子·在宥》。
⑤ 《庄子·秋水》。

以及对道"于大不终，于小不遗，广广乎其无不容也，渊乎其不可测"①的理解等，无不是与人灵明之心之知性悟性联系在一起的。心有此知性悟性，放德而行，循道而趋，才能会通至极之道的存在，精神达到最高境界。

"天地有大美而不言，四时有明法而不议，万物有成理而不说"，其为义理，虽然不言、不议、不说；其为存在，虽曰无形无形、恬淡虚无，但它也说明，中国文化的形上之"道"或天道本体，并不是空无一物的死寂存在，不是无任何价值意义与道德之质的存在，而是其"有情有信"②、"至精无形"③的存在，是"不用而寓诸庸"、"滑疑之耀，圣人之所图"④者。对于这样一个至精至神、神鬼神帝、生天生地的存在，若没有心的纯粹存在，没有心的形而上学至精至神的思维，或者只是以小嗤大的鴳雀"蓬心"⑤、务于机关的"机心"⑥、以技艺疲劳形体的"怵心"或受物之累的当"刳"之心⑦等，要想建立起纯粹的精神世界是根本不可能的。例如陷入"机心"就是这样。在庄子看来，"有机械者必有机事，有机事者必有机心。机心存于胸中，则纯白不备；纯白不备，则神生不定；神生不定者，道之所不载也"⑧。心不虚，就像人生存没有空间一样，姑嫂住在一个房间，吵吵闹闹，还能做什么事呢！心也是这样。正是因为心是虚灵的，是一个集虚的心斋，一个穷通天理的灵台，一个精神的安宅，一个若水的不杂而清、莫动而平的灵性存在，所以它才能创造一个"精神四达并流，无所不极"的精神世界，一个"上际于天，下蟠于地，化育万物，不可为象，其名为同帝"⑨的存在。

这种精神创造，不是耳目闻见之知，不是知觉物于物的存在，而是

---

① 《庄子·天道》。
② 《庄子·大宗师》。
③ 《庄子·秋水》。
④ 《庄子·齐物论》。
⑤ 《庄子·逍遥游》。
⑥ 《庄子·德充符》。
⑦ 《庄子·天地》。
⑧ 同上。
⑨ 《庄子·刻意》。

"堕肢体，黜聪明，离形去智，同于大通"①、"达于情而遂于命"② 的知觉；是"立于本原而知通于神"③ 的思维；同时，也是"神动而天随"④，"不知耳目之所宜，而游心乎德之和"⑤ 的境界。这种精神创造的本质，是"精神生于道"⑥；是"入无穷之门，以游无极之野，与日月参光，与天地为常"⑦ 的道德思维。故"其来无迹，其往无崖，无门无房，四达之皇皇"；故"思虑恂达，耳目聪明，用心不劳，其应物无方"⑧。但不管这种思维怎样油然无系，神游无方，怎样来不可遏，去不可止，但它最终离不开灵明之心，离不开此心对天道义理的形上知觉。"心彻为知，知彻为德"⑨。惟心以此为知觉主宰，为性命之理的存在，它所获得的才是道德精神的世界。故曰："唯有德者能之。"⑩

这样，人要创造并获得道德精神世界，就有一个养心问题，有一个保持灵台洁净，使心斋虚通大道，使神府"精神四达并流，无所不极"的问题，否则，"乱天之经，逆物之情，玄天弗成"，也就不能创造并保持精神世界了。因此，庄子提出一个养心以保持灵明之心的形上思维问题。他说：

> 意！心养。汝徒处无为，而物自化。堕尔形体，吐尔聪明，伦与物忘；大同乎涬溟，解心释神，默然无魂。万物云云，各复其根，各复其根而不知；混混沌沌，终身不离；若彼知之，乃是离之。无问其名，无窥其情，物固自生。⑪

庄子这里所说的"心养"，就是养心，就是心得以养。养心即处心无

---

① 《庄子·大宗师》。
② 《庄子·天运》。
③ 《庄子·天地》。
④ 《庄子·在宥》。
⑤ 《庄子·德充符》。
⑥ 《庄子·知北游》。
⑦ 《庄子·在宥》。
⑧ 《庄子·知北游》。
⑨ 《庄子·外物篇》。
⑩ 《庄子·德充符》。
⑪ 《庄子·在宥》。

为，使心不为物的形名所累，被浅薄的知识支离，被世俗的情感与伦理道德支配，使身心两忘、物我双遗的状态，荡心乎大同，混沌乎无知而不离乎自然，让心堕肢体，黜聪明，离形去智，保持同于大通的境界，也就是心"藏乎无端之纪，游乎万物之所终始，一其性，养其气，合其德，以通乎物之所造"①的境界。因此，养心，就是养神，就是"纯素之道，唯神是守；守而勿失，与神为一"，就是使心"纯粹而不杂，静一而不变，惔而无为，动而以天行"②的状态。心只有保持在这种纯粹状态，才能"精神四达并流，无所不极"，而灵台穷通天理或心斋"唯道集虚"、"虚室生白"，获得形上道德感，精神之宅才是虚灵纯粹的精神世界。

这样一个虚灵纯粹的精神世界的出现，一个精神之宅的建立，自然与灵台、心斋一类的心性本体论存在的大用分不开，但它也是和庄子哲学的最高知识论联系在一起的。它就是庄子哲学物物而不物于物的最高知识论。庄子哲学非凡的超越精神，除了他的超绝的形而上学，另一个哲学基础就是它的最高知识论。要最终弄清庄子哲学的超越精神，研究叙述其哲学最高知识论是非常必要的。

六 物物而不物于物的最高知识论

庄子认为，"道"的存在是未始有封的，整个外部世界的存在，也是未始有封的，是"至精无形，至大不可围"的存在。对于这样一个无限广袤的世界，一个未始有封的世界，一个"至精无形，至大不可围"的世界，"吾生也有涯，而知也无涯"③，人的知识能力是有限的。以有限的生命寻求无限的知识，岂能不困惑？岂能不造成形劳神弊、危及人的生命？更何况"至精无形，至大不可围"的世界，乃是"无形者，数之所不能分也；不可围者，数之所不能穷也"④的存在呢！即使人能认识有形的世界，那么，未形的世界呢？如何认识那"且方将化，恶知不化哉？方将不化，恶知已化哉"的世界呢？因此，庄子认为："知天之所为，知人之所为者，

---

① 《庄子·达生》。
② 《庄子·刻意》。
③ 《庄子·养生主》。
④ 《庄子·秋水》。

至矣。"人乃天生者也，故天地万物，凡其所有者，不可一日而无不相与。然人的寿夭又是不可知者。能够知天之所为，知人之所为，"以其知之所知，以养其知之所不知，终其天年而不中道夭"①，即庄子所谓至知盛知者也。由此可知，庄子哲学的知识论乃是有主体性的，是以有利于人的生存为知识的最高价值的。

何谓知识？"知者，接也。知者，谟也。"知识即交接事物、谋谟事情所获得的认识。但是"道"的知识，并不仅仅是以目之所视、耳之所听为知的，而是以目之所视、耳之所听之不知者为知识的。故曰："知者之所不知，犹睨也。"世俗的贵富名利、容动气意及恶欲喜怒哀乐之情欲，虽可勃志，但更多的是塞其道、累其德的，是不能获得"道"的知识、建立道德精神世界的。惟有胸中涤荡这些东西，才能纯正，"正则静，静则明，明则虚，虚则无为而无不为也"。从人生根本上说，道是人生的法则，德是精神的光辉，道德本性是人的本质规定性，行为受此支配，方不失厚笃纯正之人生。故曰："道者，德之钦也。生者，德之光也。性者，生之质也。性之动，谓之为。为之伪，谓之失。"与物相接而知，不过是形名的知识；能"知者之所不知"，"动以不得已"而用之，一任自然，才是道德精神世界获得的最高的知识。此即"动以不得已之谓德，动无非我之谓治，名相反而实相顺"②者也。

庄子哲学追求最高知识，并非仅仅是为了"终其天年"，也非仅仅为率性而动，合于正理，更为主要的是为了获得宇宙万物的终极存在，以此建立信仰信念，精神上获得彻底解放与无待自由，使自我彷徨乎尘垢之外，逍遥于无何有之乡，过得更加逍遥自在。这仅仅靠耳目知觉获得物的知识是不行的，因为任何物的知识都是有待的，都是连接在因果循环论上的。在因果循环论上谈知识，说生甲是因为乙，生乙是因为丙，生丙又说是因为甲等等，这种解释只能团团打转，最终不知道何者为宗，何者为终极的存在，因而最终不能解除人的困惑，更不要说以此为终极存在建立人们的信仰与信念了。故庄子对这种知识提出疑问说："人皆尊其知之所知，而莫知恃其知之所不知而后知，可不谓大疑乎？"③而且"自细视大者不

---

① 《庄子·大宗师》。
② 《庄子·庚桑楚》。
③ 《庄子·则阳》。

尽，自大视细者不明"①，物于物而解释知识的产生更容易为物蔽，为形役，最终造成为物所累，不能认识"至精无形，至大不可围"的世界。因此，庄子认为，只有物物而不物于物，才能够知识那造物的大物，知识那"知有所困，神有所不及"②的存在。"浮游于万物之祖，物物而不物于物，则胡可得而累邪！"③惟不为无所累，才能超越物在，才能"明乎物物者之非物"者，获得"独有"的存在。获得这样的知识，才是最为可贵的，才能建立最高的信仰与信念，在精神上独往独来。他说：

>夫有土者，有大物也。有大物者，不可以物；物而不物，故能物物。明乎物物者之非物也，岂独治天下百姓而已哉！出入六合，游乎九州，独往独来，是谓独有。独有之人，是谓至贵。④

大物即造物者，即"物物者之非物"的存在，亦即"夫大块载我以形，劳我以生，佚我以老，息我以死"⑤者，或化万物而不化者，抑或"万化而未有始极"⑥的存在。它在无形无象的存在上，就是前面所说的"天地有大美而不言，四时有明法而不议，万物有成理而不说"的存在，它在至精至神的最高本体论上，就是"神明至精，与彼百化，物已死生方圆，莫知其根"的存在，亦即"憯然若亡而存，油然不形而神，万物畜而不知"的天道本体。这个形上本体，乃是化万物而不化者，抑或万化"未有始极"的存在。故庄子在回答东郭子至道形而上学的存在时，关于明于物物而不物于物的存在，曾将自己的感受作了如下描述：

>寥已吾志，无往焉而不知其所至，去而来而不知其所止，吾已往来焉而不知其所终；彷徨乎冯闳，大知入焉而不知其所穷。物物者与物无际，而物有际者，所谓物际者也；不际之际，际之不际者也。谓盈虚衰杀，彼为盈虚非盈虚，彼为衰杀非衰杀，彼为本末非本末，彼为积散非积散也。⑦

---

① 《庄子·秋水》。
② 《庄子·外物》。
③ 《庄子·山木》。
④ 《庄子·在宥》。
⑤ 《庄子·大宗师》。
⑥ 《庄子·田子方》。
⑦ 《庄子·知北游》。

圣人之知，在于能物于物，知其分际，然"物物者"又是"与物无际"的。因此，物质世界的存在，虽有物情分别，可以取舍万端，然就道体存在而言，就明于物物者无物的存在而言，则是"际之不际"的存在。停滞于"不际之际"，受物之蔽，形之役，不能于形上处知识最高的本体存在，则流于世俗浅薄的知识论矣。而能够物物而不物于物，超越物在，知识"际之不际"的存在，才是圣贤明哲的达观世界。以此达观明于物物者无物的存在，富贵贫贱，生老病死，如此之类的盈虚衰杀之变，皆不过是"天地一指也，万物一马也"的存在，岂是浅薄的知识可以语言的！故曰"彼为盈虚非盈虚，彼为衰杀非衰杀，彼为本末非本末，彼为积散非积散也"。庄子说："小知不及大知，小年不及大年。朝菌不知晦朔，蟪蛄不知春秋，此小年也。楚之南有冥灵者，以五百岁为春，五百岁为秋；上古有大椿者，以八千岁为春，八千岁为秋，此大年也。"在庄子看来，只是以相对的有限知识，"奚以知其然也？不亦悲乎！"①

形而上学的天道本体乃是"与物无终无始，无几无时"②的存在，或曰"无古无今，无始无终"③的存在。它虽"神经乎大山而无介，入乎渊泉而不濡，处卑细而不惫，充满天地"，然放于自得之地，是不损己为物的，故曰"既以与人，己愈有"④；它虽"心困焉而不能知，口辟焉而不能言"，然"至阴肃肃，至阳赫赫；肃肃出乎天，赫赫发乎地；两者交通成和而物生焉"；虽"纪而莫见其形"，虽"消息满虚，一晦一明，日改月化，日有所为，而莫见其功"，然却是"生有所乎萌，死有所乎归，始终相反乎无端而莫知乎其所穷"⑤，可以为之宗，建立信仰信念而不惑，成为人的最高性命之理。这个"浮游于万物之祖，物物而不物于物"的存在，不管将它怎样抽象，怎样虚化，怎样变为油然无系、神用无方的存在，实际上它就是生化万物的天地之道、阴阳之理，就是将此道此理提升到了"夫虚静恬淡寂寞无为"而为"万物之本"⑥的存在，提升为"彼神

---

① 《庄子·逍遥游》。
② 《庄子·则阳》。
③ 《庄子·知北游》。
④ 《庄子·田子方》。
⑤ 《庄子·田子方》。
⑥ 《庄子·天道》。

明至精，与彼百化"① 者。这就是庄子所追求的最高知识，即哲学的"至知论"。

庄子认为，人们所获得的知识不同，受此支配的心态行为与精神气质是极为不同的；没有神明至精的最高知识，不仅会使人生陷入偏执虚妄，而且不会有宽舒灵性的精神世界。庄子曾对此作了极为详尽的对比描述：

> 大知闲闲，小知间间；大言炎炎，小言詹詹。其寐也魂交，其觉也形开，与接为构，日以心斗：缦者，窖者，密者。小恐惴惴，大恐缦缦。其发若机栝，其司是非之谓也；其留如诅盟，其守胜之谓也；其杀若秋冬，以言其日消也；其溺之所为之，不可使复之也；其厌也如缄，以言其老洫也；近死之心，莫使复阳也。喜怒哀乐，虑叹变慹，姚佚启态；乐出虚，蒸成菌。日夜相代乎前，而莫知其所萌。已乎，已乎！旦暮得此，其所由以生乎！②

大知，即知天知人的至知盛知，即无物不然、万物一然的知识，亦即"恢恑憰怪，道通为一"的知识。获此大知，获此最高的知识，自然率性虚淡，智慧宽大，故曰"闲闲"；而滞留于感官材料所获得的物之偏狭知识，其取其舍，间隔分别，自然内心狭窄，性灵偏促，故曰"间间"。间间也，即知识上分别间隔也。陷入间隔分别的知识，以此取舍，不仅会影响心智，而且爱言辞激烈的争辩。这种争辩，不论是激烈的大言，还是美好的小言，滞于偏狭之境，皆是无益的。与物接而为知识，为谟谟而为形名，本来就是只知其所成、不知其所毁的短视之见。让这样的知识日斗于心，逐于境识，怎么能不累于德，塞于道，梦寐精神错乱，醒来形质被染呢！至于小恐惴惴，大恐沮丧，更是将生命置于机栝之中，沉溺于生死是非之情，而不知大道舒展开合之变所致。其实，这些都是人心沉滞于死地而不知复生之道。故其喜怒哀乐，虑叹变慹，姚佚启态，皆是执迷于眼前之境，而不知大道转变无穷。虚假不真，故其乐也出虚，其蒸也成菌，并不能获得人生真正的快乐！其实，天地万物轮转循环、变化日新是不停顿的，前后更替，日夜相代，皆是自然而然耳，不知其端绪！人又何必固执

---

① 《庄子·知北游》。

② 《庄子·齐物论》。

于偏狭知识之境，使道德精神受此累呢！

　　庄子说："德荡乎名，知出乎争。名也者，相轧也；智也者，争之器也。二者凶器，非所以尽行也。"① 在庄子看来，物的知识，与物接而获得的知识，并不能使人变得聪明，反而使人陷入无穷的争夺，丧失道德精神。惟有放弃物的形名知识，放弃使人争斗的小知小识，放弃"世俗之所谓知者"，获得"道"的知识，获得大道至精至神的最高知识，才能发展出神明高远的精神世界，使"人含其明，则天下不铄矣；人含其聪，则天下不累矣；人含其知，则天下不惑矣；人含其德，则天下不僻矣"②。

　　那么，人怎么样才能获得"道"的知识、获得大道至精至神的最高知识呢？《庄子》提出了许多方法论，例如达观的视野方法。立于实践而又高于实践，虽履于地而不赖于土，恃其所不知而后"知大一，知大阴，知大目，知大均，知大方，知大信，知大定，至矣。大一通之，大阴解之，大目视之，大均缘之，大方体之，大信稽之，大定持之"，就是其达观的视野方法。它实际上乃是忘天地，遗万物，凭着道德理性直觉，知照天地万物的大法则，知识"天地一指也，万物一马也"的存在，稽之不疑，持之大定，"以不惑解惑，复于不惑，是尚大不惑"。庄子把集大虚、备大德看作是圣人"并包天地，泽及天下"而知大备的方法。"夫大备矣，莫若天地；然奚求焉，而大备矣"；惟"知大备者，无求，无失，无弃，不以物易己也。反己而不穷，循古而不摩"，才能在精神上建立至诚不息的信仰信念。有此信仰信念者，谓之"大人之诚"③。

　　还有一种方法，是继老子为道"损之又损"④ 来的，就是抽象了再抽象，剥落了再剥落，就是旁日月，挟宇宙，将天地万物一切时空的具体存在都压缩到眼底，透视其生生化化的奥秘，然后去此去彼，去芜去杂，去尧之誉，去桀之毁，去掉一切偏见、边执及从不同视野所获得的理论、观点、见解、知识，去看那"参万岁而一成纯，万物尽然而以是相蕴"⑤ 的存在。庄子所说"为道者日损，损之又损之以至于无为，无为

---

① 《庄子·人间世》。
② 《庄子·胠箧》。
③ 《庄子·徐无鬼》。
④ 《老子》第48章。
⑤ 《庄子·齐物论》。

而无不为也";"至言去言,至为去为"①;"与其誉尧而非桀,不如两忘而闭其所誉"② 等,就是这样一种方法。这与达观的方法一样,都是站在极高处,以道德理性直觉把握形上之"道"的终极存在以建立信仰信念的。

不论是达观地知识"天地一指也,万物一马也"的存在,还是旁日月,挟宇宙,去此去彼,知识"参万岁而一成纯,万物尽然而以是相蕴"的存在,都是和人的灵明之心、和庄子所说的"灵台"、"灵府"、"心斋"的心性本体存在联系在一起的。此心性本体所以能够知识"与物无终无始,无几无时"的形上之"道",实乃人凭着纯粹的理性直觉,在宇宙浩浩大化中知觉形上大道本体存在,以为知觉主宰处,获得性命之理也。"道之所一者,德不能同也;知之所不能知者,辩不能举也"。惟不求之以察,索之以辩,以纯粹的理性直觉,始于玄冥,凝神不分,反于大通,"藏乎无端之纪,游乎万物之所终始,一其性,养其气,合其德",使世俗事务无以入于灵府,才能知觉形上之"道","通乎物之所造","其天守全,其神无郤"③,成为性命之理的存在。此乃以"不道之道,不言之辩",而"德总乎道之所一"者也。故曰"言休乎知之所不知,至矣"④,亦乃"不以辩饰知,不以知穷天下,不以知穷德"者也。故曰"道固不小行,德固不小识。小识伤德,小行伤道"⑤。

庄子认为,接万物所获得的知识,因物在无方,即使穷尽千殊万品,所得到的也不过是事物的大小、长短、修远之存在而已。因此,知识体悟形上之"道"的存在,是不能停留于接物、停留于象数上的。因为精粗是在事物形态上说的,对于无形者,是不能用象数逻辑分析的;对于不可范围的存在,数也是不能穷尽的。物之粗者,是可以言论的;物之精者,是可以意致的,但对于形上之"道"非精粗的存在,是言之所不能论、意之所不能察的,它只能入乎无言无意之域而后至焉。此即"以其至小求穷其

---

① 《庄子·知北游》。
② 《庄子·外物》。
③ 《庄子·达生》。
④ 《庄子·徐无鬼》。
⑤ 《庄子·缮性》。

至大之域，是故迷乱而不能自得"①者也。对于"道"的"知有所困，神有所不及"的存在，怎么办？只能"去小知而大知明，去善而自善"②；只能"视乎冥冥，听乎无声；冥冥之中，独见晓焉；无声之中，独闻和焉"③，即凭着纯粹的理性知觉，知觉领悟至大无外，至小无内，充塞于宇宙，流行于万物，无所隐遁的形上之"道"，知觉领悟道体的"至精无形，至大不可围"的存在。

晚周时期，特别是发展到"战国虎争，驰说云涌"的时期，诚如刘知幾所说的"人持弄丸之辩，家挟飞钳之术，剧谈者以谲狂为宗，利口者以寓言为主，若《史记》载苏秦合纵，张仪连横，范雎反间以相秦，鲁连解纷而全赵"④，可以说当时的知识分子面对周室衰微、天下大乱、诸侯纷争的局面，无不以自己的知识诉诸诸侯，但其治道与治术多是停留在物的小知小识上的。有的人自以为博学得像圣人，知识盖过所有人，得意忘形，为了申诉自己的主张，实际上是为谋取自己的利益，不惜"独弦哀歌以卖名声于天下"。庄子对这类人的知识及其卖弄知识的行为，是非常看不起的，故其嘲笑说："大声不入于里耳……高言不止于众人之心，至言不出，俗言胜也。"⑤

自然，也有看不起庄子的超绝至大之学问的。当时惠施就曾对庄子说，您的学问太大，大得像个巨型的大葫芦，既不能做菜吃，又不能解瓢用；大得像棵臃肿盘瘿的大樗树，不着绳墨，不中规矩，大而无用，匠人看都不愿看它一眼。"庄子则告诉惠施说，那大葫芦本来就不是做菜吃、解瓢用的，而是系做腰舟，去浮江湖、渡迷津的。那大樗树本来就不是供匠人着绳墨规矩去做家具的，而是逍遥养性、荫庇苍生的。您的心如短曲不畅的蓬间所生，又怎么能直达玄理，理解、领悟那微妙玄通、深不可识的大道呢？⑥这就是说，在庄子的哲学中，形而上学的大道本体存在及其最高知识，本来就不是解决吃饭穿衣及工具之用，而是解决宇宙万物

---

① 《庄子·秋水》。
② 《庄子·外物》。
③ 《庄子·天地》。
④ 刘知几《史记札记》。
⑤ 《庄子·天地》。
⑥ 参见《庄子·逍遥游》。

的终极存在及人生价值和意义问题。人要与天为一，要想解决信仰信念及精神世界的问题，若被形而下的知识所困惑，不能获得大道，获得形上之"道"的最高知识，执着于形而下的是是非非、然与不然，是根本不可能的。"化其万物而不知其禅之者，焉知其所终？焉知其所始？何谓人与天一邪？"① 人皆知物的知识有用、象数的知识有用，而不知道体的大用，不知道体流行、化生万物之用，不知"道"的至精至神、寂然不动之大用。此即庄子所说"人皆知有用之用，而莫知无用之用也"②。无用者，广大之用也。六合之内，广大无限之地，人之所用，不过容足，在宇宙更为广大的范围内，人之用又算得了什么呢？因此，"知无用而始可与言用"，懂得这一点，则"无用之为用也亦明矣"③。

这并不是说庄子是傲视社会人生的哲学思想家。不是的。他的整个哲学在于追求形而上学的终极存在，解决精神世界的信仰信念问题，以便获得人生的逍遥、自在与自适。但这不等于庄子忽视社会人生。他虽无仕途之心，"千金，重利，卿相，尊位"，丝毫不为之所动，拒绝楚威王厚币迎之为相，但这不等于庄子对天下事漠视，不关心人的存在，不关心众生的权利地位，恰恰相反，他是一个极力提倡众生平等的哲学思想家。以道观物的众生平等观，就是庄子哲学的一个重要思想，而且是在最高本体论上认识解决这一问题的。

七 以道观物的众生平等观

庄子是立于"寥天一"高处，独与天地精神相往来的哲学家。建言大道，明至人之心，《逍遥游》中的大鹏是颇具文化象征意义的。大鹏之徙于南冥也，水击三千里，抟扶摇而上九万里，御风而行，绝云气，负青天向下望，"野马也，尘埃也，生物之以息相吹也"！然其立于"寥天一"处，仰望圆穹，碧空高远，苍茫无穷，看"天之苍苍，其正色邪？其远而无所至极邪？其视下也，亦若是则已矣"④。"其正色邪"，上之视下亦若

---

① 《庄子·山木》。
② 《庄子·人间世》。
③ 《庄子·外物》。
④ 《庄子·逍遥游》。

下之视上一样，所寓意的乃是庄子一种众生自由平等的文化观，或者说它体现着一种众生自由平等的文化精神！

人生自由不自由、平等不平等，社会经济地位之外，从世俗的社会人生来说，还有一个价值判断的问题，有一个能不能"正色"的问题。世俗社会很多人是不能"正色"的，而是各以自得之场傲视别人的。世人不辨天地之正色，大鹏亦乃不知南溟之远近，自胜其力而至之。大鹏飞得很高，而鷃雀嘲笑之说，你飞那么高干啥？飞那么高，费那么大力气，有什么意思呢？我腾跃而上，虽不过数仞，穿梭于蓬草之间，不是也很愉快、也很自由自在吗？其实，鹏以营生之路旷，失适于体外；鷃雀以近而笑远，矜伐于内心，皆是不能"正色"，以自得之场傲视别人者也。"毛嫱丽姬，人之所美也，鱼见之深入，鸟见之高飞，麋鹿见之决骤，四者孰知天下之正色哉？自我观之，仁义之端，是非之途，樊然殽乱，吾恶能知其辩！"① 正因为人生自由不自由、平等不平等有个能不能"正色"的问题，有一个价值判断的问题，所以郭象说："夫小大虽殊，而放于自得之场，则物任其性，事称其能，各当其分，逍遥一也，岂容胜负于其间哉！"依郭象之观点，劝人对自由平等的判断与追求，不要超过能力的界限，而要以自我的本性去实现。故其曰："夫质小者所资不待大，则质大者所用不得小矣。故理有至分，物有定极，各足称事，其济一也。若乃失乎忘生之生而营生于至当之外，事不任力，动不称情，则虽垂天之翼不能无穷，决起之飞不能无困矣。"②

对郭象的这种观点，也有批评其为小私有者心理，满足于"饥者一饱，渴者一饮"，不能真正理解庄子追求逍遥之心者。因此引出了支道林卓然标识新理的《逍遥论》，讲"物物而不物于物，则遥然而不我得；玄感不为，不疾而速，则逍然靡不适"的自由观。其实，郭象讲"唯与物冥而循大变者，为能无待而常通"③ 的逍遥，也是在支道林"玄感不为，遥然靡所不适"意义上讲的。支氏也好，郭氏也好，所讲的"遥然而不我待，遥然靡所不适"的逍遥皆是在精神上讲的，并非庄子所追求的众生自由平等观。

---

① 《庄子·齐物论》。
② 郭象《庄子·逍遥游注》。
③ 郭象《庄子·逍遥游注》。

庄子的众生自由平等观，是站在大道本体论的高度，以道观万物，所引申出来的政治哲学思想。他说：

> 以道观之，物无贵贱；以物观之，自贵而相贱；以俗观之，贵贱不在己。以差观之，因其所大而大之，则万物莫不大；因其所小而小之，则万物莫不小；知天地之为稊米也，知毫末之为丘山也，则差数睹矣。以功观之，因其所有而有之，则万物莫不有，因其所无而无之，则万物莫不无；知东西之相反而不可以相无，则功分定矣。以趣观之，因其所然而然之，则万物莫不然；因其所非而非之，则万物莫不非；知尧、桀之自然而相非，则趣操睹矣。①

以道观之，是无贵无贱、众生平等的。社会人生所以有贵有贱，若以物观物，物的存在，有合理性与不合理性，所谓贵贱，不过是各以其合理性自贵而彼此相贱而已。这发展为世俗的观点，人的存在，妄生好恶，得失宠辱不断变化，贵贱则非自我可把握矣！其实，物之贵贱，人生平等不平等，不过是以等级差别的标准，看待事物及社会人生的存在，不是立于"道"、立于天地万物一律看待问题。若以差别看问题，因其所大而大之，则万物莫不大；因其所小而小之，则万物莫不小，差别复差别，则社会人生有无限的差别，也有说不尽的不平等！事物的性质不同，差别的标准不同，则天地可为稊米，毫末可为丘山矣！这样，贵贱、平等不平等的差别则不胜数矣。如果从功能上看，人与万物的存在皆有自己的功能而不具备其他功能，而且有些功能是不同的，甚至是相反的，但总是各有分定的。凡此，若以不同的情趣意志去操作看待，"因其所然而然之，则万物莫不然；因其所非而非之，则万物莫不非"，尧、桀也各有自己的价值标准，则必失万物之性，将是非标准弄乱矣。从庄子所说可以看出，如何看待事物贵贱、人生平等，不仅有个哲学本体论，有个最高的价值标准问题，而且不同事物的性质也是不可忽视的。

庄子认为："以道观之，何贵何贱？"贵贱之道，平等不平等，反复相循，不过是拘泥于自我价值判断而矜持之，是与形上之"道"的本体存在不相干的。从大道泛兮、以养生化万物看，"道无终始，物有死生"，是无假待而后生成的；而阴阳消息、盈虚变化，则不能执守形骸，拘于名分。

---

① 《庄子·秋水》。

更何况这种变化，年不能令去，时不可令止，终而复始，循环无穷。因此，讲事物贵贱，人生平等，不应以矜持世俗是非为介怀，而应"语大义之方，论万物之理"，从"物之生也，若骤若驰，无动而不变，无时而不移"的自然生化，即"自化"①，引出价值判断的最高原则。这个原则就是庄子的自然本体论。自然者，自然而然者也。庄子认为，形上之"道"，不是伪为虚妄的存在，而是自自然然之理。鸢飞鱼跃，风动蛇行，乌黑鹄白，皆天机自然、活活泼泼的存在。天地生万物，放任自得之场，各任其性，各称其能，皆是物之自然、理之当然者也。鹏之能上，鹦之能下，椿之能长，菌之能短，不为而自然所能，亦天地自然，理之正者也。乘天地之正，顺乎万物之性，即顺此自然之理，以定事物自然之性质、功用与地位也。贵贱、平等不平等，立于自然本体论基础，坚持自然差等，以道之无为治天下，才能于物不伤亦不伤人。

这自然不是说，庄子承认人生下来就具有政治上不平等的本质规定性与自然合理性。不是的。庄子是不承认这种规定性与合理性的。他认为，"天地虽大，其化均也，万物虽多，其治一也"；人虽众多，而主君乃是"原于德而成于天"②者也。远古以来，所以有君，不过是他能悟得天道至德而已。而一般庶民，若能修得天道至德，"与天为徒者，知天子之与己，皆天之所子"也。若能如此，帝王与我皆禀于天，物无贵贱，得失一也，善与不善，奚"独以己言蕲乎而人善之，蕲乎而人不善之邪"③？这实际上把人置于"道"的最高本体论地位：人皆上天之子，因此，人人在上天面前都是平等的！这与西方文化讲"人人在上帝面前平等"是一个道理。上古文化虽有"天生烝民"④、"惟皇上帝，降衷于下民"⑤的说法，并且肯定了人的天道本质，但将帝王与庶民并列，"皆天之所子"，出现在庄子著作中则是第一次。它不仅为建立神圣的政治民主制度提供了形上本体论根据，也使众生平等观在哲学上得到了合理性解释，而不至于流于肤浅无根据的空谈。

---

① 《庄子·秋水》。
② 《庄子·天地》。
③ 《庄子·人间世》。
④ 《诗经·大雅·烝民》。
⑤ 《尚书·汤诰》。

庄子哲学是从天道自然本体论出发考虑整个社会历史的存在的。因此他认为，为政之道，在于贯通"道"的精神："以道观言而天下之君正，以道观分而君臣之义明，以道观能而天下之官治，以道泛观而万物之应备。故通于天地者，德也；行于万物者，道也。"帝王为政之道，在于蓄养天下，"无欲而天下足，无为而万物化，渊静而百姓定"①。他的最高理想，就是帝王的无心而任自化。其为天下之治，是"汝游心于淡，合气于漠，顺物自然而无容私焉"；其为明王之治，是"功盖天下而似不自己，化贷万物而民弗恃"②；而其为圣治，则是"官施而不失其宜，拔举而不失其能，毕见其情事而行其所为，行言自为而天下化，手挠顾指，四方之民莫不俱至"③。庄子之谈论贵贱与众生平等，皆是立于天道自然本体论、帝王无心而任其自化的政治下讲的。因此，贵与贱、平等不平等，皆不过是乘天地之正，顺万物之性，以其自然本体论，定其不同性质、功用与地位而已。正是从这一点出发，庄子反对以钩绳规矩剥削人的自然性情，主张天下处于"常然"④状态。

正是从自然本体论出发，所以庄子认为，贵与贱、平等不平等都是相对的，而不是绝对的。"以不平平，其平也不平；以不征征，其征也不征。"征，应也。征与不征，即如何感应，如何看待平与不平也。从小处看，可能不平；然从大处看，则又是平的。这就像乱石铺路一样，盯住小处看某一点，乱石嶙峋，极为不平，但从整体上看，从高处远处看，又是极为平坦的。因此，高明的感应者，不是执于眼前所见，而是凭着极高的精神达于至平之境。惟此，才是神明的感应；否则，恃其所见，执其自是，自以为深入人民，其实不过是外在功夫，是很愚蠢的。在庄子看来，如此做，"不亦悲乎"！⑤ 这就是庄子立于自然本体论的众生贵贱平等观。

庄子不是那种汲汲于功名富贵的人，而是要"与天为徒"、"不与人为徒"⑥，所追求的是至德和平之境，纯粹的道体精神世界，而不是世俗的贵

---

① 《庄子·天地》。
② 《庄子·应帝王》。
③ 《庄子·天地》。
④ 《庄子·骈拇》。
⑤ 《庄子·列御寇》。
⑥ 《庄子·大宗师》。

贱、平等的存在。因此，关于贵贱、平等一类的问题，他并没有提出更多的见解。但他从自然本体论出发，以道观物，以道观天下，所提出的众生无贵无贱的平等观仍然是值得重视的。

八　附：列子御风而行的生命精神

列子，《汉书·艺文志》列为道家，载其著作八篇，并注"名御寇，先庄子，庄子称之"。《庄子》有《列御寇》一篇，所述可见列子哲学的基本精神。王船山解其"大率以内解为主，以葆光不外炫为实，以去明而养神为要，盖庄子之绪言也"①。故将其哲学精神附于庄子之后。

刘向校《列子》新书目录序说："列子者，郑人也，与郑缪公同时。"② 缪，音穆。故"郑缪公"亦称"郑穆公"。柳宗元认为，郑穆公在孔子前几百年，《列子》书于此时何以言子产、邓析事？因为子产、邓析的事发生在其后的郑简公及定公时代，因此认为，列子当在鲁穆公时，刘向"言鲁穆公时遂误为郑耶"。考据鲁穆公十年相当于郑缪公二十四年③。柳河东的考辨大体是对的。成玄英注疏《庄子·逍遥游》之列子，亦云："姓列，名御寇，郑人也。与郑缪公同时。"郑缪公在位二十五年，即公元前423年~公元前398年，列子的学术活动大体在这段时间。列子曾问于关尹④，可知其稍年轻于关尹子。

刘向收录《列子》凡二十篇，除去重复的十二篇，校定为八篇。今本《列子》为晋张湛辑录各种传本而成，内容基本上是可靠的。现行本则有近人杨伯峻《列子集释》。

《庄子》说："列御寇，盖有道之士也。"但其很穷，"容貌有饥色"。郑相子阳曾派使者送去粮食，列子拜辞不受⑤。"子列子居郑圃，四十年人无识者。国君卿大夫示之，犹众庶也"⑥，可知当时在郑国之默默无

---

① 《庄子解·杂篇·列御寇》，《船山全书》第 13 册第 452 页。
② 《诸子集成》（三）《列子注》。
③ 《列子辩》，《柳河东集》卷 4。
④ 《庄子·黄帝》。
⑤ 《庄子·让王》。
⑥ 《列子·天瑞》。

闻也。

列子曾师从关尹子、壶丘子、老商氏、支伯高子等。观其所学，则主要在于内心养神之术。《列子》曾说其"师老商氏，友伯高子，进二子之道，乘风而归"，记述其学道过程说：

> 自吾之事夫子友若人也，三年之后，心不敢念是非，口不敢言利害，始得夫子一眄而已。五年之后，心庚念是非，口庚言利害，夫子始一解颜而笑。七年之后，从心之所念，念庚无是非；从口之所言，庚无利害，夫子始一引吾并席而坐。九年之后，横心之所念，横口之所言，亦不知我之是非利害欤，亦不知彼之是非利害欤；亦不知夫子之为我师，若人之为我友：内外进矣。而后眼如耳，耳如鼻，鼻如口，无不同也。心凝形释，骨肉都融；不觉形之所倚，足之所履，随风东西，犹木叶干壳。竟不知风乘我邪？我乘风乎？①

这一记述同样见于《仲尼》篇，"庚"作"更"。学道学到"心凝形释，骨肉都融"，完全丧失是非利害之心，以至于"不觉形之所倚，足之所履，随风东西"，竟不知"风乘我邪？我乘风乎？"就像庄子"不知周之梦为蝴蝶与，蝴蝶之梦为周与？"可算是进入道德境界矣。特别是讲"形之所倚，足之所履，心之所念，言之所藏。如斯而已。则理无所隐"②，更是在道德形而上学的高度讲精神境界的。惟"理无所隐"，才能明心性之极；而明心性之极，才能无所而不照，达于无我之境界。此列子讲内心养神之术也。

列子认为，宇宙间"有生不生，有化不化"者，而且"不生者能生生，不化者能化化。生者不能不生，化者不能不化，故常生常化。常生常化者，无时不生，无时不化。往复其际不可终，疑独其道不可穷"。这实际上是坚持一种宇宙本体论存在。这个本体论存在，就是无时不生、无时不化、往复不可终、独立不可穷的形上之"道"。它也就是老子所说的"寂兮廖兮，独立而不改，周行而不殆，可以为天地母"③的存在；庄子

---

① 《列子·黄帝》。
② 《列子·仲尼》。
③ 《老子》第25章。

所说的"自本自根,未有天地,自古以固存"①者。关于道与物的关系,形上形下的关系,列子曾引关尹喜话说:"道若物者也。物自违道,道不违物。善若道者,亦不用耳,亦不用目,亦不用力,亦不用心。欲若道而用视听形智以求之,弗当矣。瞻之在前,忽焉在后;用之弥满,六虚废之,莫知其所。亦非有心者所能得远,亦非无心者所能得近。唯默而得之,而性成之者得之。"②可见其言道还是在形而上学意义上讲的。

刘向《列子书录》说:"其学本于黄帝、老子。"但《列子》于哲学本体论上似并不纯粹。《列子》曾引《黄帝书》曰:"谷神不死,是谓玄牝。玄牝之门,是谓天地之根。绵绵若存,用之不勤。"③这句话可见于《老子》第6章。但老子讲本体论,则是"载营魄抱一",讲"圣人抱一为天下式"④的。即使庄子独与天地精神相往来,也是讲"恢恑憰怪,道通为一"⑤、"通于一而万事毕"⑥的。中国文化自唐虞时代,就讲"惟精惟一"。而到了列子,讲"有生不生,有化不化。不生者能生生,不化者能化化"的本体论,则弄出了"太易、太初、太始、太素"的诸多说法。它在讲生化方面,讲"太初者,气之始也;太始者,形之始也;太素者,质之始也",使"气形质具而未相离"及"一变而为七,七变而为九。九变乃复变而为一"的过程,但在本体论上则流入形而下矣。

列子认为,有形者生于无形,天地含精,万物化生,皆太初太始气质所化。从这个意义上说,"天地无全功,圣人无全能,万物无全用";圣人教化,也只能"随所宜而不能出所位者也"⑦。但他认为,若立于大道本体论看世界,万物生化是无有穷尽的;宇宙万物的生灭,皆不过是出于机、入于机而已。人的生命就存在于无穷无尽的生化绵延之中,若将生死推之于至极领域,则既无生,亦无死矣。这也是隐者妻死拾穗行歌不辍的原因所在。这并非列子不重视人的生命。不是的。他是非常重视生命的:

---

① 《庄子·大宗师》。
② 《列子·仲尼》。
③ 《列子·天瑞》。
④ 《老子》第10、22章。
⑤ 《庄子·齐物论》。
⑥ 《庄子·天地》。
⑦ 《列子·天瑞》。

"天生万物，唯人为贵。而吾得为人，是一乐也。"但是，在列子看来，宇宙大化流行，一切都是可以转化的，蝴蝶化而为虫，鸲化而为鸟，"死之与生，一往一反"而已。"故死于是者，安知不生于彼？故吾知其不相若矣，吾又安知营营而求生非惑乎？亦又安知吾今之死不愈昔之生乎？"故有人问，天与地既然是气质之积而成形的，那么，"夫天地，空中之一细物"，它会不会坏、会不会毁灭呢？子列子闻而笑曰："言天地坏者亦谬，言天地不坏者亦谬。坏与不坏，吾所不能知也。虽然，彼一也，此一也。故生不知死，死不知生；来不知去，去不知来。坏与不坏，吾何容心哉？"① 列子讲"死之与生，一往一反"，虽然给人以生死轮回之感，但他把生死置于宇宙的大化流行中看待人的生命存在，则不仅是极为达观，而且赋予了个体生命的精神存在以大化流行、生生不息的意义！

　　列子先于庄子，但其对于外部世界存在的思辨似仍停留在知识论上，而不是哲学本体论的追求。例如，庄子虽然对外部世界的无穷存在采取"六合之外，圣人存而不论；六合之内，圣人论而不议"的态度，但其讲世界万殊存在还是立于"恢恑憰怪，道通为一"的本体论的，立于"天地一指，万物一马"的道体统一性的，而列子肯定外部世界为无穷存在则是立于知识论的。故其答"物有无先后"之问说："无则无极，有则有尽。无极之外复无无极，无尽之中复无无尽。无极复无无极，无尽复无无尽。朕以是知其无极无尽也，而不知其有极有尽也。"而答"四海之外奚有"之问，是从知识论上讲"大小相含，无穷极也。含万物者，亦如含天地。含万物也故不穷，含天地也故无极"，而其讲"焉知天地之表不有大天地者乎？亦吾所不知也"②，则几乎陷入了不可知论矣。不过，其讲"大小相含，无穷极也"，则包含着宇宙万物无穷存在的辩证思维。

　　正因为列子于哲学本体论上不够纯粹，对外部世界的思辨仍然停留在知识论上，因此，其讲外部世界的存在，虽然视野极为广阔，但仍不能像庄子那样"参万岁而一成纯，万物尽然而以是相蕴"，看待世界万物的纯粹存在，精神世界也不能达到庄子"寥天一"的高处。列子好游，但其所游也不过是"观之所变"而已，并不能达到他老师壶丘子所说的"至游

---

① 《列子·天瑞》。

② 《列子·汤问篇》。

者，不知所适；至观者，不知所眠"①的境界。《庄子》说"列子御风而行"②。成玄英注疏此说："得风仙之道，乘风游行。"《释文》也说其"得风仙，乘风而行"。可知列子之游非庄子的逍遥游也，更无庄子建言大道、明至人心境之旨，其"御风而行"不过是学神仙家之术而已。它就像《山海经》所说的灵山十巫，"从此升降"，或夏后开之乘两龙，"上三嫔于天"③那样。《楚辞》讲"灵皇皇兮既降"④，"灵之来兮如云"⑤，也属于此类。它说明列子思想蜕变于宗教巫术之不远也。《列子》所记"有神巫自齐来处于郑，命曰季咸"，说其"知人死生、存亡、祸福、寿夭，期以岁、月、旬、日如神。郑人见之，皆避而走"，而"列子见之而心醉"⑥，也说明列子是多么醉心于宗教巫术了。列子之说，虽虚泊辽阔，然诚如柳河东所说，其"居乱世，远于利，祸不得逮乎身，而其心不穷"。

王船山说《庄子·列御寇》篇所说"益冲之流，苛察纤诡之说，既非夫子之言，抑与庄子照之以天之旨显相抵牾"⑦。此说何止于《列御寇》篇也，整个《列子》也如是也。但自唐天宝元年（公元742年）设玄学博士，将《列子》尊奉为《冲虚至德真经》，与《老子》、《庄子》、《文子》并列为四部道家著作经典，《列子》就在道教史上变得重要起来。但不论是从哲学本体论上说，还是从精神史上说，《列子》皆是不可与《老子》、《庄子》同日而语的。

---

① 《列子·仲尼篇》。
② 《庄子·逍遥游》。
③ 《山海经·大荒西经》。
④ 《楚辞九歌·云中君》。
⑤ 《楚辞九歌·湘夫人》。
⑥ 《列子·黄帝篇》，此记载亦见《庄子·大宗师》。
⑦ 《庄子解·杂篇·列御寇》。

第十四章　荀子学说的德法精神

内容提要：荀子是一位主张经世致用、平治天下的大儒，晚周战国末期一位重要的思想家。他认为，世之大儒不应是权势地位的追求者，而应是"总方略，齐言行，一统类，告之以大古，教之以至顺"的经世者，是与时迁徙，与世偃仰，千举万变，其道如一者。因此，其为人也，"虽隐于穷阎漏屋，无置锥之地，而王公不能与之争名；用百里之地，而千里之国莫能与之争胜"。历史上虽然"荀孟"并称，然孟子以"知性知天"为宗，荀子则以天道法则为宗；孟子继承儒家的是心性之学，而荀子继承的是周公、孔子的德法之教。故荀子之学，重在礼教德法及其体统纲领与彝伦大法。其谓"性恶"论，乃在化性起伪，通过礼义教化，克服人性的异化，使"资朴之于美，心意之于善"，发展道德精神世界。荀子认为，"心不可以不知道。心不知道，则不可道而可非道"。惟心"虚一而静"，处"大清明"状态，才能会通一切、统摄一切，治理天下，而其定是非、决嫌疑，才不失误。孟子尊王贱霸，而荀子王霸并重，不如孟子之学纯正。故韩愈批评荀子"大醇而小疵"。

荀子是晚周战国末期一位重要的思想家，儒家的另一位代表人物。他虽然不像孟子那样为精神发展提供了心性本体论，然他在继承发扬周孔礼教的德法精神方面则是极有影响的。秦汉时期人们常"荀孟"并称，可知其在中国文化史、精神史上之地位。

《史记》说："荀卿，赵人。"① 荀子的姓，秦汉时有"荀"、"孙"、

---

① 《史记·孟子荀卿列传》。

"郇"三种写法。"荀"、"郇"为同源孳生字,"荀"、"孙"则属同音之转。故先秦关于荀子的名姓,有"荀卿"、"孙卿"或"荀况"、"荀郇"的不同称呼。《史记·索隐》:"名况。卿者,时人相尊而号为卿也。后亦谓之孙卿子者,避汉宣帝讳改也。"所说"卿者,时人相尊而号为卿也",即刘向《荀子叙录》所说:"兰陵人多善为学,盖以孙卿也,长老至今称之;兰陵人喜字为卿,盖以法孙卿也。"兰陵人喜字为卿,历史上并不少见,如孟喜,兰陵人,字长卿,父号孟卿;周堪,齐人,字少卿。荀况被称为"荀卿"、"孙卿"或"孙卿子",大概是荀子50岁游学于齐以后,齐国人对他的尊称。但对"孙卿子者,避汉宣帝讳改",清人谢墉考据则不以为然。他认为,"考汉宣名询,汉时尚不讳嫌,名且如后汉李恂与荀淑、荀爽、荀悦、荀彧,俱书本字。讵反于周时人名,见于典籍而改称之?若然,则《左传》自荀息至荀瑶多矣,何不改耶?"①此说有理。荀子即荀况,曰"荀卿"、"孙卿"或"孙卿子"者,乃是后人(主要是齐人)对其的尊称。

荀子的生卒年史无明确记载。关于荀子的活动,司马迁在《史记》中给出了两个时间,即荀子"年五十始来游学于齐"和"齐襄王时,荀卿最为老师"。另外,还暗藏着两个时间,即"荀卿适楚,春申君以为兰陵令",及"春申君死而荀卿废,因家兰陵。因葬兰陵"。荀子的生卒年,根据司马迁所给定的这几个时间,大体可以推定。《史记》是这样说的:

> 荀卿,赵人,年五十始来游学于齐。驺衍之术迂大而闳辩;奭也文具难施;淳于髡久与处,时有得善言。故齐人颂曰:"谈天衍,雕龙奭,炙毂过髡。"田骈之属皆已死,齐襄王时,而荀卿最为老师。齐尚修列大夫之缺,而荀卿三为祭酒焉。齐人或谗荀卿,荀卿乃适楚,而春申君以为兰陵令。春申君死而荀卿废,因家兰陵。荀卿……于是推儒、墨、道德之行事兴坏,序列著数万言而卒。因葬兰陵。②

《史记》说荀子"年五十始来游学于齐"是非常肯定的。《风俗通义》说威、宣时孙卿"年十五,始来游学"③乃是对《史记》的误读,且不去

---

① [清]谢墉《荀子笺释序》,见《诸子集成》第2册。
② 《史记·孟子荀卿列传》。
③ [汉]应劭《风俗通义·穷通》。

管它。《史记》虽然没有具体说荀子哪一年来齐,但来齐时应是稷下学派最盛的时候,即《史记》所说的"自驺衍与齐之稷下先生,如淳于髡、慎到、环渊、接子、田骈、驺奭之徒,各著书言治乱之事,以干世主,岂可胜道哉"①的时期,亦即驺衍、驺奭、淳于髡"久与处,时有得善言"的时期。这时候荀子闻其学术盛况而来齐游学,应该说是符合实际情况的。这是什么时候呢?《史记》说:"宣王喜文学游说之士,自如驺衍、淳于髡、田骈、接子、慎到、环渊之徒七十六人,皆赐列第,为上大夫,不治而议论。是以齐稷下学士复盛,且数百千人。"②稷下学派起于齐桓公,但最盛应是齐宣王之时。荀子此时来齐,与刘向《荀子序录》叙述稷下宣、威之盛后,讲"是时,荀卿年五十,始来游学"是一致的,只是刘向叙述宣、威之序颠倒了,应是威、宣之盛。宣王在位为公元前319年~公元前305年。荀子50岁来齐时至少在公元前305年之前。以此推算,荀子至少生于公元前355年左右。宣王之后的湣王在位17年,到齐襄王元年时(公元前283年),荀子已过67岁,近70岁矣。此时"田骈之属皆已死",荀卿年长"最为老师"是很自然的事;德高望重,"修列大夫之缺","三为祭酒",也是很自然的事。湣王在位17年间,荀子是否去楚、返赵、去秦,可暂且略而不论。但《史记》所说的"齐人或谗荀卿,荀卿乃适楚,而春申君以为兰陵令",则是齐襄王时的事。此时荀子应是70岁左右。荀卿适楚为兰陵令的时间,《史记》说:"考列王元年,以黄歇为相,封为春申君";"春申君相楚八年,为楚北伐灭鲁,以荀卿为兰陵令。"③ 楚考列王元年为公元前262年,八年为公元前255年。这就是说,荀卿于公元前255年适楚为兰陵令时应为70多岁,而不应考定为82岁④。荀子八十多岁出任兰陵令是不可想象的。《史记》说"春申君死而荀卿废,因家兰陵";及说荀卿"推儒、墨、道德之行事兴坏,序列著数万言而卒。因葬兰陵",据《史记·春申君列传》,春申君卒于楚考烈王二十五年(公元前238年)。若荀卿适楚为兰陵令时为70岁,春申君卒时荀子应为87岁。

---

① 《史记·孟子荀卿列传》。
② 《史记·田敬仲完世家》。
③ 《史记·春申君列传》。
④ 张岂之主编《中国学术思想编年》(先秦卷)第504页,陕西师范大学出版社2005年版。

春申君死后不久荀子去世，卒年应在公元前238年以后。荀子享年近90岁。综上所述，荀子的生卒年大体应在公元前355年左右～公元前238年以后若干年。

《汉书·艺文志》载《孙卿子》三十三篇。刘向《叙录》说该书"凡三百二十二篇以相校，除复重二百九十篇，定著三十二篇"。唐时大理评事杨倞重新编排，分旧十二卷三十二篇为二十卷，改"孙卿"为"荀卿"，改《孙卿子》为《荀子》。其后，宋有两个重要的《荀子》版本：一是熙宁元年国子监的校订版本；一是淳熙八年唐仲友影印台州本，由王子韶同校，吕夏卿重校衔名，唐仲友后序，传说印制非常精美。朱子弹劾仲友以官钱开印此书，遂成一大公案。此书已不传。明时尚根据收藏的影印本刊行，是否为淳熙影印本，人多疑义。此后至今无刊印，据说现日本尚有藏本。近代则有王先谦《荀子集解》、刘师培《荀子补释》、梁启雄《荀子简释》、王天海《荀子校释》等刊印本。廖名春先生《荀子新探》说："《荀子》各篇大约可分为三类：第一类是荀子亲手所著；第二类是荀子弟子所记录的荀子言行；第三类是荀子所整理、纂集的一些资料，其中也插入了弟子之作。属于荀子亲手所著的共有二十二篇，它们是：《劝学》、《修身》、《不苟》、《荣辱》、《非相》、《非十二子》、《王制》、《富国》、《王霸》、《君道》、《臣道》、《致仕》、《天论》、《正论》、《礼论》、《乐论》、《解蔽》、《正名》、《性恶》、《君子》、《成相》、《赋》。这二十二篇，尽管不免有错简等问题存在，但都是荀子围绕一个论题而撰写的论文，它们都真实地反映了荀子的思想。"①

荀子在齐"列大夫之缺，三为祭酒"，可知其德高望重也。不仅如此，据《战国策》记载，春申君所养之客曾两次建议重用荀子：一次说"汤以亳，武王以镐，皆不过百里以有天下。今孙子，天下贤人也"，建议春申君"籍之以百里势"用荀子；一次说"昔伊尹去夏入殷，殷王而夏亡；管仲去鲁入齐，鲁弱而齐强。由是观之，贤者之所在，其君未尝不尊，其国未尝不荣也。今孙子，天下之贤人"，当时荀子去赵，建议请回来重用之。两次建议，春申君皆曰"善"。② 两次建议不仅皆说"今孙子，天下贤人也"，而且将其与成汤、武王、伊尹、管仲相比，可知荀子在当时人心目

---

① 廖名春著《荀子新探》第2章《著作考辨》，文津出版社1994年版。
② 《战国策·楚策四》。

中之地位矣：他不只是德高望重主持庆典的祭酒，而且是能经世致用、平治天下的大儒。由此可知，秦汉时"荀孟"并称是可以理解的。司马迁作《史记》列传，将孟子、荀卿并列在一起，亦非太史公一人之眼光，而是时代之看法也。然秦汉以后，随着孟子地位的提高，与孔子并列为圣贤，也就造成了荀子地位相对下降的现象。

造成学术地位孟升荀降的文化现象的原因很复杂，有各个时代政治情势的需要问题，也有学术发展的内在逻辑。后人议论这件事，主要原因有二：一是现存荀子《非十二子》造成的。据《韩诗外传》卷四所引，荀子所非者原来只有十子，而无十二子，并没有子思、孟轲。因此认为，荀子《非十二子》所非子思、孟轲，是其"门人如韩非、李斯之流，托其师说，以诋圣贤"①。荀子诋毁圣贤，这还了得！这自然降低了自己的地位。二是荀子《性恶论》造成的。《荀子》此说，"大旨在劝学，而其学主于修礼。恐人恃质而废学，故激为性恶之说，受后儒之诟厉"②。

怎样看待孟升荀降的文化历史现象，实际上是怎样评估荀子的学术地位问题。具体评估自然是各种各样的，但若就荀子在孔门儒学中的地位而言，总的评述还是能够指出其成就、不足以及与孟子学术的不同方向、路径的。最为经典的说法，就是韩愈讲的："读孟轲书，知孔子之道尊，以为孔子之徒没，尊圣人者孟氏而已。及得荀氏书，考其辞，时若不粹，要其归，与孔子异者鲜矣。孔子删《诗》、《书》，笔削《春秋》，合于道者著之，离于道者黜去之，故《诗》、《书》、《春秋》无疵。余欲削荀氏之不合者，附于圣人之籍，亦孔子之志欤！孟氏醇乎醇者也，荀大醇而小疵。"③按照韩愈的说法，孔子之后的儒家，孟子乃是"醇乎醇者"，而荀子只是"大醇而小疵"而已，但其书还是合乎儒家《诗》、《书》、《春秋》之旨的。不过，韩愈"大醇而小疵"之说，还是以孟子主性善，荀子主性恶；孟子尊王贱霸，而荀子王霸并重上说的。其实，孟、荀之不同，乃在于孟子以心性为主，属于内圣之学；而荀子则重在礼教德法，属于外王之学。正是这种学术方向、路径的不同，造成了后儒对孟、荀的不同评价。要弄清荀子在精神史上的地位，这里有必要首先讲述一下他的学术渊源及

---

① ［清］王应麟《困学纪闻》卷10。
② 《四库全书简明目录子部儒家类》。
③ 《读荀》，《韩昌黎全集》卷11。

文化精神上的承继与发展。

一 周孔礼教德法的继承者

荀子曾把儒者分为俗儒、雅儒和大儒三大类人物。他不想做"不学问，无正义，以富利为隆"的俗儒，因为俗儒"逢衣浅带，解果其冠，略法先王而足乱世术，缪学杂举，不知法后王而一制度，不知隆礼义而杀《诗》、《书》"，只会吹牛拍马，追随权贵，以座上客为贵；但他也不想只是做个"内不自以诬，外不自以欺，以是尊贤畏法而不敢怠傲"的雅儒，因为雅儒也只是"法后王，一制度，隆礼义而杀《诗》、《书》；明不能齐法教之所不及，闻见之所未至，则知不能类"者。正如孔子告诉子夏"汝为君子儒，无为小人儒"① 一样，荀子既不做小人儒，也不做一般的雅儒，而他要做的是"法先王，统礼义，一制度；以浅持博，以古持今，以一持万，苟仁义"的大儒，做"武王崩，成王幼，周公屏成王而及武王，以属天下，恶天下之倍周"，有"大儒之效"② 的儒者。这对荀子来说，只是政治理想与抱负，然而现实生活是无情的，是不可能实现的，特别是当天下某种势力形成的时候，个人是无奈的，是无法与之抗争的。因此，荀子只能接受春申君的委托，做个地方小官：兰陵令。春申君死后，他也只能著书立说，以老终生。有人说他还不及孔子呢！荀子诸弟子所记是这样回答的：

> 是不然。孙卿迫于乱世，于严刑，上无贤主，下遇暴秦，礼义不行，教化不成，仁者绌约，天下冥冥，行全刺之，诸侯大倾。当是时也，知者不得虑，能者不得治，贤者不得使，故君上蔽而无睹，贤人拒而不受。然则孙卿怀将圣之心，蒙佯狂之色，视天下以愚。《诗》曰："既明且哲，以保其身。"此之谓也。③

然真正的大儒并不追求权势地位，而是"虽隐于穷阎漏屋，无置锥之地，而王公不能与之争名；用百里之地，而千里之国莫能与之争胜；笞棰

---

① 《史记·仲尼弟子列传》。
② 《荀子·儒效》。
③ 《荀子·尧问》。

暴国，齐一天下，而莫能倾也"。这样的大儒，"其言有类，其行有礼，其举事无悔"，而其"持险应变曲当，与时迁徙，与世偃仰，千举万变，其道一也"。在荀子看来，"通则一天下，穷则独立贵名，天不能死，地不能埋，桀跖之世不能污，非大儒莫之能立，仲尼、子弓是也"①；"总方略，齐言行，一统类，告之以大古，教之以至顺"，欲然圣王文章具焉，一国不能独容，盛名况乎诸侯，莫不愿以为臣，"是圣人之不得执者，仲尼、子弓是也"②。

仲尼、子弓两人在荀子的心目中是非常重要的。实际上，荀子就是以大儒仲尼、子弓为榜样，"法先王，统礼义，一制度"进行历史担当的。而他对于非儒、非周代礼乐的墨子，或"不知隆礼义而杀《诗》、《书》，其言议谈说已无异于墨子"③ 者，则视之为俗儒，是极为看不起的，甚至把懂不懂"礼义文理之所以养情"看成是"儒、墨之分"④ 的根本界限。

那么，荀子是怎样以仲尼、子弓为榜样，"法先王，统礼义，一制度"进行历史担当的呢？其学术渊源是怎样的呢？威、宣之际，孟子、荀子都尊孔子之学，显于当世，但其师学传授是各不相同的。孔子死后，虽然"儒分为八"，"有子张之儒，有子思之儒，有颜氏之儒，有孟氏之儒，有漆雕氏之儒，有仲良氏之儒，有孙氏之儒，有乐正氏之儒"⑤，然其在学术上最有成就并影响当时后世的，则主要有两个学派：一个是由曾子、子思、孟子发展起来的心性学派，即所谓的内圣之学。它后来被称为儒家正学，即韩愈所说的醇儒。这一派的承继与发展，上一章孟子已经讲得很清楚；另一派，则是由子夏、子弓相继发展起来的。

子夏，姓名曰：卜商。子夏问："'巧笑倩兮，美目盼兮，素以为绚兮'何谓也？"孔子说："绘事后素。"又问："礼后乎？"孔子说："商始可与言《诗》已矣。"⑥ 可知子夏学《诗》，乃是为了习于礼教，与子游单纯的文学之好还是不同的。故孔子说其"可与言诗已矣"。

---

① 《荀子·儒效》。
② 《荀子·非十二子》。
③ 《荀子·儒效》。
④ 《荀子·礼论》。
⑤ 《韩非子·显学》。
⑥ 《史记·仲尼弟子列传》。

孔子死后，诸弟子散于各地，不仅游说诸侯，也分别定居于各地传授儒学，特别是子夏之学，受众之广、影响之大、弟子之多，《汉书》是这样说的：

> 仲尼既没，七十子之徒散游诸侯，大者为卿相师傅，小者友教士大夫，或隐而不见。故子张居陈，澹臺子羽居楚，子夏居西河，子贡终于齐。如田子方、段干木、吴起、禽滑釐之属，皆受业于子夏之伦，为王者师。是时，独魏文侯好学。天下并争于战国，儒术既黜焉，然齐鲁之间学者犹弗废，至于威、宣之际，孟子、孙卿之列咸遵夫子之业而润色之，以学显于当世。①

《汉书》说孔子死后，子夏居西河，这与《史记》所说的"孔子既没，子夏居西河教授，为魏文侯师"②是一致的。《正义》说："西河郡，今汾州也，子夏所教处。"又说："文侯都安邑，子夏教于西河之上，文侯师事之，咨问国政焉。"《索隐》按："子夏文学著于四科，序《诗》，传《易》。又孔子以《春秋》属商。又传《礼》。"可知子夏之学乃继承了包括《诗》、《易》、《礼》、《春秋》在内的孔子原始儒家学说。而由"田子方、段干木、吴起、禽滑釐之属，皆受业于子夏之伦，为王者师"，亦可知子夏之学并非子思、孟子的心性内圣之学，而是包括《诗》、《易》、《礼》、《春秋》在内，用于经世的外王之学。

那么，荀子怎样接受传承子夏之学、发扬周孔礼教德法精神的呢？荀子的活动可分为燕赵期间与为兰陵令后的两段生活。首先看荀子燕赵期间受子夏之学的影响。子夏教于西河汾州，荀子赵人，与汾州相近，于燕赵期间接受子夏之学是可以理解的。这一点从《诗》的传授就可以看出来。《经典释文》是这样说的：

> 《诗》者，所以言志吟咏性情以讽其上者也。是以孔子最先删录。既取周《诗》，上兼商《颂》，凡三百十一篇。以授子夏，子夏遂作《序》焉。
>
> 《毛诗》者，出自毛公。河间献王好之。徐整云：子夏授高行子；高行子授薛仓子；薛仓子授帛妙子；帛妙子授河间人大毛公。毛公为

---

① 《汉书·儒林传》。
② 《史记·仲尼弟子列传》。

《诗故训传》于家,以授赵人小毛公。一云:子夏传曾申;申传魏人李克;克传鲁人孟仲子;孟仲子传根牟子;根牟子传赵人孙卿子。孙卿子传鲁人大毛公。《汉书·儒林传》云:"毛公,赵人,治诗,为河间献王博士,授同国贯长卿。"①

可以看出,孔子所删录的《诗》,乃由孔子传子夏,子夏经高行子、薛仓子、帛妙子,而后授河间大毛公而为《毛诗》;而荀子所受之《诗》,乃是由子夏后经曾申、李克、孟仲子、根牟子四传才获得的。而《鲁诗》则是由荀子传授鲁人申公之所传;《楚元王传》说是由荀子门人浮丘伯传授的:

> 楚元王交好《书》,多材艺,少时尝与鲁穆生、白生、申公俱受《诗》于浮丘伯。伯者,孙卿门人也。文帝时,闻申公为《诗》最精,以为博士。元王好《诗》,诸子皆读《诗》,申公始为《诗》传,号《鲁诗》。②

《汉书》说"燕赵好言《诗》";又说:"燕赵间言《诗》者由韩生。"③ 韩生,即韩婴,燕人也,其推诗人之意,作《韩诗》内外传数万言。现内传不传,只剩外传,《韩诗外传》据荀子之言而引诗者居然有几十处之多,可知其多么受荀子的影响!荀子自己也是处处引《诗》以论之的。可知荀子在继承发扬孔子、子夏《诗》教精神方面之成就。孔子、子夏《诗》教即儒家《诗》、《书》、《礼》、《乐》之教也。

荀子在《诗》教方面接受孔子、子夏之学,而在哲学方面,在《易》学传授方面,则是受子弓的影响。子弓,即《史记》所说的"楚人馯臂子弘"④。《索隐》按:《儒林传》、《荀子》及《汉书》皆云:馯臂,字子弓,今此独作"弘",盖误耳。应劭云"子弓是子夏门人"。杨倞注《非相》极称"子弓"为"仲弓"。仲弓,即冉雍也。孔子虽以为仲弓有德行,"可使南面"⑤,然荀子并未受其业,故称"子弓"为"仲弓",误也。

---

① [唐]陆德明《经典释文序录》。
② 《汉书·楚元王传》。
③ 《汉书·儒林传》。
④ 《史记·仲尼弟子列传》。
⑤ 同上。

《史记》曰"玕臂子弓","弓"作"弘"者,乃谐音也。孔子晚而喜《易》,序《彖》、《系》、《象》、《说卦》、《文言》。"读易,韦编三绝"①。可以说,《易》学是孔子晚年最大的成就,是集哲学、伦理、道德、自然科学与人文科学之大成者。《史记》说"孔子传《易》于瞿,瞿传楚人玕臂子弘,弘传江东人矫子庸疵,疵传燕人周子家竖"②。《索隐》说:"周竖,字子家。"《正义》说:"周竖,字子家。"《易》于周子家后的传授暂且不去管它,但其在燕赵之间的传递是存在的。虽不见荀子于《易》之所受,但受其影响是没问题的。荀子讲"《易》之《咸》,见夫妇。咸,感也,聘士之义,亲迎之道,重始也";以及讲"《易》曰'复自道,何其咎?'"不仅可见其通《易》道,而且其讲"善为《诗》者不说,善为《易》者不占"③,末句更是直引孔子的"不占而已矣"④。此可知荀子接受熟悉儒家《易》道矣。惟接受熟悉儒家《易》道,荀子的整个学说才有深厚博大的哲学基础。

《史记》说:"邹、鲁滨洙、泗,犹有周公遗风,俗好儒,备于礼。"⑤兰陵,在今鲁南,古属东海郡,春秋时,鲁国在此设次室邑,战国时楚国始设郡。荀子自为兰陵令到春申君死,18年未回过赵国,文化上自然接受周公遗风,好儒备礼。"礼者,法之大分,类之纲纪也。故学至乎礼而止矣。夫是之谓道德之极"⑥。所以荀子善于《礼》,其作《礼论》、《乐论》,实乃承续周孔礼乐之教也。虽荀子在兰陵时所受之《礼》源于何人不可考,但从当时东海兰陵人为《礼》的传承,还是可以看出齐鲁之乡的礼教源流的。《汉书》说:"汉兴,鲁高堂生传《士礼》十七篇。瑕丘萧奋以《礼》至淮阳太守。孟卿,事萧奋,以授后仓、鲁闾丘卿。仓说《礼》数万言,号曰《后氏曲台记》,授梁戴德延君、戴圣次君。德号大戴,圣号小戴。由是《礼》有大戴、小戴之学。"⑦ 这里所说的"《礼》有

---

① 《史记·孔子世家》。
② 《史记·仲尼弟子列传》。
③ 均见《荀子·大略》。
④ 《论语·子路》。
⑤ 《史记·货殖列传》。
⑥ 《荀子·劝学》。
⑦ 《汉书·儒林传》。

大戴、小戴之学",就是指《大戴礼记》与《小戴礼记》（即《礼记》）。从源头上说,虽然"大戴与小戴同受业于后仓,各取孔壁《古文记》"①,但《大戴礼记》所汇编收录的文章,则许多是战国晚期的作品,其中《劝学》、《哀公问五义》,就分别录于《荀子》的《劝学》、《哀公》两篇,而其《礼三本》则节录于《荀子》的《礼论》。此亦可见荀子之学是如何继承传播儒家礼教精神者。

《汉书》说：孟卿不仅善为《礼》,亦善《春秋》,"授后仓、疏广。世所传《后氏礼》、《疏氏春秋》,皆出孟卿"。孟卿认为"《礼经》多,《春秋》繁杂",乃使孟喜"从田王孙受《易》"②。荀子在兰陵期间,受周公遗风熏陶,不只是好儒备礼,作《礼论》、《乐论》,可以说全面传承了儒家文化,《春秋左氏传》的传承就是这样。孔颖达引刘向《别录》说："左丘明授曾申,申授吴起,起授其子期,期授楚人铎椒,椒作钞撮八卷,授虞卿,虞作钞撮八卷,授荀卿,卿授张苍。"③ 陆德明也说："左丘明作《传》以授曾申；申传卫人吴起；起传其子期；期传楚人铎椒；椒传赵人虞卿；卿传同郡荀卿名况；况传武威张苍。"④

综上所述可知,荀子之学源出于孔门为不假也。其主旨虽在于周孔《诗》、《书》的礼义之教,然于《易》传哲学、《春秋》大义,无不通达也。晚周战国时期,虽有周公之道,孔子《诗》、《书》、《礼》、《乐》之教,然世道陵夷,其道其教,几乎息矣。荀子处于乱世,智者不得虑,贤者不得用,而小知小识者,则"饰邪说,文奸言,以枭乱天下"⑤。有志之士既痛心疾首,又好无奈！荀子欲拨乱反正,以周孔礼教教化天下,大道德法,掎挈当世,然无奈至极,只好隐于兰陵,潜心为学。今观其书,立言指事,论学论治,无不可为王者师也。

孟轲、荀子虽皆欲以仁义理天下,然其学理是非常不同的。最为根本的不同,不在于仁义礼智之教,而在于哲学本体论上的分歧,即在孟子那里,知性则知天；而荀子则追求宇宙本体真相而为社会人生的根本法则。

---

① ［清］王聘珍《大戴礼记解诂叙录》。
② 《汉书·儒林传》。
③ 《春秋左氏经传集解序疏》。
④ ［唐］陆德明《经典释文序录》。
⑤ 《荀子·非十二子》。

因此，孟荀之学在本体论上的不同构成了中国儒学最早的性相二宗。

二　从孟子性宗到荀子相宗

佛教有性相二宗，中国儒家也有性相二宗。

性宗，以性为宗，为本体，为诸法本原，为人生的根本存在，故又称法性宗。它以性为天然，内在而不能改。而义理之出，即性即天。佛教禅宗所谓明心见性即佛，讲"性名自有，不待因缘"①；讲"自性觉，即是佛"②；以及讲"性即是心，心即是佛，佛即是法"③ 等，即性宗之说。孟子讲"仁义礼智，非由外铄我也，我固有之也"④；讲"尽其心者，知其性也；知其性，则知天矣"⑤，实际上亦乃佛教法性宗之说也。

相宗，以穷法相为宗，为本体，为佛，为真如存在，又称法相宗。它在本体论上，名为实相真如、法界、涅槃等，故即法即佛，即真如存在。佛教认为，一念离真，即为虚妄。真如为万法本体。真如不改不变，曰法性，亦曰法身，具有宇宙本体论的性质。《华严经》讲"欲知三界佛，应观法性界"⑥；《俱舍论》讲"诸法能起名生，能安名住，能衰名异，能坏名灭"，具有"生生、住住、异异、灭灭"⑦ 的功能，就是在宇宙本体论上讲的。荀子讲"天行有常，不为尧存，不为桀亡"⑧；"夫道者，体常而尽变，一隅不足以举之"⑨ 等，实际上也就是佛教以法相为宗也。

孟子、荀子之时，虽然佛教尚未传入中国，但诚如摩尔根所说的："人类的经验所遵循的途径大体上是一致的；在类似的情况下，人类的需要基本上是相同的；由于人类所有种族的大脑无不相同，因而心理法则的

---

① 《大智度论》卷31。
② 《坛经·疑问品》。
③ 《传心法要》。
④ 《孟子·告子上》。
⑤ 《孟子·尽心上》。
⑥ 《华严经》卷19。
⑦ 《阿毗达摩俱舍论》卷5。
⑧ 《荀子·天论》。
⑨ 《荀子·解蔽》。

作用也是一致的。"① 因此，人类以大体相同的思维方式思考外部世界及内心的存在，思考何者为宇宙万物的本原，何者为人类的根本存在，是可以理解的。此亦乃太炎先生用佛教解《庄子·齐物论》所以能通者也。

然中国"道"文化与印度"梵"文化毕竟是不同的，孟子的"知性知天"说与佛教以性为宗、荀子的道体法则与佛教法相宗，也是各不相同的。佛教不论是讲"依他起性，缘灭性空"，还是讲"究竟涅槃，终归空寂"，其为佛理，乃是以"空寂"为根本存在的。故佛理即空理也，佛法即空法也。虽然它也讲实相，但毕竟缘起性空，"一切诸法如幻化相"②。因此，佛教的宗性也好，宗法也好，皆是以空为宗。佛教真理讲这个"谛"、那个"谛"，其实，根本要义就是"空谛"。中国文化则不然。不论是孟子讲仁义礼智的先天道德本性，讲天下的"同然"之心，还是荀子讲"列星随旋，日月递照，四时代御，阴阳大化，风雨博施，万物各得其和以生，各得其养以成"；讲"不见其事而见其功"，"皆知其所以成，莫知其无形"③ 的存在，皆是实理，皆是天道的真实无妄之理。

自然，这里提出孟子"知性知天"的性宗之说，与荀子以天道为本体的法相说，不在于将其与佛教的性相二宗相比较，而在于弄清荀子为何在子思、孟子之后作《天论》，重新提出天道法则。天道特别是形而上学的天道纯粹法则在荀子学说中如何重要？它对发展礼教德法精神的意义何在？这才是叙述荀子由孟子"知性知天"的性宗，为何提出法天为宗所要弄清楚的。

首先是因为重建天道本体论的需要。孟子"知性知天"之说，实本于儒家《易传》"一阴一阳之谓道，继之者善，成之者性"④ 及《中庸》"天命之谓性"之说。它与1993年郭店楚墓出土竹简的《性自命出》是一致的。孟子提出"知性知天"，虽然第一次使心性成为天地间的灵明存在，使道体形而上学获得了先验主体性，并且通过心性涵养扩充，为价值判断及精神发展提供了可靠的出发点。但在荀子看来，孟子乃是不知天，不明

---

① [美] 路易斯·亨利·摩尔根著《古代社会》上册第8页，杨东莼等译，商务印书馆1983年版。
② 《维摩经》卷上，《弟子品第三》。
③ 《荀子·天论》。
④ 《周易·系辞上传》。

于天人之分的。荀子认为，中国文化自古皆是本天的，历代圣贤明哲皆是法于天，以天道法则为最高本体存在的。"天行有常，不为尧存，不为桀亡"；"天不为人之恶寒也辍冬，地不为人之恶辽远也辍广，天有常道矣，地有常数矣"。惟天的存在、天道法则的存在，才是真实无妄之理，才是实有是理的存在。"万物各得其和以生，各得其养以成，不见其事而见其功，夫是之谓神。皆知其所以成，莫知其无形，夫是之谓天"。知天，就是领悟天的这种形而上学存在，领悟"不见其事而见其功"，"知其所以成，莫知其无形"的存在及其大用。惟"天职既立，天功既成，形具而神生"，才有人的"好恶、喜怒、哀乐"之情性及"耳、目、鼻、口、形体"之器官。它在荀子那里叫"天情"、"天官"。"心居中虚以治五官"，谓之"天君"。然心性之养必须顺乎天，根据人类自身的需要才行，而若"暗其天君，乱其天官，弃其天养，逆其天政，背其天情，以丧天功，夫是之谓大凶"。不明乎天道法则，不知天道本体，而曰知性知天，则是不可靠的。故"圣人清其天君，正其天官，备其天养，顺其天政，养其天情，以全其天功"。只有这样，才能知其所为，知其所不为矣，才能"其行曲治，其养曲适，其生不伤"，才算真正的"知天"①。荀子作《天论》，实乃重建天道本体论，以法天为宗替代孟子以"知性知天"为宗也。

荀子并不是简单地以法天为宗替代孟子以"知性知天"为宗，而是为了以天道法则建立心性的理性法则。春秋战国之乱，不仅是经济危机、社会危机，更是人心的危机、人性的危机，是精神的危机、伦理道德的危机！而造成这种危机的原因，就是人心的遮蔽，就是荀子说的"凡人之患，蔽于一曲，而暗于大理"。蔽欲、蔽恶、蔽始、蔽终、蔽远、蔽近、蔽博、蔽浅、蔽古、蔽今，一切遮蔽，皆是蔽于一曲之小知小识而不知大理。要解除人的心术之患、蔽塞之祸，就要寻找到一个无欲、无恶、无始、无终、无近、无远、无博、无浅、无古、无今皆不得相蔽、能权衡万物而使各种怪异之说不得乱其彝伦法则秩序的最高真理。这个衡量一切的最高真理是什么呢？荀子说是"道"。荀子认为，"心不可以不知道。心不知道，则不可道而可非道"；而"人孰欲得恣而守其所不可，以禁其所可？以其不可道之心取人，则必合于不道人；而不知合于道人，以其不可道之心，与不道人论道人，乱之本也"。乱之本，即乱之源也。这个乱之源，

---

① 以上均见《荀子·天论》。

就是人心不知"道"而被遮蔽所造成的心性危机,造成的欲不可禁及社会交往及整个伦理关系不合道德理性,即《道经》所说的"人心之危,道心之微"。要解决乱之源,解决人心的危机,就要心知"道",就要静其心,在形而上学的高度体悟"道"的存在。心能知道,能达到"虚一而静"的"大清明"状态,"夫恶有蔽矣哉!"① 心不能被遮蔽,人心不危,天心道心可见,自然天下太平,社会亦无危机! 由此可知,荀子以天道法则为宗,并非简单地代替孟子之性宗,而是在道德形而上学的高度为心性的存在建立理性法则,以求天下大治也。

荀子以天道法则为宗,为心性建立理性法则,不仅是解决知天的问题,更是为了建立政治体统纲领与彝伦大法,排除各种非理性,使整个社会回归理性。造成春秋战国危机的原因,最终是哲学的危机,是各种理论学说的危机,是整个理论学说不能推动社会正常运行,不能维护人心人性的存在,不能支撑起人的精神世界。荀子认为,"百王之无变,足以为道贯";故"一废一起,应之以贯,理贯不乱"。社会所以处于昏世,所以大乱,就在于学术不能贯之以道,不知"万物为道一偏",只是贯通"道"之一隅,一个方面、侧面,反而愚蠢地认为"一物一偏"。这样的知识或认识,"自以为知道",实乃"无知也"②。整个时代,学说纷纭而不知其统,知识支离破碎而不知贯之以道:或者"假今之世,饰邪说,文奸言,以枭乱天下";或者"纵情性,安恣睢,禽兽行,不足以合文通治";或者"忍情性,綦谿利跂,苟以分异人为高,不足以合大众,明大分";或者"不知一天下,建国家之权称,上功用,大俭约而僈差等",但其为小知小识,察而不惠,辩而无用,多事而寡功,终不可为治纲纪与彝伦大法,而其"持之有故,言之成理",则是"足以欺惑愚众"③。因此荀子认为,"夫道者,体常而尽变,一隅不足以举之。曲知之人,观于道之一隅而未之能识也";为学只有贯通天道法则,其见诸政道与治道,才能"总方略,齐言行,一统类"④,建立起政治体统纲领与彝伦大法,才能息邪说,辨奸言,合文通治,使天下之害除,仁人之事毕,圣王之迹著。此荀子以天道

---

① 以上均见《荀子·解蔽》。

② 《荀子·天论》。

③ 《荀子·非十二子》。

④ 《荀子·解蔽》。

法则为宗，为心性建立理性法则，排除各种"纵情性，安恣孳"的非理性，以天道大体统"以合文通治"之用者也。

荀子以天道法则为宗，重建哲学本体论，更是为了澄清天人之分上的混乱。中国文化讲"天人合一"，并不只是在知识论上讲的，更是在本体论上讲的，是在"仁者，浑然与万物同体"或"万物皆只是一个天理"①上讲的。这也是荀子讲"万物为道一偏"，只是"道"之一隅的道理。人虽万物之灵，虽有灵明之心与道德本性，然亦是道体流行、"万物为道一偏"者也，因此也就不能把人的存在与天道本体等同起来。只有当人意识到自己的道德本性涵养扩充、使心性存在合于天道本体的时候，即人心变为天心道心的存在的时候，人的存在、人心的存在，浩然与天地同流，人才是天道本体的存在；而在此之前，人虽为天生，虽有灵明之心与道德本性，但绝不能即人即天，把人的存在等同于天的存在的。孟子把人的仁义礼智的先天道德本性视为人的本质规定性，视为与动物的"几希"差别，无疑看到了人的天道本质，也为道德形而上学及精神发展提供了可靠的先天主体性。然而当孟子讲"知性知天"的时候，在荀子看来亦混淆了天人之分，尽管孟子讲"知性知天"是以"尽其心"为前提的，但此心若不是纯粹的天心道心，它依然混淆了天人的界限。荀子批评庄子"蔽于天而不知人"，也是在这个意义上、在其自然本体论上讲的。荀子认为，天道乃是"不为尧存，不为桀亡"的真实无妄之理，具有"应之以治则吉，应之以乱则凶"的客观真理性；认识这个真理，这个无妄之理，这个实有是理的存在，"强本而节用，则天不能贫，养备而动时，则天不能病；修道而不二，则天不能祸"，因此"明于天人之分，则可谓至人矣"②。在荀子看来，混淆天人之分，不仅没有看到人与天的本质不同，亦是不利于天下之治的；特别是战国混乱时期，用五行的神性存在推演天下之变，像邹衍那样"深观阴阳消息而作怪迂之变"，以"语闳大不经，先验之于小，推而大之，置于无垠"，以至"天地未生，穷冥不可考而原"③，是非常荒诞不经的。荀子批评子思、孟子"略法先王而不知其统，犹然而犹材剧志大，闻见杂博。案往旧造说，谓之五行，甚僻违而无类，幽隐而无说，闭约而

---

① 《河南程氏遗书》卷2上。
② 《荀子·天论》。
③ 《史记·孟子荀卿列传》。

无解"①，也是这样。过去依《韩诗外传》所说，荀子所非者只有十子，无十二子，并没有子思、孟轲，因而将荀子《非十二子》所非子思、孟轲归结其为"门人如韩非、李斯之流，托其师说，以诋圣贤"②。1993年郭店楚墓竹简《五行》出土之后，其讲以五行之德配于天道，将五行分疏为"形于内"的"仁、义、礼、智、圣"的"德之行"，讲"德，天之道也"；及"不形于内"的仁、义、礼、智之"行"，谓人性之善，而讲"善，人道也"③，人们则认为荀子批评子思、孟子的"五行"说不是没有根据的。即使这种说法成立，它也不过是将五行配与五德、五声、五官之类的说法而已。其实，子思讲"天命之谓性"及孟子讲"知性知天"，实乃本于儒家《易传》"一阴一阳之谓道，继之者善，成之者性"④。它与郭店楚墓出土的竹简《性自命出》讲"性自命出，命子天降"⑤ 是一致的。因此，子思讲"天命之谓性"，孟子"知性知天"，即使有五行配五德之说，也是与天道本体论并不相悖的。这一点，从《孟子》引《诗经》"天生蒸民，有物有则。民之秉彝，好是懿德"⑥ 就可得到证明。此亦可见荀子批评子思、孟子有不见其醇的地方。

荀子所以作此批评，因为在他看来，处战国乱世，当务之急不是像墨子那样崇尚鬼神，以此神性形而上学存在归复宗教，重建信仰信念及道德精神世界，也不是像子思、孟子那样仅仅抓住人的先天道德本性，涵养扩充道德精神世界，更不是像它嚣、魏牟那样"饰邪说，文奸言，以枭乱天下"，或像陈仲、史䲡那样"纵情性，安恣睢，禽兽行"，貌似"持之有故，言之成理"，实是不合文理通治的怪论，以"欺惑愚众"，而是澄明天道法则，重建道德形而上学本体论，以"虚一而静"的"大清明"之心，去治理天下。

---

① 《荀子·非十二子》。
② 《韩诗外传》卷4。
③ 《郭店楚墓竹简·五行》，文物出版社2002年版。
④ 《周易·系辞上传》。
⑤ 《郭店楚墓竹简·性自命出》，文物出版社2002年版。
⑥ 《孟子·告子上》。

三　虚一而静的大清明心相

如果说孟子性宗之学的根本要义，在于以人的仁义礼智的先天道德本性建立哲学心性本体论，然后涵养之、扩充之，发展道德精神世界，那么，荀子相宗之学的根本要义，则是以道体的纯粹形而上学存在，建立"虚一而静"的"大清明"心相，然后以此会通一切、统摄一切，治理天下。如果说孟子的心善论原于《诗经》"天生烝民，有物有则。民之秉彝，好是懿德"①的话（孟子《告子上》曾引此诗以证性善），那么，荀子"虚一而静"的"大清明"心相，则原于《尚书》"人心惟危，道心惟微，惟精惟一，允执厥中"②。

何谓"惟精惟一"？精者，几也，即从无到有，动之微也。它说明事物变化，也说明人心变化。一念之动，几微之变，即有善恶。惟危者，人心也；惟微者，道心也。荀子讲"类是而几，君子也；知之，圣人也"；"夫微者，至人也"③，就是在道体的"惟精"上讲的。

惟一者，万物一然、天理本然也。道者，一本也。天地万物虽殊，皆原于道体的存在也。故宇宙万物的本质统一于道也。曰精一者，形而上言之也；曰二曰粗者，形而下言之。荀子讲"数具者，皆道之一隅也。夫道者，体常而尽变，一隅不足以举之"④，就是在道体的"惟一"上讲的。

荀子正是原于《尚书》"人心惟危，道心惟微，惟精惟一，允执厥中"之说，以道体"惟精惟一"的存在为最高本体论，建立"虚一而静"的"大清明"心相，阐述其整个政治哲学学说的。对此，他是这样说的：

> 昔者舜之治天下也，不以事诏而万物成。处一危之，其荣满侧；养一之微，荣矣而未知。故《道经》曰："人心之危，道心之微。"危微之几，惟明君子而后能知之。故人心譬如盘水，正错而勿动，则湛浊在下而清明在上，则足以见须眉而察理矣。微风过之，湛浊动乎下，清明乱于上，则不可以得大形之正也。心亦如是矣。故导之以

---

① 《诗经·大雅·烝民》。
② 《尚书·大禹谟》。
③ 《荀子·解蔽》。
④ 同上注。

理，养之以清，物莫之倾，则足以定是非，决嫌疑矣。小物引之则其正外易，其心内倾，则不足以决庶理矣。①

荀子虽然讲"危微之几，惟明君子而后能知之"，极为重视人心事物的几微之变，但他更重视天道的大法则，重视此法则形而上学的纯粹精一的存在。在荀子看来，治理天下，不要以为明白一个具体事物就成了，不懂得事务通则，不懂得天道"精一"之理，处理事务，照样是很危险的。此即他所说"处一危之，其荣满侧；养一之微，荣矣而未"者也；亦他以《道经》"人心之危，道心之微"以证之者也。在他看来，人心如盆清静的水，端端正正地放在那里，惟有"湛浊在下而清明在上，则足以见须眉而察理矣"；而若"微风过之，湛浊动乎下，清明乱于上，则不可以得大形之正也"。人心也就是这样一盆静水。"导之以理，养之以清，物莫之倾，则足以定是非，决嫌疑矣"；而若"小物引之，则其正外易，其心内倾，则不足以决庶理矣"。荀子认为，人心之蔽，蔽始、蔽终、蔽远、蔽近、蔽博、蔽浅、蔽古、蔽今，一切遮蔽，皆是"蔽于一曲，而暗于大理"；而其判断之错误，决断之不当，皆在于"清明乱于上，不可以得大形之正"；在于"小物引之，则其正外易，其心内倾，不足以决庶理"。荀子认为，"全道德，致隆高，綦文理，一天下，振毫末，使天下莫不顺比从服，天王之事也"②；能够"一而不二，则通于神明，参于天地矣"③。因此，在荀子看来，政治要想不被遮蔽，清明之心要想得大形之正而不乱，不蔽于一曲而暗大理，就必须走出物蔽形役，在形而上学的高度体悟"道"的存在，建立起"虚一而静"的"大清明"心相。惟心"虚一而静"，处于"大清明"状态，治理天下，才能定是非、决嫌疑而不失误。

那么，什么是荀子所说的"虚一而静"的"大清明"心相呢？这种心相，就是他说的心之知形上之"道"的"惟精惟一"存在：

> 故治之要在于知道。人何以知道？曰：心。心何以知？曰：虚一而静。心未尝不臧也，然而有所谓虚；心未尝不满也，然而有所谓一；心未尝不动也，然而有所谓静。人生而有知，知而有志，志也

---

① 《荀子·解蔽》。
② 《荀子·王制》。
③ 《荀子·儒效》。

者,臧也;然而有所谓虚,不以所已臧害所将受谓之虚。心生而有知,知而有异,异也者,同时兼知之;同时兼知之,两也;然而有所谓一,不以夫一害此一谓之一。故心未尝不动也,然而有所谓静,不以梦剧乱知谓之静。未得道而求道者,谓之虚一而静。知道察,知道行,体道者也。虚一而静,谓之大清明。万物莫形而不见,莫见而不论,莫论而失位。坐于室而见四海,处于今而论久远,疏观万物而知其情,参稽治乱而通其度,经纬天地而材官万物,制割大理,而宇宙里矣。恢恢广广,孰知其极?睪睪广广,孰知其德?涫涫纷纷,孰知其形?明参日月,大满八极,夫是之谓大人。夫恶有蔽矣哉!①

在荀子看来,心虽无所不包藏,然要有所虚才行;心虽无所不知也,然要专一才行;心未尝不动也,然惟有安静下来才行。人生虽然要求知识,兼知万物,但不能因兼知而不通于一。惟有体察到形上之道的"惟精惟一"的存在,"虚一而静",心才能获得道体的"大清明"本相;而心处于"虚一而静"的"大清明"状态,才能"万物莫形而不见,莫见而不论,莫论而失位";才能"坐于室而见四海,处于今而论久远,疏观万物而知其情,参稽治乱而通其度,经纬天地而材官万物",惟此,才能"制割大理而宇宙里[理]"。这种"虚一而静"的"大清明"心相,乃是恢恢广广而不知其极的广大存在,皓皓旷旷而不知其所得的存在,沸沸扬扬而不知其形的存在,然它"明参日月,大满八极",是无法遮蔽的!

荀子认为,天地万物,虽然驰骛不息、变动不居,虽然"列星随旋,日月递照,四时代御,阴阳大化,风雨博施,万物各得其和以生,各得其养以成",但天地之间,总有永恒不变的存在。这永恒不变的存在,一个是天道,一个是人性。正是因为天道不变,天的阴阳化育法则永恒不变,所以才"修道不二"②;讲"天下之道管是矣,百王之道一是矣"③;正因为人性不变,所以才讲"千人万人之情,一人之情也"④;讲"材性知能,君子小人一也";讲"夫贵为天子,富有天下,是人情之所同欲也"⑤。荀

---

① 《荀子·解蔽》。
② 《荀子·天论》。
③ 《荀子·儒效》。
④ 《荀子·不苟》。
⑤ 《荀子·荣辱》。

子所说的"虚一而静"之"大清明"心相，实际上乃是对天道的永恒法则与人性的根本存在的体悟与觉察，并由此提升出来的纯粹精一法则。在荀子看来，讲哲学法则，讲天下之治，不能只讲驰骛不息、变动不居的东西，而应该紧紧抓住天地间永恒不变的东西，抓住天道的永恒法则与人性的根本存在，抓住由此提升起来的"惟精惟一"的法则；而若弃此而不顾，只是任由"小物引之"或"蔽于一曲，而暗于大理"，那是不可能将天下治好的。

自然，荀子"虚一而静"的"大清明"心相，并非仅仅是从体悟觉察天道的永恒法则与人性的根本存在中获得的，而是从察天地之道，尽万物之性，将宇宙万物生化流转的存在提升归为大一的纯粹法则而获得的。在荀子看来，虽然一切事物皆"有同状而异所者"，但这"有异状而同所者"乃是可分别的特性，是"二"的各种存在状态；而各种存在状态"实无别而为异者"，因为它是可变可化的，待"有化而无别，谓之一实"①。故曰："以近知远，以一知万，以微知明，此之谓也。"② 那么，贯通一切事物变化的是什么呢？是道。故曰"道为万物一偏"③；故曰"名定而实辨，道行而志通，率民而一焉"④。荀子所说，实际上也就是庄子所说的"恢恑憰怪，道通为一"⑤。不过，荀子是体察宇宙万物，皆贯通于道，明于博大精一的存在，而谓之"虚一而静"的"大清明"心相的。故曰"上察于天，下错于地，塞备天地之间，加施万物之上，微而明，短而长，狭而广，神明博大以至约。故曰：一与一是为人者，谓之圣人"⑥。

荀子说："心者，形之君也，而神明之主也。"⑦ 又说："心也者，道之工宰也。道也者，治之经理也。"因此，心能不能知道，能不能呈现"虚一而静"的"大清明"心相，乃是关乎天下之治、关乎人间祸福的大事。惟内心"虚一而静"，知形上之"道"，具有"大清明"心相，万物

---

① 《荀子·正名》。
② 《荀子·非相》。
③ 《荀子·天论》。
④ 《荀子·正名》。
⑤ 《庄子·齐物论》。
⑥ 《荀子·王制》。
⑦ 《荀子·解蔽》。

之理了然，天下之事了然，主之于内，才是"神明之主"的存在；而治理天下，才能经纬天地，材官万物，而不失大理。故曰"一于道则正，以正志行察论，则万物官"。荀子认为，"心枝则无知，倾则不精，二则疑惑"；不知道通为一，不能以一观万物，观万物的统一性，只是立于具体事物的知识看问题，视天下为二，为纷繁的存在，那就永远陷入"非察是，是察非"这样无穷的是非悖谬之中，永远分不清其为治是否符合王道之制；而若"厌目而视，视一为两；掩耳而听，听漠漠而以为哅哅"，则"执乱其官"，分不清好恶美丑，成为"世之愚蠢"者矣。愚者之治天下，定事物，"以疑决疑，决必不当。夫苟不当，安能无过乎？"① 因此，荀子说："道者，古今之正权也，离道而内自择，则不知祸福之所托。"又说："凡邪说辟言之离正道而擅作者，无不类于三惑者矣。"②

荀子认为，不论做何种事情，只要"虚一而静"，具有"大清明"心相，或体道抱德，恢愫奇异，归于一道，就能够达到精一的最高境界。"好书者众矣，而仓颉独传者，一也；好稼者众矣，而后稷独传者，一也；好乐者众矣，而夔独传者，一也；好义者众矣，而舜独传者，一也"；其他像倕作弓，浮游作矢，而羿精于射；奚仲作车，乘杜作乘马，而造父精于御等等，"自古及今，未尝有两而能精者"③。在荀子看来，"身尽其故则美，类不可两也，故知者择一而一焉"④。惟有"一而不二"，具大清明心相，才能"通于神明，参于天地"⑤。其实，荀子所说的"虚一而静"之心者，道心也；"大清明"心相者，道体纯粹之法则也。道者，一本也；而其大化流行、阴阳莫测者，谓之神也；而其为大用，天德也。荀子说："曷谓一？曰'执神而固'。曷谓神？曰'尽善挟治之谓神'。百王之道一是矣，《诗》、《书》、《礼》、《乐》之道归是矣。"⑥ 由此可以看出，荀子不论是讲百王之道，还是《诗》、《书》、《礼》、《乐》之道，"虚一而静"所呈现的"大清明"心相，皆是中国大道哲学最高之精神耶！

---

① 以上均见《荀子·解蔽》。
② 《荀子·正名》。
③ 《荀子·解蔽》。
④ 同上注。
⑤ 《荀子·儒效》。
⑥ 《荀子·儒效》。

正如人不知天道本体，不能"虚一而静"，具"大清明"心相，则心枝而无知，成为"世之愚蠢"者一样，荀子认为，心不知形上之"道"，不具澄明的天道法则，不能成为"天心"、"道心"的存在，那么，其为性也，必然离其朴而成为恶的存在。这就是荀子的生而离其朴的性恶论。

四 生而离其朴的性恶论

汉唐以后的儒家，特别是宋明心学家，无不对荀子的"性恶论"非之攻之。因此，如何看待荀子的性恶之说，不仅关乎心性本体论能否成立的问题，也成了能否正确地评价荀子学说的一个关键。荀子生前好像已经意识到这一关键问题对他的学说的重要性，所以他不仅写了《性恶》论，还特地写了《正名》篇。

要弄清荀子"性恶"论的含义，首先必须弄清什么是荀子所说的性，它是先天的还是后天的，它与孟子所说的先天道德本性有什么区别，或者说，他与孟子争论的焦点是什么，所要解决的哲学问题及价值关心的方向有什么不同。不弄清这些问题，笼统地评价孟荀的性恶性善，谁是谁非，不仅越搅越糊涂，而且会在学术理论的根本问题上陷入无知，从而使哲学本体论变为形而下的狡辩，使精神史降格为形下是非史。

那么，什么是荀子所说的性呢？它是先天的还是后天的，它与孟子所说的先天道德本性有什么区别呢？或者说，他与孟子争论的焦点是什么呢？荀子作《性恶》，开篇即讲"人之性恶，其善者，伪也"，而且多处讥孟子的"性善"说"是不然"。但如果把荀子所说"性恶"之事实开列出来，他几乎全是在"情性"上讲的，而且全是讲的"今人之情性"。如讲：

> 今人之性，生而有好利焉，生而有疾恶焉，生而有耳目之欲，有好声色焉。

> 纵性情，安恣睢，而违礼义者为小人。用此观之，人之性恶明矣。

> 今人之性，饥而欲饱，寒而欲暖，劳而欲休，此人之情性也。

> 若夫目好色，耳好声，口好味，心好利，骨体肤理好愉佚，是皆生于人之情性者也。

> 今不然，人之性恶。
>
> 夫好利而欲得者，此人之情性也……夫薄愿厚，恶愿美，狭愿广，贫愿富，贱愿贵，苟无之中者，必求于外。用此观之，人之欲为善者，为性恶也。
>
> 尧问于舜曰："人情何如？"舜对曰："人情甚不美，又何问焉？妻子具而孝衰于亲，嗜欲得而信衰于友，爵禄盈而忠衰于君。人之情乎！人之情乎！甚不美，又何问焉！"唯贤者为不然。①

由上可以看出，荀子所说的"情性"或"今人之性"，全是在自然本性或后天情欲上说的。他虽然承认人有向善之心，如讲"人之所恶何也？曰：污漫、争夺、贪利是也。人之所好者何也？曰：礼义、辞让、忠信是也"②；以及讲《诗》、《书》、《礼》、《乐》之行也，"天下之道毕于是"，而人"乡是者臧"③，乡，即向；臧，善也，凡此皆是对人向善心性的肯定，但他不承认孟子所说的人固有的"仁义礼智"的先天道德本性。在荀子那里，自然本性或情欲，就是"饥而欲饱，寒而欲暖，劳而欲休"或"薄愿厚，恶愿美，狭愿广，贫愿富，贱愿贵"一类的本能欲望的追求。它相当于孟子所承认的"食色"之性，但他否定孟子所说的先天道德本性。就其物欲情欲的追求而讲，它是弗洛伊德所说的"内心黑势力"。在这个意义上说，在"内心黑势力"的意义上说，性的确是恶的，特别是"必求于外"陷入非理性的时候，陷入不顾道德规范与礼仪制度而疯狂盲目地追求的时候，更是会堕入人性之恶。

那么，什么是荀子所说的"性"或"本性"呢？或者说，在荀子那里"性"与"情"，即本性与情欲有什么不同呢？荀子是这样定义的：

> 生之所以然者谓之性。性之和所生，精合感应，不事而自然谓之性。性之好、恶、喜、怒、哀、乐谓之情。情然而心为之择谓之虑。心虑而能为之动谓之伪。虑积焉、能习焉而后成谓之伪。
>
> 性者，天之就也；情者，性之质也；欲者，情之应也。④

---

① 《荀子·性恶》。
② 《荀子·强国》。
③ 《荀子·儒效》。
④ 《荀子·正名》。

> 凡性者，天之就也，不可学，不可事。礼义者，圣人之所生也，人之所学而能，所事而成者也。不可学、不可事而在人者谓之性；可学而能、可事而成之在人者谓之伪：是性、伪之分也。
>
> 直木不待隐栝而直者，其性直也；枸木必将待隐栝、烝、矫然后直者，以其性不直也。
>
> 若夫目好色，耳好声，口好味，心好利，骨体肤理好愉佚，是皆生于人之情性者也，感而自然，不待事而后生之者也。夫感而不能然，必且待事而后然者，谓之生于伪。是性、伪之所生，其不同之征也。①

由上可以看出，荀子是将"性"与"情"或"情性"严格区分的：性是"生之所以然者"，是"天之就也，不可学，不可事"的存在，是"直木不待隐栝而直者"或"感而不能然"者，是指人的天然本性而言的；而"情"或"情性"，则是"性之好、恶、喜、怒、哀、乐"，是"性之质"，表现为欲望者，是"可学而能、可事而成"的存在，是"枸木必将待隐栝、烝、矫然后直者"或"待事而后然者"。观此，谁又能够说荀子不懂什么是人的本性呢！荀子不但不否定人有本性，而且将它与情欲一类的存在区分得极为明确。

那么，人的天然本性是怎样发展为情欲一类的存在的呢？荀子把它归结为"生而离其朴"，抛弃天然本质造成的。他说：

> 今人之性，生而离其朴，离其资，必失而丧之。用此观之，然则人之性恶明矣。所谓性善者，不离其朴而美之，不离其资而利之也。使夫资朴之于美，心意之于善，若夫可以见之明不离目，可以听之聪不离耳。故曰：目明而耳聪也。②

谁说荀子不承认人性本善呢？人之本性，"不离其朴而美之，不离其资而利之也"，岂不就是"所谓性善者"乎？岂不就是"资朴之于美，心意之于善"的存在吗？人性所以变得不善，乃在于人"生而离其朴，离其资"，丧失了它美的本质、善的本质，变得为物欲情欲所驱使，成了非理性的存在，成了"离其朴"、"离其资"的恶性存在。荀子甚至认为，"凡

---

① 《荀子·性恶》。

② 同上。

人之性者，尧、舜之与桀、跖，其性一也；君子之与小人，其性一也"，他们在先天道德本性上没有根本的区别；后天所以有区别，所以有"尧、舜之与桀、跖"之分，有"君子之与小人"之别，只是后天礼义教化所积不同；若是其相同的话，"有曷贵尧、禹，曷贵君子矣哉？"①

既然荀子承认人有天然本性，承认此性在"不离其朴"、"不离其资"的情况下是美好善良的，属于天然本性的善良存在，为何不承认孟子所说的"仁义礼智"的先天道德本性，而要与之唱反调呢？这主要有以下三个方面的原因：

其一是当时关于"性"的范畴概念的使用尚不统一。在荀子看来，曰性、曰情，只是刑名之辩。刑名从于商，爵名从于周。刑名、爵名，"散名之加于万物者"，经过商周一千多年的文化历史，诸夏各族约定成俗，已成为通用的范畴概念；而"散名之在人者"，"生之所以然者谓之性"，则属于后王制名，名定而实辨，尚未通用，"故析辞擅作名以乱正名，使民疑惑，人多辨讼"②。孟子所讲的"仁义礼智"的先天道德本性，当时并不通用，学术界并未接受这样一个统一的范畴概念；荀子用"生之所以然者"表达天性，称"性之好、恶、喜、怒、哀、乐谓之情"，完全属于所用的范畴概念不同。

其二也是与荀子以天道法则为宗的理论联系在一起的。为什么孟子曰"人之性善"而荀子曰"是不然"呢？因为荀子认为，"凡古今天下之所谓善者，正理平治也；所谓恶者，偏险悖乱也：是善恶之分也矣"③。这就是说，人性只有经过礼义教化，具有天道的本质，成为天心道心的存在，动作行为合于善，才能成为理性自觉的善，成为善的心性本体存在；而在此之前，"生之所以然者"的天性，是不能成为善的本体的。因为在荀子看来，凡语治，皆待于去欲，"无以道欲"，则必"困于有欲者也"；而"道者，古今之正权也，离道而内自择，则不知祸福之所托"；"心也者，道之工宰也。道也者，治之经理也。心合于道，说合于心，辞合于说，正名而期，质请〔案：清也〕而喻"；只有这样，才能"辨异而不过，推类而不悖，听则合文，辨则尽故"；而在此之前，"离得欲之道"，则"取所

---

① 《荀子·性恶》。
② 《荀子·正名》。
③ 《荀子·性恶》。

恶也哉"①。所以荀子不用孟子未经过礼义教化、以人所"固有"的仁义礼智之性为其性宗的概念。

最后，孟荀所要解决的哲学问题及价值观的方向的不同。如前所说，春秋战国时期的危机，不仅是社会危机、政治危机，更是人心的危机、人性的危机、道德精神危机！孟子关心的是心性与精神危机。因此他认为，当务之急是恢复人的本心良知，以人的仁义礼智的先天道德本性为哲学本体论，涵养扩充天道义理，建立起深厚博大的道德精神世界，社会危机、政治危机自然化解。而荀子关注的则是社会危机、政治危机。他认为造成社会、政治危机的原因是人的恶劣情欲及其非理性的疯狂追求。因此他认为，只有用礼义教化、正理平治人的情欲，就可以平治化解社会、政治危机，但他并不像孟子那样更重视深厚博大的精神世界问题的解决。

荀子正是从社会政治哲学出发，所以特别注重人性的礼义教化。在他看来，"今人之性恶，必将待师法然后正，得礼义然后治"；"必将待圣王之治、礼义之化，然后皆出于治，合于善"②。这就是荀子所说的化性起伪的礼乐之教。

五　化性起伪的礼乐之教

荀子关于礼教的产生及其大用，作《礼论》，一开始便说：

> 礼起于何也？曰：人生而有欲，欲而不得，则不能无求；求而无度量分界，则不能不争；争则乱，乱则穷。先王恶其乱也，故制礼义以分之，以养人之欲，给人之求，使欲必不穷乎物，物必不屈于欲，两者相持而长，是礼之所起也。③

关于礼教之音乐的产生及大用，更说：

> 夫乐者，乐也，人情之所必不免也，故人不能无乐。乐则必发于声音，形于动静，而人之道，声音动静，性术之变尽是矣。故人不能不乐，乐则不能无形，形而不为道，则不能无乱。先王恶其乱也，故

---

① 《荀子·正名》。
② 《荀子·性恶》。
③ 《荀子·礼论》。

制《雅》《颂》之声以道之，使其声足以乐而不流，使其文足以辨而不諰，使其曲直、繁省、廉肉、节奏，足以感动人之善心，使夫邪污之气无由得接焉。①

礼教虽然是为治其乱而产生的，但它对人的作用并非是"吃人"，而是教化人生，使人的存在更加自觉、更加合乎理性。这就是礼教既"养人之欲，给人之求"，又使人欲之求"必不穷乎物，物必不屈于欲"，而不是为了满足欲望需求而疯狂地争斗与掠夺；而就礼教的音乐而言，就是既要满足人情感的需要，又要使其"乐而不流"、"辨而不諰"，"使其曲直、繁省、廉肉、节奏，足以感动人之善心，使夫邪污之气无由得接"，而不是一味的疯狂及流于感情的宣泄，以至于变为邪辟污浊之气。"欲过之而动不及，心止之也。心之所可失理，则欲虽寡，奚止于乱！"② 它只有通过礼乐教化，使人的存在、心性的存在提升为理性自觉方可。

礼乐之教对人的作用，并非像法律那样作为一种外在的强制手段让人接受，而是通过礼乐诉诸人的内心及感情世界，在潜移默化中得到感染与教化。因为礼者乃"断长续短，损有余，益不足，达爱敬之文，而滋成行义之美者也"；"若夫断之继之，博之浅之，益之损之，类之尽之，盛之美之，使本末终始，莫不顺比，足以为万世则"。故礼教之养人，其"雕琢、刻镂、黼黻、文章，所以养目也；钟鼓、管磬、琴瑟、竽笙，所以养耳也"，就像"刍豢稻粱，五味调香，所以养口也；椒兰芬苾，所以养鼻"一样，乃是"礼义文理之所以养情也"；而礼义文理的境界又极为深厚博大："厚者，礼之积也；大者，礼之广也；高者，礼之隆也；明者，礼之尽也。"③ 以此深厚博大的礼义文理境界诉诸人心及情性，统摄教化作用是极大的。故曰"礼乐之统，管乎人心矣。穷本极变，乐之情也"④。特别是礼教音乐的"入人也深，其化人也速"，是其他教化形式所无法比拟的。正是礼教音乐有此大用，荀子极其反对墨子对礼乐的非难！墨子说："乐者，圣王之所非也，而儒者为之，过也。"荀子则针锋相对地说："乐者，

---

① 《荀子·乐论》。
② 《荀子·正名》。
③ 《荀子·正名》。
④ 《荀子·乐论》。

圣人之所乐也，而可以善民心，其感人深，其移风易俗。"①

荀子认为，礼义的产生，从根本上说是一种文化创造，是圣人为教化人性创造的，而非产生于人性本身。故曰："凡礼义者，是生于圣人之伪，非故生于人之性也。"② 伪者，为也，后天人之所为，礼义文化之创造者也。故曰"性者，本始材朴也；伪者，文理隆盛也"③。荀子认为，圣人生礼义而起法度的文化创造，就像"陶人埏埴而为器，生于工人之伪，斫木而成器，生于工人之伪"一样，非生于人之性，而是经过长期的思考、习于人为事物所创造的。它虽非产生于人性本身，然它却是为人性教化而创造的。因此，礼教的产生及其大用就是化性起伪。故曰"圣人化性而起伪，伪起而生礼义"④。礼义虽异于人性，然人性与礼义之教是互为表里的："无性则伪之无所加，无伪则性不能自美。"而人性与礼教结合，和谐统一，才能完成圣人教化天下之大功用。故曰"天地合而万物生，阴阳接而变化起，性伪合而天下治"⑤。若就现实人生的存在来说，是绝对离不开礼义之教的。为什么呢？因为人的天然之性已经发生异化，已经"生而离其朴，离其资"，丧失了天然之美，丧失了本然之善，经常处于疯狂的非理性情欲之中，处于可见而目不明、可听而耳不聪之中；若无礼义教化，则必陷入疯狂与非理性。人只有经过化性起伪的礼义教化，才能克服人性的异化，才能"资朴之于美，心意之于善，若夫可以见之明不离目，可以听之聪不离耳"，故曰"目明而耳聪也"⑥。这就是荀子化性起伪的礼教大用。

礼乐之教，即《诗》、《书》、《礼》、《乐》之教也。礼教的化性起伪，乃是通过《诗》、《书》、《礼》、《乐》之教，使人性归于朴，归于一是，归于天然之美、本然之善也。因为在荀子看来，人的情欲不仅会恶性膨胀，即荀子所说的"隆性"，而且经常会"志不免于曲私，行不免于污漫"，若不法先王，统礼义，进行教化，人就会变成愚昧无知的存在。这

---

① 《荀子·乐论》。
② 《荀子·性恶》。
③ 《荀子·礼论》。
④ 《荀子·性恶》。
⑤ 《荀子·礼论》。
⑥ 《荀子·性恶》。

就是为治不法先王、隆礼义所造成的结果。儒家的任务，就是师法先王，隆礼义，在上美其朝政，在下美其风俗，化性起伪，改变人的愚昧无知的状态。荀子认为，只要法先王、隆礼义，"性也者，吾所不能为也，然而可化也。积也者，非吾所有也，然而可为也。注错习俗，所以化性也"①。荀子认为，圣人管理天下之道、百王教化之道无出乎此者。因此他认为，圣人化性起伪，无非使人性归于朴，归于一是，归于天然之美、本然之善。自古及今，未有悖于《诗》、《书》、《礼》、《乐》之教者：

> 圣人也者，道之管也：天下之道管是矣，百王之道一是矣。故《诗》《书》《礼》《乐》之道归是矣。《诗》言是其志也，《书》言是其事也，《礼》言是其行也，《乐》言是其和也，《春秋》言是其微也。故《风》之所以为不逐者，取是以节之也；《小雅》之所以为小雅者，取是而文之也；《大雅》之所以为大雅者，取是而光之也；《颂》之所以为至者，取是而通之也。天下之道毕是矣。乡是者臧，倍是者亡；乡是如不臧，倍是如不亡者，自古及今，未尝有也。②

向往礼教者，则善；背叛礼教者，则亡；向往礼教者不善，背叛礼教者不亡，自古及今，未尝有也。此可知礼教化性起伪、教人向善之巨大力量也。

《诗》、《书》、《礼》、《乐》之教本质上即是仁义礼智之教。故曰"先王之道，仁之隆也"；"圣人也者，本仁义，当是非，齐言行，不失毫厘，无他道焉"③。"本仁义，当是非，齐言行，不失毫厘"，就是化之以诚。荀子认为，"天地为大矣，不诚则不能化万物；圣人为知矣，不诚则不能化万民"。圣人以仁义礼治化性起伪，就是使人仁义礼智，养心于诚，做到"惟仁之为守，惟义之为行"，潜移默化，改变情欲之性，发展起高尚的精神世界。这就是荀子所说的"诚心守仁则形，形则神，神则能化"；"诚心行义则理，理则明，明则能变矣"。圣人化性起伪，"变化代兴，谓之天德"④。化性者，化于此也；起伪者，起于此也。化性待化到"井井

---

① 《荀子·儒效》。
② 同上。
③ 同上。
④ 《荀子·不苟》。

兮其有理也，严严兮其能敬己也，分分兮其有终始也，猒猒兮其能长久也，乐乐兮其执道不殆也，照照兮其用知之明也，修修兮其用统类之行也，绥绥兮其有文章也，熙熙兮其乐人之臧也，隐隐兮其恐人之不当也"，既有威严、耿介、安静、坚定的风貌，又具条理事物、统领纲纪、安泰和乐的本质，将人性提升为如此高尚理性的存在，"则可谓圣人矣"①。

荀子认为，人通过化性起伪是可以改变的，能不能这样做，关键是能不能像周孔那样进行历史担当。如果能够像周公那样敢于担当，大胆改革，"定三革，偃五兵，合天下，立声乐，于是《武》、《象》起而《韶》、《护》废"，则"四海之内，莫不变心易虑以化顺之"；如果能像孔子、子弓那样"其言有类，其行有礼，其举事无悔，其持险应变曲当，与时迁徙，与世偃仰，千举万变，其道一也"，则"其通也，英杰化之，嵬琐逃之，邪说畏之，众人媿之。通则一天下，穷则独立贵名，天不能死，地不能埋"② 也。

圣人化性起伪，创造了庄严隆重的礼乐之教，而礼乐之教的大用在于化性起伪。这就是荀子对礼乐之教的产生及其大用的最为根本的看法。然礼教在荀子学说中并不是孤立存在的，而是与仁德、法制并列结合在一起的；并且其为用，非只是化性起伪，而是一并用之治国平天下的。虽然孟子亦讲"尧舜之道，不以仁政，不能平治天下"；讲"徒善不足以为政，徒法不能以自行"；及讲"上无道揆也，下无法守也，朝不信道，工不信度，君子犯义，小人犯刑，国之所存者幸也"，强调"遵先王之法"③，但其从未像荀子那样将礼教德法看成是周孔为治之道，并继承其根本精神而用之治国平天下。因此，它便构成了荀子之学的礼教德法的治国精神。

六　礼教德法的治国精神

因为人性在当时已非天然之性，发生了异化，所以荀子说"今人之性，固无礼义"。然人无礼义，不知礼义，则是"人无礼义则乱，不知礼

---

① 《荀子·儒效》。
② 同上注。
③ 《孟子·离娄上》。

义则悖"① 的。荀子认为，要想治国平天下，特别是使国家走向富强，没有制止纷乱争斗的礼教是不行的。因为在荀子看来，礼教乃是天下为治之本的存在；无礼教为治之本，天下是无以为治的。故他说：

> 人之生，不能无群，群而无分则争，争则乱，乱则穷矣。故无分者，人之大害也；有分者，天下之本利也；而人君者，所以管分之枢要也。故美之者，是美天下之本也；安之者，是安天下之本也；贵之者，是贵天下之本也。古者先王分割而等异之也，故使或美或恶，或厚或薄，或佚或乐，或劬或劳，非特以为淫泰夸丽之声，将以明仁之文，通仁之顺也。故为之雕琢、刻镂、黼黻、文章，使足以辨贵贱而已，不求其观；为之钟鼓、管磬、琴瑟、竽笙，使足以辨吉凶、合欢定和而已，不求其余；为之宫室台榭，使足以避燥湿、养德、辨轻重而已，不求其外。《诗》曰："雕琢其章，金玉其相，亹我王，纲纪四方。"此之谓也。②

荀子虽讲"礼有三本：天地者，生之本也；先祖者，类之本也；君师者，治之本也"，然而从根本上说，荀子所说的礼教为天下为治之本，并不是在政道与治道的知识论上说的，而是在天道本体论上讲的，是立于天道本体、以天道为大始为纯一存在的。故曰"贵始，得之本也"；"以归大一，夫是之谓大隆"③；故曰"乐也者，和之不可变者也；礼也者，理之不可易者也"④。在荀子看来，礼教乃是以形而上学的天道为至极存在的："天地以合，日月以明，四时以序，星辰以行，江河以流，万物以昌，好恶以节，喜怒以当，以为下则顺，以为上则明，万物变而不乱，二之则丧也。礼岂不至矣哉！"正因为礼教以天道之隆为至极存在，所以天下才"莫之能损益也"，才能"本末相顺，终始相应，至文以有别，至察以有说"，皆以天道本体论上说也。荀子以礼教治国，乃是发挥天道至极之精神也。

荀子将礼教的地位看得很重要。他说："在天者莫明于日月，在地者

---

① 《荀子·性恶》。
② 《荀子·富国》。
③ 《荀子·礼论》。
④ 《荀子·乐论》。

莫明于水火，在物者莫明于珠玉，在人者莫明于礼义。""日月不高，则光辉不赫；水火不积，则晖润不博；珠玉不睹乎外，则王公不以为宝；礼义不加于国家，则功名不白。"①因此，他认为：

> 天地者，生之始也；礼义者，治之始也；君子者，礼义之始也；为之，贯之，积重之，致好之者，君子之始也。故天地生君子，君子理天地；君子者，天地之参也，万物之摠也，民之父母也。无君子，则天地不理，礼义无统，上无君师，下无父子，夫是之谓至乱。君臣、父子、兄弟、夫妇，始则终，终则始，与天地同理，与万世同久，夫是之谓大本。②

荀子认为，礼义是"与天地同理，与万世同久，夫是之谓大本"的存在，是"法之大兮，类之纲纪"者，故学至乎《礼》，"是之谓道德之极"；而习乎《诗》、《书》、《礼》、《乐》之教，"《礼》之敬文也，《乐》之中和也，《诗》、《书》之博也，《春秋》之微也，在天地之间者毕矣"③。因为礼教是"法之大兮，类之纲纪"，"道德之极"的存在，所以他认为，天下有礼则治，无礼则处于昏世，"昏世，大乱也；故道无不明，外内异表，隐显有常，民陷乃去"。故曰"人之命在天，国之命在礼。君人者，隆礼尊贤而王，重法爱民而霸，好利多诈而危，权谋、倾覆、幽险而尽亡矣"④。故曰"礼者，人道之极也"；"从之者治，不从者乱；从之者安，不从者危；从之者存，不从者亡"⑤；故曰"至道大形：隆礼至法，则国有常"⑥。此乃"儒者法先王，隆礼义"⑦，以为治者也。

正因为礼教是"人道之极"、为治之本，所以古代圣贤明哲无不修礼以为治，以礼教统领天下的政道与治道；不修礼，离开礼教统领，社会人生就会走向混乱。故荀子说："君子者，天地之参也，万物之摠也，民之父母也。无君子，则天地不理，礼义无统，上无君师，下无父子，夫是之

---

① 《荀子·天论》。
② 《荀子·王制》。
③ 《荀子·劝学》。
④ 《荀子·天论》。
⑤ 《荀子·礼论》。
⑥ 《荀子·君道》。
⑦ 《荀子·儒效》。

谓至乱。"荀子认为,"虽王公士大夫之子孙也,不能属于礼义,则归之庶人。虽庶人之子孙也,积文学,正身行,能属于礼义,则归之卿相士大夫";卫国的成侯、嗣公不过是"聚敛计数之君",根本不考虑民心教化问题,故曰"未及取民也";子产虽考虑民心教化,属"取民者",然并未施予政道与治道,故曰"未及为政也";而管仲"为政者也,未及修礼也"。政道与治道者,正道也。治国平天下,是否化性起伪,是否以礼教统领政道与治道,国家治理的方向是否正确以及治理的好坏,效果是不一样的:"修礼者王,为政者强,取民者安,聚敛者亡。"① 故曰"国无礼则不正"②。

正因为礼为"人道之极",所以荀子认为,以礼教治国,除化性起伪外,它的最大功用就是尊尊亲亲,可以理顺人伦关系。荀子认为,"君臣、父子、兄弟、夫妇,始则终,终则始,与天地同理,与万世同久,夫是之谓大本"。荀子认为,失此大本,天下就会陷入混乱,是无以为治的。在他看来,若"礼义不修,内外无别,男女淫乱,则父子相疑,上下乖离,寇难并至,夫是之谓人祅";"祅是生于乱,无安国"。故"夫君臣之义,父子之亲,夫妇之别,则日切瑳而不舍也"③。荀子认为,在自然差等的社会里,"少事长,贱事贵,不肖事贤,是天下之通义"④;而且他认为,这种自然等差乃是事物本然的存在,是不能不承认、不正视的,承认、正视就得从礼仪制度上去解决。故他说:

> 分均则不偏,埶齐则不一,众齐则不使。有天有地,而上下有差;明王始立,而处国有制。夫两贵之不能相事,两贱之不能相使,是天数也。埶位齐,而欲恶同,物不能澹则必争;争则必乱,乱则穷矣。先王恶其乱也,故制礼义以分之,使有贫富贵贱之等,足以相兼临者,是养天下之本也。⑤

不偏,即不遍;埶,即势。荀子认为,名分不能得到普遍尊重,势位

---

① 以上均见《荀子·王制》。
② 《荀子·王霸》。
③ 《荀子·天论》。
④ 《荀子·仲尼》。
⑤ 《荀子·王制》

不平等统一，众人不能皆得到使用，这种自然差别是有天地以来就存在的，虽然他们作为众生从本质上说都是一样的。"夫贵为天子，富有天下，是人情之所同欲也；然则从人之欲，则势不能容，物不能赡也。故先王案为之制礼义以分之，使有贵贱之等，长幼之差，知愚能不能之分，皆使人载其事，而各得其宜"；"况夫先王之道，仁义之统，《诗》、《书》、《礼》、《乐》之分乎！彼固为天下之大虑也，将为天下生民之属，长虑顾后而保万世也"。在荀子看来，不懂得这一点，就不配言礼教，不配言《诗》、《书》、《礼》、《乐》之教，即他所说的："短绠不可以汲深井之泉，知不几者不可与及圣人之言。"①

《尚书》说："天叙有典，敕我五典五惇哉。天秩有礼，自我五礼有庸哉。同演协恭和衷哉。天命有德，无服五章哉。天讨有罪，五刑五用哉。政事懋哉懋哉。"② 典者，常也。礼者，理也；德者，得也，体验领悟天道义理之所得也。因此，中国文化不仅礼教原于天道法则，而且与德法是同原的，皆得于天，法于天，同原于天，同原于大道本体。故其为大用，是同条共贯，浑然一体，不可分割的。礼教与德法是一致的，或者更宽泛一些说，礼教本身就包含着德治与礼法。如果说有区别的话，不过法是道德的显现，而道德是法的隐性存在而已。礼教与德法皆是国家治理之根本。故《大戴礼记》说："德法者，御民之本也。"③ 此即荀子讲"圣人化性而起伪，伪起而生礼义，礼义生而制法度"④ 者也。荀子正是从这一点出发，讲"听政之大分：以善至者待之以礼，以不善至者待之以刑"⑤ 的，并对君王之为治作了如下文化哲学与社会学的解释：

> 君者，何也？曰：能群也。能群也者，何也？曰：善生养人者也，善班治人者也，善显设人者也，善藩饰人者也。善生养人者人亲之，善班治人者人安之，善显设人者人乐之，善藩饰人者人荣之。四统者俱，而天下归之，夫是之谓能群。⑥

---

① 《荀子·荣辱》。
② 《尚书·皋陶谟》。
③ 《大戴礼记·盛德篇》。
④ 《荀子·性恶》。
⑤ 《荀子·王制》。
⑥ 《荀子·君道》。

这里所说的"班治"、"显设"、"藩饰"、"生养"都是与礼教相关的，也是与德法相关的，属于"论德而定次，量能而授官，皆使人载其事，而各得其所宜"的事，皆是天下为治的根本所在。在荀子看来，"不能生养人者，人不亲也；不能班治人者，人不安也；不能显设人者，人不乐也；不能藩饰人者，人不荣也。四统者亡，而天下去之，夫是之谓匹夫"。故曰"道存则国存，道亡则国亡"。只有"论德而定次，量能而授官，皆使人载其事，而各得其所宜"，"由天子至于庶人也，莫不骋其能，得其志，安乐其事，是所同也；衣暖而食充，居安而游乐，事时制明而用足，是又所同也"，才是君道。"至道大形：隆礼至法则国有常，尚贤使能则民知方，纂论公察则民不疑，赏克罚偷则民不怠，兼听齐明则天下归之"①。它的最高境界，就是荀子所说的："圣也者，尽伦者也；王也者，尽制者也；两尽者，足以为天下极矣。"②

荀子认为，礼脱略而成文，及至隆隆而盛，则礼义至备，情文俱尽；而情文代胜；则"情以归大一"；而其"天地以合，日月以明，四时以序，星辰以行，江河以流，万物以昌，好恶以节，喜怒以当，为下则顺，为上则明，万物变而不乱，立隆以为极，而天下莫之能损益也"③。这就是礼教立于天道至极的精神！及至"川渊深而鱼鳖归之，山林茂而禽兽归之，刑政平而百姓归之，礼义备而君子归之。故礼及身而行修，义及国而政明，能以礼挟而贵名白，天下愿，令行禁止，王者之事毕矣"。这不仅是礼教的大用，而且涉及王道政治，关乎富国理想！这就是荀子之学所追求的王道理想与富强追求。

七　王道理想与富强追求

近代以来，世人谈及荀子政治哲学，总以其主张"礼法兼治，王霸并用"说之。荀子虽然讲治不离法，如讲"其有法者以法行，无法者以类举，听之尽也。偏党而不经，听之辟也"；但他认为，"有良法而乱者，有

---

① 《荀子·君道》。
② 《荀子·解蔽》。
③ 《荀子·礼论》。

之矣，有君子而乱者，自古及今，未尝闻也"①。在他看来，"无国而不有治法，无国而不有乱法"②；更何况今之世则"乱其教，繁其刑，其民迷惑而堕焉，刑弥繁而邪不胜"③呢。可知荀子虽讲治不离法，但在他的政治哲学中，礼才是本，法不过是为治之具。故曰"乐也者，和之不可变者也；礼也者，理之不可易者也"。因此，是不能笼统地讲荀子主张"礼法兼治"的。这正如孟子讲过"徒善不足以为政，徒法不能以自行"；"上无道揆也，下无法守也，朝不信道，工不信度，君子犯义，小人犯刑，国之所存者幸也"，而不能说孟子主张"德法并用"一样。至于说荀子是否主张"王霸并用"，请看荀子自己是怎么说的：

> 仲尼之门，五尺之竖子，言羞称乎五伯。是何也？曰：然！彼诚可羞称也。齐桓五伯之盛者也，前事则杀兄而争国；内行则姑姊妹之不嫁者七人，闺门之内，般乐、奢汰，以齐之分奉之而不足；外事则诈邾袭莒，并国三十五：其事行也，若是其险污淫汰也。彼固曷足称乎大君子之门哉！
>
> ……
>
> 然而仲尼之门，五尺之竖子，言羞称五伯，是何也？曰：然！彼非本政教也，非致隆高也，非綦文理也，非服人之心也。乡方略，审劳佚，畜积修斗，而能颠倒其敌者也。诈心以胜矣。彼以让饰争，依乎仁而蹈利者也，小人之杰也，彼固曷足称乎大君子之门哉！④

荀子不仅在《诗》教方面接受孔子、子夏的影响，发挥其《诗》教精神，而且在哲学方面受子弓影响，发挥《易》道精神，应该说其属于仲尼之门是不成问题的。然而他为什么却说"仲尼之门，五尺之竖子，言羞称乎五伯"呢？从荀子所说看，五霸之治与王道相比，有两条最为根本的弊端：一是五霸虽盛，然伦理道德混乱，生活腐败堕落，造成杀兄而争国、姑姊妹不嫁、闺门奢汰及诈邾袭莒并国诸多的险污淫汰行事；二是五霸之治，非政教之本，不符合崇高的礼教，不能服人心。因此，五霸虽然讲方

---

① 《荀子·王制》。
② 《荀子·王霸》。
③ 《荀子·宥坐》。
④ 《荀子·仲尼》。

略，审劳逸，畜积修斗，造成一时之强盛，特别是齐桓公"安忘其怒，出忘其雠"，立管仲以为仲父，以托其国，乃是"有天下之大节"者，然观其为治，终是"诈心以胜"，"以让饰争"，"依乎仁而蹈利者"，故曰"小人之杰也"。因此，五霸之治是不足以"称乎大君子之门"的，也是"仲尼之门，五尺之竖子，言羞称乎五伯"的原因所在。这就是荀子对五霸之治的态度。这一点，荀子与"无道桓文之事"① 的孟子是一致的。

然而王道之治则不是这样的。他描述文王、武王、周公时的王道之治说：

> 彼王者则不然：致贤而能以救不肖，致强而能以宽弱，战必能殆之而羞与之斗，委然成文，以示之天下，而暴国安自化矣。有灾缪者，然后诛之。故圣王之诛也綦省矣。文王诛四，武王诛二，周公卒业，至于成王，则安以无诛矣。故道岂不行矣哉！文王载百里地，而天下一；桀纣舍之，厚于有天下之埶，而不得以匹夫老。故善用之，则百里之国足以独立矣；不善用之，则楚六千里而为雠人役。故人主不务得道，而广有其埶，是其所以危也。②

我在《盛衰论》一书中，曾用"德的哲学与力的哲学"区分王道与霸道：德的哲学即王道哲学，力的哲学即霸道哲学、伯道哲学，并指出"这是两种性质根本不同的历史哲学：前者的出发点是仁，是德，因此，其性质为公；后者的出发点是力，是利，因此，其性质属私。德的哲学认为，国家虽然神圣，虽然威力无比，但它与道相比，仍然是形器，仍然是道的存在形式，是天道义理落实于社会者。因此，国家者，乃天下之公器也。天下非一人之天下，乃天下人之天下也。因此，国家不是家族私有的，也不属于个人或某个社会集团的，而是天下之公器，属于全体人民的。是故，有国有天下者，或执国家之大器者，虽居亿万人之上，而不敢有一己之私也；虽有千百倍之辛苦，而不敢享其利，而总是以天下之利为利，以天下之害为害。故其为国也，廓然大公，坦然无私，明德昭昭，浩然盛于天下"③。

---

① 《孟子·梁惠王上》。
② 《荀子·仲尼》。
③ 《盛衰论》第218页，华夏出版社2012年版。

这种德的哲学与力的哲学也就是荀子所说的"君子以德，小人以力"；二者的关系，德是主导的，而"力者，德之役也"①。以德治天下，就属于王道政治。荀子认为，文王、武王、周公之治，就是属于此王道政治。因为其为治，乃是立于德治基础上的，是"致贤而能以救不肖，致强而能以宽弱，战必能殆之而羞与之斗，委然成文，以示之天下"，即礼义道德教化天下使其自化。他们为政，虽然也行之以力，但那只对谬戾至极者不得已而诛之，但就其为政的本质而言，虽然执国家之大器，虽居亿万人之上，但不敢有一点儿自私，更是不敢执国家之公器而言，为私利而滥用武力镇压征伐的。因为他们知道，国家者，乃天下之公器也，非一人之私有，岂敢执国家之公器而谋自私哉！但荀子认为，执国家之大器者如何而为，是为公还是为私，是为天下谋利，还是为个人、家族或小集团谋取私利，却是关系着国家治乱、天下盛衰的。故其曰："国者，天下之利用也；人主者，天下之利执也。得道以持之，则大安也，大荣也，积美之源也；不得道以持之，则大危也，大累也，有之不如无也；及其綦也，索为匹夫不可得也。"② 文王以百里地得天下一，何也？德也；桀纣厚于有天下而失之，何也？无德也。故曰国家之大器，"善用之，则百里之国足以独立矣；不善用之，则楚六千里而为雠人役"。

由上可以看出，荀子的政治哲学所追求的乃是王道理想，而不是霸道。在荀子看来，王道政治最为根本的治理，就是仁爱人民，施仁政于天下。故他反复描述自己的王道理想说：

> 志意定乎内，礼节修乎朝，法则度量正乎官，忠信爱利形乎下。行一不义，杀一无罪而得天下，不为也。此若义信乎人矣，通于四海，则天下应之如讙。是何也？则贵名白而天下治也。故近者歌讴而乐之，远者竭蹶而趋之，四海之内若一家，通达之属莫不从服。夫是之谓人师。诗曰："自西自东，自南自北，无思不服。"此之谓也。③
>
> 仁人之用国，将修志意，正身行，伉隆高，致忠信，期文理……人皆乱，我独治；人皆危，我独安；人皆失丧之，我案起而治之。故

---

① 《荀子·富国》。

② 《荀子·王霸》。

③ 《荀子·儒效》。

> 仁人之用国，非特将持其有而已也，又将兼人。诗曰："淑人君子，其仪不忒。其仪不忒，正是四国。"此之谓也。①
>
> 故用国者，义立而王，信立而霸，权谋立而亡。三者明主之所谨择也，仁人之所务白也。絜国以呼礼义，而无以害之，行一不义，杀一无罪，而得天下，仁者不为也。……汤武是也。汤以亳，武王以鄗，皆百里之地也，天下为一，诸侯为臣，通达之属，莫不从服，无它故焉，以义济矣。是所谓义立而王也。②

这就是荀子所追求的王道政治。它是"圣人本仁义"之治；是"仁人之用国"③；"先王之道，仁之隆也"④ 的存在。其根本的要义，就是德政，就是仁爱天下。故曰"夫是之谓天德，是王者之政也"⑤。荀子不论是讲礼教、王制，还是讲王霸、富国、强国，皆没有忘记自己的王道政治理想。即使讲王霸，也是讲"用国者，义立而王，信立而霸，权谋立而亡"⑥，也是把"义立而王"放在首位的；而讲富国，以"裕民以政"⑦；讲强国，亦是以"上下俱富"⑧ 为其根本的。凡此可知，荀子不论怎样讲政治哲学，皆没有忘记自己的王道理想，没有忘记以此为其根本出发点。

春秋晚期，特别是战国时期，乃是列国纷争的时代，是强者胜、弱者败的时代，各国君主最为关心的政治是如何富有强大起来，而不是儒家所讲仁政、礼教一类的王道问题。这也是商君见秦孝公讲帝道，孝公时时昏睡不听；讲王道亦不见用；而及至讲霸道，"不自知厀之前于席"⑨ 的原因所在。商鞅见秦孝公，不坚持自己的政治主张，变着花样投其所好，自然有品质问题。但秦孝公之听霸道与听帝道、王道反然两样，亦说明当时各国君主政治之关心也。据刘向《荀子叙录》说："孙卿之应聘诸侯，见

---

① 《荀子·富国》。
② 《荀子·王霸》。
③ 《荀子·富国》。
④ 《荀子·儒效》。
⑤ 《荀子·王制》。
⑥ 《荀子·王霸》。
⑦ 《荀子·富国》。
⑧ 《荀子·强国》。
⑨ 《史记·商君列传》。

秦昭王。昭王方喜战伐，而孙卿以三王之法说之。及秦相应侯，皆不能用也。"应侯，即范睢，昭王时相国。从刘向《荀子·强国》所说的"应侯问孙卿子曰：'入秦何见？'"云云，可知荀子《强国》之作，应与其见秦昭王有关。

即使荀子作《强国》与秦昭王、应侯范睢有关，但从其"以三王之法说之"，亦可知荀子有关富国、强国一类相关的说法也是与王道联系在一起的。富国之论就是这样。在荀子看来，虽然"重色而衣之，重味而食之，重财物而制之，合天下而君之，非特以为淫泰也"，但若说真正"王天下，治万变，材万物，养万民，兼制天下"，则"莫若仁人之善也"①。荀子认为，"王者之法，等赋、政事、财万物"，在于"养万民"②；在于"万物得宜，事变得应，上得天时，下得地利，中得人和"，使"财货浑浑如泉源，汸汸如河海，暴暴如丘山"，实现"天下大而富"；在于"养其和，节其流，开其源，而时斟酌焉，潢然使天下必有余而上不忧不足"，实现"上下俱富"，即共同富裕，而不是"伐其本，竭其源"，致"田野荒而仓廪实，百姓虚而府库满"。荀子认为，"上好功则国贫，上好利则国贫"，"明主必谨养其和，节其流，开其源，而时斟酌焉，潢然使天下必有余而上不忧不足。如是则上下俱富，交无所藏之，是知国计之极也"。而若"伐其本，竭其源"，仅仅是好其功而不顾民之贫，这样的治国，则乃是"事必不就，功必不立"之"奸治也"；其为治国之道，非圣王之道，而是"徙坏堕落"，"遂功而忘民"之"奸道也"；如此，则不是富国，而是"国持之而不足以容其身，夫是之谓至贫，是愚主之极也"。用今天的话说，就是富国不能只是追求目的合理性，还必须考虑价值合理性。在荀子那里就是，欲求富国，惟知节用裕民，才"有仁义圣良之名，富厚丘山之积"；否则，必造成民贫田瘠以秽，而民贫田瘠以秽，"上虽好取侵夺，犹将寡获也"，必得"贪利纠谇之名，空虚穷乏之实"③。此即荀子富国之追求也。它所体现的乃是"义立而王"、"裕民以政"、"上下俱富"之天德王道理想与仁民惠民之精神也。

强国之论也是这样。荀子认为，"用国者，得百姓之力者富，得百姓

---

① 《荀子·富国》。
② 《荀子·王制》。
③ 《荀子·富国》。

之死者强，得百姓之誉者荣。三得者具而天下归之，三得者亡而天下去之；天下归之之谓王，天下去之之谓亡"①。这就是说，在荀子看来，国家真正的强大，是得到人民的拥护；只有人民以死相维护的政权，才是天下归之、不可动摇的王者国度。所谓权威云云，也有"有道德之威者，有暴察之威者，有狂妄之威者"：只有"礼乐则修，分义则明，举错则时，爱利则形，百姓贵之如帝，高之如天，亲之如父母，畏之如神明。赏不用而民劝，罚不用而威行"的"道德之威"，才是有魅力的权威；而若"礼乐不修，分义不明，举错不时，爱利不形"，以"禁暴也察，诛不服也审，刑罚重而信，诛杀猛而必"，建立"暴察之威"；或无"爱人之心，利人之事，而日为乱人之道"，百姓稍有喧哗鼓噪，则以"执缚之，刑灼之"，建立"狂妄之威"，造成天下人心不和，危机四伏，则如"贲溃以离上，倾覆灭亡可立而待也"。故曰"道德之威成乎安强，暴察之威成乎危弱，狂妄之威成乎灭亡也"②。

至于说建立强国，兼并天下，实现统一，那也只有"以德兼人"才行，只有"彼贵我名声，美我德行，欲为我民"者，才能真正兼并天下，实现统一；而若"非贵我名声也，非美我德行也，彼畏我威，劫我埶，民虽有离心，不敢有畔虑"，那也不是真正兼并天下，实现统一，而是"得地而权弥轻，兼人而兵俞弱，是以力兼人者"；至于说"用贫求富，用饥求饱，虚腹张口来归我食"，然后"发夫掌窌之粟以食之，委之财货以富之，立良有司以接之"，那样的兼并天下、实现统一，不过是"以富兼人者"。荀子认为，"得地而权弥轻，兼人而国俞贫"，惟有以德兼并天下，实现统一，才能真正成为王者。故曰"以德兼人者王，以力兼人者弱，以富兼人者贫"。这也是李斯问荀子说"秦四世有胜，兵强海内，威行诸侯，非以仁义为之也"，只是"以便从事而已"，而荀子答之"秦四世有胜，諰諰然常恐天下之一合而轧己也"，只是"末世之兵，未有本统"③ 的道理所在。

总上不难看出，荀子虽然追求富强之说，论证富国、强国之道，但总体上说，他的政治哲学并没有离开天德王道的理想，没有丧失仁爱天下的

---

① 《荀子·王霸》。
② 《荀子·强国》。
③ 《荀子·议兵》。

伦理道德精神。虽然当时的时君世主皆重视功利之求，皆看重霸道，但要真正获得富强，兼并天下，实现统一，没有植根于天地之道的王道理想，没有深厚根本的礼教王制，是根本不可能实现的，即使一时实现了，也会迅速丧失，就像秦朝那样。荀子虽然一而再、再而三地强调这个道理，但当时的时君世主毕竟短视，不能看到天德王道理想的深厚基础与恒久价值，致使荀子老于兰陵而不能见用。

自然，荀子讲王者以"仁眇天下，义眇天下，威眇天下"；讲"具具而王，具具而霸，具具而存，具具而亡。用万乘之国者，威强之所以立也，名声之所以美也，敌人之所以屈也"等等，其为王道之治是不纯的。因为讲"仁眇天下，故天下莫不亲也；义眇天下，故天下莫不贵也"，虽属于天德王道之治，然其讲以"威眇天下，故天下莫敢敌也"，特别是讲"三具者，欲王而王，欲霸而霸，欲强而强"①，是包含着霸道在内的。可知韩愈批评其小疵，不是没有道理的。荀子之学，虽然夹杂着霸道之论，但与宋代陈亮的"义利双行，王霸并用"还是不同的；而荀学之小疵，也是不同于朱文公要求陈同甫以"醇儒之道自解"② 的。因为荀子为学的主旨及贯通其学说的根本思想与道德精神，是天德王道理想，而不是陈亮的"义利双行，王霸并用"。明白了这一点，亦就不难理解荀子为学，所以不同于他的学生韩非子、李斯之说了。

虽然韩非子、李斯同为荀子的学生，但韩非子与李斯之辈还是不同的，其为学说，还是有法学精神的，与申不害一味地严刑酷法也不尽相同。故附录于下。

附录：韩非子的法学精神

韩非子，韩国诸公子也。生年不详，为李斯所害，卒年依《秦始皇本纪》及《六国年表》为秦政十四年，即公元前233 年；依《韩世家》为韩王安五年，即公元前234 年。《汉书·艺文志》于法家录《韩子》55 篇，今本55 篇，20 卷。注本清王先慎有《韩非子集解》、陈奇猷有《韩非子集释》等。

---

① 《荀子·王制》。
② 《答陈同甫》，《朱文公文集》卷36。

司马迁谈及法家时，曾将其学术思想概括为"不别亲疏，不殊贵贱，一断于法"。由于它"严而少恩"，故太史公认为，如此"则亲亲尊尊之恩绝矣"。故称其"可以行一时之计，而不可长用也"①。韩非子之学，尽归于法家，则缺少人文精神无疑矣。然韩非子之学，并非尽可以归于法家也。《史记》说韩非子与李斯"俱事荀卿，斯自以为不如非"。韩非子虽事荀卿，为儒家荀子之学生，然其学术思想也非尽属儒家，而是属于道家黄老一派的。故司马迁作《史记》列传，将其与老子放在一起，名为《老子韩非子列传》；讲其学术思想说："喜刑名法术之学，而其归本于黄老。"② 可知韩非子的法学思想乃是以黄老之学为根本的，而非尽是刑名法术之类。申不害与韩非子之生平事迹，俱在《史记·老子韩非子列传》。然太史公说申不害，曰"郑之贱臣"，连皮带骨头，其分量不足80字；而说韩非子，仅引《说难》就有600余字；并且将韩非囚秦，写作《说难》、《孤愤》，与"西伯拘羑里，演《周易》；孔子厄陈蔡，作《春秋》；屈原放逐，著《离骚》；左丘失明，厥有《国语》；孙子膑脚，而论《兵法》；不韦迁蜀，世传《吕览》"，及《诗三百篇》相提并论，都看作是圣贤"意有所郁结，不得通其道也，故述往事，思来者"、"发愤之所为作也"③。可知司马迁并非把韩非子及其学术思想一般地视为法家也。

清人王先谦说："韩非处弱韩危机之时，以宗属疏远不得进用，目击游说纵横之徒，颠倒人主以取利，而奸猾贼民恣为暴乱莫可救止，因痛嫉夫操国柄者，不能伸其自有之权"，因此，行事为书，"其情迫，其言戆，不与战国文学诸子等"；其论固有其偏激，然推迹当时之国势，"苟不以非之言，殆亦无可治者"；正如孟子见梁惠王言"仁义"而不曰"利"一样，韩非之言明法严刑，亦是"救群生之乱，去天下之祸"。韩非子不言仁义，而言明法重典，就像孟子讲仁义而兼称"闲暇明政刑"一样，"用意"是无异的④。

韩非子的著作，很大一部分属于谏说韩王、游说秦王一类的政论策论，多是针对当时国势之危、暴乱不止而操国家之柄者不懂何以为治而言

---

① 《史记·太史公自序》。
② 《史记·老子韩非子列传》。
③ 《史记·太史公自序》。
④ 《韩非子集解》序，见《诸子集成》第5册。

说的。如讲"故当今之时,能去私曲就公法者,民安而国治;能去私行行公法者,则兵强而敌弱"①;讲"且夫世之愚学,皆不知治乱之情,多诵先古之书,以乱当世之治"②;以及讲"抱法处势则治,背法去势则乱"③;讲"以法治国,法不阿贵,刑过不避大臣,赏罚不遗匹夫"④ 等,就是属于针对国危势乱的政论策论之言。但韩非子的学术思想并非仅仅是这些针砭时弊的政论策论,更为主要的部分,是他有体有用的法学思想。这些思想不仅来源于他的老师儒家荀子,很大一部分是来源于道家老子的;从韩非子每每引尧、舜、大禹、成汤、伊尹之治,其为法学思想,甚至可以说是根于整个中国上古文化哲学,是以形上之"道"为其法学思想的本体论存在的。虽然韩非子的那些政论策论有许多偏激之言,如讲"儒以文乱法,侠以武犯禁";"以法为教","以吏为师"⑤ 等,但韩非子讲体用的著作还是富有法学精神的。如讲:

> 道者,万物之始,是非之纪也。是以明君守始以知万物之源,治纪以知善败之端。故虚静以待令,令名自命也,令事自定也。虚则知实之情,静则知动者正。
>
> 道在不可见,用在不可知。虚静无事,以暗见疵。见而不见,闻而不闻,知而不知。知其言以往,勿变勿更,以参合阅焉。⑥
>
> 夫道者,弘大而无形。德者,覈理而普至。至于群生斟酌用之,万物皆盛而不与其宁。道者,下周于事,因稽而命,与时生死,参名异事,通一同情。故曰:道不同于万物,德不同于阴阳,衡不同于轻重,绳不同于出入,和不同于燥湿,君不同于群臣。凡此六者,道之出也。道无双,故曰一。是故明君贵独道之容。
>
> 虚静无为,道之情也。参伍比物,事之形也。参之以比物,伍之以合虚。根干不革,则动泄不失矣。动之溶之,无为而改之。喜之则

---

① 《韩非子·有度》。
② 《韩非子·奸劫弑臣》。
③ 《韩非子·难势》。
④ 《韩非子·有度》。
⑤ 《韩非子·五蠹》。
⑥ 《韩非子·主道》。

多事，恶之则生怨。故去喜去恶，虚心以为道舍。①

德者，内也。得者，外也。"上德不德"，言其神不淫于外也。神不淫于外，则身全。身全之谓得。得者，得身也。凡德者，以无为集，以无欲成，以不思安，以不用固。为之欲之，则德无舍。德无舍，则不全。用之思之，则不固。不固，则无功。无功，则生有德。德则无德，不德则有德。故曰"上德不德，是以有德"。

所谓"有国之母"：母者，道也。道也者，生于所以有国之术。所以有国之术，故谓之"有国之母"。夫道以与世周旋者，其建生也长，持禄也久。故曰"有国之母可以长久"。

道者，万物之所然也，万理之所稽也。理者，成物之文也。道者，万物之所以成也。故曰"道，理之者也"。物有理，不可以相薄。万物各异理，万物各异理而道尽。稽万物之理，故不得不化。不得不化，故无常操。无常操，是以死生气禀焉，万智斟酌焉，万事废兴焉。②

天下有道，无急患，则曰静。遽传不用，故曰"却走马以粪"。天下无道，攻击不休，相守数年不已，甲胄生虮虱，燕雀处帷幄，而兵不归。故曰"戎马生于郊"。③

韩非子的法学思想，主要是基于体用之学，是由形上之"道"为最高本体论引申出来的，甚至关于道德、仁义、礼教的思想，也是由道体引申出来、根据老子的思想给予解释的。如讲"德者，道之功。功有实而实有光。仁者，德之光。光有泽而泽有事。义者，仁之事也。事有礼而礼有文。礼者，义之文也。故曰'失道而后失德，失德而后失仁，失仁而后失义，失义而后失礼'"④。韩非子虽然强调以法为治，但在许多地方并不否定道德礼教的地位与作用。如讲"圣人为法国者，必逆于世，而顺于道德"；"夫施与贫困者，此世之所谓仁义。哀怜百姓，不忍诛罚者，此世之所谓惠爱也。夫有施与贫困，则无功者得赏；不忍诛罚，则暴乱者不

---

① 《韩非子·扬权》。
② 《韩非子·解老》。
③ 《韩非子·喻老》。
④ 《韩非子·解老》。

止"①;"合诸侯不可无礼,此存亡之机也";"行僻自用,无礼诸侯,则亡身之至也"② 等,就是讲法治而不弃道德礼教的思想。

老子哲学是充满生命精神的。因此,老子哲学思想的一个重要内容,就是保护自我生命、爱护自我生命,以至于发展到宁可守雌而不争雄。由于老子这个思想过度强调自我生命保护,发展到韩非子,则变成权谋论。如讲"爱臣太亲,必危其身;人臣太贵,必易主位;主妾无等,必危嫡子;兄弟不服,必危社稷";"诸侯之博大,天子之害也;群臣之太富,君主之败也"③;讲"臣闭其主,则主失位;臣制财利,则主失德;臣擅行令,则主失制;臣得行义,则主失明;臣得树人,则主失党";讲"人主之道,静退以为宝:不自操事而知拙与巧,不自计虑而知福与咎"④;"二柄者,刑德也。杀戮之谓刑,庆赏之谓德。为人臣者畏诛罚而利庆赏,故人主自用其刑德,则群臣畏其威而归其利矣"⑤;"赏罚者,利器也,君操之以制臣,臣得之以拥主。故曰'国之利器,不可以示人'"⑥;以及讲"谏说谈论之士,不可不察爱憎之主而后说焉"⑦ 等,就是其权谋论思想。这些思想影响于后世,不仅加剧了上层政治斗争的复杂性,也使中国政治哲学失去了纯正的本体论与法学精神,特别是处于乱世之时,更是如此。

---

① 《韩非子·奸劫弑臣》。
② 《韩非子·十过》。
③ 《韩非子·爱臣》。
④ 《韩非子·主道》。
⑤ 《韩非子·二柄》。
⑥ 《韩非子·内储说下六微》。
⑦ 《韩非子·说难》。

第十五章 其他诸子的人本精神

内容提要：本书从第九章到第十四章叙述了以老子、孔子、孟子、庄子、荀子为代表的儒道两种文化精神发展（墨子亦儒家之变），为全面认识晚周文化的精神发展，现在简要讲述其他诸子学说的人文精神是必要的。邓析"视民而出政"的思想、尸子"执一以静"的精神、杨朱"为我"的存在哲学、子华子"全生为上"的生命哲学、慎到"立天子以为天下"的政治思想、尹文子"与众共治"的民主精神以及鹖冠子"神明者以人为本"的思想，就属于晚周诸子学说的主要人文精神。如果说儒道两种主流文化精神的阴阳刚柔合变构成了晚周文化精神的主旋律，那么，其他诸子之学思想的斑驳陆离、五彩缤纷、道光霞陂，则使这种文化精神变得跌宕起伏、丰富多彩。

一个时代文化精神的涡流旋转，主要是由它主流文化的变化构成的；但一个时代精神的五彩缤纷、万象纷呈，除了主流文化的色调，则是由其他文化色彩映衬的。晚周文化精神现象的斑驳陆离、思想缤纷、道光霞陂就是这样。它除了儒道两种主流文化精神的阴阳刚柔跌宕起伏合变，其他诸子人文精神的闪烁之光，也是不可缺少的。没有儒道两种主流文化精神的阴阳刚柔跌宕起伏合变，就没有晚周文化精神的主旋律；而没有其他诸子人文精神的闪烁之光，则晚周文化精神的色调就显得有点单调，不够丰富多彩。

因此，以原始儒家的孔子、孟子、荀子和原始道家的老子、庄子为骨干，讲述晚周主流文化精神的发展后，讲述一下其他诸子人文精神的发展变化是非常必要的。如前所说，依《艺文志》，诸子百家，除儒道两家，还有阴阳家、名家、纵横家、杂家、农家等；而依《庄子·天下篇》，则有墨翟、禽滑厘、宋钘、尹文、彭蒙、田骈、慎到、关尹、老聃、庄周、惠施；依《荀子·非十二子》，则有它嚣、魏牟、陈仲、史䲡、墨翟、宋钘、慎到、田骈、惠施、邓析、子思、孟轲。这些诸家中，老子、孔子、墨子、庄子、孟子等人，虽然作为主流学派人物已经叙述过了，其他诸子仍然人物众多，难以一一叙述。诚如司马迁谈到稷下学派诸人时所说的："自驺衍与齐之稷下先生，如淳于髡、慎到、环渊、接子、田骈、驺奭之徒，各著书言治乱之事，以干世主，岂可胜道哉！"① 精神史，所讲者乃精神的发展变化也。凡与精神发展无关又无哲学基础的，皆不在本章的叙述范围之内。因此，这里只就邓析子、杨朱、尸子、尹文子、慎到、鹖冠子诸人学说的人文精神做一个简略的叙述。这些人的学说，尽管体系不一定完整，但其所流露出的人文精神，则是晚周时期精神史发展的组成部分。因此，简略叙述这些人的学说人文精神，是讲述中国文化精神源头及夏、商、周三代的演变不可或缺的。

所讲上述人物，邓析出现得较早，本章叙述，就从邓析"视民而出政"的思想开始。

一 邓析"视民而出政"的思想

邓析，春秋末年郑国人，生年不详，定公九年（公元前501年）被郑国大夫驷歂所杀，属于春秋末年的思想家。《汉书·艺文志》于名家类，列《邓析》二篇。故其学术思想，学者多以"刑名之论"、"两可之说"概括之。但观《邓析子》所存的《无厚》、《转辞》两篇，可看出邓析的哲学思想受老子影响，基本倾向属于道家：如讲"天于人无厚也，君于民无厚也"②，即老子之讲"天地不仁，以万物为刍狗。圣人不仁，以百姓为刍狗"③ 也；讲"夫达道者，无知之道也，无能之道也"④，即老子之讲"道常无名"，"微妙玄通，深不可识"⑤ 也；讲"故无形者有形之本，无

---

① 《史记·孟子荀子列传》。
② 《邓析子·无厚篇》。
③ 《老子》第5章。
④ 《邓析子·无厚篇》。
⑤ 《老子》第15、32章。

声者有声之母"①，即老子之讲道"寂兮寥兮，独立不改，周行而不殆，可以为天下母"，"天下万物生于有，有生于无"② 也；讲"故善素朴任，悇忧而无失"③，即老子之讲"为天下谷，常德乃足，复归于朴"④ 也；讲"言有信而不为信，言有善而不为善者"⑤，即老子之讲"天下皆知美之为美，斯恶矣；皆知善之为善，斯不善已"；"信言不美，美言不信"⑥ 也；讲"心欲安静，虑欲深远"⑦，即老子之讲"致虚极，守静笃"、"重为轻根，静为躁君"、"清静为天下正"⑧ 也，等等。不仅邓析"圣人已死，大盗不起"⑨ 直接源于老子之言，即是其刑名思想，也是与老子不可名、不可形的道家思想联系在一起的。邓析之讲明君"循名责实，察法立威"；"名不可以外务，智不可以从他"；以及讲"猎罴虎者，不于外圂；钓鲸鲵者，不于清池"⑩，实即老子之讲"鱼不可脱于渊，国之利器不可以示人"⑪ 也。

邓析的政治思想建立在道家自然无为的哲学基础上。如讲"夫舟浮于水，车转于陆，此自然道也。有不治者，知不豫焉"；"为君，当若冬日之阳，夏日之阴，万物自归，莫之使也。恬卧而功自成，优游而政自治"。他甚至认为，整个人生都应该顺乎自然，都应该遵照"死生自命，富贵自时。临难不惧，知天命也。贫穷无慑，达时序也"⑫。《列子》曾引邓析的下面一段话，说明其"操两可之说，设无穷之辞"：

可以生而生，天福也；可以死而死，天福也。可以生而不生，天

---

① 《邓析子·无厚篇》。
② 《老子》第 25、40 章。
③ 《邓析子·转辞篇》。
④ 《老子》第 28 章。
⑤ 《邓析子·转辞篇》。
⑥ 《老子》第 5、81 章。
⑦ 《邓析子·转辞篇》。
⑧ 《老子》第 16、26、45 章。
⑨ 《邓析子·转辞篇》。
⑩ 《邓析子·无厚篇》。
⑪ 《老子》第 36 章。
⑫ 以上均见《邓析子·无厚篇》。

罚也；可以死而不死，天罚也。可以生，可以死，得生得死有矣；不可以生，不可以死，或死或生，有矣。然而生生死死，非物非我，皆命也，智之所无奈何。故曰，窈然无际，天道自会，漠然无分，天道自运。天地不能犯，圣智不能干，鬼魅不能欺。自然者，默之成之，平之宁之，将之迎之。①

由上可知，所谓邓析的"操两可之说，设无穷之辞"，实乃顺乎自然，顺乎"窈然无际"、"漠然无分"的宇宙法则，顺乎"自会"、"自运"的天道命令也；而且它是在形而上学意义上讲的，故曰"自然者，默之成之，平之宁之，将之迎之"。可知邓析之学是有深厚的道家哲学基础的。邓析以"操两可之说，设无穷之辞"，数难子产者，就是此形而上学的天道法则也。《列子》讲"邓析非能屈子产，不得不屈"，乃是哲学上不得不争也；"子产非能诛邓析，不得不诛也"，乃推论也。子产是一位对乡校议政"其所善者，吾则行之；其所恶者，吾则改之，是吾师也，若之何毁之"②，充满民主精神的政治家，岂能杀邓析！杀邓析者，乃郑国大夫驷颛也。《左传》所讲的"驷颛杀邓析，而用其《竹刑》"，即指此事也；而且《左传》认为，驷颛杀邓析而用其发明制作的刑典《竹刑》，乃非君子所为，是不忠诚的："苟有可以加于国家者，弃其邪可也"，何必加害于他呢？《静女》三章也只是取彤管之笔。《竿旄》诗所说的"何以告之"，也只是取其忠称。这些所讲，皆是"用其道，不弃其人"的道理。《诗》云"蔽芾甘棠，勿翦勿伐，召伯所茇"，尤能"思其人犹爱其树，况用其道而不恤其人乎？"③ 可知定公九年驷颛杀邓析的史实无误，而且认为杀邓析是没道理的。《吕氏春秋》所谓的邓析"以非为是，以是为非，是非无度，而可与不可日变。所欲胜因胜，所欲罪因罪。郑国大乱，民口灌谭。子产患之，于是杀邓析而戮之，民心乃服，是非乃定，法律乃行"④ 云云，乃根据《列子》所说"邓析非能屈子产，不得不屈；子产非能诛邓析，不得不诛"推断也，不是历史事实。

邓析以天道自然法则看待人生，也认为应以此为政，将天下的政道与

---

① 《列子·力命》。
② 《左传》襄公 31 年。
③ 《左传》定公 9 年。
④ 《吕氏春秋·离谓》。

治道建立在自然法则基础上,建立在人的自然存在基础上。故其讲"喜不以赏,怒不以罚,可谓治世";"惔然宽裕,荡然简易,略而无失,精详入纤微也"①;讲"君人者不能自专而好任下";"夫谋莫难于必听,事莫难于必成,成必合于数,听必合于情"等等。在邓析看来,凡政治,凡要维护政治权力,皆必须从人的存在出发,把人看作政治主体的存在,不可脱离人民,更不能让人民背离自己而去。因此,他提出了一条政治原则,即"视民而出政"。他说:

> 夫负重者患涂远,据贵者忧民离。负重涂远者,身疲而无功。在上离民者,虽劳而不治。故智者量涂而后负,明君视民而出政。

"视民而出政",就是一切政道与治道、政策与治策,都必须根据人民的生存需要而制定。惟此,才是聪明而有智慧的治者;不然,就像负重一样,虽然劳苦而不治。"视民而出政",也就是老子所说的"圣人常无心,以百姓心为心"②。做到"视民而出政"是不容易的,特别是天下人心的几微之变,"听能闻于无声,视能见于无形,计能规于未兆,虑能防于未然",能"视民而出政",能"以百姓心为心",更是不容易的,不是耳听、目视、心计、知虑所能实现的。只有超越自我,以万物一然的政治大智慧,才能"不以耳听,则通于无声矣;不以目视,则照于无形矣;不以心计,则达于无兆矣;不以知虑,则合于未朕矣"。

正如老子讲"万物得一以生,侯王得一以为天下贞";讲"圣人无常心,以百姓心为心";"圣人在天下歙歙焉,为天下浑其心",主张"不自见故明;不自是故彰;不自伐故有功;不自矜故长;夫唯不争,故天下莫能与之争"③一样,邓析也是反对以小知小识进行争斗的。他认为,"一而不邪,方行而不流,一日形之,万世传之,无为为之也";"不困,在早图;不穷,在早稼;非所宜言,勿言,以避其口;非所宜为,勿为,以避其危;非所宜取,勿取,以避其咎;非所宜争,勿争,以避其声";而若"立法而行私,是私与法争,其乱也甚于无法;立君而争贤,是贤与君争,其乱也甚于无君"。因此他说:"夫治之法,莫大于使私不行,功莫大于使

---

① 《邓析子·无厚篇》。
② 《老子》第49章。
③ 《老子》第22、39、49章。

民不争"①。

邓析正是从超越自我、万物一然的政治大智慧出发，提出了三条为政之术：目明、耳聪、公心。他说：

> 目贵明，耳贵聪，心贵公。以天下之目视，则无不见；以天下之耳听，则无不闻；以天下之智虑，则无不知。得此三术，则存于不为也。②

凡为政，皆要"视民而出政"，这就是邓析哲学的政治人本精神；而要求为政者目明、耳聪，持以公心，以天下之目视之，以天下之耳听之，以天下之智虑之，则是何等超越性的政治智慧啊！这就是邓析以道家形上之"道"的思考所提出的政治哲学与为治之道。荀子批评邓析"不恤是非、然不然之情，以相荐樽，以相耻怍"③；"不法先王，不是礼仪，而好治怪说，玩琦辞，察而不惠，辩而无用，多事而寡功，不可以为治纲纪"④，乃出于儒家之批评也。虽不能说是出于门户偏见，至少也包含着对邓析所持道家哲学的不理解。

说邓析"不法先王，不是礼仪"，也并非完全符合事实。其讲"尧置敢谏之鼓，舜立诽谤之木，汤有司直之人，武有戒慎之铭。此四君子者，圣人也，而犹若此之勤"；"今之为君，无尧舜之才，而慕尧舜之治，故终颠殒乎混冥之中，而事不觉于昭明之术"⑤，就是法先王之治者。子产为政，虽善于治国，但并不善于治家。相郑三年，善者服其化，恶者畏其禁，郑国以治。但其兄公孙朝与其弟公孙穆荒于酒色。子产日夜戚戚，不知该怎么办，密访邓析而谋之说："我为国则治矣，而家则乱矣。其道逆邪！请你告诉我，将奚方以救二子？"邓析告诉子产的就是"喻以性命之重，诱以礼义之尊"⑥。虽然道家对此持疑惑态度，但此处透露的信息亦不好说邓析全然不知儒家仁义之教。邓析对仁义之教并非全然如老子之讲

---

① 《邓析子·转辞篇》。
② 以上均见《邓析子·转辞篇》。
③ 《荀子·儒效》。
④ 《荀子·非十二子》。
⑤ 《邓析子·转辞篇》。
⑥ 《列子·杨朱篇》。

"仁义憯然乃愤吾心,乱莫大焉"①,而是认为,"诸侯之门仁义存焉,是非窃仁义耶"②,丧失了仁义之心。邓析在许多地方是批评当时侯门贵族的。在他看来,天下之所以不治,就在于侯门贵族把持权力,不能施仁政于天下,造成了"水浊无掉尾之鱼,政苛无逸乐之士"及"令烦民诈,政扰民不定"的局面。故邓析批评其政治局面为"不治其本而务其末,譬如拯溺锤之以石,救火投之以薪"③。这种批评自然也是从人本精神出发的。

邓析讲"视民而出政"具有强烈的人本精神,而且充满超越性的政治智慧,但其政治实践则带有很大的局限性。他讲不争,却与子产处处争:"子产令无悬书,邓析致之;子产令无致书,邓析倚之;令无穷,则邓析应之亦无穷。"④ 其争几乎陷入非理性的地步。邓析之学虽有人本精神,但出发点还是为郑国之治着想的,而且还充满着权谋论思想。其讲"君者,藏于匿影,群下无私,掩目塞耳万民恐震";及讲明君"名不可以外务,智不可以从他"⑤ 等,就是属于权谋论思想。即使讲法制,亦是"民一于君,事断于法",为"国之大道"⑥。但是,邓析能在两千多年前讲出那么多具有人本精神与政治智慧的政治哲理,已是难能可贵的了。

二 尸子"执一以静"的为治精神

尸子,名佼,战国时晋人,一说鲁国人,生卒年不详。《史记》说:"楚有尸子、长卢;阿之吁子焉。自如孟子至于吁子,世多有其书,故不论其传云。"⑦ 长卢,《正义》说:"《长卢》九篇,楚人。"关于吁子,《正义》引《艺文志》说:"《吁子》十八篇,名婴,齐人,七十子之后。"关于尸子,《集解》引刘向《别录》说:"楚有尸子,疑谓其在蜀。今按《尸子》书,晋人也,名佼,秦相卫鞅客也。卫鞅商君谋事画计,立法理

---

① 《庄子·天运篇》。
② 《邓析子·转辞篇》。
③ 《邓析子·无厚篇》。
④ 《吕氏春秋·离谓》。
⑤ 《邓析子·无厚篇》。
⑥ 《邓析子·转辞篇》。
⑦ 《史记·孟子荀卿列传》。

民，未尝不与佼规之也。商君被刑，佼恐并诛，乃亡逃入蜀。自为造二十篇书，凡六万余言。卒，因葬蜀。"《索隐》按："尸子名佼，音绞，晋人，事具《别录》。"《汉书·艺文志》于杂家录《尸子》二十篇，并说："名佼，鲁人，秦相商君师之。鞅死，佼逃入蜀。"从以上记述可知，尸子原是商鞅门下宾客，曾得到商鞅重用，参与谋划变法，商鞅遇难后，逃亡入蜀，后死于蜀。

刘向《别录》所说的尸子"自为造此二十篇书，凡六万言"，其书今已散佚。《汉书·艺文志》著录《尸子》二十篇，至《隋书·经籍志》著录，已亡九篇，到北宋仅存二篇，合为一卷，南宋已佚。唐《群书治要》录有《劝学》等 13 篇。清章宗源、惠栋、孙星衍皆有辑本。现在上海古籍出版的《百子全书》所收录的《尸子》上下卷为孙星衍校集本，上卷录《群书治要》，下卷辑自其他古籍。

尸子的学术思想极为旁杂，涉及政治、经济、天文、地理、文化、历史诸多方面。这也许正是《汉书·艺文志》所以把《尸子》列于"杂家"的原因所在。张湛注《列子》曾说："庄子、慎到、韩非、尸子、淮南，《玄示》、《旨归》，多称其言。"①《玄示》、《旨归》，皆道家著作，能称其言，可见尸子为学，发明经传，还是有形而上学精神的，其中"执一以静"的为治之论，就是属于形上精神的。他说：

> 天地生万物，圣人裁之。裁物以制分，便事以立官。君臣父子、上下长幼、贵贱亲疏，皆得其分，曰治。……明王之治民也，身逸而国治，言寡而令行。事少而功多，守要也。君人者，苟能正名，愚智尽情，执一以静，令名自正，令事自定。赏罚随名，民莫不敬。②

治天下，理万民，不是事必躬亲，一切到场，而是要依靠正名、设官、分工，各尽其职。正名、设官、分工之后，明王之治天下，就应遵守纯一之道，"执一以静"，使其"令名自正，令事自定"。其赏其罚，皆随正名、设官、分工而定。治天下，理万民，能如此，则"民莫不敬"也。尸子所讲"执一以静"的为治精神，就是《尚书》所说的"惟精惟一，允执厥中"；荀子所说的"虚一而静"，以"大清明"之心，"坐于室而见

---

① ［晋］张湛《列子》序。
② 《尸子·分》。

四海，处于今而论久远，疏观万物而知其情，参稽治乱而通其度，经纬天地而材官万物，制割大理而宇宙里（理）"① 的精神。

这种精神，乃是以天地纯一之"道"的形而上学存在为本体论根据的。领悟得此道，得之谓德，就是道德精神。尸子认为，君王能否治理天下，就在于能不能领悟天地纯一之"道"，能不能于此"道"获得纯一的道德精神。若是人君治国平天下与此精神相背，则虽贵其国，不能达于天下、行于天下也。故他说：

古之所谓贵，非爵列也；所谓良，非先故也。人君贵于一国，而不达于天下；天子贵于一世，而不达于后世。惟德行与天地相弊也。
……
夫德义也者，视之弗见，听之弗闻，天地以正，万物以遍，无爵而贵，不禄而尊也。

人君所以不能于天地之道的存在获得纯一的道德精神，是因为这种精神并非一般的道德规范，而是得于天地之道的形而上学存在，属于"视之弗见，听之弗闻"者，没有一定的形而上学的道德修养，是不容易获得的。故其引孔子之言曰："车唯恐地之不坚也，舟唯恐水之不深也。有其器，则以人之难为易。"器尚且如此，何况形上之道呢！故曰："夫道，以人之难为易也。"这就是尸子为治之道的精神，也是其为学的精神！道德精神终究是人文精神。

强调纯一之"道"的本体存在，不是不要制裁万物；强调"执一以静"的为治精神，并非不要器物的知识。不然何以使"君臣父子、上下长幼、贵贱亲疏，皆得其分"呢？是故尸子说："穷与达，其于成贤无择也。是故爱恶亲疏，废兴穷达，皆可以成义，有其器也。"② 然而国家、天下的治理，终究是人心的治理。臣天下者，一天下也。而要"一天下者，令于天下则行，禁焉则止"，惟有得人心才行；而能不能得人心，人心服不服，是要经过人的价值判断的。因此尸子说：

目之所美，心以为不义，弗敢视也。口之所甘，心以为不义，弗敢食也。耳之所乐，心以为不义，弗敢听也。身之所安，心以为不

---

① 《荀子·解蔽》。
② 以上均见《尸子·劝学》。

义，弗敢服也。然则令于天下而行，禁焉而止者，心也。故曰：心者，身之君也。天子以天下受令于心，心不当则天下祸。诸侯以国受令于心，心不当则国亡。匹夫以身受令于心，心不当则身为戮。①

"心者，身之君也。天子以天下受令于心，心不当则天下祸"，这就是治国平天下的根本所在！一切存亡盛衰皆取于此，取于天下人心所向也。"诸侯以国受令于心，心不当则国亡。匹夫以身受令于心，心不当则身为戮"，此当为千古有国有天下者诫！在尸子看来，齐桓公之举管仲、秦穆公之举百里，实在是一种道德精神的比赛，即"比其德也"。此正是他们所以能"国甚僻小，身至秽污"而"为政于天下"②的根本原因。

因此，在尸子看来，治国平天下的最高治理与境界，就是天地之道的纯一精神：有此精神者，则神明一切，获得一切；失此精神者，则失去一切；一切盛衰治乱祸福，皆源于这个最高精神的存在。故曰：

> 圣人治于神，愚人争于明也。天地之道，莫见其所以长物而物长，莫见其所以亡物而物亡。圣人之道亦然。其兴福也，人莫之见，而福兴矣；其除祸也，人莫之知，而祸除矣。故曰：神人。
> 神也者，万物之始，万事之纪也。③

这里，神或道德精神已是形上本体论存在。"执一以静"，其为治也，就是守此本体论存在，守住天地之道的最高精神。这是一种治天下、理万民的最高精神境界，也是政治哲学的最高治理！两千多年前，尸子能通过道德形而上学达此境界，实乃一奇人也。

三 杨朱"为我"的存在哲学

杨朱，战国时魏人，世称杨子、杨生或杨子居，生卒年不详。孟子说："处士横议，杨朱、墨翟之言盈天下。"④据此杨朱应为与墨子同时代的人，年龄上墨子略长。其他的推断年代皆不可靠。《庄子·应帝王》有"阳子

---

① 《尸子·贵言》。
② 《尸子·劝学》。
③ 《尸子·贵言》。
④ 《孟子·滕文公下》。

居见老聃"之句,《庄子》疏云:"姓阳,名朱,字子居。"《释文》曰:"居,名也,子,男子通称。"观其所问,皆是关于"明王之治"之事,似与杨朱之学不相关涉,而且与老子年代相差太远。此"阳子居"似不是杨朱。

关于杨朱的学说渊源,明道说:"杨子出处,使人难说,孟子必不肯为杨子事。"① 而伊川则说:"杨子似出于子张,墨子似出于子夏,其中更有过不及,岂是师、商不学于圣门?"② 但观杨朱之学的立论,则近于道家。杨朱无著作留世,学说散见于《列子》、《孟子》、《庄子》、《韩非子》、《吕氏春秋》等书,思想比较集中见于《列子·杨朱篇》。杨朱"为我",自然不会著作,因此,《杨朱篇》应为战国时期道家记述杨朱言论之篇章。《汉书·艺文志》录《列子》八篇,其中是否包括《杨朱篇》,所载不明,但张湛注《列子》,说"先君所录书中有《列子》八篇。及至江南,仅有存者。《列子》唯余《杨朱》、《说符》、《目录》三卷"③。可知《杨朱篇》乃《汉书·艺文志》所录《列子》八篇之一,为战国时期记述杨朱言行的旧作,今人怀疑是推翻此篇文献的价值,不足为信也。

"杨子为我,拔一毛而利天下不为也。"④ 孟子这句话的影响颇为深远,今人凡提起杨朱者,皆以为是个极端自私的为我主义者。但若仔细研究杨朱之学,则颇近似现在西方的存在主义哲学,即人的存在、自我的存在高于一切;只有自我当下的存在(此在),才是最有意义的,其他一切皆是虚无。杨朱以此议论人生说:

> 万物所异者生也,所同者死也。生则有贤愚贵贱,是所异也;死则有臭腐消灭,是所同也。虽然贤愚贵贱,非所能也,臭腐消灭,亦非所能也。故生非所生,死非所死,贤非所贤,愚非所愚,贵非所贵,贱非所贱。然而万物齐生齐死,齐贤齐愚,齐贵齐贱。十年亦死,百年亦死,仁圣亦死,凶愚亦死。生则尧舜,死则腐骨;生则桀纣,死则腐骨。腐骨一矣,熟知其异?且趣当生,奚遑死后。既死,岂在我哉?⑤

---

① 《河南程氏遗书》卷12。
② 《河南程氏遗书》卷15。
③ [晋]张湛《列子》序。
④ 《孟子·尽心上》。
⑤ 《列子·杨朱篇》。

杨朱这里所讲的"死则有臭腐消灭，是所同也"，颇近于存在主义者萨特所说的"死是一个极"，"不管有理还是没有理"，是我们还不能够决定的"生命的终端"；其讲"万物齐生齐死，齐贤齐愚，齐贵齐贱。十年亦死，百年亦死"，颇近于萨特所说的"死那里没有任何奇迹：它是上述系列的一个极，每一极都是面对系列的一切极在场"；而其所讲的"仁圣亦死，凶愚亦死。生则尧舜，死则腐骨；生则桀纣，死则腐骨。腐骨一矣，熟知其异？"几乎就是萨特所说的死是"可能的虚无化"、"价值的终端"、"全部意义都从生命中去掉"、"行为、等待、价值，一下子陷入荒谬"、巴尔扎克在《朱安党人》出版前或后死去都是一样的，企图通过他生前死后的想法评价其意义"是徒劳的"①。而其所讲的"既死，岂在我哉？"不就是萨特所说的死亡将"全部意义都从生命中去掉"吗？

存在主义所要解决的是人的存在问题、人生意义问题，因而想要建立一种新的人生哲学。杨朱学说也是这样。这种哲学，在存在主义那里是各种各样的：在海德格尔那里是对"烦"与"畏"的超越；在萨特那里是"选择的自由"；在克尔凯戈尔那里是"变为一个基督徒"；在卡尔·巴尔特那里是"存在的神学"；在保罗·蒂利希那里是"终极关怀"或"上帝的绝对存在"；而这在两千多年前的杨朱那里，则是"为我"的存在，用《吕氏春秋》的话说，就是"贵己"②。

萨特的存在主义认为，别人看了我一眼，我就"作为他的对象"，而不是作为"为我的存在"失去主体性了③，而杨朱认为，"拔一毛而利天下不为也"。这在一些人看来，一定认为萨特的存在主义哲学与杨朱的"为我"哲学都是极端自私的！但实际上并非这样。萨特的哲学乃是一种"存在主义的人道主义"。它尽管在伦理学上存在着模棱两可，存在着为过得欢乐而活着的非理性主义，但追求"选择的自由"则是其主流倾向。杨朱之讲"为我"也是这样。它乃是一种非常人本主义的哲学思想。杨朱是这样从哲学本体论上揭示人的最高存在及其主体性的：

> 人肖天地之类，怀五常之性，有生之最灵者也。人者，爪牙不足

---

① ［法］萨特《存在与虚无》第 680~690 页，三联书店 1987 年版。
② 《吕氏春秋·不二》。
③ 《存在与虚无》第 345 页。

以供守卫，肌肤不足以自捍御，趋走不足以从利逃害，无毛羽以御寒暑，必将资物以为养，任智而不恃力。故智之所贵，存我为贵；力之所贱，侵物为贱。然身非我有也，既生，不得不全之；物非我有也，既有，不得而去之。身固生之主，物亦养之主。虽全生，不可有其身；虽不去物，不可有其物。有其物有其身，是横私天下之身，横私天下之物。不横私天下之身，不横私天下之物者，其唯圣人乎！公天下之身，公天下之物，其唯至人矣！此之谓至至者也。①

杨朱的"存我为贵"，乃是与"侵物为贱"相对的，可见其"为我"，并非不顾一切地生杀掠夺为我所享受，而是自我既生，不得不全之，不得不养之；而全之养之，是以不伤害万物的存在为根本的。因此，"为我"或"贵己"并非是"横私天下之身，横私天下之物"，而是"不横私天下之身，不横私天下之物"的存在，是"公天下之身，公天下之物"的最高境界！达此境界者，方可谓"为我"，方可谓"贵己"者。此境界者，乃圣人之精神境界也。

这种境界不仅属于人生哲学，更属于政治哲学，因为它包含着一种天下之治的学说，一种政治理想与人本精神。杨朱说：

> 伯成子高不以一毫利物，舍国而隐耕。大禹不以一身自利，一体偏枯。古之人，损一毫利天下，不与也；悉天下奉一身，不取也。人人不损一毫，人人不利天下，天下治矣。

"人人不损一毫，人人不利天下，天下治矣"，这就是杨朱的政治哲学。这种哲学，在自我，是"公天下之身，公天下之物"；在天下，是"人人不损一毫，人人不利天下"。此即"不以一毫利物，舍国而隐耕"之伯成子高也；亦即"不以一身自利，一体偏枯"之大禹也。杨朱的"为我"或"贵己"，哪里有一点自私自利呢？杨朱的这种学说，不仅现在，即使在当时，也有很多人不理解。当时有个叫"禽子"的人，问杨朱说："去子体之一毛，以济一世，汝为之乎？"杨子说："世固非一毛之所济。"禽子说："假济，为之乎？"杨子弗应。禽子出，把这件事告诉了杨朱的学生孟孙阳。孟孙阳的回答，则道出了其师的学说的真谛：

---

① 《列子·杨朱篇》。

> 孟孙阳曰："子不达夫子之心，吾请言之。有侵苦肌肤获万金者，若为之乎？"曰："为之。"
>
> 孟孙阳曰："有断若一节，得一国，子为之乎？"
>
> 禽子默然有间。
>
> 孟孙阳曰："一毛微于肌肤，肌肤微于一节，省矣。然则积一毛以成肌肤，积肌肤以成一节。一毛固一体万分中之一物，奈何轻之乎？"

一毛之微，尚不能爱护，何况一国与天下呢！天下之治、国家之理，皆应从自我做起，从爱护自我生命做起。"百年，寿之大齐，得百年者，千无一焉；设有一者，孩抱以逮昏老，几居其半矣"，人为什么不应该爱护自己呢？怎么爱护自己？自然不是放纵自我，不是浅薄的享受人生，而是不违自然，不逆万物，放逸自我，颐养人生。杨朱是这样表达自己的人生理想的：

> 太古之人，知生之暂来，知死之暂往，故从心而动，不违自然所好；当身之娱，非所去也，故不为名所劝。从性而游，不逆万物所好，死后之名，非所取也，故不为刑所及；名誉先后，年命多少，非所量也。
>
> ……
>
> 生民之不得休息，为四事故：一为寿，二为名，三为位，四为货。有此四者，畏鬼畏人、畏威畏刑，此谓之遁民也。可杀可活，制命在外。不逆命，何羡寿？不矜贵，何羡名？不要势，何羡位？不贪富，何羡货？此之谓顺民也。天下无对，制命在内。①

"从心而动，不违自然"；"从性而游，不逆万物"；"死后之名，非所取也"；"名誉先后，年命多少，非所量也"。这就是杨朱的"为我"之说，就是被人批评为"贵己"的学说。它不"畏鬼畏人、畏威畏刑"；"不逆命，不羡寿；不矜贵，不羡名；不要势，不羡位；不贪富，不羡货"；一切外在的追求，皆不要；一切生命之外的存在，皆无所取；"天下无对，制命在内"，只追求自我生命本然的存在，追求内心的自足、恬适与精神上的自由。它实际上就是道家自我的一切顺乎自然法则，不为物

---

① 以上均见《列子·杨朱篇》。

累，不为形役，陶然忘机，恬然自适。故《淮南子》评其学为"全性葆真，不以物累形"①。杨朱的"为我"、"贵己"，实乃包含着一种"知生之暂来，知死之暂往"的理性自觉。

春秋战国乃是战争连年、杀戮不断的时期，是时君世主视人命如草芥的时期。杨朱在这样一个历史背景下，独立独行，独往独来，独出独入，言无所惧，提出"为我"、"贵己"，讲"拔一毛而利天下不为也"；讲"损一毫利天下，不与也；悉天下奉一身，不取也。人人不损一毫，人人不利天下，天下治矣"，实乃是珍惜自我生命、保护人的存在之说者也。杨朱之学，和现在西方的存在主义哲学相比是更充满人本精神的学说。已故张尔田先生在研究诸子之学的精微处时，曾用下面一段话评价杨朱之学是非常到位的：

> 吾即《孟子》、《列子》所载以考之，而叹朱之学持之有故，言之成理，真六国时一大传派也。盖朱之学善探天命之自然，以为我为主义，以放逸为宗趣，而要归本于老氏之言，此其所长也。为我非长生不死之谓也，谓尽乎天而不凿以人也；放逸非纵情恣意之谓也，谓足乎己而无待乎外也。一人为我，必使人人皆为我，人人皆为我，则无盗贼争夺之患，而天下一视同仁矣；一人放逸，必使人人皆放逸，人人皆放逸，则无名誉矫揉之祸，而天下反为朴矣。此杨朱学术之大旨也。②

古人为学，不在于教育别人，而在于自我修养与道德实践。杨朱的一生，正是按照自己的学说，尽乎天命而不以人凿为是非。海德格尔认为，人是被天命无端抛到尘世上来的，而萨特认为，人的存在没有必然性。杨朱虽然承认有"不知所以然而然"的天命，承认"今昏昏昧昧，纷纷若若，随所为，随所不为，日去日来"，受"不知其故"的命运推动，然他认为，"信命者，亡寿夭；信理者，亡是非；信心者，亡逆顺；信性者，亡安危"，若"都亡所信，都亡所不信"，那么，"真矣伪矣，奚去奚就，奚哀奚乐，奚为奚不为"，就难辨认了。因此他认为，不必矫情，不必较真，一切都不存于心，都忘记，像《黄帝之书》所说的"至人居若死，动

---

① 《淮南子·氾论训》。
② 张尔田著《史微》卷3第64~65页，上海书店出版社2006年版。

若械"那样，那么，"不知所以居，亦不知所以不居；亦不知所以动，亦不知所以不动；亦不以众人之观易其情貌，亦不谓众人之不观不易其情貌"，达此境界，"独往独来，独出独入，孰能碍之？"① 岂不是获得自由了吗？海德格尔对"烦"与"畏"的超越、萨特"选择的自由"，在杨朱哲学中，摆脱命运的纠缠，就这样轻而易举地解决了。

萨特讲自在与自为的存在，认为"自为是被一种不断的偶然性所支持的，但却永远不能清除偶然性"；并且认为，自在的偶然性纠缠着自为，要"把自为与自在的存在联系起来而永远不让自己被捕捉到"②。杨朱虽然不从本体或本原上否定人的存在，否定各种存在的可能性，但他认为，人是不应为太古以来"若存若亡，若觉若梦，或隐或显，亿不识一"的是非之变而伤害自己的。他说：

> 太古之事灭矣，孰志之哉？三皇之事，若存若亡；五帝之事，若觉若梦；三王之事，或隐或显，亿不识一；当身之事，或闻或见，万不识一；目前之事或存或废，千不识一。太古至于今日，年数固不可胜纪。但伏羲已来三十余万岁，贤愚、好丑、成败、是非，无不消灭，但迟速之间耳。矜一时之毁誉，以焦苦其神形，要死后数百年中余名，岂足润枯骨？何生之乐哉？③

杨朱认为，太古以来的"贤愚、好丑、成败、是非，无不消灭"，即使没被消灭，但那也是"迟速之间"的事儿。一定要把那些事的存在与否弄清楚，并做出正确的价值判断，那是不可能的。硬是"矜一时之毁誉，以焦苦其神形"，而"要死后数百年中余名"，"岂足润枯骨？何生之乐哉？"那是非常不值得的。这就是杨朱之学的自我主体性及精神自由追求！

杨朱之学，虽然当时沸沸扬扬，但也只是与其弟子孟孙阳、心都子口传心授，因没有著作留世，亦因不被人理解，其根本要义就渐渐被后世遗忘了。

---

① 《列子·力命篇》。
② 《存在与虚无》第125页。
③ 《列子·杨朱篇》。

四 子华子"全生为上"的生命哲学

子华子的姓名、生卒年、时代、国别,皆众说纷纭,弄得非常复杂。由此深感群体参与、互动、感应及远距离作用所造成的文化意识之混沌模糊。依照现在所存的刘向《子华子》序,子华子,程氏,名本,字子华,晋人①。而《子华子》一书,《汉书·艺文志》不载,说明汉时此书已失,何来刘向《子华子》序?《序》之不存,所说的子华子姓名、国别,自然令人存疑。依《列子》所说的"范氏有子曰子华,善养私名,举国服之;有宠于晋君,不仕而居三卿之右。目所偏视,晋国爵之;口所偏肥,晋国黜之"②,子华子应为战国时晋人,范氏,名子华;依《庄子·让王》《释文》所说,"子华子为魏人";而高诱注则说子华子为"古体道人"③。此更弄得人模糊不清。

《庄子》说:"韩魏相与争侵地,子华子见昭僖侯。"④ 韩有昭侯,有僖(厘)王,而无昭僖侯。若昭僖侯为昭侯之误,确信此处为韩昭侯,那么,据《史记》所载,韩魏相争,"魏取朱",发生在昭侯元年(公元前362年);而韩"伐东周,取陵观、邢丘",为昭侯6年(公元前357年)⑤。子华子见韩昭僖侯(即昭侯)即应在此期间(公元前362年~公元前357年)。据此,确定子华子为战国时人应为不错;而其学术活动,与杨朱的年代大体相当。故本章将其放于《杨朱"为我"的存在哲学》后叙述。

现存《子华子》十卷,程本撰。"程本"之名,出于《孔子家语》,而"子华"之名,出于《列子》。《孔子家语》讲"孔子之郯,遭程子于途,倾盖而语,终日相亲,曰'今程子天下之贤士也'"⑥,与《列子》所说"范氏有子曰子华"云云,人是两个人,国是齐、晋两个国,根本不是

---

① 见《百子全书》第5册,上海古籍社1984年版。
② 《列子·黄帝篇》。
③ 《吕氏春秋·贵生》注。
④ 《庄子·让王》。
⑤ 《史记·韩世家》。
⑥ 《孔子家语·致思》。

一回事儿。因此,《子华子》虽收入《道藏》,为道家经典,其实乃为伪托也。然《庄子》、《吕氏春秋》所引子华子之言论,则非虚妄也。据此,大体可以看出其学术思想与精神所在。

正如杨朱处于战争连年、杀戮不断的战国时期,为珍惜自我生命、保护人的存在提出"为我"一样,子华子也正是基于此提出"全生为上"之生命哲学的。《吕氏春秋》是这样引述子华子"全生为上"的哲学并进行解释的:

> 子华子曰:"全生为上,亏生次之,死次之,迫生为下。"故所谓尊生者,全生之谓。所谓全生者,六欲皆得其宜也。所谓亏生者,六欲分得其宜也。亏生,则于其尊之者薄矣。其亏弥甚者也,其尊弥薄。所谓死者,无有所以知,复其未生也。所谓迫生者,六欲莫得其宜也,皆获其所甚恶者,服是也,辱是也。辱莫大于不义。故不义,迫生也;而迫生非独不义也,故曰迫生不若死。奚以知其然也?耳闻所恶,不若无闻;目见所恶,不若无见。故雷则掩耳,电则掩目,此其比也。凡六欲者,皆知其所甚恶,而必不得免,不若无有所以知。无有所以知者,死之谓也,故迫生不若死。嗜肉者非腐鼠之谓也;嗜酒者非败酒之谓也;尊生者非迫生之谓也。①

所谓"全生",就是"六欲(生、死、耳、目、口、鼻)皆得其宜";"全生为上",就是以"六欲皆得其宜"为最高追求。亏生之甚,则是死;而迫生,则"六欲莫得其宜",其甚恶者,实际上过一种服从、屈辱的日子矣。而最大的屈辱就是不义。子华子的"全生为上"的追求,虽然偏重生物学的解释,但其杂糅儒道文化而为学,所说"全生为上"也是不乏哲学意义与人文精神的。"辱莫大于不义。故不义,迫生也"的解释,就是富于哲学意义与人文精神的理解。这一点,从子华子见韩昭僖侯(即昭侯)所说的"两臂"论更可以看出来:

> 韩魏相与争侵地。子华子见昭僖侯,昭僖侯有忧色。子华子曰:"今使天下书铭于君之前,书之言曰:'左手攫之则右手废,右手攫之则左手废,然而攫之者必有天下。'君能攫之乎?"
>
> 昭僖侯曰:"寡人不攫也。"

---

① 《吕氏春秋·贵生》。

子华子曰："甚善！自是观之，两臂重于天下也，身亦重于两臂。韩之轻于天下亦远矣，今之所争者，其轻于韩又远。君固愁身伤生以忧戚不得也！"

僖侯曰："善哉！教寡人者众矣，未尝得闻此言也。"子华子可谓知轻重矣。①

"两臂重于天下也，身亦重于两臂"，此子华子劝韩昭侯重生命而轻天下者也，亦其谏韩昭侯在保护生命与夺取天下之间所作价值判断与选择者也。这不仅是子华子之知轻重，亦其人本精神之所在。

子华子"全生为上"的文化哲学意义与根本精神，不仅在于爱护生命、保护生命，更在于修其身，安顿生命，提升生命精神，而不是舍弃自我生命去夺取天下。不能安静下来，按照天道自然法则修养自身，安顿生命，提升生命精神，而只是外求，必损乎天性而伤于身也。这就像百仞之松本伤于下、鱼鳖脱于渊一样。安顿生命，提升生命精神，乃是人生的根本。故子华子说："丘陵成而穴者安矣，大水深渊成而鱼鳖安矣，松柏成而途之人已荫矣。"② 教人安顿生命，提升生命精神，乃是顺乎人心人性的教育；不能这样，反诸人心人性而劝学，则失其道矣。故子华子说："王者乐其所以王，亡者亦乐其所以亡，故烹兽不足以尽兽，嗜其脯则几矣。"③

子华子讲"全生为上"，多立于道家的自然本体论，发明天道义理，将爱护生命、保护生命、安顿生命视为人类社会的根本，还是富于人本精神的。

五　慎到"立天子以为天下"的政治思想

慎到，战国时赵人。依《史记》说，慎到与田骈、接子、环渊，"皆学黄老道德之术，因发明序其指意。故慎到著十二论，环渊著上下篇，而田骈、接子皆有所论焉"④。《汉书·艺文志》录《慎子》42篇，今存

---

① 《庄子·让王》。
② 《吕氏春秋·先己》。
③ 《吕氏春秋·诬徒》。
④ 《史记·孟子荀卿列传》。

7篇。

慎到约于齐宣王、湣王时，讲学于稷下，负盛名。《庄子》将慎到与彭蒙、田骈归于一派，说其"公而不当，易而无私，决然无主"，乃是一班公正不阿、各自放任而又平易无偏私的人物。故其以理用法，"趣物而不两，不顾于虑，不谋于知，于物无择，与之俱往"。从本体论上说，他们是"齐万物以为首"者。万物本不齐，"皆有所可，有所不可"，各以其性而存在，皆"天能覆之而不能载之，地能载之而不能覆之，大道能包之而不能辩之"，实在是"选则不遍，教则不至"的，然若持至玄之道，从其乃周乃遍的存在上看问题，则万物皆自得而"无遗者矣"①。此可见慎到与彭蒙、田骈诸人，"皆学黄老道德之术"也。

正是慎到之学基于黄老道德之术，所以他对待圣人取天下一类的文化历史问题，总是提升到形上本体论的高度看待一切，鄙视浅薄的知识论。他认为："圣人之有天下也，受之也，非取之也。百姓之于圣人也，养之也，非使圣人养己也。"因此在他看来，圣人之有没有天下、能不能得到天下，关键在于能不能建立起盛大的道德与政治威信，能不能得到人民的支持与帮助："此得助则成，释助则废矣。"能建立起盛大的道德与政治威信，得到人民的支持与帮助，"圣人有德，不忧人之危也"。为什么呢？因为"圣人处上，则能无害人，不能使人无己害也，则百姓除其害矣"。古之所以治，"三王、五伯之德，参于天地，通于鬼神，周于生物者，其得助博也"；而"今也国无常道，官无常法，是以国家日缪"。因此他认为，"国家之政，要在一人之心"，要在为政者、有国有天下者，能不能"参于天地，通于鬼神，周于生物"，立于天地至极之道，建立起盛大的道德与政治威信。

一心者，乃天地之心也，天下之心也。此心通着天地之理，通着天下百姓之心，也通着国家权力与政治法律制度的存在。慎到的国家权力说，就是由此引申出来的。他说：

> 古者立天子而贵之者，非以利一人也。曰：天下无一贵，则理无由通，通理以为天下也。故立天子以为天下，非立天下以为天子也。立国君以为国，非立国以为君也。立官长以为官，非立官以为长也。

---

① 以上均见《庄子·天下篇》。

法虽不善，犹愈于无法，所以一人心也。①

"立天子而贵之者，非以利一人也"；"立天子以为天下，非立天下以为天子也"。这就是慎到的政治哲学的人本主义！它和黄梨州之讲古之立君"不以一己之利为利，而使天下受其利，不以一己之害为害，而使天下释其害"②是一个道理。但慎到是在两千多年前讲的，其讲"立天子以为天下，非立天下以为天子也"、"非以利一人也"所表现出的人本精神更具哲学意义，而且这种精神是与纯一之道联系在一起的。

慎到认为，"君之智，未必最贤于众也"，然大君之所以为大君，就在于他能"兼畜下"而用之，能"因民之能为资，尽包而畜之，无能去取焉"。大君"不择其下，故足；不择其下，则易为下矣。易为下，则莫不容"。莫不容，故多天下。故"人君自任，而务为善以先下"。君人能"好为善以先下，则下不敢与君争为善以先君矣"③。

慎子说："民之治乱在于上，国之安危在于政。"④《汉书·艺文志》录《慎子》放于法家类，无疑看到了慎到尚法的观点。如讲"大君任法而弗躬，则事断于法矣"⑤，"官不私亲，法不遗爱，上下无事，唯法所在"⑥，以及讲"民一于君，事断于法，是国之大道也"等，就是主张法治的。但慎到学黄老道德之术，对于道德精神的治国之用还是非常重视的，而且这种道德还是非常精微、具有根本大用的。其讲"夫德，精微而不见，聪明而不发，是故外物不累其内"，就是指无形无象的精微道德境界。虽然无形无象，然它却是义理的存在。故曰："与天下于人，大事也，煦煦者以为惠，而尧、舜无德色。取天下于人，大嫌也，洁洁者以为污，而汤、武无愧容。惟其义也。"古之道德大全者，乃是"不以智累心，不以私累己"的。人生若能"明于死生之分，达于利害之变"，"目观玉辂、琬象之状，耳听《白雪》、《清角》之声，不能以乱其神；登千仞之溪，临猿眩之岸，不足以潃其知"，如是，则就"身可以杀，生可以无，仁可

---

① 以上均见《慎子·威德》。
② 《明夷待访录·原君》。
③ 《慎子·民杂》。
④ 《慎子·佚文》。
⑤ 《慎子·君人》。
⑥ 《慎子·君臣》。

以成"① 矣。这自然是很难做到的。但庄子引豪杰相笑之语，讥"慎到之道，非生人之行而至死人之理"②，则过矣。

荀子批评慎到"蔽于法而不知贤"③。但观慎到所说的"治国之君，非一人之力也。将治乱，在乎贤使任职"，"尧有不胜之善，而桀有运非之名，则得人与失人也。故廊庙之材，盖非一木之枝也。粹白之裘，盖非一狐之皮也。治乱安危、存亡荣辱之施，非一人之力也"④，谁又能够说慎到不知贤任贤呢！慎到之所惧者，乃是"立君而尊贤，是贤与君争，其乱甚于无君"⑤的境况出现。

慎到虽然崇尚黄老道德之术，然而对待权力已不像老子那样"天下神器，不可为也，不可执也"，采取"圣人无为、无执"⑥的态度，更不是像庄子那样楚威王厚币迎之，许以为相，采取"千金，重利，卿相，尊位"，丝毫不为之所动，愿意"游戏污渎之中自快，无为有国者所羁"⑦，终身不仕，以快其志的态度，而是非常重视权力地位。他讲"故贤而屈于不肖者，权轻也。不肖而服于贤者，位尊也。尧为匹夫，不能使其邻家。至南面而王，则令行禁止。由此观之，贤不足以服不肖，而势位足以屈贤矣。故无名而断者，权重也"⑧，以及讲"天道因则大，化则细。因也者，因人之情也。人莫不自为也，化而使之为我，则莫可得而用矣"，"不受禄者不臣，禄不厚者不与入"⑨，就是对权力地位的重视。可知慎到已不是原始道家之政治人生的超越态度，特别是讲"尧为匹夫，不能使其邻家；至南面而王，则令行禁止"⑩，几乎与韩非子讲"贤者未足以服众，而势位足以诎贤者"⑪无异矣。慎到虽然重视权势，然他毕竟是以天下之治为其

---

① 以上均见《慎子·佚文》。
② 《庄子·天下篇》。
③ 《荀子·解蔽》。
④ 《慎子·知忠》。
⑤ 《慎子·佚文》。
⑥ 《老子》第39章。
⑦ 《史记·老子韩非列传》。
⑧ 《慎子·威德》。
⑨ 《慎子·因循》。
⑩ 《慎子·威德》。
⑪ 《韩非子·难势》。

根本的，能在两千多年前提出"立天子以为天下"的政治哲学命题，其人本精神就足以被后人称颂矣。

六 尹文子"与众共治"的民主精神

尹文子，战国时齐人。《世本》说："齐有尹文氏，著书五篇。"① 刘向《别录》说尹文子与宋钘俱游学稷下。依刘向《别录》，尹文子乃齐宣王时人（公元前342年～公元前324年）；而《吕氏春秋》又载其与齐湣王问答②，可知尹文子在湣王时（公元前323年～公元前286年）尚在也。《汉书·艺文志》于名家类著录《尹文子》一篇。传世本《尹文子》，三国初时，有山阳仲长氏为之序，说"尹文子与宋钘、彭蒙、田骈，同学于公孙龙。公孙龙称之"，并说《尹文子》书"多脱误"，经"聊试条之，撰定为上下篇"③。可知今本《尹文子》分《大道》上、下篇，亦非《汉书·艺文志》所录《尹文子》矣。《文献通考》定其书为两卷，《四库全书》题《大道》上下，并《序》之曰："百氏争鸣，九流并列，各尊所闻，各行其知，自老庄以下，均自为一家之言。读其文者，取其博辨闳肆足矣，安能限以一格哉。"④《尹文子》一书传之今日两千多年矣，各种参与互动杂于期间，要想完全准确无误是不可能的。现有钱熙祚校本，收于《诸子集成》第六册。观其文，亦取其博辨闳肆者也。

尹文子与宋钘⑤齐名，《庄子》将其学说归于宋尹学派，描述其学术旨趣与主张说：

---

① 《世本·姓氏篇》。
② 见《吕氏春秋·正名》。
③ 《尹文子》原序，见《诸子集成》第6册。
④ 《钦定四库全书提要》。
⑤ 宋钘，又称宋荣，战国时宋人，齐宣王时与尹文子、彭蒙、慎到同游学于齐国稷下。《汉书·艺文志》著录《宋子》18篇，列入"小说家"类，已佚。郭沫若作《宋钘尹文遗著考》，认为《管子》中的《心术》、《内业》、《白心》、《枢言》四篇属于宋钘、尹文的著作（见《青铜时代》，《郭沫若全集·历史编1》，人民出版社1982年版）。此说不可靠。至于说《吕氏春秋·去宥》、《去尤》篇是否为宋钘著作，此亦不作讨论。宋钘的基本学说见解，亦如《庄子·天下篇》所述。本节主要叙述尹文子的著作的人本精神，故宋钘略而不论。

不累于俗，不饰于物，不苟于人，不忮于众，愿天下之安宁以活民命，人我之养，毕足而止，以此白心，古之道术有在于是者。宋钘、尹文闻其风而悦之，作为华山之冠以自表，接万物以别宥为始；语心之容，命之曰心之行，以聏合欢，以调海内，请欲置之以为主。见侮不辱，救民之斗，禁攻寝兵，救世之战。以此周行天下，上说下教，虽天下不取，强聒而不舍者也，故曰上下见厌而强见也。

……先生恐不得饱，弟子虽饥，不忘天下，日夜不休，曰："我必得活哉！"曰："君子不为苛察，不以身假物。"以为无益于天下者，明之不如已也，以禁攻寝兵为外，以情欲寡浅为内，其小大精粗，其行适至是而止。①

"不累于俗，不饰于物，不苟于人，不忮于众，愿天下之安宁以活民命"，"宋钘、尹文闻其风而悦之"，足见其人本精神也。他们不追求奢侈靡费，而以"人我之养，毕足而止"表白心迹；"作为华山之冠以自表"者，即表其"毕足而止"的心迹也。他们"见侮不辱，救民之斗，禁攻寝兵，救世之战"，可见其崇尚和平之精神也；而以"语心之容，命之曰心之行，以聏合欢，以调海内。以此周行天下，上说下教"者，即他们以其主见游说天下者也；"接万物以别宥（不带偏见）为始"，似亦包含着一种平等精神在内。一切皆不强求，一切皆顺乎自然，既"不累于俗"，也"不饰于物"；既"不苟于人"，也"不忮于众"，一切皆"愿天下之安宁以活民命"；而曰"君子不为苛察，不以身假物"者，乃崇高、自适、自信之精神也。庄子以"以禁攻寝兵为外，以情欲寡浅为内，其小大精粗，其行适至是而止"评价宋尹学派的政治见解与哲学精神，应该说是比较准确的。

尹文子曾讲"昔老聃之徂西也，顾而告予曰：有生之气，有形之状，尽幻也。造化之所始，阴阳之所变者，谓之生，谓之死。穷数达变，因形移易者，谓之化，谓之幻。造物者其巧妙，其功深，固难穷难终。因形者其巧显，其功浅，故随起随灭"② 云云，虽不能全信，但亦可看出尹文子之学与道家老子思想之渊源。

---

① 《庄子·天下篇》。
② 《列子·周穆王》。

尹文子是尊黄老之学的。因此，尹文子之学，其讲天下治理，首先是立于形上之道的。形上之道是无形无名的，但于流行处讲，一流为形器，就起了各种名色。故曰"大道无形，称器有名"；故曰"大道不称，众有必名"。治国平天下，不过是"群形自得其方圆"而已。如果从大道哲学上看其治理，则名、法、儒、墨自废，因为他们皆没离开道。以道治者，谓之善人；藉名、法、儒、墨而治者，谓之不善。因此，在尹文子那里，以大道治天下是最高的法则，其次是法，其次是术，其次是权，其次是势。他认为，天下之治理是如下依次循环的：

> 道不足以治则用法，法不足以治则用术，术不足以治则用权，权不足以治则用势。势用则反权，权用则反术，术用则反法，法用则反道，道用则无为而自治。故穷则徼终，徼终则反始。始终相袭，无穷极也。

尹文子是主张以形而上学的大道治理天下的。这个形上之"道"落实到国家权力上，尹文子有一个重要思想，就是圣人之治，"不贵其独治，贵其能与众共治"。为什么要"与众共治"，怎样实现"与众共治"呢？他说：

> 独行之贤，不足以成化；独能之事，不足以周务；出群之辩，不可为户说；绝众之勇，不可与征阵。凡此四者，乱之所由生。是以圣人任道以夷其险，立法以理其差。使贤愚不相弃，能鄙不相遗。能鄙不相遗，则能鄙齐功；贤愚不相弃，则贤愚等虑。此至治之术也。

国家的事、天下的事，乃众人之事也。特别是国家治理、天下教化，岂是一人所能办到的！尹文子的圣人之治，不贵独治，贵"与众共治"，并认为"独行之贤，不足以成化；独能之事，不足以周务"，是颇有民主思想的。自然，这种"与众共治"的民主思想与今天西方所讲的政治民主还是不同的。但他能从"成化"、"周务"的天下治理出发，提出圣人之治为"与众共治"，已具有民主精神矣。

正是从圣人之治，贵"与众共治"而不贵"独治"出发，尹文子认为，对于政治上的同一、齐一、划一，要慎重一些，不要过分强调。

> 世之所贵，同而贵之，谓之俗；世之所用，同而用之，谓之物。苟违于人，俗所不与；苟忮于众，俗所共去。故人心皆殊，而为行若

一；所好各异，而资用必同。此俗之所齐，物之所饰。故所齐不可不慎，所饰不可不择。昔齐桓好衣紫，阖境不鬻异采；楚庄爱细腰，一国皆有饥色。上之所以率下，乃治乱之所由也。故俗苟渗，必为法以矫之；物苟溢，必立制以检之。累于俗、饰于物者，不可与为治矣。

人心之思、万物之性，本来是多种多样、各不相同的。"人心皆殊，而为行若一；所好各异，而资用必同"，过分强调同一、齐一、划一，就会损伤各方面的积极性。故"所齐不可不慎，所饰不可不择"。特别是"上之率下"，违背自然之道，强行之，就会成为"治乱之所由"。此尹文子本乎道家自然之道者也。

正是基于自然之道，基于万物各有殊性，尹文子认为，对于历史上的为治之道及是非得失，是不能过分强调孰好孰坏、孰是孰非的。他说：

凡天下万里，皆有是非，吾所不敢证。是者常是，非者常非，亦吾所信。然是虽常是，有时而不用；非虽常非，有时而必行。故用是而失，有矣；行非而得，有矣。是非之理不同，而更兴废，翻为我用，则是非焉在哉？观尧、舜、汤、武之成，或顺或逆，得时则昌；桀、纣、幽、厉之败，或是或非，失时则亡……己是而举世非之，则不知己之是；己非而举世是之，亦不知己之非。然则是非随众贾而为正，非己所独了。则犯众者为非，顺众者为是。故人君处权乘势，处所是之地，则人所不得非也。居则物尊之，动则物从之，言则物诚之，行则物则之，所以居物上、御群下也。①

天下万事皆有是非，万物皆有是非，存在皆有存在的理由，不然它就没法存在了。更何况不同历史上的为治之道呢！常道可能不用，而用其非常道；非常道虽特殊，然因时不得不用；有时用常道失败了，而用非常道则取得了胜利。"是非之理不同，而更兴废，翻为我用，则是非焉在哉？"对于历史上为治之道的是非，是不能过分强调孰好孰坏、孰是孰非的。特别是为政者、有国有天下者，绝不能"己是而举世非之，则不知己之是；己非而举世是之，亦不知己之非"。但这不等于说没有是非。何者为是非耶？尹文子认为："犯众者为非，顺众者为是。"在他看来，"故人君处权乘势，处所是之地，则人所不得非也"；然则，只要"居则物尊之，动则物从

---

① 以上均见《尹文子·大道上》。

之，言则物诚之，行则物则之"，即可达到"居物上，御群下"的目的。

这自然不是说，天下之治，只要因时而异的特殊治道，而不要根本法则，不要纯一之道。不是的。若真是那样，尹文子则非尊黄老思想之学者矣。在尹文子那里，这个根本法则就是人追求富贵而羞于贫贱的本性。天下之治，谁也离不开人的本性，离不开人追求富贵而羞于贫贱的本性，但天下之治，不能建立在富贵贫贱相互伤害的基础上，更不能以富贵贫贱的划分而致亲致疏，应利用人羞于贫贱而希望富贵的本性实现天下治理。他说：

> 贫则怨人，贱则怨时，而莫有自怨者，此人情之大趣也。然则不可以此是人情之大趣而一概非之，亦有可矜者焉，不可不察也。
>
> 人贫则怨人，富则骄人。怨人者，苦人之不禄施于己也，起于情所难安而不能安，犹可恕也；骄人者，无所苦而无故骄人，此情所易制而弗能制，弗可恕矣。众人见贫贱则慢而疏之，见富贵则敬而亲之。……人情终不能不以贫贱富贵易虑，故谓之大惑焉。
>
> 穷独贫贱，治世之所共矜，乱世之所共侮。每事治则无乱，乱则无治。视夏商之盛、夏商之衰，则其验也。贫贱之望富贵甚微，而富贵不能酬其甚微之望。夫富者之所恶，贫者之所美；贵者之所轻，贱者之所荣。然而弗酬，弗与同苦乐故也。虽弗酬之，于物弗伤。今万民之望人君，亦如贫贱之望富贵。其所望者，盖欲料长幼，平赋敛，时其饥寒，省其疾痛，赏罚不滥，使役以时，如此而已，则于人君弗损也。

虽然"人情终不能不以贫贱富贵易虑"，但治理国家不能建立在贫贱富贵的考虑基础上，以富贵贫贱建立亲疏关系，表现出矜侮政治态度，而应该利用人"贫贱之望富贵"的本性，实现天下大治。尽管"贫贱之望富贵甚微，富贵不能酬其甚微之望"，但这是人的本性所在，是万民望于人君者。今天万民望于人君者，就是"料长幼，平赋敛，时其饥寒，省其疾痛，赏罚不滥，使役以时"，如此而已，岂有他哉！因此，尹文子在此基础上提出了一个非常重要的政治主张，就是"人君与民同劳逸"。他说：

> 故为人君，不可弗与民同劳逸焉。故富贵者可不酬贫贱者，人君不可不酬万民。不酬万民则万民之所不愿戴，所不愿戴则君位替矣。危莫甚焉，祸莫大焉。①

---

① 以上均见《尹文子·大道上》。

"富贵者可不酬贫贱者，人君不可不酬万民"；人君酬万民的一个重要表现，就是人君与民同劳逸。如果人君不能与民同劳逸，那么，"万民之所不愿戴"；"万民之所不愿戴"，"则君位替矣"。故曰"危莫甚焉，祸莫大焉"。尹文子把人君不能与民同劳逸提升到了万民愿不愿意拥戴与国家政治权力更替的高度，可见其如何视民愿为政治主体性存在，亦可见其人本精神之所在矣。

七　鹖冠子"神明者以人为本"的思想

鹖冠子，战国晚期，楚人，隐居深山，以羽为冠，故有此号。著有《鹖冠子》。《汉书·艺文志》著录《鹖冠子》一篇，列为道家。《隋书·经籍志》载《鹖冠子》3卷。韩愈称《鹖冠子》十九篇（陆佃《鹖冠子序》说是十六篇），"其词杂黄老刑名。其《博选篇》，四稽五至之说当矣。使人遇时，援其道而施之于国家，功德岂少哉！《学问篇》，称残生于无所用，中流失船，一壶千金，余三读其辞而悲之。文字脱谬"①。而柳宗元读《鹖冠子》，则认为"尽鄙浅言"，因其辞类似于贾谊的《鵩赋》，而意为"好事者伪其书，反用《鵩赋》以文饰之"②。此后，人多以为其书为假。直到1973年末长沙马王堆三号汉墓帛书所发现的《黄帝书》中的许多观点和语句与《鹖冠子》相同，才确认其为先秦古籍。

现存古本《鹖冠子》为宋代陆佃的《鹖冠子解》。其书《序》说："鹖冠子，楚人也，居于深山，以鹖羽为冠，号曰鹖冠子。"其《解》"释其可知，而其不可考者辄疑焉"。其后，清《鹖冠子》有《四部丛刊》本，民国有《鹖冠治要子》，晚近有王闿运《鹖冠子注》等。现在除上海古籍社所出《百子全书》第5册载有宋陆佃《鹖冠子解》，新近则有中华书局出版的黄怀信教授撰写的《鹖冠子汇校集注》。

鹖冠子虽尚刑名，然其论天地人三才之变、古今治乱之道，则主要是本于黄老之学，从其太初鸿蒙之道建立本体论。其讲"泰一者，执大同之制，调泰鸿之气，正神明之位者也"；"郄始穷初，得齐之所出，九皇殊

---

① 《读〈鹖冠子〉》，《韩昌黎全集》卷11。
② 《辩〈鹖冠子〉》，《柳河东集》卷5。

制，而政莫不效焉，故曰泰一"①，就是这样。将天、地、人的存在置于这个最为本体原始的发生中，谈三极之道的演变，虽然令人感到迷茫，然其原始察终为其存在提供了最为原始的本体论根据，而不是将人视为渺小的存在，置于进化层级、历史夹缝或社会细节中去看待，则更让人清醒与旷然。

然而，鹖冠子"所谓天者，非是苍苍之气之谓天也；所谓地者，非是胅胅之土之谓地也"。他所谓天者，乃"言其然物而无胜者也"；所谓地者，乃"言其均物而不可乱者也"②。因此，鹖冠子不是在生物物理学意义上讲天地存在的，而是在天地所以是天地及其大功用上讲其存在的。因此他说："天者，万物所以得立也，地者，万物所以得安也。"③而鹖冠子讲人，也不是在生物物理学意义上讲的，而是"神备于心，道备于形"——在道德精神的存在上讲的。故曰"万民者，德之精也"④。

鹖冠子在形而上学意义上讲太初鸿蒙的三极之道及天地人的存在自然是无所稽考的。但天地人一旦形成，一旦成为实体性存在，则是可稽考的。故其讲："道凡四稽：一曰天，二曰地，三曰人，四曰命。所谓天者，物理情者也；所谓地者，常弗去者也；所谓人者，恶死乐生者也；所谓命者，靡不在君者也。"⑤鹖冠子在这个可稽考的天地人存在中，把君、神人、贤人放到很重要的地位，特别是君命，更是看作天道命令一样的存在，所谓"命者，靡不在君"就是这样的存在。

但君命还不是最高存在，在君命之上，还有个最高精神的存在。这个最高精神就是道的法则，大道形而上学存在，亦即"气由神生，道由神成"者，即"定天地，豫四时，拔阴阳，移寒暑，正流并生，万物无害，万类成全"的"神化者"。人君治天下，神明这个存在，正视、承载、布施这个存在，就是"端神明者"。故曰"官治者，师阴阳，应将然，地宁

---

① 《鹖冠子·泰鸿》。
② 《鹖冠子·度万》。
③ 《鹖冠子·道端》。
④ 《鹖冠子·度万》。
⑤ 《鹖冠子·博选》。

天澄，众美归焉，名尸神明"①者也；故曰"名尸神明者，大道是也"②。由此可知，鹖冠子虽然讲"命者，靡不在君"，把君命看作人的最高命令，但其讲"君也者，端神明者也；神明者，以人为本者也"③，还是把人的存在看作神明之本、君王政治之本的。"神明者，以人为本"，这就是鹖冠子的政治人本主义。

"神明者，以人为本"，人的存在终究是高于一切的。治国平天下并非是孤家寡人的事，谁也不能不考虑人的存在，考虑人作为三极之道的根本存在。故曰："为之以民，道之要也。唯民知极，弗之代也。"④ 故曰："夫寒温之变，非一精之所化也，天下之事，非一人之所能独知也，海水广大，非独仰一川之流也。是以明主之治世也，急于求人，弗独为也。"⑤ 此亦庞子问鹖冠子"圣人之道何先？"鹖冠子答曰"先人"⑥ 的道理所在。"明主之治世，弗独为"，把人看作治道之要、看作神明之本的存在而急于求之，这就是鹖冠子政治哲学的人本精神所在。

"神明者，以人为本"，但人君治天下，惟"端神明者"，有天地之大德，获得最高精神者，才能成为圣治，成为正神明之位者。鹖冠子所说的"圣人之道与神明相得，故曰道德"⑦；"天地成于元气，万物乘于天地，神圣乘于道德，以究其理"⑧，就是讲的这种道德精神的存在。这种精神，这种本原的存在，乃是人得于天地之道，得于大道，得于形上之"道"的最高存在，但它又是内圣的存在。鹖冠子所讲的"爱精养神内端者，所以希天。天也者，神明之所根也"⑨；讲"精神者，物之贵大者也；内圣者，精神之原也"；"神明者积精微全粹之所成也。圣道神方，要之极也；帝制神化，治之期也"⑩，就是所讲的获得道德精神的治理。这种治理，"本出

---

① 《鹖冠子·度万》。
② 《鹖冠子·泰录》。
③ 《鹖冠子·博选》。
④ 《鹖冠子·天则》。
⑤ 《鹖冠子·道端》。
⑥ 《鹖冠子·近迭》。
⑦ 《鹖冠子·泰鸿》。
⑧ 《鹖冠子·泰录》。
⑨ 《鹖冠子·泰鸿》。
⑩ 《鹖冠子·泰录》。

一人，故谓之天；莫不受命，不可为名，故谓之神"，而其"至神之极，见之不忒，匈乖不惑，务正一国"①，就是"端神明者"的圣治，正神明之位的治理。这些说法固然包含着对君权政治的神化，但它也说明道德精神在天下治理中有着不可替代的地位与作用。

鹖冠子认为，天下最好的治理是圣治。"道者开物者也，非齐物者也。道者，通物者也；圣者，序物者也"②。圣人是"上德执大道"者，惟"执大道"，获得大道的精神，才能开物成务，安排天下秩序。故曰"圣王者不失本末，故神明终始焉"；故曰"圣人存则治，亡则乱者"。圣人"执大道"之治，不仅获得最高精神的治理，而且其谓道德，是包含着阴阳化育、开物成务的最高知识的。鹖冠子所说的"天者气之所总出也，地者理之必然也。故圣人者，出之于天，收之于地，在天地若阴阳者"，就是指这种知识。圣人惟有获得这种最高知识，才能神明万化，"类类生成，用一不穷"③，才能"出之于天，收之于地"，天不失其文，地不失其理，能获得大治。而"不创不作，与天地合德，节玺相信，如月应日"，乃是"圣人之所以宜世"者；而"寒者得衣，饥者得食，冤者得理，劳者得息"，即乃"圣人之所期也"④。

"神明之极"的最高境界就是"天地人事，三者复一"。所谓"天地人事，三者复一"，就是天地人事的泰一存在，亦即"执大同之制，调泰鸿之气，正神明之位"的境界。站在这个高度去治天下，然后"立置臣义，所谓四则，散以八风，揆以六合，事以四时，写以八极，照以三光，牧以刑德，调以五音，正以六律，分以度数，表以五色"等等，才能"致以南北，齐以晦望，受以明历，日信出信入，月信死信生，进退有常。天明三以定一，则万物莫不至矣"⑤。这就是圣人神明之治的至极境界，亦是鹖冠子的政治理想的境界。

晚周诸子之学具有人文精神者众矣，亦不可胜道矣。叙述邓析子、杨

---

① 《鹖冠子·道端》。
② 《鹖冠子·能天》。
③ 《鹖冠子·泰录》。
④ 《鹖冠子·天则》。
⑤ 《鹖冠子·泰鸿》。

朱、尸子、尹文子、慎到、鹖冠子诸人，亦可补晚周中国精神史儒道主流发展之缺矣。晚周诸子虽然独立独行，学说各见精神，然其发展到战国晚期，虽然相互争辩驰说，也相互涵盖、相互吸收与补充，发展出一种倾向，那就是走向新的融合。

第十六章 本卷尾声：走向新的综合

内容提要：晚周时期，诸子为实现其政治理想，奔走呼号、相互驰说，然而诸子为了适应新的现实、历史趋势与政治需要，也不得不相应地改变自己学说的某些思想、观点与看法，提出一些新的思想、观点、看法。这就必然使诸子之学走向新的综合，因此，走向新的时期，必然会产生新的文化形态，发展出新的文化精神。稷下学派的出现，黄老之学的发展，以及《黄帝四经》之黄老思想、《管子》四篇的形上精神及《吕氏春秋》的新政治哲学，就是诸子之学走向新综合的文化精神。这种精神发展不仅构成一种文化哲学体系，一种文化意识形态，而且影响到两汉的文化发展，开启了精神发展的新航程。

晚周时期，诸子为实现其政治理想，通过各种群体参与、互动、互渗又相互涵盖、相互吸收与补充，而且为了适应新的需要，他们也不得不相应地改变自己学说的某些思想、观点与看法，这就使诸子之学走向新的综合。

这种新的综合主要是历史哲学的。晚周诸子，虽然独立独行、独往独来、独出独入，思想独特而又斑驳缤纷，但就其学说的根本宗旨与要义，皆是思考天下之治，思考天下之治的历史法则；而这种思考，虽然各有见解，但其所面临的问题是一样的，心智也大体是一致的，因此，思维必然遵守着一个天然的逻辑，那就是走向思想趋同，并衍生出共同的文化精神。

文化的发展，精神的发展，都是从它的文化原型开始的，从不同国家民族的根本文化精神的形而上学存在开始的，以至于后来几千年文化精神的发展，怎样千变万化都离不开它的文化原型、形而上学及精神存在。晚周诸子文化精神的发展也是这样。虽然他们独立独行,学说各具特色,然其不管怎样花样翻新、独出心裁,所使用的主要范畴概念都没有离开形上之"道",没离开上古以来的大道哲学的根本精神。尹文子所讲的"大道无形,称器有名";"大道不称,众有必名";"大道治者,则名、法、儒、墨自废。以名、法、儒、墨治者,则不得离道"①,就是这样。因此,晚周诸子之学,不管取向如何、怎样发展,就其根本精神来讲,皆没有离开上古以来的道体形而上学存在,没离开大道的根本精神,尽管它走向新的时期,以新的文化形态发展了这种精神。

而战国时期,各国君主招揽人才,也为诸子的政治参与和学术互动提供了历史机遇,如虞卿、公孙龙子之在赵,尸子、荀子之在楚,李悝之在魏;而在齐国宣王、湣王时期,则形成了一个强大的稷下学派。学派的形成与学派意识的发展,不仅为学术群体互动、参与、互渗及交互感应、效应、作用提供了一个学术平台,在新的历史条件下,也为学术思想走向新的综合及文化精神的发展提供了崭新的机遇。它在文化意识与精神发展上最为突出的贡献,就是稷下学派所发展的黄老新学。

一 稷下学派与黄老新学

周朝衰微,发展到战国时期,群雄逐鹿,鹿死谁手,最为关键的问题,是人才的争夺。正如《管子》所说的:"夫争天下者必先争人,明大数者得人,审小计者失人。得天下之众者王,得其半者霸,是故圣王卑礼以下天下之贤而王之。"② 齐桓公九合诸侯,一匡天下,而"欲封泰山,禅梁父"③;齐宣王的雄心,正如孟子所说的那样,更是"欲辟土地,朝秦楚,莅中国而抚四夷"④。此齐之欲王天下者也。欲王天下,必先争人,争能得天下、治天下的人才。于是在齐国出现了一个稷下学宫,聚集招揽天下人才。它建于齐桓公,盛于齐宣王。刘向《别录》说:"齐有稷门,齐之城西门也。外有学堂,即齐宣王所立学也。故称为稷下之学。"稷下

---

① 《尹文子·大道上》。
② 《管子·霸言篇》。
③ 《史记·齐太公世家》。
④ 《孟子·梁惠王上》。

学宫人才之盛，徐干在《中论·亡国篇》说："昔齐桓公立稷下之官，设大夫之号，招致贤人而尊崇之。自孟轲之徒皆游于齐"①；司马迁《史记》说："宣王喜文学游说之士，自如驺衍、淳于髡、田骈、接子、慎到、环渊之徒七十六人，皆赐列第，为上大夫，不治而议论。是以齐稷下学士复盛，且数百千人。"②

稷下学宫始于齐桓公，盛于齐宣王、湣王时期，一直保持到襄王、王建时期，相继一百多年。有名者"自如驺衍、淳于髡、田骈、接子、慎到、环渊之徒七十六人，皆赐列第，为上大夫"，一般学士"数百千人"。他们并非皆是"不治而议论"的清谈者，而是著书立说，言天下治乱之事，干预政治，为明王取天下、治天下提供理论基础与决策依据者。《史记》说：

> 自驺衍与齐之稷下先生，如淳于髡、慎到、环渊、接子、田骈、驺奭之徒，各著书言治乱之事，以干世主。

又说：

> 慎到，赵人。田骈、接子，齐人。环渊，楚人。皆学黄老道德之术，因发明序其指意。故慎到著十二论，环渊著上下篇，而田骈、接子皆有所论焉。③

接子，战国齐人。环渊，战国楚国人。宋钘，战国宋人。淳于髡、田骈、环渊、接子、季真、邹衍、邹奭等都是稷下先生。游于稷下的人物，有道家如彭蒙、田骈、接子、环渊、宋钘、尹文，亦有法家如慎到，阴阳家如邹衍、邹奭，更有儒家。齐桓公立稷下之官，不仅"自孟轲之徒皆游于齐"，而且荀卿亦修列大夫之缺，"三为祭酒"。这些人走到一起，著书言治之事，虽然相互辩驳，然在其学术思想上还是相互吸收、相互融合的；特别是当一个上百年的学术群体不断参与、互动、互渗，发生感应、作用、效应，包括适应时代的共同追求，形成一个学派，具有集体学术意识时，思想上发生同构、涵化、契合出一种共同的文化哲学思想是很自然的事。这在稷下学派就是黄老新学。所谓黄老新学，就是司马迁所说的

---

① 《中论·亡国篇》。
② 《史记·田敬仲完世家》。
③ 《史记·孟子荀卿列传》。

"黄老道德之术"；或他在其他地方所说的"黄帝老子之言"① 与"黄帝老子之书"②。彭蒙、田骈学派、慎到、宋钘学派、尹文学派等，就是以"黄老道德之术"为宗的稷下学派。孟子、荀子虽然不属于稷下学派，他们的学术思想也或多或少受稷下学派的影响，如孟子心性论带有《管子·心术》的痕迹，荀子法论也有接受稷下法学派的思想。

  稷下黄老新学，就是以"黄老道德之术"为宗的学术思想。它虽表现为彭蒙、田骈学派、慎到、宋钘学派、尹文学派等，但其核心思想，就是以三极之道会通天地人，以道家的自然、无为、虚静为宗，讲所谓"南面之术"。"季真之莫为，接子之或使"③；以及彭蒙讲"圣人者，自己出也；圣法者，自理出也。故圣人之治，独治者也。圣法之治，则无不治矣"；田骈讲"人皆自为而不能为人，故君人者之使人，使其自为用，而不使为我用"④；慎到讲"圣人之有天下也，受之也，非取之也。百姓之于圣人也，养之也，非使圣人养己也，则圣人无事矣"；"夫三王、五伯之德，参于天地，通于鬼神，周于生物者，其得助博也"⑤；尹文子讲"术者，人君之所密用，群下不可妄窥；势者，制法之利器，群下不可妄为"⑥ 等，就属于稷下黄老新学的思想。这些思想，本于原始道家黄老哲学，但又为适应时代的需要，经过新的综合，发展为一种新哲学、新文化形态，包含着一种新的文化精神。

  稷下学派的新黄老思想，不仅体现在彭蒙、田骈学派、慎到、宋钘学派、尹文学派的著作中，更集中体现在稷下学宫的圣经《黄帝四经》及其经典教科书《管子》上，两书皆是稷下学派所创造的经典文化哲学，它们不仅表现为稷下学派的哲学思想，也体现着战国末期走向新综合的文化精神。现在首先讲《黄帝四经》的黄老精神。

---

① 《史记·乐毅列传》。
② 《史记·陈丞相世家》。
③ 《庄子·则阳》引。
④ 《尹文子·大道上》引。
⑤ 《慎子·威德》。
⑥ 《尹文子·大道上》。

二 《黄帝四经》的黄老思想

一个学派吸引那么多人参与互动，建立学术思想，发展文化精神，相续百年，能把他们凝聚在一起的，应该说不只是那些发生感应、效应的群体意识，还一定有支配他们共同行动的纲领性圣典。稷下学派就是这样。1973年长沙马王堆3号汉墓出土的《老子》乙本卷前的四篇古佚书就是稷下学派的圣典：《黄帝四经》。

把汉墓出土的古佚书确定为《汉书·艺文志》所载的《黄帝四经》，应该感谢唐兰先生的考证①。但剩下来的一系列问题：《黄帝四经》谁之所作、作于何时何地等等，就成了争论不休的难题。现在所谓考证，多犯一个通病，即考证古籍图书的作者与年限，撇开其思想体系的发端与延续，只是从作品形下的某一点相似性出发，即认定某书属于某人某地某时之作。《黄帝四经》的考证也是这样。例如从《黄帝四经》有楚国方言与音韵，即认为它是楚国道家所作或稷下某楚国人所作；从《黄帝四经》的《十大经·观》与《国语·越语下》有相同的语句，即认为它源于越国道家；从《黄帝四经》有推崇黄帝、贬低蚩尤的事，与齐国祭祀蚩尤的传统不合，便认为它不属于姜齐文化系统，认定是稷下先生为田齐谋划所作。如此等等，虽然下了很大功夫，极尽曲折之能事，但考来考去，《黄帝四经》离黄老体系越来越远，让人摸不着头脑；即使现在多数倾向于《黄帝四经》为稷下学派所作的考证，但也多是根据其语言特征或个别语句的相似性作此判断的，整个思想体系的发端与延续还是让人一头雾水。面对这种现象与考据局面，在下曾作《读〈黄帝四经〉》小诗一首，以感慨系之：

> 黄帝四经源何处？
> 稷下先生应最知。
> 黄老贯通本为道，
> 归藏相蕴是生机。
> 太公岂能不识此，
> 治齐何不携东夷？

---

① 唐兰《马王堆出土〈老子〉乙本卷前古佚书研究》，《考古学报》1975年第1期。

> 今人不识无字书，
> 越是考据越支离。

《黄帝四经》的真精神其实也就是黄帝《易》的精神。黄帝《易》者，《归藏》也。朱元昇《三易备遗》说："《归藏》以纯坤为首，坤为地，万物莫不藏于中。《说卦》曰'坤以藏之'盖造化发育之真机长藏于此焉。"① 所以黄帝《易》的真精神，就是大地藏有"造化发育之真机"之精神。老子讲"致虚极，守静笃。万物并作，吾以观复，夫物芸芸各复归其根"；讲"知其雄，守其雌"，追求虚静、自然、无为②等，亦即《归藏》易蓄养、造化、发育之精神也。老子之学贯通大道真脉者，即贯通黄帝《归藏》易道真脉及其"造化发育之真机"之精神也。太公曾把"渊深而鱼生"的生存追求看成天地万物之"至情"③。此可知太公对黄帝《归藏》易道"造化发育之真机"的领悟之深也。《史记》说："天下三分，其二归周者，太公之谋居多。"④ 此可知太公在周初政治中之地位与作用也。殷商时期已经"有册有典"⑤；发展到周朝，更是藏天下之图书于金匮石室。武王伐纣前，殷之太师、少师抱其祭器乐器奔周，内史向挚载其图法亦奔周。太公乃文王之师，应该说对周室所藏图书是非常熟悉了解的。太公封齐，至国修政，将东夷沿海变为"通商工之业，便鱼盐之利"的强齐，治道不能说不昌明也。虽无材料直接证明太公将周王室金匮石室的黄帝之书带到齐国，但应该说太公对黄帝《易》道与治策是非常清楚的。因此，太公治齐，将黄帝《易》道与政治要义或其片言只语传述给齐国君臣上下是合情合理的。《黄帝四经》者，其实就是稷下学派根据太公平时所传的黄帝《易》道与政治要义或片言只语的留存史料编撰而成的。《史记》说："申子之学本于黄老而主刑名。"⑥ 申不害为韩相在公元前355年，其学"本于黄老"，可知黄老之学已早于此流行于世矣。唐兰先生说帛书《黄帝四经》约写成于"战国前期之末到中期之初，即公元前400年

---

① 《玉函山房辑佚书》辑《归藏》附《诸家论说》。
② 《老子》第16、28、43章。
③ 《六韬·文韬·文师》。
④ 《史记·齐世家》。
⑤ 《尚书·多士》。
⑥ 《史记·老子韩非子列传》。

前后"①，应该说大体上是对的。

此时道家人物非常活跃，道家《老子》、《文子》、《列子》一类的著作也极为流行。姜太公所传的黄帝《易》道与政治要义，自然不会保留轩辕氏在晋南黄河中上游王天下时所创造的原汁原味的文化哲学，它在文化传播中，经过长期的群体参与，应该是被道家化的材料。但《黄帝四经》既然是稷下学派编撰之书，而稷下学派又各方人士都有：齐人、楚人、赵人、宋人等，因此，所编撰的书自然会留下齐语、楚韵之类的不同语言特色。更为重要的是，稷下学派编撰《黄帝四经》并非仅仅是将历史遗留的材料收拢在一起，而是要经过语言转换的，即将历史遗留下来的黄帝政治之要义或片言只语，变为战国时期人们能听得懂的语言。这种编撰已不只是语言转换，还会在群体参与过程中衍生附会出新的意义。因此，现在的《黄帝四经》并非真为黄帝之书，乃稷下学派编撰黄帝政治要义或片言只语，再杂以他们的理解领悟，衍生附会新意义的书。但《黄帝四经》的原始材料毕竟是太公所传的黄帝《易》道与政治要义，因此它必会受到稷下学派若圣经般的尊重！最初并不为"经"，然其流传久了，越来越受到人们的尊崇，也就被视为"经"了。

综上所述可以看出，马王堆汉墓出土的帛书《黄帝四经》（即《经法》、《十大经》、《称》、《道原》四篇）实乃稷下学派根据历史遗留的黄帝《易》道与政治要义所编撰之圣典也。它既体现了黄帝《归藏》易道"造化发育真机"的哲学精神，也涵盖、复合、会通、综合了当时流行的《老子》虚静、自然、无为的思想，然后经过稷下学派一百多年的推崇、一百多年的群体参与互动和交互感应作用，遂发展成了一种贯通道家哲学的黄老思想。这种思想，就是明道推法，由虚静无形的大道本体推出天地万物及人的存在，由人的德法建立起政治刑名的法律制度，使人遵守天地之常道，过一种自然、虚静、无为的生活。这从帛书《黄帝四经》所说就可以看出：

> 道生法。法者，引得失以绳，而明曲直者殹（也）。故执道者，生法而弗敢犯殹（也），法立而弗敢废［也］。［故］能自引以绳，然后见知天下而不惑矣。道虚无刑（形），其聚冥冥，万物之所从生。

---

① 《马王堆帛书〈经法〉》第154页，文物出版社1976年版。

公者明，至明者有功。至正者静，至静者圣。无私者知（智），至知（智）者为天下稽。绝而复属，亡而复存，孰知其神？死而复，以祸为福，孰知其极？反索之无形，故知祸福之所从生。应化之道，平衡而止。轻重不称，是胃（谓）失道。

天地有恒常，万民有恒事，贵贱有恒立（位），畜臣有恒道，使民有恒度。凡事无小大，物自为舍。逆顺死生，物自为名。名刑（形）已定，物自为正。①

天地无私，四时不息。天地立（位），圣人故载。过极失［当］，天将降央（殃）。②

人之本在地，地之本在宜，宜之生在时，时之用在民，民之用在力，力之用在节。

号令阖（合）民心，则民听令。兼爱无私，则民亲上。③

人主者，天地之［稽］也，号令之所出也，［为民］之命也。不天天则失其神。不重地则失其根。不顺［四时之度］而民疾。不处外内之立（位），不应动静之化，则事窘（寋）于内而举窘（寋）于［外］。④

道者，神明之原也。神明者，处于度之内而见于度之外者也。处于度之内者，静而不可移也；见于度之外者，动而不可化也。静而不移，动而不化，故曰。神明者，见知之稽也。⑤

一之解，察于天地；一之理，施于四海。夫唯一不失，一以驺化。抱凡守一，与天地同极，乃可以知天地之祸福。⑥

道无始而有应。其未来也，无之；其已来，如之。有物将来，其刑（形）先之。建以其刑（形），名以其名。

诸阳者法天，天贵正；过正曰诡。诸阴者法地，地［之］德安徐

---

① 《黄帝四经·经法·道法第一》，引见文物出版社 1974 年《马王堆汉墓帛书（一）》，下同。
② 《黄帝四经·经法·国次第二》。
③ 《黄帝四经·经法·君正第三》。
④ 《黄帝四经·经法·论第六》。
⑤ 《黄帝四经·经法·名理第九》。
⑥ 《黄帝四经·十大经·成法第九》。

正静，柔节先定，善予不争。①

恒无之初，迵同大（太）虚。虚同为一，恒一而止。古（故）无有刑（形），大迵无。小以成小，大以成大。万物得之以生，百事得之以成。人皆以之，莫知其名，人皆用之，莫见其刑（形）。

故唯圣人能察无刑（形），能听无[声]。知虚之实，能大虚。上虚下静，而道得其正。分之以其分，而万民不争；授之以其名，而万物自定。抱道执度，天下可一也。②

这里所以不胜其烦地援引帛书《黄帝四经》这么多话，乃为使人知其要义也。这里所引并非真是轩辕黄帝之言，但它却与黄帝《易》道真脉相契合，符合其"造化发育之真机"的精神。所说"道虚无刑（形），其裻冥冥，万物之所从生"，其实就是老子所说"大象无形，道隐无"；"道生一，生二，生三，生万物"的存在；所说"逆顺死生，物自为名。名刑（形）已定，物自为正"，就是老子所说"道常无为，而无不为。侯王若能守之，万物将自化。不欲以静，天下将自定"；所说"至正者静，至静者圣。无私者知（智），至知（智）者为天下稽。反索之无形，故知祸福之所从生"，就是老子所说"归根曰静，是谓复命；复命曰常，知常曰明。不知常，妄作凶"；所说"抱凡守一，与天地同极，乃可以知天地之祸福"；"虚同为一，恒一而止。人皆以之，莫知其名，人皆用之，莫见其刑（形）"，就是老子所说"是以圣人抱一为天下式"；"天得一以清，地得一以宁，神得一以灵，谷得一以盈，万物得一以生，侯王得一以为天下贞"；而所说"柔节先定，善予不争"，就是老子所说"水善利万物而不争"③等等。帛书《黄帝四经》以虚静无形的道体所建立的形而上学体系，与《老子》是完全相同的。它不仅说明帛书《黄帝四经》的编撰在思想上受当时流行的《老子》的影响，而且它的整个哲学体系皆源于《老子》并与之保持一致。从这个意义上说，帛书《黄帝四经》真不失黄老精神耶！它应看作是继《老子》之后的又一部最为完整的早期原始道家的著作。

---

① 《黄帝四经·称》。

② 《黄帝四经·原道》。

③ 以上引自《老子》第8、22、37、39、41、42章。

帛书《黄帝四经》乃是稷下学派的圣经。它不仅为稷下先生所尊重与崇拜，而且影响了当时文化哲学的发展：不仅文子的"大道无形，称器有名"①及整个刑名思想源于《黄帝四经》的"道生法"之说，而且鹖冠子的"君也者，端神明者也；神明者，以人为本者也"②也是对《黄帝四经》"道者，神明之原也。神明者，处于度之内而见于度之外者"的阐发。其他像《管子》、《慎子》、《孙子》、《韩非子》以及《吕氏春秋》等无不受《黄帝四经》的影响。它不仅影响了当时的文化哲学发展，而且与《老子》哲学一起构成一种文化哲学体系，发展出一种文化意识，一种神圣的文化哲学精神；这种精神发展到汉初渗透到了整个社会文化中，成为社会的主流意识，并影响到汉代文化精神的发展。

如果说帛书《黄帝四经》为稷下学派的圣经，那么，《管子》就是稷下学派的经典教科书，特别是《心术上》、《心术下》、《内业》、《白心》四篇，更是发明大道之蕴，发展出一种以"精、气、神"为根本范畴的精神哲学，一种心性本体论学说，从而为精神史的发展开辟了新途径，显示出文化哲学新的综合趋势。

三 《管子》四篇的精神哲学

两千多年前的古史上，从未有像稷下学派那样以学派的组织形式建立巨大的学说体系的。这在西方学术史上也是没有的。古代希腊虽有毕达哥拉斯、爱利亚学派，但只是留下了一些残篇，而不像稷下学派那样留下学术文库之《管子》。苏格拉底、柏拉图虽有师承关系，那也不过如中国老子之于文子、孔子之于诸弟子、荀子之于韩非子而已，是构不成阵容强大的学派的。亚里士多德虽创办学园，聚集门徒，但也只是建立了一个逍遥学派而已。稷下学派则不然，它融儒道、合名法、兼兵农与阴阳，集各家之大成，从宇宙论出发，站在"天地万物之橐，宙合有橐天地"的高度，以"明哲乃大行"③，从先验论、本体论、形而上学建立起了博大、深厚、雄浑、精微的学说体系。讲"虚无无形谓之道"；"天之道虚，地之道静，

---

① 《尹文子·大道上》。
② 《鹖冠子·博选》。
③ 《管子·宙合》。

虚则不屈，静则不变"①，此道家之学说也；讲"通之以道，畜之以惠，亲之以仁，养之以义，报之以德，结之以信，接之以礼，和之以乐"②，此儒家礼义之教也；讲"不法法，则事毋常；法不法，则令不行"③，此法家之论也；讲"物固有形，形固有名，名当，谓之圣人"④，此名家之言也；讲"兵不必胜敌国，而能正天下者，未之有也；兵必胜敌国矣，而不明正天下之分，犹之不可"⑤，此兵家之言也；讲"圣人者，阴阳理，故平外而险中，参天地之吉纲也"⑥，此阴阳家之说也；讲"兼爱无遗，是谓君心"⑦；"明君制宗庙，足以设宾祀，不求其美；为宫室台榭，不求其大；为雕文刻镂，不求其观。故曰：俭其道乎"⑧，此墨家之学也；而讲"衣食之于人也，不可以一日违也，亲戚可以时大也"⑨，此则农家之言也。如此等等，不一而足。仅此亦可见一部《管子》如何集大成耶！故《管子》者，乃稷下学派之文库，集大成之书也。集大成，即是学术思想大综合也！

《管子》现存86篇，是刘向最后校雠而定的。它分为"经言、外言、内言、短语、区言、杂篇、管子解、管子轻重"八类。本书第八章曾说"经言者，管子之言也"。《管子》86篇虽非全为管子所作，然司马迁所说的《牧民》、《山高》、《乘马》、《轻重》、《九府》五篇则是"见其著书"可"观其行事"⑩的著作。今本《管子》前九篇皆属《经言》，它构成了一个相对完整的思想体系。说"经言"为管子所作，人们一定会想，管仲相齐桓公，九合诸侯，一匡天下，那么忙，哪有时间写书？这话自然也有道理。实际上，现存"经言"九篇，乃齐国史官记录管仲相齐桓公之言语者也；稷下学派将这些言语编撰成篇而用之于教学，即是其学派之经典

---

① 《管子·心术上》。
② 《管子·幼官》。
③ 《管子·法法》。
④ 《管子·心术上》。
⑤ 《管子·七法》。
⑥ 《管子·侈靡》。
⑦ 《管子·版法》。
⑧ 《管子·法法》。
⑨ 《管子·侈靡》。
⑩ 《史记·管晏列传》。

也。《管子》除收录稷下学派的一些专题讲座外，书中的外言、内言、短语、区言、杂篇、管子解、管子轻重实际都是围绕"经言"展开的，大多是记录阐释管子的思想言行的。因此说，《管子》乃稷下学派之经典教科书也。"经言"虽是齐国史官记录管仲相齐桓公之言语者，但思想还是管仲的。这只要看一看"经言"所讲的"有地牧民者，务在四时，守在仓廪"① 及"地博而国贫者，野不辟也。民众而兵弱者，民无取也"② 一类的言论，就知道属于管仲相齐的思想。

如果说帛书《黄帝四经》为稷下学派的圣经，《管子》是稷下学派的经典教科书，那么《心术上》、《心术下》、《内业》、《白心》四篇就是稷下学派著作最为精要者，是其功业所本——支撑其学术活动的哲学根本与精神支柱。郭沫若先生说此四篇为宋钘、尹文遗著是靠不住的，但它为稷下学派所作，带有稷下学派的哲学特征与精神意蕴，也是可以理解的。《汉书·艺文志》于儒家录《内业》十五篇，注"不知作书者"。《隋书·经籍志》、《唐书·艺文志》皆不载，而《管子》将其放入第四十九篇。《弟子职》原是讲述稷下学派的师生关系的，《管子》为第五十九篇，而《汉书·艺文志》则录为孝经的一篇。这种录取固然有个学术分类问题，但《汉书·艺文志》将《内业》录为儒家，《弟子职》录为孝经，亦可见《管子》儒道文化合流、精神涵盖契合之倾向也。

文化的融合、精神的融合主要是在本体论、形而上学上的。如果在这个意义上不能融合，只是在形而下、在形器上讲融合，是没有多少意义的。这正如讲中西文化融合，如果不能在本体论上融合，不能在文化形而上学的存在上融合，西方人吃饭用叉子，中国人吃饭用筷子，融合不融合没什么要紧。稷下学派的文化融合也是这样。但从中国文化的道体形而上学讲，唐虞时代已经提升到"惟精惟一"的高度，原始儒家将《易》道提升为"无思无为"、"寂然不动"的至精至神③存在，提升为"贞夫一"④的存在；原始道家将大道本体提升为"道可道，非常道；名可名，非常名"的存在，提升为"有之以为利，无之以为用"的存在，然后"抱一为

---

① 《管子·牧民》。
② 《管子·权修》。
③ 《周易·系辞上传》。
④ 《周易·系辞下传》。

天下式"①，可以说在本体论、在形而上学上已经至矣。稷下学派讲"虚无无形谓之道"；讲"天之道，虚其无形"②；以及讲"道也者，口之所不能言也，目之所不能视也，耳之所不能听也"③ 等等，在大道本体论、形而上学上，并没有超过唐虞时代及原始儒家、道家的论述。但稷下学派创作《心术》上下、《内业》、《白心》四篇时，则在道体哲学上注入了新的内涵，赋予了新的精神，使用了一套新的范畴，即精、气、神的存在，从而发展出一种新的道家精神哲学。这才是它在精神史上的贡献。

儒家《易传》讲："一阴一阳之谓道，继之者善也，成之者性也。"④ 但怎样"继之者善也，成之者性"呢？怎样将继"道"的纯粹法则成为人美好的精神生命呢？这个问题《易传》并没有解决或者说没有讲清楚。正如天理纯粹法则不向下落实与气的存在相结合就不能成为人的生命一样，天道纯粹法则、大道形而上学存在不与气相结合也是不能成为人的生命精神的。稷下学派的贡献，就是继承老子道德形而上学，以道体为心性本论，用"精、气、神"的范畴，解决了人的生命与精神存在问题。老子讲"道生之，德畜之"，讲"万物负阴而抱阳，冲气以为和"⑤。这就是说，万物皆是"道生之，德畜之"，皆是"负阴而抱阳，冲气以为和"而生的。"负阴而抱阳"，即一阴一阳之道；冲气，即阴阳二气的相激相荡，它达到和谐状态，才能生万物。这阴阳二气是什么样的？老子没有说，他只是在讲道生万物的过程时，说"道之为物，惟恍惟惚。惚兮恍兮，其中有象；恍兮惚兮，其中有物；窈兮冥兮，其中有精"⑥。但这其中的"精"是什么样的并没有说，更没有提出"精"与"精气"的概念。稷下学派继承了老子"道生之，德畜之"的思想，承认"虚无无形谓之道，化育万物谓之德"；承认"道也者，动不见其形，施不见其德，万物皆以得，然莫知其极"⑦ 及其化生万物的大用，但更认为，道之能生，德之能畜，人与

---

① 《老子》第 1、11、22 章。
② 《管子·心术上》。
③ 《管子·内业》。
④ 《周易·系辞上传》。
⑤ 《老子》42、51 章。
⑥ 《老子》21 章。
⑦ 《管子·心术上》。

万物所以能化生出来，在于气与精气的存在。故曰"气，道乃生"；"精也者，气之精者也"；"凡人之生也，天出其精，地出其形，合此以为人"①。

"气，道乃生"，就是"道"因为气的存在才生化；而"精也者"，乃"气之精者也"。这就是说，真正能生化万物的是"精"或"精气"，而不是一般的气或气体。那么，什么是稷下学派所说的"气"呢？它与"精"或"精气"有什么不同呢？稷下学派所说的气，乃是指人的精神气质而言的。它相当于孟子的所养所守之气，是"配义与道"的存在，是集义所生，由心志所率之气，故曰"志一则动气，气一则动志也"②。而在稷下学派那里，气则是有善恶、有美丑的存在，故曰"善气迎人，亲如弟兄。恶气迎人，害于兵戈"。故其为气，乃是道德精神气质。在稷下学派看来，"形不正者德不来，中不精者心不治"。惟有"正形饰德"，才能"万物毕得"，即孟子所说的"万物皆备于我"③，然后精神之气质才能"翼然自来，神莫知其极，昭知天下，通于四极"。若从"无以物乱官，毋以官乱心"的修养上讲，"此之谓内德"。而"意气定，然后反正"其形。故曰"气者身之充也，行者正之义也"。对有国有天下者而言，"充不美则心不得，行不正则民不服"。是故"圣人若天然，无私覆也；若地然，无私载也"④。

气为精神之气质，那么，什么是"精"或"精气"的存在呢？它与"道"、"神"的存在又是何种关系呢？或者说，它怎样转化为人的精神存在？稷下学派认为：

> 道在天地之间也，其大无外，其小无内，故曰"不远而难极也"。虚之与人也无间，唯圣人得虚道，故曰"并处而难得"。世人之所职者精也，去欲则宣，宣则静矣；静则精，精则独立矣；独则明，明则神矣。神者至贵也，故馆不辟除，则贵人不舍焉。故曰"不洁则神不处"。⑤

形上之"道"是虚无的，是看不见、摸不着的，故曰"难得"。正如

---

① 《管子·内业》。
② 《孟子·公孙丑上》。
③ 《孟子·尽心上》。
④ 《管子·心术下》。
⑤ 《管子·心术上》。

有"气"的存在而"道乃生"一样,虚无的形上之"道"的存在,只有通过精神性的作用,才能感觉它的存在。这种精神性存在是什么呢?它就是"精",就是支配人的"精气"。故曰精乃"世人之所职者",即内心所主,所专心所致者。又曰"一气能变曰精"①。可知"精"或"精气"并不是一般的气或气体,而是由气或气体变化提升出来的,是一种带有精神性的东西,是属于精与神的存在。在稷下学派看来,人若能摆脱各种欲望,使心安静下来,精或精气的世界就畅通了、出现了。故曰"去欲则宣,宣则静矣;静则精,精则独立矣;独则明,明则神矣"。由此可以看出,稷下学派所说的"精"或"精气",乃是指畅通神明之人内心世界的精神气质。它与作为有善恶、有美丑的"内德"之气质本质上是一样的,其不同之处在于:"精"或"精气"不是纯粹的主观,而是"道"的存在,是"道"为精为物的存在,具有生化万物的形上本体论性质,而不纯是形下质料形式。故曰:

> 凡物之精,此则为生:下生五谷,上为列星;流于天地之间,谓之鬼神;藏于胸中,谓之圣人。是故民气,杲乎如登于天,杳乎如入于渊,淖乎如在于海,卒乎如在于己。是故此气也,不可止以力,而可安以德;不可呼以声,而可迎以音;敬守勿失,是谓成德,德成而智出,万物果得。②

此"精"或"精气"的存在,乃是"下生五谷,上为列星;流于天地之间,谓之鬼神;藏于胸中,谓之圣人"的存在;而它作为万民的精神气质流行,又是"杲乎如登于天,杳乎如入于渊,淖乎如在于海,卒乎如在于己"的。故此气也,"不可止以力,而可安以德;不可呼以声,而可迎以音";而若能"敬守勿失",就是人的道德存在。"德者得也;得也者,其谓所得以然也",自然能穷神知化。故曰"德者,道之舍,物得以生生,知得以职道之精"③。所谓"职道之精"即主宰道的精蕴,亦即"道"之为精为物的存在。由此可知,稷下学派之所谓"精"或"精气"者,实乃是一种超越性存在;而其讲"流于天地之间,谓之鬼神",亦即

---

① 《管子·心术下》。
② 《管子·内业》。
③ 《管子·心术上》。

《易传》所说的"精气为物，游魂为变"；而讲"思之不得，鬼神教之：非鬼神之力也，其精气之极也"①，亦即《易传》"知鬼神之情状也"②。如果说内德之气可养可灭的话，那么，稷下学派所说的"精"或"精气"，则具有"道"的不可磨灭的形上神圣性质。

正因为"精"或"精气"具有"道"的不可磨灭的形上神圣性质，所以它才可以通过对"道"的修养转化为人的道德精神，构成人的精神世界。道是无形无象的，故曰"凡道无根无茎，无叶无荣。万物以生，万物以成，命之曰道"；"夫道者，所以充形也，而人不能固，其往不复，其来不舍，谋乎莫闻其音，卒乎乃在于心，冥冥乎不见其形，淫淫乎与我俱生。不见其形，不闻其声，而序其成，谓之道"③。那么，这个无形无象的道，这个"无根无茎，无叶无荣"、"不见其形，不闻其声"者及其"其精气之极"的存在，怎么成为人内心的道德精神的呢？那就是静心的道德修养。"德者，道之舍"④。"道"的存在，虽然"口之所不能言也，目之所不能视也，耳之所不能听也"，但只要静修其德，就可以使道在精舍里停下来。故曰"心静气理，道乃可止"；"彼道之情，恶音与声，修心静音，道乃可得"；"心能执静，道将自定"；而"内静外敬，能反其性，性将大定"。《管子》所谓"德者，道之舍"者，就是庄子所说的"心斋"、"灵府"，即精神之宅的存在。在稷下学派看来，"形不正德不来，中不静心不治"；只要静下心来，"正形摄德"，思考那"天仁地义"的存在，使万物皆备于我，那么，道的"谋乎莫闻其音，冥冥乎不见其形"的存在，就"卒乎乃在于心，淫淫乎与我俱生"，就"淫然而自至，神明之极，照乎知万物"。此即"道"之在精神之宅也。人要获得道德精神，有个前提，那就是摒除物欲，"中义守不忒，不以物乱官，不以官乱心"，使内心作为"道之舍"，作为灵府，作为精神之宅，不受外界的干扰。若能如此，"敬除其舍，精将自来；精想思之，宁念治之；严容畏敬，精将至定"；而若"大心而敢，宽气而广，其形安而不移，能守一而弃万苛，见利不诱，见害不俱，宽舒而仁，独乐其身"，那么，精气之运则"意行似天"矣。

---

① 《管子·心术下》。
② 《周易·系辞上传》。
③ 《管子·内业》。
④ 《管子·心术上》。

这种静心修养，实际上乃是排除物欲，调动自我内心的道德涵养，运作精神世界也。故它有时候说得很神秘，若"有神自在身，一往一来，莫之能思"。但精神世界的静心修养毕竟是内心世界的事。惟有静下心来，才能"精存自生，其外安荣"；惟有"内藏以为泉原，浩然和平，以为气渊，渊之不涸，四体乃固"，才能"泉之不竭，九窍遂通"。人之生也，毕竟追求欢乐及种种情欲，然"忧则失纪，怒则失端"，忧悲喜怒，则"道乃无处"；道的存在与领悟，"静则得之，躁则失之"；惟有"爱欲静之，遇乱正之，勿引勿推"，才"福将自归"；惟有"灵气在心，一来一逝，其细无内，其大无外"，才能获得广大的精神世界！此乃"穷天地，被四海，中无惑意，外无邪灾，心全于中，形全于外，不逢天灾，不遇人害，谓之圣人"[①]者也。此皆《管子》四篇所讲的精神哲学也。

"心者，智之舍也"；"心术者，无为而制窍者也"[②]；"圣人裁物，不为物使。心安，是国安也。心治，是国治也。治也者心也，安也者心也。所以操者非刑也，所以危者非怒也。民人操，百姓治，道其本至也，至不至无，非所人而乱"[③]。有国有天下者欲治其国，先治其心也；欲平天下，先平其心也。治国平天下者是不能没有心之贞正、没有精神世界的。私心，丧失精神世界，乱天下者也。是故太史公说："凡人之所生者，神也；所托者，形也。神大用则竭，形大劳则敝，形神离则死。死者不可复生，离者不可复返，故圣人重之。由是观之，神者，生之本也；形者，生之具也。不先定其神，而曰'我有以治天下'，何由哉？"[④]

《管子》四篇继承老子哲学的根本精神，也吸收了儒家《易传》的底蕴，通过"精、气、神"的核心范畴概念，揭示了整个精神世界运作的哲学法则与精神原理。它虽然有神秘主义的成分，然却为人的道德修养与精神获得提供了一个可参悟把握的精神原理与精一之术，并以既超越又内在的"精、气、神"的存在，影响了两汉的道家哲学及宗教发展。

如果说《管子》是稷下学派的经典教科书与学术文库，那么，另一部书的出现，则是以官方出面组织、集体编撰的百科全书式的新政治哲学，

---

① 以上均见《管子·内业》。
② 《管子·心术上》。
③ 《管子·心术下》。
④ 《史记·太史公自序》。

它就是《吕氏春秋》。

四 《吕氏春秋》的新政治哲学

《吕氏春秋》乃吕不韦集门客中有智慧、通古今的谋略之士所编撰之书。现存《吕氏春秋》有东汉高诱《吕氏春秋注》、清毕沅《吕氏春秋新校正》、许维遹《吕氏春秋集解》等版本。关于《吕氏春秋》为何写作、怎样编撰,司马迁的《史记》有一个清楚明白的记述。他说:

> 庄襄王即位三年,薨,太子政立为王,尊吕不韦为相国,号称"仲父"。秦王年少,太后时时窃私通吕不韦。不韦家童万人。当是时,魏有信陵君,楚有春申君,赵有平原君,齐有孟尝君,皆下士喜宾客以相倾。吕不韦以秦之强,羞不如,亦招致士,厚遇之,至食客三千人。是时诸侯多辩士,如荀卿之徒,著书布天下。吕不韦乃使其客人人著所闻,集论以为八览、六论、十二纪,二十余万言。以为备天地万物古今之事,号曰《吕氏春秋》。布咸阳市门,悬千金其上,延诸侯游士宾客有能增损一字者予千金。①

司马迁虽然对吕不韦的私人生活多有针砭,但对其能够成就此书还是怀有敬意的。所说的"左丘失明,厥有《国语》;孙子膑脚,而论兵法;不韦迁蜀,世传《吕览》;韩非囚秦,《说难》、《孤愤》"②,把不韦编撰《吕氏春秋》与左丘失明撰写《国语》、孙子膑脚论兵法、韩非囚秦著作《说难》、《孤愤》等同看待,可知其敬意不浅。司马迁只是在《史记·十二诸侯年表序》中称吕不韦所编撰之书为《吕氏春秋》,而在其他地方,则称《吕览》。曰《吕览》者,乃不韦使"客人人著所闻",最后由吕不韦过目编撰而成之义,颇有今天"主编"的味道。这只是揣摩司马迁称《吕览》之意。实际上还有一种说法,就是原书以"八览、六论、十二纪"为次序,而不是今本的以"十二纪"为首。故司马迁以《吕览》称之。

其实,《吕览》还是以《吕氏春秋》为名符合书的本义。《吕氏春秋》

---

① 《史记·吕不韦列传》。
② 《史记·太史公自序》。

以十二纪为首，说月令而谓之《春秋》，乃模仿孔子作《春秋》之名所由来也。此司马迁说不韦作《吕氏春秋》"上观尚古，删拾《春秋》"① 者也。中国文化是本于天的，天在无限时空意义上就是宇宙。以天为本，就是以宇宙结构的法则秩序为源头。吕不韦的十二月之令，载天地、阴阳、四时、日月、星辰、五行为礼义之属，而述《吕氏春秋》之事，与孔子所修《春秋》之意义是一样的，都是由宇宙结构秩序的对称、均衡、和谐、美好、有序，引出人类社会的真理、正义、和平、至善、美好及自然法与国家观念的；易言之，不论是孔子的《春秋》，还是不韦之《吕氏春秋》，所述天文、历法、政治、经济、伦理、道德、农事、兵刑等，皆是纳入月令以"十二纪"为首的天地法则即宇宙结构秩序而展开论述的。此郑康成注《礼记》而曰"圣人作则，必以天地为本"② 者也；亦《汉书·艺文志》载《吕氏春秋》二十六篇，不称《吕览》者也。

中国文化的"政治"，并非今天所说的建立在经济基础上的上层建筑之类，而是指人情、礼义在内的所有当正之治。政者，正也，正天下之不正、治天之不治，就是中国文化所说的政治。《吕氏春秋》从天地、阴阳、四时至日月、星辰、五行，皆其制作之所取象也。故其古今帝王、天地名物、古史旧闻及天文、历数、音律无所不包也，由各种文化历史现象及诸家学说构成了一个庞大的体系。它对儒、道、名、法、墨、兵、农及阴阳家的学说无不会通，无不契合，如《劝学》、《尊师》、《大乐》、《孝行》等篇，讲儒家伦理与礼乐教化；《贵生》、《重己》、《情欲》等篇，讲道家思想；《振乱》、《禁塞》、《论威》、《决胜》、《爱士》等讲兵家之事；《上农》、《任地》、《审时》讲农家之事等。人们常把《吕氏春秋》与《淮南子》相比，其实，《淮南子》只是解释《文子》，而《文子》只是解释《老子》，属于阐释性地发挥见解；而《吕氏春秋》则是以新的政治哲学精神，进行新的综合，所编撰的一部中国上古文化的百科全书。

这种新的政治哲学精神，就是追求新的王道政治与天下统一。周室衰微，战国混战，造成了司马迁所说的"诸侯强并弱，政由方伯"③ 的强权政治局面，也造成庄子所说的"天下大乱，圣贤不明，道德不一"。这种

---

① 《史记·十二诸侯年表序》。
② 《礼记·礼运》。
③ 《史记·周本纪》。

政治格局所提出的问题,就是文化历史向何处去?晚周诸子虽然各持己见以说世主,然"多得一察焉而自好",不过是"一曲之士",并不能"判天地之美,析万物之理,察古人之全"。故"内圣外王之道,暗而不明,郁而不发",天下仍然是"各为其所欲焉自以为方",仍然是"道术为天下裂"①。这对一个有责任的政治家来说,不能不思考新的政治哲学以结束"道术为天下裂"的局面。吕不韦就是这样的政治家。他招贤致士,使人人著所闻,然后"集论以为八览、六论、十二纪",就是想解决"道术为天下裂"的局面。怎么解决?就是他所提出的"不二"之说:

> 七曰:听群众人议以治国,国危无日矣。何以知其然也?老耽贵柔,孔子贵仁,墨翟贵廉,关尹贵清,子列子贵虚,陈骈贵齐,阳生贵己,孙膑贵势,王廖贵先,兒良贵后。有金鼓,所以一耳;必同法令,所以一心也;智者不得巧,愚者不得拙,所以一众也;勇者不得先,惧者不得后,所以一力也。故一则治,异则乱;一则安,异则危;夫能齐万不同,愚智工拙,皆尽力竭能,如出乎一穴者,其唯圣人矣乎!无术之智,不教之能,而恃强速贯习,不足以成也。②

"不二",就是追求统一、一致,就是行动一致、同心协力。它在国家政治权力上,就是王权集中与号令统一。故其又说:"王者执一,而为万物正。军必有将,所以一之也。国必有君,所以一之也。天下必有天子,所以一之也。天子必执一,所以抟之也。一则治,两则乱。今御骊马者,使四人人操一策,则不可以出于门闾者,不一也。"③这在今天看来似乎不够民主,然在晚周天下四分五裂的情况下,追求国家的统一,乃是历史发展的必然与进步的要求。如果当时的历史不能统一,按照当时谋士们的策划操纵,齐称东帝,秦称西帝④,燕称北帝,楚称南帝,赵称中帝,天下将如何,中国文化历史将如何?《吕氏春秋》讲"执一"、"不二",实乃以"大一",是为秦帝国的诞生制定新的宪章也。

自然,《吕氏春秋》所追求的政治不二,天下统一,并不是取消百家

---

① 《庄子·天下篇》。

② 《吕氏春秋·不二》。

③ 《吕氏春秋·执一》。

④ 《史记·魏世家》:昭王八年,"秦昭王为西帝,齐闵王为东帝,月余,皆复称王归帝"。

之言，唯我独尊，更不是强制性的一致或机械性的统一，而是政治思想与文化制度上的融合与一致。这一点，《吕氏春秋》讲"至味"是值得玩味的。这种"至味"，就是尹伊说于成汤鼎中调羹之理：不仅以水文本，而且五味三材，九沸九变，其精妙微纤，更是"口不能言，志不能喻"①。由此可知，吕不韦追求政治上怎样的统一与一致了：它是非意志的，而是思想、情感与文化精神的。高诱注《吕氏春秋》说："此书所尚，以道德为标的，以无为为纲纪，以忠义为品式，以公方为检格，与孟轲、孙卿、淮南、扬雄相表里。"② 吕不韦之编撰《吕氏春秋》，不过是造就新的道德、新的品格、新的纲纪、新的品质而已，而且不是强制的，是自然而然的，是遵循道家哲学"以无为为纲纪"的。

由上可以看出，吕不韦不仅是个精明的商人，而且是个清醒的政治家及学术上的通才。但政治格局怎么变化，文化历史向何处发展，都不是吕不韦所能把握的；不仅不好把握，而且常常会给人开个大玩笑！特别是当自我陷入虚妄的时候，更是如此。吕不韦的自杀，是其最后的清醒，还是无奈？抑或是太聪明了？如孔子说的"夫闻也者，色取仁而行违"③？但不管怎么说，历史本身总会给自己开辟道路的，精神发展也总会以独特的形式展现它的辉煌！

五　集义：启开精神发展新航程

中国文化精神的发展，本书开始时说，它"渊渊乎伏羲，积蓄于炎黄，大备于唐虞，经夏商周三代而浩荡于天下"。感谢读者与我一起，经历了这样一个漫长的文化历史过程。这一过程，若从可纪年的黄帝轩辕氏族开始，到秦始皇统一中国（即从公元前2697年到公元前246年），已有两千四五百年的文化历史。本卷写到此该结束了。

中国文化精神发展到秦汉之际遇到了一个瓶颈，就像黄河发端于喜马拉雅山，奔流东行遇到壶口一样，它必须奔腾咆哮、夺路而行，才能浩荡不息地奔向大海！这个瓶颈，不仅是秦火，更是权力更替带来的历史

---

① 《吕氏春秋·本味》。
② ［汉］高诱《吕氏春秋》序。
③ 《论语·颜渊》。

情势。

就秦火而言，中国文化遭此一劫，虽然生命精神保存了下来，然而经过隐身潜藏，发展到汉代，则几乎换了一种身段与面貌。因此，它的发展呈现出不同的特征：

（一）经学时代代替了子学时代成为核心文化精神；

（二）微言大义成为新时期的文化宗旨；

（三）黄老之学成为新时期的主流文化精神；

（四）汉代虽崇尚功业、德操与名节，但也发展出一种神秘主义。

中国文化精神经秦汉，虽然冲破了瓶颈，像黄河冲过壶口，奔腾咆哮、夺路而行，然它在两汉的发展，仍然隐藏着理性与非理性的搏击；曹魏抛弃东汉以来儒家所倡导的尚节义、敦名实、经明行修的哲学思想，改为以刑名法术治国，不仅使权诈叠进、奸逆萌生，而且影响了人心、人性及精神发展的趋向；佛教的传入，更给中国文化精神的发展增加了新的变数。因此，中国文化精神如何发展，似乎惟有集大道之义进行新的综合，才能拓展出新路，开启精神发展的新航程。这已是《中国精神通史》第二卷撰写叙述的任务了，此不多叙。

本卷主要参考用书

（一）古代典籍

[1]《周易正义》，孔颖达撰，王弼注，《十三经注疏》上，中华书局1979年版

[2]《尚书正义》，孔颖达撰，《十三经注疏》上，中华书局1979年版

[3]《毛诗正义》，孔颖达撰，《十三经注疏》上，中华书局1979年版

[4]《周礼注疏》，贾公彦等撰，陆德明释文，《十三经注疏》上，中华书局1979年版

[5]《仪礼注疏》，贾公彦等撰，《十三经注疏》上，中华书局1979年版

[6]《礼记正义》，孔颖达撰，陆德明释文，《十三经注疏》上，中华书局1979年版

[7]《大戴礼记解诂》，王聘珍撰，中华书局1983年版

[8]《春秋左传正义》，杜预注，孔颖达撰，《十三经注疏》下，中华书局1979年版

[9]《周易》，〔魏〕王弼，〔晋〕韩康伯注，《汉魏古注十三经》上，中华书局1998年版

[10]《尚书》，〔汉〕孔安国，《汉魏古注十三经》上，中华书局1998年版

[11]《尚书大传》，〔汉〕伏胜撰，郑玄注，《丛书集成初编》，商务印书馆

[12]《史记》，〔汉〕司马迁撰，中华书局1973年版

[13]《汉书·艺文志》，〔汉〕班固撰，上海古籍出版社1986年版

[14]《隋书·经籍志》，〔唐〕长孙无忌等撰，《二十五史》（6），上海古籍出版社1986年版

[15]《国语》，〔春秋〕左丘明著，上海古籍出版社1978年版

[16]《逸周书汇校集注》，黄怀信等撰，李学勤审定，上海古籍出版社1995年版

[16]《山海经校注》，袁珂校注，上海古籍出版社1980年版

[17]《鹖子》，〔周〕鹖熊撰，《百子全书》第5册，杭州古籍出版社1984年版

[18]《六韬》，〔周〕吕望撰，《百子全书》第2册，杭州古籍出版社1984年版

［19］《尸子》，〔周〕尸佼撰，《百子全书》第 3 册，杭州古籍出版社 1984 年版

［20］《亢仓子》，〔周〕庚桑子撰，《百子全书》第 8 册，杭州古籍出版社 1984 年版

［21］《论语》，〔魏〕何晏集解，《汉魏古注十三经》下，中华书局 1998 年版

［22］《老子注》，〔魏〕王弼，《诸子集成》第 3 册，中华书局 1954 年版

［23］《墨子间诂》，〔清〕孙诒让，《诸子集成》第 4 册，中华书局 1954 年版

［24］《孟子》，〔汉〕赵歧注，《汉魏古注十三经》下，中华书局 1998 年版

［25］《四书集注》，〔宋〕朱熹撰，岳麓书社 1985 年版

［26］《荀子集解》，〔清〕王先谦，《诸子集成》第 2 册，中华书局 1954 年版

［27］《韩非子集解》，韩非著，王先慎集解，《诸子集成》第 5 册。

［28］《庄子集释》，郭庆藩辑，王孝鱼整理，中华书局 1961 年版

［29］《文子疏义》，王利器撰，中华书局 2000 年版

［30］《列子集释》，杨伯峻撰，中华书局 1979 年版

［31］《邓子》，〔周〕邓析著，《百子全书》第 3 册，杭州古籍出版社 1984 年版

［32］《慎子》，〔周〕慎到著，《诸子集成》第 5 册，中华书局 1954 年版

［33］《子华子》，〔周〕程本著，《百子全书》第 5 册，杭州古籍出版社 1984 年版

［34］《尹文子》，〔周〕尹文著，《诸子集成》第 6 册，中华书局 1954 年版

［35］《鹖冠子彙校集注》，〔周〕尹文著，黄怀信撰，中华书局 2004 年版

［36］《楚辞集注》，〔宋〕朱熹集注，上海古籍出版社 1979 年版

［37］《三易备遗》，〔宋〕朱元昇撰，《文渊阁四库全书·经部》台湾版

［38］《易图明辨》，〔清〕胡渭撰，中华书局 2008 年版

［39］《管子校正》，〔清〕戴望，《诸子集成》第 5 册，中华书局 1954 年版

［40］《吕氏春秋》，〔魏〕高诱注，《诸子集成》第 6 册，中华书局 1954 年版

［41］《帝王世纪》，〔晋〕皇甫谧撰，陆吉点校，齐鲁书社 2010 年版

［42］《世本》，佚名撰，周渭卿点校，齐鲁书社 2010 年版

［43］《古本竹书纪年》，佚名撰，张洁、戴和冰点校，齐鲁书社 2010 年版

［44］《今本竹书纪年疏证》，王国维撰，齐鲁书社 2010 年版

［45］《古史》，〔宋〕苏辙撰，《文渊阁四库全书·史部》台湾版

［46］《经典释文序录疏证》，〔唐〕陆明德撰，吴承仕疏证，中华书局 2008 年版

［47］《汉书艺文志考证》，〔宋〕王应麟著，中华书局 2011 年版

［48］《玉函山房辑佚书》，江苏广陵古籍影印社 1990 年版

［49］《路史》，〔南宋〕罗泌撰，四部备要（395～396）

［50］《绎史》（一），〔清〕马骕纂，刘晓东等点校，齐鲁书社 2001 年版

（二）其他参考用书

[1]《殷周制度论》，王国维著，《观堂集林》卷10，中华书局1959年版
[2]《古史新证》，王国维著，清华大学出版社1994年版
[3]《古史论文集》，姜亮夫著，上海古籍出版社1996年版
[4]《夷夏东西说》，《傅斯年选集》，天津人民出版社1996年版
[5]《性命古训辩证》，傅斯年著，广西师范大学出版社2006年版
[6]《中国古史的传说时代》，徐旭生著，广西师范大学出版社2003年版
[7]《古史甄微》，蒙文通著，上海商务印书馆1933年版
[8]《古史续辩》，刘起釪著，中国社会科学出版社1991年版
[9]《炎黄氏族文化考》，王献唐著，齐鲁书社1985年版
[10]《古史论文集》，姜亮夫著，上海古籍出版社1996年版
[11]《尹达史学论著选集》，尹达，人民出版社1989年版
[12]《中国青铜时代》，张光直著，生活·读书·新知三联书店1983年版
[13]《夏史论丛》，中国先秦史学会编，齐鲁书社1985年版
[14]《中华远古史》，王玉哲著，上海人民出版社2000年版
[15]《西周史》，杨宽著，上海人民出版社1999年版
[16]《西周史》（增订本），许倬云著，生活·读书·新知三联书店1994年版
[17]《中国思想通史》第一卷，侯外庐等主编，人民出版社1957年版
[18]《中国哲学史》上册，冯友兰著，中华书局1961年版
[19]《中国哲学史大纲》上卷，胡适著，商务印书馆大学丛书，1936年版
[20]《华夏文明》第一集，北京大学出版社1990年版
[21]《华夏文明》第二集，北京大学出版社1990年版
[22]《东夷古史研究》，山东古史研究会编，三秦出版社1988年版
[23]《炎黄源流史》，何光岳著，江西教育出版社1992年版
[24]《夏源流史》，何光岳著，江西教育出版社1992年版
[25]《周源流史》，何光岳著，江西教育出版社1992年版
[26]《商周史料考证》，丁山著，国家图书馆出版社2008年版
[27]《中国古代神话与民族》，丁山著，商务印书馆2006年版
[28]《中国古代文明与国家形成研究》，李学勤主编，云南人民出版社1997年版
[29]《中国文明起源新探》，苏秉琦著，生活·读书·新知三联书店1999年版
[30]《中国文化史导论》，钱穆著，商务印书馆1994年版
[31]《考古学文化论集》，苏秉琦著，文物出版社1989年版
[32]《仰韶文化研究》，严文明著，文物出版社1989年版

[33]《中国文化地理》,陈正祥著,生活·读书·新知三联书店 1983 年版

[34]《古史甄微》,蒙文通著,上海商务印书馆 1933 年版

[35]《东夷文化史》,逄振稿著,中国社会科学出版社 1995 年版

[36]《山东龙山文化研究集》,蔡凤书、栾丰实主编,齐鲁书社 1992 年版

[37]《文史通义校注》,〔清〕章学诚著,叶瑛校注,中华书局 1994 年版

[38]《三皇五帝时代》,王大有著,中国社会出版社 2000 年版

[39]《上古中华文明》,王大有著,中国社会出版社 2000 年版

[40]《龙凤文化源流》,王大有著,中国时代出版社 2008 年版

[41]《三皇五帝断代》,黄玉章著,暨南大学出版社 1999 年版

[42]《殷墟卜辞综述》,陈梦家编撰,中华书局 1988 年版

[43]《殷墟书契解诂》,吴其昌著,武汉大学出版社 2008 年版

[45]《殷墟文字甲编》,董作宾编

[46]《中国学术思想编年》(先秦卷),张岂之主编,梁涛等著,陕西师范大学出版社 2005 年版

[47]《马王堆帛书〈经法〉》,文物出版社 1976 年版

[48]《马王堆汉墓帛书(一)》,文物出版社 1974 年版

[49]《郭店楚墓竹简·唐虞之道》,文物出版社 2002 年版

[50]《郭店楚墓竹简·五行》,文物出版社 2002 年版

[51]《郭店楚墓竹简·性自命出》,文物出版社 2002 年版

[52]《上海博物馆战国楚竹书(二)》(版图),上海古籍社 2001 年版

[53]《马王堆汉墓帛书〈黄帝书〉笺证》,魏启鹏撰,中华书局 2004 年版

[54]《简帛古书与学术源流》,李零著,生活·读书·新知三联书店 2007 年版

[56]《中卫岩画》,周兴华编著,宁夏人民出版社 1991 年版

[57]《中国岩画学》,盖山林著,书目文献出版社 1995 年版

[58]《中国岩画发现史》,陈兆复著,上海人民出版社 2009 年版

[59]《贺兰山岩画》,许成、卫忠编著,文物出版社 1993 年版

[60]《贺兰山岩画拓本萃编》,许成、卫忠编,北京文物出版社 1993 年版

[61]《内蒙古岩画的文化解读》,盖山林、盖志浩著,北京图书馆出版社 2002 年版

[62]《中国史前神格人面岩画》,宋耀良著,生活·读书·新知三联书店 1992 年版

图书在版编目（CIP）数据

中国精神通史：中国文化精神的源头及演变. 第1卷，渊渊其渊 浩浩其天 / 司马云杰著. —北京：华夏出版社，2016.1

ISBN 978-7-5080-8362-9

Ⅰ. ①中… Ⅱ. ①司… Ⅲ. ①中华文化－文化史 Ⅳ. ①K203

中国版本图书馆 CIP 数据核字（2015）第 000769 号

中国精神通史（第一卷） 渊渊其渊 浩浩其天
中国文化精神的源头及其演变

作　　者	司马云杰
特约编辑	增　慧
责任编辑	陈小兰
出版发行	华夏出版社
经　　销	新华书店
印　　刷	三河市万龙印装有限公司
装　　订	三河市万龙印装有限公司
版　　次	2016 年 1 月北京第 1 版 2016 年 1 月北京第 1 次印刷
开　　本	720×1030　1/16 开
印　　张	46.5
字　　数	750 千字
定　　价	128.00 元

华夏出版社　地址：北京市东直门外香河园北里 4 号　邮编：100028
网址：www.hxph.com.cn　电话：(010) 64663331（转）
若发现本版图书有印装质量问题，请与我社营销中心联系调换。